# 종교와 마술, 그리고 마술의 쇠퇴 ②

나남
nanam

한국연구재단 학술명저번역총서
서양편 364

# 종교와 마술, 그리고 마술의 쇠퇴 ②

2014년 8월 30일 발행
2014년 8월 30일 1쇄

지은이_ 키스 토마스
옮긴이_ 이종흡
발행자_ 趙相浩
발행처_ (주) 나남
주소_ 413-120 경기도 파주시 회동길 193
전화_ (031) 955-4601 (代), FAX : (031) 955-4555
등록_ 제 1-71호(1979.5.12)
홈페이지_ http://www.nanam.net
전자우편_ post@nanam.net
인쇄인_ 유성근(삼화인쇄주식회사)

ISBN 978-89-300-8766-7
ISBN 978-89-300-8215-0 (세트)
책값은 뒤표지에 있습니다.

'한국연구재단 학술명저번역총서'는 우리 시대 기초학문의 부흥을 위해
한국연구재단과 (주)나남이 공동으로 펼치는 서양명저 번역간행사업입니다.

# 종교와 마술, 그리고 마술의 쇠퇴 ②

키스 토마스 지음 | 이종흡 옮김

나남
nanam

# 종교와 마술, 그리고 마술의 쇠퇴 ②

## 차 례

## 제 2 부 마 술

제 7 장 마술치료 ······ 11
1. 마법사와 민간마술사 12
2. 안수치료 40
3. 마술치료의 효험 65

제 8 장 민간마술사와 민간마술 ······ 81
1. 잃어버린 재물 82
2. 접신과 마술전통 100
3. 민간마술과 점복 118
4. 직업으로서의 마술 145

제 9 장 마술과 종교 ······ 161
1. 교회의 마술 비판 162
2. 유사점과 차이점 180

## 제 3 부 점성술

제 10 장 점성술 : 점성술이 수행한 일과 그 범위 ················ 215

1. 서 론 217
2. 책력과 예언력 237
3. 개업점성술사들 252
4. 상담실 내부 262

제 11 장 점성술 : 그 사회적·지적 역할 ································ 297

1. 포 부 298
2. 성공과 실패 314
3. 쇠 퇴 348

제 12 장 점성술과 종교 ························································ 367

1. 갈 등 367
2. 동 화 394

## 제 4 부 과거에 기대기

제 13 장 옛 예언들 ······························································ 429

1. 장 르 430
2. 영 향 444
3. 잠자는 영웅들 486
4. 예언의 뿌리들 500

- 찾아보기 523
- 약 력 581

**제 3 권 차 례** 종교와 마술, 그리고 마술의 쇠퇴 ③


## 제5부 주 술

### 제14장 잉글랜드 주술 : 범죄와 주술의 역사
1. 주술이란?
2. 주술신앙의 연혁
부록 A. '주술'이라는 용어의 의미
부록 B. 1563년 이전 잉글랜드에서 주술의 법적 위상

### 제15장 주술과 종교
1. 마 왕
2. 악마 들림과 벗어남
3. 주술과 종교

### 제16장 주술사 만들기
1. 저 주
2. 마왕숭배로의 유혹
3. 주술에의 유혹
4. 사회와 부적응자들

### 제17장 주술과 사회환경
1. 주술신앙의 효용
2. 주술사와 고발인
3. 주술과 사회

### 제18장 주술의 쇠퇴

## 제 6 부 관련 믿음들


제 19 장 유령들과 정령들
1. 유령의 신학
2. 유령의 용도
3. 사회와 망자
4. 정령들

제 20 장 시간과 징조
1. 때를 엄수한다는 것
2. 징조들과 금기들


## 결 론


제 21 장 상호연관성
1. 마술적 믿음들의 통일성
2. 마술과 종교

제 22 장 마술의 쇠퇴
1. 지적 변화들
2. 신기술
3. 새로운 염원들
4. 존 속

▪ 옮긴이 해제
▪ 특수 번역어 목록
▪ 찾아보기
▪ 약 력

# 제2부

# 마술

제 7 장

# 마술치료*

주술사들은 마을마다 흔하다. 이들은 스스로를 민간마술사,[1] 무속인, 백(白) 주술사 등으로 부르며, 누군가 찾아오면 육체와 정신의 거의 모든 질병에 도움을 주려 한다.

– Robert Burton, *Anatomy of Melancholy* (1621), II, I, 1

주물은 약 못지않게 큰 수요를 가진 것으로, 필요할 때 내과의를 찾기보다 마법사를 찾는 자가 많다.

– William Perkins, *A Discourse of the Damned Art of Witchcraft* (Cambridge, 1608), p.153.

무릎 꿇고 도움을 비나이다. 오, 경외하는 카이사르시여!
내게 손을 얹으소서. 저의 신앙이 그러하오니
왕께서 손대기만 해도 저는 모두 나을 것이나이다.
악은 당신의 것이 아니옵니다. 눈물로 찬양하오니,
악은 저의 것이요 약은 왕이신 당신의 것이나이다.

– Robert Herrick, *Hesperides* (1648)

원인을 알지 못하는 어떤 것도 믿어서는 안 된다는 원칙이 옳다면, 왕이 안수로 연주창을 치료하는 것 역시 마법이라 불려야 하지 않을지 의심이 드는 것도 당연하다.

– Sir George Mackenzie, *Pleading in Some Remarkable Cases* (Edinburgh, 1672), p.186.

## 1. 마법사와 민간마술사

1552년 주교 래티머는 "우리 중 많은 이들이 곤경에 처하거나 아프거나 뭔가를 잃어버렸을 때, 우리가 무자(巫子)라 부르는 주술사나 흑마술사를 수소문해서 … 도움과 위안을 청한다"고 말했다. 백여 년 후에 퓨리턴 성직자 앤터니 버지스도 비슷한 말을 했다.[2] "사람들은 뭔가를 잃어버리거나 고통과 질병에 시달릴 때 그들이 무자라 부르는 자

---

* 참고문헌 해제: 민간마술사의 치료활동에 관한 많은 정보는 Kittredge, *Witchcraft*에 들어 있다. 나는 이 정보를 보충하기 위해 교회법원의 미출판 기록에 크게 의존하였다. 민간마술사는 교회법원에 자주 기소되었기 때문이다. 유럽 대륙에서의 그러한 부류의 활동을 훌륭히 해설한 것은 E. Delcambre, *Le Concept de la socellerie dans le Duché de Lorraine, III: Les Devins-Guérisseurs* (Nancy, 1951)이다. W. G. Black, *Folk-Medicine*(1883)과 T. J. Pettigrew, *On Superstitions connected with the History and Practice of Medicine and Surgery*(1844)도 유용하다. W. Bonser, *The Medical Background of Anglo-Saxon England*(1963)도 마찬가지이다.

연주창 치료의례의 역사는 T. J. Pettigrew, *op. cit*, pp. 117~54에서 개관되었고, R. Grawfurd, *The King's Evil*(Oxford, 1911)에서 확장되었으며, M. Bloch, *Les Rois thaumaturges*(Paris, 1925; 중쇄, 1961)에서 완벽에 가깝게 다루어졌다.

1) [역주] 민간마술사는 'cunning-man'을 번역한 것이다. 이는 특히 점성술을 이용한 치료에 능한 자로 무속인을 지칭하는 여러 이름(*witch, wizard, wise-woman, wise-man, witch doctor* 등)과 혼용된다. 그러나 cunning-craft와 witchcraft를 뚜렷이 구분하는 연구자는 전자를 유익한 것, 후자를 해로운 것으로 나누기도 한다. 이런 의미에서 전자는 마술치료, 후자는 주술로 번역했다.

2) [역주] 무자와 무녀는 'wise-man'과 'wise-woman'을 번역한 것이다. 의미상 cunning man/woman과 큰 차이가 없다. 앤터니 버지스(Anthony Burgess: 1664년 죽음)는 케임브리지에서 수학한 후 동대학에서 가르친 학자이자 퓨리턴 목사이다. 존 월리스(John Wallis)에게 큰 영향을 미쳤다. 1635년부터는 서튼 콜드필드(Sutton Coldfield)에서 교구사제로 활동했으나 왕정복고 후 1662년에 해임되었다.

에게로 즉시 달려간다."[3] 그 밖에도 많은 관찰자들이 전통적 마술치료 제공자가 동시대인 사이에 발휘한 뿌리 깊은 매력을 증언했다. 그 제공자는 마을 무속인, 혹은 '무자'였다〔이 용어는 성경에 나오는 3인의 동방박사, 즉 '현자'(*Wise men*) 또는 '마술사'(*Magi*)와 같은 의미이다〕. 16~17세기에 걸쳐 그 마술사들은 '민간마술사', '무녀', '마법사', '강복술사',[4] '접신술사', '흑마술사', '주술사' 등 여러 이름으로 활동했다. 그들은 환자치료나 분실물 되찾아 주기에서부터 길흉점을 비롯한 온갖 점복에 이르기까지 다양한 서비스를 제공했다. 이 장은 그들의 의료활동만을 다루지만, 의료활동은 그들의 다채로운 레퍼토리 중 하나에 불과했다.

앞에서 이미 검토했듯이, 튜더-스튜어트 시대에는 정규의료서비스의 부족으로 많은 잉글랜드 주민이 전통적 민간요법에 의존했다. 당시 민간요법은 상식적 치료와 구전을 결합한 형태로, 간병과 산파술 같은 일상 의료행위에서 축적된 경험이 다양한 식물과 광물의 치료효능에 관한 오랜 구전과 결합되었던 것이다. 그러나 민간요법은 여러 유형의 제식(祭式)치료를 포함하기도 했다. 기도나 주물이나 주문은 약을 함께 처방하기도 했지만 단독으로 치료수단이 될 때도 있었다. 이런 종류의 마술치료는 가끔은 환자 자신이나 환자가족에 의해 시도되기도 했다. 하지만 그것은 대체로 민간마술사의 일이었다. 고통에 시달리는 자는 그에게 의존했고, 일반적으로 그에게 소정의 보수를 지급하도록 되어 있었다. 이런 무속인들 중에는 특정 질환을 전문으

3) *Sermons by Hugh Latimer*, G. E. Corrie, ed. (Cambridge, P. S., 1844), p. 534; A. Burgess, *CXLV Expository Sermons upon the Whole 17 Chapter of the Gospel according to St. John* (1656), p. 95.

4) [역주] '강복술사'는 blesser를 번역한 것이다. 'blesser'는 접신술사(*conjurer*)와 마찬가지로 접신을 통해 신의 의지를 전하는 자를 말하나, 축복을 내려 준다는 의미를 살려 그렇게 번역했다.

로 하는 자도 있었지만 대개는 만병을 치료할 수 있다고 주장했다.[5)]

마술치료에는 중세교회의 신유(神癒) 능력에 대한 해묵은 믿음이 크게 반영되어 있었다. 그런 개업인의 전형으로 마거리트 헌트(Margaret Hunt)는 1528년에 런던주교법원에 출두해 자신의 치료 절차를 진술한 적이 있다. 그녀는 먼저 환자의 이름을 확인했다. 이어서 그녀는 환자로부터 모든 사악한 적이 물러나게 해 달라며 은총의 성삼위께 무릎 꿇고 기도했다. 다음에는 환자에게 "성인의 영에 대한 예배로" 하룻밤에 주기도문 5회, 아베마리아 5회, 사도신경 1회, 다시 주기도문 3회, 아베마리아 3회, 사도신경 3회를 9일간 연속해서 외울 것을 주문했다. 잠자리에서 환자는 모든 탐욕에서 벗어날 수 있도록 성 아이브(Ive)에 대한 예배로 주기도문과 사도신경을 한 번씩 더 외워야 했다. 그녀는 오한증에 대해서는 다양한 약초로 처방했다. 염증에 대해서도 약초를 처방했지만 여기에 약간의 성수와 몇몇 기도문을 추가했다. 이 비방(祕方)은 웨일스 출신의 성녀 엘메트(Elmet)에게서 배운 것이었다.[6)]

가톨릭 기도문을 라틴어로 외우는 것은 마술치료의 오랜 단골메뉴였다. 1557년 메이드스톤에서는 커데일(Cowdale)이라는 100세 넘은 노인이 그런 기도문만으로 어떠한 병에 걸린 환자든 치료할 수 있다고 공언했다. 그는 간단히 주기도문 5회, 아베마리아 5회, 사도신경 1회를 처방했는데, 이 모든 기도문은 성령과 성모 마리아께 드린 것이었다고 한다. 1590년 요크대주교법원에 출두한 가이즐리(Guisley)의 헨리 매튜(Henry Matthew)는 16년 전에 한 번 어떤 여인의 곪은 눈을 씻어내고 주기도문 3회와 사도신경 1회를 외운 일이 있었지만, 기도문을 그렇게 이용했다는 이유로 "마법사"라는 의심을 받은 일이 있었기

5) J. Mason, *The Anatomie of Sorcerie* (Cambridge, 1612), p. 37.

6) Hale, *Precedents*, pp. 107~8.

때문에 그 후로는 그런 치료를 포기했다고 자백했다.[7] 마법이나 주술로 고발된 자들은, 마술을 행한 것이 아니라 기도로 주민을 도왔을 뿐이라는 항변으로 혐의를 부정하곤 했다. 1607년 요크셔의 우스턴(Owston)에서 이사벨라 베케트(Isabella Beckett)라는 여인은 소교구 사제에게 그녀의 병든 암소를 치료한 것은 하나님과 그녀 자신의 적절한 기도라고 보고했다.[8]

이런 기도는 간원형식을 취하기보다 종교적 언어로 (신의 목소리로) 꾸짖는 형식을 자주 취했다. 베시(Veazy) 여사는 좋은 사례이다. 그녀는 "피부의 부스럼과 버짐과 발진" 치료전문가로, 그녀의 치료는 1604년에 로버트 세실에게 추천되기도 했다. 그녀의 치료방법은 "내가 하나님의 이름으로 시작해서 하나님의 이름으로 끝내노니, 너의 부스럼(혹은 너의 발진)은 성부, 성자, 성령의 이름으로 당장 사라지리라!"고 3회 외친 뒤에 약간의 꿀과 후추를 감염부위에 바르는 것이었다.[9] 이런 유형의 기도문은 효험이 있다고 여겨졌기 때문에, 큰 소리로 기도문을 외지 않고 종이에 적어 환자 목에 걸어 줄 때도 있었다. 일례로 1590년 가이즐리의 제임스 사이크스(James Sykes)는 기도문을 종이에 적어 병든 말의 갈기에 걸어둠으로써 그 말을 치료했노라고 자백했다.[10]

그 밖에 무자가 사용한 주문들 중에는 한층 복잡한 계보를 가진 것들도 있었다. 기독교 기도문의 저급한 변형, 해독하기 힘든 종교 시구, 그리스도나 성인의 생애에서 이끌어낸 것으로 보이는 일화도 주문으

7) *Archdeacon Harpsfield's Visitation, 1557*, L. E. Whatmore, ed. (Catholic Record Society, 1950~1951), p. 216; Borthwick, R. VI, A 10, f. 61.

8) R. Borthwick, VI. B 3, f. 66. 이 책의 2권 pp. 187~8.

9) *H. M. C., Hatfield*, vol. 16, pp. 280~1.

10) Borthwick, R. VI. A 10, f. 61.

로 사용될 수 있었다. 이런 주문은 기적적인 사건이야말로 초자연적 권능의 영원한 원천일 수 있다는 믿음을 반영한 것이었다.[11] 지혈용으로 18세기 초에 호크스헤드(Hawkshead)에서 사용된 주문은 그 전형을 보여준다.

> 유대 땅 베들레헴에 그리스도라 불리는 아기가 태어났도다. 세례를 위해 그 성자(聖子)를 홍수로 범람하는 요르단 강물에 담갔을 때 그 아기가 얌전하고 의젓했듯이 홍수도 진정되었도다. 내가 성부와 성자와 성령의 이름으로 바라노니 〔아무개의〕 출혈이 그 육체에서 멈추리로다.

17세기 중반 데번셔에서는 다음과 같은 주문이 화상치료용으로 이용되었다.

> 서쪽에서 두 천사가 찾아오니<br>한 천사는 불을, 다른 천사는 얼음을 지녔구나.<br>성부와 성자와 성령의 이름으로<br>불은 나가고 얼음은 들어 오거라!

윌리엄 릴리는 치통치료용으로 한층 간단한 주문을 권했다.[12] 우선 환자는 종이 한 장에 다음과 같은 구절을 3회 적어야 했다.

---

11) A. A. Barb, "The Survival of Magic Arts", in *the Conflict between Paganism and Christianity in the Fourth Century*, A. Momigliano, ed. (Oxford, 1963), pp. 122～3.

12) [역주] 윌리엄 릴리(William Lilly: 1602～1681)는 레스터셔 출신으로 17세기 잉글랜드를 대표한 점성술사였다. 내란시 의회군에 유리한 예언으로 인기를 얻었고 왕정복고 이후에는 런던 대화재(1666)에 대한 예언으로 위기를 극복하기도 했다. 의회파와 왕당파를 불문하고 많은 유력인사가 그의 천궁도(*horoscope*)에 의존한 것으로 알려져 있다.

예수 그리스도시여, 긍휼히 여기사
이 치통을 물리쳐 주옵소서.

이어서 환자는 이 구절을 큰 소리로 읽고 종이를 태우면 되었다.[13] 때로는 '사바오스', '아도나이', 'Yhvh'(신의 이름에 대한 4철자 표기) 같은 히브리어도 점복에 이용되었다. 이런 용어들은 신성한 이름에 마술적 권능이 있다는 믿음을 반영한 것이었다.[14] 그러나 16세기에 이르면 신성한 히브리어 이름은 무속인에게든 그 고객에게든 별 의미가 없어져 버렸다. 어떤 동시대인이 지적했듯이, 접신술사가 사용하는 Ravarone, Hur, Asmobias, Mebarke, Geballa 등 뒤죽박죽의 이름은 영어도 라틴어도 히브리어도 그리스어도 아랍어도 시리아어도, 그 외의 다른 언어도 아니었다.[15] 일례로 엘리자베스 시대에 어떤 무속인은 정교한 치통치료법으로 다음과 같은 것을 제시했다.

그 무속인은 먼저 당신의 이름과 나이를 물어 작은 종이에 적는다. 종이의 상단에는 '말씀에, 풀에, 그리고 돌에 치유력이 들어 있다'(*in verbis et in herbis, et in lapidibus sunt virtutes*)는 구절이 적혀 있다. 아래쪽에 대문자로 AAB ILLA, HYRS GIBELLA를 적어 놓고는, 그는

---

13) *Transactions of the Cumberland and Westmorland Antiquarian and Archaeological Society*, vol. 14(1897), p. 372; F. G(lanvile) et al., *The Travistocke Naboth proved Nabal*(1658), pp. 40~1; Ashm. 364, p. 119(Aubrey, *Miscellanies*, p. 135에서도 다른 주문을 볼 수 있다).

14) [역주] '사바오스'(Sabaoth)는 《로마서》(9장 29절) 등에서 나오는 '만군'(萬軍)을 뜻하는 헤브라이어이고, '아도나이'(Adonay)는 '우리 주'를 뜻하는 헤브라이어이다. 카발라 마술에서는 하나님의 이름을 모두 4철자로 축약했다. 이것을 '테트라그라마톤'(Tetragrammaton)이라 부른다. 'Yhvh'는 야훼(Yahweh)를 4철자 표기법으로 표시한 것이다.

15) E. Digby, *Theoria Analytica*(1579), p. 384.

이것이 원시 칼데아어(*Chaldee*)로 세 악령의 이름이고, 그 세 악령이 핏속에 들어가 악성점액을 만들어 치통을 유발했다는 사실을 확인해 준다. 그 이름을 3회 외쳐서 세 악령을 쫓아내고는 그 종이 역시 반드시 불태워야 한다. 그러면 혈액이 정화되고 치통이 진정된다.16)

고대의 매직스퀘어와 아크로스틱에 유래한 주문도 있었다.17) 오한증에 대한 처방을 보자.

먼저 'Arataly, Rataly, Ataly, taly, aly, ly'를 순서대로 적고, 이 모든 어휘를 환자의 한쪽 팔에 9일 동안 묶어 두고는, 성베드로와 사도바울을 위해 매일 3회 주기도문을 외워라. 그런 후에 묶었던 것을 풀어 불에 태우면 환자는 완쾌될 것이다.18)

이런 주문 수백 종이 오늘날 남아 있다. 개중에는 동시대인의 비망록에 적혀 보존된 것도 있지만, 주물 이용자에 대한 재판과정에서 자백된 것도 있다. 이른바 '액막이 주기도문'처럼 누구에게나 잘 알려진 주문도 있었다.19) "마태, 마가, 누가, 요한이시여, 제가 누울 잠자리

---

16) H. Chettle, *Kind-Heart's Dream*(1592), E. F. Rimbault, ed. (Percy Society, 1841), pp. 29~30.

17) [역주] 매직스퀘어(*magical square*)는 정방형 안에 나열된 숫자의 합이 가로, 세로, 대각선으로 모두 동일하게 구성된 표로, 마술방진(方陣), 간단히 '마방진'(魔方陣)으로 불리기도 한다. 아크로스틱(*acrostic*)은 각 행의 첫 철자를 합쳐서 어떤 의미를 전달할 수 있도록 구성된 시이다. 신의 이름을 구성하는 각 철자를 각 행의 서두에 나열한 종교시부터 놀이용 삼행시에 이르기까지 다양한 형태가 있다.

18) Sloane 3846, f. 14v.

19) [역주] '액막이 주기도문'(*White Paternoster*)은 예배나 미사에서 공식적으로 사용되는 '주기도문'(*Lord's Prayer*)을 변형해, 성부와 성자와 성령의 이름으로, 혹은 예수의 12제자의 이름으로, 심지어는 특정 성인의 이름으로 악령을 쫓는 기도문을 말한다.

에 은총을 내리소서!"라는 유아용 기도문은 그 한 변형으로 볼 수 있다. 순산을 위한 주문, 미친개나 병든 말을 위한 주문은 물론이고, 상상가능한 모든 상처와 통증에 유효한 주문이 있었다. 어떤 동시대인이 주장했듯이, "뱀에 물린 상처, 코피, 터진 것과 곪은 것, 불에 덴 것과 물에 덴 것, 오한증, 치통, 경련, 쑤시듯이 아픈 것, 찌르듯이 아픈 것, 광란증, 통증, 염증, 가슴앓이, 두통 등" 각각에 어울리는 주문이 있었다.[20] 약초 채집을 위한 의례에서 이용된 주문도 있었다. 탁월한 예방효과를 가진 것으로 알려진 마편초(馬鞭草)는 채집시에 성호를 긋고 성별(聖別)을 수행해야 했다.

> 그대 마편초여, 낮은 땅에 무성한 그대지만 하늘의 것으로 여겨져야 하나이다.
> 그대가 처음 발견된 것은 갈보리 언덕이요,
> 우리의 구세주 예수 그리스도를 예언하고 그분의 흐르는 피를 멈추어 준 것이
> 바로 그대였나이다.
> 성부와 성자와 성령의 이름으로
> 그대를 땅에서 거두나이다.[21]

---

20) E. P(oeton), "The Winnowing of White Witchcraft"(Sloane, 1954), f. 173v. 액막이용 주기도문의 다른 버전에 관해서는, W. J. Thoms, "Chaucer's Night-Spell", *Folk-Lore Record*, vol. 1(1878)과 W. D. Macray, "Lancashire Superstition in the Sixteenth and Seventeenth Centuries", *Local Gleanings relating to Lancashire and Cheshire*, vol. 1(1875~1876)을 참조할 것.

21) J. White, *The Way to the True Church*(2판, 1610), sig. C2v. 16~17세기에 편찬된 다수의 MS 주물 컬렉션 중 일부는 Bodl., MS e Mus. 243과 MS Add. B. 1; Sloane 3846; W. Rye, "A Note Book of Sir Miles Branthwayt in 1605", *Norfolk Archaeology*, vol. 14(1900), pp. 131~2를 참조할 것. 더 상세한 논의는 이 장 첫머리의 '참고문헌 해제'에서 제시된 Kittredge, Pettigrew, Black, Bosner 등의 작품 외에도, 다음 문헌을 참조할 것. Scot, *Discoverie*, *XII*. xiv; W. Sparrow

고대와 초기 기독교시대부터 사용된 많은 주물이 16～17세기에 이르러 애매하고 무의미한 형태로 변질된 과정을, 그 계보에 따라 추적하려면 실로 큰 박식함이 요구된다. 혹자는 고대의 영향력이 중세에 지속된 양상에 대해 인상적인 증거를 제시한다. 혹자는 앵글로색슨 시대에서부터 튜더 시대로의 직접적인 상속을 드러내기도 한다. 유럽 대륙에서 사용된 것과 거의 동일한 주물도 적지 않다.[22] 그러나 16～17세기에 주물을 사용한 자, 이를테면 그것을 목에 걸고 다닌 대다수는 문맹이었기에 그것이 무슨 뜻인지를 전혀 이해하지 못했다. 이런 이해불가능성이야말로 주물에 위력을 더해 준 것이었지만 말이다.

그렇지만 주물 사용을 자극한 몇몇 근본 가정을 추적하는 것은 가능하다. 우선, 질병은 몸 안에 불청객이 들어와 발생하는 것이니 그 불청객을 불러내거나 쫓아낼 필요가 있다는 관념이 작용했다. 여기에 가세한 것은 종교적 언어가 이런 실용적 목적에 적합한 신비한 힘을 발휘한다는 믿음이었다. 어떤 주물은 시술자의 능력과 무관하게 효험을 낼 수 있었지만 치료자의 특별한 능력에 의존하는 주물도 있었다. 1638년 랭커셔의 마법사 토마스 호프는 자신의 주물 제작능력에 관

---

Simpson, "On a Seventeenth-century Roll Containing Prayers and Magical Signs", *Journal of British Archaeological Association*, vol. 40 (1884) ; G. Storms, *Anglo-Saxon Magic* (The Hague, 1948) ; T. Davidson, "Animal Charm Cures and Amulets", *Amateur Historian*, vol. 3 (1956～1958) ; C. F. Bühler, "Prayers and Charms in Certain Middle English Scrolls", *Speculum*, vol. 34 (1964) ; T. R. Forbes, *The Midwife and the Witch* (New Haven, 1966), pp. 80～93.

22) 이 흥미로운 유사성의 많은 사례는 *Leechdoms, Wortcunning, and Starcraft of Early England*, O. Cockayne, ed. (Rolls Series, 1864～1867)에 수록되어 있고, F. Grendon, "The Anglo-Saxon Charms", *Journal of American Folk-Lore*, vol. 22 (1909)에서 분석되고 있다. 주물의 복잡한 계보에 관해서는, C. Singer, "Early English Magic and Medicine", *Proceedings of British Academy*, vol. 9 (1919～1920)를 참조할 것. Delcambre, *Le Concept de la sorcellerie*, vol. 3, pp. 229～38에 수록된 치료 비법들도 참조할 것.

해, 소년시절에 삼촌을 따라 로마를 방문해 그곳에서 특별한 물로 몸을 씻은 후부터 생긴 능력이라고 설명했다.[23]

따라서 주문·약·특별한 시술조건 등 원시치료법의 3요소는 수시로 함께 작용했다.[24] 반면에 고객이 왜 민간마술사를 찾는지를 일관되게 설명해 줄 이론은 없었다. 실제로 환자는 통상 사용된 비법에 대해 무지한 상태에 있었다. 민간마술사의 비법은 현대 병원처방의 세부항목이 그렇듯이 일반인에게 내맡기기에는 너무 비밀스럽게 보였다.

> 〔1563년 글로스터셔의 반슬리(Barnsley) 소교구 위원들의 보고에 따르면〕 우리 소교구에는 앨리스 프라베리(Alice Prabury)라는 여인이 살고 있었다. 의심스럽게도 그녀는 주술사가 사용하는 것과 비슷한 것을 사용해서 이상한 병에 걸린 기독교도, 나아가서는 말(馬)을 비롯한 모든 가축을 구제하는 듯 보였다. 그녀는 주문을 사용한 구제를 표방하지만 그 과정에서 누구도 자신의 말을 알아채지 못하게 한다.[25]

메리여왕 치세기의 또 다른 마법사 엘리자베스 페이지(Elizabeth Page)도 비슷한 조치를 취했다. 아픈 아기를 고치려고 서머싯에서부터 그녀를 찾아온 어떤 엄마에 따르면,

> 그녀는 아기를 요람에 누이고 응시하다가 … 요람 곁에 무릎을 꿇고 아기 이마에 성호를 긋고는 아기의 이름을 물었습니다. … 그녀는 아기에게 뭔가를 중얼거렸지만 본 증인으로서는 무엇을 말했는지 알지 못합니다. 그리고 일어나서는 본 증인에게 아기가 곧 회복될 것이니 안심해도 좋다고 말했습니다.

---

23) Lancashire R. P., QSB/1/202/89.

24) C. Geertz, *The Religion of Java*(Glencoe, Ill., 1969), p. 94를 참조할 것.

25) D. R. Gloucester, vol. 20, p. 58.

아기는 이틀 후 회복되었다.[26] 이 사례처럼 비밀스러움은 늘 중요했다. 비록 많은 동시대 주물 관련 서적들이 현존하지만, 그중에서 인쇄되고 출판된 것은 주물이란 협잡이나 악마의 사주에 불과함을 폭로하려는 저서에 국한된다. 환자가 처방된 주물을 휴대하고 다닌 것은 무조건적인 신뢰 때문이었다. 1623년 펠프햄(Felfham)의 존 월터는 이웃여인을 대신해 서식스 마법사 존 소튼(John Sowton)을 방문했다. 이웃여인에게 복용시킬 물 1병, 그녀 품에 지니도록 할 십자가와 여러 상징문양을 그린 종이 1장이 그가 받은 전부였다.[27] 이 절차는 현대 의사의 처방전 발급만큼이나 판에 박힌 것이었다.

그렇지만 현대의 약이 그렇듯이, 처방된 비법 중에는 놀라운 효과로 신뢰를 얻은 것도 많았다. 일례로 서머싯의 베드민스터(Bedminster) 지역에서 의료활동을 전개한 에드먼드 랭던(Edmund Langdon)은 1617년에 환자마다 종이 한 장을 호신용으로 몸에 지니도록 했다. 그에 의하면 그가 제공한 종이는 "수탉 목에 걸면 누구도 그 닭을 죽이지 못할" 정도로 강력한 것이었다.[28] 이런 처방은 동물에게도 자주 주어졌다. 1601년 케임브리지셔에서는 올리버 덴(Oliver Den)이라는 자가 흑마술을 실행한 죄로 기소되었다. 그는

> 빵조각에 글씨를 새겨 어떤 미친개에 물린 개들에게 나누어 주었고, 그럼으로써 물린 개들이 감염되지 않도록 했다. … 월터 워드(Walter Ward)라는 자는 어떤 미친개에 물린 몇 마리 돼지들이 있었는데, 위에서 말한 덴은 여러 개의 사과를 가져와 모두 반으로 쪼개고는 반쪽

---

26) D. R. Wells, D 7(Despositions, 1554~1556).

27) *Churchwardens' Presentments (17th Century), Part I: Archaeology of Chichester*, H. Johnstone, ed. (Sussex Record Society, 1949), pp. 82. 92.

28) *Records of the Country of Wilts*, B. H. Cunnington, ed. (Devizes, 1932), pp. 61~2.

면마다 몇몇 철자를 새겨 물린 돼지 한 마리에 1개씩 주었다. 그것은 돼지가 미치거나 … 죽는 것을 막아 줄 수 있다고 그는 말했다.

종이에 주문을 적어 미친개에게 먹이거나 그것에 물린 동물에게 먹이는 것은 흔한 절차였다.[29]

이처럼 무속인은 신체감염부위를 향해 몇 마디를 중얼거리든가 치료용 비법을 종이에 적어 주는 '강복술사', 혹은 '마법사'였다. 옥스퍼드셔의 애더베리(Adderbury)에서 활동한 무녀 엘리자베스 크랙클로우(Elizabeth Cracklow)에게 1546년에 한쪽 팔이 "탈골된" 기번즈(Gibbons)라는 자가 방문했다. 그녀는 자기 남편을 시켜 "기번즈의 탈골된 팔을 붙들고 치성을 드리도록" 한 후, 손수 여러 방위로 돌면서 그 팔에 성호를 그렸고, 다시 남편을 시켜 "하나님께서 금하셨나니!"를 1회 외치게 했다. 그녀는 큰 명성을 얻었고 "각지의 주민을 치료하기 위해 이리저리 불려 다녔다."[30] 이런 부류의 개업인은 적절한 주문의 올바른 발음에 치료성패가 달려 있다고 믿었다. 하지만 몇몇 기술적 보조물도 사용되었다. 일례로 1604년 노섬벌랜드에서 "환자와 환자재산 관련 동업 마법사"로 기소된 캐서린 톰슨(Katherine Thompson)과 앤 네빌슨(Anne Nevelson)이 그러했다. 이들 동업자의 비법은 환자의 입에 흰 오리의 주둥이를 붙이고 주문을 외는 것이었다. 북동부 지역에서 활동한 또 다른 무녀 앤 그린(Anne Green)은 1654년에 어떤 환자의 양쪽 귀에 밴드를 교차시켜 매고 "어떤 신의 이름으로, 도와주세요!"를 9회 외는 것으로 "가슴앓이"를 치료한 죄를 인정했다. 그녀는 환자

---

29) Ely D. R., B 2/20, f. 48. 다른 사례들은 Aubrey, *Miscellanies*, p. 135; Aubrey, *Gentilisme*, p. 125; J. Hewitt, "Medical Recipes of the Seventeenth Century", *Archaeological Journal*, vol. 29 (1872), pp. 75~6을 참조할 것.

30) Bodl., Oxford Diocesan Papers, d. 14, f. 86.

의 머리카락을 한 움큼 잘라내 환자의 오줌에 넣고 끓인 뒤에 그 끓인 액을 불에 던지는 비법으로 두통환자를 치료한 일도 있었다.[31]

마술 진단법으로 더욱 흔한 것은 환자 복장을 보고 병명을 찾아내는 일이었다. 특히 환자의 허리띠나 거들이 검진대상으로 선호되었는데, 이는 허리띠나 거들의 크기가 늘었다줄었다 하는 것이 착용자의 건강상태를 반영한다는 가정에서였다. 1566년 케임브리지셔의 엘리자베스 모트록(Elizabeth Mortlock)이 그 절차를 묘사한 바 있다. 그녀는,

> 우리 주님의 다섯 상처에 경배하는 주기도문 5회, 성모 마리아의 다섯 환희에 경배하는 아베마리아 5회, 은총의 성부와 성자와 성령과 … 경건한 사도들께 경배하는 사도신경 1회를 각각 자국어로 외우는 것〔으로 시작했다〕. 이 의례가 끝나면 그녀는 자신의 팔꿈치에서 엄지손가락까지의 길이로 아프거나 악마 들린 자의 거들이나 허리띠를 쟀다. 그녀는 사랑의 성인[32] 이름으로 하나님께 환자가 과연 잡귀에 사로잡혔는지 그렇지 않은지를 알려 달라고 간원했다. 그런 후에 그녀는 환자가 귀신들렸으면 허리띠가 줄어들 것이요 그녀의 완척(腕尺)은 보통 때보다 더 멀리까지 미칠 것이라고 말했다.

그녀는 이런 방법으로 '잡귀'(*fairy*)에 사로잡혀 고통을 받던 여러 아이를 치료했노라고 주장했다.[33] 이런 방법이 깊은 전통에 뿌리를 둔 것이었음은, 그녀의 해설이 1세기 훨씬 전에 애그니스 핸콕(Agnes

---

31) *York Depositions*, pp. 127n., 64~5.

32) [역주] 사랑의 성인(Saint Charity)은 로마의 과부 지혜의 성인(Saint Sofia)의 세 딸 중 하나이다. 전설에 따르면, 지혜의 성인은 사랑의 성인 외에도 믿음의 성인(Saint Faith)과 소망의 성인(Saint Hope)을 낳았고 이들 세 딸은 예수 그리스도를 위해 고통을 겪었다고 한다. 이런 이유에서 민간 기도문은 이들 성인을 자주 인용했다.

33) Ely D. R., B 2/5, f. 273.

Hancock)이 자백한 내용과 거의 똑같다는 사실에 의해 입증된다. 핸콕은 서머싯이라는 다른 주에서 활동했음에도 불구하고, 1438년에 환자의 거들이나 구두를 조사해서 '잡귀'에 사로잡힌 아이들을 치료했노라고 자인한 적이 있다.[34)]

이런 종류의 거들 재기는 오랜 관행으로 유럽 전역에서 널리 유행했다.[35)] 그 배후에는 악령('잡귀')이 출현하면 잰 길이가 들쭉날쭉하게 된다는 가정이 놓여 있었다. 이런 관행은 16세기 말에도 여전히 유지되었다. 1592년 케임브리지셔의 덜링햄(Dullingham)에서 머틸더 앨린(Matilda Allin)은 "다양한 환자로부터 취한 스카프, 머리띠, 거들, 조끼" 등을 휴대하고는, "병든 돼지를 재고, 환자로부터 취한 것을 이용해서 흑마술과 주술혐의를 받을 만한 짓을 저지른" 죄로 기소되었다. 이보다 2년 전 요크셔의 히클턴(Hickleton)에서 토마스 볼튼(Thomas Bolton)이라는 자의 아내는 "거들로 어떤 짓을 행하고는 그녀 자신이 당장 죽지는 않을 것이라고 누구에겐가 말했다"고 한다. (이 사건에 관해 요크대주교법원은 "그녀가 마법사인지 아닌지를 의심했다.") 악령에 감응하는 거들의 성질을 이용해 다양한 마술치료가 수행되기도 했다. 이 치료법은 서머싯의 마인헤드(Minehead)에 거주한 조앤 사전트(Joan Sergeant)에 의해 폭로된 바 있다. 그녀의 아이가 앓아누워 있을 때, 어떤 유랑걸식자로부터 "아이의 거들을 다섯 조각으로 잘라 교회로 가져가서 주기도문 5회, 아베마리아 5회를 외운 후,

---

34) *The Register of John Stafford … 1425~1443*, T. S. Holmes, ed. (Somerset Record Society, 1915~1916), vol. 2, pp. 225~7.

35) [역주] '거들 재기'(*girdle-measuring*)는 거들의 원주길이가 무시로 변하는 것을 악령의 출현으로 진단하는 방법이다. 거들이나 허리띠는 악령에 가장 잘 감응하는(*sympathetic*) 것으로 간주되었다. 진단 후에는 퇴마의례가 진행되었다. 때로는 거들이나 허리띠를 조각조각 잘라서 땅에 묻는 의례가 수반되기도 했다. 특히 프랑스와 잉글랜드에서 유행했다.

교회마당 5곳에 한 조각씩 묻으라는" 조언을 들었다고 자백했다.[36)]

나머지 비법들 중에는 환자의 회복을 돕고자 산 동물을 불태우거나 매장하는 것,[37)] 환자를 남쪽으로 흐르는 물에 빠트리는 것, 환자를 질질 끌고 나무숲이나 가시덤불을 통과하는 것,[38)] 환자에게 특별한 지팡이를 대는 것 등이 포함되었다. 1523년 레스터셔의 세이프코트(Sapcote)에서 존 손턴(John Thornton)은 지난 30년간 "모세 지팡이"로 동물을 치료해왔노라고 주장했다.[39)] 교회마당에 구멍을 파라, 오줌에 달걀을 삶아라, 황소꼬리에 널빤지와 소금과 약초를 묶으라는 등 무속인이 고객에게 내린 처방은 갖가지였다.[40)]

---

36) D. R. Ely, B 2/12, f. 11; Borthwick, R. VI. A 10, f. 224; Wells D. R., A 7. 또한 A. D. Rees, "The Measuring Rod", *Folk-Lore*, vol. 66(1955)도 참조할 것. 잉글랜드 밖의 사례는, Thorndike, *Magic and Science*, vol. 1, p. 512; Delcambre, *Le Concept de la sorcellerie*, vol. 3, pp. 31~5; J. Grimm, *Teutonic Mythology*, J. S. Stallybrass, trans. (4판, 1883), pp. 1163~5; P. Kemp, *Healing Ritual. Studies in the Technique and Tradition of the Southern Slaves*(1935), pp. 120~6; Lea, *Materials*, p. 619를 참조할 것.

37) 이를테면 Kittredge, *Witchcraft*, pp. 93~7; C. M. L. Bouch, *Prelates and People of the Lake Counties*(Kendal, 1948), p. 216; *Notes and Queries*, vol. 1 (1849~1850), p. 294.

38) Ewen, vol. 2, p. 447; *Durham Depositions*, pp. 99~100; Brand, *Popular Antiquities*, vol. 3, pp. 287~93; T. Jackson, *A Treatise containing the Originall of Unbeliefe*(1625), p. 179; A. Hussey, "Archbishop Parker's Visitation, 1569", *Home Counties Magazine*, vol. 5(1903), p. 115.

39) A. P. Moore, "Proceedings of the ecclesiastical courts in the Archdeaconry of Leicester, 1516~1535", *Associated Architectural Societies, Reports and Papers*, vol. 28(1905~1906), p. 613. 비슷한 사례는, Hale, *Precedents*, p. 108; *The Fabric Rolls of York Minster*, J. Raine, ed. (Surtees Society, 1859), p. 266을 참조할 것. 모세의 지팡이에 관해서는 이 책 2권 pp. 128~129를 참조할 것.

40) W. Drage, *Daimonomageia*(1655), p. 39; Bouch, *Prelates and People of the Lake Counties*, p. 216; Hertfordshire R. O., HAT/SR 2/100(이 문헌은 *Hertfordshire County Records*, vol. 1, W. J. Hardy, ed. 〔Hertford, 1905〕,

켄트에서 앨리스 바우어먼(Alice Bowreman)은 붉은 쐐기풀과 푸른 의복을 몇 마디 주문과 함께 사용했다. 노섬벌랜드에서 마거리트 스토더드(Margaret Stothard)는 병든 아이의 입에 그녀의 입술을 맞대고 "큰소리가 나도록 빨아댔는데, 앞서 언급된 아이의 엄마는 아이의 심장을 빨아들인 것으로 생각해 몹시 놀랐다"고 한다.[41] 이 같은 마술치료법은 긴 목록으로 나열해도 부족함이 없을 정도였다. 그러나 그 모든 비법의 원천으로 작용한 원시적 상징성은 그 원래의 의미를 거의 알아볼 수 없게 되었다. 16세기에 이런 의료활동은 단일한 정합적 우주론이나 분류체계를 반영한 것이 아니라 다양한 사고체계의 수많은 편린들이 얽히고설켜 구성된 것이었다.

민간마술사의 의료행위에서 가장 이채로운 특징은 환자의 질환에 대해 늘 초자연적 원인을 진단할 준비가 되어 있었다는 점이다. 민간마술사는 환자가 악령이나 유령이나, '잡귀'에 사로잡혔다, 혹은 환자가 '저주받았다', '악마 들렸다', 쉬운 말로 주술에 걸렸다(*bewitched*)는 식으로 진단했다. 실제로 민간마술사의 명성은 이런 진단에서 누린 권위에 크게 의존했다. 가령 16세기 중반에 켄트의 메이드스톤(Maidstone) 주민들은 스스로 악마에 들렸다는 의심이 들면, 이웃마을(*Bethersden*)에 사는 그 방면의 전문 흑마술사 카이트럴(Kiterell)을 찾아가 조언을 구할 수 있었다. 다른 예로, 1576년 에식스의 호른처치(Hornchurch)에서 제임스 호프킨(James Hopkinne)은 주인의 가축이 주술에 걸렸다는 것을 알고는 자연스럽게 무녀 마더 피소어(Mother Persore)를 찾아가 도움을 청했다. 1598년 요크셔에서 윌리엄 테일러

---

pp. 3~4에 축약되어 있다).

41) *Archdeacon Harpsfield Visitation, 1557*, vol. 1, p. 109; E. Mackenzie, *An Historical, Topographical, and Descriptive View of the County of Northumberland* (2판, Newcastle, 1825), vol. 2, p. 34.

는 위도우 하이(Widow Haigh)와 위도우 카(Widow Carr)라는 두 무녀에게 사람을 보내 자신의 질환을 치료할 방도를 알아오도록 한 일로 기소되었다. 두 무녀의 결론은 그가 주술에 걸렸다는 것이었다.[42] 그밖에도 많은 민간마술사들이 이 방면에서 솜씨를 보였다.

주술을 진단하기 위해 무속인은 다채로운 방법을 사용했다. 민간에 잘 알려진 기술은 주술 희생자의 오줌을 끓이거나, 주술 용의자의 초가지붕에서 짚을 한 움큼 떼어내 불태움으로써, 주술을 거는 장면이 나타나는지를 살피는 것이었다. 거울, 수정구, 체와 가위,[43] 부리는 영 등 다른 점복수단이 대안으로 사용되기도 했다.[44] 1555년 톤튼(Taunton)에서 조앤 티리(Joan Tyrry)는 이웃 가운데서 주술사를 신속히 식별해낸 일이 있었다. 그녀는 그 일로 소환되어 어떻게 그럴 수 있었는지 해명해야 했는데, 그녀의 대답은 의외로 간단했다. 잡귀들이 일러준 대로 말했을 뿐이라는 것이었다.[45] 1594년 요크에서 커스버트 윌리엄슨(Cuthbert Williamson)은 일종의 초(超)감지능력에 의해 고객이 신들렸는지를 언제나 판별할 수 있다고 주장했다. 고객이 신들린 경우에는 자신의 두 눈에 눈물이 넘쳐흐른다는 것이었다. 다

---

42) J. Halle, *An Historiall Expostulation*, T. J. Pettigrew, ed. (Percy Society, 1844), pp. 28~9; Hale, *Precedents*, p. 163; Borthwick, R. VI. E. 1a, f. 64.

43) [역주] '체와 가위'(*sieve and shears*)를 이용한 점치기는 균형점(*coscinomancy*)이라 불린다. 이것은 고대 그리스부터 중세와 근대 초에 이르기까지 유럽 전역에서 유행한 점술로 주로 범죄자를 찾는 데 이용되었다. 체를 걸어 놓고 주문을 외워 체의 흔들림으로 악령의 출현을 감지하는 기술이 이용되기도 했고, 체의 둥근 면을 가위의 양날에 끼워 세운 뒤에 용의자를 시험하는 기술이 이용되기도 했다.

44) 이런 기술에 대해서는 이 책의 8장을 참조할 것. 이런 기술의 사용을 가장 잘 보여주는 사례는, Lambeth, V/Di/III/3("하나님과 성 스티븐의 이름으로" 체와 가위를 사용한 사례, 1558); Ewen, vol. 2, 190, 230(거울과 수정구를 사용한 사례), 234(부리는 영을 사용한 사례)에서 찾을 수 있다.

45) Wells D. R., A 21 and A 22. 이 책의 2권 pp. 152~3, 185~7도 참조할 것.

른 무속인들은 시술자의 눈동자에 비친 자기 모습을 보지 못하는 자, 혹은 시술자가 일러준 기도문을 따라하지 못하는 자를 악마 들린 자로 판단하기도 했다.[46]

일단 환자가 주술에 걸렸다고 판단하면 민간마술사는 다양한 치료법을 제시했다. 일부 치료법은 기독교적 수단을 적절히 운용하기만 하면 어둠의 세력을 물리치기에 충분하다는 관념을 반영했다. 1622년 런던의 경험치료인 로버트 부커(Robert Booker)는 어떤 환자에게 주술에 걸렸다는 진단을 내린 후, 환자의 몸에 기름을 바르고 다음과 같은 주문을 외웠다. "물어뜯는 세 놈, 즉 심장, 혀, 눈이 그를 물어뜯었으니, 이제 더 우세한 성삼위, 즉 성부, 성자, 성령께서 그를 도우소서!" 이것은 표준적인 주문으로 많은 용례가 오늘날까지 전해진다.[47] 여기에는 주술의 세 원천이라 할 수 있는 것, 즉 숨은 악의('심장')와 독한 말('혀')과 환상('눈')이 모두 함축되었고, 종교는 그 세 원천을 감당하기에 충분한 힘을 지녔음이 강조되었다. 하지만 정통 프로테스탄트 집단이 이런 견해를 유지한 것은 아니었다. 많은 민간마술사에게서 발견되듯이, 그것은 대체로 가톨릭교와 뚜렷한 관련성을 가진 견해였다. 일례로 1590년대 초 노팅엄셔에서 조앤 베티슨(Joan Bettyson)은 악마 들

46) J. S. Purvis, *Tudor Parish Documents* (Cambridge, 1948), pp. 199～200; Bodl., MS e Mus. 173, f. 63v; Bernard, *Guide*, p. 138.

47) C. Goodall, *The Royal College of Physicians* (1684), pp. 403～4; (부커에 관해서는) Sir G. Keynes, *The Life of William Harvey* (Oxford, 1966), p. 65. 다른 사례는 다음 문헌을 참조할 것. Kittredge, *Witchcraft*, p. 39; Lancashire R. O., QSB/1/139(81) (이 문헌은 1634년의 Henry Baggilie 사건을 다룬 것임); A. Watkin, *Dean Cosyn and Wells Cathedral Miscellanea* (Somerset Record Society, 1941), p. 157. 이 주문의 다른 버전은 다음 문헌을 참조할 것. B. M. Egerton MS 825, f. 109v; Bodl., MS e Mus. 173, f. 63; Bodl., Douce MS 116, pp. 145, 148; Bodl., Add. MS B. 1, f. 45v; K. M. Briggs, *Pale Hecate's Team* (1962), pp. 262～3.

린 가축을 구제하는 데 주기도문 15회, 아베마리아 15회, 사도신경 5회를 사용했다. 이것은 그녀가 할머니에게서 배운 비법이었다. 그로브즈(Groves)라는 이름으로 활동한 노팅엄셔의 또 다른 흑마술사는 주술을 막는 예방부적으로 《요한복음》 사본을 고객에게 판매했다. 잡귀의 영통한 벗을 자처한 조앤 테리(Joan Terry)는 주술에 걸린 자에게 약초를 처방했는데, 그녀의 약초는 주기도문 5회, 아베마리아 5회, 사도신경 1회를 외고 채집된 것이었다. 카마던셔에서 마거리트 데이비드(Margaret David)는 "예루살렘에서" 가져온 물과 흙으로 자신의 병을 치료했다.[48)]

그렇지만 취해진 조치 중에는 종교적 믿음과 전혀 무관한 것도 있었다. 1555년 서머싯의 블래그던(Blagdon)에서 엘리자베스 페이지가 벌인 극적 치료과정을 살펴보자. 엘리자베스 라이트(Elizabeth Wryte)라는 여인이 그 무녀에게 병든 딸의 치료를 부탁했다. 그 무녀는 처음 아이를 보러 와서는 아무 말 없이 되돌아갔다. 며칠 후 걱정이 된 엄마는 그녀를 다시 찾아가 "아이가 저주받았거나 주술에 걸렸다면 도와줄 수 없겠는지"를 재차 간청했다. 페이지는 "그러지요"라고 답하면서, 아이의 치료법을 다음과 같이 설명했다.

> 아이를 돕기 전에 먼저 그녀 자신이 아이가 겪었던 (그래서 거의 죽을 뻔했던) 것과 똑같이 앓는 상태에 놓여야 하는데, 그녀의 남편이 서둘러 도착해도 잠들려면 자정이나 되어야 하고 그 시간에 그녀가 일어나서 아이를 치료하는 것은 힘드니, 본 증인(아이엄마)이 그녀 대신 아

48) R. F. B. Hodgkinson, "Extracts from the Act Books of the Archdeacons of Nottingham", *Transactions of Thoroton Society*, vol. 30(1926), p. 51; *Records of the Borough of Nottingham*(Nottingham, 1882~1956), vol. 4, p. 275; Wells D. R., A 21; Ewen, vol. 2, p. 331. 악마 들린 자의 치료에서 가톨릭 기도문이 수행한 역할에 대한 더 상세한 논의는, 이 책의 15장을 참조할 것.

이를 그녀의 침대에서 돌보고 있다 보면 자정쯤에 아이가 회복될 것이라고 말했다. 그리고는 지체 없이 떠났다. 자정에서 한 시간쯤 지났을 때 본 증인 곁에서 (비몽사몽간에) 잠들어 있던 아이가 회복되어 음식을 먹었다. 이 일이 있은 지 얼마 되지 않아 그녀가 왔다. 그녀는 아이를 보더니 모인 사람들 앞에서 공공연히 말했다. "내가 대신 죽지 않았더라면 벌써 죽었을 테니 이 아이는 내 아이입니다."[49]

이 일화는 질병이란 외부에서 침입한 것이어서 적절한 절차를 거치면 어떤 보유자로부터 다른 보유자로 옮길 수 있다는 관념이 여전히 지속되었음을 잘 보여주는 증거이다. 랭커셔의 마법사 헨리 배길리(Henry Baggilie)의 시술에 작용한 것도 동일한 관념이었다. 1634년 그는 그의 부친이 "어떤 네덜란드인"에게서 배운 비법을 이용했다고 자백하면서, "치성을 드리는 내내 … 갑자기 병에 걸리거나 절름발이가 되었고 그때마다 그의 치성을 받는 사람이나 짐승이 괴로워하는 모습과 똑같았다"고 덧붙였다.[50]

마술적인 질병치료와 특히 밀접하게 관련된 것은 분만중인 여성을 보호할 목적에서 고안된 다양한 관행이었다. 중세교회는 산모가 고비마다 성모 마리아께 기도하고 성물에 의지할 것을 장려했고, 이런 관행은 종교개혁기까지도 자주 되풀이되었다. 그렇지만 교회의 축복에 기대지 않은 비법도 많았다. 거들 같은 수단을 이용해서 산통을 줄이는 것, 모든 궤짝과 문짝을 열어 놓는 것, 주문과 기도문을 외우는 것 등은 시골 산파 레퍼토리에서 단골메뉴였다.[51] 그 외에도 태아를 꼼

---

49) Wells D. R., D 7.

50) Lancashire R. O., QSB/1/139(81). 동일한 원리가 적용된 다른 사례는, Ewen, vol. 2, pp. 175, 323, 448; Drage, *Diamonomageia*, p. 43을 참조할 것. 신들림에 대한 다른 치료법은, 이 책의 17장을 참조할 것.

51) Kittredge, *Witchcraft*, pp. 114~5; Brand, *Popular Antiquities*, vol. 2, pp. 67

꼼히 살펴보면 예상수명을 점칠 수 있다는 믿음, 혹은 대망막을 머리에 쓰고 태어난 아기는 행운을 달고 다닌다는 믿음이 수반되었다. 17세기 중반까지도 시골 젠틀맨 중에는 자기 대망막을 보물처럼 간직하다가 후손에게 물려준 예가 있었다.[52]

임신을 조절하거나 태아의 성별을 결정하려 한 마술적 노력도 심심치 않게 발견된다. 아주 흔한 비법으로, 1613년 매리 우즈(Mary Woods)라는 주술사는 에식스 백작부인에게 어떤 분말가루를 주면서 임신을 원할 때 그것을 목에 바르라고 권했다.[53] 이보다 흔치 않은 사례는 1533년에 햄프셔의 뉴앨러스퍼드(New Alresford)에서 이디스 후커(Edith Hooker)라는 여인이 취한 조치이다. 그녀는 "남성의 정자 없이도"(*sine virili semine*) 여성을 임신시킬 수 있다고 주장했다. 한 증인에 따르면, 그녀는 "어떤 부인에게 아기를 갖게 해 줄 약을 제공했는데, 그 약은 말똥처럼 생긴 것"이었다고 한다. 이 사례는 '호문쿨루스'를 창조하려는 연금술적 인체연성을 민간에서 모방한 것이었을 수 있다.[54] 즉, 토마스 브라운 경이 "이 진부하고 천박한 성관계"라 부른

---

~72; Scot, *Discoverie,* XI. xv; 이 책의 2권 pp. 171~2. 전형적인 주문으로는, B. M. Harley MS 1735, f. 40; Sloane 1311, f. 33v를 참조할 것.

52) Brand, Popular Antiquities, vol. 3, pp. 114~9; A. Roberts, A Treatise of Witchcraft (1616), pp. 65~6.

[역주] 대망막은 태아의 머리 쪽에 붙은 양막의 일부로 그물처럼 생겼다. 이 막을 말려서 간직하다가 자손에게 물려준 사례는 20세기에도 발견된다. 베이트맨(A. Bateman)이라는 사람이 1907년에 자손에게 유증한 대망막은 사진과 같은 모습이었다.

53) *C. S. P. D.*, 1611~1618, p. 187 (cf. p. 183). 비슷한 비법은 Sloane 3846, f. 15v; Bodl., MS e Mus. 243, f. 13.

54) [역주] '호문쿨루스'(Homunculus)는 연금술사의 인체연성 과정에서 창조되는 아주 작은 인조인간이다. '극미인'(極微人)으로 번역되기도 한다. 기원후 3세기에 조시무스(Zosimus the Hermit)에 의해 처음 언급되었으며, 특히 아랍세계의 연금술에서 '타크윈'(*takwin*)이라는 연금술의 정화로 소개되었다. 이 존재

것이 없이도 자손을 이어가려 한 로젠크로이츠 형제단의 열망을 모방한 것 같다는 말이다.[55] 1520년 옥스퍼드셔의 사우스리(South Leigh)에서도 비슷한 사례가 발견된다. 존 핍스(John Phipps)와 그의 아내는 아기요람을 밤새도록 부부침대 곁에 두고 "마치 그 안에 아이가 들어 있는 것처럼" 다루었다는 혐의로 소교구 위원들에 의해 고발되었다.[56] 당시 교회당국은 이런 행위를 우상숭배 사건으로 다루었지만, 사실상 그것은 모방에 의해 원하는 효과를 얻으려 하는 감응마술의 국지적 사례였을 가능성이 높다. 즉, 그 부부는 아기를 원했을 것이라는 말이다. 반면에 피임용 주물은 상대적으로 희귀했는데, 이는 질외사정이나 많은 낙태용 물약과 알약 같은 친숙한 수단이 주물보다는 피임수단으로 더 선호되었음을 암시한다.[57]

태아성별을 미리 결정하는 것에 관해서는, 원하는 성별의 아이를 낳으려면 침대 오른쪽에 누워야 한다는 등 고대의학에서 파생된 다양한

---

는 실험실에서 인공적으로 '만든' 인간일 수도, 연금술사의 고된 자기수련 과정에서 '밖으로 나오는' 그의 분신일 수도, 심지어는 연금술의 불완전성에 대한 상징일 수도 있다.

55) Winchester D. R., C. B. 6, pp. 71, 75; Sir T. Browne, *Religio Medici* (1643), ii, 9. [역주] 로젠 크로이츠 형제단(Rosicrucians)은 가공의 독일인 로젠 크로이츠(Rosen Kreuz)를 시조로 하는 비밀결사로, 17세기 초에 독일과 잉글랜드에 큰 반향을 일으켰다. '장미십자회'로 번역되기도 하는데, 이는 시조의 이름을 직역한 것으로 옳지 못한 번역이다. 토마스 브라운 경은 그 형제단의 일원으로 알려져 있다.

56) *Oxfordshire Archaeological Society Report*, vol. 70 (1925), p. 95.

57) 마술적 낙태와 피임에 관해서는, Ewen, vol. 1, p. 318; Aubrey, *Gentilisme*, p. 118; Borthwick, R. VI A 13, ff. 64v~65 (1594); W. W(illiams), *Occult Physick* (1660), p. 135; J. T. Noonan Jr., *Contraception* (New York, 1967); 이 책의 3권 pp. 380~81. *Three Chapters of Letters relating to the Dissolution of Monasteries*, T. Wright, ed. (Camden Society, 1843), p. 97에는 16세기 초의 질외사정에 대한 실감 나는 묘사가 수록되어 있다.

전승이 유지되었다. 이런 전승은 《아리스토텔레스 걸작선》(1684, 그 후로도 자주 중간〔重刊〕됨)을 위시한 여러 매뉴얼들을 통해 널리 유포되었지만,[58] 과연 이 매뉴얼들이 진지하게 받아들여졌는지에 관해서는 증거를 찾기 힘들다.[59] 가끔이나마 태아성별을 예측해 달라는 요청을 받으면 무속인은 상투적인 점복방법들 중 하나를 사용해 성별을 점쳤는데, 그 방법들 중 일부에서도 고대의 영향은 뚜렷했다. 그렇지만 17세기 산모 가운데 패리시 여사의 능력을 따를 자는 없었다. 휘그파 정치인 굿윈 워튼의 애인이었던 그녀는 임신할 때마다 즉시 태아성별을 장담할 정도로 놀라운 마술적 능력을 보여주었다.[60] 당연히 그녀는 사기꾼이었지만 그녀 애인은 그녀의 주장을 진지하게 받아들였다.[61]

마술치료의 전 영역에서 자연적 치료법과 초자연적 (혹은 상징적)

---

58) 그 밖에도 (T. Lupton), *A Thousand Notable things*(1660), pp. 13, 24를 참조할 것. 이 주제에 대한 갈레노스의 가르침에 관해서는, Thorndike, *Magic and Science*, vol. 1, p. 175를 참조할 것. 축산업에서도 비슷한 방법이 사용된 것에 관해서는 이 책의 3권 pp. 408~9를 참조할 것.

59) [역주] '아리스토텔레스 걸작선'(*Aristotle's Masterpiece*)은 성생활과 임신을 다룬 매뉴얼로 아리스토텔레스와는 무관한 작품이다. 윌리엄 새먼(William Salmon)이 실제 저자라는 설도 있다. 외설적인 내용이 많았지만 결혼을 앞둔 남녀에게 성교육서로 큰 인기를 누렸다. 1960년대까지 금서로 지정되었다.

60) [역주] 굿윈 워튼(Goodwin Wharton: 1653~1704)은 해군제독이자 정치인으로 제임스 2세와 반목하다가 명예혁명 이후 출세가도를 달린 인물이다. 그는 스스로 연금술에 심취하기도 했고 난파된 보물선을 찾으러 원정대를 보내기도 했는데, 이것은 주로 그의 애인 매리 패리시(Mary Parish)의 영향이었다고 한다. 그녀는 접신술사로 뛰어난 예지력에 의해 그를 도왔다고 한다.

61) 워튼의 자서전(B. M., Add. MSS 20,006~007), vol. 1, ff. 45, 68v, 83v, 84v, 106v, 107 등. Ben Jonson, *An Entertainment of the Blackfriars*(1620)에 등장하는 산파도 성별을 예언할 수 있었다. 앨런 맥퍼린 박사는 1589년의 한 성별 점술에서 체와 가위가 사용된 사례를 발견한 바 있다(Essex R. O., D/ACA 18, f. 80). 개설적인 내용은 Forbes, *The Midwife and the Witch*, pp. 50~63을 참조할 것.

치료법 간에 뚜렷한 경계를 긋기 힘들 때가 많다. 오늘날 우리에게 마술적인 것으로 보이는 17세기 처방들 중 다수는 자연물의 물리적 속성에 대한 당시만의 (오늘날에는 폐기된) 가정(假定)에 뿌리를 둔 것이었다. 크리스토퍼 해턴 경이 엘리자베스 여왕에게 역병 예방용 반지를 보냈을 때, 혹은 일라이어스 애쉬몰이 말라리아를 물리치고자 거미 세 마리를 품에 넣고 다녔을 때,[62] 그들은 마술에 의존한 것이 아니라 그 나름의 물리적 원리에 따른 치료법을 실행한 것이었다.[63] 17세기 연구자는 당시 사회 각계각층이 이런 물건에 의존했음을 간과해서는 안 된다. 1633년 뉴캐슬 백작부인은 산통진정용으로 덜그렁거리는 이글스톤(*aetites*)을 품에 지니라는 조언을 받았다.[64] 왕립협회 회원 새뮤얼 핍스는 복통치료용으로 토끼 발 목도리를 두르고 다녔다. 저명한 비국교도 존 알린(John Allin)은 유해(遺骸)에서 자란 이끼를 소중히 여겼다. 리처드 백스터는 고질병을 치료하려고 작은 금덩이를 삼켰지만 다시 뱉어내지 못하고 있었는데, 이에 절망한 회중의 간절한 기도에 힘을 얻어 가까스로 뱉어낼 수 있었다.[65] 이런 물건이 유용하

---

62) [역주] 크리스토퍼 해튼 경(Sir Christopher Hatton: 1540~1591)은 대법관을 지낸 정치인이자 엘리자베스 여왕의 숨은 애인으로 알려진 인물이다. 노샘턴셔 출신으로 옥스퍼드에서 수학한 후 엘리자베스의 총애로 왕실호위대장으로 활동했다. 하원 대변인을 거쳐 1587년에는 대법관에 올랐다. 일라이어스 애쉬몰(Elias Ashmole: 1617~1692)은 왕당파 정치인이자 고물수집가이자 연금술사로 유명한 인물이다. 그는 스태퍼드셔의 남작가문 출신으로 여러 과부와 차례로 결혼해 거부로 성장했으며, 막대한 부를 연금술 실험과 기물(奇物) 수집에 쏟아부었다. 그의 박물관은 오늘날까지도 많은 사랑을 받고 있다.

63) B. M. Harley MS 416, f. 200; Joston, *Ashmole*, p. 1680.

64) [역주] 이글스톤(*eaglestone*: *aetites*)은 출산 관련 주물로 각광을 받은 철광석이다. 이 광물은 독수리의 위장이나 목에서 발견된다고 믿어졌으며, 조산을 막고 간질을 치료하는 효능이 있는 것으로 여겨졌다. 내부에 작은 알갱이들이 들어 있어 덜그렁 소리를 낸다.

65) *H. M. C. Portland*, vol. 2, p. 123; W. G. Bell, *The Great Plague in London*(개

다는 믿음의 종국적 원천은 다양한 피조물 간 상응성과 유사성에 따라 사물을 분류한 해묵은 분류체계였다. 16세기까지도 서명이론 신봉자는 여전히 많았다. 이 이론에 따르면 모든 약초에는 고유한 용도가 선명하든 흐릿하든 각각 서명되어 있었다. 이를테면 노란 꽃의 노란색은 황달에 효험이 있음을 지시했고, 발 모양을 닮은 뿌리식물은 발 통풍(痛風) 치료제가 되었다.[66] 이 같은 유비추론에 비추어 보면, 덜겅이는 알갱이를 품은 이글스톤이 왜 임산부에 도움이 되는지는 쉽게 알 수 있을 것이다. 그렇지만 17세기에 이르러 이런 상징적 용법은 거의 사라졌다. 그 대신 두꺼비, 비둘기, 금반지, 뱀가죽의 의학적 용도가 그 각각에 내재한다고 믿어진 자연속성의 견지에서 정당화되었다.

환자오줌으로 진단하고 예측하는 무속인 관행에도 비슷하게 애매한 구석이 있었다. 1631년에 출판된 어떤 매뉴얼은 환자오줌에 쐐기풀을 24시간 담가두는 것으로 그 환자가 회생할지 죽을지 판단할 수 있다는 확신을 독자에게 전했다. 쐐기풀이 시들어 마르면 환자는 죽고 신선하게 녹색을 유지하면 회생한다는 것이었다.[67] 그렇지만 정

---

정판, 1951), pp. 163~4, 259~60; R. Baxter, *The Certainty of the World of Spirits* (1691: 1834년 판), p. 70. 이 방대한 주제와 관련된 증거를 보려면, Scot, *Discoverie*, XIII. vi; Aubrey, *Gentilisme*, index, '부적' 항목; Burton, *Anatomy*, vol. 2, p. 250; Forbes, *The Midwife and the Witch*, pp. 64~79; G. F. Still, *The History of Paediatrics* (1931), p. 122; N. Hodges, *Loimologia*, J. Quincy, ed. (1720), pp. 218~22; J. Evans, *Magical Jewels of the Middle Ages and the Renaissance* (Oxford, 1922), 7~8장; C. N. Bromehead, "Aetites or the Eagle-Stone", *Antiquity*, vol. 21 (1947); A. A. Barb, "Birds and Medical Magic. 1. The Eagle-Stone", *Journal of the Warburg and Courtauld Institutes*, vol. 13 (1950) 등을 참조할 것.

66) 이 책의 2권 pp. 100~2도 참조할 것.

67) G. Simotta, *A Theater of the Planetary Houres* (1631), pp. 30~1. 비슷한 의학지식은 *The Iudycyall of Uryns* (1527?); *The Key to Unknowne Knowledge* (1599); J. Hart, *The Anatomie of Urines* (1625); T. Brian, *The Pisse-*

규교육을 받은 내과의들도 오줌을 다목적으로 이용했기 때문에, 그 관행이 어디까지 자연적이고 어디부터 초자연적인지를 꼭 집어 말하기는 힘들다. 그런가 하면 당시 신플라톤주의에 물든 많은 지성인들은 주문이나 주물이 발휘한 효과를 순수하게 자연적인 견지에서 설명할 준비가 되어 있었다.[68]

은비한 영향과 감응에 대한 신플라톤주의의 믿음에 의해 마술치료를 정당화한 사례로 가장 주목할 것은 1630년대에 열띤 논쟁을 야기한 '무기연고'이다. 사람에게 상처를 입힌 무기에 연고를 발라서 그 상처를 치료한다는 관념은, 오늘날 우리에게는 황당한 소리로 들릴 수 있지만 그 의도 자체가 마술적인 것은 아니었다. 무기에 어떤 특별한 연고를 바르면 말라붙은 피에 아직 살아 있던 영이 자극을 받아 상처 입은 육체로 되돌아갈 수 있는데, 30마일이나 떨어진 곳에서도 상처를 치료할 수 있다고 주장되었다. 케넬름 디그비 경은 무려 29판이나 출판된 그의 저서에서, 무기연고 치료가 어떻게 "자연적으로, 마술에 의존하지 않고" 가능한지를 해설했다.[69] 그는 1658년에는 전국의 거

---

*Prophet, or Certaine Pisse-Pot Lectures* (1637); E. P(oeton), "The urinall crackt in the carriage" (Sloane 1954, ff. 143~160)를 참조할 것. 오줌과 임신테스트에 관해서는 Forbes, *The Midwife and the Witch*, pp. 34 ff.를 참조할 것.

68) [역주] 프랜시스 예이츠(Francis Yates)에 따르면 16세기 신플라톤주의의 핵심은 헤르메스주의이다. 이집트의 헤르메스 트리스메기스토스(Hermes Trismegistos)를 시조로 삼은 그 조류는 영이나 초자연적 존재의 움직임을 자연적인 것으로 설명하는 경향이 있었다. 일례로 별이 지상의 사건에 미치는 영향은 비가시적 실체를 별빛이 운반한 결과로 설명되며, 부적으로 별의 영향을 이끌어내는 것은 부적에서 '방출된' 어떤 기운이 별에 전달되어 발생하는 것으로 설명된다.

69) [역주] 케넬름 디그비 경(Sir Kenelm Digby: 1603~1665)은 버킹엄셔 출신으로 1606년에 화약음모사건으로 처형된 에버라드 디그비의 아들이다. 옥스퍼드에서 수학했으나 학위 없이 대학을 떠난 그는 정치에 입문해 찰스 1세의 추밀원 의원으로 발탁되었다. 그는 내란기에 잠시 프랑스로 망명했다가 잉글랜드로

의 모든 이발사-외과의가 그의 비법을 안다고 주장하기도 했다.[70] 그러나 감응치료의 용도가 과연 민간에서도 그처럼 고상한 지적 토대 위에 정당화되었을지는 의심스럽다. 실제로 감응치료는 그런 정당화 근거가 잊혀진 지 오래인 19세기까지도 민간요법의 현저한 특징으로 지속되었다.[71]

사실상 환자의 관점에서 보면 자신의 이해력을 벗어난 모든 의료처방은 마술적인 것이었다. 보이지 않는 은비한 수단으로 효험을 낸다는 의미에서 그러했다. 독약을 흑마술로 여기는 뿌리 깊은 오해는 여기에서 비롯된 것이었다.[72] 늘 전문의학에 기죽어 지내는 일반인으로서는 온갖 치료의 배후에 놓인 이론적 근거를 이해하려는 기대마저

---

돌아와 투옥되었으며, 왕정복고 이후에 복권되었다. 그는 연금술 및 점성술에 정통한 인사로 특히 공감마술로 유명했지만, 17세기 실험과학의 발전에 기여한 것으로 평가된다.

70) [역주] 이발사-외과의(*barber-surgeon*)는 이발사와 외과의를 겸직한 낮은 수준의 의료인이다. 주로 전쟁터를 따라다니면서 전투중이나 전후 후에 부상자를 치료하는 역할을 수행했다. 때로는 성채에 머물면서 주민을 치료하기도 했다. 대학교육을 받은 후 외과의 면허를 취득한 전문외과의와 구별된다.

71) W. Foster, *Hoplocrisma-Spongus*(1631); (R. Fludd), *Doctor Fludds answer unto M. Foster*(1631)(이 문헌에서 천 가지가 넘은 치료법이 제시되었고, 그 일부는 귀족층 사이에서 사용되었다), p. 124; Fludd, *Mosaicall Philosophy*(1659), pp. 221~34, 236~92(이 문헌은 많은 치료사례를 인용한다); Sir Kenelm Digby, *A Late Discourse … touching the Cure of Wounds by the Powder of Sympathy*, R. White, trans. (1658), pp. 3, 14; N. Highmore, *The History of Generation*(1651), 부록; J. Primrose, *Popular Errours*, R. Wittie, trans. (1651), pp. 400~34; B. M., Add. MS 28, 273, f. 141(이 문헌은 존 로크의 부친이 사용한 비법이다); R. T. Peterson, *Sir Kenelm Digby*(1956), pp. 264~74; S. Boulton, *Medicina Magica*(1656); (C. Irvine), *Medicina Magnetica*(1656); H. More, *The Immortality of the Soul*(1659), pp. 453~7; Pettigrew, *On Superstitions connected with the History and Practice of Medicine*, pp. 157~67; Sir J. G. Frazer, *Aftermath*(1936), pp. 60~2; 이 책의 2권 pp. 102~4, 3권 pp. 215~7.

72) 이 책의 3권 pp. 14~5도 참조할 것.

갖기 힘들었다. 새뮤얼 버틀러는 '약 복용자'(*Medicine-Taker*)에 관해, "그에게 의사란 은비한 일을 행하는 접신술사와 다르지 않으니 그렇게 믿도록 하는 것은 의사 자신"이라고 해설할 수 있었다. 다른 동시대인의 관찰도 다르지 않았다. "어떤 사람들은 … 전혀 꼼짝도 하기 힘들 때면, 주물을 이용해서 모든 고통을 벗겨줄 수 있는 자를 모셔오듯이 내과의를 모셔온다"는 것이었다. 1697년 어떤 내과 레지던트는 바스(Bath) 지역의 온천마저 "기적에 의해 고쳐 주는" 것으로 여기는 자가 많다고 보고했다.[73]

사람들은 다양한 유형의 치료법들에 대해 그 차이점을 분간하지 못했다. 1592년 존 그레이브(John Grave)는 가축용 약을 구하러 에식스의 무속인 파더 파푸스(Father Parfoothe)를 찾아간 일이 있었음을 인정하면서도, 자신은 그를 주술사로 여기지 않았다고 밝혔다. 1598년 폴 릭던(Paul Rigdon)은 아내가 병들었을 때 마더 체임버즈(Mother Chambers)라는 여인을 찾아간 일이 있었음을 캔터베리 부주교 앞에서 자백했다. 그렇지만 그녀를 찾아간 것은 그녀의 주술에 의지하기 위해서가 아니라 그녀가 많은 환자에게 유익한 일을 한 사람으로 유명했기 때문이라고 덧붙였다.[74] 기소된 무속인도 너나 할 것 없이 전통적 치료법을 따랐을 뿐이라고 항변했다. 1592년 케임브리지셔의 스테이플퍼드(Stapleford)에서는 조앤 워든(Joan Warden)이라는 여인이 마술치료를 행한 죄로 기소되었는데, 그녀는 "주물 따위를 사용한 적

---

73) S. Butler, *Characters and Passages from Note-Books*, A. R. Waller, ed. (Cambridge, 1908), p. 143; R. Hunter and I. Macalpine, *Three Hundred Years of Psychiatry, 1535~1860* (1963), p. 292; R. Peirce, *Bath Memoirs* (Bristol, 1697), p. 7. 이 책의 3권 pp. 445~6도 참조할 것.

74) *Lincoln Diocese Documents, 1450~1544*, A. Clark, ed. (E. E. T. S., 1914), p. 109; A. Hussey, "Visitation of the Archdeacon of Canterbury", *Archaeologia Cantiana*, vol. 26 (1904), p. 21.

은 전혀 없고 연고와 약초를 이용해 갖가지 질병을 치료했을 뿐"이라고 주장했다. 1590년 요크셔에서 앨리스 마턴(Alice Marton)이라는 여인도 똑같이 탄원했다. 그녀가 가축의 질병을 치료한 것은 주물에 의해서가 아니라 약과 음료에 의해서라는 것이었다.[75] '지혜로운 여인'(*cunning woman*)이라는 이름 자체에서 떠올릴 수 있듯이, 여성 민간마술사는 나머지 마을주민보다 더 많은 것을 아는 사람에 불과했다. 더 많이 안다고 해서 반드시 초자연적 치료법을 이용했음을 뜻하는 것도 아니었다.

물론 약과 함께 주물을 사용하느냐 사용하지 않느냐는 것은 마술에 연루되었는지를 따지는 척도였다. 따라서 아무리 못 배운 동시대인조차도 의사와 마법사를 분별할 줄은 알았다. 그러나 여전히 어려운 문제가 남아 있다. 하나님 도움을 청하지 않고 자연적 치료법에만 의존하는 것은 명백히 잘못이었기 때문이다. 기도는 늘 필요한 것이었다. 결국 어떤 치료가 마술적이냐 아니냐를 판단하는 유일한 방법은 그 문제를 권위자에게 회부하는 것이었다. 권위자는 교회일 수도, 법률일 수도, 왕립내과의협회일 수도 있었다. 이들이 특정 치료법의 사용을 인정한다면 일반인들이 주저할 이유는 전혀 없었다.

## 2. 안수치료

마술치료들 중에도 공식 은전(恩典)으로 널리 활용된 것이 하나 있는데, 국왕의 안수치료가 그것이었다. 국교회 지도급 성직자가 집전한 특별예배에서 국왕은 긴 줄을 이룬 환자 하나하나에게 안수로 축복을 내렸다. 환자가 차례로 나아가 국왕 앞에 무릎 꿇으면 국왕은 환자

75) Ely D. R., B 2/12, f. 10v; Borthwick, R. VI. A. 11, f. 13.

의 얼굴을 가볍게 쓰다듬었고 임석한 성직자는 “저들이 병든 자에게 손을 얹은즉 병든 자가 회복되리라”는 《마가복음》의 구절(16장 18절)을 큰 소리로 낭독했다. 그러면 환자는 뒤로 물러났다가 다시 국왕을 향해 나아갔고 이때 국왕은 흰 비단 리본으로 묶은 금화를 환자의 목에 걸어 주었다.

이것은 ‘왕의 병’(*King's evil*)이라 불린 연주창이나 갑상선종, 즉 목의 임파선에 생긴 결핵성 염증에 대한 치료의례였다. 이 병명은 실제로는 머리, 목, 눈 등에 나타난 다양한 병증을 모두 아우르는 포괄적 용법으로 사용되었다. 부푼 입술, 피부종양, 욕창, 물집 같은 증상이 특히 주목을 받았다. 이 병의 원인은 감염된 우유로 추정되는데, 17세기 런던의 사망통계표(*Bills of Mortality*)에는 이로 인한 사망이 꾸준히 기록되었다.[76] 이런 치명적 위험 외에도, 그 병은 심한 통증과 추한 몰골을 수반한 것이었기에 환자가 치료책을 찾아 백방으로 노력한 것은 당연했다. 잉글랜드 전역에서 소교구별로 감염자를 런던에 치료받으러 보낼 수 있도록 기금이 조성되었다. 개중에는 해외에서 온 환자도 있었다.

왕의 손에 치유력이 있다는 믿음은 원시신앙에서 유래한 것처럼 보이지만 실제로는 그리 오래되지 않았다. 치료의례가 시작된 것은 참회왕 에드워드(재위: 1042~1066) 시절이었고 그 의례가 완비된 것은 헨리 7세(재위: 1485~1509) 시절이었다. 시행을 거듭할수록 의례의 인기도 높아졌다. 13세기 말에 에드워드 1세(재위: 1272~1307)는 매

---

76) 존 그런트(John Graunt)는 1629~1636과 1647~1658의 기간에 죽은 229,250명 가운데 그 병으로 죽은 자가 537명이라고 계산했다. *The Economic Writings of Sir William Petty*, C. H. Hull, ed. (Cambridge, 1899), vol. 2, p. 406. 1665년에는 86명이 죽었는데, 이에 관해서는 *Guildhall Miscellany*, vol. 2(1965), p. 406을 참조할 것. 다른 점에서는 고칠 것이 거의 없지만 이 점에서만은 마르크 블로크의 판단(*Les Rois thaumaturges*, p. 28)을 수정할 필요가 있다.

년 천 명이 넘는 환자에게 안수를 베푼 것으로 알려져 있다. 그렇지만 (비록 정확한 자료에 근거한 판단은 아니지만) 플랜태저넷 가문 치세기 (1154~1485)의 치료활동을 모두 합해도 스튜어트 가문 치세 말에 수행된 규모에는 미치지 못한다. 찰스 2세는 1660~1664년, 그리고 1667~1683년에 9만 명이 넘는 환자에게 치료의례를 거행했다. 그 절정은 1682년 5월에서 1683년 4월까지로, 이 기간에 국왕치료명부에 기입된 환자는 8,577명에 달했다. 이 수치는 반복해서 치료를 받은 환자를 감안하면 줄어들겠지만 그 치료의례가 얼마나 인기가 있었는지를 증명하기에는 부족함이 없다. 동시대의 어떤 인사는 "국민의 거의 절반"이 찰스 2세의 안수치료를 받았다고 주장했다.[77)]

이보다 앞선 튜더-스튜어트 시대의 치료활동에 관해서는 정확한 수치가 남아 있지 않지만, 그 2세기 동안 국왕 안수치료가 꾸준히 명성을 더해갔음을 보여주는 증거는 그리 부족한 편이 아니다. 제임스 1세는 스스로 판단하기에 미신인 의례에는 참석하기를 꺼렸음에도 불구하고, 결국에는 선례를 따르는 것이 옳다고 여겼다. 1634년부터는 국왕치료의례가 기도서에 포함되었고 18세기 중반에 이르도록 수록된 채 남았다.[78)] 그 의례는 1688년 명예혁명 이후에야 쇠퇴하기 시작했는데, 그 부분적인 원인은 제임스 2세가 종교개혁 이전의 기도서를 부활하면서 그 치료의례에 로마가톨릭 성격을 부여한 것이 반감을 야기한 탓이었다. 윌리엄 3세는 치료의례에 전혀 관심이 없었으며, 앤 여

77) Bloch, *op. cit.*, p. 377에서 인용됨. 통계수치와 그 수치에 관련된 문제점은 *ibid.*, pp. 97~105, 378, n. 1을 참조할 것. 여러 차례 치료를 받은 '상습범'의 예로 블로크가 주목한 인물은 윌리엄 비커스(William Vickers)였다. 그는 찰스 2세에게 두 차례, 제임스 2세에게 세 차례의 치료를 받았다. W. Vickers, *An Easie and Safe Method for Curing the King's Evil*(9판, 1713), p. 5.

78) 영어판 기도서에는 1728년까지 수록되었고, 라틴어판 기도서에는 1744년까지 수록되었다.

왕은 그 의례를 거행하기는 했지만 그것을 거행한 잉글랜드의 마지막 왕이 되었다. 그녀의 가장 유명한 환자는 유아시절의 새뮤얼 존슨이었다.[79] 존슨이 저명한 내과의 존 플로이어 경의 조언으로 앤 여왕에게 보내진 것은 사실이지만, 18세기에 그처럼 국왕 안수치료를 추천한 의사는 거의 없었다.[80]

그렇지만 이것이 민간수요마저 완전히 중단되었음을 의미하지는 않았다. 망명한 스튜어트 왕손에게 치료받으려 해외로 가는 사람들이 있었고, 망명왕실은 하노버 왕가와 왕실자문관들이 주저하는 사이에 생긴 공백을 기꺼이 채워 주었다. 국내에서는 국왕치료의례에서 환자들이 수령해 기념품이나 호신부적으로 목에 걸고 다니던 금화가 여전히 활발하게 거래되고 있었다. 18세기 요크셔에서 어떤 민간마술사는 지난날 찰스 1세가 나누어 준 청동화(*farthing*) 13개를 넣고 미리 끓여둔 물을 한 잔씩 연주창 치료제로 처방했다고 한다. 켄트의 애쉬버넘(Ashburnham)에는 찰스 1세의 유물을 보관한 교회가 있었는데, 연주창 환자들은 비교적 늦은 1860년까지도 이곳을 방문했다. 스코틀랜드 주민 중에는 빅토리아 여왕에게 치유능력을 부여한 이들도 있었다.[81]

---

79) [역주] 새뮤얼 존슨(Samuel Johnson: 1709～1784)은 "18세기의 셰익스피어"로 불릴 만큼 계몽주의 시대를 대표하는 작가이다. 리치필드에서 태어나 옥스퍼드대학을 중퇴하고 1737년에 런던으로 이주해 작가로서의 경력을 쌓았다. 9년의 노력으로 그가 편찬한 '영어사전'(1755)은 옥스퍼드 영어대사전 이전에 가장 완벽한 사전으로 평가된다. 그가 앤 여왕의 안수치료를 받은 것은 3살(1712), 혹은 5살(1714) 때였다.

80) [역주] 존 플로이어(Sir John Floyer: 1649～1734)는 옥스퍼드에서 수학하고 찰스 2세의 주치의를 지낸 내과의이다. 심박측정의 관행을 도입하고, 질환에 의한 폐상태의 변화를 해부학적으로 증명한 의사로 유명하다.

81) Bloch, *op. cit.*, p. 396; W. H. Dawson, "An Old Yorkshire Astrologer and Magician, 1694～1760", *The Reliquary*, vol. 23(1882～1883), p. 200; C. J.

국왕 안수에 의한 치료효과에 대해 정확히 어떤 위상이 부여되었는지는 꼭 집어 말하기 힘들다. 레지널드 스코트가 지적했듯이, "혹자는 개인적 능력으로, 혹자는 하나님의 특별한 선물로, 혹자는 말의 효험으로 여겼다."[82] 연주창이 자연적 수단에 의해 치료될 수 없다고 단언하는 자는 없었다. 내과의들은 다른 질병과 똑같이 연주창에도 처방을 내렸고 감염부위를 수술한 외과의도 적지 않았다. 전래되는 주물을 이용한 치료도 효과 있는 것으로 믿어졌다.[83] 국왕의 도움을 구하라고 환자에게 권고하는 것은 오직 최후수단으로서였다. 이때조차도 국왕이 개인적으로 치유능력을 갖는지, 아니면 국왕의 역할은 환자를 대신해 종교에 호소하는 것으로 한정되는지를 놓고 의견이 분분했다. 스코트의 표현을 빌리면, "여왕폐하께서는 몇몇 구호품과 함께 거룩하고 신성한 기도를 이용할 뿐, 치료는 하나님과 내과의에게 맡긴다."[84]

그렇지만 민간신앙은 이보다 냉정하지 못할 때가 많았다. 그 의례를 알리는 포고문은 치유력이 국왕의 신성한 어루만짐과 하나님 이름으로 간원함에서 온다고 공표했지만, 찰스 1세 치세기에는 하나님께

---

S. Thompson, *Magic and Healing* (1947), p. 49.

82) Scot, *Discoverie*, XIII. ix.

83) *The Autobiography and Personal Diary of Dr Simon Forman*, J. O. Halliwell, ed. (1849), p. 15; R. C. Hope, *The Legendary Lore of the Holy Wells of England* (1893), p. 157; F. N. L. Poynter and W. J. Bishop, *A Seventeenth-Century Doctor and his Patients* (Bedfordshire Historical Record Society, 1951), pp. 4, 100~1; J. Hall, *Select Observations*, J. Cooke, trans. (1657), pp. 309~11; R. Wiseman, *Severall Chirurugicall Treatises* (1676), pp. 245~335; T. Fern, *A Perfect Cure for the King's Evil* (1709) (여기서는 4백 건의 치료를 주장하고 있음); J. Gibbs, *Observations of Various Eminent Cures of Scrophulous Distempers* (1712) 등을 참조할 것.

84) Scot, *Discoverie*, XII. ix. 이것은 제임스 1세가 취한 견해이기도 했다. 그의 "연주창에 걸린 어떤 아이에 대한 최초의 안수의례시 즉흥연설"은 그 사본이 B. M., Add. MS 22,587, f. 4에 있다.

간원하는 절차가 여러 차례 생략되었다.[85] 실제로 많은 동시대인들이 종교의례에 의존하지 않아도 치료효과를 낼 수 있다고 믿었다. 존 오브리는 어라이즈 에번스의 종교적 환상체험에 관한 일화를 전한다.[86] 그는 "코가 감염되어 있었고, 국왕의 손길이 그를 치료하는 환상을 경험했다고 말했다. 그래서 그는 국왕 찰스 2세가 세인트 제임스 궁에 처음 들어섰을 때 국왕의 손에 입을 맞추고 코를 비벼댔다. 국왕에게는 당혹스러운 일이었지만 그는 치료되었다."[87]

공식치료에서 차례를 기다리던 환자들도 분위기가 딱히 종교적이라 할 만한 것이 아니라는 것을 알았다. 존 오브리가 말했듯이, "안수할 때 기도문이 낭송된 것은 사실이지만 국왕도, 집전사제도 기도문에 그리 신경을 쓰지는 않았다." 밀려 넘어져 짓밟히지 않는 것이 참석자의 최대 관심사였다.[88]

혹자는 국왕의 기적적 치유력이, 대관식에서 성유를 바르는 도유축성의례에 기인한 능력이라고 주장하였다. 이 의례는 초기 종교개혁가들의 망설임에도 불구하고 지속되었다.[89] 일례로 마리 외르(Mary Eure)라는 여인은 1650년에 연주창에 감염되었다는 판정을 받고 청년

---

85) Crawfurd, *The King's Evil*, pp. 165, 175~6.

86) [역주] 어라이즈 에번스(Arise Evans)는 1607년경에 태어나 1660년 이후에 죽은 예언자이다. 잠시 목회자로 활동한 적도 있다. 내란기에 그는 찰스 1세의 편에서 예언 활동을 수행했으나, 크롬웰의 승리가 거듭되자 의회군 예언자로 활동하면서 크롬웰의 승리를 선전한 인물이다. 유명한 점성술사 릴리의 스승으로 알려져 있다.

87) Aubrey, *Miscellanies*, p. 128; J. Browne, *Adenochoiradelogia* (1684), vol. 3, pp. 162~4.

88) Aubrey, *Gentilisme*, p. 241; Crawfurd, *op. cit.*, p. 107.

89) P. E. Schramm, *A History of the English Coronation*, L. G. W. Legg, trans. (Oxford, 1937), pp. 99~100, 102, 139; Crawfurd, *op. cit.*, p. 70; J. Browne, *Adenochoiradelogia*, vol. 3, p. 3.

루이 14세의 안수치료를 위해 파리로 보내졌는데, 그녀가 파리에 도착해 알게 된 것은 청년 루이가 아직 도유축성의례를 공식적으로 치른 적이 없어 그의 안수치료도 효험이 없다는 사실이 전부였다.[90] 그러나 17세기 잉글랜드 국왕들은 통상 도유축성의례를 기다리지 않고 즉위한 당일부터 안수치료를 개시했다. 국민 대다수가 연주창 치료능력을 국왕이라는 신성한 개인이 타고난 능력으로 간주했기 때문이다. 물론 신학자들은 대관식에서의 성유를 강조하고 치료할 때 하나님께 간원해야 함을 강조함으로써, 그 치료의례가 정통신앙에 어긋나지 않도록 노력했다. 하지만 대중이 보기에 국왕의 치유력은 국왕이라는 직위에 원래부터 주어진 신비한 성질이었다. 1643년 어떤 왕당파 지지자가 찰스 1세에게 말했듯이, 그것은 "신성한 폐하께 내재하는 초자연적 치료수단"이었다. 국왕의 신비한 보호능력에 대한 민간신앙은 국왕의 반지나 초상을 사사로이 부적으로 휴대하려는 동시대인들의 열망에서도 엿볼 수 있다.[91]

이렇듯 자격을 갖춘 왕만이 연주창을 치료할 수 있다는 가정하에서, 연주창 치료능력은 잉글랜드 왕위를 노리는 누구에게나 시금석 같은 것이 되었다. 엘리자베스 1세의 치료사례는 교황의 파문교서가 왜 효력을 발휘하지 못했는지를 설명하는 증거로 인용되었고, 나아가서는 잉글랜드 외교사절이 에스파냐 외교사절보다 우선권을 가져야 함을 정당화하는 논거로도 이용되었다.[92] 내란 직후에는 찰스 1세의

90) M. M. Verney, *Memoirs of the Verney Family*(2판, 1904), vol. 1, p. 499. 그래서 그녀는 결국 1653년에 찰스 2세의 안수치료를 받았다(vol. 1, p. 509).

91) *To the Kings most excellent majesty. The Humble Petition of divers hundreds of the Kings poore subjects afflicted with … the King's Evil*(1643), p. 6(이 문헌은 왕당파 선전물이었음이 거의 분명하다); R. C. Strong, *Portraits of Queen Elizabeth*(Oxford, 1963), p. 39.

92) *H. M. C., Hartfield*, vol. 10, pp. 166~7; Bloch, *Les Rois thaumaturges*, p. 335,

신성한 손길이 왕당파 선전수단으로 이용되었다. 홈비 하우스에 연금된 국왕에게 안수를 받고자 사람들이 몰려들었는데, 개중에는 사려 깊게도 국왕의 빈곤한 처지를 감안해 금화를 가져오는 이들도 있었다.[93] 찰스의 치료사례는 그의 피로 얼룩진 기적의 손수건과 더불어, 그의 처형이 부당하고도 불경한 짓이었음을 증명하는 확실한 증거로 이용되었다.[94] 망명중에도 안수치료를 지속했던 찰스 2세는 복권되자마자 지체 없이 그 치유력의 정치적 잠재력을 십분 활용했다. 그는 잉글랜드에 상륙한 후 불과 며칠 만에 한 자리에서 6백 명을 안수했다. 뒤이은 통치기간 내내 그는 많은 수의 환자를 치료했는데, 그 수치는 1681년 이후 반동정치 기간에 특히 높았다. 안수치료는 공위기에 무너진 지지기반을 회복하고 자체 세력을 강화하려는 스튜어트 왕조의 여러 시도 가운데 하나였던 셈이다. 명예혁명(1688) 이후 제임스 2세 추종세력의 선전전(宣傳戰)에서 망명왕조의 치료능력이 필수불가결한 요소였듯이, 그 능력은 1680년과 1685년 두 차례에 걸쳐 왕위계승을 요구한 몬머스 공작에게도 필요한 것으로 여겨졌다.[95] 원

---

n. 3. 또한 M. del Rio, *Disquisitionum Magicarum Libri Sex* (Leyden, 1608), pp. 14, 63도 참조할 것.

93) [역주] 홈비 하우스(Holmby House, 혹은 Holdenby House)는 찰스 1세가 1647년에 몸값을 지불하고 풀려나 머문 토마스 페어팩스(Thomas Fairfax) 경의 저택이다. 찰스는 이곳에서 1647년 6월 4일까지 머물렀다.

94) Crawfurd, *The King's Evil*, pp. 98~101; Bloch, *op. cit.*, pp. 373~5; F. Peck, *Desiderata Curiosa* (1779년 판), p. 392; T. A., *The Excellency or Handy-Work of the Royal Hand* (1665), pp. 8~9; Josten, *Ashmole*, pp. 485~6; Wiseman, *Severall chirurgicall treatises*, pp. 246~7; Browne, *Adenochoiradelogia*, vol. 3, pp. 150~5; D. H. Atkinson, *Ralph Thoresby the Topographer* (Leeds, 1885~1887), vol. 2, p. 237.

95) Crawfurd, *op. cit.*, pp. 138~9, 154~5; T. B. Howell, *A Complete Collection of State Trials*, vol. 11 (1811), col. 1059; *His Grace the Duke of Monmouth honoured* (1680); Bloch, *op. cit.*, pp. 392~5; H. Farquhar, "Royal Charities",

래 하나님이 참회왕 에드워드 개인에게 부여한 것으로 가정되었던 개인적 능력이 이제는 왕조의 정통성과 연속성을 지속적으로 뒷받침하는 상징이 되었다. 대관식에서의 도유나 치료의례에서의 기도도 민간에서는 혈통과 신분에 종속되었다.[96]

국왕이 환자의 목에 걸어 준 금화에도 마술적 권능이 부여되었다. 찰스 1세 시대에 이르면 그것은 구빈용 주화라는 성격을 넘어서 치료 기회에 특별 주조되는 기념주화로 발전해갔다. 모든 논평자들이 그 주화를 치료의례의 본질이라고 논평하지는 않았지만, 그것은 치유력이 내장된 부적으로 널리 믿어졌다. 메리 튜더는 환자에게 그것을 몸에서 떼지 말라고 권고했으며, 그것을 떼어 놓으면 정말로 효험이 사라진다고 믿는 사람도 많았다. 햄프셔의 웨스트 월드햄(West Worldham) 소교구 등록부에는 매리 보이즈(Mary Boyes)라는 여인의 1657년 사망기록이 남아 있다. 그녀는 1647년 햄프턴 궁(Hampton Court)에서 찰스 1세의 안수를 받고 연주창에서 회복되었으나 "안수 받을 때 그녀에게 주어진 돈을 목에서 떼어 놓자 병이 재발했고 결국은 회복불능의 상태가 되었다"고 한다.[97] 18세기에 어떤 냉소적 비평가는 환자들이 주로 금

---

*British Numismatic Journal*, vol. 15(1921), pp. 161 ff.; *D. N. B.*, "Carte, Thomas", 1703년에 제임스 2세의 무덤에서 발생한 치료 기적에 관해서는 *H. M. C. Stuart*, vol. 1, pp. 186~7.

[역주] 몬머스 공작(James Scott, 1st Duke of Monmouth and 1st Duke of Buccleuch: 1649~1685)은 찰스 2세가 네덜란드 망명기간에 루시 월터(Lucy Walter)와 살면서 낳은 서자이다. 왕위가 가톨릭 신도인 제임스 2세에게 이양되자 프로테스탄티즘의 대의를 내세우며 두 차례(1681, 1685)의 반란을 일으켰다가 처형되었다.

96) 국왕의 정통성을 위해 필요했다는 점은 Browne, *Adenochoiradelogia*, vol. 3, pp. 80~2에서 강조되었다.

97) W. A. Fearon and J. F. William, *The Parish Registers and Parochial Documents in the Archdeaconry of Winchester*(Winchester, 1909), p. 83. 그

화를 얻으려는 속셈에서 치료의례에 이끌렸다고 주장한 바 있는데, 금화에 부여된 부적의 성격은 이 같은 주장에 대한 효과적 반박이었다.[98] 물론 그런 메달이 상점에서 자주 목격되었다는 점을 감안하면 일부 환자는 재빨리 환전했음이 분명하다. 그러나 많은 환자는 그 물건을 가보(家寶)로 여겼다.[99]

그 밖에도 다양한 미신이 치료의례에 기생한 것은 불가피했는데, 성(聖)금요일에 치료를 받아야만 효험이 있다는 믿음이 그런 것이었다. 1685년 2월에 참회왕 에드워드의 관이 발굴되었을 때에는, 관 조각에 연주창 치유력이 있을 것이라는 기대감에서 많은 구경꾼이 관 조각을 모두 가져가버린 일도 있었다. 심지어는 국왕 소유토지에 치유력이 있다는 이유를 들어, 공위기에 어떤 외과의는 처형된 찰스 1세의 토지를 조금이라도 소유할 때까지는 연주창을 치료할 수 없다는 변명을 늘어놓기도 했다.[100] 따라서 진실을 말하자면, 국왕 치유력에는 각종 종교의례가 수반되었지만 이런 종교의례는 그보다 원시적인 마술을 보호한 거푸집에 지나지 않았던 셈이다.

---

밖에도 Bloch, *op. cit.*, pp. 320~1; Crawfurd, *op. cit.*, p. 67; Browne, *op. cit.*, vol. 3, pp. 148~9를 참조할 것.

98) D. Barrington, *Observations on the More Ancient Statutes*(4판, 1775), p. 107.

99) 메달이 상점에서 발견된 것에 관해서는 Browne, *Adenochoiradelogia*, vol. 3, p. 93. 유산으로 남겨진 점에 관해서는 Bloch, *Les Rois thaumaturges*, p. 396; H. Aveling, *Northern Catholics*(1966), p. 404; Kent R. O., Shoreham Box 28; Bedfordshire R. O., AB P/W 1731/20(1731년에 러튼의 어떤 주석도금공이 남긴 유산목록에는 "2개의 금화"가 포함되었는데, "나는 연주창을 예방하기 위해 그것들을 목걸이로 만들어 늘 걸고 다녔다"고 한다).

100) Browne, *Adenochoiradelogia*, vol. 3, pp. 106~7; *Revolution Politicks*(1733), vol. 1, p. 9; T. A., *The Excellency or Handy-Work of the Royal Hand*, p. 20.

그 저변에서 치료의례 전체를 미신적 협잡으로 간주한 프로테스탄트 회의론이 꾸준히 성장한 것도 불가피한 일이었다. 참회왕 에드워드가 실제로 행한 기적이 치료의례의 신빙성을 보장한다는 이야기로는 퓨리턴인 허친슨 부인처럼 국왕 에드워드가 "신앙이 뒷받침하지 않은 결백함으로 성인 반열에 올랐을 뿐인 미신적 군주"라고 생각한 부류를 설득할 수 없었다.[101] 치료의례에 대한 퓨리턴의 적대감은 내란기에 공개적으로 표명되었다. 공화주의자 헨리 마튼은 이제 찰스 1세가 없으니 의회국새를 대신 사용해 연주창 환자를 치료해야 하지 않겠느냐는 농담조 발언으로 뜨거운 논란을 점화했다.[102] 1647년 포로가 된 국왕에게 환자들이 계속 몰려들자 의회는 "연주창 치료를 위한 안수라는 미신에 관해"라는 선언문을 준비할 위원회를 구성했고, 찰스 1세를 지키던 군인들은 빈정거리듯 '약손'(*Stroker*)이라는 별명을 그에게 부여했다.[103] 다른 많은 일이 있었지만 특히 국왕의 공개처형은 국왕 개인에게 마술적 권능이 붙어 있다는 믿음을 공식적으로 부정한

101) *Memoirs of the Life of Colonel Hutchinson by his Wife Lucy*(Everyman, 출판연도 미상), p. 3.

102) S. R. Gardiner, *History of the Great Civil War, 1642~1649*(신판, 1893), vol. 3, p. 242. 치료의례에 대한 퓨리턴 및 비국교도의 혐오에 관해서는, W. Tooker, *Charisma sive Donum Sanationis*(1597), p. 109; Browne, *op. cit.*, passim; (D. Lloyd), *Wonders no Miracles*(1666), p. 13; H. Stubbe, *The Miraculous Conformist*(1666), p. 9를 참조할 것.
[역주] 헨리 마튼(Sir Henry Marten: 1602~1680)은 찰스 1세의 사형을 결정한 재판단의 일원이었다. 그는 옥스퍼드에서 태어나 옥스퍼드대학에서 수학한 후 1640년에 하원의원으로 정치경력을 시작했다. 내란기에는 의회군의 지휘관으로 활동했고 크롬웰의 공화주의 노선에 적극 가담했다. 1660년에는 복고 왕권에 협력해 사형을 가까스로 면했지만 결국 1680년에 감옥에서 사망했다.

103) *Commons Journals*, vol. 5, p. 151(그렇지만 선언문이 실제로 공포되지는 않았다); H. N. Brailsford, *The Levellers and the English Revolution*, C. Hill, ed. (1961), p. 336.

사건이었다. 호국경 시대의 한층 자유로워진 분위기에 편승해, 프랜시스 오즈번은 미신타파용으로 인기를 누린 작품《아들에 주는 권면》에서 국왕 안수치료는 "전혀 … 피부에 와 닿지 않는 것"이라고 공공연히 주장했다.[104] 뒤이은 18세기에 퀘이커 교도 윌리엄 스타우트는 비록 누이가 찰스 2세에게 안수치료를 받은 적은 있었지만, 이를 "가톨릭 의례의 잔재에 불과하다"고 보았다. 하지만 그는 그 의례가 제임스 2세 때부터 시작된 것으로 잘못 알고 있었다.[105]

그럼에도 정치적 고려는 늘 회의론의 공적 표현을 제한했다. 제임스 1세가 사적인 자리에서 기적은 이미 중단되었으니 치료의례란 미신에 불과하다고 말한 것은 아무 문제가 되지 않았다. 그러나 보통시민에게 사상의 자유는 위험한 사치일 수 있었다. 장로파 목사 토마스 로즈웰은 국왕 치유력의 진실성을 비방한 후, (특히 그 언동이 문제가 되어) 1684년에 반역언동혐의로 재판을 받았다.[106] 그러나 이처럼 뚜

---

104) [역주] 프랜시스 오즈번(Francis Osborne: 1593~1659)은 버크셔 출신의 에세이작가로 딸 셋과 아들 하나를 두었는데, 그의 아들을 위한 훈화의 형식으로《아들을 위한 권면》(*Advice to a Son*, 1656~1658)을 집필했다. 퓨리턴 성향의 이 작품은 17세기 내내 대중적 인기를 누렸다.

105) F. Osborne, *Advice to a Son*, E. A. Parry, ed. (1896), p. 126; *The Autobiography of William Stout of Lancaster, 1665~1752*, J. D. Marshall, ed. (Manchester, 1967), p. 69.

[역주] 윌리엄 스타우트(William Stout: 1665~1752)는 랭커셔 출신의 퀘이커 교도로, 잡화상과 철물상으로 생계를 유지하면서 동시대의 종교적, 지적 분위기를 일기와 자서전에 상세히 기록했다. 그의 자서전은 17세기 말과 18세기 초 잉글랜드의 상황을 전체적으로 조감한 사료로 유명하다.

106) *Reliquiae Baxterianae*, M. Sylvester, ed. (1696), vol. 2, pp. 199~200; *Notes and Queries*, vol. 155 (1928), p. 112; A. G. Matthews, *Calamy Revised* (Oxford, 1934), p. 418.

[역주] 토마스 로즈웰(1630~1692)은 서머싯의 젠틀맨 가문 출신으로 옥스퍼드에서 수학한 후 서머싯의 로드(Rode)에서 1653년부터 목회활동을 시작했다. 본문에서 언급한 죄목으로 웨스트민스터 홀에서 재판을 받고 사형이 선

렷한 회의론은 당시 문학에서 상대적으로 드물었는데, 이는 극히 일부 식자층이나 반(反) 왕당파만이 국왕 치유력을 소신껏 불신했음을 암시한다. 이런 상황에서 찰스 1세 처형은 현저한 공백을 만들었음이 분명하며, 많은 경쟁 치료사에게 그 공백은 메울 가치가 있는 것으로 여겨졌다. 글로스터셔의 크롬홀(Cromhall)에서 연주창 치료에 성공했다고 주장한 대장장이는 1648년에 다른 지역 환자에게 추천되기도 했다. 런던의 뉴게이트(Newgate)에서 활동한 치료사도 있었다.[107] 요크셔의 의사 로버트 애슈턴(Robert Ashton)은 "연주창을 치료할 국왕이 죽었으니 〔새로운〕 계시"가 필요하다고 주장했다. 그는 매월 거행된 치료의례에서 긴 흰색가운을 걸치고는 환자 어깨에 양손을 얹고 "몇몇 기도문을 마치 주문처럼" 외웠다고 한다.[108] 신흥종파 교도들도 하나님께 받은 연주창 치료능력을 내세웠는데, 그중 가장 유명한 인물은 1659년에 연주창 환자를 안수로 치료한 것으로 알려진 조지 폭스였다. 하트퍼드셔의 침례파는 윌리엄 3세가 치료의례 폐지를 허용한 시점에서도, 어떤 목동이 침례파 예배에 참석한 것만으로 연주창을 고친 사례를 내세웠다.[109] 사실상 많은 퓨리턴과 비국교도는 평상시에 국왕의 치료의례에 참석할 자세를 갖추고 있었다. 퀘이커파는 제임스 2세에게 보낸 1687년 교지(敎旨)에서 국왕 안수에 효험이 있다

---

고되었으나 찰스 2세에 의해 사면되었다.

107) Glamorgan R. O., DI/DF F/249; *Perfect Occurrences of Every Daie Journall in Parliament*(1647년 4월 30일~5월 7일), p. 144.

108) *York Dispositions*, pp. 36~8. 이와 동일한 사례는 1651년의 판례에서도 등장하는데, 이에 관해서는 *Quarter Sessions Records*, J. C. Atkinson, ed. (North Riding Record Society, 1884~1892), vol. 5, p. 85를 참조할 것.

109) *The Journal of George Fox*, N. Penney, ed. (Cambridge, 1911), vol. 2, p. 310; *George Fox's 'Book of Miracles'*, H. J. Cadbury, ed. (Cambridge, 1948), pp. 98, 117; *A True Copy of a Letter of the Miraculous Cure of David Wright*(1694).

는 것을 공식으로 인정할 정도였다.[110]

연주창용 안수가 국왕치료의 유일한 형식은 아니었다. 엘리자베스 1세 왕위계승 이전까지 국왕은 간질병 환자 및 유사증상 환자를 구제할 목적에서 마련된 의례에 참석했다. 처음에는 국왕이 성금요일에 낸 헌금을 필요한 분량의 주화로 환전해 나누어 주고, 그 주화를 다시 환자 손가락에 끼울 반지로 바꾸는 절차가 있었다. 얼마 지나지 않아 주화를 주는 절차는 폐기되었고, 주화를 도려내 만든 반지를 국왕이 하사하는 특별 의례만이 유지되었다. 이 의례에서 국왕은 반지를 손가락 사이에 비빈 후 환자에게 나누어 주었다. '발작방지용 반지'로 불린 그것이 간질 발작증의 마술치료를 희망하는 환자에게 유일한 수단은 아니었지만 가장 특권적인 수단이었음이 분명하다.[111] 반지는 간질용으로만이 아니라, 경련, 류머티즘, 근육연축을 완화시키는 데에도 사용되었다. 반지 속 파기(*hollowing*) 기술은 에드워드 2세 시대에 세련된 형태로 정립되어 메리여왕 임종시까지 꾸준히 이어졌다. 반지는 16세기 초에 가장 유행했고 일부는 유럽 대륙에 수출되기도 했다.[112]

---

110) H. Farquhar, "Royal Charities", *British Numismatic Journal*, vol. 14(1920), p. 100. 신흥종파 신도의 사례는, *Yorkshire Diaries*, C. Jackson, ed. (Surtees Society, 1877), p. 62; Browne, *Adenochoiradelogia*, vol. 3, pp. 141, 172~3을 참조할 것.

111) [역주] '발작용 반지'(*cramp-ring*)는 당시에 천형으로 여겨진 온갖 종류의 발작, 경기, 경련을 완화시키는 비방으로 사용되었다. 사진처럼 금화를 가장자리만 남기고 둘레에 글씨와 문양을 새긴 형태가 가장 보편적이었다.

112) 이 단락 및 다음 단락의 내용에 대한 더욱 상세한 해설은, Crawfurd, "The Blessing of Cramp-Rings: A Chapter in the History of the Treatment of Epilepsy", *Studies in the History and Method of Science*, C. Singer, ed. (Oxford, 1917)와 Bloch, *Les Rois thaumaturges*, pp. 159~83, 323~7, 332~4, 445~8을 참조할 것. 발작용 반지의 수출과 관련된 다른 사례는, P. R. O., SP 46/162/174(in 1556)에서 찾을 수 있음.

이 치료의례는 교회 봉헌물로 바꾼 돈에 마술적 효험이 있다는 해묵은 관념을 반영했다. 이미 중세부터 교회 봉헌물로 마술반지를 만드는 많은 비법이 있었다. 14세기와 16세기 사이에서 바뀐 것이 있다면, 왕실이 왕권의 초자연적 위상을 정립하고자 그 해묵은 믿음을 교묘하게 이용했다는 점이다. 원래 국왕은 그 의례에 형식적으로 참석했고 부차적 역할을 수행했을 뿐이지만 차츰 일차적 역할을 떠맡았다. 결국 메리 시대에 거행된 그 의례의 최종판에서는, 성유로 씻어 신성해진 국왕의 손이 반지를 쓰다듬은 덕택에 반지가 효력을 갖게 된 것이라고 명료하게 진술되었다. 반지의 권능은 궁극적으로 하나님에게서 나오지만, 사실상 그 특권은 지상에서 하나님을 대리하는 국왕에게 전적으로 주어졌다. 대리자인 국왕이 대량 제작된 모든 반지에 초자연적 성질을 주입한다는 것이었다. 이에 대해 스티븐 가드너 같은 성직자는 반지에 성수를 뿌릴 필요가 있다는 것, 국왕 손이 가진 치유력은 "손 자체의 힘이 아니라 하나님 이름으로 간원하여" 얻은 것임을 지적했다.[113] 그러나 민간의 평가에서 반지의 효력은 군주 개인의 초자연적 능력에서 나온 것이었다.

엘리자베스 1세가 즉위하면서 발작방지용 반지의 축복은 별다른 논평 없이 곧장 폐기되었다. 이 변화의 배후에 프로테스탄트의 회의적 시각이 작용했던 것으로 추정되기도 하지만,[114] 이를 직접 뒷받침할 증거는 별로 없다. 교회개혁에 열성이었던 프로테스탄트 청년 에드워드 6세도 그 치료의례에서 가톨릭 요소가 배제되자 전혀 거부감을 보

---

113) *The Works of Nicholas Ridley*, H. Christmas, ed. (Cambridge P. S., 1841), p. 500.

114) 블로크에게는 실례되는 이야기지만, Bloch, *op. cit.*, pp. 332~4에서 가드너가 리들리에게 보낸 편지(*Works of Nicholas Ridley*, pp. 495~504)에 대한 블로크의 해석은 원문이 감당할 수 있는 수준을 넘어선다.

이지 않았다는 점을 기억할 필요가 있다. 반면에 가톨릭 진영에는 그 해묵은 의례에 대한 향수가 남아 있었다. 17세기 중반 헤리퍼드에서 가톨릭 신자들은 어떤 금세공사에게 성별(聖別) 된 실링화(貨) 로 반지를 만들어 달라고 의뢰했다. 제임스 2세 치세기에 모든 구식 전례(典禮) 가 부활했고 '여론 타진용'으로 출판되었음을 감안하면, 제임스는 치료의례 재도입 계획을 가지고 있었을 수 있다. 명예혁명이 사태의 진전을 가로 막았겠지만 말이다.[115]

안수치료에 대한 요구가 국왕에게만 국한되었던 것은 아니다. 치료의례에서 만지거나 쓰다듬는 것은 남녀 민간마술사들 누구에게나 공통된 절차였다. 그렇지만 민간마술사들은 교회법원에 시달렸고 마술과 주술로 기소되었다. 잉글랜드 국왕이 동일한 방법을 공개적으로 실천하고 있었음을 감안하면, 존 던의 지적처럼 이는 분명히 아이러니한 상황이었다.[116] 실제로 무기연고 속성을 놓고 두 논객이 논쟁을 벌였을 때에도, "(연주창 치료에서 악마의 작용을 배제하고 일상 치료를 옹호한) 당국이 둘 사이에 개입했을 때" 비로소 논쟁이 종결되었다고 한다.[117] 민간마술사는 국왕과 똑같이 안수와 함께 기도문(혹은 주문)

---

115) *A Narrative of the Life of Mr Richard Lyde of Hereford* (1731), p. 8; Bloch, *op. cit.*, p. 388, n. 1.

116) [역주] 존 던(John Donne: 1572~1631) 은 제임스 1세 시대의 형이상학적 시풍을 대표하는 시인이자 성직자이다. 그는 런던 출신으로 옥스퍼드와 케임브리지를 거쳐 법학원(Lincoln's Inn) 에서 수학한 후 외교관으로 공직을 시작해 요직을 두루 거쳤다. 원래는 가톨릭 신자였으나 국교회로 개종해 1615년부터 국교회 성직자로서도 활동했다. 그의 시에는 이런 복잡한 경력이 반영된 것으로 평가된다.

117) J. Donne, *Biathanatos* (1646), pp. 216~7; F. Osborne, *A Miscellany of Sundry Essays*, p. 28 (이 문헌은 *Miscellaneous Works of … Francis Osborne*, 11판, 1722, vol. 1에 수록되어 있다). 무속인 박해에 관해서는 이 책의 8장과 9장을 참조할 것.

을 암송했다. 하지만 개중에는 기도문 없이 치료를 시도한 민간마술사도 있었다. 제임스 1세의 총신으로 활동한 버킹엄 공작의 형제 퍼벡공(Lord Purbeck)은 1624년에 광증을 치료받았는데, 담당 치료사는 그 환자의 머리를 만지는 것만으로 치료를 제공했다고 한다. 10년 후 왕립내과의협회는 크리스토퍼 바턴(Christopher Barton)이라는 직조공을 체포했는데, 그는 자신의 두 손을 환자의 머리에 얹는 것만으로 두피질환을 치료했다고 자랑하던 자였다. 1647년에 작성된 어떤 편지의 저자는 콘월에서 안수만으로 골절환자나 간질병 환자를 치료한 앤 제프리즈(Anne Jefferies)라는 소녀의 활동을 전했다.[118)]

일반적으로 이들 안수 치료사들은 두 범주로 분류된다. 하나는 하나님의 기적능력이나 여타 신비한 능력을 개인적으로 부여받았다고 가장하는 부류이고, 다른 하나는 자신의 능력이 특별한 신분에 기인한다고 믿는 부류였다. 두 번째 부류 중에서도 이채로운 것은 일곱째 아들로 불린 자였다. 일곱째 아들의 일곱째 아들은 더더욱 주목을 받았다. 이 같은 족보상의 희소현상에 언제부터 특별한 의미가 부여되기 시작했는지를 꼭 집어 밝힐 수는 없다. 그 관념은 근현대 내내 유럽 전역에 널리 유포되었지만, 16세기 이전에는 아예 없던 것이며 잉글랜드에서는 17세기 초까지도 희소한 것이었다.[119)] 그러나 1700년에 이르면 그런 이름으로 명성을 얻은 치료사가 크게 늘어났다. 기록을

---

118) (T. Longueville), *The Curious Case of Lady Purbeck* (1909), p. 99; *Privy Council Registers preserved in the P. R. O.*, vol. 8 (1968), p. 190; C. Goodall, *The Royal College of Physicians of London* (1684), pp. 476~8; *Devon and Cornwall Notes and Queries*, vol. 13 (1924), pp. 312~4; 이 책의 3권 pp. 332~4.

119) Bloch, *Les Rois thaumaturges*, pp. 293~8, 498~9를 참조할 것. 잉글랜드에서 최초로 알려진 언급은, T. Lupton, *A Thousand Notable Things* (1579, 자주 중쇄되었음)에서 등장한다.

남기지 않은 치료사를 감안하면 그 수는 훨씬 더 많았음이 분명하다.

이들의 활동이 주목을 받게 된 것은 안수만으로 연주창을 치료하는 능력에 대한 국왕의 독점권을 이들이 위협한다고 당국이 판단했기 때문이었다. 찰스 1세 정부는 이 점에 특히 예민해서 라이벌 치료사들의 '왕권침해'를 막고자 수차례 개입했다. 킹스벤치 감옥에 수감되어 있던 브아고드르(Boisgaudre) 라는 프랑스인은 연주창 치료를 사칭한 죄로 1632년에 수석판사의 심문을 받았다.[120] 그의 치료법은 양손에 침을 뱉고 손으로 환자의 상처를 문지른 후에 성호를 그리고는 환자 목에 '예수 그리스도 이름으로 강건해지리라'는 구절을 새긴 종이를 둘러주는 것이었다. 그는 하루에 140건에 이르도록 치료했으며 환자 한 사람에게 고작 물 한 잔을 제공하고는 25실링을 받았다고 한다. 부채 때문에 투옥되어 있던 그로서는 재산을 획기적으로 늘릴 실질적 기회를 잡을 수 없었을 것이다. 그렇지만 그는 2백 명을 치료했노라 주장했고 성공비결을 자신이 일곱째 아들들 중에서도 최연소자인 덕택으로 돌렸다.[121]

5년 후 왕립내과의협회는 제임스 레버리트(James Leverett) 사건을 조사하라는 추밀원의 명령을 받았다. 그도 일곱째 아들을 (실제로는 넷째 아들이었지만) 자처한 자로, 환자를 손으로 만지고는 국왕치료의 례를 모방해 "하나님께서 축복하고 내가 만지니 하나님께서 치료하리

---

120) [역주] '킹스벤치'(King's Bench) 는 관습법(*common law*) 을 다루는 법원으로서는 잉글랜드 고등법원이다. 12~13세기에 국왕법원(*royal court*) 이 재편되면서 킹스벤치 법원 혹은 퀸스벤치 법원으로 불리게 되었다. 이 법원은 고등법원장(Lord Chief Justice) 의 주재하에 명예훼손, 파산, 비행 등의 사건을 취급했다. 이 법원의 이름에서 파생된 감옥(King's Bench Prison) 도 그런 사건, 특히 채무에 연루된 자를 가둔 곳이었다. 중세부터 런던 남부에 자리 잡은 이 감옥은 1880년까지 유지되었다.

121) *C. S. P. D., 1631~1633*, pp. 252, 347~8.

라"라고 외치는 것으로 연주창을 위시한 여러 질환을 치료했다. 심지어 그는 경쟁자 찰스 1세의 진행중인 치료활동을 비방했는가 하면, 자기가 덮고 잔 시트는 그 이후 각종 질병을 치료할 힘을 갖는다며 자랑했다고 한다. 추밀원은 그를 체포해 브라이드웰(Bridewell) 감옥으로 보냈다.[122] 1637년에는 리처드 길버트(Richard Gilbert) 사건이 있었다. 그는 서머싯에서 농부의 일곱째 아들로 태어나 불과 하루 만에 '약손'으로 치료를 시작한 진기록을 세운 아이였다. 5세가 된 그는 매주 월요일마다 집에서 환자를 받았다. 그는 피부염, 부종, 연주창 등에 걸린 환자를 쓰다듬으면서, 짐짓 경건한 자세로 "내가 만지니 하나님께서 치료하리라"라고 외쳤다. 이 사건에서 치료의례를 주도한 책임은 아이의 할머니에게 있었던 것 같다. 하지만 그녀의 동기는 매우 정직했다. 치료비는 전혀 부과되지 않았고 유일한 이익은 동네 주막에 돌아갔다. 돈 푼께나 있는 손님들이 치료를 보러 몰려와 주막이 붐볐기 때문이다.[123]

이 모든 사례는 연주창과 관련된 것이다. 그렇지만 이보다 덜 전문화된 형태로 치료재능을 발휘한 일곱째 아들들도 있었다. 1607년 런던주교는 귀머거리, 장님, 절름발이 등을 치료했다는 어떤 일곱째 아들을 심문해 그럴 능력이 없다는 것을 밝혔다. 1623년 노팅엄 부주교

---

122) Goodall, *The Royal College of Physicians*, pp. 447~53; C. S. P. D., 1636~1637, p. 328; *Privy Council Registers preserved in the P. R. O.*, vols. 1~2 (1637~1638) (1967), pp. 220, 309, 437, 515; Keynes, *The Life of William Harvey*, pp. 264~8. 왕당파가 일곱째 아들들의 경쟁적인 주장에 대해 보인 적대감의 다른 사례는, T. A., *The Excellency or Handy-Work of the Royal Hand*, pp. 1~3; J. Bird, *Ostenta Carolina* (1661), p. 78을 참조할 것.

123) *C. S. P. D., 1631*, pp. xl~xliii, 450, 548~9. 블로크는 이 일화가 럽튼(Lupton)의 *A Thousand Notable Things*의 직접적인 영향을 보여준다고 주장했지만(pp. 296~7), 그 아이는 그 책의 권위가 영향을 미치기 전부터 환자를 안수 치료했다. 블로크는 이 사실을 놓쳤다.

는 "위즈올(Wysall)의 소년 무자"에게 안수치료를 받으러 갔던 16명을 처리하였다. 바로 직후에 풍각쟁이(*fiddler*)의 일곱째 아들인 "고달밍(Godalming)의 소년"도 비슷한 안수치료 경력에 착수했던 것 같다. 그는 환자와 함께 치료과정 내내 금식해야 했다. 금식은 기적 치료사들 사이에 공통된 절차였기 때문이다. 17세기 말 케임브리지셔의 브링클리(Brinkley)에서도 장님, 절름발이, 귀머거리를 치료한 어린 소년이 있었는데, 그 역시 일곱째 아들이었다.[124] 이 같은 치유력은 예지력을 포함한 것이었고 일곱째 아들만이 아니라 일곱째 딸로도 확장될 수 있는 것으로 믿어졌다. 시골 지역에서는 뒤늦은 19세기까지도 이런 믿음이 활력을 유지했다.[125]

일곱째 아들의 치유력은 출생의 우연성에 기인한 것이었다. 국왕과 이를 모방한 치료사에게도 비슷한 측면이 있었다. 일례로 북부지방을 떠돌다가 1587년에 리치필드(Lichfield)에서 체포된 제임스 미들턴

---

124) *Diary of Walter Yonge*, G. Roberts, ed. (Camden Society, 1848), p. 13; R. F. B. Hodgkinson, "Extracts from the Act Books of the Archdeacons of Nottingham", *Transactions of the Thoroton Society*, vol. 30 (1926), p. 57; E. P(oeton), "The Winnowings of White Witchcraft" (Sloane 1954), ff. 190~192; E. L. Cutts, "Curious Extracts from a MS Diary, of the Time of James II and William and Mary", *Transactions of the Essex Archaeological Society*, vol. 1 (1858), p. 124. 다른 사례들은, W. H. Dawson in *The Reliquary*, vol. 23 (1882~1883), p. 200; Ashm. 1730, f. 162; Sir T. Matthew, *The Life of Lady Lucy Knatchbull* (1931), p. 35를 참조할 것.

125) Brand, *Popular Antiquities*, vol. 3, pp. 265~6; *Folk-Lore*, vol. 5 (1895), p. 205; *ibid.*, vol. 7 (1896), pp. 295~6; G. A. Cranfield, *The Development of the Provincial Newspaper, 1700~1760* (Oxford, 1962), p. 221; Thiselton-Dyer, *Old English Social Life*, p. 77; C. J. S. Thompson, *The Quacks of Old London* (1928), pp. 71~2, 189; *Transactions of the Cumberland and Westmorland Antiquarian and Archeological Society*, vol. 13 (1895), p. 362; *ibid.*, vol. 14 (1986), p. 373. 그러나 J. Quincy, *Dr Carr's Medicinal Epistles* (1714)에서는 일곱째 아들이 이미 대중적 인기를 상실한 것으로 이야기된다.

(James Middleton) 은 자신이 스코틀랜드 왕실 혈통을 이은 스튜어트 가문의 일원으로 특별한 간질병 치료능력을 타고났다고 주장했다.[126] 반면에 혈통과는 무관하게 기적의 치유력을 하나님께 직접 받았다고 주장한 이들도 있었다. 이들은 대체로 만병통치 능력을 내세웠지만 때로 특정 질병에 대한 전문성을 주장하기도 했다. 우리가 앞서 검토했듯이, 이런 권리주장자는 공위기 신흥종파들 사이에서 눈에 띄게 증가했다.[127] 그렇지만 가톨릭교도 중에도 기적 치료사가 있었다. 가톨릭 사제나 예수회 수사로 추정되는 블레이크(Blake) 라는 아일랜드인은 1663년 7월에 옥스퍼드의 마이터(Mitre) 호텔에 여장을 풀고는 환자들과 절름발이들에게 라틴어 성구를 외워 주고 성호를 긋는 것으로 치료를 시도했다. 그는 다음 달에는 체스터에서 대규모 군중을 모아 놓고 어떤 악마 들린 여인에게서 악마를 추방했다고 주장했다. 이에 앞서 그는 세인트 제임스 궁에 부속된 퀸스채플에서 (입장권자만이 참석한 가운데) 공공 퇴마의례를 벌였는데,[128] 이때는 가톨릭 의례 외에도 환자 목에 리본을 두르는 절차가 추가되었다.[129] 이것은 국왕

---

126) 그렇지만 그의 치료법은 판에 박힌 기도문, 퇴마의례, 주물에 의존한 점에서 새로울 것이 없었다. P. R. O., SP 12/206/54~53(ii); SP 12/208/2.

127) 이 책의 1권 pp. 272~7을 참조할 것.

128) [역주] 퀸스 채플(Queen's Chapel) 은 세인트 제임스 궁(St. James's Palace) 에 부속된 예배당으로 이니고 존스(Inigo Jones) 의 설계로 1623년과 1625년 사이에 건축되었다. 잉글랜드에서 가톨릭교가 금지된 시기였지만 이 건물은 가톨릭 신자인 찰스 1세의 부인 헨리에타 마리아를 위해 건축되었다.

129) Wood, *Life and Times*, vol. 1, p. 486; J. Barrow, *The Lord's Arm stretched out in an answer of Prayer: or, a True Relation of the Wonderful Deliverance of James Barrow* (1664), sig. BI; *C. S. P. D., 1663~1664*, p. 243 (필자는 이 문헌들에서의 언급이 모두 블레이크에 관한 것이라고 추정하지만, 이 시기에는 다른 여러 아일랜드인과 예수회 수사도 마술치료에 참여했다는 점을 고려해야 한다. 이에 관해서는 Hunter and Macalpine, *Three Hundred Years of Psychiatry, 1535~1860*, p. 151; Sloane 1926, f. 4; J. Heydon, *Theomagia*,

치료의례와 난처하리만치 유사한 의례였음이 분명하며, 17세기의 가장 유명한 신비 치료사이자 그의 동향인 발렌틴 그레이트레이크스의 등장을 준비한 예고편이었다.[130]

그레이트레이크스는 크롬웰 군대에 복무한 경력을 가진 아일랜드 젠틀맨이었다. 그는 왕정복고 직후에 신비한 충격을 겪고는 자기에게 안수에 의한 연주창 치유력이 있음을 알게 되었다. 그 천명을 따르는 과정에서 그의 안수는 스스로도 놀랄 만큼 위력을 발휘했다. 이에 그는 치료사로 발 벗고 나섰고 말라리아 같은 여러 질병을 치료하기에 이르렀다. 그는 아일랜드에서 천문학자 플램스티드를 비롯한 많은 환자를 치료해 명성을 쌓은 후, 1666년에는 워릭셔의 래글리(Ragley)로 건너와 콘웨이 자작부인 앤의 만성두통에 대한 안수치료를 시도했다. (비록 그 자신의 아내를 치료한 적은 있었지만) 그에게 앤의 치료는 역부족이었다.[131] 그럼에도 불구하고 갖가지 병에 시달리는 환자 수백 명이 그의 명성을 듣고 찾아왔고, 그는 많은 환자들을 성공적으로 치료했다. 그는 당대 지도급 지성인들의 비호를 받아 런던에서 개가를 올렸는데, 여기에는 모어, 커드워스, 위치코트 같은 케임브리지 플라톤

---

*or the Temple of Wisdom*〔1664〕, vol. 3, p. 224를 참조할 것).

130) [역주] 발렌틴 그레이트레이크스(Valentine Greatrakes: 1628~1683)는 '약손'(Stroker)이라는 별명으로 유명한 민간마술사였다. 아일랜드 젠틀맨 출신으로 내란시에 아일랜드에서 크롬웰의 군대를 위해 싸웠다. 왕정복고 이후로는 수많은 안수치료를 감행했고 1670년에는 당시 왕립협회 회장이었던 로버트 보일에게 인정받기도 했으나 여러 차례 실패를 경험했다. 가장 유명한 실패는 콘웨이 자작부인 앤 핀치(Anne Finch)를 치료하지 못한 것이었다.

131) [역주] 존 플램스티드(John Flamsteed: 1646~1719)는 더비 근교의 덴비(Denby) 출생으로 영국왕립협회 의장과 초대 왕실천문학자를 지낸 천문학자이다. 그는 어린 시절에 걸린 류머티스 관절염을 고치려 1665년에 아일랜드로 가서 그레이트레이크스의 치료를 받았지만, 증상이 호전되지는 않았다고 한다. 그러나 이것이 그레이트레이크스를 잉글랜드 본토에 알리는 계기가 되었음은 분명하다.

주의자와 로버트 보일, 존 윌킨스 같은 과학자가 포함된다.[132] 그가 숙소를 옮길 때마다 군중이 장사진을 치고 치료를 받았다. 그러나 그는 찰스 2세와 그 측근이 모인 자리에서 치료능력을 입증하지 못했으며, 결국 그는 5개월 남짓한 잉글랜드 생활을 마감하고 1666년 5월 아일랜드로 귀환해 치안판사이자 지역유지로 여생을 보냈다.[133]

그레이트레이크스의 이 짧은 일화는 공공의 큰 관심을 끌었다. 실패를 거듭했음에도 불구하고 그는 상당수의 고객을 치료한 것으로 보였기 때문이다. 더욱이 그는 금전적 욕심에서 사기행각을 벌이지도 않았으니 여행경비를 제외하고는 일체 치료비가 부과되지 않았다. 그는 자신의 기적 치유력을 하나님에게서 직접 받은 것으로 여겼다. 하지만 이런 해석은, 모든 기적이 이미 중단되었다는 견해에 친숙한 프로테스탄트 성직자들에게 설득력이 없었다. 오히려 그들은 그 치료사의 생리기능에 대한 설명을 선호해, 그에게 내재하는 초능력을 발견하려 했다. 헨리 모어가 주장했듯이, 그레이트레이크스의 육체에는 선천적인 "치료 감화력"이 주어졌다는 식이었다.[134] 이런 방향으로

---

132) [역주] 케임브리지 플라톤주의(*Cambridge Platonism*)는 케임브리지대학을 중심으로 퓨리터니즘의 비이성적 독단론과 데카르트나 홉스의 유물론을 경계하면서 새로운 형태로 이성과 신앙의 조화를 도모한 사조이다. 동시대의 마술과도 밀접한 관계를 유지했다. 랠프 커드워스(Ralph Cudworth: 1617~1688), 헨리 모어(Henry More: 1614~1687), 벤저민 위치코트(Benjamin Whichcote: 1609~1683) 등이 그 주역이다.

133) 그레이트레이크스의 경력은 다음과 같은 동시대의 여러 팸플릿에서 분명하게 드러난다. *Wonders if not Miracles*(1665); (D. Lloyd), *Wonders no Miracles*(1666); H. Stubbe, *The Miraculous Conformist*(Oxford, 1666); *A Brief Account of Mr Valentine Greatraks*(1666); "A Detection of the Imposture of V. G."(Saloane 1926, ff. 1~10). 그 밖에도 Conway Letters, M. H. Nicholson, ed. (1930)와 *D. N. B.*를 참조할 것. 그의 치료의 함축을 잘 드러낸 연구로는, R. A. Hunter and I. Macalpine in *St. Bartholomew's Hospital Journal*, vol. 60(1956)이 있다.

연구를 이어간 코너(Conner) 지구사제 조지 러스트는 그레이트레이크스의 오줌에 제비꽃 향내가 난다고 확신했다.[135] 반면에 그의 치료 효과를 의심하거나 그를 악마의 도움에 의지하는 접신술사로 간주한 이들도 있었다. 어떤 케임브리지대학 소식통이 1676년에 회상했듯이, "그것이 런던에서는 어떻게 보였는지 몰라도 그 대학 내에서는 조롱거리에 불과했다."[136]

그레이트레이크스 자신의 동기는 알 길이 없다. 그는 신성한 충격을 체험했다고 자신이 말한 대로 믿었음이 거의 분명하며, 신들린 듯 치료에 임했던 것 같다. 그렇지만 그의 치료경력이 결국 연주창에 대한 안수치료에서 시작되었음을 감안하면, 그의 속내에 왕정복고와 찰스 2세의 기적 치유력에 대해 종파적 반감이 도사리고 있었을 가능성은 충분하다. 그는 비록 잉글랜드 국교회에 충성을 공언했지만 아일랜드의 크롬웰 체제에 능동적으로 협력한 전력을 가진 인물이었으며 게다가 뵈메 추종자였다.[137] 그를 잘 안다고 주장한 어떤 동시대인은

134) [역주] '치료 감화력'(*sanative contagion*)은 헨리 모어가 그레이트레이크스의 초능력을 생리학적으로 설명하는 과정에서 처음 사용한 개념이다. 건강한 사람이 신체 접촉으로 허약한 사람을 치료하는 능력을 뜻한다. 그레이트레이크스는 호두알을 악력으로 부술 만큼 강한 힘을 가지고 있었는데, 이처럼 자연적으로 주어진 초능력이 치료에 사용되었다고 본 것이다.

135) Stubbe, *The Miraculous Conformist*, p. 11; J. Granvill, *Saducismus Triumphatus* 1681), vol. 1, pp. 90~2. 그렇지만 헤리퍼드의 주교 허버트 크로프트(Herbert Croft)는 그의 치료법을 초자연적인 것으로 간주했다. 이에 관해서는 *Correspondence of the Family of Hatton*, E. M. Thompson, ed. (Camden Society, 1878), vol. 1, p. 49.
[역주] 조지 러스트(George Rust: 1627~약 1670)는 케임브리지 플라톤주의 서클의 일원으로, 아일랜드의 코너(Connor) 지구사제와 드로모어(Dromore) 주교를 지냈다.

136) C. U. L., Add. MS 1, no. 26.

137) Sloane 1926, f. 4v.

훗날 그를 악마와 주술사에 관해 줄기차게 이야기한 이상한 친구로 평하기도 했다.[138] 그렇지만 왕정복고 직후 몇 년간 비국교도들이 왕정 반대를 위해 행한 수많은 기적의 연장선상에서 보면, 그의 활동을 이해한 사람들이 옳았던 것 같다.

따라서 '약손'이 반드시 '미신적인' 형식을 취한 것은 아니었다. 안수치료는 갈레노스 의학이론에 어울리게, 과잉체액을 빼내 인체를 체액균형 상태로 되돌리는 치료법으로 정당화될 수 있었다. 체액균형을 회복하는 전통적 방법은 설사, 구토, 방혈 같은 것이었다. 그러나 안수는 사악한 체액을 사지로 내려보내서 손끝 발끝을 통해 배출시키는 자기적(磁氣的) 수단으로 표현할 수 있었다. 그레이트레이크스가 사용했다고 주장한 방법이 바로 그것이다. 이 이론은 동시대의 다른 많은 '약손들'의 치료활동을 뒷받침해 주었다. 그것은 갑상선종 등 다양한 질환에 걸린 환자에게 방금 교수형을 당한 시체의 손을 접촉시켜 환자의 기운을 북돋는 끔찍한 관행에서도 예시되는데, 로버트 보일은 이를 유용하다고 생각했다.[139] 1637년에 연주창을 치료한 일곱째 아들 제임스 레버리트도, 매번 치료할 때마다 자기 몸에서 힘이 빠져나

---

[역주] 야콥 뵈메(Jakob Böhme: 1575~1624)는 동부독일 괴를리츠(Görlitz) 근교에서 태어나서 제화공으로 살다가 루터와 파라켈수스의 영향을 받아 프로테스탄트 신학자이자 신비주의 철학자로 명성을 떨친 인물이다. 그는 1600년에 신비스런 환상을 경험했고 이를 통해서 세상의 모든 비밀을 알게 되었다는 범지론적 주장을 내세웠으며, 이를 토대로 총체적 사회변혁을 도모했다. 또한 그는 17세기 잉글랜드의 엘리트 마술에 가장 큰 영향을 미친 인물 중 하나이다.

138) *The Diary of Abraham de la Pryme*, C. Jackson, ed. (Surtees Society., 1870), pp. 90~1.

139) Quincy, *Dr Carr's Medicinal Epistles*, p. 132. 1687년에는 사체의 머리를 이용해 연주창을 치료하려는 시도도 있었는데, 이에 관해서는 *Local Population Studies*, vol. 5 (1970), p. 62를 참조할 것.

가는 것을 느낄 수 있었고 안수로 고된 일과를 마치고 나면 침대에 몸져눕지 않을 수 없었노라고 주장했다.[140] 그러나 대부분의 사례에서 치료사나 그 환자는 이런 생리 메커니즘을 전제하면서 치료에 임하지 않았다. 치료사의 능력은 선천적 소질에 기인한 것으로 여겨졌다. 이 소질은 예전처럼 하나님께 받은 재능으로 기술될 때도 가끔 있었지만, 대체로는 치료사 개인이 타고난 능력으로 기술되었다. (국왕의 경우처럼) 치료자의 직위에 주어진 능력일 수도 있었고, (일곱째 아들처럼) 치료자의 족보에 주어진 능력일 수도 있었고, (그레이트레이크스를 위시한 많은 민간마술사처럼) 치료자의 불가해한 초능력일 수도 있었지만 말이다.

## 3. 마술치료의 효험

이렇듯 튜더-스튜어트기 잉글랜드에는 다양한 신비요법이 존재했음을 알 수 있다. 그렇다면 이런 치료법은 얼마나 효과적이었을까? 왜 그토록 많은 환자들이 신비요법의 보살핌에 순종할 자세를 갖추고 있었을까?

국왕 안수의 치료효과에 관해서는 많은 요구가 있었다. 외과의 리처드 와이즈먼은 몸소 목격한 치료사례가 수백 건에 달한다고 증언하면서, 찰스 2세는 "런던의 모든 외과의가 평생토록 치료한 것보다" 많은 환자를 1년 안에 치료한다고 주장했다.[141] 하지만 이처럼 후한 평가의 배후에는 아부성 왕당파 신조가 작용했음을 인정해야만 한다. 국

---

140) Keynes, *The Life of William Harvey*, p. 265.

141) Wiseman, *Severall Chirurgicall Treatises*, pp. 246~7; Browne, *Adenochoiradelogia*, vol. 3, p. 81.

왕의 기적치료가 성공을 거두었다는 동시대의 많은 주장은 정밀한 검토 앞에 무력해지기 일쑤이다. 국왕치료의 공식 옹호자들조차 왕의 손길에 오류가 전혀 없다든가 그 효과가 즉각적이라고 주장하지는 않았다. 실제로 대다수 성공사례는 일정 기간을 경유한 후에야 발생한 것 같고, 일리 있게도 선(腺)결핵성 질환처럼 쉽게 치료되는 병에 주로 적용되었다.[142] 나머지 성공사례 중에도 관습상 연주창으로 분류된 가벼운 질병이 포함되어 있었다. 일례로 '결막염'(*sore eyes*)은 거의 모든 경우에 국왕치료의례에서 다루기에 적합한 것으로 고려되었다.

연주창을 확실히 치료한 사례는 극소수에 불과했고 그나마 당시 합리주의자들에게는 염력(*imagination*)의 효과로 간주되었다. 어떤 팸플릿 작가는, "내과의들은 그 원인을 안수의 효력보다 환자의 염력으로 돌린다"고 기록했다.[143] 이것은 연주창에 대한 진단으로는 부적합해 보인다. 그러나 치료는 다양한 심인성(心因性) 조건에 따라 좌우될 수 있었기 때문에 극적 치료가능성은 늘 열려 있었다. 종교의례가 제공한 진정효과, 예전에는 마주해 본 적 없는 국왕을 대면함으로써 자극된 신경계의 흥분상태, 국왕을 알현하기 전에 외과의가 환자의 사지를 소독한 효과 — 이 모든 요인들이 개별적으로든 복수적으로든 작용해서, 기질성(器質性) 장애로 신체조직이 변형된 환자를 제외하고는 치료효과를 충분히 제공할 수 있었을 것이다. 게다가 연주창 증상은 주기적으로 나타나므로 잠시 완치되었다는 인상을 줄 수도 있었다. 증상이 다시 나타나면 병이 '재발한 것'으로 간주되었으며, 환자가 금화를 휴대하고 다니지 않았다는 것이 재발에 대한 설명으로 자주 채택되었다.

---

142) Keynes, *The Life of William Harvey*, p. 269; Primrose, *Popular Errours*, p. 442.

143) *An Answer to a Scoffing and Lying Lybell*(1681), p. 2.

이런 방식으로 국왕 안수는 거듭된 실패에도 불구하고 명성을 유지할 수 있었다. 루르드 사례는 1번의 확실한 성공이 100번의 실패에 대한 기억을 지워 줄 수 있음을 상기시켜 준다.[144] 국왕 안수에 대한 신앙은 안수의 보살핌에 순종한 모든 환자의 임상기록을 체계적으로 검토한 끝에 형성된 것이 아니었다. 오히려 그 신앙은 그런 기적 가능성을 믿고 싶어 하는 공공의 성향, 즉 왕권과 사회 내 국왕의 위상을 신비화하는 관점에서 나온 성향에 뿌리를 둔 것이었다. 즉, 이런 성향이 칭송받은 치료를 낳았지, 치료가 이런 성향을 양육한 것은 아니었다는 말이다. 프랑스 출신의 위대한 연주창 역사가 마르크 블로크(Marc Bloch)는 이렇게 말한다.

> 기적에 대한 믿음을 조장한 것은 기적이 존재해야만 한다는 관념이었다. 수세기를 관류하는 동안 그런 믿음을 가진 여러 세대의 축적된 증언이 유지되도록 허용한 것도 그런 관념이었다. 그 축적된 증언이 제공하는 증거는 경험에 기초하는 것처럼 보여 감히 의심할 수 없었다. 이 신성한 손가락들이 접촉해서 연주창을 고치지 못한 많은 사례들이 있었지만, 그것들은 곧 잊혀졌다. 이것은 믿음으로 충만한 영혼들의 행복한 낙관주의였다.[145]

마르크 블로크에 의하면, 국왕 기적에 대한 신앙은 왕권의 초자연

---

144) [역주] 루르드(Lourdes)는 프랑스 남서부 피레네 산맥 북쪽 산기슭의 오트피레네 주(州)에 있는 작은 마을이다. 중세부터 가톨릭 순례지로 유명했는데, 1858년 2월 11일부터 7월 16일 사이에 성모 마리아가 이 마을의 가난한 소녀 베르나데타(1933년 시성) 앞에 18회나 발현하여 기도와 보속, 회개하라는 메시지를 전한 것이 알려진 뒤 세계적 성지가 되었다. 이 한 번의 성공적인 사례는 수많은 실패에 대한 기억을 지워 버릴 수 있었다.

145) Bloch, *Les Rois thaumaturges*, p. 429(필자 나름대로 번역했다). 이 책에서 필자는 블로크의 예리한 논의에 크게 의존했다.

성에 대한 믿음에서 비롯된 집단오류의 산물이었다. 그 믿음에는 나름의 사회적 효용이 있었다. 왜냐하면 그것은 국왕을 모든 신민의 통일성을 상징적으로 대변하는 신비한 위상으로 끌어올림으로써, 국왕이 다른 신분과 너무 밀접히 일체화되는 것을 막아 주었기 때문이다.[146] 그렇지만 17세기 잉글랜드에서는 이런 신비함이 약화되고 있었다. 군주를 가부장처럼 섬기는 자세는 공화주의의 노골적인 회의론에 직면했다. 이를테면 "왕도 특별한 사람이 아니라 사람일 뿐"이라는 주장이 점증하는 추세였다.[147] 이 점에서 국왕 치유력에 대한 신앙은 쇠퇴일로에 있던 정치적 태도, 즉 왕실혈통에는 독특한 특성이 있고 노아(Noah)로 소급되는 특별한 족보가 있다는 믿음에 연결된 것이었다.[148] 왕은 다른 인간존재와 구별되었고 하나님께 직고(直告)하는 유일한 존재였다. 그러나 왕권신수설이 쇠퇴하고 하노버 왕가가 승리하면서 국왕 기적도 종지부를 찍었다. 사람들이 찾지 않으니 그런 기적이 일어날 리 없었다.

왕이라는 특별한 신분은 그의 치유력에 부여된 권위를 설명하는 데 도움을 준다. 그렇지만 같은 방법으로 마을 무속인의 매력을 설명할 수는 없다. 의심할 바 없이 그 주된 요인은 유능한 내과의가 부족했다는 점, 특히 빈민계급에게 부족했다는 점이다. 무속인의 요금은 천차만별이었지만 당시 의사들이 부과한 치료비에 비해서는 늘 저렴한 편

---

146) E. E. Evans-Pritchard, *Essays in Social Anthropology*(1962), p. 84를 참조할 것.

147) 1664년에 탕헤르(Tangier) 감옥의 어떤 수감자가 한 말이다. H. A. Kaufman, *Conscientious Cavalier*(1962), p. 193.

148) [역주] 르네상스 시대 이후로 왕실혈통을 창세기의 오랜 족보에 연결하려는 시도가 줄을 이었다. 이것은 오래된 것일수록 더 많은 가치를 부여한 르네상스 인문주의 사조, 특히 지식이나 도그마를 신성한 계보에 연결시켜 정당화한 '태고신학'(*prisca theologia*)의 전통을 반영한다.

이었다. 어떤 권위자에 따르면, "그들이 받은 보상은 … 사람들이 그들에게 제공하기 원했던 정도를 넘어서지 않는다. 누구는 더 많이 받고 누구는 조금만 받지만 무상인 경우도 흔하다. 혹자는 뭔가를 받으면 좋은 일을 하지 못한다고 공언하면서 아무것도 받지 않는다." 실제로 많은 자선 '강복술사들'(*blessers*)이 있었을 것이다. 랭커셔의 재단사 부인 메리 쇼(Mary Shaw)는 돈이 아니라 "사람들이 성의표시로 그녀에게 주는 것"만을 받았고, 헨리 배길리(Henry Baggilie)는 "음식이나 치즈, 혹은 비슷한 성격의 물건을 받았을 뿐, 은화나 여타 보상을 취하지 않았다."[149] 더욱이, 주물과 기도문도 당시 의사의 치료법에 비하면 호감이 가는 것이었다. 수술할 염려가 없고 강제배변과 강제구토 같은 일상처치를 수반하지도 않는 무통치료법이 매력적으로 보였기 때문이다. 마찬가지로 연주창에서도 국왕 안수는 내과의가 권한(환부를 인두로 지지는) 고통스런 지짐 치료보다 선호되었다.

17세기 하층민이 마을 마법사나 무자를 좀처럼 멀리하려 하지 않은 것은 현생 원시주민이 새로 도입된 서양의학에만 의존하려 하지 않는 것과 같은 이치이다. 이들은 현대식 병원에서도 사람이 죽는다는 것, 불임이나 발기부전 같은 불만증상에서는 유럽인에게도 실질적 치료법이 없다는 것을 주목한다. 이런 이유에서 그들은 전통치료법을 고집하는데, 개중에는 서양의학에서 볼 수 없는 심리적 안정과 자신감을 북돋우는 치료법도 있다. 그들은 마술치료, 제례를 통한 질병재현, 상징적 질병치료 등이 발휘하는 극적 효과를 그 사회적 맥락에서 중시한다. 특히 원시적 정신요법은 현대판 경쟁자보다 우월하게 비견될 수 있다.[150] 의료기술이 경이로운 진보를 이룬 오늘날조차 이것이

---

149) Bernard, *Guide*, pp. 131~2; Lancashire R. O., QSB/1/78/49와 QSB/1/139(81). 요금에 관해서는 이 책의 2권 pp. 151~6을 참조할 것.

150) S. F. Nadel, *Nupe Religion*(1954), pp. 161~2; R. Firth, "Ritual and

참이라면, 여전히 강제 설사나 방혈 같은 전통적 방법에 따라 의료활동이 전개된 17세기 마을주민의 태도는 새삼 놀랄 일이 아니다. 왜 마을 무속인이 특권을 유지할 수 있었던가를 물을 필요가 있다면, 갈레노스 계열 내과의들의 가짜 치료가 어찌 그리 오랫동안 도전 없이 유지되었는지도 함께 물어야 할 것이다.

그렇지만 민간마술사가 누린 명성은 얼핏 보기에도 놀랄 만하다. "이리저리 수소문한 모든 내과의를 찾아다녀도 치료법을 얻을 수 없는 수많은 종류의 질병이 있지만, 그런 질병도 때로는 민간마술사라 불리는 자에 의해 치료된다"는 식으로 이야기되었다. 윌트셔의 늙은 주술사 앤 보드넘은 "최상급 의사도 고칠 수 없는 병을 치료할 수 있다"고 호언장담했다.[151] 웰즈(Wells)의 어떤 무속인은 이합체시(離合體詩)의 형태로 "아브라카다브라"(*Abracadabra*)를 종이에 적어 주어 환자가 지니도록 한 것만으로 100명이 넘는 말라리아 환자를 치료했다고 한다.[152] 오늘날 우리가 이런 소문의 진위를 검증할 수 없지만, 당시 수많은 지성인들이 그런 치료법이 실제로 유효하다고 믿었다. 해부학자 로버트 버튼은, "우리가 흔히 목격하듯이 치통, 통풍, 간질, 광견병을 비롯한 많은 질병이 주문, 말씀, 상징, 주물 등에 의해 치료되고

---

Drama in Malay Spirit Mediumship", *Comparative Studies in Sociology and History*, vol. 9 (1966~1967), p. 207; R. W. Lieban, *Cebuano Sorcery* (Berkerly, 1967), 5장; *Magic, Faith and Healing, Studies in Primitive Psychiatry Today*, A. Kiev, ed. (1964), Passim 등을 참조할 것.

151) Mason, *The Anatomie of Sorcerie*, p. 69; E. Bower, *Doctor Lamb revived* (1653), p. 25.
[역주] 앤 보드넘(Anne Bodenham: 약 1573~1653)은 런던에서 활동한 의사 램(Lamb)의 하녀로 어린아이들을 가르치면서 민간마술사로 활동했다. 분실물을 되찾아 준 사례로 명성을 얻었고 때로 불치병을 치료하기도 했으나, 1653년에 주술혐의로 기소되어 처형되었다.

152) Aubrey, *Miscellanies*, pp. 134~5.

있다"고 언급했다.[153] 무식자만이 민간마술사의 고객이었던 것은 아니다. 그는 고위층 인사의 비호를 받을 때도 많았다.[154] 하지만 민간마술사 성공사례에 대한 최상급 증언은 민간마술사를 쫓아내려고 가장 끈질기게 노력한 자들이 제공했다. 많은 신학자들이 마술치료의 사악함을 강조하면서도 무용하다고 주장하지는 않았던 것이다. 윌리엄 펄크는, "각종 종양은 물론 샛길질환과 치통 등 많은 질병이 주물에 의해 치료되었다"는 것을 인정했다.[155]

이런 평판을 설명할 때 무게를 두어야 할 부분은 때로 마술치료제와 결합되기도 한 실제 치료제이다. 민간마술사는 일상 질환을 진단하고 적절한 약을 처방할 능력이 있었다.[156] 수세기에 걸쳐 축적된 방대한

---

153) Burton, *Anatomy*, vol. 1, p. 256.

154) 이를테면, Scot, *Discoverie*, XV. xli; *C. S. P. D.*, 1625~1626, p. 367; Thompson, *The Quacks of Old London*, p. 30; 이 책의 1권 pp. 51~3.

155) W. Fulke, *Answers to Stapleton, Martiall and Sanders* (Cambridge, P. S., 1848), p. 157. 이와 동일한 견해는, Thomas Lodge, *Complete Works* (1963, 재판), vol. 4, p. 35; Gervase Babington, *Workes* (1622), vol. 3, p. 27; James Cotta, *Cotta contra Antonium* (Oxford, 1623), p. 39를 참조할 것. 이 책의 2권 pp. 166~8도 참조할 것.

[역주] 윌리엄 펄크(William Fulke: 1538~1589)는 런던에서 태어나 케임브리지에서 수학한 퓨리턴 성직자이다. 그는 케임브리지에서 6년간 법학을 공부한 후 1564년에 세인트존스칼리지의 교수가 되었다. 그곳에서 히브리어를 강의했고 목회자로서의 경력도 시작했다. 퓨리턴 논객이자 여러 유력인사의 측근 목사로 명성을 떨쳤다.

'샛길'(*fistula*)은 2개의 내장 사이에 또는 내장에서 신체표면으로 통해 있는 비정상적인 통로를 말한다. 이것이 점막, 또는 피부로 열린 부위를 샛길구멍이라고 한다. 염증의 파급으로 화농성 샛길구멍으로서 형성되는 경우가 많으며, 선천기형으로서 형성되는 것도 있다.

156) Scot, *Discoverie*, XVI. v에서는 민간마술사가 이용한 약이 언급되고 있다. Bernard, *Guide*, p. 149도 참조할 것. 황달을 진단한 '마법사'에 관해서는, A Hussey, "Visitations of the Archdeacon of Canterbury", *Archaeologia Cantiana*, vol. 26 (1904), p. 21을 참조할 것.

약초 지식은 민간마술사의 강력한 무기였다. 그의 교감치료는 유해한 기름을 상처에 바르는 것을 차단함으로써 상처의 자연적 회복을 가능하게 해 주었다.[157] 그레이트레이크스는 초보 외과의로까지 활동영역을 넓혀, 종기에 끈을 묶어 고름을 짜냈다. 현생 원시주민 사이에서 자주 그렇듯이, 마술과 기술은 동시에 적용되었다. 사기의 도움을 받는 것도 가능했다. 에드워드 6세 치세기 런던에서 어떤 베네치아 출신 내과의는 잠시 기절한 환자를 이용해 사기행각을 벌였다. 그는 환자가 위험한 상태가 아니라는 것을 알면서도, 환자의 죽음을 가장하고 그를 소생시키는 기적을 보이겠다고 선언했고, 때맞추어 환자를 깨어나게 했던 것이다.[158]

외부 도움 없이 사소한 질병을 이겨내는 인체의 자연치유력에도 무게가 주어져야 한다. 민간마술사가 기적적으로 '치료'했다는 환자증상 중에서 열병, 귓병, 사마귀, 열린 상처 등 다수는 시간이 흐르면 저절로 치료될 수 있는 것이었다. 이렇듯 가벼운 영역에서의 현저한 성공은, 인체 스스로 견뎌내기 힘든 치명적 감염을 치료하지 못한 실패를 감추는 데 도움을 주었음이 분명하다. 민간마술사가 역병 감염을 막을 주물이나 부적을 꾸준히 제공했음에도 민간마술사에게 역병 감염자를 치료할 능력이 있다는 의견은 거의 개진된 적이 없다는 점에 주목할 필요가 있다.

실패를 피할 수 없을 때, 주술에 대한 민간신앙은 편리한 변명거리를 제공했다. 민간마술사는 "저주받았다"거나 "주술에 걸렸다"는 것

157) 이런 측면은 Pettigrew, *On Superstitions connected with the History and Practice of Medicine*, pp. 163~4에서 지적되었다. Petersson, *Sir Kenelm Digby*, p. 274도 참조할 것.

158) A. A. Ruddock, "The Earliest Records of High Court of Admiralty (1515~1558)", *Bulletin of Institute of Historical Research*, vol. 222 (1949), p. 145.

을 고객에게 고지함으로써, 자연적 질병이었더라면 자신도 충분히 치료할 수 있었을 것이라는 암시를 줄 수 있었다. 1664년 세인트 제임스 궁에서 마법시연을 주도한 가톨릭교도도 이런 논법에 의존할 준비가 되어 있었다.[159] 그렇기에 무속인의 절차에는 잘못이 있을 수 없었다. 환자가 회복되면 민간마술사의 능력에 탄복할 것이요 환자가 죽으면 〔그에게 주술을 건〕 주술사가 비난받을 것이었다. 일단 민간마술사의 보살핌을 받기 시작한 환자는 출구 없는 굴레에 갇힌 셈이었다. 리처드 버나드는 "무속인을 가장 즐겨 이용하는 자는 무속인을 가장 절실하게 필요로 하는 자라는 것을 일상 경험에서 알 수 있다"고 말했다.[160]

민간마술사의 명성을 지탱해 준 모든 요인 중 가장 중요한 것은 고객의 정신을 치료한 측면이었다. 많은 아마추어 치료사가 기질(器質) 병리학 지식이 없이도 육체에 나타난 증상을 성공적으로 치료할 수 있었다. 두 의사가 최근에 예리하게 지적했듯이, "기질적 질병이 없어도 육체에 쑤심이나 통증이나 기능장애나 마비가 일어날 수 있음을 직관적으로 파악한 것이 바로 그레이트레이크스의 업적"이었다. 실제로 그레이트레이크스는 환자의 육체보다는 정신을 치료했다. 그 방법은 훗날 메스머와 샤르코를 위시한 심신상관성(*psychosomatic*) 질환 연구자들의 방법을 예비한 것이었다.[161] 민간마술사의 최대무기는 고객

---

159) Barrow, *The Lord's Arm Stretched Out*, sig. B2.

160) Bernard, *Guide*, p. 143.
[역주] 리처드 버나드(Richard Bernard: 1568~1641)는 에프워스(Epworth) 출신으로 케임브리지에서 수학한 후 퓨리턴 목회자이자 작가로서 활동했다. 그는 칼뱅주의에 투철한 퓨리턴이었지만 분리주의를 고집하지 않아 (아메리카 대륙으로 최초의 이민항해를 준비한) 동료들과 갈등을 빚기도 했다.

161) Hunter and Macalpine in *St. Bartholomew's Hospital Journal*, vol. 60(1956), p. 368.

의 간절한 염력이었다. 오늘날 잘 알려져 있듯이, 의사와 환자가 모두 완치를 굳게 믿으면 치료 잠재력이 극대화된다는 점에서, 염력의 효과는 결코 무시할 수 없다.

암시가 치료에서 수행하는 역할에 대한 과학적 연구는 최근에야 시작되었지만, 그 성과는 이미 역사가들에게 충격을 주기에 충분한 수준으로 올라섰다. 이제 역사가들은 주문과 부적만으로 시술한 17세기 치료사의 진정한 능력을 과소평가해온 관행에 머물 수만은 없게 되었다. 현대의학에서 '플라시보 효과'라 불리는 것의 역할은 충분히 증명되었다. 물론 그 원인은 아직 분명치 않고 논쟁의 여지가 남아 있는 것도 사실이다. 하지만 약학적 성분은 형편없는 약일지라도 의사와 환자가 굳게 신뢰하면 놀라운 효과를 발휘할 수 있다. 실험을 통해 밝혀졌듯이, 플라시보, 즉 진짜 약처럼 복용된 가짜 약은 때로 높은 성공률을 보여준다. 특히 두통이나 뱃멀미나 수술 후 통증 같은 호소 증상을 진정시키는 효과에서 그러하다. 플라시보는 긴장과 스트레스를 효과적으로 완화하는 진정제가 될 수 있는데, 일부 사례에서는 플라시보의 성공률이 진짜 약의 성공률만큼 높다는 것이 증명되기도 한다.[162]

---

[역주] 심신상관성 질환(*psychosomatic illness*)이란 주로 육체적 증상은 있으나 기질병리학적으로는 설명될 수 없는 병을 뜻한다. 메스머(Franz Anton Mesmer: 1734~1815)는 오스트리아 출신으로 비엔나대학에서 의학을 공부한 후 개업의로 활동하다가 점성술적인 동물자기설(動物磁氣說)을 주장한 죄로 추방당해 파리에 머물렀고 다시 파리에서 추방당해 메르스부르크에서 말년을 보냈다. '메스머리즘'은 심신상관성 질환을 최면술 내지 암시요법에 의해 치료하는 것으로 후세에 큰 영향을 미쳤다. 샤르코(Jean Martin Charcot: 1825~1893)는 파리 출신으로 파리대학에서 의학을 공부한 후 그 대학의 병리해부학 교수로 활동하다가 1882년에는 그를 위해 신설된 살페트리에르 병원의 신경병과 교수가 되었다. 많은 업적이 있지만 특히 히스테리 연구로 주목을 받았고 프로이트의 스승으로도 잘 알려져 있다.

162) 이 주제를 다룬 핵심논문은 L. Lasagna et al., "A Study of the Placebos Response", *American Journal of Medicine*, vol. 16(1954)이다. 관련문헌에 대

이런 사실은 믿음이 치료에서 차지하는 중요성을 말해 준다. 약이란 정신보다 육체에 작용하는 것이라는 사고에 익숙한 보통사람으로서는 충격을 받을 정도일 것이다. 어떤 실험은 착실한 신도가 회의론자에 비해, 또한 유료로 진료서비스를 받은 환자가 무료로 받은 환자에 비해 플라시보 성공률이 높다는 결론을 제시한다. 이런 관점에서 보면 플라시보 효과는 원시의학과 한층 밀접한 관련성을 갖는다. 실제로 플라시보를 더욱 효과적으로 만들어 주는 것은 치료에 얼마간 충격적인 의례가 수반될 때이다. 무속인이 때로 기습효과를 노렸듯이, 플라시보 제조자는 자신의 알약이 친숙한 아스피린 알약과 달리 너무 크거나 작지는 않은지, 색깔이 튀지는 않는지를 면밀히 살핀다. 기독교 환경에서 시술에 임한 17세기 마법사는 자신의 방법을 스스로는 신뢰해도, 그 방법에 위협적인 의례를 부가함으로써 소정의 결과를 이상적인 형태로 얻으려 했다. 따라서 안수, 명령, 주문, 심지어 원거리 시술에 의해 치료했다는 17세기 마법사의 주장은, 치료에서 신앙과 염력이 수행하는 역할에 대한 현대 연구성과에 비추어 신중하게 검토되어야 할 것이다.

당시 식자층은 염력에 치유력이 있다는 것, 그 능력이 주술사에게 중요하다는 것을 잘 알고 있었다. 그들은 민간마술사가 환자의 자발적 협조를 요구한다는 것에 주목했다. "이들 주술사들은 자신들을 믿지 않는 자는 치료할 수 없다는 식으로 말한다"고 리처드 버나드는 지적했다.[163] 나아가 당시 식자층은 정신에 집중된 요법이 육체를 치료

---

한 유용한 개관은, J. D. Frank, *Persuasion and Healing* (1961), 4장에 수록되어 있다. B. Inglis의 *Fringe Medicine* (1964) 와 *Drugs, Doctors and Diseases* (1965) 도 참조할 것. 필자를 이 주제에 처음 접하게 해 준 것은, Dr David Surridge가 St. Johns College Essay Society에서 발표한 논문이다. 이 주제와 원시의학과의 관련성은 J. Jahn, *Muntu. An Outline of Neo-African Culture*, M. Grene, trans. (1961), pp. 127~9에서 지적되고 있다.

할 수 있음을 암시하는 증거를 열심히 뒤졌다. 로버트 버튼은, "어떤 자는 환상으로 앓기도 하고 또 어떤 자는 환상과 호감만으로 쉽게 회복되기도 하는 것을 보면 … 효력을 발휘한 것은 주물이나 〔민간마술사의〕 특효약이 아니라 강한 호감과 소신"이라고 기록했다. 프랜시스 베이컨도 "기적을 일으키는 믿음"의 치유력을 인정했다. 주술에 관한 당대 최상급 저자 중 하나인 내과의 에드워드 조던은 주문, 부적, 성수 같은 치료제의 약효를 논의하는 과정에서,[164] 이런 치료제가 성공을 거둘 수 있는 것은 초자연적 효능이 내재하기 때문이 아니라 "우울이나 격정에 휩싸인 자에게 그런 치료제가 발휘할 수 있는 강한 설득력" 때문이라고 주장했다.[165] 다소 황당한 일화들이 이런 종류의 여론을 뒷받침했는데, 그 전형적인 사례는 어떤 사람이 더럼대학장(재직: 1684~1691)을 지낸 데니스 그랜빌에게 전해 들었다는 이야기이다.[166] 어떤 프랑스인 의사가 악마에 사로잡혔다고 확신하는 환자를 맞이했다. 그 의사는 사제 한 명과 외과의 한 명을 초청했고, 그 자신은 산 박쥐 한 마리를 담은 부대를 준비했다. 환자는 간단한 수술로

---

163) Bernard, *Guide*, p. 139; 또한 Cooper, *Mystery*, pp. 219, 245도 참조할 것. V, W. Turner in *Magic, Faith and Healing*, Kiev, ed., p. 263과도 비교할 것.

164) [역주] 에드워드 조던(Dr. Edward Jorden: 1569~1632)은 내과의이자 화학자로, 무속으로 기소된 자들이 일종의 정신질환을 앓고 있는 불행한 부류라고 주장한 최초의 인물이다. 히스테리에 관한 그의 연구는 이후 무속인 재판에서 관용적 태도를 키우는 데 기여했다.

165) Burton, *Anatomy*, vol. 1, p. 256; Bacon, *Works*, vol. 2, p. 641; vol. 4, p. 400; E. Jorden, *A Briefe Discourse of a Disease called the Suffocation of the Mother*(1603), p. 25.

166) [역주] 데니스 그랜빌(Denis Granville, 혹은 Grenville: 1637~1703)은 더럼에서 신학을 공부한 후 더럼대학의 학장직에 오른 신학자이다. 국교회의 더럼교구 부주교를 지내기도 했다. 1689년부터 건강을 이유로 프랑스에 체류하고 있었으나 1690년에 찰스 2세에 대한 충성서약 거부자로 공직을 잃었다.

치료할 것이라는 말을 들었다. 사제는 기도를 하기 시작했고 외과의는 환자의 옆구리를 조금 절개했다. 째진 틈이 생기자 그 의사는 부대를 풀어 박쥐를 방안으로 날려 보내면서, "보세요, 악마가 날아갑니다!"라고 외쳤다. 환자는 그 말을 믿었고 치료되었다.[167]

어쨌든 심신상관성 질환이라는 개념은 오늘날보다 17세기에 한층 만연해 있었다. 당시 식자층이 염력의 힘을 과장하는 경향이 있었기 때문이다. 그들은 역병이 겁먹은 자만 골라서 공격한다거나 임산부가 염력만으로 태아의 형상을 결정할 수 있다고 생각했다.[168] 이런 관념은 당시 신플라톤주의에 의해 강화된 면도 있지만, 심신상관성 치료의 무수한 사례에 의해 뒷받침된 측면이 더욱 강하다. 당시는 육체만 치료받을 가능성이 크게 제한된 시대였기 때문이다.

그렇지만 마법사는 잘 믿는 사람뿐만 아니라 회의론자도 치료했다. 제대로 교육받은 작가 아서 윌슨은 17세기 초 프랑스를 여행하다가 말라리아에 걸렸을 때 가스코뉴의 방앗간 주인의 도움을 받은 일화를 기록하고 있다.[169] 주물을 이용해서 많은 이를 치료한 경험이 있었던

---

167) Kittredge, *Witchcraft*, p. 135에서 인용됨. 비슷한 이야기는, G. Gifford, *A Dialogue concerning Witches and Witchcraft* (1593) (Shakespeare Association, 1931), sig. G4; J. Selden, *Table-Talk* (Temple Classics, 출판연도 미상), pp. 40~1; Turner, *Providences*, vol. 2, p. 135; Ewen, vol. 129을 참조할 것.

168) Hunter and Macalpine, *Three Hundred Years of Psychiatry*, p. 230; W. Pagel, *Paracelsus* (Basel, 1958), pp. 121~5; Still, *History of Paediatrics*, p. 342; M. Underwood, *A Treatise on the Disorders of Childhood* (1797), vol. 2, pp. 199~209. 염력의 역할은 당시 거의 모든 역병 관련 책자에서 강조되었다.

169) **[역주]** 아서 윌슨(Arthur Wilson: 1595~1652)은 야머스(Yarmouth) 출신으로 에식스 3대 백작(Robert Devereux)의 비서(1620~1625)로 그의 대륙원정을 수행했고, 이후 옥스퍼드에서 2년을 수학한 후 워릭 2대 백작(Robert Rich)의 비서로 활동했다. 내란기에는 다시 에식스 백작을 위해 봉사했다. 그의 명성은 주로 자전적인 모험담에 기인하지만 여러 희곡작품도 남겼다.

그 방앗간 주인은 윌슨도 주물로 치료했다. 이 일화에 대한 윌슨의 해설은 그의 당혹감을 가감 없이 드러낸다. 그가 먼저 방앗간 주인의 능력을 믿은 것은 아니었으니 그 자신의 염력이 치료에 작용한 것은 아니었다. 사람 눈이 신비한 능력을 발휘한다든지, 종이에 적은 철자에 불과한 것이 신비한 효능을 발휘하는 일이 어떻게 있을 수 있단 말인가? 방앗간 주인은 독실한 위그노였으므로 사탄이 치료했을 리도 없었다. 그럼에도 치료되었다는 것은 그에게 당혹스러운 결과였다.[170] 많은 비슷한 사례에서 고객은 민간마술사의 치료법을 특별히 확신하지 않은 채 지푸라기라도 잡으려는 심정으로 민간마술사에게 접근했다. 그 성공적 결과에 대한 설명으로 가장 설득력이 있는 것은, 회의론자조차도 미신적인 시대에는 믿어야 한다는 강박감에 사로잡힐 수 있다는 설명, 즉 회의론에 우호적인 환경이 조성되어야 그런 강박감의 족쇄로부터 벗어날 수 있다는 설명이다. 보통 때는 합리적인 사람도 군중이 운집한 부흥회에서는 그 뜨거운 열기에 압도되곤 하지 않는가? 그러나 아서 윌슨의 말라리아는 방앗간 주인을 찾아갔든 그렇지 않았든 상관없이 쾌유될 성질의 것이었음이 분명하다.

따라서 역사가가 옛 시대 민간마술사의 활동을 연구하려면 순수 이론심리학의 길로 접어들어야 하는데, 이를 감당하기에 역사가의 능력은 턱없이 부족할 수밖에 없다. 그렇지만 분명한 것은 이런 부류의 치료사가 반드시 무능력자거나 사기꾼이지만은 않았다는 사실이다. 물론 철저한 회의론으로부터 반대쪽 극단의 맹목적 믿음으로 입장을 번복해서는 안 될 것이다. 10여 년 전 영국의학회(*British Medical Association*)는 6개 남짓한 요인을 나열해서 대부분의 마술치료 사례를 설명한 바 있다. ① 진단이 잘못된 경우, ② 예후가 잘못된 경우, ③ 질병이

170) Peck, *Desiderata Curiosa*, p. 461.

자연적으로 완화된 경우, ④ 일시적으로 진정된 경우, ⑤ 자연적으로 치유된 경우, ⑥ 다른 치료제를 동시에 사용한 경우.[171] 우리가 앞서 검토했듯이, 당시 치료사례는 실제로 이런 요인들에 의해 설명될 수 있다. 오늘날 의료계가 내세우는 성공들 중 많은 것도 이런 요인들로 설명된다는 것을 인정한다 하더라도, 원시의학이 약이나 수술에 의해 기질성 장애를 치료할 수준이 되지 못했다는 것은 누구도 부정할 수 없다. 오늘날 같으면 충분히 구제될 수 있었을 생명이 무능한 진단이나 치료 탓에 죽었다. 마술은 감염을 막을 수 없고, 위생학의 대안이 될 수도, 엑스레이 같은 다양한 진단도구를 대체할 수도 없다. 그러나 마술은 정신관련 질환에 대해서는 현재 이용가능한 어떠한 치료법 못지않게 효과적인 치료법을 제공했을 수 있다.

---

171) *Divine Healing and Co-operation between Doctors and Clergy*(B. M. A., 1956), p. 10.

제 8 장

# 민간마술사와 민간마술

노팅엄 마님에 관해서는 들어본 적이 있겠지요. 그녀는 평생토록 오줌에 의한 진단(*casting of waters*)에서 뛰어난 능력을 발휘했고 봄비 마님이 그녀를 계승했지요. 페퍼 앨리 거리에는 하트필드라는 사람이 있는데, 그는 분실물에 정통하답니다. 콜하버 거리에는 행성에 정통한 또 다른 사람이 있습니다. 골든 레인 거리의 스터튼 마님은 예언에 능하고, 뱅크사이드 거리의 필립스 마님은 허약한 등짝을 잘 치료합니다. 클러켄웰 그린 거리에는 많은 일에 능통한 성녀가 한 분 있습니다. 뱅크사이드 거리의 메리 마님은 점성술적 천궁도에 의한 예언(*erecting a figure*)에 능합니다. 웨스트민스터 거리에 있는 (뭐라 부르는지는 모르겠지만) 어떤 자는 책과 열쇠, 체와 가위를 사용합니다. 이 모든 것은 각자의 재능에 따라 수행되고 있지요.

– T. Heywood, *The Wise-woman of Hogsdon*(1638), 3막 1장

얄팍한 정신의 소유자들이 믿는 것처럼 주술이 정말로 존재한다면, 인간에게 해롭든 이롭든 간에 그만한 위력을 가진 것이 세상에 또 있을 수는 없을 것이다.

– *The Notebooks of Leonardo da Vinci*,
MacCurdy, ed.(1938), vol.1, p.87

점술사는 도덕군자일 뿐만 아니라 하층민을 위로하는 자이기도 하다. 점술사는 사회가 채울 수도 없는, 채우려 하지도 않는 결핍을 채워 준다.

– *The Book of Days*, R. Chambers, ed.(1863), vol.1, p.284

## 1. 잃어버린 재물

치료는 민간마술사나 무녀가 수행한 다양한 마술적 기능 가운데 하나에 불과했다. 나머지 기능 중에서 가장 공통된 것은 도둑잡기와 도난품 되찾기였던 것으로 보인다. 당시 사회에는 이를 대체할 만한 대안이 별로 없었다. 이런 경우에 무속인은 여러 가능한 점복방법들 중 하나를 이용해서 분실물을 훔친 자가 누구인지를 판단했다.

흔한 방법으로는 체와 가위를 이용한 것이 있었다.

---

* 참고문헌 해제: 17세기 이전 잉글랜드 민간마술과 관련된 자료 편찬물 중 가장 방대한 것은 여전히 Kittredge의 *Witchcraft*이다. 이 저자는 증거를 그토록 방대하게 수집했음에도 이를 해석하지는 않았다. 17세기 당시에 활동한 개업의들의 눈으로 보기에, 무속인 활동을 가장 뛰어나게 서술한 해설서는 아직 출판되지 않았는데, E. P(oeton), *The Winnowing of White Witchcraft*(Sloane 1954, pp. 161~93)가 그것이다. 더 많은 정보는 레지널드 스코트, 윌리엄 퍼킨스, 토마스 쿠퍼, 리처드 버나드 등 당시 주술에 관한 작품을 쓴 다른 저자로부터 얻을 수 있다. 그러나 무속인의 활동에 관한 최상의 자료는 법원 판결문이다. 이 자료는 세속법원과 교회법원에서 주술사 기소와 관련된 것으로 거의 출판되지 않았다. 에식스 지역에 한정된 것이기는 하지만, 이 자료에 대한 유용한 분석은 Alan Macfalane, *Witchcraft in Tudor and Stuart England*(1970)이다. 19세기 무속인 활동에 관한 해설은 무수한 잉글랜드 지역 구전 연구에서 구할 수 있다. 그중에서도 유용한 안내서로는 W. Bonser, *A Bibliography of Folklore as Contained in the First Eighty Years of the Publications of the Folklore Society*(Folklore Society, 1961)를 꼽을 수 있다. '무자'에 대한 기술로는 J. C. Atkinson, *Forty Years in a Moorland Parish*(1907년 판), pp. 103~25가 특히 주목할 만하다.

보다 지적인 마술 전통에 관해서는 다음의 참고문헌에서 많은 것을 배울 수 있다. Thorndike, *Magic and Science*; D. P. Walker, *Spiritual and Demonic Magic from Ficino to Campanella*(1958); F. A. Yates, *Giordano Bruno and the Hermetic Tradition*(1964); Yates, *Theatre of the World*(1969); Yates, "The Hermetic Tradition in Renaissance Science", in *Art, Science and History in the Renaissance*, C. S. Singleton, ed. (Baltimore, 1967).

체의 둥근 테두리에 가위의 양날을 꽂고 두 사람이 각기 중지(中指) 끝을 가위 상단에 대고 힘을 주어서 체가 허공에 뜬 채 유지되도록 한다. 그리고는 베드로와 바울에게 물건을 훔친 자가 A인지 B인지 C인지를 큰 소리로 묻는데, 그중에서 범인 이름을 호명할 때 체가 빙글 돌아간다.[1]

이 절차는 시술자에게 특별한 능력을 요구하지 않았기 때문에, 민간마술사 혼자만의 특권이라기보다는 그 기술을 우연찮게 배운 누구나 이용가능한 것이었다. 1554년 윌리엄 헤이질우드(William Hasylwoode)라는 성직자는 런던 주교법원에서 다음과 같이 자백했다.[2]

그는 은화 14개가 든 지갑을 … 잃어버렸는데 이때 어린 시절에 어머니가 말씀하신 것을 들은 기억이 났다. 뭔가를 잃어버리면 체와 가위를 이용해서 누가 그것을 훔쳐갔는지를 알 수 있다는 말씀이었다. … 그래서 그는 체와 가위를 가져다가 가위의 양 끝에 체를 걸고는 "베드로와 바울이시여, 그 사람이 그것을 가지고 있습니다"라고 말하면서 자기가 혐의를 둔 사람의 이름을 외쳤다.

이와 유사한 사례로 1598년 존 카슨(John Casson)이라는 자가 노팅엄 부주교에게 자백한 내용이다.

그들 소교구에서 거세된 숫염소 한 마리를 잃어버린 지 1년의 4분의 3 즈음이 지났을 때, 그 숫염소가 어떻게 되었는지를 알고자 한 가지 비

1) Bodl., MS Add. B 1, f 25(17세기 후반). 이 점복의 다른 버전은 Scot, *Discoverie*, XII, xvii와 Aubrey, *Gentilisme*, p. 25에서도 찾을 수 있다.

2) [역주] 주교법원(Commissary's Court)은 간단히 'Commissary'로 불린다. 교회법원의 한 유형으로 국교회 교구마다 하나씩 설치되어 있다. 캔터베리 교구의 법원만을 지칭할 때도 있다.

법이 이용되었다. 체와 가위를 갖추고 "성부와 성자와 성령의 이름으로" 말하면 그 가위가 빙글 도는 것이었다. 이 비법은 그와 그의 누이가 전혀 악의 없이 시도한 것이었다.

1641년 어떤 노동자 아내는 랭커셔 사계법원에 출두해서,[3] 체와 가위를 이용해, 양 한 마리와 암탉 한 마리를 훔친 자가 누군지를 알아냈고, 시골 여인 2명에게 임신 여부를 확인해 주었다.[4] 이 기술은 장비 면에서 특별한 것을 요구하지 않고 눈으로 확인하기만 하면 되었기 때문에 널리 이용되었다.[5]

동일한 원리가 적용된 또 하나의 방법은 열쇠와 책으로 점치는 것이었다(여기서 책은 주로 《시편》이나 성경이었다). 여기서도 매우 간단한 절차가 수반되었다. 우선 책의 특정 페이지에 열쇠를 놓는다. 다음에는 종이쪽지 한 장마다 용의자 이름을 하나씩 적어 열쇠 끝 구멍에 하나씩 끼운다. 범인 이름을 적은 종이쪽지를 끼울 때, 책이 "부르르 떨

3) [역주] 사계법원(Courts of Quarter Sessions, 또는 Quarter Sessions)은 잉글랜드와 웨일스의 각 주와 자치시에서 분기별로 개정된 법원으로 1972년까지 계속되었다.

4) Hale, *Precedents*, p. 139; R. F. B. Hodgkinson, "Extracts from the Act Books of the Archdeacons of Nottingham", *Transactions of Thornton Society*, vol. 30(1926), p. 51; Lancashire R. O., QSB 1/255/38, 70～1.

5) 이 기술을 사용한 사례는 Kittredge, *Witchcraft*, pp. 198～200에서 인용되는데, 여기에는 다음 문헌에서 인용된 사례도 덧붙일 수 있다. Borthwick, R. VI. A. 18, f. 195(1615년의 사례)와 R. VI. Ela, f. 60v(1598년의 사례); Peterborough D. R., Correction Book 62, f. 35(1629년의 사례); H. M. C., *Various Collections*, vol. 1, pp. 283, 307(1633년의 사례); T. F. Thiselton-Dyer, *Old English Social Life*(1898), p. 77(1715년의 사례); 이 책의 2권 p. 28, n. 44. 오늘날 필리핀에서 사용되는 비슷한 기술(가위와 키를 사용한 기술)에 대한 사진은 R. W. Lieban, *Cebuano Sorcery*(Berkeley, 1967), p. 85의 앞면을 참조할 것.

리면서" 책을 지탱하는 두 사람 손가락 사이로 빠져나간다.[6] 1551년 글로스터셔의 세인트오언스(St Owen's) 소교구 사제 윌리엄 뉴포트(William Newport)는 이 기술의 변형을 사용했다. 목격자에 따르면 그는 열쇠를 끼우고 책을 끈으로 묶었다. 이어서 그는 자기가 범인의 이름을 부를 때 열쇠가 돌게 해 줄 것을 성부와 성자와 성령께 기도했다. 그가 마거리트 그린힐이라는 이름을 불렀을 때 열쇠가 돌아갔다. 그러자 참석자들은 그 의례가 진행되던 교회설교단을 황급히 빠져나가 분실물을 찾으려 용의자의 깔짚 매트리스를 뒤졌다고 한다.[7] 열쇠와 책을 이용한 점복은 중세부터 잘 알려진 것이었고 시골마을에서는 19세기까지도 유행했다.[8]

여러 용의자 중 진범을 골라내는 세 번째 방법은, 용의자 이름을 적은 종이쪽지를 하나씩 진흙으로 싸서 공처럼 만든 뒤에 모든 종이쪽지를 양동이 물에 넣고 어느 진흙공이 가장 먼저 풀리는지를 살피는

6) Scot, *Discoverie*, XVI, v. 열쇠를 끼워 둔 《시편》 페이지는 때마다 달랐던 것 같다.

7) H. M. C., *Various Collections*, vol. 7, p. 53; F. D. Price, "Gloucester Diocese under Bishop Hooper, 1551~1553", *Transactions of the Bristol and Gloucester Archaeological Society*, vol. 60 (1938), pp. 120~1.

8) Kittredge, *Witchcraft*, pp. 196~8, 509~10, 그리고 W. E. A. Axon, "Divinations by Books", The Manchester Quarterly, vol. 101 (1907), p. 32에서 많은 사례를 볼 수 있다. 다음 문헌에서도 다른 사례를 구할 수 있다. A. H. Thompson, *The English Clergy and their Organization in the Later Middle Ages* (Oxford, 1947), p. 222 (1448년의 사례); J. E. Oxley, *The Reformation in Essex* (Manchester, 1965), pp. 102~3 (1530년대의 사례); Hereford D. R., Office Court Book 64 (1582년의 사례); *The Book of Examinations and Depositions, 1622~1644*, vol. 2 (1627~1634년의 사례), R. C. Anderson, ed. Southampton Record Society, 1931), p. 108; *Kilvert's Diary*, W. Plomer, ed. (1960), vol. 1, pp. 300~1; *Transactions of the Devonshire Association*, vol. 84 (1952), p. 300.

것이었다. 이 방법에도 다양한 변형이 있었다.[9] 그렇지만 민간마술사의 기술은 이보다 훨씬 복잡하고 정교한 것이 많았다. 혹자는 점성술에 의한 시술을 내세우면서, 천궁도를 작성해 도둑의 인상착의를 제시하곤 했다. 혹자는 흙점, 즉 신들린 상태에서 자신도 모르게 그린 글씨나 그림을 보고 그 점선궤적의 의미를 해석하는 점복을 사용했다.[10] 혹자는 의뢰인에게 거울이나 수정구에 비친 상을 제시해 범인의 특징을 알아챌 수 있도록 했다. 존 디는 이런 용도의 수정구를 가지고 있었는데, 그의 수정구는 "크기가 달걀만하며 무척 빛나고 투명하고 아름다운" 모양이었다고 한다.[11] 윤나게 닦은 어린 소년의 엄지손톱도 비슷한 용도였고 심지어는 양동이 물을 사용하는 경우도 있었다.[12]

이 같은 점복에는 종교의례에 가까운 정교한 의례가 수반될 수 있었다. 1631년 어떤 무속인은, "분실물을 되찾으려 부심하는 자는 무진 어려움, 즉 3일간의 철저한 금식과 기도와 이에 수반된 큰 고통을 견

---

9) Sloane 3846, ff. 43~44; Bodl., MS e Mus. 173, f. 20v; Bodl., MS Add. B. 1, ff. 11v~12에는 다양한 비법이 등장한다. 이 비법의 용법에 관해서는 Kittredge, Witchcraft, pp. 192~3; Kilvert's Diary, vol. 1, pp. 300~1을 참조할 것. 여타 응용기술에 관해서는, B. M., Egerton MS 825, f. 109v와 Sloane 3846, f. 27v를 참조할 것.

10) [역주] 흙점(*geomancy*)의 가장 흔한 형식은 흙(모래)이나 쌀알을 종이 위에 임의로 뿌려서 그 점선궤적의 의미를 해석하는 것이다. 본문에서 소개된 점술은 흙점의 변형으로 볼 수 있다. 그리스어 어원 'geōmanteia'는 geo(흙)과 manteia(점복)이 결합된 것이며, 아랍어 'ilm al-raml'은 '모래에 대한 과학'이라는 뜻이다.

11) T. Besterman, *Crystal-Gazing*(1924), p. 18. 또한 H. Syer Cuming, "On Crystals of Augury", *Journal of the British Archaeological Association*, vol. 5 (1850).

12) Kittredge, *Witchcraft*, p. 187; M. R. James, "Twelve Medieval Ghost-Stories", *E. H. R.*, vol. 27(1922), pp. 420~1; B. M., Egerton MS 2618, ff. 159~160v.

데려내야" 한다고 말했다.[13] 오브리는 헤리퍼드셔의 어떤 의류상에 관한 이야기를 전한다. 선반에 쌓아둔 의복을 여러 차례 도둑맞자, 견디다 못한 그는 자정 무렵에 수정구를 가지고 밖으로 나가 어린 소년(또는 소녀) 한 명에게 수정점을 보도록 했다("순결한 동정남녀만이 수정점술사가 되어야 한다고 전해지기" 때문이다). 그 아이는 수정구를 들여다보고 도둑 모습을 파악했다고 한다.[14] 이런 종류의 수정점은 정교한 접신의례에서 떨어져 나온 한 단계에 지나지 않았다. 서부지방에서 활동한 존 월시(John Walsh)라는 민간마술사는 1566년에 자신의 비법을 진술한 적이 있다. 그는 분실물을 발견하기 위해 부리는 영을 사용했는데, 그 영은 때로는 비둘기의 모습으로, 때로는 개의 모습으로, 때로는 발이 새처럼 갈라진 인간의 모습으로 등장했다. 켄트의 핼든(Halden)에서 사무원으로 일하던 윌리엄 로즈(William Lawse)는 1610년에 가축이 상해를 입고 옥수수를 도둑맞자 누구 짓인지를 알기 위해 베데스덴(Bethersden)의 직조공 윌리엄 차일드즈(William Childes)를 찾아갔다. 어떤 접신술 서적에 나온 지침에 따라, 두 사람은 마룻바닥에 분필로 원을 그리고 그 안에 라틴어 구절 몇 개를 적었다. 이어서 제3자에게 《시편》 한 구절을 크게 읽어 줄 것을 청했고, 차일드즈 자신은 "내가 그대를 위해 악한 영을 쫓고 선한 영을 불러들이노라"고 외쳤다. 이런 위압적 요청에도 불구하고 어떤 영도 나타나지 않았다. 그러나 1662년 도싯의 블랜드퍼드(Blandford)에 있는 그레이하운드인(Greyhound Inn)에서, 어떤 하인은 절도 사건 혐의로 문책을 받자 접신술사를 찾아갔고, 접신술사는 악령의 도움으로 진범을 알아내 50마일 밖에 떨어져 있던 진범 모습을 보여주는 기적을 일으켰다.[15]

---

13) *The Book of Examinations and Depositions*, 1622~1644, vol. 2, p. 104.

14) Aubrey, *Miscellanies*, p. 157.

15) *The Examination of John Walsh*(1566), sig. Avv; *Records of Maidstone*

일단 도둑의 신원이 드러나면 의뢰인은 지체 없이 일을 진척시켰다.

〔1510년에 어떤 도둑맞은 런던시민이 말하기를〕 이보게, 페이크스(Fakques) 이 양반아, 내 돈을 돌려줄 것을 부탁하네. 내가 잃어버린 돈을 자네가 가지고 있잖은가. 그 돈은 내 지갑에서 빼내 자네가 지니게 된 것이지. 점쟁이가 내게 보여준 그대로 자네가 돈을 가지고 있어. 점쟁이는 내게 말하기를 우리 회사에 얼굴에 반점을 가진 자가 있고 그 자가 돈을 가져갔다고 했다네. 그런 특징을 가진 사람은 자네밖에 없잖은가. 따라서 자네야말로 내 돈을 가져간 자이니 내 돈을 돌려달라고 간청하는 것이라네.[16)]

누구나 이 사람처럼 순진하게 믿었던 것은 아니다. 무속인의 점괘가 옳다는 것이 입증될 때까지 요금의 지불을 미루는 신중한 고객도 있었다.[17)] 그러나 최소한 17세기 후반까지도 절도나 그 비슷한 범죄와 관련된 사안에서 마을 무속인의 판결은 상당히 중요했다. 무속인 점괘에 의존해 용의자를 파악한 경찰관이 있었는가 하면, 체포되지 않으려면 민간마술사에게 뇌물을 먹여야 한다고 생각한 사람도 있었다.[18)]

이런 도둑잡기 방법은 쓸모없어 보일지 몰라도 꼭 그런 것만은 아니었다. 이런 방법에서 흔히 볼 수 있듯이, 도둑 탐지는 백지상태에서 출

---

(Maidstone, 1926), pp. 266~7; *Mirabilis Annus Secundus* (1662), p. 41.

16) London D. R., DL/C/206, f. 21v.

17) 예를 들면, E. Peacock, "Extracts from Lincoln Episcopal Visitations", *Archaeologia*, vol. 48 (1885), p. 262.

18) Ewen, Star Chamber, p. 16. 마술 점괘에 따른 검거에 관해서는, Kittredge, *Witchcraft*, pp. 188, 195~6; *Archaeologia*, vol. 60 (1907), pp. 377~8; Thompson, *The English Clergy and their Organization*, p. 221; A. P. C., vol. 17, pp. 31~2; J. Brinley, *A Discovery of the Impostures of Witches and Astrologers* (1680), p. 20.

발하지 않았고, 고객이 제공한 용의자 명단을 꼼꼼하게 조사하는 형식을 취했다. 민간마술사는 그 명단에서 진범을 골라내면 되었다. 민간마술사는 고객이 가장 강하게 의심하는 자가 누구인지를 알아채는 것을 자신의 주 임무로 삼았을 가능성이 높다. 오늘날 현대 아프리카에서 점술사가 하는 일이 바로 그러한데, 사회인류학자들이 관찰했듯이, 그의 활동은 잉글랜드 민간마술사의 활동과 매우 유사하다. 아프리카 점술방법도 점술사의 조작에 크게 의존한다는 점이 지적되었다. "점술사는 고객이 그에게 드러내 주면 좋겠다고 희망하는 바로 그것을 드러내 주기 때문에 성공할 수 있다."[19] 점복절차가 제 아무리 복잡해도 무속인 편에서 주관적으로 판단하고 해석할 여지는 늘 남아 있었다. 그는 접신집회 중에도, 과연 자신이 방향을 제대로 잡았는지를 가늠코자 선제(先制) 질문을 제기하고 고객으로부터 일련의 증거를 낚아챔으로써 문제의 해답에 관해 '감을 잡는다.' 고객은 결정적 용의자를 의중에 두고 있어도 유죄를 입증할 증거가 부족할 때가 많다. 점술사가 하는 일은 이런 의심을 확신으로 바꿔주는 것이요, 고객이 의뢰하기 전부터 가지고 있던 판단을 실행으로 옮기도록 해 주는 것이다.[20]

이렇듯 아프리카 점술사로부터 유추해 보면, 민간마술사도 고객의

---

19) E. E. Evans-Pritchard, *Witchcraft, Oracles and Magic among the Azande* (Oxford, 1937), p. 173. 또한 B. Reynolds, *Magic, Divination and Witchcraft among the Barotes of Northern Rhodesia* (1963), p. 126도 참조할 것.

20) M. Hunter, *Reaction to Conquest* (1936), pp. 308~9, 336, 346; B. A. Marwick, *The Swazi* (Cambridge, 1940), p. 246; E. J. and J. D. Krige, *The Realm of a Rain-Queen* (1943), pp. 227~78, 260~2; H. Kuper, *An African Aristocracy* (1947), p. 168; J. Middleton, *Lugbara Religion* (1960), pp. 81, 137; G. Lienhardt, *Divinity and Experience* (Oxford, 1961), p. 69; M. Gelfand, *Witch Doctor* (1964); M. G. Marwick, *Sorcery in Its Social Setting* (Manchester, 1965), pp. 91~2; W. Bascom, Ifa Divination (Bloomington, 1969), p. 69.

반응을 예민하게 살피고 있었기에 자신의 고객이 가장 의심하는 용의자 이름을 부를 때 〔고객이 붙들고 있던〕 체나 열쇠가 빙글 돈다는 것을 쉽게 알아챌 수 있었을 것이다. 흔히 있었던 일로, 피해당한 고객이 흥분이나 분노로 몸을 부들부들 떠는 경우에는 민간마술사가 눈치 채기도 그만큼 용이했을 것이다. 이런 추론이 단지 추론으로 끝나지는 않다는 것은 17세기 목회자 토마스 가태커의 증언에 의해 확인된다. 그는 민간마술사의 방법에 관해 다음과 같이 언급했다.

> 체와 가위를 이용하면서 의심이 가는 여러 사람을 일일이 호명할 때, 그중에서도 가장 혐의가 짙은 자를 호명할 때, 체와 가위를 붙들고 있던 한 사람이나 여러 사람의 강한 염력은 (그 또는 그들에게 전혀 악의가 없다고 하더라도) 그 또는 그들의 손에 은밀히 작용하는 힘이 될 수 있다. 따라서 그 또는 그들이 원래 의심한 자의 이름이 호명될 때 가위를 지탱하는 손가락이 움직여 체가 빙글 돌게 되는 것이다.

다소 어눌한 면은 있지만 그 진단에서는 사안의 핵심을 꿰뚫는 진술이다.[21]

이런 해석에서 범인은 이미 알려진 인물이다. 따라서 점복용 접신 집회의 목적은 범인을 알아내는 것이었다기보다 범인을 고소하겠다는 고객의 결정을 더욱 확고히 해 준 것이었다. 물론 무속인은 원래 혐의를 확인하는 과정에서 그 나름의 독자적 판단을 덧붙이기도 했다. 이런 사실은 1590년 어떤 증인의 솔직한 인정에서 잘 예시된다. 그는 토마스 하딩(Thomas Harding)이라는 하트퍼드셔의 민간마술사에게 자기 집에 방화한 여러 용의자를 일일이 알려주었지만 그 민간마술사

---

21) T. Gataker, *Of the Nature and Use of Lots*(2판, 1627), p. 403, Reginald Scot, *Discoverie*, *XII*, xvii과 Francis Bacon, *Works*, vol. 2, p. 660에서도 동일한 논지가 전개되었다.

는 어떤 용의자도 범인으로 지목하려 들지 않았기 때문에 그가 사기꾼임을 알게 되었다고 진술했다.[22] 수정구는 기존 혐의를 확증할 수 있는 또 다른 수단이었다. 고객은 수정구 안을 들여다보면서 그 안에 비춰진 사람의 특징을 파악할 수 있느냐는 질문을 받았고, 대체로 그 특징을 파악했다.[23] 그 대안으로 민간마술사는 범인에 대한 환상을 떠오른 대로 묘사하면서 고객 반응을 떠보기도 했다. 둘 중 어떤 경우든 민간마술사의 시술은 동일한 기능을 수행했다. 엄숙하게 진행된 실험은 고객에게 새로운 증거를 제시한 것이라기보다 고객 스스로 자기 마음을 알도록 도와준 것이었다.

이 상황은 오늘날 도둑잡기 마술에서 유지되는 실제 상담과정을 재구성해 얻은 것으로, 추측에 불과해 보일 수 있다. 그렇지만 현생 아프리카 점술사의 활동에서 유추해 보면, 남아 있는 옛 증거와 한층 일치한다. 15세기에 사제이자 마술사로 활동한 토마스 노팅엄(Thomas Nottingham)은 어떤 노리치 주민에게 초빙되어 아그네스 와츠(Agnes Watts)라는 여인을 도둑으로 잡은 일이 있었다. 그러나 그는 전혀 엉뚱한 여인을 지목하고 있다가 고객이 귓속말로 아그네스가 진범임을 알려주자 그제야 책과 열쇠를 사용해 아그네스의 혐의를 확인해 주었다.[24] 이 같은 점복은 조작하기 쉬운 것으로 악명이 높았다. 조작 중에는 진범 이름을 적은 종이쪽지에 진흙을 얇게 발라 물속에 넣었을 때 가장 먼저 펼쳐지도록 하는 것도 있었다.[25] 물론 모든 점술사가 음흉했다거나 모든 고객이 결정적 용의자를 의중에 두었다고 보기는 힘

---

22) Hertfordshire R. O., HAT/SR/2/100.

23) 적절한 사례는, *H. M. C., 10th Report*, appx, pt iv, p. 246에서 찾을 수 있다(원문 전체는 *Essex R. O., Transcript no.49*를 볼 것).

24) L. F. Salzman, *More Medieval Byways*(1926), p. 172.

25) Gataker, *Of the Nature and Use of Lots*, pp. 402~3.

들다. 그렇지만 미리 결정된 혐의를 확증하는 능력은 도둑잡기 점복이 권위를 유지하는 데 크게 기여했다.

도둑잡기 마술의 두 번째 특징은 범인을 겁에 질리게 하는 경향이었다. 이것도 현생 원시주민들의 점복에서 공통된 측면이다. 시죄(試罪) 기술이 고안되어 모든 용의자를 시험하는데, 여기에는 무고한 자는 해를 입지 않겠지만 진범은 극심한 고통을 겪으리라는 가정이 전제된다. 이것은 사법절차상의 시죄에도 있는 특징으로, 잉글랜드에서는 교회가 그 절차의 연장승인을 중단한 1215년까지 유행했다. 많은 유형의 시죄 중 다음 4개의 유형이 가장 흔했다. 피시죄자에게 달군 쇠를 들고 있게 하는 것, 끓는 물에 그의 양손을 담그고 있게 하는 것, 성별된 빵과 치즈의 '성스런 조각'을 그에게 먹여서 삼킬 수 있으면 무죄이고 목에 걸려 넘어가지 않으면 유죄로 판결하는 것, 그를 찬물에 빠트려서 가라앉으면 무죄로 판결하는 것. 이런 절차가 탐지방법으로 비능률적인 것이었음은 분명하지만, 어떤 저명한 법사학자처럼 "기껏해야 비합리적이라고 기술될 수 있을 뿐"이라고 결론짓는 것은 옳지 않다.[26] 다양한 현존 원시사회의 경험에 비추어보면, 시죄는 용의자가 먼저 파악되기 전에는 거의 사용되지 않았다. 시죄는 용의자가 유죄임을 확정하는 부가적 수단이었을 뿐, 범죄자 탐지를 개시할 때부터 사용된 수단은 아니었다. 시죄의 사용은 초자연적 존재의 승인이 추가되지 않고는 형벌을 강제하기 힘든 중심권력의 취약성을 반영한다.[27] 하지만 시죄는 심리적 목적에서 사용된 것이기도 하다. 대체로

26) T. F. T. Plucknett, *Edward I and Criminal Law* (Cambridge, 1960), p. 69; 중세 유럽에서 유행한 시죄의 주요 유형을 개관한 것으로는, F. Patetta, *Le Ordalie* (Turin, 1890), 7장을 참조할 것.

27) J. M. Roberts, "Oaths, Autonomic Ordeals and Power", *American Anthropologists*, vol. 67, no. 2 (1965), pp. 208~9.

진범은 시험을 당하기 전에 굴복한다. 그의 신경이 압박을 견디지 못해 자백한다. 혹은 시죄 결과가 틀릴 리 없다는 믿음에서 공포에 사로잡힌 그는 음식을 삼키거나 음료를 마시는 것 같은 간단한 시험마저 실패하기 쉽다. 반면에 무죄인 자는 결백함을 입증할 기회로 시죄를 반길 수 있다.[28]

따라서 중세 사법절차상의 시죄에서는, 의례 중 우물쭈물하거나 실수를 범하면 이를 가차 없이 유죄의 증거로 간주했다. 시죄 받기를 거부하는 일이 흔했으니 시죄 시스템 자체가 어느 정도는 단순한 겁주기 수단으로 기능했던 것처럼 보이기도 한다. 달군 쇠 시험처럼 견디기 힘든 시죄도 있었지만, 찬물 시험처럼 실패가능성이 거의 없는 시죄도 있었던 것으로 보인다. 어떤 방법을 선택하느냐는 용의자를 유죄라고 믿느냐 무죄라고 믿느냐에 따라 먼저 결정되었을 가능성이 없지 않다. 그렇다면 시죄의 기능은 이미 결정된 판결을 보강하는 수준에서 작용했을 것이다.

이런 추론은 중세사가에 의해 더 연구되도록 남겨두는 편이 최선일 수 있다.[29] 그러나 분명한 것은, 모든 참여자가 그 원시의례의 초자

---

28) Roberts, *op. cit.*, p. 207; Reynolds, *Magic, Divination and Witchcraft among the Barotse*, pp. 121~7.

29) 풍부한 함축을 지닌 통찰은 다음의 여러 연구에서 찾을 수 있다. E. B. Taylor, "Ordeals and Oaths", *Macmillan's Magazine*, vol. 34 (1876), p. 4; H. C. Lea, *Superstition and Force* (3판, Philadelphia, 1878), p. 274; P. Vinogradoff, "Ordeal (Christian)", in *Encyclopaedia of Religion and Ethics*, J. Hastings, ed. (Edinburgh, 1908~1926), vol. 9; T. P. Oakley, *English Penitential Discipline and Anglo-Saxon Law* (New York, 1923), pp. 159~60; H. Nottarp, *Gottesurteile. Ein Phase im Rechtsleben der Völker* (Bamberg, 1949), pp. 12 ff.; A. L. Poole, *Obligations of Society in the XII and XIII Centuries* (Oxford, 1946), pp. 19~80, 82~3; E. Bentz, "Ordeal by Fire", in *Myths and Symbols*, J. M. Kitagawa and C. H. Long, eds. (Chicago, 1969). 옥스퍼드대학, 펨브로크칼리지의 P. R. Hyams 박사도 현재 이 주제에

연적 효과를 믿는 한에서는, 때로 그 의례가 더욱 정교한 다른 범죄탐지방법 못지않게 효과적으로 기능할 수 있었으리라는 점이다. 시죄의 유산은 16～17세기까지 지속되었다. 반역죄나 중범죄에 대한 항소에서 피소인(즉, 피해 당사자나 그 후손에 의해 공식 기소된 자)은 자진해서 배심재판 대신 결투재판을 요구할 수 있었다. 물론 민사소송에서 결투재판은 권리영장소유에 관련된 사안으로 제한되었고, 그나마 피고인이 배심재판을 선택해 신청하면 결투를 피할 수 있었다.[30] 그럼에도 불구하고 결투재판을 요청할 권리는 1819년에 폐지될 때까지 거의 변함없이 유지되었고, 이를 폐기하려 한 이전의 모든 시도는 성공을 거두지 못했다. 실제로 분쟁당사자 간 결투는 16～17세기 동안 수차례 안배되었다. 모두 최후 순간에 취소되어 변호사의 부담을 덜어 주었지만 말이다.[31] 구식 찬물 시죄도 비공식적으로나마 주술 용의자를 '물에 띄우는' 관행에서 부활했다.[32]

이와 관련된 또 하나의 관행은 살인용의자로 하여금 피살자 시체를 만져 보게 하는 것이었다. 용의자가 진범이면 시체는 또다시 새 피를 흘릴 것이라는 가정에서였다. 공감-반감이론을 믿은 당시 과학자들

---

관해 연구하고 있다.

30) [역주] 권리영장(*writ of right*)은 영국 관습법에서 사용된 여러 소송양식 중 하나이다. 그것은 토지의 원래 소유주가 현재 점유자를 상대로 법원에 토지반환소송을 제기할 때 사용되었다. 이때 소송당사자에게는 배심판결이나 결투판결을 선택할 권리가 주어졌다.

31) G. Neilson, *Trial by Combat*(Glasgow, 1890), pp. 158～60, 323～31; *Notes and Queries*, 7th series, vol. 4(1887), pp. 461～2.

32) 이 책의 3권 pp. 229～230.
[역주] 무속인을 물에 띄우는 것은 물고문이라기보다는 시죄 기술의 변형이었다. 무속인을 물에 빠트리면 물이 그/그녀를 거부해 뜨게 되며, 그/그녀가 무고하다면 가라앉을 것이라는 믿음이 그 배경이 되었다. 물에 가라앉아서 혐의는 벗어났지만 익사한 무속인도 있었다.

은 그 절차의 타당성을 수용하는 데 별 어려움을 느끼지 못했으며, 판사나 검시관도 16~17세기 동안 많은 기회에 그 방법을 공식적으로 사용한 것으로 알려져 있다. 레지널드 스코트는 물론 프랜시스 베이컨도 그 방법이 유효하다고 믿을 자세가 되어 있었다.[33] 하지만 그 방법의 주된 기능은 완전범죄를 꿈꾸면서 살인을 도모하던 자가 초자연적인 권능에 의해 발각될까 봐 두려워 그 실행을 포기하도록 만드는 일이었다. 용의자가 그 시죄에 의한 시험을 거부하는 것도 그가 진범이라는 증거로 간주될 수 있었다. 1636년에 랭커셔의 오름즈커크(Ormskirk)에서 두 어린이를 살해한 혐의를 받던 주술사 조앤 앨더슨(Joan Alderson)은 아이들 장례식에 참석하지 못하도록 조치가 취해졌다. 그녀가 그들의 시체를 만질지도 모른다는 두려움 때문이었다. 1613년 서머싯에서는 살인자가 피살자 시체를 만지지 못하고 도망간 일도 있었다.[34]

---

33) Scot, *Discoverie*, XIII, ix; Bacon, *Works*, vol. 2, p. 60. 이 방법을 이용한 사례는 다음 문헌에서 찾을 수 있다. G. D. Owen, *Elizabeth Wales* (Cardiff, 1962), p. 181(어떤 검시관의 1574년 사례); Potts, sig. Y3; Brand, *Popular Antiquities*, vol. 3, p. 231(Hertford Assize에서의 사례, 4 Car. I); *H. M. C. Finch*, vol. 1, p. 62(1620년대 사례); *Diary of Walter Yonge*, G. Roberts, ed. (Camden Society, 1848), p. xxiii(어떤 치안판사의 1613년 사례); J. Webster, *The Displaying of Supposed Witchcraft* (1677), pp. 305~6(1661년 사례); *York Depositions*, p. 172(1669년으로 추정되는 사례); W. A. Fearon and J. F. Williams, *The Parish Registers and Porochial Documents in the Archdeaconry of Winchester* (Winchester, 1909), p. 83(1681년 사례); *The Weekly Miscellany*, 171(1736년 3월 27일자), p. 3(어떤 배심원의 1736년 사례); *County Folk-Lore*, vol. 5, Mrs Gutch and M. Peacock, eds. (1908), p. 142(1832년 사례); *By-gones relating to Wales and the Border Counties*, 2nd series, vol. 5(1897~1898), p. 424(1796년 사례). 그 밖에도 Lea, *Superstition and Force*, pp. 315~23을 참조할 것.

34) Lancashire R. O., QSB. 1/170/59; *The Autobiography and Correspondence of Simonds D'Ewes*, J. O. Halliwell, ed. (1845), vol. 1, pp. 59~60.

무속인의 마술적 도둑잡기에서도 비슷한 원리가 작용했다. 그 점복 행위는 모든 관련 당사자들이 모인 자리에서 수행될 때 그들 모두에게 큰 공포심을 심어 줄 수 있었다. 현대 공포영화의 종결부처럼, 수사관이 용의자들을 실내에 모아 놓고 범죄를 재구성하는 동안에 문밖에서는 건장한 남자들이 진범이 도망치지 못하도록 진치고 있는 장면을 연상해도 좋을 것이다. 엄포를 놓은 측면도 있었음이 분명하다. 1618년 카나번(Caernarvon)의 제인 벌클리(Jane Bulkeley)가 도둑을 잡기 위해 초청되었을 때, 그녀는 치즈 한 장을 열 조각으로 나누고 조각마다 주문을 적은 후에 모든 용의자에게 하나씩 삼키도록 했다. 이 절차는 범죄혐의가 있는 성직자를 빵이나 치즈의 '성스런 조각'으로 시험한 중세 초 관행과 차이가 없었다. 그 불길한 치즈조각을 앞에 둔 진범의 심정은 쉽게 상상할 수 있을 것이다.[35] 마른 분말이 대안으로 사용되기도 했는데, 진범의 목구멍은 바짝 말라 있어 분말을 삼키기 힘들 것이라는 가정에서였다. 벽에 큰 눈동자를 그려 놓고 용의자들에게 들여다보도록 하는 방법도 있었다. 이렇게 해서 눈물을 흘리는 자가 진범이라는 것이었다.[36] 열쇠와 책을 이용한 의례가 시죄 형태로 변형된 사례도 있었다. 조애너 터너(Joanna Turner)라는 18세기의 경건한 부인은 귀족기숙학교 학창시절을 회상하면서, 그녀가 1740년대에 학내에서 1실링을 훔쳤을 때, 그녀는 다른 여학우들과 함께 "관례에 따라 성경과 열쇠로 누구의 손이 가장 떨리는지를 확인하는 시험을 당했다"고 전한다.[37]

---

35) Ewen, Star Chamber, p. 16. 비슷한 사례는 L. F. Salzman, *Medieval Byways* (1913), p. 14; M. Aston, *Thomas Arundel* (Oxford, 1967), p. 63, n. 3에서 찾을 수 있다.

36) Sloane 3846, f. 41; Bodl., Add. MS B 1, f. 11; K. M. Briggs, *Pale Hecates' Team* (1962), p. 261.

37) *The Triumph of Faith … exemplified in the life … of … Mrs Joanna Turner*

따라서 마술적 도둑잡기의 기초원리는 도둑에게 공포심을 심어 주어 어쩔 수 없이 자백하거나 훔친 물건을 되돌려 주도록 하는 것이었다. 당시 마술에 정통한 저자는 물론이지만, 일부 일반인도 이 원리를 잘 알고 이용했다. 민간마술사를 찾아갔었다든가 이제 막 찾아가려 한다는 말을 의도적으로 퍼트린 자가 적지 않았던 것이다. 1609년 어떤 책력(冊曆) 편찬자는 다음과 같이 기록했다.

> 그들은 집에 돌아와 (거의 거짓으로) 그녀(그런 일에 종사하는 대부분이 여성이라는 것을 알아야 한다)가 다음과 같이 말했다고 전한다. "여러분이 알다시피 나는 매우 박식한 어떤 남자와 가까이 지내는데, 그는 내 반지를 가진 자를 거울에 비춰 주면서 그것이 어디에 있는지 내게 말해 주었고, 내일 아침까지 반지를 되찾지 못하면 자기를 다시 찾아오라고 하면서, 그러면 반지를 훔친 자를 대신해서 자기가 갚아 주겠다고 말했지요." 이런 등등의 이야기가 온 동네사람이 모두 들을 수 있는 장소에서 (하지만 마치 비밀로 말하는 것처럼) 전달된다. 그러면 반지를 훔친 남자나 여자는 (공포로 인해) 마음이 움직여 그것을 쉽게 발견될 수 있는 장소에 되돌려 놓고는 그런 민간마술사가 되돌려 놓았다는 소문을 퍼트린다.[38]

15세기 런던에서 어떤 가정주부는 자기 정원에 옷들을 내걸어도 기적처럼 "잉글랜드 전국의 모든 도둑"이 훔쳐가지 못할 길시(吉時)를 정할 수 있다고 떠벌렸는데, 이때 그녀의 황당한 행동에도 비슷한 속셈이 들어 있었을 것이다.[39] 1788년 셰필드에서 어떤 노동자는 저축

---

(Bristol, 1787), p. 22.

38) *Pond. 1609. A President for Prognosticators. MDCIX. A New Almanacke* (1609), sigs. C6v~7.

39) J. A. Thompson, *Clergy and Laity in London, 1376~1531* (Oxford, 박사학위논문, 1960), p. 69. 비슷한 자랑은 1493년에도 있었다. 이 사례는 Bodl.,

한 돈을 도둑맞았는데, 그가 도둑을 잡으려 주술사를 찾아갔다고 시청홍보원이 동네방네 떠들고 다닌 직후에 되찾은 일도 있었다.[40] 18세기 말에는 하인이 그의 주인을 살해하여, 주인이 무속인을 찾아가 자신이 도둑질한 것이 발각되지 않도록 미리 막은 일마저 있었다.[41] 더욱이 민간마술사는 마술비법을 사용해서 범인의 육체에 상처를 입힐 수도 있고, 범인의 몸을 마비시켜 훔친 물건을 갖고 도망치지 못하도록 만들 수도 있는 것으로 알려져 있었다.[42] 민간마술사의 범죄 억지효과는 밤도둑에게 지워지지 않는 물감을 뿌리는 현대적 방법이 가진 효과와 비슷했다. 제임스 1세 시대에 어떤 지주는 동생이 돈을 도둑맞자 링우드(Ringwood) 근교의 민간마술사를 찾아갔다. 그 직후에 도둑이 폭풍우에 갇혔는데, 도둑은 이를 당연히 그 민간마술사의 주술 탓으로 여겼고 여기에 그의 죄책감이 더해져 돈을 돌려주지 않을 수 없었다.[43]

---

Tanner MS 100, f. 57(1494년의 노리치 순시기록)에 등장하는데, R. A. Houlbrooke 박사는 고맙게도 이 자료를 필자에게 제공했다).

40) [역주] 시청홍보원(*town crier*)은 잉글랜드의 각 시에서 거리홍보용으로 고용한 인원이다. 법원에도 비슷한 홍보요원이 있었다. 거리에서 정장을 갖추고 종을 흔들어 사람을 모은 뒤에, "Oyez!"(O, Yes!)를 여러 번 외치고 시나 법원이 홍보할 내용을 전했다.

41) *The Gentleman's Magazine Library: Popular Superstitions*, G. L. Gomme, eds. (1884), p. 191; Brand, *Popular Antiquities*, vol. 3, p. 64.

42) 전형적인 비법이 수록된 문헌으로는, Ashm. 421 ff. 231~232; Bodl. MS Add. B 1, ff. 11, 24v; MS Ballard 66, pp. 55~6; Scot, *Discoverie*, XII, xxii; Kittredge, *Witchcraft*, pp. 190~1; Briggs, *Pale Hecate's Team*, p. 260; Sloane 3846, ff. 17v, 20, 26~27v 등을 참조할 것. 1505년에 강도를 만난 짐꾼에게 런던의 한 무속인은 당신이 원하면 강도의 팔이나 눈이나 다리를 떼어다 주겠다고 말했다. *Select Cases in the Council of Henry VII*, C. G. Bayne and W. H. Dunham, eds. (Selden Society, 1958), p. 165.

43) *The Oglander Memoirs*, W. H. Long, ed. (1988), pp. 134~5.

마술 가능성을 믿는 사회에서, 민간마술사는 범죄탐지 수단과 동시에 억지수단을 제공할 수 있었다. 그의 기술은 마을, 수도원, 학교 같은 작은 공동체에서 특히 효과적이었지만 장소와 상관없이 일정한 가치를 발휘했다. 일례로 마술사가 범인을 잘못 지목하더라도 이로 인해 누명을 쓴 자는 진범체포에 관심을 가졌을 것이다. 누명 쓴 자는 다른 주술사를 찾아가 자기 누명을 벗기고 혐의를 다른 쪽으로 돌려줄 새로운 소견을 얻을 수도 있었고, 혹은 고발인에 대해 명예훼손으로 법적 조치를 취할 수 있었다.[44] 둘 중 어떤 조치를 취하든, 그 과정은 공동체의 전 역량이 범인 잡기에 동원될 때까지 지속되었을 것이다. 부적절한 고발사태로 공동체에 불화가 야기될 수 있었지만,[45] 그 최선의 기능에서 마술적 탐지체계는 효용을 가진 것이었음이 분명하다. 서리(Surrey)의 올베리(Albury) 소교구 사제로 활동한 수학자 윌리엄 오트레드는 지역주민 사이에서 주술사로 간주되었는데, 존 오브리에 따르면 그는 기꺼이 그렇게 여겨지게끔 행동했다고 한다. 존 셀던은, "정령들이 춤추지 않고 소교구 사제가 주술을 중단한 이래로 즐거운 세상은 한 번도 없었다"고 생각했다. "그 시절에 소교구 사제의 의견은 도둑을 겁먹게 했으니 치안판사 못지않게 나라에 유익한 일을 했다"는 것이었다.[46]

---

44) 다음 문헌에 수록되어 있는 사례를 참조할 것. Hale, *Precedents*, pp. 63, 84; *Archaeologia*, vol. 60, no. 2 (1907), pp. 377~8; Kittredge, *Witchcraft*, pp. 192~5; Thompson, *The English Clergy and their Organization*, p. 221; *York Depositions*, pp. 101~2; Ashm. 175, f. 131v.

45) 이를테면 G. R. Owst, in *Studies presented to Sir Hilary Jenkinson*, J. C. Davies, ed. (1957), p. 291; Kittredge, *Witchcraft*, p. 192; *Gentleman's Magazine*, vol. 24 (1754), p. 290을 참조할 것.

46) J. Aubrey, *Brief Lives*, A. Clark, ed. (Oxford, 1898), vol. 2, p. 109; J. Selden, *Table-Talk* (Temple Classics, 출판연도 미상), p. 97. 또한 Atkinson, *Forty Years in a Moorland Parish*, pp. 122~3도 비교 참조할 것.

## 2. 접신과 마술전통

개업 무속인의 활동은 17세기 후반까지도 당시 많은 지성인의 비슷한 활동에 의해 뒷받침되었다. 당시 대다수 과학자와 철학자에게 일부 마술이 유망하다는 것은 근본 전제처럼 되어 있었다. 중세의 전통적 우주론은 지구(즉, 원소계)를 수동적 존재로, 천체를 능동적 존재로 묘사했다.[47] 이런 관점은 지표현상에서 별에서부터 온 원인을 찾는 사색을 자극했고, 모든 식물과 광물에 내재한 점성술적 속성에 관한 풍부한 지식을 형성했다. 이는 마술사가 별의 영향을 포획해서 다른 목적에 이용할 수단을 발견할 가능성을 함축한 것이기도 했다. 이런 방향의 마술적 사색은 중세 내내 흐름을 지속적으로 이어갔다.

그렇지만 인간에게 잠재되어 있는 능력을 크게 고양시킨 것은 르네상스기에 유럽을 휩쓴 신플라톤주의 사조였다. 고대 이교(異敎) 철학들 중 마지막 학파를 형성한 신플라톤주의가 부활하면서, 물질과 영혼 간 차이를 흐리는 경향이 조성되었다. 지구는 수동적이고 무기력한 물질덩어리가 아니라 능동적이고 활기찬 존재로 간주되기 시작했다. 영적 위계로 빼곡히 들어찬 우주는 온갖 은비한 영향과 감응이 무시로 교차하는 영역으로 여겨졌다.[48] 우주는 살아 있는 유기적 통일체요 우주의 각 부분은 나머지 모든 부분들과 상응관계를 갖는다는 것

---

47) [역주] 지구는 4원소(흙, 물, 불, 공기)로 구성되는 원소계이고 천체는 이보다 순수한 물질(이를테면 에테르라는 제5원소)로 구성된 영역으로, 전자와 후자는 수동적 존재와 능동적 존재로 결합한다.

48) [역주] 중세 아리스토텔레스주의자들은 우주의 중심이 지구이고, 지구를 둘러싼 여러 영역을 동심원 체계로 단순화했다. 즉, 7행성이 각기 동심원 천구를 형성했고, 천체계의 가장 외곽에는 항성천구가 있었으며, 그 너머에는 영적 존재들이 거주하는 것으로 묘사되었다. 신플라톤주의는 이러한 우주위계의 각 천구마다 영적 존재를 자리 매김함으로써 우주 전체가 영적 존재의 지배를 받는 것으로 묘사했다.

이었다. 색채, 철자, 수(數)에도 마술적 속성이 부여되었다. 이런 현상을 연구하는 것은 자연철학자의 일차적 과제였지만, 이를 자기 나름의 목적에서 이용한 것은 마술사의 뚜렷한 특징이었다. 3개 유형의 마술활동이 전개되었다. 지상계의 은비한 속성을 이용하는 자연마술, 별의 영향을 다루는 천체마술, 영적 존재에게 도움을 청하는 제례마술이 그것들이다.[49]

전반적인 지적 분위기가 이러했기에, 다양한 마술활동이 오늘날에는 얻지 못하는 설득력을 쉽게 얻을 수 있었다. 물리세계의 모든 부분이 상응관계로 엮여 있다는 이론은 수상술이나 관상술 같은 점복체계에 대한 믿음을 가능하게 해 주었다. 개개인이 우주의 축소판이듯이, 어떤 개인의 손이나 얼굴은 그 개인을 거울처럼 반영한다는 것이었다. 이런 체계를 가리켜 독일인 코르넬리우스 아그리파는 "육체의 전 부위를 조화롭게 엮는 상응관계"라고 불렀다.[50] 한 부위의 특색을 살피면 전체의 특색을 추론할 수 있다는 이유에서였다. 서명이론이 수용된 것

---

49) [역주] 이 분류는 코르넬리우스 아그리파에 따라 우주의 세 위계(지상계, 천체계, 천상계)에 3개 유형의 마술을 적용한 것이다. 아그리파의 분류법은 근대 초에 표준적인 것으로 간주되었다. 천상계에 적용되는 '제례마술'(*ceremonial magic*)은 종교마술(*religious magic*)로도 불린다.

50) H. C. Agrippa, *Three Books of Occult Philosophy*, J. F(reake?), trans. (1651), p. 107.

[역주] 코르넬리우스 아그리파(Heinrich Cornelius Agrippa von Nettesheim: 1486~1535)는 마르실리오 피치노 이래 축적된 르네상스 마술의 성과를 종합한 인물이다. 프랑스의 콜로뉴에서 태어나 콜로뉴대학에서 수학한 후에 돌(Dole) 대학에서 잠시 가르친 일이 있었다. 그는 오랜 세월 동안 유럽 각지를 떠돌았고 특히 프랑스와 이탈리아와 독일에서 의사이자 군인이자 신학자이자 마술사로 활동하였다. 그의 《비학삼서》(*De occulta philosophia libri tres*, 1531~1533)는 마술적 지식의 교과서로 17세기까지도 매우 큰 영향을 미쳤다. 그가 '독일인'으로 거론된 이유는 1510년대부터 여생을 거의 독일지역에서 보냈기 때문이다.

도 동일한 맥락에서였다. 약초로 예를 들자면, 어떤 약초의 치료기능은 그 약초에 서명처럼 새겨져 있어 읽을 수 있다는 것이었다. 그런 만큼 점성술사의 역할이 중시되지 않을 수 없었다. 약초 같은 지상의 사물에 별이 새긴 영향을 읽는 것이 점성술사였기 때문이다. 심지어는 흙점조차도 신들린 상태에서 계시를 받은 영혼의 예언 메시지로 정당화될 수 있었다.[51)]

이런 종류의 추론에 또 하나의 버팀목이 된 것은 자석이론이었다. 자석이론의 선구자인 윌리엄 길버트는 세계가 생명체라는 이론을 신봉했다.[52)] 자기(磁氣)는 텔레파시, 마술치료, 원격조종 같은 가능성을 열어 준 것처럼 보였다.[53)] 무기연고를 이용한 감응치료가 쉽게 받아들여질 수 있었던 것도 온 세상에 은밀하게 작용하는 감응력과 영향력을 치료에 이용한 덕택이었다. 상처 아닌 무기에 연고를 발라도 상관이 없었다. 누군가를 찌른 무기에 붙어 있는 피딱지에 연고를 발라

---

51) 서명에 관해서는, H. More, *An Antidote against Atheisme*(1653), II. 6(그리고 이 책의 2권 pp. 35~6)을 참조하고, 흙점에 관해서는 C. H. Josten, "Robert Fludd's Theory of Geomancy and His Experiences at Avignon in the Winter of 1601 to 1602", *Journal of the Warburg and Courtauld Institutes*, vol. 27(1964)을 참조할 것.

52) [역주] 윌리엄 길버트(William Gilbert: 1544~1603)는 콜체스터 출신으로 케임브리지에서 의학을 연구한 후(박사학위: 1569) 의사이자 자연철학자로 활동했다. 그는 런던에서 개업의로 활동하던 중 1600년에 런던 내과의협회의 의장으로 선출되었고 왕실 주치의로 임명되기도 했다. 모든 물리현상을 자기력으로 설명하고자 한 1600년의 저서 《자석에 관하여》(*De Magnete*)는 17세기 중반에 전기 개념의 형성에 기여했다.

53) W. Gilbert, *On the Magnet*, D. J. Price, ed. (New York, 1958), V. xii; Kocher, *Science and Religion*, pp. 181~2. 길버트의 작품이 자극한 전망을 적절하게 논의한 연구로는, A. G. Debus, "Robert Fludd and the Use of Gilbert's *De Magnete* in the Weapon-Salve Controversy", *Journal of the History of Medicine*, vol. 19(1964)가 있다.

영을 살려내면 그 영이 공간을 가로질러 찔린 자의 몸으로 되돌아갈 것이기 때문이다. 이런 치료법은 "흑마술적인 것이 아니라 단지 자연마술적인 것"이라고 로버트 플러드는 말했다.[54] 이런 관점에서 왕립협회도 설립 초기에 "자기력에 의한 치료"에 지대한 관심을 보였다.[55] 자석이론은 수·광맥 탐지용 점복막대의 사용을 자극한 것이기도 했다. 점복막대는 천연자석처럼 "광맥 쪽으로 이끌리는" 것으로 보였고, 이는 "자연에 숨은 비밀스런 힘에 의한" 현상이지 "일부 몰지각한 자가 상상하듯 주술의 힘에 의한" 현상은 아니라고 생각되었다. 이런 주장 역시 왕립협회의 진지한 검토대상이 되었다.[56] 명사(*virtuoso*) 일라이어스 애쉬몰이 기록했듯이, "자석의 작용을 면밀히 검토하면, 너무 난해해서 우리가 믿기 힘든 신비는 하늘에든 지상이나 원소에든 전혀 남지 않을 것"이었다.[57]

신플라톤주의 이론도 염력이 육체에, 정신이 물질에, 말씀이며 주문이며 부적이 사물에 미치는 영향을 강조했다. 시술자는 염력에 의해, 그리고 마술, 부적, 주문 등을 사용해서, 스스로를 변화시키거나

---

54) [역주] 로버트 플러드(Robert Fludd: 1574~1637)는 켄트 출신으로 옥스퍼드에서 의학을 공부한 후 의사이자 마술사로 활동했다. 파라켈수스와 헤르메스주의 마술의 영향을 받은 그는 케플러를 비롯한 '정통 자연철학자' 진영과 다양한 주제에서 논쟁을 벌이기도 했다. 원문은 "not cacomagical, but only naturally magical"이다. 동시대의 지식인층은 'cocomagic'(즉, *black-magic*)을 witchcraft와, 'natural magic'을 'white magic'과 짝지었다. 따라서 전자는 흑마술이나 주술로, 후자는 백마술이나 자연마술로 번역되었다.

55) R. Fludd, *Mosaicall Philosophy*(1659), p. 289; T. Birch, *The History of the Royal Society of London*(1756~1757), vol. 1, pp. 25, 29, 31, 33; *Philosophical Transactions*, vol. 19(1697), pp. 518~21. 이 책의 2권 pp. 36~8도 참조할 것.

56) (G. Plattes), *A Discovery of Subterraneall Treasure*(1639), p. 13; Birch, *op. cit.*, vol. 1, pp. 231~2, 234, 270.

57) E. Ashmole, *Theatrum Chemicum Britannicum*(1652), p. 464.

피시술자를 변화시킬 수 있을 것이다. 세상은 생생한 감응력과 비가시적인 영이 요동치는 덩어리인즉, 마술사는 그런 힘과 영을 포획하기에 적합한 기술을 고안하기만 하면 되었다. 그러면 마술사는 경이로운 일을 실행할 수 있을 것이었다.

지적인 마술연구는 피렌체 르네상스에서 촉발되어 유럽 전역으로 확산되었다. 그 시발점은 마르실리오 피치노와 피코 델라 미란돌라 같은 저자들의 플라톤주의였고,[58] 파라켈수스와 코르넬리우스 아그리파의 작품들을 통해 알프스 이북으로 확산되었다. 이 운동에서 핵심 역할을 한 것은 《헤르메스 전서》의 라틴어 번역본이었다. 피치노는 그 원전을 고대 이집트 신(神) 토트, 즉 '헤르메스 트리스메기스토스'의 교시로 알고 번역했다. 그 편찬서는 그리스도 탄생 후 몇 세기에 걸쳐 집성된 것이었지만, 르네상스 지성인들은 그리스도보다 훨씬 전에, 플라톤보다도 전에, 아마 모세와 비슷한 시기에 작성된 것으로 믿었다.[59] 《헤르메스 전서》는 이제 인류는 신비한 거듭남에 의해, 실낙원하면서부터 상실한 〔아담의〕 자연 지배력을 회복할 수 있다고 가르쳤다. 이 책에 수록된 점성술적·연금술적 지식은 온갖 종류의 신비하고 마술적인 활동에 우호적인 지적 환경을 조성하는 데 기여했다.[60]

---

58) [역주] 마르실리오 피치노(Marsilio Ficino: 1433~1499)와 피코 델라 미란돌라(Pico della Mirandola: 1463~1494)는 이른바 "피렌체 르네상스"를 대표하는 인문주의자이다. 이들은 메디치가의 후원으로 플라톤을 연구해 피렌체를 제2의 아테네로 부상시키려 했다. 이들의 플라톤주의는 실제로는 '헤르메스주의'였다는 해석도 있다.

59) [역주] 《헤르메스 전서》(*corpus hermeticum*)는 헤르메스 트리스메기스토스가 작성한 것으로 알려진 단편 작품들을 집성한 것이다. 헤르메스 트리스메기스토스(Hermes Trismegistos)는 '왕이자, 사제이자, 철학자'이기 때문에 3배나 위대한 헤르메스라는 뜻이다. 피치노는 그리스어 판본을 번역하면서 그것이 이집트어로부터 번역된 것이라고 생각했으나, 기원후 200~300년 사이에 그리스어로 작성된 작품임이 밝혀졌다.

잉글랜드에서 신비한 마술적 사색은 대체로 유럽대륙의 저작에서 자극된 파생현상이었고 잉글랜드의 고유한 사색을 덧붙인 면이 거의 없었다. 프로테스탄트 교육전통에서는 그런 사색이 발 붙이기도 힘들었다. 존 디, 윌리엄 길버트, 월터 롤리 등은 깊은 영향을 받았으나, 프랜시스 베이컨은 감응-반감이론에 대해 회의적인 자세를 취했다. 베이컨은 그 이론이 "게으르고 너무 나태한 추측"에 불과하다고 생각했고, 은비한 힘을 운위하는 것은 뼈를 깎는 추론과 관찰을 등지고 안일한 대안을 추구하는 무례한 짓으로 간주했다.[61] 잉글랜드에서 가장 헌신적인 헤르메스주의자는 로버트 플러드(1574~1637)였는데, 이미 헤르메스주의의 지적 전제가 공격받게 된 시점에 태어났다는 것이 그의 불행이라면 불행이었다. 그렇지만, 비교적 이른 1614년 이삭 카조봉의 연구에 의해 헤르메스 저작선이 그리스도 탄생 이전에 작성되었다는 주장은 설 곳을 잃었음에도 불구하고,[62] 잉글랜드 내 헤르

60) 최근의 판본으로는 *Hermetica*, Scott, ed. (Oxford, 1924~1936)와 *Corpus Hermeticum*, A. D. Nock and A. -J. Festugière, eds. (Paris, 1945~1954)가 있다. 헤르메스 전통에 대한 상세한 해설은 이 장의 서두에 있는 '참고문헌 해제'에 인용된 예이츠 여사의 작품을 참조할 것.

61) Bacon. *Works*, vol. 2, pp. 671~2; vol. 4, pp. 84, 167, 255, 355, 366~8, 376. 베이컨의 견해는 윌리엄 바로우(William Barlow)가 1601년에 이미 개진한 것이었다. 바로우는 훗날 솔즈베리 부주교를 지냈다. 이에 관해서는 *H. M. C. Hatfield*, vol. 11, p. 4를 참조할 것. 그 밖에도 Walker, *Spiritual and Demonic Magic*, pp. 199~202; p. M. Rattansi, in *Ambix*, vol. 13 (1966), pp. 133~5; P. Lefranc, *Sir Walter Raleigh écrivain* (Paris, 1968), pp. 434~67; Yates, "The Hermetic Tradition in Renaissance Science", pp. 265~70을 참조할 것. 존 디에 관해서는, Peter J. French, *John Dee. The World of an Elizabethan Magus* (1972)를 참조할 것.

62) [역주] 이삭 카조봉(Issac Casaubon: 1559~1614)은 프랑스 출신의 고전학자 내지 문헌언어학자(*philologist*)로 주로 잉글랜드에서 활동했다. 그는 헤르메스의 작품이 모세와 동시대에 이집트어로 작성된 것이 아니라 기원후에 원래부터 그리스어로 작성된 것임을 밝혔다. 카조봉이 1614년에 세운 업적을 기려, 예

메스 숭배는 17세기 내내 열렬한 추종자들을 끌어들였다. 카조봉이, 반동종교개혁 역사가 바로니우스에 대한 논박에 치중하다 보니 이에 가리어 그의 발견이 주목을 받지 못한 탓도 있었을 것이다.[63] 어쨌든 카조봉의 발견에 구애받지 않고, 플러드는 이후 수십 년에 걸쳐 왕성한 저술활동을 전개했다. 헤르메스의 《피만드로스》에 대한 존 에버라드의 번역본(1649)도 그 전통을 널리 확산시켰다.[64] 번역본 서문은 그 작품이 "모세보다 몇백 년 전에" 작성된 것이라고 자신만만하게 주장했다. 17세기 후반에도 많은 점성술사와 마술 취향 내과의가 헤르메스 원전의 태고성과 신성성을 계속 주장했다. 심지어 햄프셔의 어떤 소교구 등록부에는 '헤르메스 트리스메기스토스'가 어떤 기독교도의 이름으로 등재되었을 정도였다.[65]

---

이츠 여사는 헤르메스주의의 운명을 카조봉 이전 시대(1614년 이전)와 이후 시대(1614년 이후)로 나누기도 했다.

63) [역주] 바로니우스(Cesar Baronius, 이탈리아어로 Cesare Baronio: 1538~1607)는 이탈리아의 소라(Sora)에서 태어나 베롤리와 나폴리에서 수학한 후 가톨릭 고위성직자(추기경: 1596)로 활동했다. 그는 17세기의 대표적 교회사가로 수많은 프로테스탄트 교회사가와 논쟁을 벌였다. 1745년에 교황 베네딕투스 14세는 그의 업적을 기려 "Venerable"이라는 존칭을 부여했다.

64) [역주] '피만드로스'(Pymandrus)는 《헤르메스 전서》의 제 1권에 해당하는 작품으로, 피치노는 이것을 헤르메스 전서의 번역서명으로 채택했다. "신성한 말씀"이라는 뜻이다. 존 에버라드(John Everard: 1584?~1641)는 피치노의 라틴어 번역본을 영역한 인물이다. 그는 케임브리지에서 신학을 공부한 후(박사학위: 1619) 뛰어난 신흥종파 목회자이자 저자로 활동했으며 헤르메스주의를 대중화하는 데도 기여했다.

65) Fearson and Williams, *The Parish Registers … in the Archdeaconry of Winchester*, p. 24. 17세기 잉글랜드의 헤르메스주의자에 관해서는 다음 문헌을 참조할 것. C. L. Marks, "Thomas Traherne and Hermes Trismegistus", *Renaissance News*, vol. 19 (1966); J. Maxwell, *A New Eight-fold Probation of the Church of England Divine Constitution* (1617), sig. B1; C. R. Markham, *A Life of the great Lord Fairfax* (1870), p. 368; H. C. Agrippa, *His Fourth*

그러나 헤르메스주의 마술전통이 민간에 큰 영향을 미치기 시작한 시점에 이르면, 오히려 지성인들 사이에서는 그 명성을 잃기 시작했다. 17세기 중반경에 대다수 진지한 과학자는 애니미즘적 우주로부터 기계론적 우주로 전향하고 있었다. 여전히 은비한 힘과 감응관계에 심취한 명사들이 있었지만, 이제 이들은 아이작 뉴턴에게서 절정에 도달한 과학적 사고의 주류로부터 밀려나 있었다. 물론 뉴턴조차 헤르메스주의 관념을 완전히 벗어난 것은 아니었다. 우주에 대한 참 지식은 하나님이 아주 오래전에 '태고 신학자들'에게 직접 계시한 것이라는 믿음이 여전히 뉴턴을 사로잡고 있었다.[66] 이처럼 자연과학은 헤르메스주의 사고로부터 큰 자극을 받았지만,[67] 17세기 후반을 거

---

*Book of Occult Philosophy*, R. Turner, trans. (1655), sig. A3v; E. Maynwaring, *Medicus Absolutus* (1688), p. 25; Webster, *The Displaying of Supposed Witchcraft*, p. 314; H. More, *Tetractys Anti-Astrologica* (1681), p. 18; W. Salmon, *Medicina Practica; or Practical Physick* (1692), sig A2; T. Tryon, *A Treatise of Dreams and Visions* (2판, 출판연도 미상), p. 239; J. Case, *The Angelical Guide* (1697), sigs. b5v~6; W. Shumaker, *The Occult Sciences in the Renaissance* (Berkeley and Los Angeles, 1972), pp. 236~48. 플러드에 대한 최근의 논의로는, S. Hutin, *Robert Fludd, 1574~1637* (Paris, 1971); A. G. Debus, *The English Paracelsians* (1965), 3장; Yates, in *Theatre of the World* 등이 있다.

66) J. E. McGuire and P. M. Rattansi, "Newton and the 'Pipes of Pan'", *Notes and Records of the Royal Society*, vol. 21 (1966), 이 책의 2권 pp. 516~9도 참조할 것.
[역주] '태고 신학자들' (*prisca theologi*) 이란 하나님이 우주창조의 가장 가까운 시점에 창조의 비밀을 계시한 자들, 이를테면 '창세기'의 저자인 모세나 '피만드로스'의 저자인 헤르메스 같은 인물을 뜻한다. 그들이 가진 지식, 즉 '태고신학' (*prisca theologia*) 을 창세기나 그에 준하는 작품에서 해독하려는 노력은 뉴턴에게도 지속되었다.

67) Yates, "The Hermetic Tradition in Renaissance Science"; P. M. Rattansi, "The Intellectual Origins of the Royal Society", *Notes and Records of the Royal Society*, vol. 23 (1968).

치면서 그 전통으로부터 해방을 성취했다.

이렇듯 16~17세기 내내 마술연구는 지적으로 존중받았다. 제임스 1세 시대에 많은 대학생이 마술에 관심을 가졌다. 다양한 자연마술은 물론이고 접신술도 유행했으니 오늘날 학부생들이 마약의 유혹에 쉽게 빠지는 것과 비슷한 현상으로 보인다. 접신집회에 참석했다는 청춘남녀의 자술서가 극소수만 남아 있는 반면,[68] 대학에서 활동한 마술사에 관해서는 퍽 많은 사례가 알려져 있다.[69] 옥스퍼드대학에서는 1620, 1637, 1652, 1669년에 마술적 미약(媚藥)의 효능이 공개 토론되었다.[70] 주문으로 질병을 치료할 수 없다는 주장이 1605년에 개

68) *H. M. C., Various Collections*, vol. 5, p. 246; Cooper, *Mystery*, pp. 9~13; Sloane 1926, f. 7v and 1954, ff. 179~182v; Bodl., Rawlinson MS D 253, pp. 50, 63~4; Heywood, *Diaries*, vol. 1, p. 340; *The Diary of Abraham de la Pryme*, C. Jackson, ed. (Surtees Society, 1870), pp. xviii, 22, 26~7; *The Cheats of London Exposed*(출판연도 미상, 보들레이언 도서관의 사본: Bodl., Douce Adds f. 4), p. 55.

69) 대학에서 활동한 마술사의 예를 들면, 케임브리지대학 카이우스칼리지의 John Fletcher(B. M., Add. MS 36674, ff. 23~46v); 케임브리지대학 킹스칼리지의 John Walter와 William Cobbie; 옥스퍼드대학의 New Inn에서 활동한 John Bowckeley(*Archaeologia*, vol. 40, 1866, pp. 391~4); 옥스퍼드대학의 Richard Johns(1532; *L. P.*, vol. 5, p. 695). 다른 많은 사례가 수록된 문헌으로는, Wood, *Ath. Ox.*, vol. 2, col. 275; Bodl., Rawlinson MS D 253, p. 50; *The Life and Death of Gramaliel Ratsey*(Shakespeare Association, 팩시밀리판, 1935), sig. B4v 등을 참조할 것. 옥스퍼드의 올소울즈칼리지에는 많은 마술서적이 소장되어 있다(R. T. Gunther, *Early Science in Oxford*, 1923~1967, vol. 11, p. 331), 코르넬리우스 아그리파의 이름을 도용한 위서(僞書), *The Fourth Book of Occult Philosophy*는 1665년에 로버트 터너(Robert Turner)에 의해 번역되었는데, 번역판 서문에는 케임브리지 대학생 6명의 축시가 수록되었다.

70) *Register of the University of Oxford, II*(1571~1622), vol. 1, A. Clark, ed. (Oxford History Society, 1887), p. 179; Oxf. Univ. Arch., Q 16 f. 179v; Qa 17, f 151; Qb 18 f. 177v.

진되기도 했지만, 감응치료 실태는 1653년까지도 확고하게 유지되었다.[71] 자연마술의 잠재력, 은비한 성질의 실재, 주문의 위력 등에 관해서도 많은 논쟁이 벌어졌다. 1657년에는 옥스퍼드대 학생들이 광학을 이용한 "착시환상"을 놀이로 즐기는 것으로 보고되었는데, 이는 전 세대에게는 마술이라 간주되었을 종류의 놀이였다.[72] 놀랄 것도 없이 서민에게는 학문한다는 것이 여전히 마술을 뜻했다. "호레이쇼, 자네가 학자란 말인가? 말해 주게나."[73] 영을 다루지 못한다면 학문이 무슨 소용이란 말인가? 1600년에 언급되었듯이, "만일 어떤 학자가 사람들의 점성술적 운명을 말할 수 없거나, 퇴마를 행할 수 없거나, 일정한 점복기술을 갖추지 못한다면, 오늘날 서민 가운데 누구도 그를 학자로 여기지 않을 것"이었다.[74]

이 마술 전통은 내란과 공위기, 즉 다양한 귀족주의 아성이 무너진 기간을 거치면서 민주화를 경험했다. 이제까지 라틴어나 외국어라는 지적 장벽에 가로막힌 채 움츠려 있던 대륙의 주요 마술서적들이 영어로 번역되어 봇물을 이루었다. 번역물 중에는 아그리파, 델라 포르

---

71) *Register of the University of Oxford, II* (1571~1622), vol 1, p. 191; Oxf. Univ. Arch., Qa 17 f. 151v.

72) Oxf. Univ. Arch., Qb 18 ff. 174, 175v; Bd 19, f. 204v; *Register of the University of Oxford, II (1571~1622)*, vol. 1, p. 171; W. E. Houghton, "The English Virtuoso in the Seventeenth Century", *Journal of the History of Ideas*, vol. 3 (1940), p. 203.

73) [역주] 셰익스피어의 《햄릿》(1막 1장)에서 마르켈루스가 호레이쇼(Horatio)에게 묻는 말이다. 이어서 베르나르도는 "호레이쇼, 그건 마치 왕처럼 보이지 않는가? 말해 주게나"라고 다시 묻는다. 이에 호레이쇼는 "비슷하다네. 그것은 나를 공포와 경이로 사로잡는다네"라고 답한다. 학문과 마술이 비슷한 것으로 받아들여진 동시대의 상황을 전해 준다.

74) W. Vaughan, The Golden-Grove (1600), sig. Y8v. '학자'(*scholar*)라는 단어의 마술적 함축을 보여주는 또 다른 사례는, J. Fletcher, The Chances (1647), V. i를 참조할 것.

타, '헤르메스', 노드, 파라켈수스 등의 작품이 포함되었다.[75] 여기에 로저 베이컨, 존 디, 일라이어스 애쉬몰, 토마스 반 등의 영어 작품이 신간이나 복간 형태로 가세했다.[76] 1650년부터 1680년까지 잉글랜드에서 출판된 연금술 서적은 전무후무한 분량이었다.[77] 마술은 비록 런던과 옥스퍼드에서 주기적 모임을 갖다가 결국 왕립협회를 결성한 과학자들에게는 인기가 없었을 수 있지만, 내란기에 급증한 급진 신흥종파들로부터는 많은 신참 입문자를 얻었다. 이들은 교육과정에 비학(秘學: *occult sciences*), 즉 마술을 도입하라는 압력을 가했다.[78] 왕정복고기에도 시들지 않았던 헤르메스주의 운동의 중심에는

75) [역주] 델라 포르타(Giambattista della Porta: 15355?~1615)는 이탈리아의 대표적 자연마술사로 나폴리와 피렌체를 중심으로 활동했으며, 메디치가의 후원으로 특히 '자연사'에 큰 업적을 남겼다(갈릴레오가 등장하면서 메디치가의 총애를 빼앗겼다). 노드(Gabriel Naudé: 1600~1653)는 파리 출신의 사서로 근대 도서관학의 정립에 심대한 영향을 미친 인물이다. 서지학, 정치학, 역사학, 종교학에서는 물론 초자연적 현상과 점복에 대한 연구에서도 탁월한 능력을 발휘했다.

76) [역주] 로저 베이컨(Roger Bacon, O. F. M: 약 1214~1294)은 "경이로운 스승"(*Doctor Mirabilis*)이라는 별명을 가진 중세의 대표적 철학자이다. 그는 서머싯에서 태어나 옥스퍼드에서 수학했고 동대학에 아리스토텔레스 강좌를 개설함으로써 이후 아리스토텔레스주의의 승리를 선구했다. 토마스 반(Thomas Vaughan: 1621~1666)은 웨일스 출신으로 옥스퍼드에서 수학한 후 고향에서 성직자로 활동했다. 웨일스의 열악한 의료환경에 자극되어 의학에 입문했다. 개업의로 활동하지는 않았지만, 파라켈수스 의학을 잉글랜드에 전파하는 데 크게 기여했다.

77) J. Furguson in *Journal of the Alchemical Society*(1914)에 따르면 그렇다〔D. Geoghegan in *Ambix*, vol. 10(1962), p. 97 n. 5에서 인용됨〕. R. S. Wilkinson in *Ambix*, vol. 15(1968), p. 56도 비교 참조할 것. W. Cooper, *A Catalogue of Cymicall Books*(1675)는 당시에 이용가능했던 연금술 문헌의 분량을 가늠하게 해 준다.

78) P. M. Rattansi, "Paracelsus and the Puritan Revolution", *Ambix*, vol. 11(1963); 이 책의 2권 pp. 404~6.

폴란드에서 망명한 새뮤얼 하트리브가 있었다.[79] 그렇지만 마술이 공위기에 거둔 성공은, 신흥종파들의 급진주의 색채를 떨쳐내려 부심하던 왕정복고기 과학자들의 역풍을 자극했을 것이다.[80]

그렇다면 과연 어느 정도까지 마을 무속인의 활동을, 지성인 회합에서 유행한 마술이론이 민간에 적용된 것으로 볼 수 있을까? 마을 무속인 사업과 신플라톤주의 철학 사이에는 뚜렷한 상관성이 있었다. 민간마술사가 환자 거들이나 환자 의복을 중시한 것은 감응력에 대한 믿음이 그 바탕에 깔려 있었기 때문이다. 보석에 은비한 효능이 있다는 믿음은 부적과 액막이 사용을 정당화해 주었다. 주문을 외우면 공중에 파동과 감응을 일으키고, 이 파동과 감응이 환자에게 은비한 영향을 전하는 것으로 믿어졌다. 이런 종류의 자연마술은 나폴리의 델라 포르타를 통해 인기를 누리게 된 것으로, 자연수단을 이용해 기적적인 결과를 낳겠다는 망상적 집착을 보여주었다. 거울이나 분장을 이용한 온갖 눈속임수를 자극한 것도 바로 이런 종류의 마술이었다. 점성술, 흙점술, 수상술 등 다양한 점복기술도 각자 나름의 공인된 지적 토대를 가지고 있었다. 마술 수단으로 태아를 얻으려는 시도조차도 물질 부패로부터 새 생명이 나온다는 만연된 믿음을 반영한 것이었

---

79) C. Webster, "English Medical Reformers of the Puritan Revolution", *Ambix*, vol. 14 (1967), pp. 29~35. 마술적 부적에 대한 하트리브의 믿음에 관해서는, Josten, *Ashmole*, p. 72를 참조할 것.
[역주] 새뮤얼 하트리브(Samuel Hartlib: 약 1600~1662)는 폴란드에서 태어나 30년 전쟁시의 프로테스탄티즘 박해를 피해 잉글랜드에 정착한 학자이다. 유럽 전역의 학문에 대한 그의 지식은 박식하기 그지없어 "유럽의 위대한 정보원"이라는 별명을 얻었다. 내란기에 크롬웰에 동조해 교육개혁을 주도했던 그는 왕정복고기에 영향력을 잃었으나, 줄기차게 헤르메스주의적 사회개혁과 베이컨적 학문개혁을 추진했다.

80) P. M. Rattansi, "The Intellectual Origins of the Royal Society", *Notes and Records of the Royal Society*, vol. 23 (1968), pp. 136~7.

다. 마찬가지로 연금술도 금속은 살아 있는 유기체여서 식물처럼 성장한다는 민간속설에 완전히 부합하는 것이었다. 물질은 하나라는 것이 전제되었기에 어떠한 실체든 단 하나의 완전한 형상으로 환원가능하다는 결론이 도출될 수 있었다. 현자의 돌을 발견하면 성취할 수 있으리라는 희망에서 다양한 유토피아적 목표들이 설정되었으니 금속변성은 그것들 중 한 목표에 지나지 않았다.[81] 파라켈수스는 금 만드는 연금술로부터 좋은 약을 만드는 연금술로 방향을 선회했다. 액체상태의 금(연금액)은 만병통치약이니 장수특효약의 생산을 도울 것이었다. 그 과정에서 '호문쿨루스'나 원격투시력 같은 부수적인 성취도 얻을 수 있을 것이다.

이러다 보면 민간마술이란 동시대 과학자와 철학자의 지적 관심사를 빼닮은 것이라고 설명하고픈 유혹에 빠질 수 있다. 그러나 이런 방향으로 추론하면 오류로 귀결될 것이 거의 확실하다. 16~17세기에 민간마술과 지적 마술은 본질적으로 전혀 다른 두 활동으로, 일부는 중첩되기도 했지만 거의 대부분은 서로 상관없이 별개로 수행되었다. 마을 무속인의 마술비법은 대부분 중세로부터 물려받은 것으로, 앵글로-색슨 및 고전고대 관행으로 직접 소급될 수 있었다. 현존 원시사회에서도 많은 것이 유추될 수 있다. 마을 무속인은 르네상스기 마술연구의 부활과 그 가장 특징적인 산물인 지적 마술서적들로부터 별 영향을 받지 않았다. 영어로 자연마술 지식을 출판한 사례는 헨리 빌링슬리의 《유클리드》(1570)에 존 디가 붙인 서문, 그리고 레지널드 스코

---

81) [역주] '현자의 돌'(*philosopher's stone*)이나 조금 뒤에 나올 '연금액'(*aurum potabile*, 또는 음용금〔飮用金〕)은 모든 실체의 변성을 가능하게 하는 '물질의 완전한 형상'이다. 원리상 이 형상은 모든 실체를 시술자가 원하는 대로 바꿀 수 있으나, 연금술은 주로 은을 금으로 바꾸는 금속변성에 충실했다. 연금술이 약학이나 의학에 응용될 때, 연금액은 환자를 무병장수하게 만드는 신비의 '단약'(丹藥)을 뜻하기도 했다.

트의 《주술의 발견》(1584) 중 제 12권이 고작이었다.[82] 대륙의 마술 논고는 17세기 중반까지도 거의 영어로 번역되지 않았다. 잉글랜드에서 이 분야를 주도한 로버트 플러드조차 거의 모든 저서를 라틴어로 작성했고 그나마 해외에서 출판했다.

잉글랜드 명사들, 혹은 대학에서 활동한 마술사들이 르네상스기 마술적 사색에 큰 영향을 받았음은 입증될 수 있지만,[83] 이것이 마을 무속인에게도 참일 수는 없다. 무속인이 책을 소유한다든지, 스스로 선택한 이론체계에 의존해서 활동하는 경우는 상대적으로 드물었다. 물론 델라 포르타나 아그리파로부터 일부 점술과 비법을 발췌해 인쇄된 대중용 안내서는 무속인도 소장했을 수 있다. 그러나 무속인의 비법은 거의 모두 친지나 이웃에게서 구술로 배운 것이었다.[84] 그 바탕을 이룬 이론이라야 중세 종교로부터 파생된 것, 혹은 르네상스기에 이미 케케묵은 것으로 취급된 사고양태로부터 파생된 것이 고작이었다. 치료법, 대항주술, 도둑잡기 마술 등은 동시대 지성인들의 사색으로

---

82) [역주] 헨리 빌링슬리(Henry Billingsley: 1606년 죽음)는 케임브리지와 옥스퍼드에서 수학했으나 학위를 받지 못하고 어떤 런던 상인의 도제로 지내다가 런던 시장에 오른 인물이다. 그는 1570년에 유클리드의 '기하학 원리'를 영어로 번역했는데, 이것은 라틴어 번역본에 의존하지 않고 그리스어로부터 직접 번역된 것으로 진짜 번역자는 존 디라는 설도 있다. 이 번역본에 붙인 존 디의 서문은 천체마술과 기하학의 관계를 잘 보여주고 있다.

83) 델라 포르타, 코르넬리우스 아그리파, 파라켈수스 등을 참조한 사례는 여러 문헌에서 발견된다. 이를테면, *L. P.*, vol. 5, p. 69(Richard Johns의 1532년 사례); P. R. O., SP 12/71, f. 160v(John Bowckeley의 1570년 사례); Josten, *Ashmole*, p. 536(Ashmole의 1650년 사례).

84) 이 요점과 관련되어 있는 전형적 데이터는, Hale, *Precedents*, pp. 108, 139; Hodgkinson, in *Transactions of the Thoroton Society*, vol. 30(1926), p. 51; *The Examination of John Walsh*, sig. Av; E. Bower, *Doctor Lamb revived* (1653), pp. 26~7; Webster, *The Displaying of Supposed Witchcraft*, p. 35를 참조할 것.

부터 전혀 영향을 받지 않았다. 민간마술사의 절차 중에는 신플라톤주의 이론이나 헤르메스주의 이론을 열등한 형태로 반영하는 듯 보이는 것도 있지만, 그런 이론의 내력을 제대로 꿰는 민간마술사는 없었을 것이다. 민간마술사는 판에 박힌 인습과 의례에 의존했을 뿐, 선행 이론을 응용한 적이 없었다.

영향관계라는 면에서 보자면, 16세기에는 그 역방향이 진실에 가까웠다. 마을 주술사가 아그리파나 파라켈수스의 이론을 실천한 것이 아니라, 역으로 지적 마술사가 민간마술사 활동에서 자극되어 (그가 믿기에 민간마술사 활동을 뒷받침함이 분명한) 은비한 영향력을 탐구하게 되었다는 말이다. 오랜 뿌리를 가진 민속관행이 어떤 원리에 의존하는지를 발견하겠다는 관점에서, 16세기 동안 그 민속관행에 대한 신중한 연구가 잇따랐다. 그 과정에서 자연마술 추종자들은 아직 지적 토대가 없는 마술비법을 합리화하는 쪽으로 방향을 잡았다. 무기연고조차 민간에서 유래한 유서 깊은 요법으로 간주되었다.[85] 다른 많은 분야에서 그렇듯이, 이 분야에서도 기존 기술이 이론과학을 자극했지, 이론과학이 기술을 낳은 것은 아니었다.

그렇지만 몇몇 종류의 민간마술에서는 책이 중시되었다. 이런 종류에서는 동시대 지적 사색의 직접적 영향을 엿볼 수 있다. 그 영향이 가장 뚜렷한 것은 영을 불러내는 접신술이었다. 적절한 의례를 따르는 동안 초자연적 존재와 접촉하고 그 존재의 우월한 권능을 세속적 목적에 이용할 수 있다는 믿음은 고전고대 이래로 지속되었다. 이런 의례는 중세에도 많았으나 르네상스 신플라톤주의 영향으로 더욱 증가했다. 이 다양한 발전을 의례별로 추적하고 서로 다른 갈래의 ―《솔로

85) [역주] 실제로 무기연고는 감응마술의 산물로 17세기에 발명되었다. 첫 발명자는 루돌프 고클레니우스 주니어(Rudolf Goclenius, Jr.)이고 케넬름 디그비가 이를 확대 적용한 것으로 알려져 있다.

몬의 열쇠》, 《호노리우스의 교지》, 《접신술서》 같은 — '상징술' 논고들과 연결해서 계보를 엄밀하게 하나씩 정립하는 것은, 그 하나하나가 장기 연구과제일 것이다.[86] 이런 논고들은 거의 필사본으로 유통되었고 소장자의 철저한 비밀로 보호되었다. 접신술이 중범죄인 시절이었음을 감안하면 그리 놀랄 일도 아니다. 그렇지만 가끔 그 비결이 인쇄물로 유통되기도 했는데, 가장 주목할 것은 스코트의 《주술의 발견》 3판(1665) 이다. 증보된 이 판본의 제 15권은 거의 접신술 해설로 채워졌다. 로버트 터너가 번역한 위작 《아그리파의 제 4권》(1655) 과 《솔로몬의 상징술》(1656) 도 마찬가지였다.[87] 이런 작품은 독자에게 천사나 악마를 그 위계서열 내에서 적절한 이름과 속성을 이용해 불러낼 수 있는 가능성을 선물했다. 영을 불러내는 의례는 다양했지만 대체로 다음과 같았다. 백묵으로 원을 여러 개 그리기, 주문 외우기, 금식과 기도문 같은 의례조건을 준수하기, 성수, 양초, 지팡이, 검, 점복막대, 얇은 금속판 같은 도구를 이용하기 등.[88]

---

86) [역주] 여기서 '상징술'은 'ars notoria'(*notory art*) 를 번역한 것이다. 이것은 제례마술의 핵심요소로, 천사나 신비한 도형이나 기도문을 이용해 신을 인식하거나 신과 교통하는 기술이다. 카발리즘은 그 대표적 기술이다. 'notory'는 'note'의 파생어로 다양한 상징이나 기호를 사용한 기술임을 함축한다. 《솔로몬의 열쇠》(*The Key of Solomon*) 는 13세기에 라틴어로 작성된 작품으로 로버트 터너(Robert Turner) 에 의해 1656년에 영역되었다. 《호노리우스의 교지》(*Constitution of Honorius*) 는 1629년에 출판되었으나 그 이전에도 필사본 형태로 유통되었다. 교황 호노리우스 3세(재위: 1216～1227) 의 이름을 빌린 위작이다. '접신술서'(*Liber Spirituum*) 는 아그리파의 이름을 도용한 위작이다.

87) [역주] 아그리파는 원래 3권 분량의 《비학삼서》(*De occulta philosophia libritres*: *The Three Books of Occult Philosophy*, 1509～1510) 를 작성했으나, 그의 이름을 도용한 제 4권이 '접신술서' 또는 '비학 제 4권'(*The Fourth Book of Occult Philosophy*) 이라는 이름으로 통용되었다.

88) 주요 원전에 대한 개관은, E. M. Bulter, *Ritual Magic*(Cambridge, 1949) 을 참조할 것. 《솔로몬왕의 열쇠》(*Clavicula Salomonis*) 는 S. L. M. Mathers의

동시대 지성인들 사이에서든, 이들보다 배움이 짧은 미래의 마술사들 사이에서든, 이런 의례들이 널리 수행되었다는 것만은 의심의 여지가 없다. 당시 필사본 컬렉션에서 자주 발견되는 이른바 "마술서적"에는 영을 불러내는 비법이 명료하게 기술되었고, 오늘날까지 남은 "실험서적" 필사본에는 접신집회에 대한 증거가 부족하지 않다("실험"의 초기용례가 이런 맥락에서 나타난다는 것을 보면, 그 참여자들의 태도에 관해 뭔가를 추론할 수 있다). [89] 가장 유명한 접신집회 사례는 존 디와 그의 조수이자 동료인 에드워드 켈리가 주도한 것이었는데, 그 집회 기록은 접신행위의 영적 위험을 증명할 목적에서 1659년에 '무삭제로' 출판되었다. 하지만 그 기록에 그리 색다른 면이 있었던 것은 아니다. [90] 접신도구 제작과 접신집회 유지에 관한 객관적 증거만으로도, 그들의 접신행위가 통상적 마술관행에 따른 것이었음을 입증할 수 있

---

번역/편집본(1909)을 참조할 것. 이 기술이 'notory'로 불리는 것은 여러 표지와 기호를 수반하기 때문이다.

89) [역주] 16세기에 '실험서적'(*books of experiment*)으로 불린 것은 모두 '마술서적'(*books of magic*)이었다. 프랜시스 베이컨이 마술을 자연철학의 응용분야로 정의한 것도 같은 맥락에서였다. 실험은 '명상적, 이론적 지식'과 대비되는 개념이었다.

90) M. Casaubon, *A True and Faithful Relation of What passed for many years between Dr John Dee … and some Spirits* (1659). 여타 마술서적과 실험에 관해서는, K. M. Briggs, "Some Seventeenth-century Books of Magic", *Folk-Lore*, vol. 64 (1953); idem., *Pale Hecate's Team*, appx. iv; Bodl. Ballard MS 66; Bodl., MSS e Mus. 238, 243, 245; Bodl., MS Add. B 1; Bodl., Douce MS 116; Sloane 3714, ff. 16~7; 3846; 3851; 3853; B. M., Add. MS 36674; Thorndike, *Magic and Science*, vol. 2, p. 284를 참조할 것. Bodl., Rawlinson MS D253은 무속인 4명의 연작형태로 집필된 책이다. 1590년의 한 강령집회에서 주술사가 어떤 장비를 가지고 오지 않아 집회가 중단된 사건은 *Archaeologia*, vol. 40 (1866), p. 397에 상세히 묘사되고 있다. 주술사의 전형적인 자백형태는 J. Hawarde, *Les Reportes del Cases in Camera Stellata*, W. P. Baildon, ed. (1894), p. 251에 수록되어 있다.

기 때문이다. 영적 존재는 돈, 사랑, 지식, 권력의 지름길을 제공하는 존재라고 믿어졌다. 파우스트 전설이 엘리자베스와 제임스 1세 치세기 청중에게는 곧이곧대로 받아들여졌던 셈이다.[91)]

이 같은 접신집회에서 정확히 무슨 일이 일어났는지를 결정하는 과제는 정신분석학자에게 맡기는 편이 좋겠다. 시도는 번번이 좌절되었다. 돌풍이 일면 근처에 초자연적 존재가 출현한 증거로 간주되었지만, 영은 끝내 나타나지 않았다. 그러나 가끔은 정말로 영이 나타난 것처럼 보였다. 영은 수정구에 등장할 수도, 형체 없이 (윌리엄 릴리에 따르면 아일랜드 억양의)[92)] 음성으로만 출현할 수도, 심지어는 사람 모습으로 출현할 수도 있었다. 영이 어린 소년소녀의 수정구에 포착될 때도 있었는데, 이는 어린아이 염력이 그 목적에 가장 적합하기 때문이었다. 에드워드 켈리처럼 감응력이 강한, 혹은 사기성이 농후한 매개자에게 영이 감지될 때도 있었는데, 존 디는 켈리의 도움으로 이런저런 영과 만나 다양한 주제에 관해 토론했다고 한다. 그런가 하면 마술사가 자신이 불러낸 영에 희생되는 일도 있었다.

이와 긴밀하게 연결된 활동이 흑주술, 즉 죽은 자의 도움으로 수행되는 마술이었다. 이것은 해묵은 주술형식이었다. 유명한 사례로, 1371년 킹스벤치 법원은 어떤 회교도의 머리를 부대에 담아 가지고 다닌 마술사를 재판했는데, 그 마술사는 그것을 톨레도에서 구입했고 그 안에 무슨 질문에든 답할 영을 밀봉해 두려 했다고 진술했다. 1440년 어떤 음모사건에 연루된 사람은 양초를 쥔 시체의 팔을 가지고 다

91) [역주] 파우스트(Faust) 또는 라틴어로 파우스투스(Faustus)는 지식을 얻는 대가로 악마에게 영혼을 판 게르만 전설의 주인공이다. 독일을 비롯한 유럽의 많은 문인과 예술가가 파우스트에 관한 작품을 만들었다. 괴테의 《파우스트》는 매우 무거운 작품이지만, 16세기에는 희극에 파우스트가 등장한 경우가 더 많았다. '파우스트'는 길조나 행운을 뜻하는 용어로 사용되기도 했다.

92) Lilly, *Autobiography*, p. 199.

니면 체포를 피할 수 있다는 이야기를 들었노라고 진술했다.93) 16~17세기 마술비법에는 해골, 시체, 무덤 흙 등이 심심찮게 등장하거니와 죽은 자의 망령을 마술적 목적에 이용하려는 시도마저 있었다.94) 그러나 이런 활동은 동시대의 지적 이론과 거의 관련이 없었다.

### 3. 민간마술과 점복

마술사는 영계(靈界)의 자원을 개척함으로써 거의 무한에 가까운 가능성을 열 수 있었다. 명백히 기독교에 기원을 둔 주물도 사용되었지만, 점성술적 길시(吉時)에 제작된 금속 상형메달이라든가, 부리는 영이 밀봉된 반지와 돌도 함께 사용되었다.95) 카드게임에서 이기기 위한 마술,96) 소송 상대편을 패소시키기 위한 마술,97) 체포를 피하기 위한 마술이 있었다. 앤 보드넘이라는 여성 민간마술사는 고객에

---

93) *Select Cases in the Court of King's Bench under Edward III*, vol. 6, G. O. Sayles, ed. (Selden Society, 1965), pp. 162~3; M. Aston, "A Kent Approver of 1440", *Bulletin of the Institute of Historical Research*, vol. 36 (1963), pp. 86~7.

94) Ewen, vol. 1, pp. 91, 209; C. M. Bouch, *Prelates and People of the Lake Counties* (Kendal, 1948), p. 216; Kittredge, *Witchcraft*, pp. 142~5, 312~4; Bodl., Ballard MS 66, p. 35; *The Examination of John Walsh*, sig. Avij; *The Autobiography and Personal Diary of Dr Simon Forman*, J. O. Halliwellm, ed. (1849), p. 19; 이 책의 2권 pp. 129~30.

95) [역주] 금속 상형메달(*sigil*)은 특별한 마술적 목적에서 제조되는 상징으로, 그림처럼 여러 개의 상형문이나 기하학적 문양을 결합해서 만든다. sigil은 seal에서 파생된 단어이므로, 인장 내지 봉인의 기능을 함축한다.

96) Kittredge, *Witchcraft*, p. 229; Sloane 3846, f. 33v; 3851, ff. 144v~145; Bodl., MS e Mus 243, ff. 15v~16v.

97) Kittredge, *Witchcraft*, pp. 55, 406.

게 주물을 보내면서, 그 주물을 지니기만 하면 "어떤 법원 집행관도 그를 붙들거나 괴롭히지 않을 터이니 돈을 얼마를 빌렸든 걱정할 필요가 없다"고 전했다. 반대로 1621년 버브(Bubb)와 보스토크(Bostock)라는 동업 접신술사를 찾은 고객은 친척이 꿔간 돈을 돌려받게 해 달라고 청했다.[98] 1571~1580년에 옥스퍼드대학 발리올칼리지 학장을 지낸 애덤 스콰이어(Adam Squire)는 도박에서 성공을 보장해 준다는 '날벌레'(즉, 부리는 영)를 도박꾼들에게 판매했다는 혐의로 파면 직전까지 몰린 일이 있었다.[99] 엘리자베스 시대 접신술사 엘크스(Elkes) 박사도 도박판용 반지를 주문받아 제작한 일이 있었는데, 그 반지에는 영이 밀봉되었고 히브리어 비문이 새겨졌다.[100]

상형메달 중에는 싸움에서 다치지 않게 해 주는 것, 휴대하면 투명인간으로 만들어 주는 것, 해충을 박멸하는 것, 벼락을 막아 주는 것도 있었다.[101] 마술로 화재를 진압하고 아이를 재우며 숙취를 피하는 일은 흔했다.[102] 1544년 어떤 접신술사는 네빌(Neville) 경에게 약속하기를, 오르페우스 영의 도움으로 "류트와 하프를 잉글랜드 내의 누구 못지않게" 연주할 수 있게 될 것이라고 했다. 윌리엄 바크실(William Barckseale)은 1631년에 사우샘프턴 항에 정박한 선박을 약탈하려 모의하던 6인의 강도에게, 자신이 원하면 언제든지 마술을 이용해 모든

---

98) Bower, *Doctor Lamb revived*, p. 4; B. M., Royal MS 17 B XXIV, f. 3.

99) *Ben Jonson*, C. H. Herford, P. and E. Simpson, eds. (Oxford, 1925~1952), vol. 10, pp. 62~3.

100) P. R. O., SP 12/186/92.

101) Sloane 2628, ff. 8v, 9, 38v~39; Aubrey, *Gentilisme*, p. 181; Kittredge, *Witchcraft*, p. 176.

102) Bodl., Rawlinson MS D 253, p. 176; Aubrey, *Gentilisme*, p. 136(화재진압); Bodl., MS e Mus. 243 f. 13v(아이 재우기); *The Works of … Joseph Hall*, P. Wynter, ed. (Oxford, 1863), vol. 7, p. 330; Bodl., MS e Mus. 243, f. 17(숙취해소).

선원을 잠재울 수 있다고 설득했다. 1586년 윌리엄 웨이크(William Wake)라는 방랑자는 자신이 어디를 가든지 그곳 주민에게 "내가 제공한 종이쪽지를 목에 걸고 다니면 늘 행운이 함께할 것"이라고 설득했노라고 진술했다.[103)]

이런 종류의 호신부적은 많았다. 에드워드 3세(재위 1327~1377)의 명으로 주조된 노블금화에는 "그러나 예수께서는 저들 사이를 지나 그의 길을 가셨도다"라는 비문이 새겨져 있었는데, 이 비문은 그 금화의 도난을 막는 동시에 그 소지자의 신변을 보호하는 것으로 여겨졌다. 1597년 에식스 백작이 아조레스 군도로 원정을 떠날 때 엘리자베스 여왕은 노블금화 한 닢을 호신용으로 보낸 일이 있었다.[104)] 내란기에 뉴어크에서 주조된 '긴급주화'(*siege pieces*)도 부적으로 사용되었다. 에스파냐 주재 영국대사로 파견되었다가 1650년에 암살된 앤서니 애스컴은 암살 당시에 그 주화를 지니고 있었다.[105)]

---

103) Kittredge, *Witchcraft*, p. 67 ; *The Book of Examination and Depositions*, vol. 2, p. 105 ; P. R. O., SP 12/192, f. 49.

104) E. Le Blant, "Notes sur quelques anciens talismans de bataille", *Mémoires de l'Institut national de France. Acad. des Inscriptions et Belles-Lettres*, vol. 34(1895) ; J. S. Corbett, *The Successors of Drake*(1900), pp. 167~8.

105) Royal Cssn on Historical Monuments(England), *Newark on Trent. The Civil War Siegeworks*(1964), p. 73 ; Josten, *Ashmole*, p. 428, n. 1. 전반적 해설은 Aubrey, *Gentilisme*, pp. 76, 153~4, 238 ; Kittredge, *Witchcraft*, pp. 53~5, 405~6을 참조할 것. L. Hansmann and L. Kriss-Rettenbeck, *Amulett und Talisman. Erscheinungsform und Geschichte*(Munich, 1966)의 삽화를 곁들인 훌륭한 개관도 참조할 것.
[역주] 앤서니 애스컴(Anthony Ascham : 약 1614~1650)은 링컨셔 출신으로 케임브리지대학에서 수학한 후 죽을 때까지 동대학 킹스칼리지의 교수로 활동했다. 국왕 제임스의 청년시절 스승을 지내기도 했지만, 공화주의자로 크롬웰을 추종했다. 1650년에 에스파냐 대사로 파견되었다가 그곳에서 6명의 왕당파 망명자에 의해 암살되었다.

정치적 모험사업에 가담한 무리에게는 마술의 도움이 특히 절실했던 것 같다. 국왕 치유력이 그가 정당하다는 증거로 간주되었듯이, 반역 무리도 종종 초자연적 존재의 도움을 받았다는 유언비어성 주장으로 세력을 강화하곤 했다. 잭 케이드는 1450년 반란에서 세력을 불리고자 악마를 부르고 마술서적을 이용한 혐의를 받았다.[106] 앤서니 포르테스큐(Anthony Fortescue) 경과 두 폴란드인 형제는 엘리자베스 여왕에 대한 1562년 반역음모에서 무속인을 고용해 영을 불러낸 일이 있었다.[107] 제 3대 고리 백작은 스코틀랜드의 제임스 6세에 대한 반역음모에서 마술적 수단을 이용했다는 의심을 받았다.[108] 1607년 중부 농민반란을 주도한 존 레이놀즈, 일명 "캡틴 파우치"는 모든 가담자에게 마술 액막이를 휴대하도록 요구했다.[109] 1639년 존 해먼드(John Hammond)라는 자는 1시간 동안 응시하는 것만으로 국왕을 죽이고 왕위를 다른 사람에게 넘겨줄 마술적 권능이 있다고 자랑했다.

---

106) *H. M. C.*, vol. 5, p. 455.
[역주] 잭 케이드(Jack Cade: 본명은 John Aylmer, 또는 John Mortimer)는 헨리 6세 치세에 저항해 1450년에 켄트에서 발발한 농민반란 지도자이다. 불공정 과세, 부패, 패전 등에 대한 왕실의 책임을 물은 성명서(*Complaint of the Poor Commons of Kent*)를 내세운 5천여 명의 반란군이 형성되었으나, 런던 시민의 반대와 내분으로 지리멸렬했다. 케이드는 1450년 7월 12일에 전사했다.

107) Kittredge, *Witchcraft*, pp. 260～1.

108) J. Chamber, "A confutation of astrological demonologie"(1604) (Bodl., Savile MS 42), f. 198; D. Calderwood, *The History of the Kirk of Scotland*, T. Thomson, ed. (Wodrow Society, 1842～1849), vol. 6, p. 44.
[역주] 제 3대 고리백작(3rd Earl of Gowrie, 즉 John Ruthven: 약 1577～1600)은 어린 시절에 형 제임스의 백작위를 계승했고, 에든버러대학에서 수학한 후 정치에 입문했다. 1600년에 어린 국왕 제임스 6세의 유괴를 시도했고 실패한 후 살해되었다.

109) E. F. Gay, "The Midland Revolt and the Inquisition of Depopulation of 1607)", *T. R. H. S*, 부정기간행물, vol. 18(1904), p. 217, n. 1.

1660년 우스터셔의 어떤 주술사는 자신이 먼저 체포되지만 않았더라면 왕정복고를 막을 수도 있었을 것이라고 애석해하였다.[110] 몬머스 공작조차도 왕위를 요구하던 시절에는 필사본 주문과 부적을 지니고 다녔다고 한다. 겉으로는 그것들을 가벼이 여기는 척했지만 말이다.[111]

이와 긴밀하게 연결된 것은 시술자가 고위직 인사에게 총애를 얻도록 해 주는 마술이었다. 헨리 8세의 총애를 얻고자 토마스 울지와 토마스 크롬웰은 마술반지를 사용했던 것으로 알려져 있다. 이보다 조금 낮은 인물, 이를테면 윌리엄 네빌도 1532년에 비슷한 방법을 사용했음이 분명하다.[112] 1620년에는 피콕(Peacock)이라는 교장선생이 마술을 실행한 혐의로 심문과 고문을 겪은 일이 있었는데, 그는 엑시터 백작부인이 토마스 레이크 경과 그 가족을 명예훼손 혐의로 고발해 열리게 된 '유명한 재판'에서[113] 제임스 1세의 판단력을 흐리게 하고자 마술을 행했노라고 진술했다고 한다.[114]

---

110) *C. S. P. D., 1639~1640*, p. 269; *Diary of Henry Townshend*, J. W. Willis-Bund, ed. (Worcestershire Historical Society, 1920), vol. 1, pp. 40~1.

111) *H. M. C.*, vol. 3, p. 41.

112) Kittredge, *Witchcraft*, pp. 63~4; 109~10; G. R. Elton, *Policy and Police* (Cambridge, 1972), pp. 50~6.
[역주] 윌리엄 네빌(William Neville)은 1532년에 옥스퍼드의 마술사 리처드 존스(Richard Jones)를 찾아가 마술반지의 제작을 의뢰했다. 이에 존스는 4개의 "king devil"를 불러내서 작업을 수행했다고 한다.

113) [역주] '엑시터 백작부인'은 엑시터 제4대 백작인 존 세실(John Cecil)의 부인인 메리(Mary Cecil: 1650 죽음)를 지칭한다. 그녀는 시조부인 토마스 세실(엑시터 제1대 백작)과 토마스 레이크 사이에 재산분쟁이 발생했을 때, 토마스 레이크(Thomas Lake: 1567~1630)와 그 가족이 그녀와 시조부가 정분을 통했다는 추문을 퍼트리자, 이에 격분해 명예훼손으로 고발했다. 그녀는 무고함이 밝혀졌고, 레이크와 가족에게는 1만 파운드 이상의 벌금이 부과되었다.

114) J. Spedding, *The Letters and the Life of Francis Bacon* (1861~1874), vol. 7,

민간 수준에서 마을 무속인의 단골품목은 애정용 주물 및 미약 제조였다. 1492년에 리처드 로키스턴(Richard Lawkiston)이라는 자는 수수료를 받고 가난한 과부에게 1천 파운드 재력을 갖춘 남편을 안겨 준 혐의로 런던교구법원에 출두했다. 그 부인은 로키스턴이 그녀에게 확신시켜 준 대로, 그를 "그의 마술(*cunning*)에 의해 어떤 여인이 호감을 가지면 어떠한 남자라도 그녀에게 안겨 주는 민간마술사"로 알고 있었다. 1561년 윈체스터의 수록성직자[115] 레너드 빌슨(Leonard Bilson)은 리처드 코튼 경의 미망인 코튼 여사(Lady Cotton)의 사랑을 얻어낼 수 있도록 어떤 가톨릭 사제에게 "헛된 주술"을 의뢰하기도 했다.[116] "육체적 쾌락의 실현"이나 남성 발기부전 치료를 위한 주물은 당시 마술서적의 흔한 특징이었다. 1582년 마르게이트(Margate)의 굿와이프 스완(Goodwife Swan)이라는 과부는 어떤 음료를 제조할 수 있다고 주장했다. "그녀가 좋아하는 청년에게 그 음료를 마시게 하면, 그 청년은 그녀를 사랑하게 된다고 말했다"는 것이다.[117] 같은 해 알렉산더 챔버(Alexander Chamber)라는 랭커셔 농부는 성법원에 진정을 제출했는

---

pp. 76, 70~80; *C. S. P. D., 1619~1623*, p. 125. 이 추잡한 사건에 대한 상세한 해설은 S. R. Gardiner, *History of England 1603~1642* (1904~1905), vol. 3, pp. 189~94를 참조할 것.

115) [역주] '수록(受祿)성직자'는 가톨릭교회나 잉글랜드 국교회에서 교회 재산수입의 일부를 녹봉으로 지급받는 성직자를 말한다. 이 성직은 교회행정에서 일정한 역할을 수행하며 예배시에는 합창단 뒤쪽에 위치한다.

116) Hale, *Precedents*, p. 32; G. L. Kittredge, in *Harvard Studies and Notes in Philosophy and Literature*, vol. 16 (1934), p. 99.

117) A. Hussey, "Visitations of the Archdeacon of Canterbury", *Archaeologia Cantiana*, vol. 26 (1904), p. 19. 이 같은 비법에 관해서는 Sloane 3851, f. 58v; 3846, f. 15; Bodl., MS e Mus. 173, ff. 73v~75; T. Lupton, *A Thousand Notable Things* (1660), p. 20; M. Gaster, "English Charms of the Seventeenth Century", *Folk-Lore*, vol. 21 (1910), p. 376을 참조할 것.

데, 마술을 이용해 엘리자베스 윈스턴리(Elizabeth Winstanley)라는 여인이 자신을 연모하도록 만드는 음모를 꾸몄건만 그녀가 끝내 결혼을 거부해 상사병을 앓고 있다는 내용이었다.[118)]

사랑의 묘약을 파는 자에게 얼마나 많은 기회가 열려 있었는지는, 1590년 캔터베리 교구의 교회고등법원에 의해 구속된 떠돌이 약장수 토마스 팬섬(Thomas Fansome)의 사례가 잘 보여준다. 그는 남편이 부인을 사랑하도록 만드는 주물을 어떤 부인에게 제공한 대가로 6실링 8펜스(적정 수임료) 외에도 치마 2벌과 금반지 1개를 더 받았다. 그는 다른 여인에게는 "도버의 주교님"의 호의가 남편에게 향하도록 만들어 주는 주물을 제공했다(이때에도 6실링 8펜스를 수수했다). 그는 남자 3명에게 하녀의 사랑을 끌어내는 마술비법을 제공했고 다른 남자 1명에게는 청혼에 유리한 길시를 조언했다.[119)]

서민만이 이런 비법에 의존한 것은 아니었다. 챈도스 남작의 딸 프랜시스 스로그모턴 여사(Lady Frances Throgmorton)는 "남편의 헌신적이고도 완전한 사랑을 얻기 위해" 애쓰던 중 무속인의 조언을 구했음이 드러났다.[120)] 1613년에는 토마스 오버베리 경 살해사건에 이은 스캔들이 있었는데, 그 와중에서 에식스 백작부인 프랜시스와 절친한 여자 친구 앤 터너(Anne Turner)가 점성술사이자 마술사인 사이먼 포먼을 방문했음이 드러났다.[121)] 두 여인은 각기 서머싯 백작과 크리스

---

118) W. W. Longford, "An Accusation of Witchcraft, 1582", *Transactions of the Historical Society of Lancashire and Cheshire*, vol. 92 (1941).

119) Kent R. O., PRC 44/3, pp. 167～8.

120) [역주] 챈도스 남작(First Baron Chandos, John Brydges: 1491/1492～1557)은 헨리 8세부터 메리여왕에 이르기까지 궁정의 중심무대에 있던 인물이다. 윌트셔 주지사를 지냈고 1554년에는 토마스 와이어트의 반란을 진압하기도 했다.

121) [역주] 사이먼 포먼(Simon Forman: 1552～1611)은 윌트셔에서 태어나 런던

토퍼 메인워링 경으로부터 어떻게 사랑을 얻을 수 있는지에 관해 자문을 구했다.[122] 역시 제임스 1세 치세기에 서식스 백작부인 프랜시스 슈트(Frances Shute)는 어떤 마술사에게 연간수임료를 지불하고 국왕 총신 버킹엄의 호감을 얻게 해 달라고 주문했다.[123] 이런 시도는 중세 말 궁정 주변에 끊임없이 나돌던 소문, 즉 마술적 수단으로 국왕의 총애를 얻으려 한다는 소문을 연상시킨다.[124]

애정마술은 민간마술사를 떠난 짝을 찾는 일에도 연루시켰는데, 이는 분실물을 찾는 방법과 동일했다. 1617년 케임브리지셔 서튼(Sutton)에서 존 레드먼(John Redman)은 아내가 그를 떠나자, "무속인, 즉 사람들이 '무자'라 부르는 자를 이리저리 찾아다니며 아내를 되돌려 달라고 했다"고 보고되었다. 비슷한 사례로 1712년 조앤 스티븐스(Joan Stevens)는 하트퍼드셔의 처치위딩턴(Church Withington)에

---

에서 활동한 점성술사이자 약초치료사이다. 옥스퍼드대학에서 잠시 수학했으나 비학연구를 위해 대학을 떠나 런던에서 의료활동을 벌이면서 점성술에서 의학에 이르는 방대한 필사본을 남겼다. 그의 사후에 그는 토마스 오버베리 경의 살해에 관련된 인물로 알려지기도 했는데, 이는 그와 에식스 백작부인이 의사와 환자로 엮인 탓이었다.

122) [역주] 에식스 백작부인 프랜시스는 서퍽 백작 토마스 하워드의 딸로 1593년에 태어나서 13세에 에식스 백작 로버트 데버루(Robert Devereux)와 결혼했으나 결혼생활은 불행했다. 프랜시스는 1613년에 서머싯 백작 로버트 카와 오랜 염문 끝에 재혼했다. 당시 카는 토마스 오버베리 경을 보좌하고 있었는데, 오버베리는 프랜시스를 혐오했고 여러 차례 모독했다. 프랜시스는 남편을 부추겨 오버베리를 런던탑에 투옥시켰다가 결국 독약으로 그를 살해했다. 이 부부는 살인죄로 종신형을 받았다가 1622년에 풀려났으나 불행한 여생을 살았다.

123) P. R. O., SP 12/7, ff. 16~17v; *Cobbett's Complete Collection of State Trials*, vol. 2 (1809), pp. 932~3; C. L. Ewen, "Robert Radcliffe, Fifth Earl of Sussex: Witchcraft Accusations", *Transactions of the Essex Archaeological Society*, 부정기간행물, vol. 22 (1936~1940).

124) Kittredge, *Witchcraft*, pp. 84~5, 105~7을 참조할 것.

서 엘리자베스 와트킨즈(Elizabeth Watkins)라는 여인을 만나, "그녀가 새뮤얼 스미스라는 남자를 사랑했지만 그가 떠나가 버렸다는 이야기를 듣고는, 그의 마음을 되돌려 놓을 수 있다고 그녀에게 말했다"고 한다. 스티븐스는 그 고객으로부터 은목걸이 1개, 10실링짜리 금반지 1개, 현금으로 3실링 6펜스를 선불로 받았다.[125] 1635년 레딩 감옥에서 일부 죄수가 탈옥했을 때, 교도소장 윌리엄 터너(William Turner)는 "어떤 여성 민간마술사를 찾아가려고 했지만 … 그〔터너〕가 찾아오는 것을 그녀가 달가워하지 않았다"고 한다. 1634년 오름즈커크(Ormskirk) 사계법원에서 존 가네트(John Garnett)라는 무속인은 실종된 친구를 의뢰한 고객들에게 그 친구는 이미 살해되어 인근 석회광산굴에 버려진 상태라고 말했다. 이 발고를 토대로 무고한 인부 2명이 일시나마 체포되기도 했다.[126]

떠난 사람을 찾는 것은 그런대로 납득할 만한 의뢰였지만, 마술사는 그리 합리적이지 못한 의뢰에 연루되기도 했다. 매장보물을 찾아달라는 의뢰가 그런 것이었다. 지하 보물금고가 전국에 산재한다는 가정은 동시대의 많은 환상 중에서도 특히 기이한 것처럼 보일 수 있다. 하지만 저축은행이라는 대안시스템이 없었기에, 뜻밖에 매장보물을 발견할 가능성은 기이한 상상에 그치지는 않았다는 것을 기억해야 한다. 부자가 귀중품을 상자에 넣어 침대 밑에 두거나 땅속에 묻어두는 것은 여전히 흔한 일이었다.[127] 그렇게 감춰 두었던 돈뿐만 아

---

125) Ely D. R., B 2/35, f. 205v; *Hereford City Records*, vol. 5, p. 99(1712년 6월 6일자).

126) *Reading Records*, J. M. Guilding, ed.(1892～1896), vol. 3, p. 261; Lancashire R. O., QSB/1/138/59.

127) 이를테면 L. Stone, *The Crisis of the Aristocracy, 1558～1641*(Oxford, 1965), pp. 509～10; S. Pepys, *Diary*, 1667년 6월 19일자와 10월 10～11일자; A. G. Matthews, *Walker Revised*(Oxford, 1948), p. 341.

니라 중세에 비장된 묵은 주화 뭉치까지 간간이 발견되어, 보물추적자 지망생들을 정당화해 주었다. 삽과 쟁기로 행운의 보물을 찾아내 가족 전체가 부자가 되었다는 풍문이 떠돌았다. 이런 풍문은 갑작스런 — 그래서 수수께끼로 남을 수도 있었을 — 인구이동 사례를 설명하는 데 도움을 준다. 그런 사례는 오직 행운만이 인간운명을 바꾼다고 믿은 많은 정태적 사회에 공통적인 것이었다.[128] 많은 사람이 마음이 흔들려 보물추적에 에너지를 쏟아부었던바, 다음 시대라면 그들의 취향은 증권거래소 주식투기로 향했을 것이다.

민간전설에서 통상적인 보물 은닉처는 옛 수도원 부지나 성채였다. 그런 곳에 있는 고분이 특히 주목을 받았다. 튜더 시대 초기에 이르면 일확천금을 노린 고분도굴이 어찌나 횡행했던지 '구릉 도굴꾼'(*hill-digger*)이 출세에 눈먼 자를 욕하는 말로 널리 사용될 정도였다.[129] '십자가 도굴꾼'(*cross-digger*)도 이와 연관된 호칭으로, 도로변 십자가 밑에 보물이 있다는 믿음에서 파생되었다. 이런 가정은 보물추적 탐험대의 결성을 자극했는데, 이를테면 웨스트모얼랜드 백작의 아들 네빌 공이 1546년에 결성한 탐험대가 그런 것이었다. 1542년 주술법 전문(前文)에는,[130] "그리스도에 대한 모욕으로, 혹은 돈에 대한 사랑으로,

128) G. M. Foster, "Peasant Society and the Image of the Limited Good", *American Anthropologist*, vol. 67(1965), pp. 307~8을 참조할 것.

129) 이를테면 *Norwich Consistory Court Depositions, 1499~1512, and 1518~1530*, E. D. Stone and B. Cozen-Hardy, eds.(Norfolk Record Society, 1938), no. 6; D. Turner in *Norfolk Archaeology*, vol. 1(1847), p. 51. 초기 고분도굴에 관해서는, L. V. Grinsell, *The Ancient Burial-Mounds of England*(2판, 1953), pp. 110~1을 참조할 것.

130) [역주] 주술법(*witchcraft statute*)은 16~17세기 내내 주기적으로 공표되었는데, 1542년 법은 그 최초로, 무속과 주술의 반사회적 범법가능성, 특히 공동체 구성원에 대한 적대적 행위에 초점을 맞추었다. 에드워드 6세의 1547년 법, 엘리자베스 1세의 1563년 법, 제임스 1세의 1604년 법의 모태가 되었다.

본 왕국 내의 무수히 많은 십자가를, 그 밑을 파 뒤집어 무너뜨리는" 사람들에 대한 적대적 언급이 등장한다. 이 적대적 언급은 프로테스탄트 우상파괴 운동만이 아니라 보물 추적을 겨냥한 것이기도 했다.[131] 고물연구가 존 릴런드는 노샘턴셔 브랙클리(Brackley)에 산재한 돌 십자가상들 중 3분의 1이 "보물을 찾으려는 도둑들에 의해 최근에 무너졌다"는 것을 알았다.[132] 한참이 지난 1615년까지도, 이런 목적으로 십자가를 무너뜨린 혐의로 남성 3명이 구속된 일이 있었다.[133]

보물추적 자체가 반드시 마술행위를 수반할 필요는 없었지만, 현실적으로는 접신술사나 무속인의 도움이 자주 요청되었다. 그 부분적인 이유는 여러 마술비법에 이용된 '모세 지팡이'처럼 특별한 점복도구가 도움이 된다고 믿어졌기 때문이다. 일례로 존 디는 감응-반감법칙을 이용해 숨은 보물을 발견할 수 있다고 믿었다.[134] 하지만 보물을 발견했을 때에도, 보물을 지키는 수호정령이나 악령을 물리치려면 마술이 필요했다. 많은 동시대 마술서적에 보물처리 지침이 수록되었

---

131) Kittredge, *Witchcraft*, pp. 67~8, 205, 209~10. 존 베일은 '십자가 도굴꾼'을 다른 종류의 주술사들과 함께 나열하였다. John Bale, *Select Works*, H. Christmas, ed. (Cambridge, P. S., 1849), p. 236.

132) [역주] 존 릴런드(John Leland: 1506~1552)는 런던 출신으로 케임브리지에서 수학한 후 여러 귀족가문의 선생으로 일했고 헨리 8세의 왕립사서로 임명되기도 했다. '영국 지방사의 아버지'라는 별명답게 그는 지방유적과 유물 연구에 큰 족적을 남겼다.

133) *The Itinerary of John Leland*, L. T. Smith, ed. (1964), vol. 2, p. 36; Ewen, vol. 2, p. 415. 1519년의 사례는 *An Episcopal Book for the Diocese of Lincoln, 1514~1520*, M. Bowker, ed. (Lincoln Record Society, 1967), pp. 111~2를 참조할 것.

134) *A Collection of Letters Illustrative of the Progress of Science*, J. O. Halliwell, ed. (재판, 1965), pp. 15~6(존 디). 점복막대에 대해서는, Aubrey, *Gentilisme*, p. 115; J. Childrey, *Britannica Baconica* (1661), pp. 44~5, Bodl., Douce MS 116, p. 77; Lilly, *Autobiography*, p. 79; 이 책의 3권 pp. 439~40을 참조할 것.

다.[135] 은밀한 보물추적 탐험이 줄을 잇는 가운데 마술사의 지원도 잇따랐고,[136] 여기에 고위층 인사가 연루될 때도 있었다. 일례로 런던탑에 투옥된 어떤 죄수는 1589년에 벌리 공에게 몬머스셔 스켄프리스(Skenfrith) 성채에 보물이 숨겨져 있고 아내와 한 악마가 이를 지키고 있다는 정보를 제공했다. 1634년에는 웨스트민스터 지구사제가 그곳 사원에서 어떤 탐험대의 보물 수색을 허용했다. 그 탐험대는 모세 지팡이를 갖추었고 왕실 시계제작자 데이비드 램지가 주도한 것이었다.[137] 앤 보드넘은 1652년경에 마술적 주물을 제공해 1천 파운드를 찾아냈는데, 그녀는 이 돈이 고(故) 펨브루크 백작이 윌튼(Wilton) 정원에 묻어둔 것이었다고 주장했다. 1680년 브리지워터에서는 마을 민간마술사의 주도로 접신의례와 점복막대를 이용한 보물추적이 시도되었다. 1692년 윌트셔 사계법원에서는 어떤 여인이 점복 혐의로 출두해 숨은 보물을 찾을 수 있다고 진술했다.[138]

135) 이를테면 Scot, *Discoverie*, XV, x; *The Key of Solomon*, Mathers, ed., pp. 57~8; Sloane 3846, ff. 27v~29; 3824, f. 5v; Bodl., MS e Mus. 173, ff. 29, 30v~41, 64.

136) 개괄적 해설로는 Kittredge, *Witchcraft*, 12장; W. J. Andrew, "Buried Treasure", *Journal of the British Archaeological Association*, 부정기간행물, vol. 9 (1903); C. R. Beard, *The Romance of Treasure Trove* (1933) 등이 있다. 다른 사례는 다음 문헌을 참조할 것. Ewen, vol. 1, p. 186; Ewen, vol. 2, p. 428; C. Jenkins in *Tudor Studies*, R. W. Seton-Watson, ed. (1924), pp. 72~3; Ashm. 200, f. 239v; Sloane 3677, ff. 180~181v; S. Harsnet, *A Declaration of Egregious Popish Impostures* (1603), pp. 13~4; A. Clark, "Buried Treasure at Beeleigh Abbey", *Essex Review*, vol. 16 (1907); L. A. Vidler, *A New History of Rye* (Hove, 1934), p. 70.

137) [역주] 데이비드 램지(David Ramsay: 약 1575~1660)는 런던 최대의 시계제작사 이스트 컴퍼니(East Company)의 초대 사장이자 왕실에서 봉급을 받고 시계를 납품하는 왕실시계제작자(*King's clockmaker*, 또는 *Royal Clockmaker*)였다.

138) Owen, *Elizabethan Wales*, p. 65; Lilly, *Autobiography*, pp. 78~81; Bower,

하지만 이런 일화들 중 무엇보다 흥미로운 것은 휘그당 정치가 굿윈 워튼(1653~1704)과 관련된 일화이다. 그는 17세기 마지막 25년간 거의 중단 없이 보물추적에 몰두하면서 이를 위해 영과 도깨비에서부터 최근 개발된 신기술까지 총동원한 인물이었다. 그는 1685년에 존 와일드먼(John Wildman)과 한패가 되었는데, 수평파 전력을 지닌 와일드먼은 이제 몬머스 공작 지지자로 반란자금 확보에 부심하던 터였다. 이에 워튼과 와일드먼은 흉악범으로 처형된 자의 '조지'라는 망령을 불러내, 서머싯 하우스에서 보물을 수색했고 악마 4명을 쫓아냈다(와일드먼은 그중 한 악마의 '휘파람'을 들었다고 한다). 동시에 그들은 템플 대사제의 갑옷 가슴보호대에서 보석을 떼어내는 작업에 착수했다(와일드먼은 그 보석만으로도 2만 5천 파운드 가치가 있을 것으로 계산했다).[139] 홀번(Holborn)의 한 저택에도 영들이 수호하는 보물이 있는 것으로 알려졌다. 이에 와일드먼은 식객을 가장해 잠입에 성공했지만, 그 거사로 얻은 것이 50기니금화[140]에 지나지 않자, 이를 수호하는 도깨비들에게 팁으로 남기는 편이 낫겠다고 마음을 바꾸었다. 한때 수평파에 몸담았던 그가 "하나님이 실망을 주고 일을 지연시킬 리

---

*Doctor Lamb revived*, p. 26; E. E. Trotman, "Seventeenth-century Treasure-Seeking a Bridgewater", *Somerset and Dorset Notes and Queries*, vol. 27 (1961), pp. 220~1; *H. M. C.*, *Various Collections*, vol. 1, p. 160.

139) [역주] '템플'(*the Temple*)은 원래 템플 기사단의 본부였던 곳으로, 이곳의 교회(*Temple Church*)는 예루살렘의 유대교 성(聖)묘역에 있는 교회를 모방했고 교회의 대사제(*High Priest*)는 예루살렘 교회 대제사장의 것을 모방한 갑옷을 입고 있었다. 갑옷의 가슴보호대(*breastplate*)에는 사진처럼 여러 개의 보석이 박혀 있었는데, 이 보석은 구약의 《출애굽기》(28장)에 기록되어 '우림과 둠밈'(Urim and Thummim)으로 불렸다.

140) [역주] 기니금화(*guinea*)는 아프리카 기니에서 들여온 금으로 만든 화폐로 1663~1813년 사이에 유통되었다. 1기니는 21실링에 해당한다.

없으니 뭔가 잘못되었어도 하나님 탓일 수 없다"고 푸념하자, 그의 부족한 신앙심이 사업을 방해하고 있다는 천사의 응답이 있었다. 어쨌든 반란죄로 체포영장이 발부되면서 보물찾기에 대한 와일드먼의 욕심은 끝났지만, 워튼은 끝내 포기하지 않았다. 파렴치한 영매이자 그의 정부였던 매리 패리시(Mary Parish)가 부추긴 탓이었다. 1691년 그는 천사가 만들었다는 잠수장비를 이용해 스코틀랜드 북부해안에 침몰한 에스파냐 범선을 수중 탐사했다. 그 와중에도 하원 내 워튼의 중요성은 점차 커졌고 1697년에는 해군장관으로 임명되었다. 은밀한 마술적 관심이 사회적 명망과 얼마나 잘 조화를 이룰 수 있었는지를 보여주는 이채로운 사례라고 하겠다.[141]

마술의 여러 갈래 중에서 아직 다루지 않은 것은 점술이다. 직업 무속인의 것이든 그렇지 않든, 점술은 동시대인에게 이용가능했던 여러 예측체계 중 하나를 응용한 것에 불과했다. 그럼에도 점술은 합리적 개연성 계산에 의해 다가올 사태를 예측하려는 시도, 이를테면 관측된 자연규칙성을 토대로 일기예보를 수행하는 활동과는 반드시 구분되어야 한다. 일기예보 형태의 예측은 당시에도 이미 잘 알려져 있던 것으로, 존 클래릿지의 이름을 빌려 1670년에 출판되었고 중쇄를 거듭한 《벤버리의 목자》 같은 편찬서에서 찾을 수 있다.[142] 반면에

---

141) Autobiography of Goodwin Wharton (B. M., Add. MSS 20006~20007), 특히 I, ff. 59~120. 그의 특수 잠수장비에 대한 언급은, B. Woodcraft, *Titles of Patents of Invention* (1854), p. 37; *H. M. C.*, vol. 5, p. 381을 참조할 것.

142) *The Shepherds Legacy: or, John Claridge, his forty years' experience of the weather* (1670); J. Claridge, *The Shepherd of Banbury's rules to judge of the changes of the weather* (1744 등). 이보다 더 앞선 시도로는, *Perpetual and Natural Prognostications of the Change of Weather*, trans. from Italian by I. F. (1598).

마술사는 현대인이 보기에 전혀 부적절한 증거를 토대로 예측한다는 특징을 갖는다.

점복체계 중 일부는 훌륭한 지적 기원을 가진 것이었다. 16세기 동안 반포된 여러 법령이 "관상술이나 수상술이나 여타 사이비 과학에서 예지(豫知) 능력을 가장하면서, 그런 지식에 의해 사람의 운명, 죽음, 행운을 예언할 수 있다는 등 갖가지 터무니없는 환상으로 사람을 호리는" 떠돌이 마술사들을 비난했지만,[143] 그들의 일부 활동은 그 나름의 정교한 토대를 가지고 있었다. 이 정교한 점복체계는 얼굴반점에 의한 점복이나 이마주름에 의한 점복(*metopomancy*) 같은 하위분과와 함께, 많은 중세 문헌에 해설되었고, 엘리자베스 시대 이후로는 인쇄물을 통해 널리 확산되었다. 인쇄된 입문서에는 각종 손 표본과 얼굴 표본이 조잡한 다이어그램으로 삽입되곤 했다.[144] 시골마을에서는

---

[역주] 《밴버리의 목자》(*Shepherd of Banbury*)는 기상예보 안내서로 그 저자는 존 클래릿지(John Claridge)를 자처했으나, 실제 저자는 존 캠벨(John Campbell) 박사로 추정되고 있다.

143) 이런 법령에 관해서는, 이 책의 2권 pp. 146~8을 참조할 것.

144) 이 장르의 중세 문헌에 관해서는, H, Craig, "Introduction" to *The Works of John Metham*(E. E. T. S., 1916), pp. xix~xxxi, 그리고 *An Old Palmistry*, J. Price, ed. (Cambridge, 1953)를 참조할 것. 이후에 출판된 입문서로는 다음과 같은 것이 있다. J. ab Indagine(von Hagen), *Briefe introductions … unto the Art of Chiromancy … and Phisiognomy*, F. Withers, trans. (1558) 및 이후 판본들; B. Cocles, *A Brief and Most Pleasaunt Epitomye of the Whole Art of Phisiognomie*, tT. Hill, trans. (1556); G. Wharton, *Chiromantia* (1652) 〔이 작품은 J. Rothmann의 교과서적 저서(Erfurt, 1595)의 번역본임〕; R. Saunders, *Physiognomie and Chiromancie*(1653); idem., *Palmistry* (1663). 수상술과 관상술에 여러 절을 할애한 작품으로는 *The Compost of Ptolomeus*(p. 350 이후)가 있고, 관상술에 할애한 작품으로는(조금 뒤에 소개될) *Arcandam*를 위시해서, *The True Fortune-Teller*(2판, 1686), *Aristotle's Masterpiece*(1684) 등이 있다. 최근의 논평으로는, W. C. Curry, *Chaucer and the Medieval Sciences*(2판, 1960), pp. 56~90; Brand, *Popular Antiquities*,

이런 지식이 형편없이 낮은 수준으로 실행되었을 수 있었지만, 르네상스 시대의 많은 지성인들은 그것을 진지하게 받아들였다. 베이컨은 관상술의 잠재력을 인정했고 존 오브리는 관상술이 인물평가의 확고한 지침이 될 수 있다고 믿었다.[145] 제임스 1세 치세기에 신흥종파를 이끈 존 트라스크는 누군가의 용모를 살펴보면 구원받을 것인지 저주받을 것인지를 알 수 있다고 주장했다.[146] 두개골 모양으로 점치는 골상학은 이런 유형의 사고를 이은 직계상속자로 빅토리아 시대에 인기를 누렸다.

이에 비해 지적 기원이 그리 뚜렷하지 않은 점복입문서도 있었다. "만인의 치명적 운명을 가르친다"는 《아르칸담》이 그런 입문서였다.[147] 이 책은 얼마 후 케임브리지대학 의학 교수직에 오를 윌리엄 워드(William Warde: 1534~1604?)에 의해 프랑스어로부터 번역되어 1562년과 1637년 사이에 7판이 발행되었고 17세기 말까지 여러 판을 더했다.[148] 이 점복은 어떤 개인 이름을 구성하는 철자들의 수적(數

---

vol. 3, pp. 348~51, 355~6; L. B. Wright, *Middle-Class Culture in Elizabethan England*(Chapel Hill, 1935), pp. 565~7; C. Camden, "The Mind's Construction in the Face", *Philological Quarterly*, vol. 20(1941); idem., "Elizabethan Chiromancy", *Modern Language Notes*, vol. 62(1947)를 참조할 것.

145) Bacon, *Works*, vol. 3, p. 386; Bodl., Aubrey MS 10, f. 85.

146) (J. Falconer), *A Briefe Refutation of John Traskes Iudaical and Novel Fancyes*(1618), p. 7.

147) [역주] '아르칸담'(Arcandam)은 16세기에 명성을 떨친 필명(*pseudonym*)으로, 그 이름을 빌려 1540년경부터 다수의 점성술적 예언서가 라틴어와 프랑스어로 출판되었다. 그 필명은 1630년대까지 계속되었는데, 리용의 내과의 Richard Roussat가 본명이라는 해석이 있다.

148) *S. T. C.* and Wing을 참조할 것. 필자는 그 작품이 풍자문학이라는 W. D. Smith의 견해(*Shakespeare Quarterly*, vol. 9, 1958, p. 168)를 받아들일 이유가 없다고 생각한다. 쇼디치(Shoreditch)의 무속인 존 퍼킨스(John Perkins)는

的) 가치에 대한 정밀계산에 기초한 것으로, 고대로 소급되는 장르인 생 · 사계(生 · 死界) 예언에서 파생되었다.[149] '운명의 수레바퀴'라는 이름을 가진 생 · 사계는 플라톤이나 피타고라스, 혹은 어떤 초대 기독교 성인이 창시한 것으로 믿어졌다. 통상 그 두 세계는 하나의 원을 구성했고, 원은 여러 개〔일반적으로 12, 24, 36개〕의 균등한 칸으로 분할되었으며, 각 칸마다 서로 다른 운명이 부여되었다. 어떤 고객이 의뢰하면, 먼저 그 이름의 수적 가치를 계산하고 여기에 특정 월일을 더한 후에 특정 숫자로 나눈다. 이로부터 얻은 값이 고객의 운명으로, 그 원의 여러 칸들 중 하나에 해당한다. 생 · 사계 예언도 중세 필사본에 풍부하게 유지되다가 16세기 후반에 인쇄물로 유통되었다.[150] 이 예언의 자의성은 주사위를 던져 운명을 선택하도록 가르친 중세 참언서를 닮았다.[151] 이런 유형의 길흉점은 인쇄물 입문서에 수록되어 중판을

---

그 책을 1584년에 이용했다(London D. R., D/LC 301, f. 28. 이 자료는 앨런 맥퍼린 박사가 친절하게도 제공한 것이다).

149) [역주] '생 · 사계'(*Spheres of Life and Death*) 예언은 개개인의 운명을 달 가상궤적(*lunaria*)의 30일, 즉 음력에 기초해서 점치거나, 혹은 달이나 태양의 황도대 내 위치에 따라 점치는 것으로 대개 피타고라스로 소급되었다.

150) Thorndike, *Magic and Science*, vol. 1, pp. 682~4와 C. Singer in *Proceedings of the British Academy*, vol. 9 (1919~1920), pp. 348~51을 참조할 것. 다양한 사본은 the Harley; Sloane; B. M. MSS 등에서 구할 수 있다. 인쇄된 버전은 다음 문헌에서 구할 수 있다, *Brefe and Plesaunte Worke, and Sience of the Phelosopher, Pictagoras* (1560?); *The Geomancie of Maister Christopher Cattan*, F. Sparry, trans. (1591), pp. 236~40; S. Strangehopes, *A Book of Knowledge* (1663); *The True Fortune-Teller* (2판, 1686). 그 예언기술이 이용된 사례는 다음 문헌에서 구할 수 있다. *Dives and Pauper* (1534), f. 50v; Sloane 1926, f. 7v; J. S. Purvis, *Tudor Parish Documents* (Cambridge, 1948), p. 198; London, D. R. D/LC 301, f. 28; *C. S. P. D., 1666~1667*, p. 134.

151) T. C. Skeat, "An Early Mediaeval Book of Fate … with a Note on Books of Fate in General", *Medieval and Renaissance Studies*, vol. 3 (1954)을 참조

거듭하면서 17세기부터 오늘날까지 거의 수정 없이 이어지고 있다.

마지막으로, 날씨 및 추수와 관련해서도 많은 예측이 있었다. 이런 예측은 1년 중 몇몇 주요 날짜에 발생하는 현상(특히 날씨)에 근거하거나, 그 일자가 무슨 요일인지에 근거해 수행되었다. 일례로 성탄절이 일요일이면 그해는 풍성한 한 해가 될 것이요, 성 바오로 축일에 비가 오면 곡식이 귀해질 것이었다.[152] 성탄 12일, 각종 성인축일, 음력월 하루하루와 관련지어 무수한 예측이 있었다. 한때 성행한 이 방대한 장르에서 가장 끈질기게 생명을 유지해온 것은 성 스위딘 축일에 근거한 예측이다.[153] 같은 이치에서 생년월일에 따라 개개인의 운명을 예언하는 것도 가능했다. "월요일에 태어난 아이는 얼굴이 잘생겼다"는 식으로 말이다. 이런 속설들은 17세기를 지나면서 그 상징적 의미를 거의 상실했지만, 선전문구로는 그 후로도 되풀이 되었다.[154]

---

할 것. 주사위 점치기에 관해서는, Sloane 513, ff. 98v~99v, 그리고 의심의 여지가 있지만 존 브루커(John Brooker)의 작품으로 알려진 *The Dutch Fortune-Teller*(1650)를 참조할 것.

152) G. Markham, *The English Husbandman*(1635년 판), pp. 14~7; Brand, *Popular Antiquities*, vol. 1, pp. 39~42.

153) [역주] '성탄 12일'(*twelve days of Christmas*)은 12월 25일부터 1월 5일까지 지속되는 성탄 절기를 뜻한다. 성 스위딘 축일은 7월 15일로 그날 비가 오면 40일간 밤낮으로 비가 계속된다는 속설이 지금까지 전해진다. 성 스위딘(St Swithin: 862년 죽음)은 윈체스터의 초대 주교를 지낸 인물이다.

154) 이러한 예측의 다양한 유형에 대한 논의는, M. Föster, "Die Kleinliteratur des Aberglaubens in Altenglischen", *Archiv, für das Studium der neueren Sprachen*, vol. 110(1903)과 "Beiträge zur mittelalterlichen Volkskunde", *ibid.*, vols. 120~129(1908~1912)를 참조할 것. 그 밖에도 다음 문헌을 참조할 것. *The Works of John Metham*, pp. xxxii~xliii, 146~58; C. Swainson, *A Handbook of Weather Folk-Lore*(1873); Thorndike, *Magic and Science*, vol. 1, 29장; R. H. Robbins, "English Almanacks of the Fifteenth Century", *Philological Quarterly*, vol. 18(1939); C. F. Bühler, "Astrological Prognostication in MS 775 of the Pierpont Morgan Library", *Modern Language*

이러한 종류의 인쇄물은 많은 민간마술사들이나 떠돌이 점술사들 사이에서 이용되었다. 비교적 이른 1493년에 어떤 무녀는 미래에 관한 모든 것을 자기에게 알려준 어떤 책을 갖고 있다고 주장했다.[155] 로버트 해리스(Robert Harris)는 고객의 얼굴만 보고 예언하는 능력을 가진 자로, 1556년에 그 놀라운 신통력으로 메이드스톤 주민을 경악시켰다. 동일한 관상술 원리가 발렌틴 스테이플허스트(Valentine Staple-hurst)의 활동에서도 초석이 되었다. 4년 후에 메이드스톤을 방문한 그는 문맹임에도 과거와 미래를 모두 알아맞힐 수 있다고 주장했다.[156] 자기 나름의 점복체계를 사용한 이들도 있었다. 켄트의 이스트랭던에서 활동한 조앤 모리즈(Joan Mores)는 1525년에 개구리 울음소리를 듣고 미래를 예언했다고 한다. 17세기 농민들은 가열된 난로뚜껑에 볍씨를 올려놓고 튀는 움직임을 관찰해 곡물가격을 예측했고, 18세기에 무속인들은 "커피 찌꺼기 뿌리기"에 의해서 점친다고 주장했다. 이는 "찻잎을 읽는" 더욱 현대식 관행을 예비한 것으로 보인다.[157] 일부 여성 민간마술사는 자신들이 일곱째 딸인 덕택에 천리안

---

*Notes*, vol. 56 (1941) ; M. A. Denham, *A Collection of Proverbs and Popular Sayings relating to the Seasons, the Weather, and Agricultural Pursuits* (Percy Society, 1846) ; A. Taylor, *The Proverb* (1931), pp. 109~21. 아리스토텔레스 이름을 도용한 초기의 인쇄물을 2개만 꼽자면, *De Cursione Lune* (1530?) 과 *Here begynneth the nature, and dysopsycyon of the dayes in the weeke* (1635) 가 있다. 다른 많은 작품은 필사본 형태였다.

155) Hale, *Precedents*, p. 37.

156) J. Halle, *An Historicall Expostulation*, T. J. Pettigrew, ed. (Percy Society, 1844), pp. 6, 11.

157) B. L. Woodcock, *Medieval Ecclesiastical Courts in the Diocese of Canterbury* (Oxford, 1952), p. 81; Markham, *The English Husbandman*, pp. 16~7; *Anti-Canidia: or Superstition Detected* (출판연도 미상, 1754?), p. 42.
[역주] '커피 찌꺼기를 뿌림' (*casting coffee-grounds*) 에 의한 점술은 손수건이나 흰 천에 커피를 우려내고 남은 찌꺼기를 뿌려 그 궤적으로 점치는 것이다.

을 얻었다고 주장하기도 했다.[158] 나머지는 어떻게 미래를 예언할 수 있었는지에 관해 증거를 남기지 않았다.

민간마술사를 가까이 한 적 없는 보통사람들도 미래를 예지할 수 있었다. 갖가지 점복기술이 마을마다 널리 유포되어 있었지만, 그 외에도 불시에 찾아오는 무수한 전조(前兆)가 있었다. 꿈이나 구름모양이 그러했고 특정한 새나 동물과의 우연한 만남이 그러했다. 이런 모든 것이 예지적 의미를 가질 수 있었다.[159] 더욱 장관인 것은 연중 특정 절기에 열린 철야집회였다. 존 오브리는 세례요한 축일 전야의 광경을 다음과 같이 기록하고 있다. 사람들은 교회 별당[160]에 앉은 채 밤을 지새우면서 향후 12개월 내에 죽을 자의 환영(幻影)이 나타나기를 기다리고 있었는데, "참석자 대부분은 여성이었고, 나는 그들이 그 일에 관해 이상한 이야기로 수군대는 것을 들었다"는 것이다. 이 이야기를 오브리가 지어내지 않았음은 실제 사건으로 증명된다. 1608년 웨일스비(Walesby)의 캐서린 폭스게일(Katherine Foxgale)은 노팅엄 부주교에게 소환되었는데, 이웃에게 욕설과 저주를 퍼부은 혐의, 나아가 "성마가 축일 전야에 교회 별당에서 밤을 지새우며 1년 내에 어떤 이웃이 죽을 것인지를 악마의 증명에 의해 미리 알고자 지켜본" 혐의

---

'찻잎을 읽는'(*reading tea the tea-leaves*) 점술은 'tasseography'로 불린다. (티백에 들어 있지 않은) 녹차를 마시면 찌꺼기와 찻물이 조금 남게 되는데, 그 찻잔을 여러 차례 돌린 후에 물을 빼면 찻잔에 차 찌꺼기가 어지럽게 들러붙게 된다. 그 궤적을 읽은 점술이다.

158) 일례로 "일곱째 딸의 딸인 여성"에 관한(17세기 후반의) 광고가 B. M. Harley 5946, no. 6에 보존되고 있다.

159) 이 책의 3권 pp. 360~6을 참조할 것.

160) [역주] 여기서 교회 '별당'은 'church porch'를 번역한 것이다. 이곳은 원래 교회의 본당 옆에 부속되어 방문자가 무기를 그곳에 두고 본당에 들어갈 수 있도록 지어진 작은 건물이다. 시간이 지나면서 '무기창고'의 기능보다는 본당의 부속 기능을 가지게 되었다.

였다.[161] 그 기이한 철야집회 참석자에게 끔찍한 계시가 나타났다는 이야기가 제멋대로 나돌았다. 1634년 링컨셔의 버튼(Burton)에 살던 두 주민은 소교구 사제의 유령이 5명의 이웃을 향해 조문(弔文)을 읽는 환상을 체험했고 그 5명은 모두 다음해에 죽었다. 링컨셔의 액스홈에서 재단사로 일하던 로버트 할리웰(Robert Halywell)도 같은 해에 동일한 실험을 시도하가다 동료 소교구민 여러 명이 유령의 모습으로 출현하는 것을 보고는 공포에 사로잡혔다. 어찌나 놀랐든지 그는 "그 이후로도 유령 비슷한 것"에 시달렸다고 진술했다. 그가 목도한 모든 이웃이 12개월 내에 죽자, 그는 체험담을 진술하도록 셰필드 주지사에게 소환되었다. 그러자 "그 친구는 우리 주지사님이 다시 교회 별당에서 지켜보도록 시킬 것이 두려워 늪지에 숨어 지내다가 거의 굶어 죽을 뻔했다"고 한다. 이런 철야집회는 19세기까지도 지속되었다.[162]

현존하는 증거의 성격을 감안할 때, 당시 점복과 예언에 대한 믿음이 민간에 얼마나 널리 퍼져 있었는가를 재구성하는 것은 그런대로 가능하지만, 특정 개개인이 점복과 예언에 얼마나, 어떻게 의존했는지

---

161) Aubrey, *Gentilisme*, pp. 26, 97; Hodgkinson in *Transactions of the Thoroton Society*, vol. 30(1926), p. 52.

162) 두 일화는 Gervase Holles, B. M., Lansdowne MS 207(c), ff. 193v~195에 기록되어 있다. County Folk-Lore, vol. 5, Gutch and Peacock, eds. (Folk-Lore Society, 1908), pp. 132~5에는 그 일부가 수록되어 있다. 다음 문헌도 비교 참조할 것. *Life in the Middle Ages*, vol. 1, G. G. Coulton, ed. (Cambridge, 1930), p. 34; A. Watkin, *Dean Cosyn and Wells Cathedral Miscellanea* (Somerset Record Society, 1941), p. 157; R. Bovet, *Pandaemonium* (1684), M. Summers, ed. (Aldington, 1951), pp. 126~9; Brand, *Popular Antiquities*, vol. 1, pp. 192~3; *The Autobiography of Samuel Bamford*, W. H. Chaloner, ed. (1967), vol. 1, p. 161; *Folk-Lore Journal*, vol. 3(1885), p. 279; A. R. Wright, *British Calendar Customs*, T. E. Lones, ed. (Folk-Lore Society, 1936~1940), vol. 2, pp. 189~92; vol. 3, pp. 19~20.

를 재구성하는 것은 이보다 훨씬 어렵다. 민간마술사는 상담기록을 거의 유지하지 않았는데, 위험을 피하려는 계산도 있었지만 대체로 교육수준이 낮은 탓이었다. 민간마술사의 활동에 관해 현재 남아 있는 정보는 민간마술사-고객 관계를 정밀 재구성하기에 부족하다. 따라서 점복의 사회적 역할을 설명하려면, 다른 지역에서의 점술사 활동에 대한 관찰과 유추가 큰 비중을 차지할 수밖에 없다.

그렇지만 고객은 마음을 짓누르는 큰 문제가 있을 때나 점술사에 의지했을 뿐, 사소한 일로 점술사를 찾지는 않았음이 분명한 것 같다. 길버트 라이트가 1624년에 설터스컴퍼니 조합장에 오르자 그의 아내는 남편보다 오래 살 수 있는지를 알기 위해 여러 민간마술사에게 자주 자문을 구했다.[163] 이것이 흔한 의뢰 유형이었음을 보여주는 증거가 남아 있다.[164] 이를테면 1613년 닥터 서클링(Dr. Suckling)의 아내는 노리치의 수상술사 매리 우즈(Mary Woods)를 방문해서 그녀 남편이 언제 죽을 것인지를 물었고, 내친 김에 의뢰를 진척시켜 남편을 독살해 주면 사례금을 지불하겠다고 약속했다. 이런 특수한 경우에 점술사는 자신의 마술활동이 당국에 알려지지 않도록 고객을 위협하곤 했다. 고객이 자신을 고발하면, 자기도 고객이 남편을 죽이려 한 것을

---

163) [역주] '설터스 컴퍼니'(Salters' Company)는 런던의 'Corpus Christi'라는 길드에서 출발해 1559년에 설립허가를 받은 소금업자 및 식료용 화학첨가물업자의 조합회사이다. 길버트 라이트(Gilbert Wright)는 레스터셔 출신의 소금상인이며, 대법관 토마스 이거튼 경이 추천해 1624년에 그 회사의 사장 내지 조합장(*Master*)에 올랐다.

164) Lilly, *Autobiography*, pp. 28~9. 다음 문헌도 비교 참조할 것. J. Hall, *The Court of Virtue* (1565), R. A. Fraser, ed. (1961), p. 298; E. Worsop, *A. Discoverie of Sundry Errours* (1582), sig. F4; *The Knowledge of Things Unknown … Godfridus* (1649), p. 167; *The Severall Notorious and Lewd Cousnages of John West, and Alice West* (1613), sigs. B2v, B3; J. Heydon, *Theomagia* (1664), vol. 3, pp. 80~1; 이 책의 2권 pp. 281~3, 419~21.

고발하겠다고 위협했던 것이다. 이런 위협은 설득력을 발휘해 실제 고발을 방지하는 효과를 거두었음이 분명하다.[165)]

고객 편에서는 우환거리를 털어놓는 것만으로 속 시원한 기분이 들었겠지만, 점술사 편에서도 사적 조언을 제공한다는 기대를 가질 수 있었다. 고대 신탁에서는 두 갈래 행동지침을 놓고 장단점을 알려 달라고 청하든가, 혹은 먼저 목표를 결정해 놓고 최상의 길을 알려 달라고 청하는 것이 관례였다.[166)] 17세기 민간마술사도 자주 그런 일을 떠맡았던 것 같다. 리치필드 지역에서 활동한 니콜라스 그레턴(Nicholas Gretton)이 1654년에 어떤 고객으로부터 받은 질문 중에는, 어떤 물건을 사려면 어디로 가야 하는지, 가족에게 돈을 빌릴 좋은 방안이 있는지 같은 것이 포함되었다. 제임스 1세의 총애를 잃은 서머싯 백작도 어떤 무속인을 찾아가 총애를 회복할 방안을 물었다고 한다.[167)] 더 나아가 점복은 구체적 질문에 정답을 제시함으로써 불화를 해소해 주기도 했다. 교회는 일찍이 785년에 논쟁 해결수단으로 주술을 이용하지 못하도록 금한 바 있었다. 하지만 중세에 옥스퍼드 근교의 빈지(Binsey)에 위치한 성 마거리트 우물을 방문한 사람들은 "마치 신탁을 행하듯이, 그들의 짓눌린 영혼을 가벼이 해 주시고 온갖 의심을 풀어 주실 것"을 빌었다고 한다.[168)] 이런 방식으로 이용될 때, 점복은 다른 수단에

---

165) Ewen, vol. 2, p. 451; *C. S. P. D., 1611~1618*, p. 134.

166) P. Amandry, *La Mantique apollinienne à Delphes* (Paris, 1950), pp. 171, 174(이 자료는 D. A. Russel씨가 친절하게도 제공한 것이다).

167) R. F(arnworth), *Witchcraft Cast Out* (1655), pp. 13~4; Sir A. Weldon, *The Court and Character of King James*, in *Secret History of the Court of James the First* (Edinburgh, 1811), vol. 1, 425~6.

168) K. Johnson, *A Collection of the Laws and Cannons of the Church of England* (Oxford, 1850~1851), vol. 1, p. 280; R. C. Hope, *The Legendary Lore of the Holy Well of England* (1893), p. 125.

실망한 사람들이 결단을 내리는 데 도움을 줄 수 있었다. 점복의 근본 기능은 고객인 행위자의 책임부담을 줄여 주고, 그가 절망에 빠졌을 때 분발하도록 정당성을 제공하며, 통상적 수단으로는 그 결과를 예측하기 힘든 결단을 내리도록 그에게 용기를 북돋아 준 것이었다.

따라서 점술사의 예측이 고객의 원래 의도를 벗어나는 일은 거의 없었다. 반대로 점복은 고객 스스로 본심을 깨닫도록 해 주는 상담과정이었다. 점복은 고객의 염원을 자유롭게 해 주었다.[169] 수정구 응시 같은 주관적 행위에는 최면술에서 말하는 자기암시 요소가 있었다. 이런 요소야말로 왜 반역자들이 그리 자주 마술사를 찾았는지를 설명해 준다. 그들은 자신들의 대의가 승리할 것이라는 예언을 마술사에게 얻어내어 반역 결단을 재차 북돋을 필요가 있었던 것이다. 흉한 예언 때문에 반역음모자들이 포기했다는 증거는 없다. 오히려 그들은 원래 결정한 대로 밀고 나가는 과정에서 그들에게 정당성을 부여하는 것이면 지푸라기라도 잡고픈 심정이었을 것이다. 오래 염원한 계획을 뒷받침하려고 동전점을 친 자가 흉한 결과 때문에 포기하지는 않는다. 그는 동전을 다시 던지든지, 원래 목적을 뒷받침해 줄 다른 방법을 찾아 나설 것이다.[170] 마찬가지로 전조도 사람의 의중과 긴밀하게 엮인 것이었다. 우리는 많은 꿈을 꾸지만 현재 우리의 희망이나 공포에 부합하는 꿈만을 기억한다. 세 무녀의 예언이 뱅코에게는 의심스럽게 들렸지만, 맥베스에게는 심금을 울리는 현답으로 다가오지 않았던가?[171]

---

169) M. Douglas, "Nommo and the Fox", *Listener*, 1968년 9월 12일자를 비교 참조할 것.

170) O. Fenichel, "The Misapprehended Oracle", *Collected Papers*, vol. 2, H. Fenichel and D. Rapaport, eds. (1954~5), 16장을 비교 참조할 것.

171) [역주] 셰익스피어 희곡 《맥베스》(1막 4장)에서 세 무녀(*weird sisters*)가 맥베스(Macbeth)와 뱅코(Banquo)에게 예언하는 장면이다. 맥베스는 세 무녀의 예언으로 왕위에 오를 것을 확신하지만, 뱅코가 주춤하는 사이에 세 무녀

이 점에서 점술사는 고객의 결심을 더욱 굳혀 주고 고객이 낙관적 태도를 견지하도록 하는 존재였다. 앤 불린이 임신했을 때 온갖 무속인들이 그녀가 가진 헨리 8세의 아기가 아들일 것이라고 예언한 것은 우연이 아니었다.[172] 다른 종류의 마술도 마찬가지였지만 점복은 사기를 북돋을 수 있었다. 베이컨이 예리하게 지적했듯이, "의례, 상징, 주물, 몸짓, 부적 등이 발휘하는 위력은 악령과의 은밀한 계약에서 나오는 것이 아니라 그런 것을 이용하는 자의 염력을 강화하는 데 기여할 뿐이라고 거짓 가장되고 있다."[173] 마술반지나 부적을 휴대하는 것도 사람을 "더욱 능동적이고 근면하게, 그리하지 않을 때보다 한층 자신감 있고 끈기 있게" 만들 수 있으니, "이제 (특히 공무에서) 근면과 끈기에 큰 영향을 미칠 수 있다는 것을 누가 알지 못하겠는가?"[174]

점복은 두 갈래 길에서 선택한 자의 결정을 더욱 굳혀 주기도 했지만, 전혀 갈피를 잡지 못하는 자에게도 도움을 주었다. 합리적인 근거에서는 선택이 불가능해 이리할까 저리할까를 망설이는 자에게, 점복은 무엇이든 선택하게 하며 그 자의적 선택을 정당한 것으로 믿게 해준다. 오늘날 복권을 선택할 때에도, 더 우월한 방법을 알지 못하는 자에게는 '행운의 숫자'에 대한 그의 믿음이 영향을 미치지 않겠는가. 17세기에 점복막대 하나만 가지고 광맥을 찾아 헤맨 광부에게도 더 이상의 합리적 대안은 없었을 것이다. 점복은 사람들이 각자 환상을 따르는 것을 허용했다. 규범에 묶인 전통사회에서 그 규범으로부터의

---

는 황급히 떠난다.

172) *L. P.*, vol. 6, p. 465.

173) [역주] 베이컨의 문장은 주술을 옹호하는 맥락에서가 아니라, 주술이 스스로를 정당화하는 방식을 비판하는 맥락에서 이해되어야 한다. 주술도구는 악마와의 밀약을 위한 것이 아니라 고객의 염력(*imagination*)을 강화하는 수단일 뿐이라는 말은 당시 주술사의 상투적인 변명이었다.

174) Bacon, *Works*, vol. 4, p. 400; vol. 2, 642.

일탈을 허용한 것이 점복이었다.175)

이 점에서 점술사는 많은 사람에게 필수불가결한 결정 방법을 제공했다. 아프리카 점술사와 마찬가지로, 17세기 점술사는 예리한 심리학과 기만을 적절히 섞어가면서 특권을 유지했다. 어떤 점술사는 고객들을 대기실에 기다리게 하면서, 그곳에서 고객들 사이에 오가는 대화를 충분히 엿듣고 나서야 등장했으니, 고객들이 처한 곤경과 신상문제를 기적처럼 잘 아는 것이 당연했다. 어떤 점술사는 고객들에 관한 정보를 미리 얻어 두었다가 그 고객과 상담하는 중간중간에 툭툭 던져 깊은 인상을 얻어낼 수도 있었다.176) 점술사의 일부 활동, 특히 애정 문제에 관련된 활동은 미래를 예언하기보다 주선하는 형식을 취하기도 했다.177) 많은 점술사가 뚜쟁이나 포주라는 오명을 얻은 것은 이 때문이었다. 점술사는 굳이 의식적으로 속이지 않고도, 많은 마을 정보를 수집해 두었다가 처방에 써먹을 수 있었다. 이렇듯 다양한 방법이 있었기에 마을에 정착한 무속인은 정규 고객들 사이에 명성을 유지할 수 있었고, 그렇지 못한 떠돌이 무속인도 한 마을에 잠시 체류하는 동안 적어도 체포를 면할 수 있었다. 게다가 고대 그리스 신탁이 그러했듯이, 무속인도 조언은 명료하게 제시하되 예언은 애매하게, 즉

175) J. Cohen, *Behaviour in Uncertainty and Its Social Implications* (1964), 특히 pp. 11~2, 그리고 G. K. Park, "Divination and Its Social Contexts", *Journal of the Royal Anthropological Institute*, vol. 93 (1963)을 비교 참조할 것.

176) 이런 기술이 사용된 사례는 다음 문헌을 참조할 것. *Dives and Pauper*, f. 46v; *The Brideling, Sadling and Ryding, of a Riche Churle in Hampshire* (1595); *The Severall Notorious and Lewd Cousnages of John West*, sig. C1; H. M. C., Hatfield, v, 81~83; T. Brian, *The Piss-Prophet* (1637); J. Wilson, *The Cheats*, M. C. Nahm, ed. (Oxford, 1935), p. 193; R. Gough, *Antiquities and Memoirs of the Parish of Myddle* (1875), p. 61.

177) (D. Defoe), *A System of Magick* (1727), pp. 360~77에서 전형적인 사례가 소개되고 있다.

증명이나 반증이 불가능하게 제시했을 것이다. 그 외에도 간헐적 성공은 무수한 실패를 상쇄해 주었다. 어떤 동시대인이 기록했듯이, "무속인이 한 번만 맞추면 온 동네가 떠들썩했지만, 수백 번 틀려도 곧 침묵과 망각에 묻혀 버린다."[178]

그러나 무속인이 언제나 인기를 누린 것은 아니었다. 무속인은 작은 공동체 내에 숨은 갈등과 의심을 속속들이 꿰고 있었기 때문이다. 1575년 요크셔의 버터크램(Buttercrambe) 소교구 위원들은 엘런 스핑크(Ellen Spink)라는 여인이 "이웃들 사이에서는 그들의 운명을 폭로하겠다고 위협하는 악녀"라고 보고했다. 서머싯에서 도난품 되찾기와 도둑잡기로 명성을 떨친 니콜라스 버틀러(Nicholas Butler)는 1557년에 "많은 사람을 속이고 사람과 사람 간에 큰 불화를 야기한" 혐의로 기소되었다. 이웃 간 불화를 야기한 혐의는 노팅엄셔의 노르웰(Norwell)에서 주술사이자 수상술사로 활동한 조앤 코프(Joan Corfe)에게도 1588년에 부과되었다.[179] 존 디를 비롯한 일부 마술사는 분쟁조정자로 명성을 얻기도 했지만,[180] 이른바 길흉화복을 점친다는 것은, 너무도 자주, 고객의 적을 향해 돌연사나 사생아 출산을 예언하는 횡포를 뜻했다. 점술사는 고객의 번민을 털어내 주기도 했지만, 고객이 원래 도움을 청했던 문제와 전혀 상관없는 새로운 걱정거리를 심어 줄 수도 있었다. 제임스 1세 치세기의 무속인 존 램은 기혼자들 사이에 많은 불화를 조장한 인물로 알려져 있다.[181] 주술이 법원에 고발될 때

178) M. R. Nilsson, *Cults, Myths, Oracles, and Politics in Ancient Greece* (Lund, 1951), p. 125; Webster, *The Displaying of Supposed Witchcraft*, p. 29(이 대목은 Scot, Discoverie, XI. xxii을 되풀이한 것 같다).

179) Borthwick, R. VI. A. 5, f. 44; Wells, D. R., A 27; *Southwell Act Books*, vol. 22, p. 292.

180) Josten, *Ashmole*, pp. 1333~4.

181) *A Briefe Description of the Notorious Life of John Lambe* (Amsterdam, 1628),

는 경멸과 욕설 같은 반사회적 모욕을 담은 탄원서가 수반되기도 했다. 극단적 사례에서 여성 민간마술사는 악의적 주술이라는 더욱 치명적인 혐의에 직면할 수 있었다.[182] 무슨 상표를 내걸든 마술을 실행한다는 것은 그 실행자를 나머지 공동체 성원들로부터 조금이나마 소외시켰다. 수백의 고객을 확보한 무녀라 할지라도 늘 사회적 고립의 벼랑 끝에 위태롭게 걸려 있었다.

## 4. 직업으로서의 마술

당시 설교사들은 민간마술사들이 수효도 많고 활동도 활발하다고 생각했던 것 같다. 일례로 1590년 케임브리지의 목회자 헨리 홀런드(Henry Holland)는 “무지한 주민과 주술사 간의 끊임없는 왕래와 거래”를 개탄했다. 훗날 링컨셔 주교에 오를 로버트 샌더슨은 “마법사, 점술사, 무속인”을 겨냥해 다음과 같이 말했다.[183] “저들의 기술에 우호적

---

p. 2; *H. M. C.*, *Finch*, vol. 1, p. 62. 또한 J. Beattie, “Divination in Bunyoro, Uganda”, *Sociologus*, vol. 14 (1694), p. 50도 비교 참조할 것.
[역주] 존 램(John Lambe: 약 1545~1628)은 우스터셔에서 아이들을 가르치다 1600년경부터 점성술사로 명성을 누리기 시작했다. 말년에는 찰스 1세의 총신 버킹엄 공작을 측근에서 보좌하기도 했다. ‘램 박사’(Doctor Lambe)라는 이름으로 런던을 중심으로 활동하면서 1회 서비스에 40~50파운드를 받는 인기를 누렸다. 그러나 1627년에 11세 소녀를 강간해 사형을 선고받았고 정치적 연줄로 사형집행을 미루는 데는 성공했지만, 성난 런던시민의 돌팔매에 맞아 1628년에 횡사했다.

182) 이 책의 3권 p. 257을 참조할 것.

183) [역주] 로버트 샌더슨(Robert Sanderson: 1587~1663)은 요크셔 출신으로 옥스퍼드에서 신학을 공부하고 1611년에 서임되었다. 로드의 추천으로 1631년에는 왕실 성직자로 임명되었고 국왕의 총애를 독차지할 만큼 설교에 재능을 보였다. 1642년에는 옥스퍼드에서 신학박사학위를 받았다. 그는 내란기

인 여론에 우리의 무지한 주민이 얼마나 일방적이고 비참하게 사로잡혀 있는지, 그리고 저들의 저주받을 협잡에 — 비록 우리 주민이 우매하고 귀가 엷은 탓도 있지만 — 얼마나 한심하게도 놀아나고 있는지, 믿기 힘들 지경"이라는 것이었다.[184] 그렇지만 이런 식으로 제공된 추정치는 정확하지 않다. 1549년 체포된 주술사 윌리엄 위철리(William Wycherley)는, "자신이 생각하기에 잉글랜드 안에 5백여 명의 주술사가 있으며 … 특히 노퍽, 하트퍼드셔, 우스터셔, 글로스터셔에" 몰려 있다고 진술했다.[185] 30년 후 레지널드 스코트는 소교구마다 기적을 행하는 자가 있고 어떤 곳은 17~18명이나 된다고 기록했다. 로버트 버튼은 마을마다 민간마술사가 있다는 주장을 반복했다.[186] 이렇듯 16세기 말 당시 정보통들은 무속인 수가 소교구 성직자 수에 필적한다고 생각했다.

이런 추정은 확인하기 힘들다. 요행이 체포되지 않은 민간마술사에 관해서는 기록이 남아 있을 수 없거니와, 고객과의 상담도 기록 없이 은밀하게 진행되었기 때문이다. 당시에 마술에 대한 처벌은 교회법원이 주도했지만, 이와는 별도로 의회도 민간마술 중 가장 흔한 몇몇 유형을 처벌할 수 있도록 3회에 걸쳐 법령을 제정했다. 1542년 법령은 보물추적, 도난품 되찾기, 혹은 "불법 애정행각 부추기기" 등에 마술

---

에 공직을 물러났지만 왕정복고와 함께 1663년에 링컨의 주교로 복귀했고 그 2년 후에 사망했다.

184) (H. Holland), *A Treatise against Witchcraft* (Cambridge, 1590), sig. B1; *The Works of Robert Sanderson*, W. Jacobson, ed. (Oxford, 1854), vol. 3, p. 117.

185) *Narratives of Days of the Reformation*, J. G. Nicholas, ed. (Camden Society, 1859), p. 335.

186) Scot, *Discoverie*, I. ii; Burton, *Anatomy*, vol. 2, p. 6. 또한 Cooper, *Mystery*, p. 315에서는 "이들 선량한 무속인은 … 거의 모든 소교구에 분포되어 있다"고 기록되었다.

을 이용하는 것을 중범죄(*felony*)로 규정했다. 이 법령은 1547년에 철회되었다가 1563년 법령으로 이어졌다. 이 법령은 상기한 행위를 금하되 형량을 다소 완화해 초범은 징역 1년에 공개모욕형 4회를 부과했고,[187] 재범은 종신형과 재산몰수에 처했다. 1604년 법령은 형량을 재차 강화해 재범에게 사형을 부과했다. 이상의 세 법령에 공통된 중범죄는 영을 부르는 접신행위였다.[188] 떠돌이 점술사를 겨냥한 법령도 여러 차례 제정되었다.[189] 연금술에 대해서는 전면 금지령이 내려진 상태였고 금속변성은 1689년까지 중범죄로 남아 있었다.[190] 따라서 16~17세기 내내 민간마술사의 주요 활동은 거의 모두가 불법이었다. 치료에 주물을 이용하는 것마저 교회는 금지했고, 의사면허 발급기관들은 방해했다.

그렇지만 현실적으로 당국의 태도가 그리 강경한 것은 아니었을 수 있다. 흑주술사는 남에게 해를 끼친 혐의로 무수히 기소되었다. 반면에 순회재판기록을 보면 백주술사는 사기 치거나 해를 끼친 활동을 제

---

187) [역주] '공개모욕형'은 'appearance in the pillory'를 번역한 것이다. 그림처럼 목에 칼을 차거나 온몸에 형구를 입히고 대중에게 공개해 망신을 주는 일종의 경범 처벌방법이다.

188) 그렇지만 약간의 차이는 있다. 1542년 법령은 불법적인 목적에서 '어떠한 영이든' 불러내서는 안 된다고 규정한 반면에, 뒤이은 두 법령은 '어떠한 목적에서든' 악령을 불러내서는 안 된다고 규정했다. Ewen, vol. 1, pp. 13~21을 참조할 것.

189) 22 Hen, Ⅷ, c. 12; 14 Eliz., c. 5; 39 Eliz., c. 4; 1 Jac. I, c. 7.

190) [역주] 잉글랜드에서 연금술 금지령은 1403년에 헨리 4세가 주화위조를 막기 위해 제정한 법령으로 소급된다. 이후 여러 차례의 연금술 허가에 대한 청원이 있었고 몇 차례 면허가 주어지기도 했으나 1403년 법령은 공식적으로는 1689년 법령에 의해 철회되었다. 로버트 보일이 연금술 허가에 영향을 미친 것으로 알려져 있다.

외하고는 법원에 거의 출두하지 않았음을 알 수 있다. 물론 종류를 불문하고 마술은 무시로 기소되었다. 길흉점복, 분실물 찾는 점복, 주물을 이용한 치료, 보물을 위한 접신 등 예외가 없었다.[191] 그러나 우리가 추론할 수 있는 민간마술사 수와 활동범위에 비추어 볼 때, 악의적 주술로 기소된 사례를 제외한 기소 사례는 소수에 불과해 심한 불균형을 이루고 있다.[192] 무속인은 평상시에는 고객에게 존중되었고, 고객과 분란을 일으킬 때에만 당국에 고발되었을 것이라고 추정해도 큰 무리는 없을 것이다. 더욱이, 무보수로 환자치료에 성공한 무속인은 세속법원의 법적 제재를 받지 않았다. 백마술에 대한 민간의 관용적 태도도 법령의 엄격함을 완화하는 데 작용했다. 자주는 아니지만 고객이 기소된 사례도 있었다. 반(反)주술법령에서 "돕는 자, 부추기는 자, 조언하는 자"를 다룬 조항은 오직 접신술이나 흑주술을 목적으

191) 운수점 관련 재판기록은, Ewen, vol. 2, pp. 393, 451; Kittredge, *Witchcraft*, p. 230; *Quarter Sessions Records*, J. C. Atkinson, ed. (North Riding Record Society, 1884~1892), vol. 6, p. 133; *C. S. P. D., 1611~1618*, pp. 348, 565; *ibid., 1667*, p. 30; *H. M. C., Various Collections*, vol. 1, p. 160; *Hertford County Records*, vol. 1, pp. 167~8, 275. 분실물 찾는 점 관련 재판기록은, Ewen, vol. 1, p. 285; Ewen, vol. 2, pp. 280, 414, 424, 436; *Quarter Sessions Records*, vol. 4, p. 20; Owen, *Elizabethan Wales*, pp. 62~3; B. M. Harley MS 1026, f. 68v; Lancashire R. O., QSB 1/255 (38), (70~71); *Norfolk Archaeology*, vol. 4(1885), pp. 250~1. 치료 관련 재판기록은, Ewen, vol. 2, p. 415; H. H. Copnall, *Nottinghamshire County Records* (Nottingham, 1915), p. 45; J. Stow, *The Annals of England* (1592), p. 1021; Lancashire R. O., QSB 1/78/49; I/202/33, 38, 39; 1/139/81. 보물찾기에 영을 불러낸 것과 관련된 재판기록은, Ewen, vol. 1, p. 186; *C. S. P. D., 1611~1618*, p. 29.

192) 앨런 맥퍼린(Allan Macfarlane) 박사에 의하면, 사계법원의 무속인 판례 48건 중 13건이 백마술(*white magic*)로 계산되지만, 순회법원의 판례 503건 중에는 11건만이 백마술로 계산된다고 한다(*Witchcraft Prosecutions in Essex, 1560~1680*, 옥스퍼드 박사학위논문, 1967, pp. 42, 44).

로 민간마술사를 찾은 자만을 겨냥한 것으로 보인다. 백주술사를 방문한 고객이 죄를 범한 것인지 여부는 분명하지 않았고 법원에 출두한 일도 거의 없었다. 어떤 퓨리턴 저자가 격분해서 언급했듯이, "강복술사는 도망치고 그 위선적인 악마[193]를 방문한 우매한 고객만이 홀로 남겨진다."[194]

어쨌든 늘 기소위험에 시달린 탓에 민간마술사는 공개 호객행위를 주저했다. 이것은 민간마술사의 수를 계산하기 더욱 어렵게 만든다. 세속법원 기록에서는 유의미한 통계를 추출하기 힘든데, 민간마술사가 세속법원에 출두한 빈도수가 들쭉날쭉하기 때문이다. 반면에 교회법원은 무속인을 매우 규칙적으로 색출했다. 실제로 잉글랜드의 모든 교구마다 수백여 권에 달하는 교회법원기록과 주교순시기록이 거의 출판되지 않은 채 현재까지 전해지지만, 그 방대한 자료더미 안에 얼마나 많은 무속인 이름이 숨어 있는지는 누구도 답하기 힘들다. 이런 물음에 대충이라도 답하려면 개인으로서는 평생을 바쳐야 할 것이다.[195] 인쇄된 초록본은 너무 간략하고 선택적이어서 많은 지역을 망

---

193) [역주] '위선적인 악마'(*white devil*)는 존 웹스터(John Webster: 1580~1625)가 쓴 동명의 희곡을 통해 17세기에 유행하게 된 용어이다. 1612년에 완성된 그 희곡은 양의 탈을 쓴 악마에 대한 복수극이었고, '사악한 악마(*black devil*)보다 위선적인 악마가 더 나쁘다'는 당시의 속담을 반영한 것이었다.

194) Cooper, *Mystery*, p. 200. 고객이 세속법원에 기소된 사례 중 인쇄물을 통해 필자가 알고 있는 것은, Ewen, vol. 1, p. 220; Ewen, vol. 2, p. 418; *Records of the Borough of Nottingham*(Nottingham, 1882~1956), vol. 4, p. 275; *Middlesex County Records*, J. C. Jeaffreson, ed. (1886~1892), vol. 3, p. 252; *Hertfordshire County Records*, vol. 5(1928), p. 131 정도에 불과하다. 잔부의회 내 사법개혁위원회는 민간마술사를 찾는 행위를 범죄로 규정함으로써 애매한 구석을 제거했을 수도 있다(이 책 2권 pp. 173~4를 참조할 것). 제임스 1세는 그런 고객의 사형을 원했었다(*Daemonologie*, Edinburgh, 1597, III. vi).

195) 작고한 우드코크는 "잉글랜드 교회법원들이 남긴 공식기록의 1/1000이 출판되기도 전에 오늘날 학자들은 모두 사망할 것이니, 그만큼 그 분량이 방대하

라한 통계치를 제공하지 못한다. 다만 순시기록들에서 발췌되어 출간된 초록본에다가 아직 미출간된 교회법원기록을 보충하면, 1597년의 노리치 교구 주교순시에서는 남녀 민간마술사 14명이 색출되었고 16세기 말 캔터베리 교구에서는 30여 명의 이름이 밝혀졌다는 정도는 확인할 수 있다.[196] 자료발굴이 한층 깊숙이 진척된 지역은 결실도 풍부한 편이다. 요크교구기록에는 1560년부터 1640년까지 민간마술 판례가 100건이 넘게 포함되어 있다.[197] 에식스는 예외적으로 풍부한 기록이 남아 있고 체계적인 연구가 실질적으로 진척된 유일한 지역이다. 이 주(州)에서는 61명의 민간마술사가 확인되었는데, 그중 최소한 41명은 주 경계 내에서 활동했다. 엘리자베스기 에식스 주민은 10마일 거리 안에 1명의 민간마술사를 알고 지냈던 셈이다.[198] 법원에 이름을 남기지 않는 데 성공한 수많은 무속인까지 감안한다면, 우리는 무속인의 편재성에 더욱 충격적인 인상을 받게 될 것이다.

나머지 대다수 교구의 순시기록은 대체로 비슷한 인상을 준다. 16세기 말에 주교나 부주교는 1회 순시마다 최소한 1명의 백주술사를 색출했고, 대체로는 더 많은 수를 색출한 것으로 보인다. 당시 잉글랜드 내 교구수가 21개였음을 감안하면, 색출된 주술사의 연간 평균치를

---

다"고 생각했다. B. L. Woodcock, *Medieval Ecclesiastical Courts*, p. 140.

196) *Diocese of Norwich, Bishop Redman's visitation, 1597*, J. F. Williams, ed. (Norfolk Record Society, 1946), p. 26. 또한 *Archdeacon Harpsfield's Visitation, 1557*, L. E. Whatmore, ed. (Catholic Record Society, 1950~1951); *Home Counties Magazine*, vols. 3~13(1901~1911); *Archaeologia Cantiana*, vols. 26~29(1904~1911); Lambeth Lib., V/Di/III/3~5.

197) 이 통계치는 보스위크(Borthwick) 지역에 대한 필자 자신의 연구와 동일한 자료에서 필립 타일러(Tyler) 박사가 찾아낸 증거를 결합해서 계산한 것이다. P. Tyler, "The Church Courts at York and Witchcraft Prosecutions, 1567~1640", *Northern History*, vol. 4(1969), p. 93을 비교 참조할 것.

198) Macfarlane, *Witchcraft in Tudor and Stuart England*, passim.

추정할 수 있을 것이다. 다만 색출된 자는 당시 활동중이던 주술사 총수에 비해 극히 미미한 소수에 불과함을 기억해야 할 것이다.

교회법원 기록에서 판례를 시간 순으로 검토하면, 판례 수는 엘리자베스 1세 치세기에 절정에 도달했다가 스튜어트 시대 초기에 꾸준히 감소했고 왕정복고 이후로는 실질적으로 사라졌음을 알 수 있다. 이 변동그래프는 민간마술사의 처지가 변했음을 알려 준다기보다 교회법원의 관심과 역량이 변했음을 알려주는 것이 거의 확실하다. 17세기 후반에는 종류를 불문하고 교회법원 기소건수 자체가 줄어드는 추세였는데, 주교들이 순시활동에서 무자나 여성 민간마술사에 관해 탐문하는 것도 전처럼 흔한 일은 아니었다.[199] 당시 교회법원기록을 근거로 마을 무속인이 사라지는 추세였다고 결론짓는 것은 성급하다. 오히려 현대 민속학도들은 백주술사가 19세기까지도 시골 생활의 뚜렷한 특징이었음을 보여주는 풍부한 증거를 축적해왔다. 로버트 사우디가 1807년에 기록했듯이,[200] "남성 민간마술사나 여성 민간마술사라 불리는 자는 거의 모든 지방도시에서 발견된다. 이들을 겨냥해 이따금씩 법적 조치가 발효되곤 하지만 그것은 여전히 돈벌이에 좋은 직업이다."[201]

마술활동이 많은 직업 무속인에게 풍족한 생계를 보장해 주었다는 점을 지적함으로써 마술활동의 장수비결을 설명하는 것은 매력적인

---

199) 이 책의 2권 pp. 173~5를 참조할 것.

200) [역주] 로버트 사우디(Robert Southey: 1774~1843)는 브리스틀(Bristol) 출신으로 옥스퍼드대학을 중퇴하고 프랑스혁명의 영향으로 S. T. 콜리지와 함께 아메리카에 이상평등사회의 건설을 꿈꾸었으나 실패로 끝났다. 잉글랜드 낭만주의를 대표하는 시인으로 1813년에 계관시인에 올랐다. 시집 외에도 다수의 여행기와 역사민속학 에세이를 남겼다.

201) R. Southey, *Letters from England*, J. Simmons, ed. (1951), p. 295. 또한 Fork-Lore Society의 모든 출판물도 참조할 것.

설명일 수 있다. 법률전문직과 비교해도 좋을 것이다. 그 중요한 사회집단이 변함없이 유지될 수 있는 것은 스스로 문제를 만들어내고 그 문제에 해법을 제시하기 때문이다. 민간마술사와 무녀도 마술해법의 특권을 유지하는 일에 우선적인 관심이 있었다는 점에서, 이들의 존재는 그 자체만으로 쇠퇴일로에 있던 한 사고양태〔마술〕의 수명을 늘릴 수 있었을 것이다. 17세기에 이르면 주술은 더 이상 원시 시대에서처럼 권력이나 영향력으로 통하는 루트가 되지 못했다. 토마스 브라운 경이 정확히 관찰했듯이, 무속인은 "대체로 하층민이었다."[202] 그러나 조언을 제공하고 얻은 수수료는 많은 개인에게 각자의 빈약한 수입을 보충하도록 (적어도) 도움을 주었음이 분명하다. 현대 아프리카 무속인이 그렇듯이, 마술활동 수입만으로 생계를 유지하는 경우는 드물었다. 대체로 무속인은 수공기술직을 병행했으니, 아마도 제분업자로, 혹은 제화공이나 피혁공(*cordwainer*)으로 일하면서 주술은 부업으로 실행했을 것이다. 마술로 개업한 자는 남성과 여성을 두루 포함했고 다양한 사회계층에 포진해 있었다. 1561년 런던시 당국은 마술을 실행한 죄로 일거에 9명을 체포했는데, 이들은 상인 1명, 철물상 1명, 제염업자 1명, 금세공사 1명, 제분업자 1명, 농부 1명, 성직자 3명이었다.[203] 그러나 시골마을에서 고용 대기 중이던 자들은 대체로 낮은 신분에 속했다. 그 일부, 특히 여성은 오직 고객이 지불하는 수임료로 생계를 유지하기도 했다. 1555년에 서머싯의 무녀 조앤 티리(Joan Tyrry)는 도깨비들이 "그녀가 생계를 꾸려갈 수 있도록 그런 지식을 가르쳐 주었다"고 자인했다.[204]

수임료는 천차만별이었던 것 같다. 마술사들은 동업조직을 갖추지

---

202) Sir T. Browne, *Pseudodoxia epidemica*(1646), I. iii.

203) (Sir. E. Coke), *A Booke of Entries*(1614), f. 1.

204) Wells D. R., A 22.

못했고 따라서 적정 수입료가 없었다. 게다가 성공을 조건으로 지불되는 경우도 흔했는데, 이런 경우에는 때로 정규개업의의 진료비에 맞먹는 수입료를 받기도 했다. 15세기 말 노퍽에서 마술을 실행한 이셀드레더 닉슨(Itheldreda Nixon)은 도난품을 되찾아 줄 때마다 물건가의 20%를 챙겼다.[205] 하지만 이 사례처럼 청구액이 체계적으로 책정되는 경우는 드물었다. 무속인 개인이 어떤 계약에서 얼마의 수입료를 받았는지에 관해서는 많은 정보가 남아 있다. 지불 총액은 뒤이은 소송과정에서 필수적으로 참조된 것이기 때문이다. 그럼에도 불구하고 뚜렷한 패턴을 찾기는 힘들다. 안전하게 말해 마을 무속인의 청구액은 통상 1파운드 미만이고 대체로는 몇 실링이 고작이었다. 1595년 악마 들린 가축을 치료했다고 자백한 조앤 베티슨(Joan Betyson)은 가축 1마리당 1페니를 청구했고 그나마 극빈층 고객에게는 한 푼도 청구하지 않았다. 1653년 마거리트 스토터드(Margaret Stothard)에게 "마법사의 요금"으로 제공된 총액도 1페니였다. 정작 그녀가 받은 것은 1마리 분 양털이었는데, 이런 지불방법은 흔한 관행이었다. 1590년경 하트퍼드셔에서 활동한 토마스 하딩은 분실물을 추적한 일이 1회 있었는데, 5실링의 수입료로 돈뿐만 아니라 베이컨과 비둘기도 함께 받았다. 그의 알려진 다른 수입료는 유아 환자 치료에 6펜스를 받은 것부터 방화범 색출에 20파운드(그중 2파운드는 선금으로 지불가능)를 계약한 것에 이르기까지 들쑥날쑥했다.[206]

이런 가변성 때문에 보수가 높아질 수 있었다. 17세기 초 노팅엄에

205) Jenkins in *Tudor Studies*, Seton-Watson, ed., p. 72.

206) Hodgkinson, in *Transactions of the Thoroton Society*, vol. 30(1926), p. 51; E. Mackenzie, *An Historical … View of the County of Northumberland*(2판, Newcastle, 1825), vol. 2, p. 36(연도를 교정한 것을 보려면, Ewen, vol. 2, p. 323); Hertfordshire R. O., HAT/SR 2/100.

서는 《요한복음》 사본이 권당 10실링에 액막이용으로 판매되었다. 윌트셔의 클리프피퍼드(Clyffe Pypard)에서 활동한 크리스티애너 위크즈(Christiana Weekes)는 1651년 주물을 이용해 어떤 환자의 다리에서 악령을 퇴치해 주고 4기니금화를 받았다. 몇십 년 후 에드워드 애시모어(Edward Ashmore)는 아일랜드로 도망한 빚쟁이를 찾아 주는 조건으로 5파운드를 받았다. 찰스 1세 치세기에 더비셔의 어떤 직조공은 종이부적으로 광증치료를 시도하면서, 선금으로 3파운드, 완치시 3파운드 추가 부담을 요구했다.[207] 튜더 시대 초에 어떤 무속인은 헨리 네빌 공에게 마술반지 1개를 제작해 주는 조건으로 연금 10파운드를 약속받았는가 하면, 버킹컴 공작의 비호를 받은 점성술사 존 램은 1회 치료에 40~50파운드를 요구했다. 제임스 1세 치세기에 무속인이자 점성술사로 활동한 머사이어스 에번스(Mathias Evans)는 서식스 제 5대 백작부인 프랜시스 슈트(Frances Shute)에게 연간 50파운드의 수임료를 받았다. 버브(Bubb)와 립턴(Lipton)이라는 동업 접신술사들은 어떤 고객이 지불하지 않은 수임료를 돌려받고자 35파운드와 소요비용에 대한 배상을 청구했다. 제임스 1세 치세기의 또 다른 개업인 앨리스 웨스트(Alice West)는 아내보다 오래 살 수 있을지에 대한 문제로 고민하던 어떤 젠틀맨에게서 60파운드를 우려냈다고 한다.[208]

특정 개업인의 연간수입은 이처럼 높았다. 특히, 조지 기퍼드가 언

---

207) *Records of the Borough of Nottingham*, vol. 4, p. 275; *H. M. C.*, *Various Collections*, vol. 1, p. 120; F. J. Pope, "'A Conjuror or Cunning Man' of the Seventeenth Century", *British Archivist*, vol. 1 (1914); J. C. Cox, *Three Centuries of Derbyshire Annals* (1890), vol. 2, p. 88.

208) Kittredge, *Witchcraft*, p. 67; C. Goodall, *The Royal College of Physicians* (1684), p. 397; Ewen in *Transactions of the Essex Archaeological Society*, vol. 22 (1936~1940), p. 236; B. M., Royal MS 17 B XXIV, f. 3; *The Severall Notorious and Lewd Cousnages of John West*, sig. B2v.

급한 무녀처럼 1주에 40명이나 되는 많은 고객으로 호황을 누린 자들이 그러했다.[209] 켄트의 베더스던(Bethersden)에서 목공으로 활동한 키트럴(Kiterell)은 소변검사와 액막이 처방으로 큰돈을 벌어 토지와 집 한 채를 구입했다고 1565년에 진술했다. 17세기 초에 케임브리지의 어떤 마술사는 자기가 거울로 도난품을 찾아 주는 기술을 포기하지 않았다면 연간 2백 파운드 수입은 거뜬히 올렸을 것이라고 리처드 버나드에게 말했다. 17세기 말 링컨셔에서는 아류 점술사조차도 연간 30~40파운드를 벌어들인 것으로 알려져 있다. 아마도 이 수준이 무속인 직업의 전형적인 연간수입이었을 것이다. 떠돌이 무속인 조셉 하인즈(Joseph Heynes)가 1676년에 하트퍼드셔의 웨어(Ware)에서 "아가씨 3명과 정강이뼈가 부러진 한 명에게 … 5파운드"를 받고 길흉점을 친 일에서 알 수 있듯이 말이다.[210]

17세기 말 농업노동자의 기대수입이 하루 1실링을 넘지 않았다는 것, 1704년에 국교회 성직록 중 거의 절반이 연간 50파운드에 미치지 못했다는 것을 기억하기로 하자.[211] 마술사에게는 무시하기 힘든 소득 기회가 열려 있었던 셈이다. 왜 일부 마술사가 사기꾼이었는지도

---

209) [역주] 조지 기퍼드(George Gifford: 약 1548~1600)는 케임브리지셔 출신으로 케임브리지에서 수학한 후 에식스의 말던(Maldon)에서 퓨리턴 목회자로 활동했다. 그는 22권에 달하는 방대한 작품을 남겼고 그 가운데는 무속에 관한 두 작품이 포함되는데, 특히 《주술사에 관한 대화》(*Dialogues concerning Witches*, 1593)가 큰 영향을 미쳤다. 주술 관련 논쟁에서 비교적 온건한 입장을 취했으나, 주술사 고발에 대해서는 적극적인 자세를 견지하였다.

210) G. Gifford, *A Dialogue Concerning Witches* (1593) (Shakespeare Association, 1931), sig. H1; Halle, *An Historicall Expostulation*, pp. 28~9; Bernard, *Guide*, p. 138; *Diary of Abraham de la Pryme*, pp. 56~7; *Hertford County Records*, vol. 1, p. 268.

211) J. E, T. Rogers, *Six Centuries of Work and Wages* (10판, 1909), pp. 392~6; A. Savidge, *The Foundation and Early Years of Queen Ann's Bounty* (1955), p. 9.

쉽게 이해할 수 있다. 그런 마술사는 스스로도 자신의 수단을 신뢰하지 않으면서도 돈에 눈이 멀어 마술을 실행했던 것이다. 비록 개업 무속인의 방대한 무리 가운데 스스로를 사기꾼이라고 생각한 자는 일부에 불과했겠지만, 성심을 다한 마술사라고 해서 비법을 이용한 돈벌이에 무관심했던 것은 아니다. 입으로 떠들든 인쇄 전단지를 뿌리든, 마술사의 광고는 전에는 마술에 관심이 없던 많은 고객층을 새로 끌어들였음이 분명하다. 마찬가지로 전국 방방곡곡을 누빈 떠돌이 점술사도, 마을 밖으로 점술사를 찾아 나설 엄두를 내지 못하던 주민에게 조언을 제공할 수 있었다.

그렇지만 직업 마술사의 수익구조에 주안을 두고 마술에의 지속적 의존을 설명하려는 시도는 절망적 오류로 귀결되기 쉽다. 현대 아프리카에 특권만으로 충분히 보상된다고 생각하는 마술사가 존재하듯이,[212] 당시 마술사들도 때로는 공식 수수료를 전혀 받지 않고 서비스를 제공했다. 이 까다로운 주제에서 뭔가 분명한 사실이 있다면, 주술은 수요를 충족시키기 위해 발생했다는 점이다. 어떤 직업 무속인은 굳이 자신의 서비스를 광고하지 않아도 밀려드는 수요에 시달려야 했다. 《시편》과 열쇠를 이용한 점복 전문가였던 윌리엄 위철리는 1549년에, "사람들이 매일 이런 목적에서 얼마나 끈덕지게 매달리든지 그들을 피할 수 없어 늘 집안에 갇혀 살다시피 한다"고 불평했다. 주술사에게 특별히 의뢰할 만한 문제가 생겼을 때 20마일이든 40마일이든 가리지 않고 찾아가는 것은 "무지한 주민" 간에 흔한 일이기도 했다.[213] 교회의 반복된 금지령, 성직자의 가혹한 비난, 주술 법령의

212) B. G. M. Sundkler, *Bantu Prophets in South Africa*(2판, 1961), p. 22; J. R. Crawford, *Witchcraft and Sorcery in Rhodesia*(1967), p. 203. 이 책의 2권 pp. 67~70도 참조할 것.

213) *Narratives of the Period of the Reformation*, p. 332; Holland, *A Treatise*

가혹함에도 불구하고 민간마술 거래는 지속되었다. 물론 무속인을 찾을 때는 위험을 무릅써야 했다. 사형을 받게 되는 접신행위에 연루될 위험이 상존했기 때문이다. 게다가 민간마술사를 방문하는 것 자체가 소름끼치는 경험이었다. 무속인은 위압적 복장과 분위기로 고객을 맞이했고 — 알렉산더 하트(Alexander Hart)라는 사기꾼은 "마치 왕처럼 의관을 정제하고 앉아 있었다"고 한다 — 영을 불러내는 능력을 과시해 고객을 겁주곤 했다.[214] 요크교회법원에서 대주교는 1633년에 윌리엄 다우(William Dowe)라는 자로부터 다음과 같은 진술을 들었다. 그는 잃은 젖소 한 마리를 찾으러 자기 마을 몰턴(Malton)을 벗어나 어떤 민간마술사의 조언을 구했는데, "그가 나중에 보고했듯이, 바로 그때 그의 모자가 머리로부터 날아가 버렸고, 〔그는〕 빠져나온 것만도 다행으로 여겼다"는 것이다.[215]

그러나 두렵다고 해서 포기하는 고객은 없었다. 목회자 리처드 그리넘이 개탄했듯이, "속세의 하찮은 금전을 잃는 일이 우리에게 발생하면, 우리는 전혀 겁내지 않고 … 무속인과 주술사의 조언을 구하지 못해 안달일 뿐, 그 죄에 대한 하나님의 경고를 두려워하지 않는다."[216] 주술사와의 끊임없는 교류는 기성권위에 대한 반감을 함축한 것이기도 했는데, 이는 에식스의 무속인 파더 파푸스(Father Parfoothe)에게 조언을 구한 혐의로 1585년에 기소된 존 숀크(John Shonnke)라는 사람에 의해 잘 표현되었다. 그는 혐의가 참이라는 것을 인정하면서도, 파

---

*against Witchcraft*, sig. B1.

214) Lilly, *Autobiography*, p. 62. 또한 Kittredge, *Witchcraft*, pp. 107~8; *C. S. P. D., 1581~1590*, pp. 246~7; *The Journal of George Fox*, N. Penny, ed. (Cambridge, 1911), vol. 1, p. 10; Borthwick, R. Ⅶ. I. 660도 비교 참조할 것.

215) Borthwick, R. Ⅵ. B4, f. 427v.

216) *The Works of … Richard Greenham*, H. H(olland), ed. (3판, 1601), p. 662.

더 파푸스는 "선한 주술사"이고, "자신은 아내를 돕고자 그를 찾아갔으니, 다시 그런 일이 발생해도 아내를 돕기 위해서라면 동일한 행위를 마다치 않을 것"이라고 진술했다.[217]

이렇듯 민간마술사는 자발적 고객의 풍부한 공급원을 확보하고 있었다. 올드버러(Aldeburgh) 소교구 위원들이 1597년에 마거리트 닐(Margaret Neale)이라는 무녀에 관해 언급했듯이, "그녀는 기도에 의한 질병치료를 내세우고 있다. '그렇기 때문에' 사람들이 멀리서부터 그녀를 찾아온다." 몇십 년 전 스토우마키트(Stowmarket)에서 어떤 노파가 "접신주문"에 의해 만병통치가 가능하다고 주장했을 때에도, "전국 각지에서 사람들이 떼로 … 몰려들었다"는 것은 예측가능한 결과였다.[218] 이는 중세에 성인사당이 치료로 첫 명성을 얻고 나면 사람들이 구름떼처럼 몰리곤 했던 것과 거의 동일한 추세였다. 민간마술사는 자기 마을 내에서 공포의 대상이자 존경의 대상이었다. 마을 무녀가 당국으로부터 혐의를 받으면 이웃들이 단결해 그녀를 지킬 수 있었다. 그들은 교회법원에서 그녀의 무고함을 증언하는 증인(*compurgators*)이 되기도 했고, 무죄 증명용 연판장을 작성하기도 했다. 그녀가 투옥되어도 이웃들은 여전히 그녀의 손길을 찾아 밀려들었다.[219] 윌리엄 퍼킨스는 그 과정 전체를 다음과 같이 요약했다. "누군가의 자식이나 친구나 가축이 어떤 몹쓸 병에 걸렸다고 치자. 혹은 어떤 희귀

---

217) Hale, *Precedents*, pp. 185~6.

218) *Bishop Redman's Visitation*, p. 133; C. U. L., MS Ee. 2.

219) 투옥된 주술사에게 의뢰하는 것에 관해서는, *The Chronicle of the English Augustinian Canonesses Regular of the Lateran, at St. Monica's in Louvain*, vol. 1, A. Hamilton, ed.(1904~1906), p. 83과 Ewen, vol. 1, p. 37을 참조할 것. 무죄증명용 연판장에 관해서는, *H. M. C.*, *Kenyon*, vol. 1, p. 36과 *Somerset and Dorset Notes and Queries*, vol. 5(1896~1897), pp. 308~9를 참조할 것. 무고함을 증언한 것에 관해서는, 이 책의 2권 pp. 177~8을 참조할 것.

하고 알려지지 않은 병으로 극심한 고통을 겪고 있다고 치자. 그가 취할 첫 조치는 어떤 무자나 무녀를 떠올려 수소문한 끝에 도움을 요청하러 방문하거나 인편을 보내는 일이다." 그리고 그런 자의 주물에 힘입어 병든 것이 회복되면, "그 모든 과정의 결론은 늘 환호성이다. '오, 내게 도움을 줄 그런 무자나 무녀를 만났으니 얼마나 행복한 날인가!'"[220]

---

220) Perkins, *Discourse*, p. 175.

제9장

# 마술과 종교

원리 면에서 마술과 종교 간의 이처럼 근본적인 갈등은, 기독교 사제가 마술사에 대해 역사적으로 끊임없이 표출해온 적대감을 설명해 주기에 충분하다. 오만에 가까운 자부심, 자신보다 힘센 존재들을 무시하는 태도, 자신도 그 존재들만큼 권능을 발휘할 수 있다는 후안무치한 주장. 마술사의 이런 태도는 기독교 사제의 분노를 야기할 수밖에 없었다. 신성한 존재에 대한 경외감에서 그분의 출현에 겸손히 무릎 꿇는 사제로서는 그런 주장과 무례함이 불경이요 신성모독이요 오직 하나님께 속한 대권을 찬탈하는 행위로 보였을 것이다. 때로는 이보다 세속적인 이유가 가세해서 사제의 적대감을 한층 날카롭게 벼려 주었던 것으로 보인다. 사제는 인간을 하나님께 이어 주는 적절한 매개자요 진정한 중재자를 자임했던 만큼, 그의 감정뿐만 아니라 이해관계도 라이벌 개업자로 인해 자주 손상되었음이 분명하다. 그 라이벌은 성직자가 권하는 험난하고 불안정한 길에 비해 훨씬 쉽고 확실한 길이 행운을 향해 열려 있다고 설파했기 때문이다.

- Sir J. G. Frazer, *The Golden Bough*
(3판, 1863), vol. 2, p.383

이 흑색기술 전문가들은 악마의 힘으로 일하면서도 예수님 이름으로 일하는 듯이 가장한다.

- Joseph Hall, *Works*, P. Wynter, ed.
(Oxford, 1863), vol.2, p.383

인류의 경이로운 창조와 구원과 보존에 관해, 그리고 성사(聖事)에 관해 말씀을 들은 많은 이들이 그 말씀은 믿지 않고 주술사를 향한다.

- Richard Greenham, *Workes* (3판, 1601), p.554

## 1. 교회의 마술 비판

기독교 교회는 잉글랜드에 상륙한 이래로 평신도들이 마술과 마술사에 의존하는 것을 막고자 지속적인 선전전을 펼쳤다. 앵글로색슨 시대에 성직자는 점치기나 주물(呪物)이나 미약의 사용을 금했다. 우물숭배와 나무숭배, 이교 신을 향한 제사 같은 이교의 유산도 함께 금지되었다. 흑마술과 점복에 대한 이런 금지조치는 노르만 정복 이후에도 지속되어 중세교회의 각종 위원회와 총회에서 자주 반복되었다. 13세기에는 모든 부류의 흑마술사에 대한 일괄 파문조치가 성직자의 연례행사로 자리 잡았고, 소교구 사제에게는 고해성사 기회에 주민의 뿌리 깊은 마술 의존을 포기하도록 종용할 것이 요구되었다. 16~17세기에 유행하게 된 온갖 마술 관행은 런던주교 랠프 밸덕이 1311년에 부주교에게 보낸 명령서에 이미 열거되어 있었다.[1] 그것은 도난품을 되찾거나 미래를 예지하고자 흑마술을 행하는 자, 영을 불러내거나 보석이나 거울을 이용하는 자 등을 고발토록 한 조치였다. 중세 후반에 목회자들은 평신도의 마술 실행을 비난했고, 교회법원은 무속인과 무속인에게 의뢰한 자를 주기적으로 고발했다.[2]

---

1) [역주] 랠프 밸덕(Ralph Baldock, 또는 Ralph de Baldoc: 1313 죽음)은 1304년에 런던 주교로 선출되어 1306년부터 주교직을 수행했고 행정가로서도 능력을 발휘해 1307년에는 잠시 대법관(Lord Chancellor)직을 수행하기도 했다. 런던의 바우(Bow) 교회를 간이예배소로 인가한 인물로 알려져 있다.

2) 16세기 이전 교회의 반(反)마술 조치에 관해서는, Kittredge, *Witchcraft*, 2장; Ewen, vol. 1, pp. 2~10; J. Johnson, *A Collection of the Laws and Canons of the Church of England*(Oxford, 1850~1851), vol. 1, pp. 219, 230, 244, 267, 280; vol. 2, pp. 15, 36, 355; Powicke and Cheney, *Councils and Synods*, pp. 214, 222, 230, 303, 434, 444, 457, 496, 632, 644, 820, 1062, 1073, 1089, 1349~1350을 참조할 것. 주교순시 항목이 명기된 현존하는 최고본(最古本), *Annales Monastici*, H. R. Luard, ed. (Rolls Series, 1864~1869), vol. 1,

이 같은 금지조치를 뒷받침한 이론은 충분히 일관된 논리를 갖추고 있었다.[3] 자연수단만을 이용해서 환자를 치료하거나 미래를 예언하려는 시도에 대해서는 반대가 없었다. 일례로 교회는 약품사용을 금지한 적도, 관찰가능한 자연현상에 기초한 일기예보를 금지한 적도 없었다. 그렇지만 익히 알려진 자연원인에 기인한 결과로 증명될 수 있는 것보다 훨씬 큰 결과를 이룩했다는 주장은 즉시 의심을 받았다.

---

p. 297 (1252년 Lichfield 사례) 에는 흑마술사 색출에 관한 항목이 들어 있다. 일괄파문조치에 관해서는 이 책의 3권 pp. 137～8을 참조할 것. 고해성사의 용도는 J. Myrc, *Instructions for Parish Priests*, E. Peacock, ed. (E. T. T. S., 1868), p. 27에서 예시되고 있다. 많은 고발사례가 Kittredge, *Witchcraft*, 2장과 pp. 85, 107, 113～4, 130, 187～8, 191～2, 207～9, 228; 이 책의 2권 pp. 23～6, 124～5. 그 밖의 사례는 다음 문헌을 참조할 것. *Archaeologia Cantiana*, vol. 32 (1917), p. 169; *The Register of John de Grandisson, Bishop of Exeter* (*A. D. 1327～1369*), vol. 2, F. C. Hingeston-Randolph, ed. (1894～1899), pp. 1044～5; M. Aston, *Thomas Arundel* (Oxford, 1967), 63과 n. 404; *E. H. R.*, vol. 45 (1930), p. 97; *ibid.*, vol. 51 (1936), p. 4, n. 3; Thomson, *Later Lollards*, pp. 63, 179, 241; *T. R. H. S.*, 3rd. series, vol. 8 (1914), p. 117; *The Register of Bishop Philip Repingdon, 1404～1419*, M. Archer, ed. (Lincoln Record Society, 1963), p. xxxiii; A. H. Thompson, *The English Clergy and their Organization* (Oxford, 1947), pp. 220～2; *V. C. H.*, *Oxon*, vol. 2, p. 19; *Lincoln Diocese Documents, 1450～1544*, A. Clark, ed. (E. E. T. S., 1914), p. 117; B. L. Woodcock, *Medieval Ecclesiastical Courts in the Diocese of Canterbury* (Oxford, 1952), p. 81; *Journal of the Society of Archivists*, vol. 3 (1968), p. 339; Bodl., Tanner MS 100, f. 57 (노리치 교구 순시기록).

3) 대표적 진술로는 다음 문헌을 참조할 것. John of Salisbury, *Policraticus* 〔이 문헌은 J. B. Pike에 의해 *Frivolities of Courtiers* (Minneapolis, 1938) 로 번역되었는데, 이 번역서의 관련 절을 참조할 것〕; *Corpus Iuris Canonici*, A. L. Richter and E. Friedberg, eds. (Leipzig, 1879), vol. 1, cols. 1020～1036, 1045; Aquinas, *Summa Theologica*, Ⅱ. ii. 95～96; G. R. Owst, "*Sortilegium* in English Homiletic Literature of the Fourteenth Century", *Studies presented to Sir Hilary Jenkinson*, J. C. Daivies, ed. (1957); *Dives and Pauper* (1536), 1st commandment, 30～36장, 39～40장, 47～48장.

주물이나 적힌 글씨에 치유력이 있다고 주장한다든지, 크리스마스가 속한 주간의 특정 요일처럼 전혀 관련 없는 데이터를 참조해서 날씨를 예보한다면, 이런 사안은 정밀조사할 필요가 있었다. 교회는 초자연적 작용이 가능하다는 것을 부정하지는 않았지만, 초자연적 작용은 오직 하나님과 악마라는 두 원천에서만 나올 수 있음을 강조했다. 독실한 신자도 이를테면 미사나 성수의 효능에 기댄 의례처럼 하나님과 교회가 규정한 의례를 따름으로써 초자연적 효과를 확신하고 기대할 수 있었다. 성인의 치료활동에서 그렇듯이 다른 형태의 기적도 발생할 수 있었다. 하지만 이를 제외한 모든 것은 악마의 일로 금기시되었다. 따라서 자연수단만을 이용하거나 하나님이 명한 수단을 이용하지 않고 기적을 성취하려는 마술사는 암묵적으로든 명시적으로든 사탄과 제휴한 죄를 범한 셈이었다. 미신에 사로잡혀 교회가 승인하지 않은 기도문이나 의례에 치유력을 부여한 자, 또는 특정 점술체계에 의해 오직 하나님만 아는 미래의 비밀을 꿰뚫려는 자에게는 바로 그런 죄목이 부과되었다. 단테의 《지옥》 편에서 이런 예언자들은 불경한 호기심을 범한 죄로 머리가 등 쪽으로 꺾이는 처벌을 받는다.[4]

이런 태도에서 명백한 것은 두 측면이다. 첫째로 모든 마술의례의 정당성 여부는, 교회가 그것을 어떻게 보느냐에 달려 있었다. 성수나 성별(聖別) 된 종을 이용해 폭풍우를 퇴치한 사례처럼 신학자들이 허용한 활동은 "미신적인" 것이 아니었다. 앞서 검토했듯이, 교회는 전혀 거리낌 없이 다양한 마술요법에 자체 상표를 부착했다. 둘째로 교

4) *Inferno*, xx, 13~15. 1499년에 서퍽의 어떤 시골아낙이 보고한 내용에서 이런 전승의 반향을 추적하는 것은 무리일 수 있다. 하지만 그녀가 "정령들"과 이야기를 나눈 후, 그녀의 머리는 잠시 뒤쪽으로 돌려졌다고 한다. C. Jenkins, "Cardinal Morton's Register", *Tudor Studies*, R. W. Seton-Watson, ed. (1924), p. 73.

회는 세속의 기술을 평가하기에 앞서, 무엇이 "자연적"이고 무엇이 그렇지 않은가에 대한 선입견에 의존했다. 일례로, 신플라톤주의 영향을 받은 16~17세기 성직자들은, 상대적으로 경직된 아리스토텔레스주의 물질개념을 신봉한 보수주의 성직자들에 비해, 자연원인을 한층 폭넓게 인정하는 경향이 있었다. 신플라톤주의의 영향을 받은 로버트 플러드가 보기에, 무기연고는 자연 구석구석에 은밀히 고동치는 힘들을 포획하려는 시도로서 당연히 추천할 만한 것이었다. 그러나 같은 성직자이면서 대립각을 세운 버킹엄셔 헤절리 소교구 목사 윌리엄 포스터는 그 요법을 악마적인 시도로 보았고, 그 첫 발명자인 파라켈수스를 자연계를 벗어나 활동한 괴물 접신술사로 간주했다.[5] 아리스토텔레스는 원거리에서는 아무것도 작용할 수 없다는 것을 입증하지 않았던가?[6] 여기서 쟁점은 교리상의 차이가 아니라 자연관의 차이였다. 성직자가 평신도에 비해 악마의 손길을 재빨리 알아채는 경향이 있었다면, 이는 그의 종교적 태도 못지않게 그가 대학에서 배운 아리스토텔레스주의에 기인한 것이었다. 과학 진보의 매 단계에서 경이로운 발견이 이루어졌건만, 그 놀라운 성과가 자연에 근거한다고 믿지 않은 보수주의자들은 그것이 악마로부터 나왔다는 견해로 회귀했다.

---

5) [역주] 윌리엄 포스터(William Foster: 1591~1643)는 버킹엄셔 출신으로 케임브리지에서 수학한 후 헤절리(Hedgerley) 소교구 목사로 활동하던 중 로버트 플러드와 논쟁을 벌였다. 플러드는 *Anatomiae Amphitheatrum*(1623)과 *Medicina Catholica*(1629)에서 무기연고의 효능을 증명했는데, 이를 겨냥한 포스터의 *Hoplocrisma-Spongus*(1631)는 1631년부터 수년간 지속된 '플러드 논쟁'의 시발점이 되었다.

6) W. Foster, *Hoplocrisma-Spongus: or, a Sponge to wipe away the Weapon-Salve*(1631)와 Kocher, *Science and Religion*, pp. 70~1. 무기연고를 악마적인 것이라고 생각한 그 밖의 인물에 관해서는, Sloane 1954, f. 189(E. Poeton의 사례); Bernard, *Guide*, pp. 97, 125~6; J. Stearne, *A Confirmation and Discovery of Witch-craft*(1648), p. 51을 참조할 것.

따라서 '마술'활동의 경계선은 교회가 스스로 정한 원칙에 대해, 그리고 자연의 잠재력에 대해 어떤 태도를 취하느냐에 따라 들쭉날쭉했다. 잉글랜드에서 종교개혁은 신성한 말씀과 성물에 부여되었던 권능을 현저히 축소시켰으며, 특히 급진 프로테스탄트 세력은 교회 내의 모든 마술적 요소들을 통째로 거부했다. 이들은 교회 밖 마술활동에 대해서도 한결같이 적대적 태도를 취했다. 점복, 주물 사용, 예언 등 마을 무속인의 모든 활동은 여전히 비난받아 마땅한 것이었다. 뚜렷한 자연원인이 없이 기적적 결과를 낳은 듯이 보인 수단이나 도구는 어떠한 것이든 즉시 의심을 받았다. 심지어는 접신술사나 눈속임 마술사가 여흥거리로 선보인 속임수마저도 악마의 도움에 기댄 것이라는 의심을 받을 때가 있었다.[7] 기독교 역사에서 기적의 시대는 오래전에 종결되었다고 믿는 프로테스탄트들에게, 모든 초자연적 결과란 단지 기만적 환상에 불과한 것이거나 악마가 작용한 것이거나 둘 중 하나였다. 그들은 사탄이 자연의 비밀에 정통할 뿐만 아니라 직접 재현할 수도 없는 결과를 마치 스스로 이룬 것처럼 가장하는 일에도 능한 존재로 믿었다. 자연이 허용하지 않는 목적을 위해 사물을 이용하려 한 자는 우상숭배, 즉 미신의 죄를 범한 자요, 적어도 암묵적으로나마 악마의 도움을 청한 셈이었다.

이런 입장이 중세교회가 견지한 입장과 크게 다른 것은 아니었다. 중요한 변화가 있었다면, 이제 프로테스탄트들은 민간마술만이 아니

---

7) 일례로, Foxe, vol. 5, p. 129; J. Webster, *The Displaying of Supposed Witchcraft* (1677), p. 61. 이런 의심은 주술적 눈속임수를 다룬 대중용 매뉴얼에 의해 증폭되었음이 분명하다. 이런 매뉴얼은 그 전문기술의 일부가 '부리는 영'을 이용한 것이라고 주장했기 때문이다. *Hocus Pocus Junior* (3판, 1638), sig. H3v. [역주] 여흥용 눈속임 마술은 악마나 사탄보다는 '부리는 영'(*familiar spirits*, 또는 *familiars*)을 주로 이용했다. 이런 부류의 영은 주로 동물모양을 하고 나타나 마치 하인이나 스파이, 또는 친구처럼 주술사를 돕는 것으로 묘사되었다.

라 해묵은 교회마술 대부분까지 싸잡아 공격한 점이었다. 그들은 대중의 신앙심에 편승한 일부 마술적 관행에 대해 덜 관용적인 태도를 취했던 것이다. 기독교 기도문을 이용해 치료하거나 예언하는 마을 무속인은, 뻔뻔하게도 이교 전통에서 기술을 차용했던 자들과 마찬가지로 사악한 부류로 보였다. 토마스 쿠퍼가 생각하기에, "강복술사"나 "선한 주술사"는 그런 기도문을 이용함으로써, "가톨릭교회의 본질인 입 노동과 형식적 예배"에 힘을 실어 줄 뿐이었다.[8]

이렇듯 하나님 도움 없이 초자연적 결실을 성취하려 한다는 점에서, 민간마술사는 주제넘은 '대역죄인'(*lese-majeste*)이었다. 그러나 종교적 논란을 자극한 것은 민간마술사가 실제로 성공했느냐는 문제였다기보다 그런 기적을 일으켰다는 민간마술사의 '주장'이었다. 주물의 실질적 효험이라는 문제를 놓고 신학자들은 양편으로 갈렸다. "주물은 우리를 도울 힘도 없지만 해칠 힘도 없다"고 기록한 퓨리턴 목회자 리처드 그리넘처럼, 일부 신학자들은 주물을 전적으로 환상적인 것에 불과하다고 주장했다. 반면에 나머지 신학자들은 주물의 효험을 인정하되 이를 악마가 은밀히 지원한 탓으로 돌렸다. 악마는 흑마술사의 시술을 은밀히 조종하면서 시술자와 의뢰인의 영혼을 함께 장악한다는 것이었다.[9] 주술사에 의해 치료된 환자는 곧 재발한다고 생각한 신학자가 있었는가 하면,[10] 이승에서 치료되었어도 저승에서는 저주받게 된다고 주장한 신학자도 있었다.

이런 관점에서 보면, 민간마술사 같은 백주술사는 흑주술사보다 훨

8) Cooper, *Mystery*, pp. 4~5.

9) *The Workes of … Richard Greenham*, H. H(olland), ed. (5판, 1612), pp. 821~2. 대륙의 두 신학자 진영 각각을 대표하는 권위자들은 Burton, *Anatomy*, vol. 2, pp. 5~6에서 인용되고 있다. 이 책의 2권 pp. 70~2도 참조할 것.

10) 이를테면, I. Basire, *Deo et Ecclesiae Sacrum*, *Sacriledge Arraigned*(1668), p. 150.

씬 치명적인 위협이었다. 흑주술사는 악의적 행동 탓에 대다수 공동체 성원들로부터 따돌림을 받았지만, 백주술사가 제공한 치료법은 큰 인기를 끌었기 때문이다. 이런 이유에서 윌리엄 퍼킨스는 "가장 두렵고도 가증스런 괴물은 선한 주술사"라고 단언했다. 흑주술사는 이웃의 육체를 해칠 뿐이지만 백주술사는 이웃의 영혼에 치명타를 가한다는 것이었다.[11] 따라서 많은 신학 저술가들은 마술활동의 다양한 갈래들을 굳이 구별하려 하지 않았다. 어떤 갈래의 것이든 마술은 모두 악마의 지원을 받은 것이요 한결같이 하나님 백성의 충성심을 흩트린다는 이유에서였다. 교회법원에서도 '주술사', '흑마술사', '마법사', '강복술사' 등 다양한 명칭이 혼용되고 있었다.

그러나 백주술사가 무거운 처벌을 받는 경우는 실제로는 없었다. 교회법원이 골수 이단을 세속권력에 위임해[12] 화형에 처하도록 할 가능성이 이론상으로는 열려 있었지만, 마술재판에서 그런 일이 실제로 발생한 적은 없었고 그보다는 온건한 형량이 부과되었던 것으로 보인다. 그렇기 때문에 종교개혁 이후로 남녀 민간마술사 처형에 적극적 자세를 취한 보인 저자들도[13] 교회법원이라는 기구를 이용해

---

11) Perkins, *Discourse*, p. 174. Cooper, *Mystery*, pp. 232, 294; Bernard, *Guide*, sigs. A5v~A6; J. Gaule, *Select Cases of Conscience touching Witches* (1646), pp. 30~1에서도 비슷한 진술을 찾을 수 있다.

12) [역주] '세속권력'(*secular arm*)이란 교회법에서 교회법원의 재판에 개입하는 국가나 여타 권력을 지칭한다. 이 권력은 교회법원의 재판과정을 방해하거나 저지할 수도 있었고, 교회가 그 권력을 이용해서 교회로서는 차마 집행하기 힘든 극형을 대신하게 할 수도 있었다.

13) 예를 들면, Kittredge, *Witchcraft*, p. 70 (Hooper의 사례); *The Sermons of Edwin Sandys*, A. Ayre, ed. (Cambridge, P. S., 1841), p. 129; G. Gifford, *A Dialogue concerning Witches* (Shakespeare Association, 1931), sig. H2; H. Howard, Earl of Northampton, *A Defensative against the Poyson of Supposed Prophecies* (1620), f. 44; Perkins, *Discourse*, p. 256; C. Richardson, *A Sermon concerning the Punishing of Malefactors* (1616), pp. 15~6; Bernard,

그들의 목적을 달성할 수 없었다. 에드워드 4세 치세기에 한 위원회가 구상한 교회법 개혁안은 민간마술사와 그 고객에게 법정최고형(*poenas gavissimas*)을 부과하도록 권고했으나 그 법안은 발효되지 않았다. 1563년 엑시터 주교 윌리엄 앨리가 주교회의에 상정한, "주술사, 주문마술사, 흑마술사, 주물마술사 같은 부류"에게 "가혹한 최고형"이 부과되어야 한다는 제안도 실효를 거두지 못했다.14) 마술활동에 대해 중형을 실질적으로 규정한 것은 세속법령밖에 없었지만, 튜더 시대에 성문법 형식으로 제정된 반(反)주술법령조차도 남에게 육체적 피해를 입힌 혐의가 없는 민간마술사에 대해서는 상대적으로 관용적이었다. 교회법원이 안식일 위반, 명예훼손, 간통 같은 일반범죄에 비해 민간마술을 더 심각하게 다룬 것도 아니었다. 민간마술만이 악마적이라는 낙인이 찍힌 것도 아니었다. 마을 무속인을 더 가혹하게 처벌해야 한다고 끈질기게 부추긴 저자들은, 극소수를 제외하고는 잉글랜드 국교회 내에서 매우 공격적인 강성 프로테스탄트 진영에 속한 자들이었는데, 이들의 의견은 시간이 흐를수록 교회 지도부로부터 경원시되었던 것 같다. 마술활동에 사탄과의 밀약이 함축되었음을 부정하는 성직자는 물론 없었겠지만, (우리가 예상할 수 있듯이) 그런 함축을 심각하게 여긴 성직자도 거의 없었던 것 같다.

그럼에도 불구하고 16세기 중반에 프로테스탄트 세력과 가톨릭 세

---

*Guide*, pp. 254, 256~8; T. Gataker, *Of the Nature and Use of Lots*(2판, 1627), pp. 373~5, 379~80; Stearne, *A Confirmation and Discovery*, sig. A3.

14) *The Reformation of Ecclesiastical Laws*, E. Cardwell, ed. (Oxford, 1850), pp. 33~5; Kittredge, *Witchcraft*, p. 263.

[역주] 윌리엄 앨리(William Alley: 1510~1570)는 버크셔 출신으로 케임브리지와 옥스퍼드에서 수학한 후 엘리자베스 여왕의 총애로 교회 요직을 두루 거쳐서 1561년에 엑시터 주교직에 올랐다. 주교로 9년여를 활동한 후 엑시터 대성당에 안장되었다.

력은 너나 할 것 없이 민간마술에 강한 적대감을 표출했고, 중세 선배들이 들어도 칭찬할 만한 어조로 마술을 비난하였다. 1547년 왕령은 주문마술사, 흑마술사, 주물마술사, 주술사, 점쟁이 등에 대한 엄중한 질책을 담았고,[15] 메리 치세기에 런던주교를 지낸 에드먼드 보너는 7년 후에 이를 거의 똑같이 반복했다. 실제로 보너는 마술을 크게 반박하는 가운데, "주술사, 접신술사, 마법사 같은 부류는 악마의 영향과 도움을 받아 작업하며", 따라서 "하나님께 대역죄를 범하고 있으니 그보다 더 심각한 범죄는 있을 수 없다"고 주장했다.[16] 비슷하게 엘리자베스의 1559년 왕령은 평신도들이 "주물, 흑마술, 마법, 주문, 마술원,[17] 주술, 점치기 등 악마가 발명한 모든 기술이나 이미지"를 이용하지 말도록 금했고, 마술사에게 "조언과 도움"을 구하는 것마저 금했다. 이후로 그런 범죄는 주교나 부주교 순시항목에 포함되어 순시할 때 색출되었으며, 그 용의자는 교회법원에 소환되었던 것으로 보인다. 가장 흔하게 언급된 마술유형에는 도난품 되찾기, 주물을 이용한 사람과 가축 치료, 개개인의 운수에 대한 예언, 불법 기도문이나 주문의 이용 등이 포함되었다. 우스터주교 에드윈 샌디스는 1569년에

---

15) [역주] 에드워드 4세가 반포한 1547년 왕령(*Royal Injunction*)은 무속활동금지 외에도 가정과 작업장에서 게으름을 타파할 것, 통일적인 문법교육을 실시할 것 등 프로테스탄트 개혁정신을 반영한 많은 사회개혁안을 포함했다.

16) Frere and Kennedy, *Articles and Injunctions*, vol. 2, pp. 111(1547년 왕령), 353(보너의 주장), 이외에도 pp. 301, 388, 425를 참조할 것. 보너의 견해는 그의 *A Profitable and Necessarye Doctryne*(1555), sig. Hhii에서 개진되었다.

17) [역주] 마술원(魔術圓: *circles*)은 제례마술에서 지면에 그리는 각종 원을 뜻한다. 원의 종류와 원을 그리는 방법은 매우 다양하지만, 모두 원주 안을 보호한다는 의미를 갖는다. 강강술래처럼 원을 그리면서 도는 행위, 또는 옆의 그림처럼 돌멩이로 환상(環狀)을 조성하는 행위는 동서양을 막론하고 고대부터 전승된 것이다.

충실한 목록을 제공한 바 있다. "주물로 사람이나 가축을 치료하는 것, 악령을 불러내는 것, 열쇠나 책이나 표나 가위나 체 따위를 이용해 잃어버린 물건이나 도난품이 어디 있는지 점치는 것, 수정구를 들여다보거나 여타 형상을 그려내는 것."[18] 소교구 단위로 사제와 소교구 위원들은 이런 기술을 사용한 것으로 알려진 자, 또는 여타 마술활동으로 명성을 얻은 자를 색출해서 주교나 부주교에게 보고하도록 되어 있었다. 한 번이라도 무속인에게 의뢰한 적이 있다고 밝혀진 주민도 마찬가지였다. 교회 눈에는 흑마술사에게 의뢰하는 행위도 흑마술사로 활동하는 것에 준하는 범죄로 보였던 것이다.

16세기 초에 교회는 의사와 조산원에 대한 면허권을 장악했는데, 이 조치의 주된 이유 중 하나도 민간마술을 억제하려는 교회의 조바심이었을 것이다. 개업의 면허권을 주교에게 부여한 1512년 법령은 당시 떠돌이 치료인과 경험치료인의 미신활동을 그 조치의 정당화 근거로 제시했다.[19] 헨리 8세 치세기에 조산원 면허체계가 도입된 배후에도 분만시 마술 사용을 억제하려는 의도가 숨어 있었음이 분명하다. 때로 주장되듯이, 교회가 모든 조산원에게 정통교리를 따르도록 강요한 것은 종교개혁으로 야기된 변화에 대응하기 위해서였다는 추정도 가능하다. 사제를 불러오기 전에 신생아가 사망할 것으로 판단되면 그 아기에게 세례를 행할 권한이 조산원에게 주어져 있었기 때문이다. 그러나 조산원이 주술에 의존할 가능성을 제거하려면 신성한 서약을 선행시켜야 한다는 주장은 이미 《주술사 망치》(1486)에서 충분

---

18) Frere and Kennedy, *Articles and Injunctions*, vol. 3, pp. 5(1559년 왕령), 227~8(샌디스의 주장), 이외에도 pp. 92, 106, 214, 270, 313, 343을 참조할 것; W. P. M. Kennedy, *Elizabethan Episcopal Administration*(1924), vol. 2, pp. 15, 60, 121~2, 131; vol. 3, pp. 166, 230, 263, 328; J. S. Purvis, *Tudor Parish Documents*(Cambridge, 1948), p. 14.

19) 3 Hen. Ⅷ, c. 11.

히 개진되었다.[20] 잉글랜드에서 교회는 이미 15세기에 미신적인 조산원을 기소하고 있었으며, 런던 주교로 활동한(1506~1522) 피츠제임스는 종교개혁이 시작되기 전에 면허시스템을 도입했다.[21] 주교 래티머가 지적했듯이, 조산원은 항상 "미신과 신성모독의 위험"에 처해 있었다.[22] 조산원의 서약 중 현존하는 최초의 사례는 1567년의 것으로, 여기에는 분만과정에서 어떠한 종류의 주술이나 마법도 이용하지 않겠다는 맹세가 포함되었다. 이 같은 서약은 18세기 후반까지지도 유지되었다. 그 외에도 주교들은 순시항목을 이용해 임산부가 거들[23]

---

20) [역주] 《주술사 망치》(*Malleus Maleficarum*)는 두 가톨릭 이단 심문관, 하인리히 크래머(Heinrich Kramer)와 야콥 스프렝거(Jacob Sprenger)가 1486년에 완성해 이듬해에 출판한 작품이다. 두 저자는 독일 출신으로 1484년의 교황칙령에 따라 주술의 실체를 체계적으로 논증했으며 이에 입각해 주술사의 처벌을 강력히 주장했다. 이 책이 출판되기 전에는 주술의 실질적 효능에 대해 회의론이 지배적이었으나 출판 후로는 주술이 실제로 위험한 현상으로 받아들여지기 시작했다. 우리에게는 '마녀망치'로 알려져 있으나, 두 저자는 주술사 중 여성이 더 많다고 주장했을 뿐 남성주술사의 존재를 무시하지는 않았다.

21) [역주] 리처드 프리츠제임스(Richard Fitzjames: ? ~1522)는 옥스퍼드에서 신학을 공부한 후 동대학 마턴칼리지의 교수이자 헨리 6세 시대를 대표하는 성직자로 활동했다. 그는 치체스터와 로체스터 주교를 거쳐 런던 주교에 올랐다. 1522년 죽을 때까지 런던 주교로 활동했다. 헨리 8세 시대에 킹스벤치 법원장을 지낸 존 프리츠제임스 경은 그의 조카이다.

22) Malleus, iii. 34; *The Fabric Rolls of York Minister*, J. Raine, ed. (Surtees Society, 1859), p. 260; J. H. Bloom and R. R. James, *Medical Practitioners in the Diocese of London* (Cambridge, 1935), pp. 84~5; *Sermons and Remains of Hugh Latimer*, G. E. Corrie, ed. (Cambridge, P. S., 1845), p. 114; 이 책의 2권 pp. 31~2. 최근 편찬물로는 T. R. Forbes, *The Midwife and the Witch* (New Haven, 1966)가 있다. 이 주제의 그같이 미묘한 측면은 Sir G. Clark의 다소 미완성적인 논고, "Note on the Licensing of Midwives", *A History of the Royal College of Physicians* (Oxford, 1964~1966), vol. 1, pp. 66~7에서 언급되지 않았다.

23) [역주] 이른바 '출산용 거들'(*birth-girdles*)은 그것을 느슨하게 하면 산통도 줄어

이나 주문이나 주물을 사용하는지를 탐문했다.[24)]

17세기 전반기의 주교순시에서 민간마술 색출활동은 튜더 시대에 비해 다소 줄어들었을 가능성이 있지만, 교회는 변함없이 반(反) 민간마술사 운동을 지속했다. 현존 사료가 들쭉날쭉해서 두 시대의 순시 항목을 정확히 비교하기는 힘들다. 그러나 내란 전야에 주술에 대한 국교회의 태도가 중세교회의 태도에 비해 현저히 달라졌다고 생각할 이유는 전혀 없다.[25)] 이 점에서는 공위기에도 뚜렷한 단절이 없었다. 장로교파는 민간마술에 강한 적대감을 보였고, 1648년 정부령은 주술사나 점술사로부터 조언을 구한 모든 이에게 성찬례 참석을 금하는 처벌을 부과했다. 독립파, 위그노파, 침례교파, 퀘이커파도 동일한 입장을 견지했다.[26)] 잔부의회하에서도 법률개혁위원회는 "분실물이나

---

든다는 감응마술의 도구로 사용되었다. 성인의 거들이나 볏짚이나 뱀가죽으로 만든 거들이 사용될 때도 있었지만 대개는 임산부의 거들이 사용되었다.

24) 1567년의 서약사례는 *Registrum Matthei Parker*, E. M. Thompson and W. H. frere, eds. (Canterbury and York Society, 1928), p. 472에 수록되어 있다. 이후의 사례는 *Bulletin of the History of Medicine*, vol. 41 (1967), pp. 75~6 (1588년 사례); Ely D. R., F 5/34, f. 142 (1636~약 1638 사례); *The Book of Oaths* (1649년 사례); *T. R. H. S.*, 4th series, vol. 4 (1921), p. 138 (1673년 사례); *Sussex Archaeological Collections*, vol. 4 (1851), p. 249 (1675년 사례); *Journal of the Derbyshire Archaeological and Natural History Society*, vol. 19 (1897), pp. 46~8 (1686년 사례); R. Burn, *Ecclesiastical Law* (2판, 1767), vol. 2, p. 440을 참조할 것. 주교 순시항목은 Frere and Kennedy, *Articles and Injunctions*, vol. 2, pp. 58~9, 292, 356, 372; vol. 3, pp. 270, 383; Kennedy, *Elizabethan Episcopal Administration*, vol. 2, pp. 166, 230을 참조할 것.

25) 이 책의 3권 pp. 132~5를 참조할 것.

26) *Acts and Ordinances of the Interregnum*, C. H. Firth and R. S. Rait, eds. (1911), vol. 1, p. 1206. 다음 문헌과도 비교 참조할 것. A. M. Gummere, *Witchcraft and Quakerism* (1908), pp. 27~8; Bedfordshire R. O., x 239/1, p. 29 (Stevington Baptist Church Book, 1693년 4월 14일자); *Actes du*

도난품을 되찾기 위해, 또는 누가 장차 남편이나 아내가 될지 같은 미래의 일을 예측하기 위해" 민간마술사를 방문하는 행위를 형사범죄로 처벌하도록 제안했다.[27] 이 법안은 교회법원의 일시적 마비로 형성된 공백을 메워 줄 수 있을 만한 것이었지만, 다수의 다른 법률 개혁안들과 마찬가지로 발효되지는 않았다.

실질적인 변화는 국교회의 복권과 함께 1660년 이후로 진척되었던 것 같다. 내란 이전 순시항목에서 현저한 특징이었던 마법사와 흑마술사에 대한 질의는, 이제 주교나 부주교가 주민에게서 일상적으로 정보를 수집하던 질의목록에서 거의 모두 사라져 버렸다. 물론 마술활동 관련 사건은 드물기는 하지만 여전히 교회법원에 기소되었고 주교순시에서 흑마술사 색출도 간헐적으로 수행되었다 — 그 마지막 사례는 때늦은 1716년 노리치 주교 순시항목에서 발견된다.[28] 그러나 이에 앞선 50년 동안 기소 사례는 거의 없었고 그나마 조직적 탄압은 말끔히 사라졌다. 17세기 후반의 설교문학도 과거 한때 긴급한 현안

---

*consistoire de l'église française de Threadneedle St. Londres*, vol. 1 (1560~1565), E. Johnston, ed. (Publication of the Huguenot Society, 1937), p. 34; *Colloques et synodes, 1581~1654*, A. C. Chamier, ed. (*ibid.*, 1890), p. 10.

27) *Somers Tracts*, vol. 6, p. 237 (이 문헌은 W. R. Prest 박사께서 친절하게도 일러준 것이다).

28) *Articles to be enquired of and answered unto … in the Ordinary Visitation of … Charles Lord Bishop of Norwich, 1716*, p. 6. 왕정복고 이후의 다른 사례는 다음 순시항목에서도 찾을 수 있다. 리치필드와 코번트리 주교의 사례 (John Hacket, 1662, 1664, 1668); 치체스터 주교의 사례 (Peter Gunning, 1670); 일리 주교의 사례 (Peter Gunning, 1679, 1682); 로체스터 주교의 사례 (John Warner, 1662; John Dolben, 1668); 세인트 어새프 (St Asaph) 주교의 사례 (Issac Barrow, 1671, 1678); 리치필드 고위사제단의 사례 (William Paul, 1662); 요크 주교의 사례 (Henry Finch, 1705); 요크 부주교의 사례 (Knightley Chetwood, 1705). 필자가 검토할 수 있었던 1660~1720년 사이의 현존하는 순시 항목자료 중 남은 것은 132건인데, 여기에는 마술에 대한 언급이 전혀 없다.

으로 여겨졌던 것에 대해 무관심을 보였을 뿐이다. 교회는 더 이상 민간마술을 심각하게 고려할 필요가 없다고 판단했던 것으로 보인다. 지난 시절의 공포가 어찌나 말끔히 지워졌던지, 1710년에 이발사 겸 외과의 동업조합은 캔터베리 대주교의 개업외과의 면허권을 반박한 청원에서, 1512년 법령이 주교에게 면허권을 부여함으로써 마술치료법을 억누르려 한 데는 숨은 의도가 있었다고 주장하기에 이르렀다.[29] 그것은 "당시 가톨릭 성직자들이 임종환자의 병상을 돌보던 모든 부류에 대한 심사와 승인을 그들의 영향권 안으로 끌어들이기 위한 인위적 조치"였다는 것이다.[30]

교회의 반(反) 마술운동은 그것이 지속된 기간에조차 그 실효성에 의문의 여지가 있었다. 교회법원기록 대부분이 출판되지 않은 현 상황에서 그 운동의 영향을 엄밀하게 평가한다는 것은 불가능하다. 특히 교회법원 판사들은 최후판결을 앞두고 약 올리기라도 하듯 재판 연기를 무시로 반복했기 때문에, 기소된 개개인이 어떤 판결을 받았는지를 확인하기는 여간 어려운 일이 아니다. 그럼에도 불구하고 다음 몇 가지 결론만은 자신 있게 제시할 수 있다.[31]

첫째, 교회법원이 주도한 모든 반(反) 마술운동의 성패는 마을 성직자와 소교구 위원들이 얼마나 협조하느냐에 달려 있었다는 점을 인정

29) [역주] 이발사 겸 외과의 동업조합(*Barber-Surgeon Company*)은 1308년경부터 조직된 이발사 길드가 1462년에 국왕특허장을 받은 후로 급성장해서 1386년경부터 활동한 외과의 길드를 흡수 통합해 1540년에 결성한 조합이다. 그러나 외과의 조합은 1745년에 이발사 집단과 결별했으며 1800년에는 왕립외과의협회(Royal College of Surgeons)로 발전했다.

30) S. Young, *The Annals of the Barber-Surgeons of London* (1890), pp. 347~8.

31) 필자의 결론은 교회법원이 수행한 징벌절차의 실제효과에 대한 머천트(R. A. Marchant) 박사의 뛰어난 평가〔*The Church under the Law* (Cambridge, 1969), 6장〕와 모순되지 않는다고 생각한다. 필자는 이 장을 교정할 때까지도 그 책을 알지 못했다.

해야 한다. 주교나 주교 대리인의 질의에 답해 용의자를 보고할 의무는 바로 이들에게 있었기 때문이다. 협조 수준은 천차만별이었다. 일례로 17세기 후반에 일부 지역에서는, 소교구의 영적 상태를 구석구석 물은 포괄적 질의서를 받고는 무응답으로 회신하는 일이 흔했다. 이보다 이른 1622년 일리 교구에서 소교구 위원들이 주교에게 보낸 보고서는 현존하는 것만 54건인데, 그 가운데 1건을 제외한 전부가 무응답 회신이었다.[32] '이상무'(*omnia bene*)로 점철된 이 같은 회신은 주교 감독체계의 능률이 전체적으로 쇠퇴하고 있었음을 보여주는 부수적 증거로서는 유용할지 몰라도, 소교구의 실제상황에 대한 증거로서는 가치가 없다. 17세기 후반으로 갈수록 무응답 회신은 더욱더 보편적 현상이 되었다. 스튜어트 시대 후반에 모든 소교구는 사생아 출산 사례를 보고하는 일에는—아마도 이것이 지방세(*rates*) 징수에 중요한 문제였기 때문에—높은 관심을 유지했지만, 이에 못지않게 빈번히 발생한 다른 교회법 위반 범죄[33]에 대해서는 상대적으로 무관심한 경향이 있었다. 회신이 훨씬 충실했던 엘리자베스 시대에조차도, 평신도의 안식일 위반이나 성직자의 비국교회 활동 같은 질의항목에 대한 회신은 해당 소교구에 그 같은 교회법 위반범죄가 실제로 얼마나 발생했느냐를 반영한 것 못지않게 해당 소교구의 종교여론 상황을 반영한 것이기도 했다. 따라서 주술사의 법정소환은 소교구 여론 주도층이 그 주술사에 대해 어떤 태도를 취하느냐에 따라 얼마든지 달라질 수 있었다고 가정하는 편이 합리적일 것이다. 이웃에게 사랑받는 무녀는

---

32) C. Hill, *Society and Puritanism in Pre-revolutionary England*(1964), p. 392, n. 2. 1640년 레스터 부주교에게 송부된 회신도 비슷한 양상이었다. Leicester City Museum, 1 D 41/21.

33) [역주] 교회법 위반 범죄(*ecclesiastical offences/crimes*)는 민법보다 교회법(*canon law*)이나 교회의 규정을 어긴 범죄로, 본문에서 언급된 간통(또는 사생아 출산)이나 안식일 위반 외에도 위증죄 같은 것을 포함한다.

고발을 피할 수 있었지만, 이웃과 불화를 겪는 무녀는 주물을 사용한 것에 더해 흑주술로 기소될 수 있었다. 때로는 용의자의 위세가 너무나 당당해서 소교구 위원들이 감히 고발할 엄두를 내지 못하는 경우도 있었다. 1619년 노샘턴셔의 킹스서튼(King's Sutton) 소교구 관리들은 몇몇 익명의 고객들이 분실물을 되찾으려 주술사들에게 의뢰한 일이 있었지만, 관련 용의자들이 "고발에 가담하면 10파운드나 그 이상의 비용을 들여 성직자〔소교구 사제〕를 마을에서 쫓아내겠다고 공언했기" 때문에 그들에 대한 고발을 망설였노라고 우울하게 진술했다.[34)]

설령 어떤 민간마술사가 교회법원에 기소된다 하더라도 — 실제로도 수천 명이 기소되었지만 — 그의 최종 운명은 이웃주민과의 관계에 크게 좌우됐다. 그가 혐의를 부인하면, 통상적인 다음 절차는 교회법원 판사가 그에게 소교구 이웃 중에서 무죄를 증언해 줄 여러 명의 면책선서자를[35)] 대동하도록 명령하는 것이었다. 필요한 인원(대체로 4명에서 8명 사이)을 채우는 데 성공하면 훈방조치로 풀려날 것을 예상할 수 있었다. 무속인이 면책선서자를 끌어들이는 능력이야말로 모든 재판과정에서 결정적인 요인이었던 셈이다. 그의 성패가 무엇보다 그의 인기도에 달려 있었음은 두 말할 것도 없다. 그렇지만 법원이 관련 소교구로부터 여러 마일 떨어져 있을 때가 많아, 면책선서자 스스로 성가심과 비용을 감수해야 했으니, 이에 대한 보상을 피고인에게 기대할 수 있었다. 피고인에게 돈이나 영향력이 없으면 지원자가 선뜻

---

34) *The Churchwardens' Presentment in the Oxfordshire Peculiars of Dorchester, Thame and Banbury*, S. A. Peyton, ed. (Oxfordshire Record Society, 1928), p. 294. 다음번 주교순시에서도 그 교구위원들은 여전히 발뺌으로 일관했다 (p. 299).

35) [역주] '면책선서'(*compurgation*)는 피고인이 자신의 무죄를 증명하기 위해 먼저 선서를 한 후에 일정한 숫자의 증인을 대동하여 모든 증인이 그의 무죄를 증언하면 석방하는 제도이다. 이 증인을 '면책선서자'(*compur gator*)라고 부른다.

나서도록 설득하기 힘들었을 수 있다는 말이다. 물론 예외적인 사례도 있었다. 아그네스 모어(Agnes More)는 1583년에 사우스웰 협동교회[36] 법원에 소환되었으나 혐의를 부인했고 곧 처벌 없이 풀려났는데, "그녀가 너무 가난해 무죄를 증명할 이웃을 대동할 능력이 없다"는 것이 그 이유였다.[37] 그러나 이런 관용은 믿고 의지할 만한 것은 못되었다.

이렇듯 면책선서자들을 대동할 기회가 있었고 그 이웃들이 불리한 증언을 하려 하지 않았다는 것은, 기소된 마술사가 혐의를 완전히 벗어날 수 있는 좋은 기회였다. 16세기 후반 요크 교구에서 처리된 모든 주술 관련 소송들 중 절반가량은, 무죄로 입증되었든 그렇지 않든 간에, 기각 처리되었다.[38] 유죄판결을 받는다고 하더라도, 교회법원의 형량은 세속법원에 기소되었더라면 주어질 수 있었던 징역형, 공개모욕형, 심지어 사형과 비교할 때, 상대적으로 가벼운 편이었다. 육체적 처벌을 가하던 교회법원의 관행은 종교개혁 이후로 이미 사라진 상태였다.[39] 교회법원은 대파문이나 소파문을 부과하든지, 이보다 가

36) [역주] 협동교회(*collegiate church*)는 여러 명으로 구성된 성직자 집단이 사제장(Dean)의 주도하에 공동으로 목회를 진행하는 교회를 뜻한다.

37) *Southwell Act Books*, vol. 22, p. 121.

38) Purvis, *Tudor Parish Documents*, p. 197. 타일러 박사는 1567~1640 간의 요크 판례집에서 117판례 중 25건에만 처벌이 부과되었다는 기록을 발견했다. P. Tyler, "The Church Courts at York and Witchcraft Prosecutions, 1567~1640", *Northern History*, vol. 4(1969), p. 98.

39) 종교개혁 이후에도 드물지만 예외적인 사례가 있었는데, 이에 대해서는 Purvis, *op. cit.*, p. 86; *Southwell Act Books*, vol. 21, pp. 83~4(1566년 사례); S. L. Ware, *The Elizabethan Parish*(Baltimore, 1908), p. 56, n. 189를 참조할 것. 타일러 박사는 북부교회고등법원(Northern High Commission)의 판례집에서도 여러 사례를 발견했다. 그러나 주술사에게 예전처럼 태형이 가해진 사례는 필자로서는 발견한 적이 없다(예전의 사례는 Thompson, *The English Clergy and their Organization*, p. 221).

벼운 죄에 대해서는 공개참회를 부과했다. 파문형은 개전(改悛)의 기미가 없거나 자기 고집을 굽히지 않는 자에게만 내려지는 것이 상례였다. 재판을 거쳐 유죄판결을 받은 무속인 대부분은 공개모욕형에 처해졌다. 공개모욕 수준은 다양했지만, 예배에 참석한 마을사람들 앞에서 참회하는 것이 일반적이었고, 가끔은 이웃한 도시장터에서 참회하는 경우도 있었다. 그 불행한 주술사는 흰 천을 두르고, 지팡이를 들고, 죄목을 상세히 적은 팻말을 건 채 공개적 굴욕을 감수해야 했다. 오늘날과는 달리 서로를 빤히 아는 공동체에서 그런 처벌은 훨씬 뼈아픈 굴욕감을 주었을 것이다. 하지만 그 과정에서 주술사는 공짜로 선전할 기회를 얻기도 했고 공개참회가 끝나기 무섭게 활동을 재개할 수도 있었다.40)

교회사법체계가 급속히 붕괴되고 있던 17세기 후반까지, 교회법원은 이런 양상으로 민간마술사와의 전투를 지속했다. 그 전성기에조차 교회법원이 이룬 성과는 극히 제한적이었다. 다른 범법자들과 마찬가지로, 많은 주술사들이 재판절차 전체를 비웃기라도 하듯 전혀 개전의 기미를 보이지 않았다. 이런 반항아는 대체로 파문되었지만, 엄격한 사법이론이 요구한 것처럼 파문당한 자를 40일 후에 세속 감옥으로 넘긴 사례는 없었다. 이 점에서 전반적인 상황은 종교개혁 이전이나 이후가 거의 비슷했다. 교회의 억압수단이 민간마술을 공동체로부터 뿌리째 뽑아낼 만큼 강력하지는 못했던 것이다.

40) 이 책(2권 pp. 22~3)에서 소개된 애더베리의 무녀 엘리자베스 크랙클로우는 주물 사용을 금하라는 옥스퍼드 주교의 공식명령을 무시했으며(Bodl., Oxford Diocese Papers d 14, f. 86), 노리치 주교는 강령술에 의한 질병치료를 중지하라는 자신의 명령을 번번이 어긴 스토우마키트(Stowmarket)의 어떤 노파에 관해 불평했다〔J. Strype, *The Life and Acts of Matthew Parker* (1711), p. 369〕.

## 2. 유사점과 차이점

민간마술과의 싸움은 법정에서만이 아니라 설교단에서도 전개되었다. 성직자들은 세대를 이어가며 열성을 다해 신도들에게, 백주술사들과의 거래조차도 결국은 영혼의 파멸을 초래한다는 경고를 반복했다. "위급할 때는 무속인과 점쟁이에게 도움을 청할 것이 아니라 그리스도께 기도로 청하는 것이 마땅하다." 이것은 오래전 앵글로색슨 시대의 설교집 저자 울프스턴이 한 말이지만,[41] 튜더 시대와 스튜어트 시대의 성직자라고 달리 말하지는 않았을 것이다.[42] 기도문을 이용할 수 없다고 해서 그 대안으로 주문과 주물에 의존하는 것은 사악한 행위인즉, 사탄은 육체를 치료한 대가로 영혼을 사로잡을 것이 분명하기 때문이었다. 더욱이, "독실한 신자의 신실하고 헌신적인 기도조차 … 각고의 노력과 유익한 약 복용을 수반하지 않는다면 … 그런 보장이나 성공을 기대할 수 없을진대, 이성에 반해 헛된 말을 의미 없이 중얼거리는 것만으로 어떻게 성공을 장담할 수 있다는 말인가?"[43]

이런 충고는 직업집단으로서 성직자들의 이해관계와 너무 눈에 띄게 들어맞는 것이 아니었더라면 한층 큰 효과를 발휘했을지 모르겠다. 성직자치고 자신의 목회영역에서 민간마술사에게 강력한 경쟁의식을 느끼지 않는 이는 거의 없었다. 토마스 모어 경은 "하나님보다 이처럼 신통력을 가진 주술사를 더 굳게 믿는 어리석은 자가 많다"는

41) Kittredge, *Witchcraft*, p. 30에서 인용되었음.

42) [역주] 울프스턴(Wulfstan: ?~1023)은 앵글로색슨 시대를 대표하는 성직자로 우스터 주교와 요크 대주교(1003~1023)를 지냈다. 중세 《설교집》(*Homilies*)의 저자로 알려져 있으나 확인되지는 않았다. 이 작품은 중세 잉글랜드 법체계의 발전에 큰 영향을 미쳤다.

43) J. Cotta, *A Short Discoverie of the Unobserved Dangers of Severall Sorts of Ignorant and Unconsiderate Practitioner of Physicke*(1612), p. 49.

것을 개탄했다. 제임스 1세 치세기에 어떤 성직자는, “양심적인 목회자보다, 아니 내과의보다도 강복술사가 더 많은 배교자들과 환자들을 거느리고 있지 않는가?”라고 반문했다. 1680년이라는 늦은 시기까지도 스태퍼드셔의 어떤 젠틀맨은 이 같은 불평에 공감을 표하고 있었다. 백주술사는 “가장 위대한 성직자 못지않게 많은 추종자들”을 거느린다는 것이었다.[44]

곤경이나 질환이나 손실이 생겼을 때 하나님 아닌 주술사에게 사람들이 몰린다는 것. 바로 이것이 성직자의 불평거리였다. 이는 민간마술사가 성직자의 가장 중요한 기능들 중 일부를 찬탈하려 위협한다고 말하는 것과 진배없었다. 토마스 피커링 신부가 1608년에 기록했듯이,[45] “하나님의 종들은 의심스럽고 어려운 문제에서 양심에 따라 결단을 내리지만, 무자와 무녀라는 이름으로 활동하는 사탄의 종들은 근심걱정, 재산상 손실, 육체적 불행 같은 사안에서 사탄과의 밀약에 따라 무지하고 불안정한 인간을 달래고 안내하며 돕는다.”[46] 평신도들이 주술사를 찾는 것은 도움과 조언을 구하기 위해서였고, 실제로도 그들은 육체적으로든 심리적으로든 위안과 조력을 얻었다. 조지 기퍼드가 기록했듯이, “불행에 처한 많은 자들이 그들 자신과 그들이 소유한 모든 것에 어떤 일이 일어날지 알 수 없을 때, 무자나 무녀와

44) T. More, *A Dialogue of Cumfort* (Antwerp, 1573), f. 43v; Cooper, *Mystery*, p. 19; J. Brinley, *A Discovery of the Impostures of Witches and Astrologers* (1680), p. 4. 이와 유사한 증언은 *Homilies*, pp. 48~81에도 등장한다.

45) [역주] 토마스 피커링(Thomas Pickering: 1625 죽음)은 케임브리지에서 수학한 후 동대학 이매뉴얼칼리지 교수로 재직하다가 에식스 핀칭필드(Finchingfield)에서 목회활동을 시작했다. 가혹한 주술 비판자로서 유명한 *A discourse of the damned art of witchcraft* (1618)를 출판했지만, 레지널드 스코트의 유고(遺稿) 관리자로 무속과 주술에 관한 여러 저서를 편찬, 출판했다.

46) Epistle dedicatory to Perkins, *Discourse*, sig. 93v.

연통해서 위안을 얻고 원기를 회복하는 것은 흔한 일이요 경험적으로 충분히 검증된 일"이었다. 윌리엄 릴리도 그의 하녀가 사이먼 포먼이 제작한 상형메달을 부적으로 이용해 첫 남편의 자살을 막은 이야기를 전하고 있다.[47]

만사가 하나님의 예측 불가능한 처분에 맡겨져 있으니 악마의 도움으로 분실물을 되찾기보다는 아예 잃어버리는 편이 낫다는 성직자의 고지식한 주장과 비교할 때, 유익한 결과를 제공하겠다는 주술사의 주장이 훨씬 매력적으로 보일 때가 많았다는 것은 그리 놀랄 일이 아니다. 실제로 리처드 버나드는 어떤 행위의 적법성을 그 결과라는 견지에서만 판단해서는 안 된다고 주장했고, 토마스 가태커는 "잃은 의복이나 돈을 사탄의 힘으로 되찾느니 잃는 편이 낫다"고 선언했다.[48] 이처럼 가혹한 퓨리턴 성직자들의 조언이 곤경이나 위험에 처한 다수의 반감을 자극한 것은 불가피했다. 민간마술사에게 받은 호신용 주물을 성직자의 강압에 못 이겨 불태운 누구누구가 죽었다더라 하는 풍문이 떠돌았다. 그런 성직자는 간섭이나 잘하지 주민의 물질적 행복에는 무관심한 것처럼 보였다. 1570년 캔터베리 감옥에서는 어떤 무녀의 탈옥사건이 있었다. 간수가 탈옥을 도왔다고 솔직히 자백했는데, "그녀는 하나님 말씀을 전하는 펀들(Pundall) 목사님이나 우드(Wood) 목사님에 비해 의술로 좋은 일을 훨씬 많이 했다"는 것이 이유였다. 조지 기퍼드의 《주술사에 관한 대화》(1593)에 등장하는 한 인물은 마을 무녀에 관해, "그녀가 지난 1년간 행한 선행은 이 모든 성직

---

47) G. Gifford, *A Discourse of the Subtill Practices of Devilles by Witches and Sorcerers* (1587), sig. H1v; Lilly, *Autobiography*, pp. 33～4.

48) Bernard, *Guide*, p. 152; Gataker, *Of the Use and Nature of Lots*, p. 388. 이 견해는 원래 토마스 아퀴나스가 개진한 것(*Summa Theologica*, Ⅱ. ii. 95. 4)이었다. 이 책의 2권 pp. 382～3도 참조할 것.

자들이 평생토록 행한 선행을 전부 합친 것보다 많다"고 주장했다.[49]

악의적 주술을 진단하고 치료한다는 민간마술사의 주장도 비슷한 논란을 야기했다. 혹시 나에게 마술이 사용된 것은 아닐까 하는 의심이 민간에 만연하지 않았다면, 마술의 도움을 받으려 한 사람도 그리 많지는 않았을 것이다. 하지만 바로 이 문제에서 마술요법과 종교요법은 가장 첨예한 대립각을 세웠다. 그도 그럴 것이 대다수 성직자는 악의적 주술의 실효성을 인정하면서도, 민간마술사 치료법이나 다양한 전통적 민간요법에 효과적으로 경쟁할 수는 없었기 때문이다. 국교회는 로마가톨릭 퇴마사들이 이용했던 성수나 성호를 비롯한 모든 소품들을 거부했지만, 기도와 회개를 포괄적으로 권고하는 것 외에는 구체적 대안을 제시하지 못했다. 옛 가톨릭교회는 스스로 대항마술을 갖추고 있었기 때문에 마술을 그런대로 관용할 수 있었지만, 이제 국교회는 대항마술을 포기하면서도 마술의 잠재력에 대한 전통적 견해를 그대로 유지한 셈이었다. 자신이 주술에 걸렸다고 믿어 대항마술로 치료하려는 환자는 교회법원에 기소될 위험을 무릅쓰지 않을 수 없는 처지가 되었다.[50] 성직자는 악마 들린 아이를 민간마술사의 도움으로 살리기보다 죽게 놔두는 편이 낫다고 생각했다.[51] 이런 상황에서 마술요법이 매력을 키워갔으리라는 것은 쉽게 예측할 수 있는 일이다. 레지널드 스코트가 예리하게 지적했듯이, 중세교회 성인들이 남긴 공백을 튜더 시대의 시골 무녀들이 채워 준 셈이었다. 중세에 독실

49) Aubrey, *Miscellanies*, pp. 135~6; Ewen, vol. 1, p. 37; Gifford, *Dialogue*, sig. M3v.

50) 예컨대, W. J. Pressey, "The Records of the Archdeaconries of Essex and Colchester", *Transactions of the Essex Archaeological Society*, vol. 19 (1927~1930), p. 18; Peterborough D. R., Correction Books 43, f. 110; 46, f. 97v.

51) Perkins, *Discourse*, p. 156; Bernard, *Guide*, pp. 153~4; Gaule, *Select Cases of Conscience*, p. 167; 이 책의 3권 pp. 124~7.

한 가톨릭 신도는 분실물이나 도난품을 되찾으려면 성 빈센트나 성 파도바의 안토니에게 기도할 수 있었지만,[52] 이제 프로테스탄트에게는 민간마술사만이 남아 있었다. 16세기 말에 윌리엄 퍼킨스가 "무식한 부류"에게는 하나님 말씀보다 주물과 주문이 훨씬 가깝다고 개탄한 것은 이런 연유였다.[53]

이 같은 현실을 극복하려는 성직자들의 투쟁은 헛수고로 끝났다. 그들은 교회법원을 이용해 경쟁자에게 온갖 압박수단을 동원했다. 민간마술사의 고객을 처벌했고, 그 고객에게 "하나님의 도움을 거부하고 사람의 도움을 구했으니 진심으로 회개합니다!"라는 식의 공개참회를 강요했다.[54] 그러나 문제는 그런 고객이 무속인을 보통사람과 다른 존재로 보았고 무속인의 비법에 의존하는 것을 전혀 잘못이라 여기지 않았다는 점이다. "사람들은 오히려 무속인을 우러러보며 왜 선한 일을 행한 자가 심문을 받아야 하는지를 묻는다"고 존 스턴은 기록했다.[55] 브리지트수도회 수사 리처드 위트포드(Richard Wytforde)는

---

52) [역주] 성 빈센트(St. Vincen: 304 죽음)는 디오클레티아우스 황제 치세기에 에스파냐 사라고사에서 활동하다 순교한 성인이며, 성 앤터니(St Anthony: 1195~1231)는 포르투갈 리스본에서 태어나 이탈리아 파도바를 중심으로 프란키스쿠스회 수도사로 활동한 성인이다.

53) Scot, *Discoverie: A Discourse of Devils and Spirits*, 24장; *The Whole Works of… Jeremy Taylor*, R. Heber, ed., C. P. Eden, rev. (1847~1854), vol. 6, p. 257; *Miracles lately wrought by the Intercession of the glorious Virgin Marie*, R. Chambers, trans. (Antwerp, 1606), sig. B4; Perkins, *Discourse*, p. 131,

54) Hale, *Precedents*, pp. 185~6. 고객을 기소한 다른 사례는 다음 문헌을 참조할 것. *Ibid.*, p. 219; *A Miscellany of Notts. Records*, T. M. Blagg, ed. (Thoroton Society, 1945), p. 36; Ely D. R., B 2/17, f. 124; K. Major, "The Lincoln Diocesan Records", *T. R. H. S.*, 4th series, vol. 22 (1940), p. 59; Peterborough D. R., Correction Book 36, ff. 78, 101; 41, p. 475; 43, f. 214v; 47, ff. 11v, 63; A. D. J. Macfarlane, *Witchcraft Prosecution in Essex, 1560~1680* (Oxford 박사학위논문, 1967), p. 65 (38사례).

다음과 같은 일화를 전한다.[56] 그는 16세기 초에 "그 비천한 인물에 관해 사람들이 전하는 이야기를 직접 듣고 있는" 중이었는데, 누군가가 "선생님, 정말로 말인데요, 우리는 환자나 병든 가축을 고쳐 주는 것이야말로 선하고 자비로운 행동이라고 굳게 믿고 또 그렇게 여기고 있답니다"라고 말했다는 것이다.[57] 흑주술사와 백주술사 간의 구분을 애써 무시하고 둘을 싸잡아 악마적이라 낙인찍으려 했던 신학자들의 노력도, 주술사의 도움을 받은 주민들에게는 전혀 먹혀들지 않았다. 반대로 주민들은 이처럼 온갖 술법에 능한 부류가 하나님께 계시를 받았다든지, 천사들의 도움을 받았다든지, 심지어는 특별한 신성을 타고났다고 믿고 싶어 했다. 보통사람들은 무속인의 능력이 "하나님의 특별 선물"에 의해 온 것으로 여긴다고 토마스 쿠퍼는 기록했다. 주민들이 민간마술사를 "신에 가까운 인간"(神人)으로 숭배한다고 기록한 이도 있었다. 기도로 환자를 치료한 그리그(Grig)라는 런던의 가금상(家禽商)은 "신이라도 되는 듯이" 추종자들을 거느렸고,[58] 튜더

---

55) [역주] 존 스턴(John Stearne: 1624~1669)은 매튜 홉킨스(Matthew Hopkins)와 함께 1645~1646년의 대대적인 무속인 사냥을 주도한 인물이다. 그 혼자서 2백 명의 처형을 주도했다고 자랑했지만, 사실여부는 확인되지 않았다. 그는 아일랜드 왕립내과의협회를 창시한 내과의이기도 했다.

56) [역주] 브리지트수도회(Bridgettine order 또는 Briggittine order)는 스웨덴의 성녀 브리제트(Bridget, 또는 Birgitta)가 1350년경에 설립했고 1370년에 교황 우르비노 5세의 승인을 받은 교단이다. 오늘날까지도 전 세계에서 여러 지회가 활동하고 있다.

57) Stearne, *A Confirmation and Discovery*, p. 11; R. Wytforde, *A Werke for Householders*(출판연도 미상, Ashm. 1215의 사본), sig. Cii.

58) [역주] 그리그(Grig)는 서리(Surrey) 출신으로 1550년대에 중반에 무상치료와 예언을 병행해 런던 시민 사이에서 큰 인기를 누리다가 기소되어 장터에서 공개모욕형을 받았다. 가금상(家禽商: *poulterer*)은 원래 장원 내에 거주하면서 닭이나 오리 같은 조류를 키워 그 고기와 알을 주방에 공급하는 자였으나 16세기에는 집에서 조류를 키워 판매하는 상인도 동일한 이름으로 불렸다.

시대의 접신술사 로버트 앨런(Robert Allen)도 "노퍽(Norfolk)의 신"이라는 별명을 얻었다.[59]

때로는 민간마술사 스스로가 이런 대우를 부추기기도 했다. 1555년 서머싯에서 조앤 티리(Joan Tyrry)는 "사람과 가축을 치료한 그녀의 행위는 정령들에게서 배운 … 하나님의 권능에 의한 것이므로 신실하고도 선한 것"이라고 항변했다. 1657년 플린트셔에서 앤 엘리스(Anne Ellis)도 그녀가 아이들과 가축들에 은총을 베푼 것은 선행이라고 주장했다. "하나님의 은총은 이를 전하도록 권능과 은사를 받은 자들이 베풀어도 여전히 … 선함이 분명하기 때문"이라는 것이었다. 1499년에 애그니스 클럭(Agnes Clerk)은 딸이 호랑가시나무가지로 정령을 불러내자, 순진하게도 서퍽의 애시필드(Ashfield) 소교구 부제를 찾아가서는 숨은 보물찾기에 사용될 수 있도록 그 나뭇가지에 성별(聖別)을 요청한 일도 있었다.[60] 당연히 많은 사람들은 민간마술사가 하나님에 의해 특별히 점지된 자라고 믿었다. 하지만 그의 비법이 정확히 무엇에 유래하는지는 형편에 따라 정의되었던 것 같다. 명성의 원인을 특별히 신성한 삶으로 돌리기보다 독보적인 지식과 기술(즉, '마술': *cunning*)로 돌리는 무속인이 있었다. 겸손하게 표현하자면 그런 자는 "한두 가지 일"에 정통할 뿐이었다.[61] 드문 사례이기는 하지만 부리는

---

59) Cooper, *Mystery*, p. 37(아울러 pp. 205, 232도 참조); E. Poeton in Sloane 1954, f. 164v. C. Wriothesley, *A Chronicle of England*, vol. 2, W. D. Hamilton, ed. (Camden Society, 1877), p. 42; *Narratives of the Days of the Reformation*, J. G. Nicholas, ed. (Camden Society, 1859), p. 330. 비슷한 증언은 Gifford, *Dialogue*, sigs. F1v, M3v; Bernard, Guide, p. 150; Gaule, *Select Cases of Conscience*, p. 125. 프랑스 로랭(Lorraine) 지역에서도 가톨릭교회는 흑주술과 백주술 간의 대중적 구분을 말소하는 작업에 실패했다. E. Delcambre, *Le Concept de la sorcellerie dans le Duché de Lorraine*(Nancy, 1948~1951), vol. 3, 16장.

60) Wells D. R., A 21; Ewen, vol. 2, p. 334; C. Jenkins in *Tudor Studies*, p. 73.

영(*familiar spirit*)을 이용한다고 주장한 자도 있었는데, 여기서 부리는 영은 선한 천사로 너그럽게 봐줄 만한 것이었다. 그렇지만 영적 도움을 가장한 사례는 거의 없었다. 무속인이 신앙치료사를 가장한다고 몰아세운 것은 오히려 성직자들이었는데, 그들로서는 마술요법이 신학적으로 가치중립적인 위상을 차지하도록 수수방관할 수만은 없었던 것이다. 가끔은 신인(神人)으로 명성을 누린 민간마술사가 악마숭배자라는 딱지를 떼버리기 위해 신앙을 앞세울 때도 있었다.

그러나 종교개혁 이후라고 해서 마술과 종교를 대립적이고 양립 불가능한 두 신조체계로 보는 것은 잘못이다. 종교에는 여전히 마술 요소가 남아 있었고, 마술활동에는 종교적 색채가 농후했다. 마술을 반대한 성직자들도 경계선을 어디에 그어야 할지 곤란했을 것이다. 많은 마법사와 강복술사가 공식기도문 암송으로 환자를 치료했다. 하나님이 병을 줄 수도, 따라서 병을 물리칠 수도 있음을 인정하는 한에서는, 프로테스탄트 교회 역시 하나님에 대한 간원 그 자체를 비난할 처지는 아니었다. 물론 합법적 기도형식과 불법적 기도형식을 구분할 수는 있었다. 이를테면 라틴어 주기도문과 사도신경, 혹은 성모 마리아와 성인들을 향한 간원기도문 같은 로마가톨릭 공식기도문의 사용이 금지되었다. 주물 안에 기독교 용어를 아브라카다브라의 의미 없는 구절과 뒤섞는 행위도 금지되었다.[62] 그렇지만 여전히 문제는 남

61) 1630년에 어떤 재단사의 부인은 가축을 치료하고는 자신도 그런 "하찮은 일은 할 수 있다"는 식으로 자랑삼아 말했는데, 이에 관해서는 Lancashire R. O., QSB/1/78/49를 참조할 것.

62) [역주] 아브라카다브라(*Abracadabra*)는 치료용 부적으로 사용된 주문이다. 기원후 2세기에 내과의 세레누스 사모니쿠스(Serenus Sammonicus)가 로마황제 카라칼라를 위해 사용한 것이 첫 사례로 알려져 있다. 그 부적은 원래 A-B-R-A-C-A-D-B-R-A에서 시작해 알파벳 숫자를 하나씩 줄여 A로 끝나

아 있었다. 흠잡을 곳 없는 프로테스탄트 기도문 암송으로 이웃의 질병을 치료한 민간마술사를 어떻게 처리할 것인가? 일례로 골든비어드(Goldenbeard)라는 애칭을 가진 브리지트(Bridget)는 1576년에 "적절한 기도"로 많은 글로스터 주민을 도왔다고 주장했으며, 에식스에서 활동한 매저리 스켈턴(Margery Skelton)은 1566년에 주술과 흑마술로 기소되자 "기도문으로 기도함으로써" 주민 6명을 치료한 것이 전부라고 반박했다. 교회법원은 이런 여인들에 대한 기소를 어떻게 정당화할 수 있었을까?[63] 물론 정답은 있었다. 교회는 자연을 이용한 치료제를 우선하지 않은 채 하나님께 기적치료를 기대하는 것을 부적절하다고 간주했기 때문이다. 기도문 사용은 약 사용을 수반해야지 약 사용을 방해해서는 안 될 터였다. 약만을 신뢰한다면 불경이었듯이, 기도문에만 의존하는 것은 미신이었다. 그러나 이런 구분은 애매했다. 일부 성직자조차 어떤 질병은 하나님이 자연원인을 빌리지 않고 손수 퍼트린다고 믿은 시절이었던 만큼, 평신도 간에 혼란이 있었다고 놀랄 일은 아니다.[64]

종교가 여전히 마술적 측면들을 유지했다면, 역으로 마술은 동시대 종교로부터 영향을 받았다. 민간마술사가 기독교 성물을 주물로 이용한 것은 그 성물 안에 신비한 힘이 숨어 있다고 믿었기 때문이듯이, 한층 야심찬 마술사들이 불러내려 한 영도 기독교 천사든지, 아니면 천사와 악마의 중간쯤 되는 존재였다.[65] 뿐만 아니라 (동시대의) 많은

---

는 역삼각형 표였으나, 세월이 흐르면서 히브리어나 성경구절이나 숫자를 같은 원리로 배열한 각양각색의 부적으로 진화했다.

63) Gloucester D. R., vol. 40, f. 5; Hale, *Precedents*, p. 148.

64) 이 책의 1권 pp. 188~9, 191~3을 참조할 것.

65) K. M. Briggs, *The Anatomy of Puck* (1959), pp. 169~71. 어떤 수호천사를 불러내서 도둑잡기 마술을 실행하려 한 사례는 Ashm. 421, ff. 231~232에 수록되어 있다.

주석가들이 언급했듯이, 봉헌, 분향(焚香), 성별을 수반한 접신의례는 로마가톨릭 미사의 강력한 유산이었다.[66] 이런 접신의례에 대다수 신학자들이 곱지 않은 시선을 보낸 것은 당연했다. 신학에서는 선한 영과 악한 영이 있을 뿐 중립적인 영은 있을 수 없다는 것, 선한 영은 위압적인 부름에 좀처럼 응하지 않지만 악한 영은 그런 방종한 자의 영혼을 사로잡을 기회를 절대 놓치지 않고 달려든다는 것이었다. 이런 근거에서 대다수 성직자들은 부리는 영이란 악의를 품은 악령이라고 주장하든지, 아니면 주물 제작에 사용된 상징술(*notory art*)이 쓸모없는 것이라고 주장했다. 사람이 진정으로 영계(靈界)와 접촉하는 것은 불가능한 일로 간주되었다.[67] 물론 성직자가 어떤 지적 전통의 영향을 받느냐에 따라 많은 것이 달라졌다. 일례로 신플라톤주의 영향을 받은 성직자는 접신행위의 이론적 가능성을 인정할 자세가 되어 있었다. 그러나 주교 3명의 후원을 받는다는 로버트 플러드의 주장에도 불구하고, 잉글랜드 성직자들 가운데 신플라톤주의자는 극히 드물었다. 그의 논적 윌리엄 포스터가 주목했듯이, "하나님께 감사드릴 일로, 우리의 모든 대학들과 모든 주교들은 이 땅에 마술서적 출판을 허용하지 않을 만큼 매우 신중하다." 이탈리아와 마찬가지로 잉글랜드에서도 헤르메스 마술을 지원한 성직자가 전혀 없지는 않았지만, 잉

66) 이를테면 J. Melton, *Astrologaster*(1620), pp. 16~7. 아서 건트렛(Arthur Gauntlett)이라는 무속인이 고수한 성별의식은 Sloane 3851, f. 11v에 수록되어 있다.

67) Aquinas, *Summa Theologica*, Ⅱ. ii. 96. 1; Kocher, *Science and Religion*, pp. 119~20; G. Alley, *The Poore Mans Librarie*(1571), f. 54; R. H. West, *The Invisible World. A Study of Pneumatology in Elizabethan Drama*(Athens, Ga., 1939), p. 230; Thorndike, *Magic and Science*, vol. 1, p. 506; H. Hallywell, *Melampronoea: or a Discourse of the Polity and Kingdom of Darkness*(1681), p. 50; H. More, *A Modest Enquiry into the Mystery of Inquity*(1664), p. 66.

글랜드 국교회의 지배적 분위기는 모든 종류의 접신의례나 강령(*spirit-raising*) 의례에 대해 극히 적대적이었다.[68]

반면에 마술사 편에서는 천상의 존재를 불러낸다는 것 자체가 종교의례였기에 당연히 기도가 큰 비중을 차지했고 경건하고 순결한 생활이 중시되었다. 1631년 사우샘프턴의 한 무속인은 "어떤 영을 불러낼 때, 11세나 12세 어린이, 혹은 이에 준하는 숫처녀만이 그 영의 출현을 감지할 능력을 갖는다"고 말했다.[69] 플러드 자신도 순결서약에 참여했고 육신을 모든 악의 뿌리로 간주했다.[70] 강령마술이나 접신술은 기도, 금식, 헌신적 준비 등 엄격한 절차를 거치면 인간도 하나님의 창조 수준에 오를 수 있다는 관념에 기초한 것이었다. 많은 마술사들에게 이것은 공식기도문에 대한 기술적 조작이 아니라, 하나님께 당신의 비밀을 나 홀로 엿볼 특권을 베풀어 달라는 겸손한 간청이었다. 이런 맥락에서 월터 롤리 경은 "마술은 하나님을 섬기는 기술"이라고 기록했다.[71] 존 디도 프라하에서 신성로마제국 황제 루돌프 2세에게

68) *Doctor Fludds Answer unto M. Foster* (1631), p. 22; Foster, *Hoplocrisma-Spongus*, p. 37; F. A. Yates, *Theatre of the World* (1969), pp. 64, 68, 70. 트리테미우스(Trithemius)와 아그리파의 작품이 출판되는 것을 반대한 주교 후퍼의 태도는 로저 베이컨의 작품을 출판하려 한 주교 존 펠(John Fell)의 태도와 대조를 이룬다. Hooper, *Early Writings*, S. Carr, ed. (Cambridge, P. S., 1843), p. 327; *Reliquiae Hearnianae*, P. Bliss, ed. (2판, 1869), vol. 2, p. 153.

69) *The Book of Examinations and Depositions, 1622~1644*, vol. 2 (1627~1634), R. C. Anderson, ed. (Southampton Record Society, 1931), pp. 104~5. 그 밖에도 Kittredge, *Witchcraft*, pp. 51, 185~7, 190; Bodl., Aubrey MS 10, f. 114; 이 책의 2권 pp. 87~88도 비교 참조할 것.

70) S. Hutin, "Robert Fludd, le Rosicrucien", *Revue Métapsychique*, vol. 20 (1953), pp. 7, 9n.

71) K. M. Briggs, *Pale Hecate's Team* (1962), p. 44에서 인용됨. (플라톤에게서 파생된) 동일한 정서가 *Fourth Book of Occult Philosophy* (아그리파를 참칭한

다음과 같이 말했다. 그는 지난 40년 동안 참 지식을 찾아 헤맸지만, 어떠한 책도, 어떠한 현존 인물도 그가 원하는 지식을 전해 주지 못한다는 것을 깨달았을 뿐이다. 그래서 그는 어떤 특별한 돌〔현자의 돌〕과 거룩한 천사들의 도움을 받기로 결심했고, 이들의 간원으로 하나님이 창조의 비밀을 그에게 보여주실 것을 기대했다. 천사들과의 거래에서 그는 자신에게 출현한 영이 악한 영이 아닌 선한 영임을 확인하고자 신중에 신중을 거듭했으니, 그의 비밀 탐색은 기독교 울타리를 단 한 번도 벗어난 적이 없다고 장담할 수 있다는 것이었다.[72]

이 수준에서 마술활동은 종교적 탐색이었다. 그것은 연구와 조사에 의해서가 아니라 계시에 의해서 지식을 추구하는 활동이었다. 순결한 삶이 전제되어야 과학적 발견이 가능하다는 것은 장구한 연금술 역사를 관류하는 관념이요, 17세기에 로젠크로이츠 형제단의 신조를 형성한 관념이었다. 그 형제단이 이름뿐이었는지 실체도 있었는지는 아직 분명치 않지만, 형제단이 추구한 가치는 낯설지 않은 것이었다.[73] 그것은 '영지'(靈知: *gnosis*)의 오랜 전통, 즉 기도며 금식이며 접신을 통해 계시적 지식을 추구한 기나긴 전통에 맞닿아 있었다. 이런 관점에서 보면 종교와 마술은 경쟁자가 아니라, 하나의 동일하고 전포괄적

---

작품)에 대한 R. Turner의 번역본(1655), sig. A2v에서도 표현되고 있다.

72) M. Casaubon, *A True and Faithful Relation of … Dr John Dee … and Some Spirits*(1659), p. 231; C. H. Josten, "An Unknown Chapter in the Life of John Dee", *Journal of the Warburg and Courtauld Institutes*, vol. 28(1965), p. 235. 그렇지만, 보물찾기 같은 것은 세상의 주인이 되려는 사악한 천사들을 이용하지 않고는 불가능하다는 경고에도 불구하고, 존 디는 보물찾기를 계속했다고 한다. Casaubon, *op. cit.*, p. 171, sig. *43.

73) [역주] 로젠크로이츠 형제단은 독일 출신의 가공인물 로젠 크로이츠(Rosen Kreuz)가 창시했다고 알려진 비밀결사이다. 'Fraternity of the Rosy Cross', 또는 'Rosicrusians' 같은 영어 이름도 있고, 흔히 '장미십자회'로 번역되지만, 로젠크로이츠가 인명이라는 점을 감안해, '로젠크로이츠 형제단'으로 번역했다.

인 진리를 향한 고된 여정의 동반자였다. 종교적 완성은 마술적 권능을 선물할 것이었다.

이런 맥락에서 대다수 지도급 연금술사는 자신이 금을 만드는 천박한 활동보다 고된 영적 연단을 추구하는 존재임을 자처했다. 수련자의 영적 변화가 우선이고 금속변성은 부차적 목적에 불과했다. 연금술은 금욕을 수반했고, 세속적인 것에 대한 경멸을 수반했다. 다양한 금지령에도 불구하고 많은 중세 연금술사가 수도사였다는 것,[74] 종교개혁에 뒤이은 세기까지도 수도원이 그런 은비한 지식의 전당으로 명성을 유지했다는 것은 결코 우연이 아니다. 수도원 폐허 곳곳에서 기적의 염료단지가 발견되었다는 무성한 소문은 마술과 종교가 동반자라는 신화의 확대재생산에 기여했다.[75] 물론 기성교회가 이런 이야기를 늘 관용한 것은 아니었다. 실제로 정통 칼뱅파 성직자 대다수는 연금술을 노골적으로 적대시했다. 그들이 연금술을 혐오한 이유는 모든 종류의 마술을 의심한 이유와 동일했다. 자연을 변성한다는 것은 교만한 시도로 악마에게 이익이 될 뿐이었다. 토마스 잭슨이 생각하기에, 연금술사는 "무엇보다 자연적인 것을 마술적인 것으로 승화시키겠다는 교만한 영의 냄새"를 풍길 뿐이었다. 이처럼 17세기 퓨리턴 대다수는 연금술을 악마적인 것으로 비난했다.[76]

---

74) 가장 유명한 사례는 아우구스티누스수도회 수도사 조지 리플리(George Ripley)이다. 다른 사례들에 대해서는, *Visitations of Religious Houses in the Diocese of Lincoln*, A. H. Thompson, ed. (Lincoln Record Society, 1914~1923), vol. 2, pp. 208~12; *Visitations of the Diocese of Norwich*, A. Jessopp, ed. (Camden Society, 1888), p. 267; G. G. Coulton, *A Medieval Garner* (1910), pp. 518~21; W. C. Waller, "An Essex Alchemist", *Essex Review*, vol. 13 (1904)을 참조할 것.

75) Josten, *Ashmole*, pp. 78~9, 564, 588; E. J. Holmyard, *Alchemy* (Harmondsworth, 1957), p. 204; Bodl., Wood MS F 39, f. 354.

76) T. Jackson, *A Treatise containing the Originall of Unbeliefe* (1625), p. 184; W.

그럼에도 영적 추구라는 그 오랜 전통은 르네상스 헤르메스주의 영향으로 강화되어, 여전히 독실한 신자의 상상력을 사로잡을 수 있었다. 1659년에 국교회 성직자 메릭 카조봉은 영들의 계시를 통해 많은 화학 비법을 배울 수 있음을 기꺼이 인정했다. 연금술에 심취한 다른 국교회 성직자 중에는 우스터주교로 플러드를 후원한 존 손보러,[77] 도싯 소교구 사제 리처드 스웨인(Richard Swayne), 수학자 윌리엄 오트레드가 포함된다.[78] 17세기 중반에 잉글랜드 헤르메스주의를 주도한 두 인물, 토마스 반과 존 에버라드 역시 국교회 성직자였다. 존 에버라드는 훗날 패밀리스트파 신도가 되었지만, 패밀리스트파 역시 연금술에 깊이 뿌리를 둔 신비종파의 하나였다. 연금술 및 로젠크로이츠 형제단의 교과서적인 책자들이 번역 출판된 것은 공위기였고, 연금술은 당시의 종교적 광신에 밀접히 연루되었다. 하지만 내란 발발 이전부터 연금술은 신흥종파 운동과 엮여 있었다. 일찍이 1601년에 패밀리

---

Fulke, *A most pleasant Prospect into the Garden of Naturall Contemplation* (3판, 1640), ff. 65v, 66; *The Private Diary of Dr John Dee*, J. O. Halliwell, ed. (Camden Society, 1842), p. 47; *The Works of … William Perkins* (Cambridge, 1616~1618), vol. 2, p. 227; Bernard, *Guide*, p. 57; *The Complete Works of Stephen Charnock*, J. M'Cosh, ed. (Edinburgh, 1864~1865), vol. 1, p. 518; Kocher, *Science and Religion*, p. 66 and n. 또한 *Dives and Pauper*, 제1계명, chap. 49도 비교 참조할 것.

77) [역주] 존 손보러(John Thornborough: 1551~1641)는 우스터 주교(1617~1641) 이전에 리머릭 주교와 브리스틀 주교를 지냈으며 엘리자베스 여왕의 전속 사제로도 활동했다. 그는 《리토테오리코스》(*Lithotheorikos*)라는 연금술 책자를 1621년에 출판했고 한때 플러드와 사이먼 포먼을 고용한 것으로 알려져 있다. 연금술에 대한 퓨리턴의 적대감에도 불구하고 그는 퓨리턴에 대해 관용적인 자세를 견지하기도 했다.

78) Casaubon, *A True and Faithful Relation*, sig. E4; *D. N. B.*, "Thornborough, John"; R. Fludd, *Mosaicall Philosophy* (1659), p. 118; C. F. Richardson, *English Preachers and Preaching, 1640~1670* (1928), p. 152.

스트파를 카발리즘과 싸잡아 비난한 성직자가 있었는가 하면,[79] 일부 목회자는 내란 오래전부터 "로젠크로이츠의 이리떼가 신성한 것을 오락거리로 바꾸어 놓는다"고 공격하기도 했다. 신흥종파 교도들은 예전에 신학에서 그랬듯이 이제는 "자연연구에서 광신자들"이 되었다고 생각한 동시대인도 있었다.[80] 연금술사들과 신흥종파 교도들은 동질적 측면을 가지고 있었고, 입문자가 되려면 이에 어울리는 영적 조건을 먼저 갖추어야 함을 한결같이 강조했다. 헤르메스주의의 영향을 받은 그 신성마술 전통은 존 웹스터, 존 올린, 토마스 트라이언 같은 신흥종파 교도들 사이에서[81] 17세기 말까지 생생하게 살아 있었다.[82] 퀘이

---

79) [역주] 카발리즘(*Cabalism*)은 카발라(Kabbalah), 즉 여호와의 말씀을 접신이나 엄격한 종교의례를 통해 얻을 수 있다고 믿은 고대 유대교 신비철학의 한 지류이다. 신플라톤주의나 헤르메스주의의 영향으로 카발리즘은 범신론적 색채를 더해 점성술, 연금술, 자연마술 등 여러 종류의 마술과 쉽게 결합할 수 있었다. 16세기까지 큰 인기를 누렸으나 헤르메스주의 마술과 함께 쇠퇴했다.

80) H. Clapham, *Aelohim-triune, displayed by his Workes*(1601), sig. A3v; S. Denison, *The White Wolfe*(1627), p. 38; W. Ramesey, *Some Physical Considerations of the Matter, Organization, and Several Species of Wormes*(1668), p. 3. 연금술과 종교적 광신을 엮은 사례로는, T. Sprat, *History of the Royal Society*, J. I. Cope and H. W. Jones, eds. (St. Louis, 1959), pp. 37~8; C. Hill, *Intellectual Origins of the English Revolution*(Oxford, 1965), pp. 122~3.

81) [역주] 존 올린(John Allin: 1596~1671)은 퓨리턴으로 1637년에 아메리카로 이주해 매사추세츠의 데덤(Dedham)에서 목회활동을 전개했다. 그가 이민을 선택한 것은 마술사 혐의를 피하기 위해서였던 것으로 알려져 있다. 토마스 트라이언(Thomas Tryon: 1634~1703)은 글로스터셔 출신으로 정규교육을 받지 못하고 목동으로 10대를 보내다가 런던으로 상경해 상인의 도제로 생계를 유지했다. 주인의 영향으로 재세례파에 가담한 그는 상인이자 채식주의자이자 자가치료 관련 저자로 왕성하게 활동했는데, 이 모든 활동은 야콥 뵈메에게서 받은 영감에 근거를 두었다고 한다.

82) Webster, *The Displaying of Supposed Witchcraft*, pp. 5, 7~9; T. W. W. Smart, "A Notice of Rev. John Allin", *Sussex Archaeological Collections*,

커파의 여러 지도층 인사들이 "헤르메스"에 관심을 가졌고, 패밀리스트파나 뵈메파[83]에게도 연금술은 내적 거듭남의 외적인 상징이었다.[84] 콘웰의 어떤 내과의는 한참이 지난 1784년까지도 연금술을 "인간을 창조주에 가깝게 올려놓는 연구"로 추천했다.[85]

이처럼 마술과 성결함 간에 연관성이 있다는 가정이 미친 영향은 여러 수준에서 탐지할 수 있다. 이런 가정이 전제되었기에, 토마스 미들턴 경 같은 퓨리턴조차[86] 점성술에 기초한 마술 상형메달의 제작을 의뢰했을 것이요, 그 메달을 착용하기 전에 특별 기도문을 암송해야

---

vol. 31(1881); *Some Memoirs of the Life of Mr Tho. Tryon*(1705), sig. C7. 신흥종파에 속한 다른 연금술사로는, John Canne〔C. Burrage, *The Early English Dissenters*(Cambridge, 1912), vol. 1, p. 181〕; John Winthrop, Jr. 〔R. S. Wilkinson in *Ambix*, vol. 9(1963)〕; Charles Hotham(*D. N. B*); Israel Tongue(Wood, *Ath. Ox.*, vol. 3, cols. 1262, 1264) 등이 있다. 다양한 종파의 연금술사들이 Richardson, *English Preachers and Preaching, 1640～1670*, pp. 152～4에서 인용되고 있다.

83) [역주] 뵈메파(*Behmenists*)는 독일 신비주의자이자 접신술사 야콥 뵈메(Jakob Böhme: 1575～1624)를 추종한 무리로 이들의 신조는 뵈메주의(*Behemenism*)로 불린다. 잉글랜드에서는 뵈메의 저술이 1640년대에 소개되면서 기독교 급진종파운동으로 발전했다.

84) H. J. Cadbury, "Early Quakerism and Uncanonical lore", *Harvard Theological Review*, vol. 40(1947), pp. 191～5; M. L. Bailey, *Milton and Jakob Boehme* (New York, 1914), pp. 77～82, 107; *Some memoirs of … Tho. Tryon*, sigs. C8 ff. 이 책의 2권 pp. 404～9도 참조할 것.

85) J. W. Etheridge, *The Life of … Adam Clarke*(1858), p. 81(이 문헌은 친절하게도 J. D. Walsh 박사께서 내게 제공한 것이다).

86) [역주] 토마스 미들턴 경(Sir Thomas Myddelton: 1550～1631)은 웨일스의 덴비(Denbigh) 총독 리처드 미들턴의 넷째 아들로 태어났으나, 소년시절에 일찌감치 런던 식료상의 도제로 들어가 상인의 길을 걸었다. 웨일스와 런던을 오가면서 거상으로 성장해 동인도회사 창립회원이 되었고 하원의원으로 선출되었으며 1613년에는 런던 시장에 올랐다. 런던에 청정수를 공급하고 웨일스어 성경의 출판을 지원하는 등 다방면에 업적을 남겼다.

한다고 생각했을 것이다.[87] 그것은 왜 사우샘프턴의 하층민 무속인 윌리엄 바크실(William Barckseale)이 도난품 찾기에 착수하기 전 3일을 금식과 기도로 지냈는지, 왜 어떤 노퍽 주민이 1605년에 기도로 천사 영을 만나 그에게서 만사형통의 진리를 얻었다고 주장했는지를 설명해 준다.[88] 성경에 등장하는 위대한 영웅들이 모두 마술사였다는 민간전승에서도 동일한 가정을 엿볼 수 있다. 이런 생각은 헤르메스주의 이론에 의해 자극되었는데, 그 이론에 따르면 아담은 원래 자연만물에 대해 완전한 지식을 갖추고 있다가 실낙원하면서 상실했지만, [적어도 그 일부는] 노아와 솔로몬을 비롯한 여러 선지자를 거쳐 면면히 이어져왔다는 것이다. 마술적 권능에서 특히 유명한 성경의 영웅은 "이집트인의 모든 지혜에 정통했던"(《사도행전》 7장 22절) 모세였다. 모세는 이미 여러 중세 기적극(奇蹟劇)에서 주술사로 묘사된 적이 있고,[89] 칼뱅도 모세가 무속인에 불과하다는 중상모략을 퇴치하기에 부심해야 했다. "모세는 눈속임 마술사에 불과하다"고 경멸한 혐의로 기소된 여러 "무신론자" 중에는 크리스토퍼 말로가 끼어 있었다.[90] 동시대의 마술사들은 태곳적 성인들이 한때 소유했었다고 믿은 마술적

87) Ashm. 431, f. 152; Sloane 3822, f. 35.

88) 이 책의 p. 275; *H. M. C., Hatfield*, vol. 17, p. 25. 마술에서 금식의 역할에 관해서는, H. Holland, *The Christian Exercise of Fasting*(1596), sig. A1v를 참조할 것.

89) [역주] 중세 기적극(*mystery plays*)은 교회 내 상연을 목적으로 성경이야기를 극화한 아마추어 연극으로 문답식 찬송을 수반했다. 10세기에 시작되어 15세기에 절정에 이르렀으나 16세기에 전문극단이 출현하면서 쇠퇴했다.

90) Calvin, *Institutes*, I. viii. 6; L. B. Wright, in *Modern Philology*, vol. 24 (1927), pp. 271~2. 말로에 대한 언급과 모세 전승에 대한 참조문헌을 제공한 것은 P. H. Kocher, *Christopher Marlowe*(Chapel Hill, 1946), pp. 45~9. 다른 사례는 *C. S. P. D., 1611~1618*, p. 527을 참조할 것. E. M. Butler, *The Myth of the Magus*(Cambridge, 1948), part 1, 2장도 참조할 것.

권능을 열망했고, 그 성인들의 성공에 수반되었다고 상상된 기적의 도구들(이를테면 모세의 지팡이, 엘리사의 반지, 솔로몬의 반지)을 다시 만들어내려 했다. 제례 마술서적들은 에녹이나 솔로몬의 작품으로 간주되었고, 중세의 어떤 해몽 입문서는 《다니엘서》(*Book of Daniel*)로 알려지기도 했다. 주교 존 주얼이 지적했듯이, 자신의 비기(秘技)가 아담과 아벨에 유래한다, 모세와 아타나시우스에 유래한다,[91] 혹은 천사장 라파엘에 유래한다고 우쭐대는 것은 몽매한 무속인 대다수에게 흔한 일이었다. 아무리 악명 높은 접신술사라 해도 금식과 기도는 그의 기술의 일부로 여겨졌을 것이다.[92]

비록 교회는 공식 역량을 총동원해서 마술활동에 맞섰지만, 민간수준에서는 마술이 얼마나 무서운 죄인지조차 제대로 평가되지 않았다는 증거가 일부 남아 있다. 1583~1584년 버크셔의 새첨(Thatcham)에서는 소교구 위원들이 성찬례용 테이블보를 훔친 범인을 찾아 달라

91) [역주] 아타나시우스(Athanasius of Alexandria: 약 293~373)는 교황 아타나시우스 1세와 동일인물로 4세기 이집트의 가장 걸출한 교부이다. 그는 1차 니케아 종교회의(325)에서 성자와 성부가 다르다는 아리우스 주장을 논파한 인물로 유명하다.

92) *The Works of John Jewel*, J. Ayre, ed. (Cambridge, P. S., 1845~1850), vol. 1, p. 23; vol. 2, p. 991; J. Hall, *A Poesie in Forme of a Vision* (1563), sig. Biiii; Scot, *Discoverie*, XV. xxxi; Josten, *Ashmole*, pp. 85, 88. 마술 창시자로서의 아벨에 관해서는, L. Thorndike, in *Mélanges Auguste Pelzer* (Louvain, 1947), p. 241을 참조할 것. 솔로몬에 관해서는, G. Naudé, *The History of Magick*, J. Davies, trans. (1657), pp. 279~82와 G. R. Owst in *Studies presented to Sir Hilary* Jenkinson, p. 286을 참조할 것. 토마스 크롬웰은 솔로몬의 반지를 소유한 것으로 믿어졌다(*L. P.*, vol. 5, p. 696). 《에녹서》(*the Book of Enoch*)에 관해서는, Thorndike, *Magic and Science*, vol. 1, 13장, 모세의 지팡이에 관해서는, 이 책의 2권 pp. 128~9를 참조할 것. 《다니엘서》에 관해서는, C. du F. Ducange, *Glossarium* (1884~1887), "somnialia" 항목을 참조할 것.

고 여성 민간마술사에게 의뢰한 일이 있었다. 이것은 국교회 하급관리조차도 자신의 종교와 사소한 실용 마술 간에 전혀 모순을 느끼지 않았음을 예시하는 사례이다. 이 사례는 도난당한 성찬례용 접시나 여타 교회재산을 되찾고자 마을 무속인에 의뢰한, 16세기의 여러 기록된 사례들 중 하나에 불과하다.[93] 마일즈 블럼필드(Miles Blomfield)라는 에식스의 유명한 연금술사이자 민간마술사는 1582년에 아예 첼름스퍼드 소교구 위원으로 선발되었다. 어떤 성직자는 "하나님 말씀에 귀 기울이는 자들 사이에서도 주술사나 흑마술사를 찾는 것은 흔한 죄"라고 개탄했다.[94] 성직자라고 해서 마술사에게 의뢰하지 않은 것도 아니었다. 중세의 많은 대(大)수도원과 소(小)수도원이 분실물을 되찾고자 주술사의 조언을 구했다.[95] 토마스 베케트(Thomas Becket)와 주교 베이유의 오도(Odo of Bayeux)는 점술사의 영향을 받은 여러 지도급 고위성직자들 중 가장 유명한 두 사례에 지나지 않는다.[96] 이러한 자문사례는 종교개혁 이후로도 발견된다. 이 중에는

---

93) Kittredge, *Witchcraft*, pp. 197~8; C. H. Poole, *The Customs, Superstitions and Legends of the County of Stafford* (1883), p. 72. 17세기 중반에는 잃어버린 성경책을 찾아 달라고 민간마술사에게 부탁했던 사례도 있었다. *The Hartford-shire Wonder* (1669), p. 2.

94) I. Gray, "Footnote to an Alchemist", *Cambridge Review*, vol. 68 (1946), pp. 172~4; T. Taylor, *Christs Victorie over the Dragon* (1633), p. 506.

95) Kittredge, *Witchcraft*, p. 48 (셀비 수도원장의 사례, 1280); *Visitations of Religious Houses*, vol. 2, Thompson, ed., pp. 209~11 (레스터 수도원장의 사례, 1440); vol. 3, p. 233 (뉴넘 수도원장의 사례); *H. M. C.*, vol. 8, p. 265 (웨스트민스터 수도원장의 사례, 1450~약 1460).

96) John of Salisbury, *Frivolities of Courtiers*, pp. 127~8; *D. N. B.*, "Odo" 항목. [역주] 토마스 베케트(Thomas Becket: 1118~1170)는 런던 출생으로 1162년부터 임종까지 캔터베리 대주교를 지낸 인물이다. 교회 특권을 놓고 헨리 2세와 긴 싸움을 벌이다가 국왕추종자에 의해 암살당했다. 'Thomas à Becket'로 불리기도 한다. 베이유의 오도(Odo of Bayeux: 약 1036~1097)는 윌리엄 정

1579년에 어떤 무녀의 도움을 청한 세인트앤드류즈의 대주교 패트릭 애덤슨 같은 고위성직자도 있었고,97) "주술사에 대한 의뢰인"으로 1579년에 성직록을 박탈당한 에드먼드 커티스 — 서식스의 커크필드(Cuckfield) 소교구 사제이자 치체스터 주교의 동생인 — 같은 하급 성직자도 있었다.98) 세월이 한참 흐른 1640년에 서리의 에셔(Esher)에서 거센 폭풍우가 일었을 때에도, 주민들은 이를, 로드 추종자인 마을 성직자가 제단 난간을 끌어내린 범인을 색출하려고 접신술사를 방문한 결과라고 믿었다.99)

마술과 종교의 이러한 근친관계를 종교개혁에 앞선 시대가 남긴 일시적 유산으로 보는 편이 더 편할 수 있다. 가톨릭 라틴어 기도문은 주문용으로 많이 쓰이면서 여전히 특별한 인기를 누렸으며, 가톨릭 상징체계는 — 제례마술사의 강령집회에서든 평범한 점복기술에서든

---

복왕의 동복(同腹) 동생으로 1049년에 베이유 주교에 오른 성직자였지만, 전투와 정치에도 능한 인물이었다.

97) [역주] 패트릭 애덤슨(Patrick Adamson: 1537~1592)은 스코틀랜드 퍼스(Perth) 출신으로 세인트앤드류즈대학에서 철학을 공부한 후 가톨릭 성직자로 경력을 시작했다. 1576년에 세인트앤드류즈 대주교에 올랐으나, 스코틀랜드 장로교파와 잦은 충돌 끝에 의회를 장악한 장로교세력에 의해 이단으로 처형되었다.

98) [역주] 에드먼드 커티스(Edmund Curteis, 또는 Curteys)를 처벌하도록 처음 명령을 받은 것은 당시 치체스터 주교이자 그의 형 리처드 커티스(1532~1582)였다. 에드먼드에게 주어진 혐의는 "전혀 학식이 없는 음란한 사제, 시편을 부르면서 냉소하는 자, 주술사에게 의뢰한 자, 술주정뱅이"였다. 그가 동생의 성직록 박탈을 기피하자, 런던주교가 그 일을 처리했으며, 이후 에드먼드도 주교직에서 물러나 불우한 말년을 보내야 했다.

99) *D. N. B.*, "Adamson, P." 항목; H. N. Birt, *The Elizabethan Religious Settlement* (1907), pp. 431~2; *C. S. P. D., 1640*, p. 486. 성직자가 무속인을 찾은 다른 사례는, Kittredge, *Witchcraft*, p. 188; Thompson, *The English Clergy and their Organization*, p. 221; Scot, *Discoverie*, I. ii; J. Heydon, *Theomagia, or the Temple of Wisdome* (1664), vol. 3, pp. 97~107.

— 마술의례의 두드러진 특징으로 남아 있었다. 이런 부정한 짓거리가 아직 도처에서 광범위하게 자행된다고 믿은 프로테스탄트 동시대인들 사이에서, 마술활동이 지난 가톨릭교회의 잔재라는 것은 상식처럼 여겨졌음이 분명하다.[100] 그러나 이처럼 가톨릭교회와 마술의 근친관계를 가정하는 것이 얼마나 정확한지는 평가하기 힘들다. 잉글랜드에서 교회는 종교개혁 이후만이 아니라 그 이전부터도 민간주술에 맞서 싸웠다. 앞서 검토했듯이, 이 문제에 관한 한 교회법원의 방법과 태도는 중세 말과 17세기 사이에 크게 변한 것이 없었다. 종교개혁 이전에 기소된 마법사와 강복술사 중에는 오히려 〔반가톨릭적인〕 롤라드파 동조자가 여럿 포함되어 있었다.[101] 더욱이 마술을 강력히 적대시한 반동종교개혁 교회는 때로 프로테스탄티즘의 성장이 주술에 힘입은 것이라고 공개적으로 주장하기도 했다.[102] 잉글랜드에서 신플라톤주의의 영향은 프로테스탄트 시대에도 그리 크지 않았다. (그 자신이 성직록을 받은 국교회 성직자였던) 존 디는 신플라톤주의적인 고상한 의미에서 마술을 시도했지만, 그의 마술은 중세로부터 물려받은 유산이 아니라, 르네상스 시대에 재발견된 고대의 한 전통〔헤르메스주의〕을 계승한 것이었다. 이보다 낮은 수준의 마술에서도, 엘리자베스 치세기의 주교순시에서 적발된 마을 무속인 수효가 15세기 평균치와 달

---

100) 이 책의 1권 pp. 151～3을 참조할 것. 가톨릭교와 민간마술 사이의 연관성을 강력히 부정한 사례로는, A. D., *A Reply made unto Mr Anthony Wotton and Mr John White ministers* (1612), pp. 35～9를 참조할 것.

101) Thomson, *Later Lollards*, pp. 179, 241; *V. C. H., Bucks*, vol. 1, p. 297.

102) D. P. Walker, *Spiritual and Demonic Magic from Ficino to Campanella* (1958), p. 178; R. Mandrou, *Magistrats et sorciers en France au XVIIe siècle* (Paris, 1968), p. 144. 마술에 대한 반동종교개혁 조치에 관해서는, E. Brouette, in *Satan* (*Études carmélitaines*, 1948), pp. 366～7; *The Canons and Decrees of the Council of Trent*, T. A. Buckley, ed. (1851), p. 287 등을 참조할 것.

라야만 한다고 믿을 이유는 없다. 그 수치는 17세기 중반에 이르러서야 줄었는데, 앞서 검토했듯이, 이러한 감소현상도 민간마술이 소멸해가는 징후라기보다 교회법원의 능률이 약화되는 징후로 보는 편이 옳을 것이다.

중세교회가 주술에 대해 보인 태도는 프로테스탄트 후손이 보인 태도와 크게 다르지 않았다. 중세교회에 다른 점이 있었다면, 그 내부에 훨씬 광범위한 마술요법을 갖추고 있었다는 점이다. 미사에서, 성인 및 성 유물의 치유력에서, 그리고 악마 들린 자에 대한 퇴마의례에서, 가톨릭교회는 16~17세기 잉글랜드 국교회로서는 경쟁을 꿈꾸지도 못할 만큼 다채로운 마술 레퍼토리를 갖추고 있었다. 그렇다고 해서 가톨릭교회가 마을 무속인의 활동에 더 관대했던 것은 아니다. 반대로 교회는 그 나름의 마술을 갖추고 있었기에 경쟁자의 마술을 적대시했다. 그러나 민간마술을 금하고 주술사로부터 사제처럼 활동할 자격을 박탈한 교회의 법적 조치에도 불구하고,[103] 주민들이 보기에 사제 역할과 마술사 역할은 뚜렷이 구분되지 않았다. 마을공동체에서 마을 성직자의 교육수준이 가장 높았다는 것도 이런 상황에 한몫했다. 영을 불러내는 데 사용되는 접신용 주문과 기도문이 수록된 서적을 마을에서 가장 잘 읽고 이해할 수 있는 이가 성직자였기 때문이다. 하지만 이런 평판은 문맹자인 평신도들이 사제의 성별(聖別) 의례나 미사의 기적〔성체변화〕에서의 결정적 역할을 보면서 그에게 부여한 마술적 아우라를 반영한 것이기도 했다. 사제는 그의 높은 학식 외에도 의례 집전에서 보여준 고유한 능력과 직업적 고결함까지 더해져, 민간마술의 실천을 좌우하기에 충분한 자격을 갖춘 핵심인물로 존중되었다.

따라서 중세 말 성직자는 온갖 기이한 점술과 주문(呪文) 기술에 관

---

103) *Corpus Iuris Canonici*, vol. 1, Friedberg, ed., col. 1045; W. Lyndwood, *Provinciale*(Oxford, 1679), I. iv. 2; *Dives and Pauper*, f. 51.

한 지식의 소유자로 간주되기 일쑤였다. 마술의 지원을 이용한 15세기의 많은 정치음모에는 탁발수도사들과 전속사제들(*chaplains*)이 불가피하게 연루되곤 했다.[104] 접신집회 참여자들 중에 사제가 포함된 것은 16세기 초에 기록된 주술 판례들의 이채로운 특징이기도 하다. 특히 사제는 보물찾기 탐사처럼 영을 불러낼 필요가 있는 사업에 가담할 때가 많았는데, 이는 일부 마술서적 저자들이 그런 사업에 성직자의 참여를 중시한 탓이었다.[105] 성직자들끼리 마술 논고를 돌려보거나 성직자가 소교구민에게 직접 마술을 행하는 일도 있었던 것으로 보인다. 근대 가톨릭 국가에서 농민들이 그렇듯이, 중세 말 잉글랜드의 마을주민들은 소교구 부제에게 특별한 치유력이나 신통력이 있기 때문에 조언을 청한다고 생각했던 것 같다.[106]

---

104) Kittredge, *Witchcraft*, pp. 50, 79～84.

105) 보물찾기 원정에 관해서는, A. G. Dickens, *Lollards and Protestants in the Diocese of York*(1959), p. 16; D. Turner in *Norfolk Archaeology*, vol. 1 (1847), pp. 46～64; *L. P.*, vol. 4, pp. 2221～2; vol. 8(no. 2), p. 387; G. R. Elton, *Policy and Police*(Cambridge, 1972), p. 48; Kittredge, *Witchcraft*, pp. 207～10을 참조할 것. 보물찾기 지침은 Bodl., MS Add. B. 1, ff. 3～10v를 참조할 것.

106) 엘리자베스 이전 시대에 강령술, 도둑마술, 점복, 마술치료 등을 수행한 수도사나 탁발수도사나 성직자에 관해서는 다음 문헌을 참조할 것. Kittredge, *Witchcraft*, pp. 38, 58, 62, 65, 71, 80, 187, 198～9; Ewen, vol. 2, pp. 36～7; Aston, *Thomas Arundel*, p. 63; Foxe, vol. 4, pp. 233, 656; A. Watkin, *Dean Cosyn and Wells Cathedral Miscellanea*(Somerset Record Society, 1941), p. 158; *Journal of the Society of Archivists*, vol. 3(1968), p. 339; Thomson, *Later Lollards*, p. 179; *E. H. R.*, vol. 37(1922), pp. 420～1; *ibid.*, vol. 44(1929), p. 287; A. F. Pollard, *The Reign of Henry VII* (1913～1914), vol. 1, p. 205; J. E. Oxley, *The Reformation in Essex* (Manchester, 1965), pp. 102～3; Elton, *Policy and Police*, pp. 47～8; *Narratives of the Days of the Reformation*, pp. 333～4; Thompson, *The English Clergy and their Organization*, p. 222; Sloane 513(15세기 어떤 수도

정반대로 종교개혁은 사제로부터 거의 모든 마술기능을 박탈한 사건으로 기억된다. 사제의 퇴마능력은 사라졌고 그의 축성의례와 성별의례도 크게 줄었다. 성체변화에 대한 믿음이 사라졌고 성직 의례복은 폐기되었으며 사제의 독신생활도 폐지되어서 이 모든 것은 소교구 내에서 성직자의 신비로움을 차츰 걷어냈다. 동시에 평신도 교육수단의 성장은 성직자의 학문 독점을 약화시켰다. 그 독점체계는 이미 종교개혁 이전부터 무너져가던 참이었다. 민간마술에 성직자의 참여가 현저하게 줄어든 것은 이 같은 일련의 변화에 기인했던 것이 분명하다. 그러나 변화는 점진적이었고, 주민들의 눈에 비친 마술과 사제직의 연관성도 느린 속도로 소멸되었다.

종교개혁 이후로도 많은 시골 소교구에서 성직자는 목회활동과 의료활동을 병행했으며, 성직자의 방법은 당시 민간치료사의 방법과 크게 다르지 않았다. 로버트 버튼이 기록했듯이, "많은 가난한 시골 소교구 사제들은 다른 생계수단이 없으면 … 돌팔이 의사나 떠돌이 치료인이나 경험치료사로 돌변하는 경향이 있다."[107] 데번셔의 캘버리(Calverleigh)와 콘월의 세인트유(St Ewe)에서 소교구 사제(1599~

사의 마술서적); Bodl., MS e MUs. 238(어떤 탁발수도사가 작성한 마술서적의 16세기 사본); *Visitations in the Diocese of Lincoln*, A. H. Thompson, ed. (Lincoln Record Society, 1940~1947), vol. 2, p. 122; *Original Letters Illustrative of English History*, Sir H. Ellis, ed. (3rd series, 1846), vol. 3, pp. 41~2; W. Hone, *The Year Book*(1832), cols. 425~7; G. R. Owst, *The Destructorium Viciorum of Alexander Carpenter*(1952), p. 18; *The Examination of John Walsh*(1566), sigs. Aijv. 또한 *Cistercian Statutes, A. D. 1256~1257*, J. T. Fowler, ed. (1890), p. 56도 비교 참조할 것.

107) Burton, *Anatomy*, vol. 1, p. 36. 1625년에 제임스 하트(James Hart)는 "시골 구석구석에서" 의료인으로 활동하는 목사를 볼 수 있다고 불평했다(*The Anatomie of Urines*, p. 113). 또한 조지 클라크(George Clark) 경은 이런 상황이 16세기보다는 17세기에 더 두드러졌다고 생각했다(*History of the Royal College of Physicians*, vol. 1, p. 248).

1615)를 지낸 휴 애트웰(Hugh Atwell)처럼 의료활동에서 성공한 인물은 단지 그의 특효약이 효험이 있었다는 이유만으로 쉽게 마술사라는 평판을 얻을 수 있었다.[108] 하지만 마술사라는 의심이 충분한 근거를 가진 사례도 있었다. 조지 허버트는 성직자들에게 그들의 교인을 위한 치료사로 활동할 것을 권하면서, "누구를 치료하든 소교구 사제답게 치료하려면 소교구 사제와 그의 가족은 제일 먼저 기도문을 이용해야 한다"고 강조했다.[109] 기도문을 이런 용도로 사용하다 보면 기도문의 기적적 효험에 의존하는 미신으로 빠져들기 십상이었다. 1606년에 왕립내과의협회는 존 벨(John Bell) 신부가 종이쪽지에 글씨를 써서 열병을 치료해온 활동을 중단하도록 조치를 취해야 했다. 1632년에 교회고등법원은 조셉 해리슨(Joseph Harrison)이라는 성직자를, 방종한 생활과 "돼지들에게 주물을 사용한" 혐의로 엄하게 문책했다. 5년 후에 레스터셔의 플레크니(Fleckney) 소교구 사제는 치통치료용 주문을 작성한 혐의로 기소되었다. 1645년에 서리의 캐플(Capel) 소교구 부제 존 앨런(John Allen)도 치통치료용 주문을 작성한 혐의로 성직을 잃었다. 그는 영리하게도 그 주문이 도울 것이라고 환자가 믿으면 정말로 환자에게 도움이 될 것이라고 말했다고 한다. 더비셔의 호프(Hope) 소교구에서는 예배시간에 음란한 주민을 질책하는 설교를 듣고 양심이 찔려 괴로워하는 어떤 여인에게 존스(Jones)라는 성직자가 부적을 준 일이 있었다. 그는 "요한 1서의 몇 구절을 적은 종이, 즉 부적을 그녀의 목에 걸어 주었고 몇 가지 약초로 그녀에게서 악마를 내쫓았다." 이런 관행은 늦은 시기인 1804년까지도 지속되었다. 도싯

---

108) 민간마술사로서의 그의 평판에 관해서는, T. Brian, *The Pisse-Prophet, or, Certaine Pisse-Pot Lectures*(1637), p. 95. 다른 사례로는 J. Cotta, *The Infallible True and Assured Witch*(1624), p. 75를 비교 참조할 것.

109) *A Priest to the Temple*(1652), 23장.

의 앨프퍼들(Alfpuddle)과 토너스퍼들(Torner's Puddle) 소교구 사제인 윌리엄 에트릭(William Ettrick) 신부는 "성경말씀을 히브리어로 새겨 넣은 성구함[110]"을 이용해서 주술에 걸린 것으로 추정된 자식들을 치료했다.[111] 때로는 비국교회 성직자도 비슷한 활동으로 기소되었다. 민간마술사이자 점성술사인 니콜라스 그레턴은 1650년대에 리치필드 근교에서 독립교회의 결성을 주도한 인물이기도 했다. 대니얼 디포도 베드퍼드셔에서 만난 어떤 침례파 목회자에 관해, 그는 어떤 말씀을 외운 후에 환자에게 종이쪽지를 건네 호주머니에 넣고 다니게 하는 것으로 말라리아를 치료했다고 전한다.[112]

---

110) [역주] 성구함(聖句函: *phylactery*)은 왼쪽 그림처럼 특정 성경구절을 늘 휴대할 수 있도록 종이에 적어 함에 넣은 형태도 있었고, 오른쪽 그림처럼 띠나 끈에 새겨서 머리나 손목에 두르는 형태도 있었다. 재질은 가죽, 금속, 목재 등으로 다양했고 사용된 언어는 주로 히브리어였다.

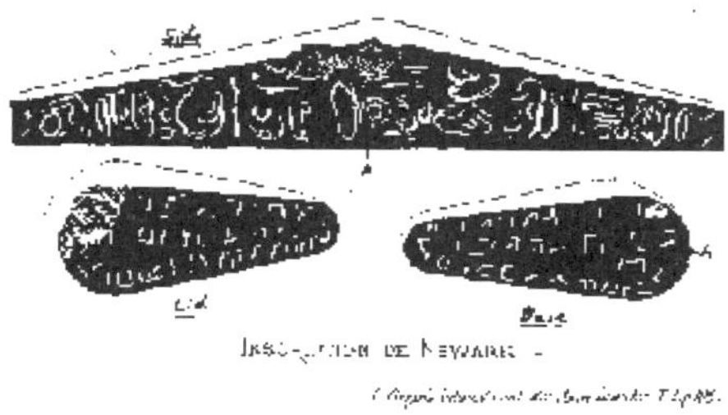

111) Clark, *History of the Royal College*, vol. 1, pp. 198~9; *Reports of Cases in the Courts of Star Chamber and High Commission*, S. R. Gardiner, ed. (Camden Society, 1886), p. 272(이 문헌은 친절하게도 존 보울 씨가 제공한 것이다); *Assocd Walker Revised*(Oxford, 1948), p. 348; *Diaries and Letters of Philip Henry*, M. H. Lee, ed. (1882), p. 194; *Witchcraft at Toner's Puddle*, ed. C. Hole(Dorset Record Society, 1964).

112) F(arnworth), *Witchcraft cast out*(1655); *Journal of George Fox*, N. Penny, ed. (Cambridge, 1911), vol. 1, pp. 180~1; (D. Defoe), *A System of Magick*(1727), p. 155.

소교구 성직자가 수행한 경미한 주술의 사례들 중 일부는 교회법원에 의해 적발된 것이었다. 1564년에 북부교회고등법원은 존 베스턴(John Beston)이라는 성직자를 소환하면서, 그가 의뢰인의 도난품을 되찾기 위해 사용한 《플라톤의 천구》와 《피타고라스의 천구》라는 책들을 제출하도록 명했다. 링컨셔의 성직자 존 가세트(John Garsett)는 1601년에 접신과 방탕한 생활로 인해 면직되었다.[113] 케임브리지셔의 길던모던(Gilden Morden) 소교구 사제 존 나이틀리(John Knightley)는 1599년에 그가 이미 일리 부주교법원에 의해 주술혐의를 벗어났다고 항변했지만, 소교구민들은 이후로도 수년간 고발을 반복했다.[114] 퓨리턴 진영에서 작성된 《목회활동조사》(1586)라는 보고서는 노퍽에서만 적어도 3명의 국교회 사제를 주술로 고발했다. 국교회 성직자에 대한 1640년대의 공격에서도 비슷한 고발이 다시 등장했다.[115] 고발된 성직자 가운데는 가톨릭 성향의 인사도 간혹 포함되었다. 1561년에 마술활동으로 적발된 윈체스터의 수록(受祿) 성직자 레너드 빌슨(Leonard Bilson)은 어떤 가톨릭 집단의 일원이었던 것 같다. 주교 주얼이 1568년 솔즈베리대성당 순시항목에서, 상습적으로 악마를 불러내거나 점복이나 이에 준하는 기술에 가담한 수록성직자가 있는지를 물은 것은 이 사건과 관련이 있을 수 있다.[116]

---

113) Purvis, *Tudor Parish Documents*, p. 198; *H. M. C.*, *Hatfield*, vol. 11, pp. 565, 586.

114) Ely D. R., B 2/17, f. 24v; W. M. Palmer, "The Archdeaconry of Cambridge and Ely, 1599", *Transactions of the Cambridgeshire and Huntingdonshire Archaeological Society*, vol. 6(1947), p. 4. 나이틀리는 전례복을 차려입지 않아 고발되기도 했다(Ely D. R., B 2/11, ff. 62v, 93).

115) A. Peel, *The Seconde Parte of a Register*(Cambridge, 1915), vol. 2, pp. 147, 151, 154(워릭셔에 관한 것은, p. 169); Matthews, *Walker Revised*, p. 237.

116) G. L. Kittredge, in *Harvard Studies and Notes in Philology and Literature*,

소수이기는 하지만 악의적 주술로 기소된 국교회 성직자도 있었다. 서퍽의 브랜디스턴(Brandeston) 소교구 사제 존 로즈(John Lowes)가 그런 사례였다. 그는 주물 사용과 마술활동으로 30년에 걸쳐 거듭 고발되다가 결국 그런 유형의 고발이 절정에 달한 1545년에 처형되었다. 로즈는 가톨릭 신자가 아니었고 오히려 젊은 시절에는 퓨리턴 성향을 보이기도 한 인물이었다. 매우 이례적인 이 사건은 유독 그와 소교구민들 사이에 오랫동안 적대감이 누적되었음을 반영한다.[117] 하지만 일반적으로 소교구 사제가 주술사로 활동한 것은 소교구민을 도우려는 의도에서였지 해치려는 의도에서는 아니었다. 이런 성직자들이 종교개혁에 의해 단종된 것은 아니었다. 19세기까지도 일부 소교구 성직자들은 주민들 사이에서 마술사로 명성을 누렸다.[118]

---

vol. 16(1934), pp. 98~9; P. R. O., SP 12/16, f. 120; *Essex Recusant*, vol. 3(1961), pp. 3 ff.; Frere and Kennedy, *Articles and Injunctions*, vol. 3, p. 204. 마술에 연루된 가톨릭 성직자의 다른 사례는 다음 문헌을 참조할 것. J. Strype, *Annals of the Reformation*(2판, 1725~1728), vol. 2, pp. 181~2; S. Harsnet, *A Declaration of Egregious Popish Impostures*(1603), p. 13; B. M., Royal MS 17 B XXIV, f. 4; Ewen, vol. 2, p. 66; *A. P. C.*, vol. 17, pp. 31~2; *H. M. C.*, *Hatfield*, vol. 11, p. 135; *ibid.*, vol. 16, p. 248; Kittredge, *Witchcraft*, p. 261.

117) Ewen, *Star Chamber*, pp. 44~54를 참조할 것. 성직자에 대한 다른 고발사례는, Kittredge, *Witchcraft*, p. 88; Ewen, vol. 2, p. 425를 참조할 것.

118) 19세기 사례는, *County Folk-Lore*, vol. 5, Mrs Gutch and M. Peacock, eds. (1908), p. 76; J. E. Vaux, *Church Folk Lore*(2판, 1902), p. 401; *Folk-Lore*, vol. 65(1954), 110~111. 성직자가 마술에 연루된 16~17세기의 다른 사례는 다음 문헌에서 찾을 수 있다. Purvis, *Tudor Parish Documents*, p. 196; P. Tyler, "The Church Courts at York and Witchcraft Prosecutions, 1567~1640", *Northern History*, vol. 4(1969), pp. 93~4; W. R. Dawson, "A Norfolk Vicar's Charm against Ague", *Norfolk Archaeology*, vol. 24(1930~1932); *H. M. C.*, *Hatfield*, vol. 17, p. 22; vol. 21, p. 128; *A. P. C.*, vol. 12, pp. 23, 26~7; J. Aubrey, *Brief Lives*, A. Clark, ed. (Oxford, 1898), vol. 2,

교회의 공식적 반(反)마술운동이 과연 마술의 대중적 호소력을 크게 줄였을까 하는 의심이 든다. 종교개혁을 전후해 교회법원은 주술사를 끈질기게 괴롭혔고, 그럼으로써 주술활동이 비밀 지하활동의 성격을 띠게 만드는 데 기여했다. 이런 성격은 16~17세기 반(反)주술 법령들에 의해 더욱 강화되었다. 그러나 교회법원은 전성기에조차 약점을 보이다가 17세기에는 시간이 흐를수록 비능률을 키워갔다. 교회법원은 자기가 강제한 규범에 시골 공동체들이 동의해야만 제대로 작동할 수 있었다. 주민의 마술 수요가 지속되었다는 점을 감안하면, 교회법원이 마술을 일소할 수 있었을 것이라고 믿기는 어렵다. 퓨리터니즘의 성장은 민간에 뿌리내린 운동 앞에 성직자들의 무기가 얼마나 비효과적인 것이었는지를 보여주는 또 다른 증거이다. 무속인이 두려워한 것이 교회법원뿐이었다면, 무속인이 사라질 이유는 전혀 없었을 것이다.

그러나 종교는 또 다른 경로를 통해 마술요법의 특권을 줄이는 데 기여하였고, 결국은 이것이 더욱 큰 효과를 발휘했다. 마술의 매력이 결정적으로 시드는 것은, 민간마술사가 고객에게 제공하는 실질적 도움보다 한층 매력적인 대안이 발견되었을 때이다. 종교개혁 이후로 종교가 이룬 위대한 공헌은 바로 이 대목에서 찾을 수 있다. 중세교회는 교회마술이라는 경쟁체계를 대안으로 제시해 민간마술을 억제하려 했었다. 프로테스탄트 해법은 근본적으로 달랐다. 만병통치약을 경쟁적으로 남발하는 대신, 프로테스탄트는 마술적 해법이라는 관념

---

pp. 108~11; F. Coxe, *A Short Treatise*(1561), sig. Aviij; R. Bovet, *Pandaemonium*, M. Summers, ed. (Aldington, 1951), p. 54; 이 책의 2권 pp. 82~5, 412~4. 소교구 관리가 마술에 관심을 가진 사례는, *Lincolnshire Archives Committee. Archivists' Report*(1954~1955), p. 51; Borthwick, R. VI. A20, f. 101v(요크셔의 멘슬리 소교구 관리의 사례); 이 책의 p. 256을 참조할 것.

자체를 전면 부정했다. 이러한 시도에서 프로테스탄트가 거둔 성공은 제한적이었다. 앞서 검토했던 것처럼, 마술은 프로테스탄트 환경에서조차 종교에 스며들 수 있었기 때문이다. 그럼에도 불구하고 종교개혁은 근본적으로 새로운 방향으로 전진을 시작했다. 이제 사람들은 자신이 닥친 곤경을 해결하기 위해서는 자구 노력과 하나님을 향한 기도를 병행해야 한다는 것을 배우게 되었다. 마술활동에 기댄 대안은 불경하고도 쓸모없는 짓이라는 비난에 직면했다. 피땀 어린 노력과 간절한 기도의 미덕을 누누이 강조하는 것은 16~17세기 프로테스탄트 교시에서는 물론 가톨릭 교시에서도 뚜렷한 특징이 되었다. 이 점에서 양 진영의 종교적 교시는 새로운 정신모형을 반영하는 동시에 그 모형의 주조에 기여했다. 이 새로운 정신모형은 마술의 값싼 해법을 사악하다는 이유에서만이 아니라 너무 안이하다는 이유에서 거부했다. 빵을 얻으려면 이마의 땀방울이 있어야 하지 않겠는가. 프랜시스 베이컨이 마술요법을 거부한 것도 같은 이유에서였다. 마술은 "하나님께서 땀 흘려 얻으라고 사람에게 명하신 고귀한 성과를 단 몇 차례의 손쉽고도 나태한 관찰로 얻을 수 있는" 것처럼 가장한다는 것이었다. 몇 년 후에 노샘턴셔에서 내과의로 활동한 존 카터는 같은 명제를 거의 동일한 어조로 반복했다.[119]

> 하나님은 인간에게 노동과 고통만을 주셨으니, 생활에 필요한 모든 것은 열성을 다한 노력과 사려와 신중과 근면과 성실로만 얻을 수

119) [역주] 존 카터(John Cotta: 1575~1650)는 갈레노스 의학에 정통한 내과의이자 왕립내과의협회의 일원으로 마술치료를 탄압한 인물이다. 주술재판에 관한 그의 유명한 저서(*The Trial of Witchcraft*, 1616)에서 그는 주술사의 접신이나 강령이 실제 가능한 것으로 믿었고, 이런 믿음에서 주술사(특히 치료활동을 벌인 주술사)의 처벌을 주장했다. 이런 주장은 레지널드 스코트를 비롯한 동시대 보수층의 여론을 반영한 것이었다.

> 있다. 하나님은 우리의 일상 수요를 충족시키기 위해서 경이와 기적을 명하지 않으시며 우리 일상생활상의 용무나 용도에 화답하시지도 않는다.

이것은 인간노동의 잠재력을 확인한 명제로, 인간이 봉착한 문제를 마술로 해결하기보다 기술로 해결하는 자세를 일깨워 주었다.[120]

그러나 이처럼 강건한 자립정신이 구석구석 스며들기 전까지는, 어떠한 종교도 민간마술의 일소를 희망할 수 없었다. 마을 무속인은 너무도 많은 유용한 기능을 떠맡고 있었다. 종교개혁 후 잉글랜드에서도 무속인의 매력은 여전했으니, 오늘날 아프리카의 수많은 명목상 기독교 개종자들에게 주술사 겸 의사들(*witch-doctors*)이 꾸준히 영향력을 유지하는 것과도 같은 이치라고 하겠다.[121] '북부의 사도'로 불린 버나드 길핀은 1552년의 한 설교에서,[122] 튜더 시대 초기의 종교적 혁신 분위기에서도 마술이 얼마나 꾸준히 살아남았는지에 관해 언급했다. "주민들 사이에 천박한 미신과 맹신이 여전한 것은 단지 신앙이 돈독한 목회자가 부족하기 때문"이요, "불신앙, 우상숭배, 흑마술, 주물 사용, 주술, 접신, 점괘에 대한 믿음 같은 것들이 다른 나머

---

120) Bacon, *Works*, vol. 3, p. 381; Cotta, *A Short Discoverie*, p. 35. 이 책의 22장도 비교 참조할 것.

121) 이를테면, P. Tyler, "The Pattern of Christian Belief in Sekhukuniland", *Church Quarterly Review*, vol. 167 (1966), p. 230.

122) [역주] 버나드 길핀(Bernard Gilpin: 1517~1583)은 켄트미어(Kentmere) 출신으로 옥스퍼드에서 신학을 수학한 후 더럼의 노턴(Norton) 소교구 목사로 목회활동을 시작했다. 그는 한때 국교회 보수진영에 가담하기도 했으나, 교회의 무능과 부패를 비판하고 퓨리턴 개혁에 공감하는 혁신인사로 줄곧 활동했다. 잉글랜드 북부의 여러 지역(Northumberland, Yorkshire, Cheshire, Westmorland, Cumberland)에서의 열성적인 사회계몽과 목회활동으로 '북부의 사도'(*Apostle of the North*)라는 별명을 얻었다.

지 협잡과 함께 … 구석구석에 숨어들고, 근자에는 외국에서까지 유입되기 시작한 것도, 단지 설교가 부족하기 때문"이라고 그는 외쳤다.[123] "신앙이 돈독한 목회자"가 마술활동의 치명적인 적이라는 지적은 옳지만, 설교와 계몽만으로 성직자가 승리할 수 있다는 길핀의 희망은 헛된 꿈에 지나지 않았다. 민간마술을 파괴하기 위해서는 사회세력과 지적 세력이 힘을 합쳐야만 했다. 이런 혁명에서 프로테스탄티즘 교리는 일정한 역할을 수행했다. 그러나 마술에 우호적인 정신적·물질적 환경이 근본적으로 변화하기 전에는, 프로테스탄트 종교개혁만으로 마술을 뿌리째 뽑아낼 수 없었다.

123) B. Gilpin, *A Sermon preached in the Court a Greenwitch* (1552) (1630년 판본), p. 21.

# 제3부

# 점성술

제 10 장

# 점성술

## 점성술이 수행한 일과 그 범위

나는 다음과 같은 점성술적 의뢰들을 해결한답니다. 환자가 회복될 것인지 아닌지; 실종자가 죽었는지 살았는지; 어떤 여인이 얼마나 많은 남편이나 자식을 가질 것인지; 당신이 원하는 여자와 결혼할 것인지 아니면 다른 여자와 결혼할 것인지, 그녀가 숫처녀일지 아닐지, 그녀가 결혼 후 당신에게 정직할 것인지, 그녀의 지참금이 제대로 지급될 것인지; 어떤 자가 현명한지 바보인지; 새 옷을 입는 것이 좋을지, 혹은 측근(*courtier*)을 바꾸는 것이 올해가 좋을지 내년이 좋을지; 어떤 아이가 저명한 부친의 자식인지 아닌지, 그 아이에게 행운이 있을지 없을지; 출항한 선박이 안전할지 아닐지; 이사하는 것

---

* 참고문헌 해제: 초기 점성술의 역사는 다음 저서들에서 추적될 수 있다. A Bouché-Leclercq, *L'Astrologie grecque* (Paris, 1899); A. J. Festugière, *La Révélation d'Hermès trismégiste*, vol. 1, *L'Astrologie et les sciences occultes* (2판, Paris, 1950); F. H. Cramer, *Astrology in Roman Law and Politics* (Philadelphia, 1954); F. Boll and C. Bezold, *Sternglaube und Sterndeutung. Die Geschichte und Das Wesen der Astrologie*, W. Grundel, ed. (Leipzig, 1926). 린 손다이크(Lynn Thorndike)의 *Magic and Science*는 점성술 관련 서적들과 필사본들에 대해 믿을 만한 역사학적 해설을 제공하지만, 점성술이 실제로 행한 일이라든가 점성술의 사회적 의미는 거의 언급하지 않는다. 유용한 보충 자료로는, F. J. Carmody, *Arabic Astronomical and Astrological Sciences in Latin Translation, A Critical Bibliography* (Berkeley and Los Angeles, 1956)가 있다. R. Klibansky, E. Panofsky and F. Saxl, *Saturn and Melancholy* (1964)에는 주로 점성술 도해(*iconography*)에 관한 많은 정보가 들어 있다. 점성의학(*astrological medicine*)에 대한 간단한 안내서로는 C. A. Mercier, *Astrology in Medicine* (1914)이 있지만, 한층 풍부한 지식은 H. Bober, "The Zodiacal Miniature of the *Trés Riches Heures* of the Duke of Berry — its Sources and Meaning", *Journal of the Warburg and Courtauld Institutes*, vol. 11 (1938)에 들어 있다.

이 좋을지 아닐지; 소송에서 어느 편이 유리할지; 일반적으로 말해 점성술 관련된 문제라면 무엇이든지 말입니다.

– John Wilson, *The Cheats* (1662), 2막 2장.

---

잉글랜드의 점성술에 대한 최상의 출발점은 T. O. Wedel, *The Mediaeval Attitude toward Astrology, Particularly in England* (Yale Studies in English, 1920), 그리고 D. C. Allen, *The Star-Crossed Renaissance. The Quarrel about Astrology and Its Influences in England* (Durham, N. Carolina, 1941)이다. 점성술사들을 논박한 저술활동에 대한 뛰어난 해설은 딕(H. G. Dick)이 그가 편집한 Thomas Tomkis, *Albumazar* (Berkeley and Los Angeles, 1944)에 붙인 '서문' (*Introduction*)에서 찾을 수 있다. 지적인 배경에 관해서는, M. H. Nicolson, *The Breaking of the Circle* (개정판, New York, 1962), H. Craig, *The Enchanted Glass* (Oxford, 1960), 그리고 Kocher, *Science and Religion*, 10장 등이 유용하다. 그 밖에도 다음 논고들이 안내역으로 유용하다. C. Camden, "Elizabethan Astrological Medicine", *Annals of Medical History*, new series, vol. 2 (1930) ; C. Camden, "Astrology in Shakespeare's Day", *Isis*, vol. 19 (1933) ; M. Sondheim, "Shakespeare and the Astrology of His Time", *Journal of the Warburg Institute*, vol. 2 (1939). 점성술 관련 16세기 출판물에 대한 최상의 개관은, J. Parr, *Tamburlaine's Malady, and Other Essays on Astrology in Elizabethan Drama* (Alabama, 1953)에 부록으로 수록된, "Sources of the Renaissance Englishman's Knowledge of Astrology"이다. 17세기 출판물에 대해서는, F. Leigh Gardner, *A Catalogue Raisonné of Works on the Occult Sciences*, vol. 2, *Astrological Books* (1911)에 많은 관련문헌들이 포함되어 있기는 하나, 16세기 출판물 연구에 필적할 만한 것이 아직은 없다.

역사가들은 점성술의 지적 내용에 대해서는 많은 연구를 진척시켰지만, 점성술이 실제로 행한 일에 대해서는 별 관심을 보이지 않았다. 그럼에도 C. J. S. Thompson, *The Quacks of Old London* (1928), Josten, *Ashmole*, 그리고 H. G. Dick, "Students of Physics and Astrology", *Journal of the History of Medicine*, vol. 1 (1946) 등에는 상당한 정보가 포함되어 있다. 내 해설은 당시의 주변적인 점성술 문헌, 그리고 당시 점성술사들의 미출판 편지 및 판례집에 기초한 것이다. 내가 이용한 사료 중 많은 것은 스코트(E. J. L. Scott)가 작성한 *Index to the Sloane Manuscripts in the British Museum* (1904), 그리고 블랙(W. H. Black)이 훌륭하게 작성한 옥스퍼드대학 보들리도서관 소장 애쉬몰 필사본(*Ashmolean manuscripts*) 목록에 기술되어 있다.

## 1. 서 론

이 책에서 다룬 다양한 신앙체계들 중에서 점성술은 지적으로 가장 까다로운 체계였다. 점성술 원리는 바빌로니아인들이 착수해 그리스인들과 로마인들에 의해 발전했고 중세 초에 아랍 점성술사들에 의해 확장된, 일련의 장구한 학문전통에 의존한 것이었다. 16~17세기 영국인에게 전해진 점성술은, 그 지엽에서의 미세한 차이에도 불구하고, 기원후 2세기에 이집트인 프톨레마이오스가 《테트라비블로스》에서 해설한 것과 거의 동일한 내용이었다.[1] 잉글랜드 점성술사들은 17세기 동안 점성술 원리를 자국어 문헌들로 대중화했고, 그 덕에 누구나 그 세부적인 내용까지 읽을 수 있게 되었지만, 그들이 상술한 원리는 거의 전통을 답습한 것이었다. 실제로 점성술을 다룬 영어 논고들 중 여러 편은 오래전 출판된 라틴어 논고들의 번역물에 가까웠다.[2] 기독교와 마찬가지로, 점성술은 태생적 환경과는 매우 다른 사회환경의 수요에 놀랍도록 뛰어난 적응력을 발휘했던 셈이다.

점성술의 기본 가정들을 파악하는 것은 그리 어렵지 않다. 천문학이 천체운동에 대한 연구라면, 점성술은 그 운동의 영향에 대한 연구이기 때문이다. 고대 천문학자들은 지상의 생명체가 변화와 성쇠를

---

1) [역주] 알렉산드리아에서 활동한 그리스 천문학자 프톨레마이오스(Claudius Ptolemaeus: c. 90 AD~c. 168)가 저술한 점성술 책자, 《테트라비블로스》(*Tetrabiblos*)는 4권으로 구성된 책(라틴어: *Quadrapartitium*), 즉 '四書'라는 뜻이다. 따라서 '4元의 數'라는 통상적 번역은 잘못된 것이다.

2) 일례로 17세기에 가장 큰 영향을 미친 윌리엄 릴리의 자국어 출판물, *Christian Astrology*(1647)는 중세 아랍 점성술사인 알보하젠(Albohazen Haly filius Abenragel)을 번역한 것에 불과하다고 평가됐다〔J. Gadbury, *Dies Novissimus* (1664), p. 47〕. 릴리는 그 저서의 전반부〔제 1권〕만은 독창적인 것이라고 주장했지만(Autobiography, p. 129), 그가 선배들에 크게 의존했음을 시사하는 인상적인 참고문헌 목록을 덧붙였다.

겪는 것과는 대조적으로 천체는 규칙적으로 활동한다는 데 깊은 인상을 받았다. 이에 따라 그들은 우주를 두 영역으로 분할했고, 달 위쪽의 불변적인 천체계가, 모든 것이 죽음과 변화에 귀속되는 달 아래쪽의 지상계를 지배하는 것으로 보았다. 별들은 저마다 특별한 성질과 영향력을 수동적인 지구로 내려보내는데, 그 성질과 영향력은 별들 상호간의 변화하는 관계에 따라 효과를 달리하는 것으로 가정되었다. 이 초창기 과학자들은 미숙한 천문관찰기술로 인해 우리의 태양계 같은 것이 무수히 많다는 관념은 물론, 눈에 보이는 별들이 서로 엄청난 거리로 떨어져 있다는 관념도 가질 수 없었다. 이런 조건에서 그들은 황도 12궁이라는 고정된 배경막에 비추어,[3] 태양, 달, 토성, 목성, 금성, 화성, 금성, 수성 등 7행성이 지구에 대해, 그리고 다른 행성에 대해, 위치를 바꾸어가는 단일한 천체계를 가정하게 되었다. 어떤 순간에 천체계가 발산하는 영향의 본성은 다양한 행성과 별자리의 위치에 의존한다는 것이었다. 점성술사는 천체지도 곧 천궁도(*horoscope*)를 만들면서, 그 같은 위치를 분석하고 그 함축을 평가할 수 있었다. 필요한 천문학 지식을 갖춘 점성술사라면, 동일한 원리를 더욱 확장해서 미래의 어떤 시점에 대한 천궁도를 작성할 수도 있었고, 그 시점에 천체계가 발휘할 영향을 예측할 수도 있었다.

이런 일반적 가정들에는 신비한 구석이 전혀 없었다. 16세기 초 식자층에게 점성술 이론들은 우주와 그 작용에 대한 이미지의 일부였다. 달 아래 세계를 구성하는 4원소(흙·공기·불·물)는 천체운동의

3) [역주] 근대 이전의 천문학에서 황도 12궁은 태양을 포함한 7행성이 지나가는 길목에 있는 12개의 별자리를 말한다. 12궁은 백양궁(양자리)에서 시작해, 금우궁(황소자리), 쌍자궁(쌍둥이자리), 거해궁(게자리), 사자궁(사자자리), 처녀궁(처녀자리), 천칭궁(천칭자리), 전갈궁(전갈자리), 인마궁(궁수자리), 마갈궁(염소자리), 보병궁(물병자리), 쌍어궁(물고기자리) 순으로 배열된다.

영향으로 끊임없는 교체 상태에 놓여 있다고 널리 이해되었다. 다양한 행성들은 열과 냉, 건과 습이라는 4개의 감각적 성질을, 서로 다른 정도로 전달하고 있었다. 이에 기인하는 상호작용 안에 모든 물리적 변화가 포섭되었다. 지상계 사건과 천체계 운동 사이에 설정된 이러한 관계는, 우주 삼라만상을 함께 엮어 주는 것으로 여겨진 수많은 고리들과 상응관계들 중 한 사례에 불과했다. 이 점에서 점성술은 독립적인 분과학문이라기보다, 널리 수용된 세계상(世界像)의 일부였다. 점성술은 생리학과 의학을 이해하는 데 필수적이었다. 별이 식물과 광물에 미치는 영향을 가르친 것이었기에, 점성술은 식물학과 광물학의 골격을 형성할 수 있었다. 심리학과 민족지학도 점성술 신조에 크게 의존했다. 점성술은 중세보다 르네상스 시대에 과학적 사고 구석구석에 더욱더 깊이 스며들었다. 그것은 특정 동호회의 학설이 아니라, 모든 사람에게 교육을 제공한 지적 틀의 중요한 일부였다.

그렇지만 점성술은 고유한 생명력과 끈질긴 자생력을 가진 주제이기도 했는데, 특히 코페르니쿠스(1473~1543)와 뉴턴(1643~1727)을 잇는 1세기 반에 걸친 천문학 발견 성과들의 압력으로 프톨레마이오스 우주상이 붕괴되기 시작한 기간에 그러했다. 이 기간 동안 점성술은 우주 전체를 포괄하는 상징체계라는 본연의 역할을 점차 잃어가다가, 결국 폐물에 가까운 하나의 고립된 신앙체계로 좁혀졌다. 그렇지만 16세기가 시작될 때만 해도 이런 변화는 아직 미래의 일이었다. 비록 점성술 신조의 지엽적인 부분들, 특히 개개인의 행로를 정확히 예측할 수 있는 가능성에 관해서는 회의론자가 많았지만, 그 근본원리에 관해서는 아직 실질적인 이단자가 없었다. 어느 누구도 천체계가 날씨에 영향을 미친다는 것을 부정하거나, 점성술이 의학이나 농업과 관련된다는 것을 논박하지 않았다. 잉글랜드에서든 다른 지역에서든, 17세기 이전에 점성술 이론에 대한 전면적 회의론은 극히 예외적이었다.

('점성술'이 자주 '천문학'과 동의어로 사용되었음을 감안해, 점성술에 충실한 이름을 부여하자면) 판별점성술 활동은 16~17세기에 네 분야로 나뉘어 있었다.[4] 첫째는 향후 천체계의 움직임에 기초한 '포괄적 예언'(*general prediction*)으로, 일식과 월식 같은, 혹은 황도상의 특정 궁과 주요 행성들의 회합 같은 임박한 사건에 주목했다. 이런 예측은 날씨, 곡물 작황, 대량 사망과 전염병, 정치 문제와 전쟁 등과 관련된 것이었으며, 전체로서의 사회의 운명을 예지한 것이었지 특정 개개인의 운명을 예지한 것은 아니었다. 둘째는 특정 개개인의 출생일시에 따른 천체지도 곧 탄생천궁도(*nativity*)였는데, 이것은 아기가 태어난 시점에 부모의 요청으로 즉시 작성되기도 했고, 자신의 출생일시를 자세히 알려줄 수 있는 나이의 성년을 위해 재구성되기도 했다. 출생일시를 모를 때에는 점성술사가 의뢰인의 생애에서 굵직한 사건들(*accidents*)을 추려내, 각 사건과 그 당시 천체계 상태를 연결지어 추론함으로써 출생일시의 재계산을 시도할 수 있었다. 탄생천궁도에 이어 '연도별 순환도'가 뒤따를 수 있었고,[5] 점성술사는 이에 기초해 개개인의 이듬해 운세를 계산했다.

---

4) [역주] 점성술은 그리스어 어원상 별(*astron*)과 담론/학문(*logia*)의 합성어로, "별과 별자리에 관한 담론 내지 학문"으로 정의될 수 있다. 점성술은 천문학과 한 뿌리에서 출발했으나 점차 천문학의 '실용적' 분과로 발전했다. 실용 천문학으로서의 점성술은 다시 두 분과로 구분되었다. 첫째는 천체계를 관찰해서 조수간만이나 일월식 같은 자연현상을 예측하는 '자연 점성술'(*natural astrology*)이고, 둘째는 별이 인간사(人間事)에 미치는 은비한 영향을 판단하는 '판별점성술'(*judicial astrology*)이었다. 전자는 고대부터 중세를 거쳐 근대 초까지 천문학의 일부로 유지되었고, 오직 후자만이 중세 말~17세기 초에 점성술로 차별화되었다.

5) [역주] '연도별 순환도'(*annual revolutions*)는 출생시에 작성된 천궁도를 기초로, 매년 그 시점에 지구, 7행성, 12궁의 상태를 종합적으로 계산한 도표이다. 이에 따라 점성술사는 개개인에게 이듬해나 특정 연도, 혹은 평생의 운세를 알려줄 수 있다.

점성술사의 세 번째 주요 서비스는 적절한 조치에 유리한 시점〔吉時〕을 선택하는 일, 즉 '택일시'(擇日時) 였는데, 이를 이용하려면 의뢰인의 출생에 관한 상세정보가 필요했다. 의뢰인의 천궁도에 나타난 천성들(사주팔자) 간의 관계와 향후 천체계의 움직임에 관한 정보를 비교해 보면, 여행 착수나 배우자 선택처럼 잠재적으로 위험이 높은 일에 착수할 때, 특정 일시가 다른 일시에 비해 유리하다는 것을 확인할 수 있었다. 길시를 선택하는 것은 이발, 손·발톱 깎기, 목욕 같은 사소한 일상사에서도 바람직한 절차였다. 마지막으로, 네 번째 서비스는 무시로 주어지는 의뢰들로, 점성술사의 기술에서 가장 논쟁적인 부분이요, 프톨레마이오스 시대 이후에야 아랍인들에 의해 발전한 분야였다. 여기에는 점성술사가 의뢰를 받은 바로 그 시점의 천체계 상태를 살펴봄으로써 그에게 어떠한 문제가 주어지든 ―"탄생천궁도가 육신의 출생일시인 것처럼, 무시로 주어지는 의뢰는 정신의 출생일시"라는 원리에 따라[6] ― 모두 해결할 수 있다는 낙관적 가정이 전제되어 있었다.[7] 가령 의뢰가 치료에 관한 것이면, 환자는 의뢰서에 소변시료를 곁들여 제시할 것이요, 점성술사는 오줌이 방출된 시점이나 오줌시료가 그의 상담실에 도착한 시점에서의 하늘을 해석해 답변을 작성할 것이었다. 그 밖에도 모든 종류의 개인적 문제가 무상시(無常時)

6) J. Gadbury, *The Doctrine of Nativities*(1658), vol. 2, p. 235.

7) [역주] '무시로 주어지는 의뢰들'(*horary questions*)이란 시간에 구애받지 않고 제기되는 점성술적 의뢰들을 뜻한다. 'horary astrology'는 '단시(斷時) 점성술'로 번역되기도 하고 '호러리 점성술'이라 불리기도 하지만, 국어사전에 등재된 용어를 사용하자면 '무시(無時) 점성술', 혹은 그 본딧말을 이용해 '무상시(無常時) 점성술'로 번역해야 옳을 것 같다. 이 점성술은 의뢰인의 출생일시를 고려하지 않고 오직 의뢰인의 정신에 의뢰 건이 떠오르고 발화된 시점만을 감안한다. 이 점에서 탄생천궁도가 "육체의 출생일시"에 의존한다면 무상시 의뢰 건은 "정신의 출생일시"에 의존한다.

점성술적 의뢰로 취급될 수 있었다.

이상의 4개 활동영역 — 포괄적 예언, 탄생천궁도, 택일시, 무시로 주어지는 의뢰 — 은 점성술사의 기술을 모두 합친 것이었다. 개업점성술사마다 이런저런 영역을 전문으로 할 수는 있었지만, 어떠한 점성술사든 네 영역을 두루 섭렵할 것이 기대되었다. 그들은 일정 수준의 의학지식도 갖추어야 했다. 황도의 각 궁이 육체의 각 부위를 다스린다고 믿어졌고, 투약(投藥)이나 방혈, 수술에 적합한 길시도 선택할 수 있어야 했다. 이런 수준의 지식은 16세기의 모든 내과의들 사이에서 일반적으로 인정된 것이었다. 하지만 점성의학이라는 한층 특성화된 체계 역시 발전하였는데, 이 의학은 치료의 매 단계를 천체계의 배열상태에 연결 지었다. 환자의 발병시각(*decumbiture*)에 맞는 천궁도를 작성하고, 나아가서는 환자 오줌을 검사해 환자의 의뢰에 답하는 방식으로, 점성술적 의사는 질병을 진단하고, 치료법을 처방하고, 질병이 언제 고비를 맞을지 예고하고, 그 최종 결과를 예측할 수 있다고 주장했다.

바로 이런 것들이 16~17세기 동안 잉글랜드 (사실상 유럽 전역의) 점성술에서 주요한 분야들이었다. 그 체계는 객관적 과학을 표방했지만 실제로는 매우 유동적이었다. 특정 문제에 대한 해석에서뿐만 아니라 물론 일반원리 면에서도, 의견 불일치 가능성이 무한에 가깝도록 열려 있었던 것이다. 모든 점성술적 예후(豫後)는 각기 하나씩의 천체도를 수반했는데, 이 차트에서 하늘은 12구역, 즉 12숙(宿: *house*)으로 분할되었고, 각 구역은 인간 삶의 서로 다른 측면에 연결되었다. 시간기록체계에 엄밀성이 부족한 당시 조건에서 이런 차트를 작성하는 것 자체만 해도 어려운 일이었는데, 복잡한 천문학 계산까지 요구되었으니 수학적 오류를 범할 여지가 그만큼 컸다. 설령 어떤 천궁도를 작성해서 동의를 얻어냈다고 하더라도 그것에 대한 해석의 문제가 남아 있었다. 행성들은 서로 다른 색채, 성별, 물리적 성질 등을 가진 것들로 고려되었다. 하지만 행성들의 이런 속성들에 따라 양산된 정교한 신화들이 늘 일관된 내용을 가졌던 것은 아니다. 더욱이 행성들은 하늘을 빽빽이 채운 변화무쌍한 성분들 — 황도를 구성하는 원소들, 체액들, 성질들, 12궁과 12숙 — 의 모자이크에서 일개 변수에 지나지 않았다. 의뢰인 개인의 천궁도는 그가 속한 국가 전체의 천궁도, 혹은 그와 거래하는 다른 사람의 천궁도와 비교될 필요도 있었다. 따라서 점성술사는 조합과 치환으로 점철된 작업을 수행할 수밖에 없었고, 이는 해석이라는 과제를 매우 복잡한 것으로 만들었다. 조합과 치환을 통해 점진적으로 작업을 진척시키려면 점성술사에게는 기술적 역량만이 아니라 판단력도 필요했다. 결국 모든 해석은 주관적일 수밖에 없었다. 동일한 문제에 대해 개업점성술사들은 저마다 다른 답변을 제시할 수 있었고, 예측이 구체적이면 구체적일수록 만장일치의 동의를 요구하기는 그만큼 쉽지 않았다.

점성술은 복잡다단한 인간사를 명료한 질서로 환원하려 한 시도들 중 가장 야심찬 것이었을 수 있지만, 그 관심사가 워낙 폭넓고 들쭉날쭉하다 보니 전문용어들과 기술들이 크게 늘어났고, 이로 인해 결정적 해답을 제시하는 문제는 점점 더 감당하기 힘들어졌다. 점성술사의 용어체계가 섬세해질수록 그가 감안해야 할 변수도 그만큼 늘어났으니, 객관적 해결에 대한 전망은 그만큼 멀어질 수밖에 없었다. 개념적 도구들을 정련하려는 점성술사의 노력은, 그가 세상에서 체험한 혼돈스러운 다양성을 종이에 고스란히 옮겨 놓는 쪽으로 점점 더 다가가고 있었음을 의미할 뿐이었다.

점성술 활동이 상대적으로 퇴조한 것으로 보이는 16세기 초 잉글랜드에서는 이런 난점이 어렴풋이 이해되었을 뿐이다. 중세 잉글랜드에는 걸출한 점성술 저자들이 많았지만, 그 수는 15세기에 현격히 감소했고 이후 한 세기 반 동안 회복되지 않았다.[8] 따라서 16세기 초에 유통된 예언은 거의 모두 해외에 뿌리를 두었다. 일례로 수성(水性) 궁인 물고기자리에[9] 7행성이 모두 정렬된 1524년 대회합을 두고 많은 문헌들이 출판되었지만 영어로 작성된 것은 없었다. 그해에 곧 대홍수가 발생할 것이라는 소문에 이끌려, 스미스필드에 있는 성 바솔로뮤 수도원장 볼튼이 해로온더힐(Harrow-on-the-Hill)에 집을 짓고 비상용품을 비축해 범람의 위협에 대비하려 했다는 정도의 일화는 있었지만 말이다.[10] 이 기간에 영문 점성술 작품이 거의 없었다는 것은 잉글랜드 과학의 전반적인 침체를 반영한다. 엘리자베스 치세기(1558~1603)에 존 디와 딕스 가문이 주도한 수학 르네상스에 이르러서야 기운을 회복할 수 있었고,[11] 그 기운은 대체로 17세기 말까지 유지되

---

8) Thorndike, *Magic and Science*, vol. 3, pp. 104~18, 143~5, 325~46; vol. 4, pp. 98, 145~6; R. T. Gunther, *Early Science in Oxford*, vol. 2 (Oxford, 1923), pp. 42~67; G. Hellmann, "Versuch einer Geschichte der Wattervorhersage im XVI. Jahrhundert", *Abhandlungen der Preussischen Akademie der Wissenschaften, Physikalisch-Mathemaische Klasse*, 1924, p. 18.

9) [역주] 12궁은 4원소(혹은 4체액이나 4성질)에 따라 네 그룹으로 나뉜다. 수성(水性) 궁에는 게자리, 전갈자리, 물고기자리가 있고, 토성(土性) 궁에는 처녀자리, 황소자리, 염소자리가 있고, 기성(氣性) 궁에는 쌍둥이자리, 천칭자리, 물병자리가 있고, 화성(火性) 궁에는 양자리, 사자자리, 궁수자리가 있다.

10) *Hall's Chronicle*(1809년 판), p. 675. Thorndike, *Magic and Science*, vol. 5, chap. xi도 참조할 것.
[역주] 런던의 스미스필드(Smithfield)에 소재한 성 바솔로뮤 수도원은 아우구스티누스 교단에 속한 것으로, 윌리엄 볼튼(William Bolton)은 1505~1532년 사이에 그곳의 수도원장을 지냈다. 그는 2개월의 피난에 필요한 모든 생필품을 준비했다고 한다.

11) [역주] 딕스 가문(Digges family)은 수학자 레너드 딕스(Leonard Digges: 1520~1559)로부터 그의 아들 천문학자 토마스 딕스(Thomas Digges: 1545~1595)를 거쳐서 그의 두 손자, 즉 정치가로 활동한 더들리 딕스(Dudley Digges: 1583~1639)와 시인이자 번역자로 명성을 얻은 레너드 딕스(Leonard

었다. 만일 점성술의 성쇠를 점성술 출판물에 의해 가늠하는 것이 가능하다면, 그 줄거리는 16세기 말경에 한 차례 절정에 올랐으나 내란에 앞선 20년간에는 확연히 소강상태를 보이다가 내란 이후로 전례 없는 출판의 홍수를 이루었고 이 흐름은 내란과 함께 시작해 17세기 말까지 지속되었다는 내용일 것이다.

이렇듯 대중의 접근성을 기준으로 삼을 때, 잉글랜드에서 점성술 출판의 절정기는 17세기 중 후반에 걸친 60년, 특히 공위기(1649~1660)였다. 에드워드 6세 시대(1537~1553)까지도 거의 모든 점성술 지식은 학문적 언어〔라틴어〕의 폐쇄성에 갇혀 있었지만, 찰스 2세 치세기(1660~1685)에 이르면 점성술에서 영어 독자들이 연구하지 못할 분야는 더 이상 존재하지 않게 되었다. 비록 엘리자베스 시대에 소수의 영문 저작과 번역물이 출판되기는 했지만, 점성술 지식을 영어로 가장 정교하게 기술한 역작인 토마스 앨런의 프톨레마이오스 주석서조차 필사본으로 남아 있었다.[12] 앞에서 언급되었듯이, 로버트 플러드의 방대한 작품들은 라틴어로 작성되었고 해외에서 출판되었다. 점성술에 대한 최초의 영문 입문서들이 잉글랜드 도처의 인쇄소에서 쏟아져 나온 것은 공위기였으니, 이 기간은 점성술 외에 다른 많은 '비전'(秘傳: *arcana*)들이 대중의 눈에 노출된 시기이기도 했다. 윌리엄

---

Digges: 1588~1635)로 이어진 켄트 주의 명문가이다.

12) Ashm. 388에 그 필사본 한 권이 들어 있다.

[역주] 토마스 앨런(Thomas Allen: 1542~1632)은 스태퍼드셔 출신의 수학자이자 점성술사이다. 그는 옥스퍼드에서 수학한 후 노섬벌랜드 백작 헨리 퍼시(Henry Percy), 레스터 백작 로버트 더들리(Robert Dudley), 존 디, 토마스 해리어트 등 동시대의 명사들과 교류하면서 점성술사로 명성을 얻었으나 '접신술사'라는 의심을 받기도 했다. 고문헌 수집과 주석에 정통한 고물연구가이기도 했다. 본문에서 언급된 영문 필사본은 프톨레마이오스의 '테트라비블로스'를 다룬 것으로, *Concerning the Judgment of the Stars*이며, 보통은 *The Quadripartite Construction, with an Exposition*라 불렸다.

릴리, 니콜라스 컬페퍼, 윌리엄 램지, 존 개드베리 등의 대중용 저서들이 출판되었고, 왕정복고 이후로는 리처드 손더스, 존 패트리지, 윌리엄 새먼, 존 케이스 등의 대중화 작업이 그 뒤를 이었다.[13] 주로 비전문 독자층을 겨냥해 점성술적 신조들을 포괄적으로 요약한 이런 작품들이 간행된 것은, 아이러니하게도 점성술 체계 전체가 지적으로 우쭐대는 분위기〔엘리트층 사이〕에서는 신망을 잃어가던 시점에서였다. 프톨레마이오스 점성술은 1701년에 이르도록 영문으로 출판되지 않았다.[14]

이 점에서 영문 점성술 논고들의 이용가능성은 점성술의 실질적 영향력을 가늠하기에 충분한 척도가 될 수 없다. 영문 논고가 거의 없던 튜더 시대에도 거의 모든 국왕들과 왕실 고문들은 점성술사를 후원했고 그의 조언에 의지했다. 헨리 7세만이 아니라 그에 대한 반역

13) [역주] 윌리엄 릴리(William Lilly)는 이 책 7장 역주 12에서 다루었으므로 생략한다. 니콜라스 컬페퍼(Nicholas Culpepper: 1616~1654)는 식물학이자 약초치료인이자 내과의로 명성을 얻은 점성술사이다. 점성의학과 약초를 집대성한 *The English Physitian*(1652)과 *Complete Herbal*(1653)로 유명하다. 윌리엄 램지(William Ramesey: 1627~1676)도 점성술과 의학을 병행했고, *Astrologia Restaurata*(1653)를 집필했다. 존 개드베리(John Gadbury: 1627~1704)는 점성술에 기초한 책력들의 저자였고, 1650년대에 윌리엄 릴리를 옹호했으나 결국 1675년에 그가 사기꾼임을 폭로한 인물로 알려져 있다. 리처드 손더스(Richard Saunders: 1613~1692)는 점성술에 기초한 수상술(手相術)을 대중화한 인물로, *Physiognomie, Chiromancie, Metoposcopie*(1653) *Palmistry, the Secrets thereof Disclosed*(1663) 등을 썼다. 존 패트리지(John Partridge: 1644~1714)는 구두 수선공으로 출발해서(자칭) 왕실내과의에 오른 입지전적(立志傳的) 인물이다. 네덜란드 라이덴대학에서 의학을 공부했고 여러 책력을 작성했다. 윌리엄 새먼(William Salmon: 1644~1713)은 스스로를 '의학 교수'로 선전한 점성의학도였다. *Medicina Practica*(3vols. 1692)와 *Pharmacopeia Londinensis. Or, the New London Dispensatory*(6 vols. 1696) 같은 방대한 저서를 남겼다. 존 케이스(John Case: 약 1660~1700)는 떠돌이 의사로 활동한 점성술사였다.

14) Ptolemy's *Quadripartite*, J. Whalley, trans. (1701).

음모에 가담한 측들도 이탈리아 점성술사 윌리엄 패론과 친분을 유지했다.[15] 헨리 8세는 독일인 점성술사 니콜라스 크라처를 후원했고, 주교들이 점성술을 비난하지 못하도록 조치했으며, 동시대의 주요 점성술 작가로는 유일하게 영문작품을 쓴 존 로빈스에게서 점성술적 조언을 받았다.[16] 점성술에 대한 추기경 울지의 관심도 악명이 자자했다. 그가 헨리 8세의 변덕에 비위를 맞추기 위해 그 국왕의 탄생천궁도를 계산했다는 소문이 나돌았으며, 1527년 프랑스 대사로 부임할 때는 점성술적 길시에 맞추어 출발일시를 정하기도 했다.[17] 섭정공 서머싯 자신은 점성술의 예언능력에 회의적이었던 것으로 보이나,[18] 그의 실권 후로는 제롬 카르단이라는 이탈리아 학자가 잉글랜

---

15) C. A. J. Amstrong, "An Italian Astrologer at the Court of Henry Ⅶ", in *Italian Renaissance Studies*, E. F. Jacob, ed. (1960); A. F. Pollard, *The Reign of Henry Ⅶ* (1913~1914), vol. 1, pp. 117~22.
[역주] 윌리엄 패론(William Parron)은 1460년경에 이탈리아에서 태어나 1500년을 전후로 잉글랜드에서 활동한 점성술사이다. 그는 1498~1503년 사이에 헨리 7세를 위해 일했고, 1499년에는 헨리 개인을 위한 점성술적 예언력인 *De astrorum vi fatali*를 작성했다. 그는 왕비가 요절해 80까지 장수할 것이라는 자신의 예언이 오류로 판명되자 궁정을 떠났다고 한다.

16) Taylor, *Mathematical Practitioners*, pp. 12, 165; J. J. Scarisbrick, *Henry Ⅷ* (1968), p. 406; Thorndike, *Magic and Science*, vol. 5, pp. 320~1.
[역주] 니콜라스 크라처(Nicholas Kratzer: 1487~1550)는 뮌헨 출신으로 1516년에 잉글랜드로 건너와 토마스 모어 경이 이끈 지적 서클의 일원으로 참여했고 헨리 8세의 자문 점성술사로 활동했다. 수학자이자 시계제작과 지도제작에 능한 기술자로도 명성을 얻었다. 존 로빈스(John Robins: 1500~1558)는 옥스퍼드에서 수학한 후 헨리 8세와 메리여왕의 전속사제로 활동하면서 점성술적 조언을 해 주었다.

17) W. Tyndale, *Expositions and Notes*, H. Walter, ed. (Cambridge, P. S., 1849), p. 308; *H. M. C., MSS in the Welsh Language*, vol. 1, p. vi (이 참고문헌은 P. T. J. Morgan 박사께서 내게 소개해 준 것이다).

18) *Narratives of the Days of the Reformation*, J. G. Nicholas, ed. (Camden Society, 1589), p. 173.

드로 건너와 어린 에드워드 6세와 에드워드의 스승이자 〔점성술〕 중독자로 잘 알려진 존 치크를 위해 천궁도를 만든 일이 있었다.[19] 이 같은 관심을 공유한 또 다른 고위 행정가로는 국무대신 윌리엄 패짓 경이 있었는데, 1550년 바젤에서 편찬된 이탈리아 점성술사 귀도 보나투스의 점성술서는 그에게 헌정되었다.[20] 그의 동료 윌리엄 폴렛

---

19) H, Morley, *Jerome Cardan* (1854), vol. 2, chap. 6. 1552년경 왕실 "점성술사들"에게 지급된 금액은 *C. S. P. D., 1601~1603, and Addenda*, p. 420에 기록되어 있다. 치크의 점성술적 관심사에 대해서는, Foxe, vol. 8, p. 257; Taylor, *Mathematical Practitioners*, pp. 314, 168, 170; J. Strype, *The Life of the learned Sir John Cheke* (1705), p. 221을 참조할 것.
[역주] 섭정공 서머싯(Lord Protector Somerset: 1506~1552)은 서머싯 초대 공작이자 하트퍼드 백작으로 어린 에드워드를 위해 2년간(1547~1549) 섭정한 에드워드 시모어(Edward Seymour)를 말한다. 제롬 카르단(Jerome Cardan: 1501~1576)은 이탈리아 이름 지롤라모 카르다노(Girolamo Cardano)로 더 잘 알려진 파비아 출신의 학자로 1550년 전후에 잉글랜드에서 활동했다. 그는 레오나르도 다 빈치의 친구였고 점성술사이자 내과의이자 수학자로는 물론 노름꾼으로도 유명했다. 존 치크(Sir John Cheke: 1514~1557)는 잉글랜드를 대표하는 고전학자로 케임브리지의 초대 그리스어 교수를 지냈다. 본문에서 그가 "a well known addict"로 묘사된 것은 그가 지롤라모 카르다노의 점성술에 푹 빠져 있었다는 뜻으로 해석된다. 어쨌든 그는 1544년에 왕세자 에드워드의 스승으로 지명된 후 에드워드의 프로테스탄티즘을 양육했고 그가 왕위를 이은 후로도 스승/자문역을 계속했다.

20) G. Bonatus, *De Astronomia Tractatus* (Basle, 1550). 이 책을 편찬한 니콜라스 프러크너(Nicholas Prukner)는 다음해에 피르미쿠스 마테르누스(Firmicus Maternus)라는 4세기 점성술사의 책을 편찬해 에드워드 6세에게 헌정했다.
[역주] 윌리엄 패짓(William Paget, 1st Baron Paget of Beaudesert: 1506~1563)은 스태퍼드셔 출신으로 케임브리지와 파리에서 수학했고 헨리 8세에게 발탁되어 여러 주요 외교관직을 수행하다가 1543년에 국무대신(*Secretary of State*)에 임명되었다. 이후 정치적 부침을 거듭하다가 엘리자베스 치세기에 다시 중용되었고 1558년에 공직에서 은퇴했다. 귀도 보나투스(Guido Bonatus: 약 1210~1290)는 13세기 후반과 14세기 초반의 이탈리아를 대표한 점성술사로 몬세라트(Monserrat) 백작의 후원을 받았다.

경은 책력(冊曆) 제작자인 조지 하트길을 지원했다.[21] 외교관으로 장차 국무대신에 오를 토마스 스미스에게 점성술은 여흥거리가 아니라 "그것에 관해 생각하느라 밤잠을 설칠" 만큼 열정을 쏟아부은 주제였다.[22]

엘리자베스 1세의 총신들도 비슷한 열정을 보였다. 레스터 백작(Robert Dudley, 1st Earl of Leicester: 1532~1588)은 점성술사 리처드 포스터(Richard Foster)를 주치의로 고용했고 토마스 앨런에게는 천궁도 작성을 의뢰했다. 그는 앨런에게 주교직을 제공한 일도 있었다.[23]

---

21) Taylor, *Mathematical Practitioners*, p. 332.
[역주] 조지 하트길(George Hartgill: 약 1555~1597)은 윈체스터 초대 후작이자 국무대신을 지낸 윌리엄 폴렛(William Paulet: 1483~1572)의 전속사제였고, 그의 후원으로 천문학과 점성술을 연구하여 '크리스티아누스 필로푸스'(Christianus Philosophus)라는 필명으로 여러 책력을 출판했다. *Calendars, or Astronomical Tables*(1594)가 대표작이다.

22) G. Nichols in Archaeologia, vol. 38(1860), p. 103; M. Dewar, *Sir Thomas Smith*(1964), pp. 65, 78, 131, 181~3. 스미스의 점성술적 계산들은 Sloane 325에 있고, 그의 점성술 저서 목록은 J. Strype, *The Life of … Sir Thomas Smith*(Oxford, 1820), p. 279에 있다. 스미스가 점성술의 진실성을 받아들이지 않았다는 당시의 증언이 있기는 하지만(*ibid.*, p. 163), 회의론자였던 로저 애스컴조차 그에게 점성술적 조언을 구했다고 한다. L. V. Ryan, *Roger Ascham*(1963), p. 242.
[역주] 토마스 스미스(Sir Thomas Smith: 1513~1577)는 에식스 출신으로 케임브리지, 파리, 파도바 등지에서 법학을 연구했으며, 1543년에 케임브리지의 초대 민법 흠정교수(*Regius Professor*)로 임명되었다. 에드워드 6세 치세기에 정공 서머싯의 후원으로 공직에 진출해 외교관으로 활동했고 엘리자베스의 총애로 1572년에는 국무대신에 임명되기도 했다. 그의 점성술적 관심은 해외 체류기간에 형성되었던 것으로 보이며, 학자와 공직자로서의 명성 못지않게 그에게 큰 명성을 선사했다.

23) Taylor, Mathematical Practitioners, pp. 170, 320; J. Aubrey, *Brief Lives*, A. Clark, ed. (Oxford, 1898), vol. 1, p. 27; Wood, *Ath. Ox.*, vol. 2, col. 542. 로버트 그린(Robert Greene)은 1585년에 점성술 옹호론을 포함한 그의

존 디가 엘리자베스 1세 즉위식에 좋은 점성술적 길일을 선택한 것은 레스터 백작의 요청에 따른 것이었다. 존 디는 당대의 거물급 귀족들과 친분을 유지했고 여왕의 요청으로 1577년 혜성에 관한 견해를 피력한 일도 있었다.[24] 벌리(William Cecil, 1st Baron Burghley: 1520~1598)는 점성술적 문제들에 관해 주석을 작성했으며,[25] 에식스 백작(Robert Devereux, 2nd Earl of Essex: 1565~1601)은 점성술과 흙점술을 다룬 15세기의 역작을 소장했던 것으로 알려져 있다.[26] 장차 엘리자베스의 대법관에 오를 크리스토퍼 해턴 경(Sir Christopher Hatton: 1540~1591)은 존 맵릿의 점성술 입문서《운명의 원반》(1581)을 헌정받았다.[27] 점성술에 대한 필립 시드니 경(Sir Philip Sidney: 1554~1586)의 태도를 두고는 증거가 엇갈리지만,[28] 옥스퍼드 백작(Edward

---

저서 *Planetomachina*를 레스터 백작에게 헌정했다.

24) *Autobiographical Tracts of Dr John Dee*, J. Crossley, ed. 〔in *Chetham Miscellanies*, vol. 1(Chetham Society, 1851)〕, p. 21. 여왕의 문장(紋章)이 새겨진 점성술적 아스트롤라베(천문의)는 G. H. Gabb in *Archaeologia*, vol. 86(1936)에 묘사되어 있다.

25) J. Strype, *Annals of the Reformation*(2판, Oxford, 1725~1731), vol. 2, appx., iv〔이에 관해서는 Nichols in *Archaeologia*, vol. 38(1860), p. 100을 참조할 것〕.

26) *H. M. C.*, vol. 3, pp. 112~3. 그러나 점성술을 비교적 이른 시기에 공격한, W. C(ovell), *Polimanteia*(Cambridge, 1595)도 에식스 백작에게 헌정되었다.

27) **[역주]** 존 맵릿(John Maplet: 약 1542~1592)은 케임브리지에서 수학한 후 사제이자 점성술사이자 자연사가로 활동한 인물이다. 그는 희귀 광물과 약초를 집성한 자연사 논고, *A Greene Forest, or a Naturall Historie*(1567)로 잘 알려져 있다. 본문에 인용된 점성술 작품은 *The Diall of Destiny*(1581)이다.

28) M. S. Goldman, "Sidney and Harington as Opponents of Superstition", *Journal of English and Germanic Philology*, vol. 54(1955); R. Howell, *Sir Philip Sidney*(1968), pp. 222~3; J. M. Osborn, "Mica Mica Parva Stella: Sidney's Horoscope", *Times Literary Supplement*(1971년 7월 1일자); P. J. French, *John Dee*(1972), chap. 6.

de Vere, 17th Earl of Oxford: 1550~1604)이 점성술을 연구했다는 것은 틀림없는 사실이다.[29] 1563년에 퓨리턴인 로렌스 험프리가 점성술 지식에 대해, 귀족들 사이에서 "탐식되고 신봉되며 많은 이들을 사로잡고 있다"고 불평한 것은 그리 놀랄 일이 아니다.[30] 자식이 태어날 때 탄생천궁도를 만들도록 하는 것이 귀족가문의 관행이었던 만큼,[31] 귀족들이 준(準)점성술적 방법을 사용한 의사들에게 의지한 것도 거의 불가피한 일이었다.[32]

이런 상황은 17세기에 아주 느린 속도로 변화했을 뿐이다. 많은 거물급 귀족들과 정치가들이 점성술 소양을 유지했다. 애런들 백작(Thomas Howard, 21st Earl of Arundel: 1585~1646)은 책력제작자인 험프리 루이드를 주치의로 고용하였다.[33] 북부평의회 의장(1619~

29) B. M. Ward, *The Seventeenth Earl of Oxford*(1928), p. 50.

30) L. Humfrey, *The Nobles: or of Nobilitye*(1563), sig. y viv.
[역주] 로렌스 험프리(Lawrence Humphrey: 약 1527~1590)는 버킹엄셔 출신으로 옥스퍼드와 바젤, 취리히, 프랑크푸르트 등 해외 여러 대학에서 프로테스탄트 신학을 연구했고 옥스퍼드 막달렌칼리지 총장을 역임한 잉글랜드의 대표적 신학자이다. 그는 국교회 준봉을 거부한 퓨리턴이었지만 엘리자베스의 총애로 직위를 잃지는 않았다.

31) 몇 가지 사례에 대해서는 다음을 참조할 것. N. Williams, *Thomas Howard, Fourth Duke of Norfolk*(1964), p. 1(1538년 사례); C. D. Bowen, *The Lion and the Throne*(1957), p. 64(1584년 사례); *H. M. C.*, vol. 9, no. 2, p. 375(1584년 사례); *Transactions of the Anglesey Antiquarian Society and Field Club*(1937), p. 28(1632년 사례); F. H. Sunderland, *Marmaduke Lord Langdale*(1926), pp. 36~8(1627~1639년 사례).

32) 이를테면, *H. M. C.*, *Hatfield*, vol. 16, p. 310(1604년 사례); *C. S. P. D., 1629~1631*, p. 210; 이 책의 2권 pp. 358~63.

33) [역주] 험프리 루이드(Humphrey Llwyd: 1527~1568)는 웨일스 출신으로 옥스퍼드에서 수학했고 1566년부터 유럽 대륙을 여행하면서 여러 과학기술 분야, 특히 지도와 책력제작을 습득했고, 애런들 백작의 옥스퍼드대학 총장 시절에 주치의로 고용되었으며, 1559년부터는 국회의원으로 활동하기도 한 다채로

1628)을 지낸 스크로프 경(Emanuel Scrope, 1st Earl of Sunderland: 1584~1630)은 리처드 네이피어라는 점성술 치료사의 환자였다.[34] 찰스 1세의 재무대신이던 웨스턴 경(Richard Weston, 1st Earl of Portland: 1577~1634/1635)은 점성술사 니콜라스 피스크를 아들의 개인교사로 채용했다.[35] 제 2대 브리스톨 백작(George Digby, 2nd Earl of Bristol: 1612~1677)은 그 스스로가 고도로 숙련된 점성술사였다. 1649년에 처형된 헌틀리 후작(George Gordon, 2nd Marquis of Huntly: 1590~1649)은 엉터리 점성술적 조언으로 파멸한 인사로 여겨졌다. "그는 별들을 믿었으나 별들이 그를 기만했다"고 주교 버네트는 기록했다. 내란에 희생된 또 다른 귀족 몬트로즈 후작(James Graham, 1st Marquis of Montrose, 1612~1650)은 청년 시절에 덴비 백작(William Feilding, 1st Earl of Denbigh: 1587~1643)과 더불어 해외여행을 떠난 적이 있었는데, 이때 그들은 함께 "그들이 수소문할 수 있었던 모든 점성술사들에게 조언을 구했다."[36]

---

운 경력의 인물이다.

34) [역주] 북부평의회(Council of the North)는 북부잉글랜드를 통치하기 위한 행정기구로 1485년 리처드 3세에 의해 요크에 개설되었다. 종교개혁 문제로 국왕 헨리 8세와 마찰을 빚기도 했으나, 1530년부터는 본연의 기능을 회복해 북부지역을 독자적으로 통치하다가 1641년 장기의회에 의해 폐지되었다. 리처드 네이피어(Richard Napier: 1559~1634)는 베드퍼드셔 출신으로 그레이트 린퍼드(Great Linford) 소교구 사제로 활동했다. 그는 사이먼 포먼(Simon Forman)에게 점성술과 연금술을 사사했고 헤르메스의 '피카트릭스'를 계승했다. 그는 점성술과 연금술을 주로 치료목적에서 활용했고, 치료활동을 신앙 및 선교활동과 결합한 인물이었다.

35) [역주] 니콜라스 피스크(Nicholas Fiske:1579~1659)는 서퍽 출신으로 점성술과 의학을 독학한 후 콜체스터에서 개업한 점성술 치료사이다. 자기(磁氣) 연구자 길버트를 비롯한 동시대의 많은 은비학 연구자들과 교유했다. 그가 웨스턴의 아들을 위한 개인교사로 임명된 것은 1633년으로, 그레샴칼리지의 윈스턴(Dr. Winston)의 추천을 받은 것으로 알려져 있다.

훗날 뛰어난 런던 상인으로 변신한 에드워드 데링 경(Sir Edward Dering, 2nd Baronet of Pluckley: 1625~1684)은 왕당파 망명기간(1642~1660) 동안 동지들에게 별들이 그들 편에 있다는 확신을 심어 주어 그들이 사기를 잃지 않도록 노력했다. 그는 왕정복고 이후에는 점성술사들의 큰 후원자가 되었다.[37] 조금 뒤에 살펴보겠지만,[38] 찰스 2세는 여러 기회에 점성술적 조언을 수용했다. 루이 14세가 1669년에 프랑스 점성술사 프레그냐니(Pregnani) 신부를 잉글랜드행 특임외교사절로 임명하는 편이 좋겠다고 생각한 것도, 그 신부의 고객이던 몬머스 공작으로부터 찰스 2세가 점성술을 신봉한다는 이야기를 들은 직후였다. 이 모험은 뉴마켓 경마장 행차에서 불운하게도 그 신부가 찰스 2세에게 승자를 맞추어 주지 못한 탓에 실패했고, 외교적 충돌을 초래했으며, 결국 그 신부의 소환으로 이어졌다.[39] 점성술에 대한 고위층의 관심은 1688년 명예혁명 이후에도 발견된다. 윌리엄 3세의 국

---

36) Taylor, *Mathematical Practitioners*, p. 319; Ashm. 421, ff. 162v~164; Lilly, *Autobiography*, p. 73; Edward, Earl of Clarendon, *The History of the Rebellion*, W. D. Macray, ed. (Oxford, 1888), vol. 6, p. 49; *Bishop Burnet's History of His Own Time* (Oxford, 1823), vol. 1, pp. 64~5, 51.

37) Josten, *Ashmole*, pp. 241~2; J. Gadbury, *Cardines Coeli* (1684), p. 17; *Autobiography and Anecdotes by William Taswell*, G. P. Elliott, ed., in Camden Miscellany, vol. 2 (1853), pp. 30~1; J. Partridge, *Merlinus Liberatus* (1697)의 헌정사. 점성술 예언에 대한 망명 왕당파의 관심은, *C. S. P. D., 1657~1658*, pp. 304, 327, 그리고 J. Price, *The Mystery and Method of His Majesty's happy Restauration* (1680), pp. 40~1을 참조할 것.

38) 이 책의 2권 pp. 276~8.

39) M. Mignet, *Négociations relatives à la succession d'Espagne sous Louis XIV* (Paris, 1835~1842), vol. 3, pp. 73~80; C. H. Hartmann, *Charles II and Madame* (1934), pp. 239~41. 찰스 2세의 점성술 신봉을 이용하려 한 또 다른 시도에 관해서는, W. Harris, *An Historical and Critical Account of … Charles II* (1814), vol. 5, p. 374를 참조할 것.

무대신 존 트렌차드 경(Sir John Trenchard: 1640~1695)은 천궁도로 점쳤고, 임종시에 점성술사가 그에게 예언한 모든 것이 실현되었다고 고백했다.[40]

점성술은 식자층 사이에서도 뜨거운 관심사로 남아 있었다. 공감을 표한 인사를 대충 열거해도 다음과 같은 유명한 이름들이 포함된다. 월터 롤리 경,[41] 해부학자 로버트 버튼,[42] 쉐어베리 남작 허버트(Edward Herbert, 1st Baron Herbert of Cherbury: 1583~1648),[43] 케넬름 디그비 경,[44] 토마스 브라운 경[45] 등. 17세기 과학자들 중에서는 수학자 에드먼드 건터가 천궁도로 점쳤다고 알려져 있고,[46] 머치스톤의 네이피어, 새뮤얼 하트리브, 윌리엄 하비, 헨리 올덴버그[47]

---

40) Wood, *Ath. Ox.*, vol. 4, cols. 405~406. (Dorset Record Office에 소장된 Trenchard Papers에 포함되어 있는) 그의 천궁도는 그의 생일이 *D. N. B*에 기재된 1640년이 아니라 1649년 3월 30일임을 알려준다.

41) Allen, *The Star-Crossed Renaissance*, p. 153.

42) *Ibid.*, p. 153; Wood, *Ath. Ox.*, vol. 2, cols. 652~653; *Oxford Bibliographical Society*, *Proceedings and Papers*, vol. 1 (1922~1926), p. 186. 점성술사 존 개드베리는 버튼의 글을 읽고 자극되어 점성술에 관심을 갖게 되었다고 한다. Gadbury, *Cardines Coeli*, p. 59.

43) 허버트가 생각하기에 점성술은 특수한 예측에는 맞지 않고 일반적 예측에만 어울리는 것이었다. *The Autobiography of Edward, Lord Herbert of Cherbury*, S. Lee, ed. (2판, 출판연도 미상), p. 27 and n.

44) R. T. Petersson, *Sir Kenelm Digby* (1956), pp. 15~6, 72~3, 98, 328; Ashm. 173, no. 4; Ashm. 243, f. 124.

45) 이 책의 2권 pp. 353~5.

46) [역주] 에드먼드 건터(Edmund Gunter: 1581~1626)는 하트퍼드셔 출신으로 옥스퍼드에서 신학을 공부했고 성직자로 활동했으나 그의 평생의 관심사는 수학, 특히 수학과 현실세계 간의 관계였다. 런던 그레샴칼리지의 천문학 교수로 임용된 1619년 직후 그는 *Canon triangulorum, or Table of Artificial Sines and Tangents* (1620) 라는 기념비적 저서를 출판했다. 그는 '코사인', '코탄젠트' 같은 용어를 창안하고 측량용 '건터 사슬'과 계산자의 전신인 '건터 자(尺)' 같은 중요한 발명품을 남긴 인물이기도 하다.

같은 명사들이 점성술의 장래성에 대한 믿음을 — 전적으로든 부분적으로든 — 공유하고 있었다.[48] 아이작 뉴턴도 청년시절에 스투어브리지 정기(定期) 장터(*Stourbridge Fair*)에서 판별점성술 서적을 구입한 일이 있었다.[49] 존 오브리가 남긴 기록물 중에는 왕립내과의협회 의장을 지낸 월터 찰턴의 탄생천궁도가 포함되어 있는데, 이것은 런던 왕립협회의 초대 의장인 윌리엄 브룬커가 작성한 것이었다.[50] 존 드라이든은 평생토록 점성술 신봉자로 남았다.[51]

---

47) [역주] 헨리 올덴버그(Henry Oldenburg: 1619~1677)는 독일 브레멘 출신으로 독일 이름은 '하인리히 올덴부르크'로 불린다. 그는 신학자이자 외교관이자 자연철학자로 명성을 얻었고, 전 유럽에 걸쳐 지식인을 엮는 능력에서 탁월한 역량을 보였다. 1653년 런던에 외교관으로 부임한 이후로 로버트 보일, 새뮤얼 하트리브, 윌리엄 페티, 존 듀리 등과 폭넓게 교유하면서 잉글랜드 지성계의 중심인물로 급부상했고 이에 힘입어 1660년에는 영국왕립협회의 초대 비서로 임명됐다.

48) Aubrey, *Miscellanies*, p. 62; Lilly, *Autobiography*, p. 237; Josten, *Ashmole*, p. 565; F. N. L. Poynter in *Journal of the History of Medicine*, vol. 17 (1962), p. 157; *The Correspondences of Henry Oldenburg*, A. R. and M. B. Hall, eds. (Madison, Milwaukee, 1965~), vol. 1, pp. 281, 308. 점성술사 존 비숍(John Bishop)은 로버트 보일이 후원자라고 주장했다. R. Kirby and J. Bishop, *The Marrow of Astrology*(1687), vol. 2, 헌정사.

49) L. T. More, *Issac Newton*(1934), p. 32. 뉴턴을 천문학으로 이끈 것은 점성술에 대한 관심이었다는 주장이 있지만 증거가 부족하다. F. E. Manuel, *Issac Newton, Historian*(Cambridge, 1963), pp. 263, 274.

50) Bodl., Aubrey MS 23, f. 54.
[역주] 월터 찰턴(Walter Charleton: 1619~1707)은 서머싯 출신으로 옥스퍼드에서 의학을 공부한 후 찰스 1세의 주치의로 활동했고, 왕정복고 이후에 런던왕립협회 설립 회원이자 왕립내과의협회 의장직을 수행했다. 에피쿠로스학파를 잉글랜드에 보급한 사상가이기도 하다. 윌리엄 브룬커(William Brouncker, 2nd Viscount Brouncker(1620~1684)는 왕당파의 핵심 귀족가문 출신으로 옥스퍼드에서 수학을 공부했고 왕정복고 이후에 여러 요직을 거쳤다. 런던왕립협회의 설립 회원이었고 그 협회의 설립을 인가한 1662년 7월 15일자 국왕칙서에 의해 초대 의장으로 임명되었다.

51) *The Works of John Dryden*, vol. 18, Sir W. Scott and G. Saintsbury, eds.

이렇듯 다채로운 이름들은, 16～17세기 동안 신분이 높고 지적으로도 중요한 인사들 사이에서 점성술에 공감적인 태도가 널리 유지되었음을 증명한다. 물론 그들이 점성술을 정말로 얼마나 진지하게 수용했는지를 판단하기가 늘 쉬운 것만은 아니다. 많은 이들이 단순한 여흥이나 호기심에서 천궁도로 점쳤음이 분명하지만,[52] 점성괘에 따라 중요한 결정을 내린 이들도 있었다. 그러나 점성술이 17세기 중반까지도 단지 개인 취향이 아니라 식자층이 집단적으로 의존한 점복형식이었다는 데는 의문의 여지가 없다.

더욱 주목할 것은 점성술적 관심이 중세에는 궁정사회나 왕실 측근으로 거의 한정되었던 데 반해 이제는 민간에까지 널리 확산되었다는 점이다. 이는 주로 인쇄술의 발명에 힘입은 것이었다. 궁정에 기반을 둔 중세 점성술사의 독자층과는 비교할 수 없으리만치 넓은 독자층이 인쇄술 덕에 점성술을 이용할 수 있게 되었다. 이 같은 확산에서 주도권을 잡은 것은 근대 초 잉글랜드의 떠돌이 문헌류 중 가장 널리 유통된 것, 즉 책력이었다.[53]

---

(1893), p. 134; Aubrey, *Brief Lives*, vol. 1, Clark, ed., p. 241. 17세기 과학자들의 태도에 대한 좀더 상세한 해설은 이 책의 2권 pp. 350～8을 참조할 것. [역주] 존 드라이든(John Dryden: 1631～1700)은 노샘턴 출신으로 케임브리지에서 수학한 후 1654년부터는 공화국을 위해, 1660년부터는 복고 왕실을 위해 일했다. 왕립협회 회원(1662～1666)을 지냈고 1668년에는 계관시인, 1670년에는 왕실역사가로 임명되었다. 말년에는 번역에 전념했다. 영국 고전주의 문학과 그 이론을 확립한 공로로, '영국 문예비평의 아버지'로 불린다.

52) 이는 J. Fage, *Speculum Aegrotorum. The Sicke Mens Glasse*(1606), sig. A3에서 암시된 바와 같다.

53) [역주] '떠돌이 문헌류'(*fugitive literature*)는 오늘날 기록학에서 정부 보고서나 학위논문처럼 중요하지만 표준 데이터베이스 내에 색인화되지 않고 떠도는 문헌들을 지칭한다. fugitive archives도 비슷한 의미로 사용된다. 본문에서는 일시적인 목적으로 대량 출간되었으나 이후 체계적으로 관리되지 못한 문헌류라는 의미로 사용되고 있다.

## 2. 책력과 예언력

엄밀하게 말해, 책력이란 전혀 별개인 3종의 문헌을 합쳐 부른 것이다.[54] 그 본령은 이듬해에 있을 일월식, 회합 같은 천문현상들과 〔부활절처럼〕 변동될 축일을 예고한 책력이었다. 둘째는 일·주·월과 교회의 고정된 축일들을 제시한 달력이었다. 마지막으로는 당해 연도의 굵직한 사건들을 점성술적으로 예측한 예언력(豫言曆)이 있었다. 이들 3종 문헌은 한 묶음으로 판매되었고, 오늘날 여전히 다이어리에 수록되는 종류의 잡다한 정보 — 시장 및 장날 일람표, 간선도로와 구간거리, 창조 이래의 역사적 대사건을 나열한 간략연표, 치료비법, 법률상식, 원예요령 등 — 와 뒤섞여 있었다. 17세기 중반에는 서적이나 일반판매약이나 수학선생을 위한 광고가 수록되기도 했다. 이 수첩식 소책자는 근현대 달력의 선조격인 2절판 책력과 크게 달랐다. 그것은 더 많은 정보를 담았고 이용기간도 상대적으로 길었다. 동시대인들 사이에서 그것은 일지이자 비망록이자 정보수첩으로 소중히 여겨졌다. 그 결과 옥스퍼드대학 보들리도서관과 대영박물관을 비롯한 여러 대형 도서관에서는 오늘날까지도 방대한 책력컬렉션들이 유지되고 있다.

---

54) 이 주제를 위해 좋은 출발점은 보잔켓(E. F. Bosanquet)의 선구적 작품, *English printed Almanacks and Prognostications. A Bibliographical History to the year 1600*〔1917, 이에 대한 부연과 수정은 *The Library*, 4th series, vol. 8 (1927~1928); vol. 18(1937~1938)〕; 그리고 "English Seventeenth-Century Almanacks", *The Library*, 4th series, vol. 10(1930)이다. 그 밖에도 다음 문헌을 참조할 것. C. Camden, "Elizabethan Almanacs and Prognostications", *The Library*, 4th series, vol. 12(1932); C. Blagden, "The Distribution of Almanacks in the Second Half of the Seventeenth Century", *Studies in Bibliography. Papers of the Bibliographical Society of the University of Virginia*, vol. 11, F. Bowers, ed. (1958). 당시 책력들 중 현존하는 것의 목록은 *S. T. C*, 그리고 Wing에서 찾을 수 있다.

수첩식 책력은 점성술을 크게 강조한 점에서 오늘날의 다이어리와 가장 뚜렷하게 구별된다. 매우 정교한 책력은 천문력표(天文曆表), 즉 천체들의 연중 날짜별 위치를 보여주는 표를 수록했다. 독자는 이 표를 참조해 행성들이 황도대를 지나는 운동을 예측할 수 있었고, 다양한 회합과 충(衝)을 미리 알 수 있었다. 이런 능력이 있는 독자는 자신의 천궁도로 점칠 준비를 갖춘 셈이었다. 아울러 독자는 책력에 수록된 인체해부도, 즉 황도 12궁의 어떤 궁이 인체의 어떤 부위를 지배하는지를 묘사한 도해를 참조할 수 있었다. 이 도해를 이용해 독자는 약 복용이나 치료에 적합한 길시를 계산할 수 있었다. 무엇보다 중요한 것은 예언이었다. 책력의 저자는 예언을 통해 다음해의 정치, 날씨, 작황, 지역민 건강 등을 상세하게 예측함으로써 자신의 능력을 입증해 보였다.

중세 책력은 필사본으로 유통되기는 했지만 주로 학자와 내과의를 겨냥했던 것으로 보인다. 튜더 시대에 이르러서야 비로소 인쇄된 영문 책력이 큰 대중적 성공을 거둘 위치에 오르게 되었다. 16세기 초에 대륙의 다양한 예언력들이 번역 출판되었고, 그 일부는 순식간에 팔려나갔다.[55] 하지만 출판용으로 손수 예언력을 작성했다고 알려진 영국인은 1545년에야 등장했다. 카르투지오 수도사를 지낸 앤드류 보어드였고, 그의 예언력은 많은 후속 작품들을 거느린 최초의 것이었다.[56] 외국 예언력도 여전히 유통되고는 있었지만, 그 위상은 국내

---

55) 이는 옥스퍼드의 서적판매상, John Dorne의 회계장부〔F. Madan, ed., in *Collectanea*, vol. 1, C. R. L. Fletcher, ed. (Oxford Historical Society, 1885)〕가 보여주는 것과 같다.

56) [역주] 앤드류 보어드(Andrew Boorde, or Borde : 1490~1549)는 서식스 출신으로 옥스퍼드에서 수학하고 잠시 카르투지오 수도회(Carthusian order)에 몸담았으나 1529년에 수도원을 벗어나 해외 여러 대학에서 의학을 연구했다. 1534년 런던으로 돌아온 그는 토마스 크롬웰의 후원으로 의사, 여행가, 작가,

출판물에 의해 꾸준히 잠식되었다. 추정컨대 1600년까지 6백 종도 넘는 책력이 잉글랜드에서 이미 출판되었고 그 수는 점차 증가하는 추세였다. 17세기 동안 간행된 책력의 총계는 2천여 종에 달하였고, 족히 2백 명이 넘는 저자가 그 출판에 관여했음이 분명하다. 1회 발행부수의 전형적 규모는 알려져 있지 않다. 출판업조합이 여타 출판물의 1회 조판에 부과한 원래의 제한부수가 1,250권에서 1,500권이었지만,[57] 의미심장하게도 책력은 성경과 마찬가지로 이런 제한에 구속되지 않았다. 윌리엄 릴리의 세시(歲時) 책력과 예언을 담은 《메를리누스 앙글리쿠스》는 1646년에 13,500권, 1647년에 17,000권, 1648년에 18,500권이 각각 인쇄되었다.[58] 1649년에는 연간 3만 권 가까이 판매되었다고 한다.[59] 그 특별한 책력이 예외적으로 인기를 누리기는 했지만, 17세기에 생산된 책력의 합계치로 간혹 제시되곤 하는 3~4백만 권은 누가 보아도 평가절하된 수치이다. 1663년 11월부터 10년

---

점성술사 등 다양한 분야에서 활동했다.

57) [역주] '출판업자조합'(Stationers' Company)의 런던의 동업조합 중 하나로 1403년에 설립되었고 1557년에 정식으로 설립인가를 받았다. 인가 당시에 그 조직은 인쇄업자 조합으로 출판물의 제작과 판매를 독점하고 소유권을 관리했다. 17세기 이 조직의 가장 큰 수입원은 책력출판이었다. 1937년 이후에 '출판업자들과 신문제작자들의 영예로운 조합'(Worshipful Company of Stationers and Newspaper Makers)으로 발전했다.

58) [역주] 이 책은 윌리엄 릴리의 첫 번째 책력으로 원래의 이름은 "Merlinus Anglicus Junior: The English Merlin Revived; or, A Mathematical Prediction upon the Affairs of the English Commonwealth, and of All or Most Kingdoms of Christendom, this present year 1644"로 그해 6월 12일에 출판되었다.

59) H. R. Plomer, "A Printer's Bill in the Seventeenth Century", *The Library*, new series, vol. 7(1906), p. 35; J. A(llen), *Judicial Astrologers totally routed*(1659), p. 15. 여타 출판물의 통상적 제한부수는 1635년에 2천 권, 특별한 경우에는 3천 권으로 증가되었다.

간만 계산해도 그 합계치에 거의 육박하기 때문이다. 성경조차도 이 수준으로 팔리지는 않았다.[60]

책력이 상업적으로 성공한 이유는 잉글랜드의 지역별로 서로 다른 천문자오선에 맞추어 각기 별개의 책력이 간행되었기 때문이다. 도시에서마다, 심지어 에일즈버리(Aylesbury)나 새프런월든(Saffron Walden)처럼 아주 작은 도시에서도 각기 특색 있는 책력이 출판되었다. 책력에 포함된 정보는 어떤 유형의 독자층을 겨냥하느냐에 따라 신중하게 선택되었다. 이를테면 치안판사를 위해서는 법률용어가, 측량기사를 위해서는 토지측량법에 관한 조언이, 선원을 위해서는 항해력(航海曆) 정보가 포함될 수 있었다. 17세기 중반에 이르면 책력은 십인십색의 정치적 입맛을 맞추기까지 했다. 가격도 저렴했다. 들인 공이 크면 그만큼 가격도 비쌌겠지만, 17세기 표준가격은 2펜스로 추정된다.[61]

그러나 점성술적 예측이 책력의 불변적 특징은 아니었다. 책력은 점성술적 예측을 수록할 때에도 날씨에 국한해 예측할 수 있었다. 고도로 정치적인 예언력은 내란기에 흔했을 뿐, 내란에 앞선 세기에는 상대적으로 드물었다. 1630년대까지도 이른바 '예언력'이라 불린 것은 당해 연도에 발생할 굵직한 세속사건들을 추가한 달력에 불과했다. 정치적 예언이 흔한 일상처럼 된 것은 내란으로 인해 검열체계가 붕괴된 이후의 일이었다.

---

60) Blagden in *Studies in Bibliography*, vol. 11(1958), pp. 115~6. 성경 인쇄부수에 관해서는, C. Bridenbaugh, *Vexed and Troubled Englishmen*(Oxford, 1968), p. 278 & n.

61) Bosanquet, in *The Library*, 4th series, vol. 10(1930), p. 366; *Robert Loder's Farm Accounts, 1610~1620*, G. E. Fussell, ed. (Camden Series, 1936), p. 71; *Durham High Commission*, p. 40. 1659년용 책력들이 집성된 한 대표적 컬렉션(Bodl., Rawl. Alm. 11)에서 권당 가격은 2펜스였지만, Blagrave 와Lilly와 Wharton의 방대한 작품은 예외적으로 6펜스였다.

그렇지만 책력은 예언력을 수록한 것이 아니더라도 하루하루의 행동지침을 제공했다. 그것은 방혈(放血), 하제(下劑) 사용, 목욕에 좋은 점성술적 길시를 알려주었다. 모종, 파종, 풀베기, 가축거세 등 다양한 농경활동에 참여할 적기와 부적기를 제시한 것도 책력이었다. 1년용 수첩식 책력, 혹은 레너드 딕스의 《총체적 예언》(1555, 이후 중판을 거듭함) 처럼 수년간 이용가능한 안내서를 구입함으로써,[62] 시골 주민은 일상의 반복된 과제를 수행하기에 유용한 무기를 갖출 수 있었으며, 투약이나 방혈을 친지들에게 의존하는 환자는 친지들이 체계적 처방전에 따라 시술하고 있음을 확인할 수 있었다.

그럼에도 불구하고 정통 점성술 책력은 대중적 인기를 놓고 훨씬 저급한 상품들과 경쟁을 벌여야만 하는 처지에 있었다. 그런 상품들 중 손꼽이는 것은 "유대인 중의 유대인"을 자처한 에라 파터의 예언력이었다. (당시 속담은 "어리석은 자는 유대인에게서 배운 것으로 확인되기만 하면 뭐든지 참이라 믿는다"고 전한다.)[63] 그 예언력은 사실상 중세에 널

62) 가장 최근에는 *Old Ashmolean Reprint* (Oxford, 1926) 이라는 이름으로 중간되었다. 이 작품의 인기에 관해서는, 특히 E. F. Bosanquet in *Oxford Bibliographical Society, Proceedings and Papers*, vol. 1 (1922~1926) 을 참조할 것. [역주] 레너드 딕스가 첫 출판한 예언서는 '총체적 예언'(*A General Prognostication*, 1553) 이다. 고대와 중세의 방대한 천문학 자료를 두루 편찬해 '만세력'(*perpetual calendar*) 으로 계획된 그 작품은 베스트셀러로 각광을 받았다. 본문에 인용된 것이 그 작품의 현존 최고본(1555) 을 뜻하는지, 아니면 1556년에 출판된 개정 증보판 '영원한 예언'(*A Prognostication Everlasting*) 을 뜻하는지 분명치 않다.

63) [역주] '에라 파터'(Erra Pater) 는 16세기 중반에 유대인을 자처한 자의 필명이자 그가 계시를 받아 작성했다고 주장한 예언력이다. 저자는 윌리엄 릴리로 추정되기도 하지만 분명치 않다. 인용된 속담(*jingle*), "If one affirm he learned it of a Jew, the silly people think it must be true"처럼, 16세기에 많은 마술사는 자기 지식이 유대민족에 유래한다고 주장함으로써 신비감과 권위를 더하는 경향이 있었다.

리 유통된 《에스드라》(*Esdras*) 라는 만세력(萬歲曆)에서 파생된 것이었다.[64] 그 안에는 디기스의 책력처럼, 새해가 시작되는 주의 해당 요일을 기점으로 날씨를 예보한 표가 수록되어 있었다.[65] 흉일(凶日) 목록도 포함되었는데, 이를테면 "어떤 남자나 여자가 그날 상처나 핏줄에서 피를 뽑으면 이후 21일 내에 죽을" 그런 날이나 "특정일들 중 어떤 날에 병에 걸린 자는 죽을 때까지 회복되지 못할" 그런 날이 흉일이었다. (그런 날은 점성술적인 것이 아니라, 앵글로색슨 시대부터 잉글랜드인들이 불운한 날로 여겨온 이른바 '이집트 흉일'의 변형이었다.)[66] 어쨌든 그 세련되지 못한 소책자는 1536년부터 1640년까지 적어도 12회 중간(重刊)되었다. 그것은 18세기까지도 윌리엄 릴리의 작품으로 선전되었다. 헨리 피첨은 스튜어트 시대 초기의 농민에 관해, "그가 소일하는 책은 오직 《에라 파터》와 올해의 책력 등 2권뿐"이라고 기록했고,[67] 주교 조셉 홀은 '미신에 물든 자들'의 '특성'을 다룬 그의 저서(*Characters of Virtues and Vices*, 1608)에서, 그런 자들은 "호주머니에 《에라 파터》를 넣지 않고는" 밖에 나가지 않을 것이라고 말했다.[68]

---

64) E. Worsop, *A Discoverie of Sundrie Errours* (1582), sig. F4v; *The Works of John Metham*, H. Craig (E. E. T. S., 1916), pp. xxxii~xxxvii.

65) [역주] 동양에서 만세력은 100년의 책력이다. 또한 만세력에서 새해는 1월 1일로 고정되어 있는 것이 아니라, 입춘을 기점으로 하기 때문에 해마다 변한다.

66) [역주] '이집트 흉일'(*Egyptian Days*)은 '불길한 날'(*Days of ill-omen*)이나 '악마의 날'(*Days of Evil*)로 불리기도 한다. 중세에는 이집트 점성술사들에 의해 확인된 흉일이라는 의미에서, 혹은 성경에서 묘사된 역병들이 고대 이집트에서 발생한 날짜라는 의미에서, 'dies Aegyptiaci'라고 불렸다.

67) [역주] 헨리 피첨(Henry Peacham)은 르네상스 시대에 작가로 활동한 아버지와 아들의 이름이다. 아버지 헨리(the elder Henry Peacham: 1546~1634)는 *The Garden of Eloquence* (1577)로 유명한 수사학자였고, 본문에 소개된 아들 피첨(the younger Henry Peacham: 1576~1643)은 *The Compleat Gentleman* (1622)이라는 자식 양육법 안내서로 유명하다.

68) H. Peacham, *The Truth of our Times* (1638), p. 119; *The Works of … Joseph*

그 밖에도 여러 조잡한 예언력들이 《에라 파터》와 밀접한 관계를 유지했다. 이 예언력들도 어느 정도 점성술적이기는 했으나 정통 점성술 책력의 엄격성은 부족했다. 이를테면 1503년 프랑스어를 번역한 《목자의 달력》(*The Kalendar of Shepherds*) 이 그런 작품으로, 현저히 로마가톨릭적인 성격에도 불구하고 이후 1세기 반 동안 적어도 7회 중간되었다. 이 작품은 행성들이 인체 각 부위에 미치는 영향을 소개했고 점성술에 따른 점복기술들을 제공했다.[69] 여기서 점성술을 다룬 부분들은 《프톨레마이오스의 유산》(*The Compost of Ptolemeus*, 1532?) 이라는 제목으로 자주 표절되었는데, 이 표절작은 출간 이후로 최소한 4판을 거듭하면서 독립적인 생명력을 유지했다. 이와 비슷한 지침서로 《농부의 일, 혹은 만세력》이 첨부된 《고드프리두스》가 있었다.[70] 여기에는 크리스마스가 속한 주의 각 요일을 기점으로 하는 장기 기후 예보 체계가 수록되었고, 달의 위상(位相), 즉 음력 주의 각각의 날에 태어난 사람의 운명에 대한 예언도 포함되었다. 이 작품은 17세기 후반에만 적어도 12판이 출간되었다.[71] 이런 예언력들은 《아르칸담》

---

*Hall*, P. Wynter, ed. (Oxford, 1863), vol. 6, p. 110. 이와 비슷한 상품으로는 *Verus Pater, or a bundell of truths* (1611 and 1622) 가 있었다. "이집트 흉일"에 관해서는, 이 책의 3권 pp. 345~347을 참조할 것.

69) H. O. Sommer의 현대 판본(1892) 이 있다.

70) [역주] 본문에서 《고드프리두스》(*Godfridus*) 로 기재된 작품은 최근(1983) 에 다음과 같은 이름으로 출판되었다. "미지의 것에 대한 지식. 고드프리두스에 의해, 농부의 일, 혹은 알베르투스, 알킨디, 프톨레마이오스가 가르친 만세력과 함께, 그리고 날씨에 대한 목자의 예언력과 함께 편찬됨"(*The knowledge of things unknown, compiled by Godfridus ; together with The husbandman's practice, or, Prognostication for ever as teacheth Albert, Alkind and Ptolomy; with The shepherd's prognostication for the weather and Pythagoras his wheel*).

71) 10판 사본들이 Wing에 있는데, 필자는 고서적상들이 발간한 최근 목록에서 다른 두 판본(1660년 것과 1679년 것) 을 발견했다.

이나 《피타고라스의 우주》 같은 비(非) 점성술적 점복입문서들에 첨부되었다.[72] 엘리자베스 시대 무속인들에 관해 게이브리얼 하비가 언급했듯이,[73] "이런 책들은 오래된 양피지 두루마리들, 천문계산표들, 각종 도구들과 더불어, 무속인들의 위대한 스승이요, 그들의 소장도서 전부"였다. "《에라 파터》는 그들의 초급교본이요, 《목자의 달력》은 그들의 입문서요, 《피타고라스의 유산》은 그들의 신구약성경이요, 《아르칸담》은 그들의 신약성경"이었다.[74] 이 점에서 점성술 책력은 미래 예언 방법과 특정 조치에 가장 좋은 길일을 선택하는 방법을 독자에게 전해 준 출판물 전체 장르들 중 한 장르에 불과했다. 점성술적 장르는 지적 엄격성 측면에서만 나머지 장르들과 구별되었다. 하지만 대중 독자들 수준에서 이런 차이가 명료하게 구별될 수 있었을지는 의심스럽다.

책력의 매력은 달의 변화하는 위상(보름달, 상현달, 반달, 하현달, 그믐)에 중요한 의미가 있다는 믿음과 밀접하게 관련된 것으로, 이런 믿음은 농촌지역에서 만연했으며 오늘날까지도 명맥을 유지하고 있다.[75] 대부분의 원시인류는 달이 날씨를 좌우하며, 동식물과 인간을

72) 이 책의 2권 pp. 132~5.

73) [역주] 게이브리얼 하비(Gabriel Harvey: 1545~1630)는 에식스 출신으로 케임브리지에서 수학한 후 수사학 교수이자 논쟁가이자 작가로 활동했다. 1585년에는 옥스퍼드에서 법학박사학위를 받았고 런던에서 변호사로 개업했다. 토마스 내쉬(Thomas Nashe)와의 논쟁으로 유명하다.

74) *Gabriel Harvey's Marginalia*, G. C. Moore Smith, ed. (Stratford-on-Avon, 1913), p. 163.

75) 이 주제에 대해서는 다음 문헌들을 참조할 것. E. B. Tylor, *Researches into the Early History of Mankind*(2판, 1870), pp. 134~5; H. Webster, *Rest Days*(New York, 1816), chap. 5; P. Saintyves〔E. Nourry〕, *L'Astrologie populaire étudiée spécialement dans les doctrines et les traditions relatives à l'influence de la lune*(Paris, 1937); J. G. Frazer, *Adonis, Attis, Osiris*(2판,

망라해 수태(受胎)와 성장에 영향을 미친다고 믿었다. 중세 의학이론에서는 인체의 4체액 균형이 달의 위상에 따라 변동한다고 믿어졌다. 달은 인체 수분량을 좌우하므로 가장 습한 부위인 두뇌야말로 특히 달의 영향을 받는 것으로 여겨졌다. 미친 사람이 "달의 영향을 받은 자" (*lunatic*, 혹은 *moonstruck*)라는 관념은 이에 연유한다.[76] 1660년에 어떤 점성술사가 주장했듯이, 보름달하에 태어난 아이는 건강할 수 없을 것이었다.[77]

그러므로 많은 이들이 달의 위상을 살펴가면서 활동의 완급을 조절했다. 중세교회는 달이 차오를 때만 결혼식을 올리거나 새집으로 이사하는 관행을 비난한 적이 있었다. 16~17세기에도 새 옷을 입거나 새로운 조치를 취하기에 좋은 시간은 달이 떠오를 때로 여겨졌다.[78] 토마스 투서를 비롯한 농경 작가들은 달이 이울 때 곡식을 수확하고 달이 차오를 때 씨앗을 뿌리도록 농부들에게 권했다.[79] 17세기 후반까지도 이발과 손톱손질은 "대체로 달이 차오를 때에 맞춰서 행해야"

---

1907), vol. 3, chap. 9; Brand, *Popular Antiquities*, vol. 3, pp. 141~53; W. Farnham, "The Days of the Mone", *Studies in Philology*, vol. 20(1923).

76) W. C. Curry, *Chaucer and the Mediaeval Sciences*(2판, 1960), pp. 13~4; D. Person, *Varieties*(1635), p. 12; W. Drage, *A Physical Nosonomy*(1665), pp. 12~3.

77) G. Atwell, *An Apology, or Defence*(1660), pp. 6~7.

78) Powicke and Cheney, *Councils and Synods*, p. 179; G. R. Owst in *Studies Presented to Sir Hilary Jenkinson*, J. C. Davies, ed. (1957), p. 291; Brand, *Popular Antiquities*, vol. 3, pp. 151~2; T. Harley, *Moon Lore*(1885), p. 210; Aubrey, *Gentilisme*, p. 85.

79) Thomas Tusser, *His Good Points of Husbandry*, D. Hartley, ed. (1931), pp. 59, 96; (T. Hill), *The Profitable Arte of Gardening*(3판, 1574), sig. Eiijv, p. 18; C. Lucar, *A Treatise named Lucarsolace*(1590), p. 152; (W. L.), *A New Orchard and Garden*(1623), pp. 18~9; J. B(lagrave?), *The Epitome of the Whole Art of Husbandry*(1669), pp. 62 ff.

하는 것으로 이야기되었다.[80] 일부 대중용 예언력들은 특정 활동이 월중 특정일에 맞춰서 조절되어야 한다고 주장함으로써 그런 원리를 더욱 진척시켰다. 방혈, 하제사용, 여행, 매매, 심지어는 입학에 좋은 길일마저 규정되었다. 그렇지만 진지한 점성술사들로서는 이런 권고를 달갑게 여기지 않았을 것이다. 그들은 과학을 표방한 점성술이라는 사실과 점성술적 특성이 희미하게 스며든 민간신앙이라는 다른 사실 사이에 큰 간극이 있었다는 것을 새삼 상기시켜 준다.

점성술적 예측을 수록한 출판물에 대한 수요는 상존했다. 1653년 퓨리턴 성직자 토마스 가태커는 릴리의 예언력들 중 하나를 겨냥해 반론을 작성하려 했는데, 그 책이 너무 빨리 매진되어서 한 권을 구하는 데에도 큰 어려움을 겪었다.[81] 그러나 독자들은 회의적일 수 있었다. 특히 뭇매를 맞은 것은 기상예보였지만,[82] 책력에 대한 조롱과 풍자의 흐름이 꾸준히 이어졌다. 1544년 익명으로 출판된 《재미난 예언력》(*A Mery Prognostication*)에서부터 1708년 점성술사 존 패트리지에 대한 스위프트의 신랄한 조롱에 이르기까지, 반(反)점성술 풍자문학의 집중포화가 꼬리를 물었다. 니콜라스 앨런(Nicholas Allen)은 1569년의 팸플릿, 《천문학자의 게임》에서 동시대 책력제작자 3인의 예언들을 비교 검토할 좋은 기회를 가졌고, 이 방법은 이후 공격에서 표준이 되었다.[83]

---

80) R. H., "Astrologia Siderata, or a whip for divining Soothsayers"(Sloane 412), f. 47v. 또한 J. Primrose, *Popular Errours*, R. Wittie, trans. (1651), pp. 247~8도 참조할 것.

81) T. Gataker, *His Vindication of the Annotations by him published*(1653), p. 2.

82) 이는 *Gilden, 1619. A new Almanack and Prognostication*, sig. B2에서 언급된 것과 같다.

83) Allen, *The Star-Crossed Renaissance*, chap. 5; F. P. Wilson, "Some English

그렇지만 엘리자베스와 제임스 1세 시대 학자들이 그토록 빈번하게 책력과 예언력을 비난할 필요를 느꼈다는 것은, 그 자체만으로도 그것들이 발휘한 영향력을 반증한다. 1612년에 어떤 작가는 이렇게 물었다. "길일, 길시, 적기를 준수해 자신이 하는 일이 최대 이익과 효과를 내도록 하려면 누구인들 책력을 중시하지 않겠는가?"[84] 1561년 프랜시스 콕스는 서민들이 "저 무지한 예언자들과 상담하거나, 적어도 그들의 예언서들을 참조하지 않고는, 말을 타려고도, 여행을 떠나려고도 하지 않는다"라고 불평했다. 윌리엄 퍼킨스는 사람들이 작황과 상품가격을 미리 간파해 이익을 얻고자 책력을 구입한다고 주장했다. 얼마 후에 어떤 작가도 "책력을 … 읽는 서민들은 그것을 준수함에 전혀 빈틈이 없다"고 지적했다. 1652년 존 골이 지적했듯이, 대다수 사람들이 "성경보다 먼저 그들의 책력을 들춰보고 더 가까이 둔다"는 것은 잘 알려진 사실이었다.[85] 내란 전야인 1642년 3월에 어떤 믿을 만한 소식통은 웨스트민스터에서 다음과 같이 보고했다. "의회파 최고위층조차" 존 부커[86]의 책력에 나오는, "잔인하고 피로 얼룩진

---

Mock-Prognostications", *The Library*, 4th series, vol. 19 (1939).

84) J. M., *A Christian Almanacke* (1612), sig. A3.

85) F. Coxe, *A short treatise* [1561], sig. Avj; W. P(erkins), *Foure great lyers* [1585], sig. B2 [이 작품의 저자가 누구냐에 관해서는, H. G. Dick in *The Library*, 4th series, vol. 19 (1938~1939)를 참조할 것]; Primore, *Popular Errours*, p. 242; J. Gaule, *The Mag-Astro-Mancer, or the Magicall-Astrologicall Diviner posed, and puzzled* (1652), sig. A3.
[역주] 프랜시스 콕스(Frances Coxe)는 1560~1575년에 점성술사이자 의료인으로 활동한 인물이며, 존 골(John Gaule, 혹은 Gall: 1603/4~1687)은 국교회 성직자이자 작가로 활동한 인물이다.

86) [역주] 존 부커(John Booker: 1603~1667)는 맨체스터 출신으로 런던에서 잡화상 도제로 일하다가 1631년부터 책력제작자로 명성을 얻었다. 그의 명성은 윌리엄 릴리보다도 뛰어나 수학과 천문학/점성술 검열관으로 활동했으며, 그 과정에서 릴리와 마찰을 일으키기도 했다. 일식 관찰에 기초해서 구스타푸스

〔국왕〕 측근들이 이번 달 말에 처형될 것"이라는 예언으로 인해 크게 들떠있다는 것이었다.[87] 책력의 영향력을 짐작케 해 주는 매우 극적인 증거는 1666년에 발견되었는데, 이때 〈런던 가제트〉지는 공화주의 반역음모에 가담한 전직 의회파 군인 6명이 릴리의 책력을 참조해 점성술 계산을 수행한 후 거사일을 9월 3일로 정했다고 보도했다.[88] 세월이 흘러 1708년이 되었는데도, 조나단 스위프트는 많은 시골유지들이 여전히 "국내외에서 올해에 있을 사건들을 파악하고자 패트리지의 책력을 뒤적이면서" 시간을 보내며, "개드베리나 그〔패트리지〕의 책력이 날씨를 확실히 알려주기 전에는 감히 사냥대회를 제안하지 않으려 한다"고 지적하고 있었다.[89]

책력에 수록된 평범한 예언력 외에도, 혜성, 일월식, 행성회합처럼 이례적인 천문현상에 집중한 떠돌이 문헌들도 있었다. 이런 천문현상들은 그 각각에 상응하는 지상의 대사건을 전조하는 듯이 여겨졌다. 튜더 시대 수학자 로버트 레코드가 기록했듯이,[90] "하나님은 하늘의 징후들에 의해 미리 경고하시어 사람들이 늦기 전에 회개하고 각성토록 하시니, 그리하지 않고는 세상에 그 어떠한 큰 변화도 없었고, 제

아돌푸스(Gustavus Adolphus)와 팔란틴 선거 후 프레데릭 5세의 죽음을 정확히 예언한 인물이기도 했다.

87) D. Gardiner, *Historic Haven. The Story of Sandwich*(Derby, 1954), pp. 253~4.

88) *The London Gazette*, 48(1666년 4월 26~30일자). 그렇지만 릴리의 책력에는 1666년에 관련된 것이 전혀 없었다.

89) *Predictions for the year 1708.*

90) [역주] 로버트 레코드(Robert Recorde: 약 1510~1558)는 웨일스 출신으로 옥스퍼드에서 공부한 후 그곳에서 수학을 가르치다가 케임브리지대학에서 의학박사학위를 받았다. 이후 다시 옥스퍼드로 돌아와 계속 수학 교수이자 내과의로 활동했다. 그는 1551년에 코페르니쿠스를 잉글랜드에 처음 소개했고, 1557년에는 등식기호(=)를 처음 도입했다.

국의 몰락도, 이름난 군주의 실권도, 기근과 궁핍도, 살육과 역병으로 인한 죽음도 없었다."[91] 1572년 카시오페이아 자리에 출현한 '신성', 1577년 혜성, 1583년,[92] 1603년, 1623년에 있었던 목성과 토성의 회합, 1652년 일식, 1680년 혜성 — 이 모든 이례적 천문현상들은 무수한 토론과 예언을 자극했다. 엘리자베스 1세는 1577년 혜성에 대해 예의 초연한 태도를 보임으로써 큰 위엄을 얻었다. 총신들이 그 무서운 별을 보지 말라고 그녀를 말렸을 때, 그녀는 선뜻 창문으로 다가가, "주사위는 던져졌노라"(*lacta est alea*)고 외쳤다고 한다.[93] 제임스 1세는 케임브리지 수학자들을 불러 1618년 혜성을 설명하도록 했으며, 직후에 30년 전쟁과 스튜어트 왕가의 몰락을 예언했던 것으로 (그의 사후에) 보고되었다.[94]

하늘의 경이로운 전조들이 어떤 반응을 야기할 수 있었는지는 이른바 '검은 월요일' — 1652년 3월 29일에 있었던 일식 — 에 의해 잘 예시된다. 서적상 토머슨이 3월 한 달 동안 수집한 출판물 중 4분의 1도 넘는 분량이 그 일식과 그것의 의미에 관한 것이었다.[95] 런던 시장은

---

91) (R. Recorde), *The Castle of Knowledge*(1556), sig. av. 개설적인 논의로는, S. K. Heninger, Jr., *A Handbook of Renaissance Meteorology*(Durham, N. Carolina, 1960); Parr, *Tamburlaine's Malady*, pp. 74~9를 참조할 것.

92) 이 회합에 관해서는 M. E. Aston, "The Fiery Trigon Conjunction: an Elizabethan Astrological Prediction", *Isis*, vol. 61(1970)을 참조할 것.

93) H. Howard, Earl of Northampton, *A Defensative against the Poyson of Supposed Prophecies*(1620), f. 77.

94) *The Most True and Wonderfull Relation of a Starre*(1658), pp. 2~3; *The Worlds of Wonder*(1659)에서 재차 언급됨.

95) *Catalogue of the Pamphlets … collected by George Thomason, 1640~1661*, G. K. Fortescue, ed. (1908), vol. 1, pp. 863~6. 릴리는 그 일식이 총 24권의 팸플릿을 낳은 것으로 계산했다〔*Merlini Anglici Ephemeris*(1653), sig. A2〕. **[역주]** 조지 토머슨(George Thomason: 약 1602~1666)은 청소년 시절을 런던 서적상의 도제로 보낸(1617~1626) 후 독립 서적상이 되었고 출판조합 회원으

3월 28일에 그 주제에 관한 설교를 들었다.[96] 사람들이 얼마나 놀랐던지 "누구도 일하려 하지 않았고 집 밖으로 나돌아 다니지 않았으니, 어처구니없게 사악하고 무지한 점성술사들에게 속아 넘어간 셈"이었다고 존 이블린은 회고했다.[97] 부자들은 마차에 짐을 싣고 런던을 빠져나갔고, 돌팔이 의사들은 일식의 악영향을 완화시켜 주는 것으로 소문난 진정제를 판매해 수입을 올렸다. 달키스(Dalkeith)에서 빈민들은 가진 것을 모두 내버리고, "드러누워 하늘만 쳐다보면서 그리스도께서 해를 다시 볼 수 있게 해 주시고 그들을 구원해 주실 것을 간절히 빌었다"고 한다.[98] 동시대의 한 일기작가는 그 일식이 결국 점성술 예언가들에게 치명타가 된 것으로 평가했다. 참혹한 재앙이 뒤따르기는커녕, "점성술사들이 명성을 크게 잃을 정도로" 상쾌한 하루였

---

로 활동했다. 그는 인쇄된 서적, 전단지, 팸플릿, 속요, 신문 등 다양한 출판물을 수집했고 이를 목록화했다. 1640년에서 1661년에 이르는 그의 목록은 내란과 공화국 연구에 중요한 사료이다. 현재 대영박물관 내에 그의 컬렉션에는 22,255 종이 소장되어 있으나, 원래는 3만 2천 종이 넘었다고 한다.

96) F. Bellers, *Jesus Christ the Mysticall or Gospell Sun …or Eclipses Spiritualized* (1652).

97) *Diary*, E. S. de Beer, ed. (Oxford, 1955), vol. 3, p. 63.
[역주] 존 이블린(John Evelyn: 1620~1706)은 서리에서 태어나 옥스퍼드에서 수학했다. 잠시 왕당파 군대에 몸담기도 했지만 내란을 피해 이탈리아와 프랑스에서 여행과 연구로 시간을 보냈고, 결국 왕정복고 이후에야 일지/시사평론 작가이자 원예가로 명성을 얻었다. 그의 일지는 찰스 1세와 올리버 크롬웰의 죽음, 런던의 페스트 대란, 런던 대화재 등 동시대의 굵직한 사건을 상세하게 기술해 귀중한 사료로 이용되고 있다.

98) *On Bugbear Black-Monday, March 29 1652*〔brs., BM. 669 f. 16(42)〕; J. G(adbury), *Philostragus Knavery epitomized*(1652), p. 14; Gataker, *His Vindication of the Annotations*, p. 114; W. Lilly, *Merlini Anglici Ephemeris* (1653), sigs. A2~A4. 또 다른 반응에 관해서는, T. F. Thiselton-Dyer, *Old English Social Life*(1898), p. 372; *H. M. C., De Lisle and Dudley*, vol. 6, p. 613을 참조할 것.

던 것 같다.[99] 그러나 점성술사들의 예측은 정치적인 것이었다. 릴리는 장로교파의 몰락, 법률개정, 새 대권자의 등극을 예언했다. 컬페퍼는 민주주의 도래와 제 5왕국을 예언했다. 그 밖에도 여러 급진주의자들이 로마〔가톨릭교회와 신성로마제국〕의 몰락과 모든 왕정들의 종말을 예언했다.[100] 아마도 이런 예언들은 1651년 12월 은밀하게 출간된 최초의 왕당파 선전문건, 《검은 월요일》을 맞받아치려는 의도를 가지고 있었을 것이다. 대중적 수준에서도 많은 익명의 팸플릿 작가들이 어둠, 돌연사, "집단광란" 등을 예언해 "수만의 군중을 혼란과 공포에 사로잡히게" 함으로써 심각한 피해를 초래했다. 결국 국무회의는, 일식이란 정치적 영향을 미칠 수 없는 자연현상에 불과하다는 것을 설명한 포고문을 발표했다.[101]

이렇듯 인쇄출판물은 점성술사들이 동시대인들의 삶과 사고에 영향을 미친 주요 수단 중 하나였다. 책력들 중에는 자생력을 획득해서 원저자 사후에도 거듭 출간될 만큼 인기를 누린 것들이 적지 않았다. 1655년에 출판된 책력들을 예로 들자면, 그 저자들로 알려진 올즈트리(Allestree), 폰드(Pond), 대드(Dade), 복스(Vaux) 등은 이미 사망한 자들이었다. 책력의 엄청난 판매량에도 불구하고 그 저자들에게는 합당한 보답이 주어졌던 것은 아니다. 토마스 오버베리 경은 1615년에 어떤 책력제작자의 연간수입을 40실링으로 계산했는데, 아마도

99) "The Diary of John Greene(1635~1657)", *E. H. R.*, vol. 44(1929), p. 112.

100) W. Lilly, *Annus Tenebrosus*(1652), pp. 28, 54; N. Culpepper, *Catastrophe Magnatum*(162); *The Levellers Almanack: For the Year of Wonders, 1652*(1651) (Oxford, Christ Church 도서관 소장본); S. Thurston, *Angelus Anglicanus*(1651); N. R., *Strange Newes of the Sad Effect of the Fatall Eclipse*(1652); *The Year of Wonders*(1652).

101) L. P., *The Shepherds Prognostication*(1652); F. A. Interwick, *The Interregum*(1891), p. 132(그렇지만 저자가 참조한 문건을 추적할 수는 없었다).

17세기의 통상적 수입이 그러했을 것이다.[102] 그렇지만 책력은 개업 점성술사들이 개별상담을 통해 제공할 수 있는 서비스에 집중할 수 있게 해 주었다. 바로 이런 개인사업을 통해 직업점성술사는 스스로 일정한 생계수단을 확보할 수 있었을 뿐만 아니라, 타인들의 삶에도 심대한 영향력을 발휘할 수 있었다.

## 3. 개업점성술사들

어떤 동시대인이 주장했듯이, 엘리자베스 1세 치세기에 점성술은 이미 "많은 사람이 생계를 유지하는 기술"이 되어 있었다.[103] 점성술 사업은 학식과 정직성 면에서 천차만별인 남성들(그리고 소수의 사례이기는 하지만 여성들)에 의해 수행되었다. 그것은 다른 직업의 부업에 불과할 때도 있었다. 1560년 윌리엄 펄크는 점성술사들 대다수가 의사들이라고 생각했다.[104] 많은 내과의들이 치료과정에서 천궁도로 점을 쳤으며, 개중에는 치료 외적인 문제에서조차 점성술적 조언을 제공한 내과의들도 있었다. 천궁도를 이용해 운세를 점치거나 도난품을 되찾아 줄 능력이 있다고 소문난 마을 무속인들도 점성술 비법을 광고했다. 그 반대편 끝에는 전문가들이 있었다. 런던에 널리 포진한 개업점성술사들이 그런 부류였고, 호기심이나 지적인 관심에서 그들 자신이나 주변 친구들을 위해 천궁도로 점친 고위층 명사들

102) Sir T. Overbury, "An Almanack-maker", in *New and Choise Characters* (1615); (R. Braithwaite), *Whimzies: or, a new cast of Characters* (1631), p. 3; Blagden in *Studies in Bibliography*, vol. 11 (1958), p. 111.

103) Coxe, *A Short Treatise*, sig. Avj.

104) W. Fulke, *Antiprognosticon* (1560), sig. D7v. 또한 J. Cotta, *The Infallible, True and Assured Witch* (1624), p. 75도 참조할 것.

도 그런 부류였다.[105]

이런 상황이 얼마나 오래전부터 존재해왔는지에 관해서는, 잉글랜드 내 정식 점성술사업의 기원이 아직 어둠에 묻혀 있기 때문에 정확히 말하기 힘들다. 앵글로색슨 시대의 잉글랜드에서는, (비록 노섬브리아의 국왕 에드윈이 펠리투스라는 점성술사로부터 군사문제에 관해 자문을 받았다는 이야기가 있기는 하지만[106]), 점성술 지식이 뚜렷한 성과를 거두지는 못했던 것 같다.[107] 그것은 12세기에 이르러서야 학문의 부활과 아랍 점성술서의 확산에 편승해 궁정사회에 널리 알려지게 되었다. 그 이전에는 천궁도 작성에 필요한 천체 관측을 수행할 수 있는 인원조차 거의 없었을 것이다. 중세 국왕들이 점성술 자문을 받는다든지 특정 점성술 예언이 관심사로 부각되는 현상은 12세기 이후로는 그리 드물지 않은 현상이 되었다. 그러나 넓은 고객층에게 서비스를 제공하는 직업 점성술사의 존재는 상대적으로 드물었다. 점성술은 주로 궁정과 귀족과 교회의 관심사였다. 12세기 프랑스에서 페트루스 블레센시스는 점성술 상담에 관해 경고할 필요가 있다고 생각했지만,[108]

---

105) [역주] '명사'는 virtuoso를 번역한 것이다. virtuoso는 젠틀맨 이상의 사회적 신분과 재력을 갖추고 온갖 기술과 과학(*arts and science*)을 연구하고 후원한 부류를 지칭한다. 복수인 virtuosi는 '명사층'으로 번역될 수 있을 것이다. 아마추어 과학자와 과학 후원자의 성격을 더하면, 그 특징이 더욱 분명하게 드러날 것이다.

106) [역주] 에드윈(Saint Edwin : 약 586~632/633)은 'Eadwine', 혹은 'Aduini'라고도 불린 노섬브리아(Northumbria)의 국왕으로, 약 616년부터 죽을 때까지 그곳을 통치했다. 627년에 기독교로 개종해 세례를 받았고, 히스필드 전투(633)에서 죽은 후 성인으로 추대되었다. 펠리투스(Pellitus)는 에드윈을 도운 에스파냐 출신의 점성술사이다.

107) W. Bonser, *The Medical Background of Anglo-Saxon England*(1963), pp. 155~6.

108) [역주] 페트루스 블레센시스(Petrus Blesensis, 혹은 Peter of Blois: 약 1135~약 1203)는 프랑스 출신으로 볼로냐에서 법학, 파리에서 신학을 공부한 후

당시 일부 지중해 국가들에서 이용할 수 있었던 상담제와 유사한 것이 중세 잉글랜드에도 존재했다는 뚜렷한 증거는 없다.[109]

잉글랜드에 점성술 개인사업이 존재했음을 만장일치로 증명하는 첫 증거는 15세기의 것이다.[110] 1505년에 있었던 한 소송사건은 어떤 운송인이 봇짐의 돈을 도난당했다는 것을 알았을 때 보인 즉각적 반응을 전한다. 그는 헌팅던셔의 세인트 아이브즈(St. Ives)에 있는 한 여관에 투숙하던 중에 그 사실을 알았고, 즉시 도둑잡기에 도움을 얻고자 점성술사를 수소문했다. 인근 케임브리지의 학자들(*clerks*) 사이에서 점성술사를 찾을 수 없었던 그는 천궁도 점성괘를 얻으려 런던까지

---

시인이자 외교관으로 활동했다. 그는 1173년경에 잉글랜드로 건너와 헨리 2세와 캔터베리 대주교를 위해 봉사하기도 했다.

109) C. H. Haskins, *Studies in the History of Mediaeval Science*(Cambridge, Mass., 1924), p. 128; Kittredge, *Witchcraft*, p. 45. 몬머스의 제프리(Jeoffrey of Monmouth)는 그의 *Historia*에서 왕들 주변의 많은 점성술사들을 언급한 적이 있고〔J. S. P. Tatlock, *The Legendary History of Britain* (Berkeley and Los Angeles, 1950), 368〕, 중세 잉글랜드 궁정에서 활동한 여러 점성술사들이 15세기 편찬물, Symon de Phares, *Receuil des plus célè bres astrologues et equlques hommes doctes*, E. Wickersheimer, ed. (Paris, 1829), pp. 195, 231~3, 240~2, 244, 252, 261 등에 열거되어 있다. B. M., Royal MS 12 F XVII, ff. 153v, 180, 그리고 R. T. Gunther, *Early Science in Cambridge* (Oxford, 1937), p. 139에서는 여러 국왕의 탄생천궁도를 볼 수 있다. 그렇지만 1250년대 이탈리아에서 직업 점성술사로 활동한 게라르도 다 사비오네타(Gherardo da Sabbionetta)의 기록과 비견될 만한 것은 존재하지 않는다.

110) 런던에서 개업한(1442~1458) 리처드 트레위시언(Richard Trewythian)의 장부는 그가 의뢰인들을 위해서 무상시 점성술적 문제들에 답해 주었음을 보여준다(Sloane 428). 에식스의 점성의학 개업인 존 크로필(John Crophill)에 관해서는, E. W. Talbert, "The Notebook of a Fifteenth-century Practicing Physician", *Studies in English*(University of Texas, 1942)를 참조할 것. 그 밖의 사례에 대해서는, *The Paston Letters, AD 1422~1509*, J. Gairdner, ed. (1904), vol. 2, p. 147; Kittredge, *Witchcraft*, pp. 82, 227~8을 참조할 것.

가야만 했다.[111] 분명한 것은 그가 점성술을 이용가능한 수단으로 여기고 있었다는 점이다. (그가 찾아간 점성술사는 "흑주술사"로 묘사되었는데, 중세 말의 '흑주술사들' 중 일부가 점성술적 수단을 함께 사용했을 수도 있다. 하지만 통상적으로 그들은 분실물의 소재를 "계산하는" 자로 묘사되었다.)[112] 그렇지만 16세기 점성술은 여전히 귀족 취향을 유지했다. 엘리자베스 시대의 가장 유명한 개업인인 존 디는 뒷골목의 협잡꾼이 아니라 여왕과 대신들의 상담역이었다. 이들보다 낮은 신분에게도 조언을 해 주기는 했지만 말이다. 1603년까지도 점성술 작가 크리스토퍼 헤이든 경은 점성술이 "비천하고 무식한 부류를 가까이한 적은 한 번도 없었으며 … 늘 귀족이며 군주며 왕이며 황제에게 친숙한 것"이었다고 주장했다.[113] 그러나 이미 이 시기에는 많은 — 정확한 수는 알 수 없지만 — 하층 신분의 상담자들이 잉글랜드 전역에 산재해 있었다. 그들은 점성술 비법을 사용한다고 주장했으며, 순진한 서민고객층의 후원에 거의 전적으로 의존했다.[114]

사실상 이런 부류 중 다수는 마을 무속인과 구별되지 않았다. 17세기 중반까지도 영문 점성술 논고가 흔치 않았다는 점을 감안하면, 그

111) *Select Cases in the Council of Henry VII*, C. G. Bayne and W. H. Dunham, eds. (Selden Society, 1958), pp. 151~69.

112) 이를테면, C. T. Martin in *Archaeologia*, vol. 60 (no. 2) (1907), p. 372.

113) [역주] 크리스토퍼 헤이든(Sir Christopher Heydon: 1561~1623)은 노퍽 출신으로 케임브리지에서 수학한 후 군인, 하원의원, 점성술 작가 등으로 활동했다. 1601년 에식스 반란에 가담했다가 실패해 투옥되었으나 윌리엄 세실의 도움을 받아 보석으로 풀려났고, 이후 점성술에 관한 여러 작품을 썼다. 가장 유명한 것은 *A Defence of Judiciall Astrologie* (1603) 이다.

114) Sir C, Heydon, *A Defence of Judiciall Astologie* (Cambridge, 1603), sig. qq1. 헤이든의 논적인 존 챔버(John Chamber)는 1604년에 나라 전역에서 매일 점성술적 의뢰들이 제기되고 있음을 지적했다(Bodl., Savile MS 42, f. 112). 이와 유사한 증언으로, *The Workes of … William Perkins* (Cambridge, 1616~1618), vol. 3, p. 471도 참조할 것.

이전에 점성술사로 자처한 자들이 그리 높은 수준의 점성술 지식을 갖추었다고 보기는 힘들다. 당국에 체포된 다수는 점성술을 사용했다고 주장했지만 그 기본원리조차 전혀 몰랐음이 밝혀졌다. 나머지는 선배들에게서 물려받아 짜깁기된 마술비법들과 천궁도들의 작은 컬렉션을 밑천삼아 활동한 자들이었다. 일례로 1591년에 투옥된 스티븐 트리펄랙(Stephen Trefulacke)은 꽤 방대한 참조문헌을 소장하고 있었음이 밝혀졌다. 천문력표 2점, 《아르칸담》, 오지에 페리에(Ogier Ferrier)라는 프랑스 저자가 쓴 《탄생천궁도 판별》의 영문 번역본, 그 밖에도 아래와 같은 잡다한 소품들이 있었다.

> 얼마나 오래 살 것인지, 원하는 보물을 얻게 될 것인지를 알려주는 천궁도; 분실물을 알려주는 천궁도; 다양한 용도의 주문(呪文) 서적 … 영을 부르고 묶어 두고 풀어 주는 잡다한 주문들 … 어떤 자가 죽을 것인지 살 것인지, 혹은 그가 새 부인을 얻을 것인지를 알려주는 천궁도; 어느 여인에게나 사랑을 얻어내는 천궁도 등.

이것은 두서는 없어도 제법 위용을 갖춘 서재였다.[115] 이와 대조적으로 점성술에 문외한인 황당한 협잡꾼도 있었는데, 존 스튜어드(John Steward)라는 전직 교사가 바로 그러했다. 그는 1510년에 나스보로(Knaresborough)에 머물면서 자주 절도 사건에 관해 상담했다. 그가 순순히 자백했듯이, 그는 천문서적을 들춰보는 체하는 식으로 의뢰인에게 깊은 인상을 남기려 했지만, 가끔 운이 좋아 예언한 것이 들어맞았을 뿐 실제로 "그가 한 일은 아무것도 없었다."[116] 점성술은

115) P. R. O., SP 12/243, f. 354. 그의 재판에 관해서는, Ewen, vol. 2, p. 431을 참조할 것.

116) J. Raine, in *Archaeological Journal*, vol. 16(1859), p. 80.

토마스 러프킨(Thomas Lufkyn)이 비법의 토대로 내세운 것이기도 했다. 그는 1558년 메이드스톤(Maidstone)에서, "마치 과거와 미래의 모든 비밀을 꿰뚫는 신이라도 되는 것처럼" 여인들이 때로 몰려든 인물이었다. 어떤 의뢰인에게는 미래에 가지게 될 남편수와 자식수를 예언하고 또 다른 의뢰인에게는 다음 달 죽을 것이라고 예언할 자세를 늘 갖춘 자였음에도 불구하고, 사실상 그에게는 점성술 지식이 전혀 없었다.[117] 버킹엄 공의 상담역이자 "박사"(*Doctor*)로 유명했던 존 램조차 1627년 왕립내과의협회의 심문과정에서, 그가 간판으로 내세운 점성술 지식에 문외한임이 밝혀졌다.[118]

영문 점성술 안내서들이 널리 유통되어 초등교육만 받은 자도 점성술에 쉽게 입문할 수 있게 된 17세기 후반에조차, 점성술 지식을 거짓 가장한 자들은 여전히 흔했다. 1695년에 일라이어스 애쉬몰은 "별의 별 일자무식 전문가들(*professors*)"이 서툴고 부당한 이름을 부여한 탓에 점성술이 천박해지고 있음을 개탄했다.[119] 많은 진지한 개업인들이 비슷한 불만을 이어갔다. 이들이 염두에 둔 것은 협잡꾼, 이를테면 1695년 링컨셔의 한 도시를 혼란에 빠뜨린 떠돌이 점술사 같은 자였다. 그는 일부 의뢰인들에게는 임박한 사망 위험을 알렸고 또 다른 의뢰인들에게는 주술에 걸렸음이 분명하다는 확신을 심어 주었다. 그의 소지품들 중에는 곰팡이로 얼룩진 낡은 책력 몇 권, 천문도해 몇 점, 윈게이트의 《산수》 1권이 포함되어 있었다.[120]

117) J. Halle, *An Historiall Expostulation*, T. J. Pettigrew, ed. (Percy Society, 1844), p. 9.

118) Sir G. Clark, *A History of the Royal College of Physicians* (Oxford, 1964~6), vol. 1, p. 259; Sir G. Keynes, *The Life of William Harvey* (Oxford, 1966), pp. 152~3.

119) E. Ashmole, *Theatrum Chemicum Britannicum* (1652), p. 453. 또한 Worsop, *A Discoverie of Sundrie Errours*, sig. F4에서의 언급도 참조할 것.

그렇지만 점성술 저술활동과 함께 런던에서 큰 사업을 벌인 20명 남짓한 거물급 점성술사들 외에, 지방에도 판별점성술의 기초원리에 매우 정통한 인사들이 많았다. 일례로 에드워드 벤버리(Edward Banbury)라는 글래스턴베리의 약종상은 1653년에 어떤 절도 사건에서 도움을 요청받았다. 그는 어떤 책을 잠시 들춰본 후 간단한 메모지를 작성하고는 2실링을 청구했다. 마술 혐의로 순회법원에 기소되자, 그는 "악마의 기술에 의해서가 아니라 점성괘들(*rules*)에 따라" 일했을 뿐이라고 항변했다. 실제로 그는 윌리엄 릴리의 제자였을 가능성이 있다. 탄턴(Taunton) 근교의 체던피츠페인(Cheddon Fitzpaine)에서 활동한 재스퍼 베일(Jasper Bale)도 — 비록 늘 성공을 거둔 것은 아니었지만 — "점성괘들"에 의해 도난품을 되찾아 준다고 주장했다.[121] 이런 이들은 잉글랜드 구석구석에서 찾을 수 있었다. 찰스 2세의 주치의인 윌리엄 램지는 "모든 도회지와 모든 시골에" 점성술사가 있다고 생각했다.[122] 17세기에는 책력제작자만 해도 수백 명이었고, 그들 중에는 개업점성술사로 활동한 자들이 많았다. 이보다 낮은 수준에서 활동한 개업인은

---

120) *The Diary of Abraham de la Pryme*, C. Jackson, ed. (Surtees Society, 1870), pp. 56~7.

[역주] 에드먼드 윈게이트(Edmund Wingate: 1596~1656)는 요크셔 출신으로 옥스퍼드를 졸업한 후 그레이 인 법학원에 들어갔으나, 1624년경 파리로 건너가 수학을 연구했다. 내란시 의회파에 가담해 올리버 크롬웰의 측근이 됐고 공위기에 국회의원으로 활동했다. 법학과 수학에서 여러 저서를 남겼는데, 본문에 인용된 《산수》(*Arithmetic*)는 *Of Natural and Artificiall Arithmetique* (1630)의 개정판인 *Arithmetique made easie* (1652)를 가리키는 것 같다.

121) *Quarter Sessions Records for the County of Somerset*, vol. 3 (*Commonwealth, 1646~1660*), E. H. Bates Harbin, ed. (Somerset Record Society, 1912), pp. lv~lvi, 331~2. 글래스턴베리의 '토마스' 밴버리라는 자는 릴리의 서부지역 제자들 중 하나였다(Ashm. 423, f. 207).

122) W. Ramesey, *Some Physical Considerations of the Matter, Origination, and Severall Species of Wormes* (1668), p. 81.

훨씬 더 많았음이 분명하다. 더욱이 그들의 존재는 거의 모두 우연한 기회에 알려졌을 뿐이다. 일례로 1680년대에 노팅엄에서 제화공으로 일한 에드워드 애시모어(Edward Ashmore)가 발각된 된 것은 어떤 대법관법원[123] 상고심에 우연히 증인으로 채택된 탓이었다. 심리과정에서 그의 증인자격을 박탈하려 한 시도가 있었고, 그 기회에 그의 점성술 활동이 발각되었던 것이다. 이로 인해 작성된 애시모어의 증언록은 그의 상담 이력이 수백 건에 달하였음을 보여준다.[124]

그럼에도 점성술계의 엘리트층은 런던에서 활동했으며, 그 영향력은 17세기 중반에 절정에 도달했다. 윌리엄 릴리와 그의 동료들이 진정한 점성술 부활에 얼마나 크게 기여했는지, 또한 공위기 상황이 오랫동안 지하에서 잠행하던 활동을 얼마만큼이나 밝은 수면 위로 올려놓았는지는 답하기 어려운 문제이다. 물론, 릴리는 선배들의 업적을 헐뜯으면서, 자신이야말로 "이곳만이 아니라 유럽 전역에서 거의 유실된 이 기술"을 복원한 주역임을 자처했다.[125] 당시의 또 다른 증언도 공위기에 점성술이 유례없는 인기를 누렸다는 견해를 뒷받침해 준다. 1652년 너대니얼 홈즈는 판별점성술이 "(부끄러움을 무릅쓰고 밝히자면) 태초 이래 어느 기독교 국가에서보다도 훨씬 늦게 우리의 관심사가 되었다"고 생각했다.[126] 그 이듬해 토마스 가태커는 그것이 "최

123) [역주] 대법관법원(Chancery, 또는 Court of Chancery)은 '형평법원'(*court of equity*)으로 불리기도 한다. 대법관(*Chancellor*)이 관할하는 법원으로, 보통법(*common law*) 법원의 판결에 불복한 측의 상고심을 처리했다.

124) F. J. Pope, "'A Conjuror or Cunning Man' of the Seventeenth Century", *The British Archivist*, vol. 1 (1914).

125) H, Warren, *Magick and Astrology vindicated* (1651), p. 16. 그 밖에도 Ashm. 423, ff. 168, 197; Lilly, *Autobiography*, p. 61; Lilly, *Christian Astrology*, sig. B4v를 참조할 것.

126) [역주] 너대니얼 홈즈(Nathanael Homes, 또는 Nathaniel Holmes: 1599~1678)는 옥스퍼드에서 신학을 공부한 후 신학자로 활동했고 독립교회를 설립

근에야 우리의 큰 존중을 받게 된 사업"이라고 동조했다. 다음 세기에 대니얼 디포는 페스트 대란(1665) 직전의 시절을 되돌아보면서, 그 시절에 "사람들은 … 그 이전이나 이후의 어느 때보다도 … 예언과 점성술적 접신에 중독되어 있었다"고 주장했다.[127]

하지만 이런 주장들의 정확성을 평가하기는 어렵다. 엘리자베스 치세 말에 점성술사로 활동한 사이먼 포먼의 꼼꼼한 상담장부들(*casebooks*) 처럼,[128] 16세기에 생산된 증거로 현재까지 남아 있는 자료들은 16세기 점성술 수요가 공위기 못지않게 높았음을 보여주기 때문이다. 예언문학은 16세기 내내 중단 없는 역사를 이어갔으며, 책력 판매량도 점성술 예측에 대한 튜더 시대의 취향을 증명해 준다. 그렇지만 17세기 중반은 두 측면에서 새로운 분수령이었다. 첫째는 영문 점성술 입문서들의 대량 출판이라는 측면에서였고, 둘째는 점성술사들이 누린 명성과 상대적 자유라는 측면에서였다. 공식 '점성술사협회'가 구성되어 1649년부터 1658년까지 거의 매년 런던에서 만찬모임을 가졌고 1682년에도 일시적으로 부활했던 것으로 알려져 있다. 그 협회는 대표를 지명했고 연례 설교를 안배했으며 정치토론을 금했다. 그 회원 수는 1649년에 40명을 상회했다. 런던왕립협회 설립보다 정확히 10년 앞서, 그 협회는 주목할 만한 준(準)과학자단체를 결성했던 셈이다.[129] 점성술 대가 주변에는 함께 연구하러 모여든 학생들이 있었고

---

해 독립적인 목회활동을 수행한 인물이다. "뛰어난 능력을 가진 퓨리턴 작가"로 불렸다.

127) M. Homes, *Plain Dealing* (1652), p. 57; Gataker, *His Vindication of the Annotations*, p. 188; D. Defoe, *A Journal of the Plague Year* (New York, 1960), p. 29. 또한 W. Ramesey, *Lux Veritatis* (1651), sig. A4도 참조할 것.

128) 이 책의 2권 pp. 262 이하.

129) 점성술사협회에 관한 정보는, Josten, *Ashmole*, Index, *s. v.*, "Astrologers' Club"; W. Lilly, *Merlinus Anglicus* (1649), sig. B1; Ashm. 423, ff. 168

전국 도처에서 연락해온 추종자들이 있었다. 특히 릴리는 사적으로 거대한 문도(門徒)를 거느렸다. 그리하여 1647년에 이르면 그는 "잉글랜드에서 점성술을 내세우는 자들을 모두 합친 것보다 많은 학자들을 본 전문직에서 배출했다"고 주장할 수 있었다.[130] 그가 키운 서부지역 "학자들" 목록이 현존하거니와, 케임브리지, 랭커셔, 노샘턴셔, 노리치, 러틀랜드, 윌트셔 등 잉글랜드 각지에 그의 많은 추종자들과 제자들이 포진해 있었다. 나폴리, 마드리드, 바베이도스(Barbados) 같은 먼 해외에서도 의뢰가 있었다.[131] 에식스의 버든(Birden)에서 제분업자로 활동한 윌리엄 힐스(William Hills)는 1651년에 "그가 릴리 씨에게 배운 점성술"로 주민들이 도난품을 되찾는 데 도움을 주었다고 자백했다. 30년 후 앤 킹즈베리(Anne Kingsbury)는 브리지워터(Bridgwater) 시장에게, 보물찾기에 점복막대를 이용하도록 가르쳐준 자로 릴리를 지목했다.[132]

이 점에서 릴리는 점성술계라는 배타적 집단의 중심이었다. 이 직업집단 구성원들에 관련된 다수의 증거물이 오늘날까지 전해지고 있다는 것은 다행스런 일이다. 그들이 벌인 사업의 성격은 출판된 입문서들로부터 거칠게나마 추론할 수 있다. 그 책들은 천궁도 제작법의 골자를 알려주며, 가장 빈번하게 제기되는 유형의 의뢰들에 어떻게 답했을 것인지를 추론할 수 있게 해 준다. 그렇지만 훨씬 더 유익한 정

~169에서 찾을 수 있다. 그 협회에서 거행된 설교들 중에는, R. Gell, *Stella Nova*(1649); R. Gell, *A Sermon touching God's Government*(1650); E. Reeve, *The New Jerusalem*(1652); J. Swan, *Signa Coeli*(1652); R. Carpenter, *Astrology proved harmless, useful, pious*(1657)가 포함된다.

130) Lilly, *Christian Astrology*, sig. B2.

131) Ashm. 423, *passim.*

132) *J. M. C.*, 10th rept., appx., vol. 4, p, 511; E. E. Trotman, in *Somerset and Dorset Notes and Queries*, vol. 27(1961), pp. 220~1.

보원은 상담장부라는 경이로운 시리즈물이다. 이 시리즈물은 명사(名士)로 활동한 일라이어스 애쉬몰에 의해 얼마 후에 수집되었고, 오늘날에는 보들리도서관 내 애쉬몰 컬렉션(그가 남긴 서적들 및 필사본 컬렉션)의 일부를 이루고 있다. 이 독특한 사료의 도움으로 17세기 점성술 사업의 실상을 세밀하게 재구성하는 것이 가능하다. 이제부터 그 사료를 파헤쳐 보기로 하자.

## 4. 상담실 내부

애쉬몰 필사본에서 가장 잘 소개된 점성술사들의 활동은 사이먼 포먼과 윌리엄 릴리와 존 부커의 것이다. 이들은 모두 런던에서 개업했다. 리처드 네이피어에 의해 장기간 축적된 상담장부들도 있는데, 그는 버킹엄셔의 그레이트린퍼드(Great Linford) 소교구 사제로 1634년 사망 시까지 점성술과 의술을 병행한 인물이었다. 이상의 4명 가운데 최고 연장자는 포먼(1552~1611)이다. 그는 윌트셔 출신으로 교사생활을 접고 런던을 오가며 1583년부터 사망할 때까지 의술을 펼쳤다. 사업과정에서 그는 마술사네 연금술사네 점성술사네 하는 무성한 소문에 시달렸다. 그는 교회와 왕립내과의협회에 의해 무자격 개업인으로 고발되었고, 수차례 단기 투옥을 겪기도 했다. 포먼의 사후 평판은 1615년에 더욱 악화되었는데, 이는 토마스 오버베리 경 독살사건 조사과정에서 그가 에식스 백작부인을 비롯한 여러 귀족부인들과 불륜관계였음이 드러난 탓이었다. 그의 사문서군(私文書群)에 포함된 생생한 비밀사생활 기록은 그의 염문이 부당한 것이 아니었음을 보여준다(19세기 중반에 캠던 역사학회[133]는 그의 일기를 편찬할 계획을 세웠으나, 《국민전기사전》[134]에 따르면 "편찬위원회는 그 점성술사가 자신의 부

도덕한 애정행각을 너무 솔직하게 고백한 것으로 판단해, 이미 몇 페이지가 인쇄기를 통과한 후였지만 출판을 취소했다"고 한다). 비록 왕립내과의협회는 포먼이 점성술에 문외한이라고 판단했지만, 케임브리지대학은 그에게 의료면허를 인정했다. 그의 사문서군은 그가 상담기록을 놀랍도록 상세하게 유지한 꼼꼼한 개업인이었음을 보여준다.[135]

존 부커(1603~1667)는 훨씬 높은 평판을 누린 인물이었다. 그는 맨체스터에서 태어나 1630년 점성술에 입문하기 전까지는 잡화상의 도제이자 습자(習字) 선생으로 일했다. 그는 1631년부터 책력을 출판했지만, 점성술 상담역으로서의 방대한 사업기록은 1648년분부터만 남아 있다. 그는 내란 중에 수학서적 검열관으로 임명되기도 했는데, 이는 밀렵꾼이 사냥터 관리인으로 바뀐 것과도 같은 극적 반전이었다. 그도 그럴 것이 그는 앞선 10년간 무인가 책력을 유통시킨 혐의로 교회고등법원과 불편한 관계에 있었기 때문이다. 속기법이 사용되기는 했지만, 부커의 기록 역시 꼼꼼하게 작성된 것이다.[136]

---

133) [역주] 캠던 역사협회(Camden Society)는 1838년에 설립되어 영국사 사료를 편찬/출판해오다가 1896년에 왕립역사협회(Royal Historical Socieyt)에 통합된 조직이다. 설립부터 통합을 거쳐 현재에 이르기까지 동 조직은 325권 이상을 출판했고, 현재는 매년 2권을 케임브리지대학 출판부를 통해 출판하고 있다.

134) [역주] 《국민전기사전》(*The Dictionary of National Biography*: DNB)은 영국사의 주요 저작과 인물을 소개하기 위해 1885년에 출판된 사전이다. 이를 업데이트한 것이 《옥스퍼드 국민전기사전》(*The Oxford Dictionary of National Biography*: ODNB)으로, 총 60권이 2004년에 출판되었다.

135) *D. N. B.*: C. Goodall, *The Royal College of Physicians*(1684), pp. 337~9; *H. M. C. Hatfield*, vol. 12, pp. 290, 551~3; J. Strype, *The Life and Acts of John Whitgift*(Oxford, 1822), vol. 2, pp. 457~8; *A Companion to Arber*, W. W. Greg, ed. (Oxford, 1967), pp. 146~7; A. L. Rowse, *The Elizabethan Renaissance*(1971), pp. 144~52. 포먼의 자서전은 삭제판 형태로 1849년에 출판된 적이 있는데, 할리웰(J. O. Halliwell)이 개인적으로 출판한 *The Autobiography and Personal Diary of Dr Simon*이 그것이다.

릴리(1602~1681)도 청년시절에 출세를 위해 런던으로 왔다. 부친이 레스터셔의 가난한 자영농이었던 그는 가내하인으로 출발했지만 주인의 미망인과 결혼해 그런대로 목적을 달성했다. 그는 1632년에 7~8주 동안 점성술을 배웠지만 신중하게도 1641년에 개업했다. 첫 책력이 1644년에 출시되면서부터 후속 출판물이 봇물처럼 잇따랐다. 그는 정치적으로 큰 영향력을 행사했으며 점성술계의 공인된 지도자이기도 했다. 그의 상담장부들은 그의 업무현장을 잘 보여주고 있지만, 릴리 자신은 아직까지도 부정직한 인물로 평가되고 있으며, 그의 《자서전》도 많은 의문을 해명 없이 남겨두고 있다.[137]

이들 3명의 상담장부 3세트는 동일한 유형의 자료를 담고 있다. 늘 그렇지는 않지만 대체로 천궁도에는 그것을 그리게 만든 의뢰인 이름이나 인상착의, 의뢰인이 봉착한 문제의 성격이 기재되어 있다. 의뢰인은 점성술사와 개인적으로 상담하는 것이 보통이었지만, 편지나 인편으로 상담할 때도 있었다. 점성술사는 질의를 접수하자마자 그것이 제기된 정확한 시간을 기록했고, 천궁도를 그려 놓고는 찬찬히 살핀 후에 답을 내놓았다. 이 모든 작업은 15분을 넘기지 않았을 것이다.[138] 실망스럽게도 상담장부는 의뢰인이 결국 무슨 답변을 들었는지에 관해서는 알려주는 것이 별로 없다.

상담장부에서 즉시 받는 인상은 그들이 벌인 사업이 엄청난 규모였

---

136) *D. N. B.*; Josten, *Ashmole*, p. 21n; *C. S. P. D., 1634~1635*, p. 378. 나는 그의 속기법을 제대로 해독하는 데 성공하지 못했다.

137) 《자서전》 원본은 Ashm. 421, ff. 178v~224에 있다. 애쉬몰 필사본군(*Ashmolean MSS*)에 속한 릴리의 상담장부 시리즈는 완전한 것이 아니다. 빠진 기록부 중 하나가 금세기 초에 어떤 서점에서 발견되었다. 이에 관해서는 L. F. Salzman, *Mediaeval Byways*(1913), pp. 18~9를 참조할 것.

138) Josten, *Ashmole*, p. 469에서는 애쉬몰이 7분에서 15분을 할애한 것으로 추정되고 있다.

다는 것이다. 포먼은 1597년부터 1601년까지 해마다 평균 천 건이 넘게 천궁도로 점쳤으며, 환자로부터 접수된 의뢰건수는 이 수치를 훨씬 상회했다. 1644년부터 1666년 사이에 드문드문 남아 있는 릴리의 상담장부들은 사업이 가파르게 상승했고 절정기에는 매년 2천 건에 육박했다는 것을 보여준다. 존 부커의 경우는 거의 완전한 기록이 남아 있는데, 1648년부터 1665년까지 매년 평균 천 건 정도였다. 전 기간에 걸쳐 그가 다룬 의뢰는 대략 16,500건에 달했다.[139] 엘리자베스의 왕위계승(1533)과 앤의 사망(1665) 사이에 활동했음이 확인된 2백 명이 넘는 점성술사들 중에서 이들 3명이 반드시 가장 분주한 것은 아니었다는 점을 감안하면,[140] 당시 잉글랜드인들이 얼마나 크게 점성술에 의지했는지를 가늠할 수 있을 것이다.

이 상담장부들이 너무 들쭉날쭉해서 통계적 요약에는 적합지 않지만, 점성술사들이 다룬 상담 건들의 주요 유형들을 보여줄 수는 있다. 우선 무속인처럼 그들도 잃은 재화를 되찾을 방법을 제시했다. 이 유형에 속한 주요 의뢰인은 어디 뒀는지 잊어먹은 자질구레한 그릇이나 도난당한 세탁물을 찾는 가정주부, 혹은 잃어버린 은제품이나 여타 귀중품을 의뢰하러 온 대갓집 하인이었다. 일례로 릴리가 1646~1647년간 접수한 의뢰 건들 중에는, 그레이인 법학원에서 잃은 은접시에 관한 것, 어떤 에스파냐 상인 소유 선박에서 분실된 150파운드에 관한 것, "카디널 울지"라는 선술집 강도사건에 관한 것, "서더크(Southwark)의 뚱뚱한 여인"이 도난당한 20파운드에 관한 것이 있었다.[141] 1569~1570년 겨울에 윌리엄 베도(William Bedo)라는 서적상

139) 이상의 계산은 Ashm.에 소장된 관련 상담장부에 근거한 것이다.

140) 일례로 약 1640~1654에 개업한 컬페퍼는 매일 오전마다 평균 40명의 의뢰인을 맞이했다고 한다. F. N. L. Poynter, "Nicholas Culpepper and His Books", *Journal of the History of Medicine*, vol. 17(1962), p. 156.

은 켄트의 친구 집에서 도난당한 돈을 추적하고자 옥스퍼드의 누구에겐가 도움을 청했고, 결국 뉴인(New Inn)가(街)에서 활동하던 존 보컬리(John Bowckeley)에게 의뢰하게 되었으며, 보컬리는 성공하지는 못했지만 그를 위해 천궁도로 점을 쳐 주었다.[142] 로버트 플러드는 옥스퍼드대학 세인트존스칼리지에서 수학하고 있던 1590년대에, 지도교수로부터 점성술을 이용해 자기에게 강도짓 한 자를 찾아 달라고 부탁받은 일이 있었다. 마찬가지로 1637년에 존 로저스(John Rogers)라는 약종상은 점포에 두었던 제라드[143]의 《약초학》을 도난당하자 즉시 런던의 한 점성술사에게 의뢰했다.[144] 일반적으로 점성술사는 범인의 이름을 지목하기보다 인상착의를 알려주었다. 1505년 세인트아이브즈의 어떤 여관에서 돈을 강탈당한 〔앞서 언급된〕 운송인은 런던의 한 점성술사에게서 도둑의 인상착의를 얻었고, 이를 근거로 여관 주인의 아들을 붙잡았다. 하지만 소년의 이빨이 인상착의에 언급된 대로 변색되었는지를 미리 확인하지 않은 것이 불행이었다. 소년의 입을 벌리자 흠잡을 데 없는 어금니들이 드러났으니, 이는 운송인을 실망시켰고 불법체포에 대한 대응조치를 야기했다.[145]

---

141) Ashm. 185, ff. 68v, 233, 236, 225v.

142) W. H. Hart, "Observations on Some Documents relating to Magic in the Reign of Queen Elizabeth", *Archaeologia*, vol. 40(1866), pp. 391~4.

143) [역주] 존 제라드(John Gerard: 1545~1611/12)는 낸트위치(Nantwich) 출신으로 외과의로 여러 곳을 떠돌면서 약초연구와 원예학을 터득했고, 윌리엄 세실의 정원관리를 감독하기도 했다. 그는 1597년 이발사-외과의 조합의 부조합장으로, 1608년에는 조합장으로 선임되었다. 본문에 소개된 《약초학》(*Herball*)은 그가 1597년에 출판한 '위대한 약초학, 혹은 모든 식물의 역사'(*Great Herball, or Generall Historie of Plantes*)와 이것의 수정증보판(1633)을 가리킨다.

144) F. A. Yates, *Theatre of the World*(1969), pp. 61~2; G. Le Neve, "Vindicta Astrologiae Judiciariae"(Ashm. 418), p. 430.

분실물의 문제와 연결된 것은 실종자 문제였다. 절망적으로 느린 커뮤니케이션 시대에는 남편이 출장을 떠나거나 바다로 나간 후 오랫동안 소식을 듣지 못해 심란해진 아낙네들이 많았다. 점성술사는 그런 실종자의 소재파악에 능통했을 뿐만 아니라, 실종자의 건강과 전반적인 상태를 상세히 알려주는 점성괘들을 가지고 있었다.146) 점성술사에게 답을 얻은 의뢰인은 이를테면 애너 오버베리(Anna Overbury)처럼 1595년에 사이먼 포먼을 찾아가 18주째 전함을 타고 바다에 나가 있는 남편에 관해 물은 자였거나, 런던 그러브가(Grub Street)의 앨리스 화이트(Alice White)처럼 1617년에 또 다른 점성술사를 방문해 "런던에서 366마일 거리에 있는 남편의 귀환에 관해" 상담한 자였다.147) 릴리의 상담장부는 남편의 생사를 묻는 아내들로 채워져 있다. 실제로 내란에 의해 야기된 고단한 삶을, 이처럼 잘 유지되어온 상담장부보다 실감나게 보여주는 자료는 상상하기 힘들다. 내란이 끝난 후로도 의뢰는 오랫동안 계속 접수되었다. 1649년 7월 어떤 제빵사의 아내가 남편의 안위를 물었을 때, 릴리는 그가 이미 5년 전에 죽었다고 알려주었다.148) 이 소식을 듣고 아내는 차라리 속이 후련해졌을 것이다.

비슷하게 1650년대의 해군원정도 사람들의 근심에 무게를 더했다. 1654년 여름 몇 주 동안 릴리가 접수한 건들 중에서, 어떤 의뢰인은 루퍼트 왕자에게 나포된 함선에 목수로 승선해 있던 남편이 살아 있는

145) *Selected Cases in the Council of Henry VII*, Bayne and Dunham, ed., pp. 151~69. 절도 사건에 뒤따르는 절차에 대한 해설은, Parr, *Tamburlaine's Malady*, chap. 11에 있다.

146) 예컨대 포먼의 점성괘들은 "부재자가 죽었는지 살았는지", 나아가 "그 부재자가 어떤 상태에 있는지"를 알려주었다(Ashm. 240, ff. 1~7).

147) Ashm. 363, f. 252v; Ashm. 330, f. 152v.

148) Ashm. 210. f. 100.

지를 물었고,[149] 또 다른 의뢰인은 '채리티'(Charity) 호를 타고 버지니아로 향했던 외과의 남편에게 무슨 일이 일어났는지를 물었으며, 세 번째 의뢰인은 3년 전에 아일랜드로 파견된 기병대원에 관해 물었다.[150] 이듬해에는 블레이크의 함대나 펜의 함대에 복무중인 자들에 관해, 혹은 (크롬웰의 서인도제도 공격에 대한 보복조치로 에스파냐 정부가 상선입출항금지를 결정한 시점이었기에) 에스파냐에서 사업하는 자들에 관해, 그들의 친지들이 릴리에게 상담을 요청했다.[151]

도망한 하인에 관해 그 주인에게, 혹은 루드게이트(Ludgate) 감옥 하급간수 토마스 피치즈(Thomas Pitches)처럼 자기에게 위임된 죄수를 실수로 놓쳐 곤란한 처지에 빠진 자에게 조언을 해 준 것도 점성술사였다.[152] 1528년에 루터교파 이단자 토마스 개리트가 체포를 피해 옥스퍼드로부터 도망쳤을 때,[153] 뉴칼리지 학장과 주교법원은 점성술사를 고용해 그가 도주한 방향을 알아냈다.[154] 1652년 왕당파 지휘관 존 미들턴이 런던탑에서 탈옥했을 때에도,[155] 그의 행방을 묻는 다

149) [역주] 라인의 루퍼트 왕자(Prince Rupert of the Rhine, Count Palatine of the Rhine, Duke of Bavaria: 1619~1682)는 프라하에서 프레데릭 5세의 아들로 태어나 제임스 1세의 외손자이자 찰스 1세의 조카가 된 인물이다. 왕당파 지휘관으로 네이즈비 전투에서 패한 후 잉글랜드에서 추방되었으나, 망명 왕당파 군대를 이끌고 도처에서, 특히 카리브해에서 '바다의 무법자'(해적)로 활동하면서 잉글랜드의 해양진출을 방해했다. 본문에서 인용된 것은 그 와중에 일어난 사건이다.

150) Ashm. 427, ff. 21, 9v, 20.

151) Ashm. 427, ff. 98, 107v, 140, 141v, 162.

152) Ashm. 418, p. 449.

153) [역주] 잉글랜드에서 루터교도에 대한 탄압은 1526~1529년간 강도 높게 진행되었다. 토마스 개리트(Thomas Garrett)는 옥스퍼드 서적상으로 1528년 2월에 체포되었다.

154) J. A. Froude, *History of England from the Fall of Wolsey to the Defeat of the Spanish Armada*(출판연도 미상), vol. 1, pp. 539~41.

급한 의뢰를 다룬 것은 존 부커였다.[156] 동 세기의 얼마 후에는 더블린 출신 점성술사 존 월리가 당국의 의뢰로 몬머스 공의 은신처를 찾아냈다.[157]

실종된 선박도 점성술적 수단으로 행방을 추적할 수 있었다. 입항이 예상보다 늦어지면 선주들은 곧바로 점성술사를 찾아갔던 것 같다. 실제로 해운업계는 릴리의 고객층에서 6분의 1 수준이었을 것으로 추정된다.[158] 엘리자베스 치세기 후반에 대선장 윌리엄 몬슨 경은 임박한 항해의 전망에 관해 전혀 거리낌 없이 사이먼 포먼과 상담했다.[159] 1603년에는(거상 니콜라스 리트로 추정되는) 리트(Leate)라는 인사가 포먼에게 중국으로 가는 북부항로가 있는지 없는지 판단해 줄 것을 요청했다. 포먼은 리트와 돈독한 관계를 유지하면서 법적 문제나 금전 문제에서 자주 조언을 해 주었다. 몬슨 경의 부인도 남편이 바

155) [역주] 존 미들턴(John Middleton, 1st Earl of Middleton: 약 1608~1674)은 스코틀랜드 출신으로 찰스 2세를 위해 왕당파 기병대의 지휘를 이끌고 우스터 전투에 참여했다가 패배해 런던탑에 투옥되었다. 1652년에 탈옥해 파리로 도피했다가 왕정복고 이후 잉글랜드로 돌아와 스코틀랜드군 총사령관이자 스코틀랜드의회에 대한 국왕대리인(*Lord High Commissioner*)으로 임명되었다.

156) Ashm. 387, p. 320.

157) *D. N. B.*, "Whalley, J."
[역주] 존 월리(John Whalley: 1653~1724)는 1682년에 더블린에서 런던으로 건너와 제화공으로 일하면서 독학으로 점성술을 연구해 프톨레마이오스의 《테트라비블로스》를 영어로 초역할 만큼 높은 능력을 가진 자였지만, 민간마술에 공통된 책력출판, 특효약 판매, 접신집회 등으로 오명을 얻기도 했다.

158) 이 장의 각주 237를 참조할 것.

159) [역주] 윌리엄 몬슨 경(Sir William Monson: 1569~1643)은 링컨셔 출신으로 옥스퍼드에서 수학하던 중 1585년부터 항해에 참여했다. 에스파냐 민간무장선의 선장으로 일한 경험도 있었지만, 아르마다 해전에서 잉글랜드 해군 지휘관으로 활약했고 1604년에는 해군제독(*Admiral of the Narrow Seas*)으로 임명되었다. 컴벌랜드 백작의 모험항해에서 선장으로 활동했으며, '대선장'(*Great Sea Captain*)이라는 별명을 얻었다.

다로 나가 있는 동안에는 포먼과 상담하곤 했다.[160] 1602년 플리머스에서는 포먼이 여왕 함대의 전망에 관해 계산하고 있었다.[161]

포먼 시대 이후로도 계속해서 점성술사들은 실종 선박이라는 — 그들 아니면 다룰 수 없는 — 문제를 다루었다. 릴리와 그 동료들의 상담 장부에는 선주나 선원가족이 의뢰한 선박 수십 척의 명단이 포함되어 있다. 그들은 선박의 진수나 출항에 적합한 길일을 선택했고, 바베이도스나 버지니아나 모로코로 향하는 많은 선원에게 항해에서 위험을 탐지하는 방법에 관해 조언했다.[162] 그들은 익사 위험을 걱정하는 소심한 선객에게, 특정 선박에 출자할지로 고민하거나 귀항 지연으로 노심초사하는 사업가에게 자신감을 심어 주었다. 내란기 동안 바다에서 적에게 약탈당하거나 나포될 위험을 묻는 의뢰에 답한 것도 그들이었다.[163] 17세기 말 자메이카 주민은 점성술사에게 먼저 묻지 않고는 바다로 나가길 꺼렸고, 18세기 중반에조차 천궁도로 점쳐 출항일자를 결정하는 것은 북아메리카의 관행이었다.[164]

---

160) 몬슨에 관해서는, E. G. R. Taylor, "Sir William Monson Consults the Stars", *The Mariner's Mirror*, vol. 19(1933) ; Ashm. 226, ff. 103, 107을 참조할 것. 몬슨 여사에 관해서는, Ashm. 226., ff. 37, 233. 리트에 관해서는, Ashm. 236, f. 1v; Ashm. 802, ff. 234 이하; Ashm. 411, f. 148; Ashm. 219, ff. 5v, 16v, 20v, 31v, 71.

161) *H. M. C. Hatfield*, vol. 12, p. 290.

162) 이를테면 R. Saunders, *Apollo Anglicus*(1656), sigs. C7v~8; R. Saunders, *Palmistry*(1663), vol. 2, pp. 159~60.

163) 이 다양한 유형의 의뢰 건들은, Ashm. 427, ff. 254v, 274; Ashm. 184, f. 9; Ashm. 420, f. 3; Ashm. 178, f. 41 등을 참조할 것. 제2차 네덜란드 전쟁에서 어떤 해군장교가 그의 함선의 운명을 점성술적으로 해설한 일이 있었는데, 이에 관해서는 *Three Sea Journals of Stuart Times*, B. S. Ingram, ed. (1936), pp. 27~87을 참조할 것.

164) F. Crow, *The Vanity and Impiety of Judicial Astrology*(1690), sig. A2v; G. L. Kittredge, *The Old Farmer and his Almanack*(Boston, 1904),

어떤 회의론자는 점성술사들이 항해중인 선박의 운명을 정말로 그토록 잘 안다면, 해상보험에 개입해 보험업자에게 손쉬운 이윤축적 방법을 조언함으로써 자신들의 재산을 불릴 수 있지 않겠느냐고 지적한 적이 있었다.[165] 하지만 해상보험 초창기에 점성술사들은 '실제로' 보험문제를 자주 취급했다. 릴리의 상담장부들에는 어떤 선박을 보험에 가입시킬 것인지를 물으려 그를 찾은 의뢰인에 관해 모두 7건이 기재되어 있다.[166] 심지어 그는 1644년 에스파냐로 항해 중 실종되었다고 보고된 선박이 안전하다는 것을 정확히 확인해 주었다는 사실을 내세워 광고지를 제작하기까지 했다. 보험업자들은 그 선박의 실종을 확신한 나머지, 60%의 보험료를 내겠다는 제안을 수용하지 않기로 이미 결정한 후였지만 말이다.[167] 존 개드베리는 선원용으로 공들여 작성한 점성술 입문서에서 여러 관련 사례들을 소개하면서, 자신이 선주들을 위해 수천 파운드의 보험료를 절약해 주었다고 주장했다. 프레스키빌 홀즈 경이나 오언 콕스 같은 당대에 명성을 떨친 선장들도 그에게 조언을 구했다.[168]

---

pp. 39~40.

165) J. S., *The Starr-prophet Anatomiz'd and Dissected* (1675), p. 6.

166) Ashm, 178, f. 74; Ashm. 427, ff. 84, 170, 221v; Ashm. 184, f. 65; Ashm. 420, ff. 297, 333.

167) Lilly, *Christian Astrology*, p. 162. 당시에는 선박이 이미 지연되는 상황에서만 해상보험에 가입하는 것이 관행이었다.

168) J. Gadbury, *Nauticum Astrologicum* (1691, 그러나 12년 전에 완성됨), pp. 95~6, 105. 콕스는 릴리의 고객이었으며 스웨덴 국왕 카를(Charles) 10세가 릴리에게 선물한 금목걸이를 전달해 준 것도 콕스였다. Lilly, *Autobiography*, p. 171; Ashm. 427, f. 59v.

[역주] 프레스키빌 홀즈 경(Sir Frescheville Holles: 1642~1672)은 왕당파 해군장교이자 고물연구가로 활동한 인물이었고 오언 콕스(Owen Cox)는 크롬웰의 해군장교로 여러 함선의 함장을 거쳤다.

다른 사업에서도 점성술사들은 한결같이 적극적이었다. 한 안내서가 주장했듯이, 그들의 책력에 수록된 예언력은 "매년 어떤 품목이 구하기 어려워지고 어떤 품목이 저렴해질 것인지"를 예측한 것이었다.[169] 16세기 앤트워프에서는 거상들이 시장변동성을 예측하고자 점성술사를 고용했으며,[170] 17세기 잉글랜드에서는 많은 사업가들이 그들 업계에 내재한 불확실성을 줄이려는 노력의 일환으로 점성술사를 찾았다. 주택, 말(馬), 선박, 등본보유권 등 갖가지 품목에 대해, 구입하는 것이 바람직한지를 묻는 의뢰 건들이 있었다. 여인들은 지참금을 어떻게 투자해야 할지, 점포를 차려야 할지 말지를 물었다. 마거리트 크루(Margaret Crew)는 1616년에 "은실을 꼬는 사업으로 이윤을 얼마나 남길지를 알기" 원했다. 한층 야심찬 투자가는 이탈리아로 여객을 수송하는 사업의 전망에 관해 의뢰했다.[171] 어떠한 형태의 사업구상이든 점성술사가 의뢰받아 예측하지 못할 것은 별로 없었다. 유명한 목공예사 그린링 기번즈는 1682년에 판매대행인을 해외로 파견해 "큰 성과를 얻을 사업"에 착수하면서, 그 신규사업이 성공을 거둘 수 있을지 여부에 관해 애쉬몰의 점성술적 조언을 구할 필

169) *The Rules and ryght ample Documentes, touching the Use and Practise of the Common Almanackes*, H. Baker, trans. (1558), sig. Giiiv. 이런 예측에 전형적인 점성괘들은 다음 문헌들에서 찾을 수 있다. W. Ramesey, *Astrologia Restaurata* (1653), pp. 285~7; Ashm. 177, f. 130(곡물가격예측); Sloane 1312, f. 38("품귀와 풍부에 대한 의뢰들"); Sloane 2535, f. 78("매년의 밀 가격을 알기 위해"); J. Middleton, *Practical Astrology* (1679), pp. 146 이하(토지가격 예측).

170) R. Ehrenberg, *Capital and Finance in the Age of the Renaissance*, H. M. Lucas, trans. (1928), pp. 240~2.

171) Ashm. 330, f. 143v; Ashm. 185, f. 256. 비슷한 의뢰들이 Ashm. 210, f. 111v; Ashm. 427, ff. 10v, 36v, 147, 149; Josten, *Ashmole*, p. 193; J. Russel, *Astrological Predictions* (1659), p. 15에도 등장한다.

요가 있다고 생각했다.[172]

점성술사는 실패한 자에게는 사후 검토를 제공했다. 상담장부들에는 사업실패자들이 설명을 구한 많은 의뢰 건들이 남아 있다. "올드게이트(Aldgate)에 사는 노인 — 뭘 해 주지? — 그가 성공하지 못한 원인은?" 이 약술 기입항목은 릴리의 1644~1645년분 파일에 들어 있는 것이지만, 상담장부의 전형적인 기입법이다.[173] 1651년 코그숄(Coggeshall)에서 어떤 의뢰인은 개업한 지 4년 만에 8백 파운드를 잃은 원인을 설명해 줄 수 있겠는지를 묻는 편지를 존 부커에게 보냈다. 그는 "이 엄청난 손실의 원인은 무엇입니까?"라고 물었다. "누군가가 악의로 자신의 신용을 엉망으로 만든 것은 아니었을까? (기왕 묻는 김에) 아버지는 언제 돌아가실까, 그리고 누구에게 재산을 남기실까?"[174]

이렇듯 과거에 대한 의뢰는 은연중 미래에 대한 모색으로 전환되었다. 릴리는 소송결과를 예측해 달라는 의뢰를 여러 차례 받았는데, 아마도 의뢰인으로서는 계속 싸울 필요가 있는지를 알고 싶었을 것이다.[175] 1649년 9월에 어떤 고객은 절망조로 "언제야 공정한 판결이 나게 될지"를 물었다.[176] 유죄판결을 받은 자가 어떤 곤경에 처할지를

172) Josten, *Ashmole*, p. 1711.
[역주] 그린링 기번즈(Grinling Gibbons: 1648~1721)는 네덜란드 암스테르담 출신으로 1667년경에 잉글랜드로 이주했고 1693년에는 'master caver'로 임명되었다. 목공예사(*woodcarver*)로의 명성은 성베드로 성당, 블레넘 궁(Blenheim Palace), 햄프턴 궁(Hampton Court Palace) 등 도처에 남아 있는 명품목각에 의해 확인된다. 그는 잉글랜드 역사상 가장 뛰어난 목공예사로 널리 알려져 있다.

173) Ashm. 184, f. 47. 그 밖에도 Ashm. 420, ff. 96, 108v, 303v; Ashm. 210, f. 118을 참조할 것.

174) Ashm. 225, f. 308.

175) 이를테면 Ashm. 210, f. 126v; Ashm. 427, ff. 83v, 162.

176) Ashm. 210, f. 135v.

걱정하는 의뢰도 있었다. 한 여인은 남편이 황소 30마리를 훔친 죄로 처형될지를 물었고, 또 다른 여인은 "뉴게이트에 사는 친구가 교수형을 당하게 될지"를 물었다.[177] 1592년에 가톨릭 용의자인 셸리 부인은 유죄판결 받은 남편에게 사형을 피할 기회가 있는지 여부를 존 플레처(John Fletcher)라는 케임브리지 점성술사에게 의뢰했다.[178] 사이먼 포먼이 "특정인의 집이 경찰에 의해 수색된 적이 있었는지 여부"를 알려주는 점성괘들을 고안한 것은 많은 의뢰인들이 범죄와 연루되어 있었기 때문일 것이다.[179] 부커의 상담장부에는 핀으로 접어둔 부분이 있는데, 이것은 토마스 윌슨이라는 자로부터 온 오자투성이 편지이다.

> 선생님 바라옵건대 제가 빚을 져서 체포될 위험에 있으니 의뢰에 기꺼이 답해 주시면 고맙겠습니다. 제가 알고 싶은 것은 제게 최선은 머무는 것인지 그 반대인지, 머무는 것이라면 어디서인지 그 반대라면 어디서인지, 제게 가장 위험한 때는 언제이고 빚쟁이들과 화해하기에 가장 좋은 때는 언제인지 등이니, 당신께서 최선을 다해 주실 것을 기원합니다.[180]

하지만 길흉점에 대한 요구는 사회고위층으로부터 나올 수도 있었다. 1670년에 매슈 앤드루즈(Matthew Andrews)는 대법관법원 내 등록관의 공관(*Register's place*)과 어떤 해군집행위원(*commissioner*)의 공관

177) Ashm. 427, ff. 122v, 121.

178) J. Venn, in *The Caian*, vol. 6(1896), pp. 30～3.

179) Ashm. 389, p. 134.

180) Ashm. 183, f. 305. 또한 Ashm. 210, f. 133; Ashm. 420, p. 197을 참조할 것. [역주] 역자는 파자와 오자를 사용해가며 번역을 시도했다가 어색하여 포기했다. 편지 원문의 문법 및 철자법상의 오류를 반영하지 못했다는 것을 밝혀 둔다.

을 구입하기 위해 세인트올번즈 백작과의 거래를 계속 진척시켜야 할지를 릴리에게 물었다.[181] 1650년에 내과의 토마스 워튼은 자신이 왕립내과의협회 회원에 선출될지를 애쉬몰에게 물었다.[182] 이런 의뢰는 의뢰인(*querent*)의 염원을 드러낼 뿐이었지만, 그렇다고 해서 어떤 젠틀맨 부인이 1597년에 포먼에게 의뢰한 것처럼, 모든 의뢰들이 노골적이지만은 않았다 — 그녀의 남편은 에식스 백작을 수행해 바다로 나간 참이었는데, 그녀는 "남편 부재시에도 귀족부인(*Lady*)으로 유지될 수 있을지 여부"를 물었다.[183] 점성술사는 승부를 점치는 자(*tipster*)에 불과했던 것처럼 보일 때도 있었다. 리처드 네이피어는 스탬퍼드 경마대회에서 누가 우승컵을 차지할 것인지에 관해 의뢰를 받았다. 존 부커는 닭싸움 결과에 관해 의뢰를 받았다. 1646년 릴리는 한 경마대회에 초청되어 "밤색 말, 회색돈점박이 말, 철회색 말" 중 승자를 가려내달라는 주문을 받았다. 그는 밤색 말이라고 귀띔했다.[184]

---

181) Ashm. 240, f. 212. 앤드루즈에 관해서는, Josten, *Ashmole*, p. 1181, n. 3을 참조할 것.

182) Josten, *Ashomle*, p. 559.
[역주] 토마스 워튼(Thomas Wharton: 1614~1673)은 더럼 출신으로 옥스퍼드, 볼튼(Bolton), 런던 등을 전전하면서 의학을 연구하다가 1646년 옥스퍼드로 돌아와 의학박사학위를 취득했다. 1650년에는 왕립외과의협회 회원으로 선출되었고 1658년 이후 여러 차례 동 협회의 검열관으로 활동했다. 해부학자로서도 뛰어난 업적을 많이 남겼는데, 타액선(唾液腺)에 대한 해부학적 발견이 대표적이다.

183) Ashm. 354, f. 296. 실제로 점성술 작가 크리스토퍼 헤이든이 작위를 받은 것은 에식스 백작이 기사작위를 헤프게 남발하던 시점이었다〔이에 관해서는 L. Stone, *The Crisis of the Aristocracy*, 1558~1641(Oxford, 1965), pp. 72~3을 참조할 것〕.

184) Ashm. 240, f. 135; Ashm. 386, pp. 122~3; Ashm. 178, f. 93. 존 복스 역시 경마정보를 제공하였다(*Durham High Commission*, p. 37). 17세기 중반에 리처드 앨런은 카드노름과 주사위노름에서의 승리를 위한 점성술 점성괘들을 가지고 있었다(*Narratives of the Reformation*, Nichols, ed., pp. 326~7).

그러나 모든 의뢰들이 이처럼 경박한 것은 아니었다. 이 기간 내내 점성술사는 중요한 정책문제에 관해 상담했고, 정치적 대사건의 결과를 예측해 달라는 의뢰를 받았다. 포먼이 접수한 의뢰 건들 중에는, 1597년 의회회기, 오스텐트 포위공격, 에식스 백작의 아일랜드 원정, 화약음모사건 가담자인 토마스 퍼시의 행방 등이 포함되어 있었다.[185] 로버트 하워드 경은 애쉬몰을 수차례 방문해 찰스 2세와 기사의회 간의 관계가 어떻게 전개될지 그 추이를 물었다.[186] 그는 1671년부터 1673년까지 재무위원회 의장이었으나 좋지 않은 상황에 처해 있었다고 한다. 그래서인지 그의 의뢰 건들 중에는, 과연 의회가 "업무나 자문에 능하지 못한 것으로 보이는 고위직들을, 언제나 그랬듯이 규칙적이고도 단호하게 제거할 것인지"에 관한 것이 있었다.[187] 더욱 흥미로운 것은 찰스 2세가 몸소 애쉬몰과 상담했다는 새로운 사실도 발견되었다는 점이다. 찰스는 향후 자신과 의회와의 관계에 대

185) Ashm. 354, pp. 96, 256; Ashm. 219, f. 23; Ashm. 363, f. 241.
[역주] 오스텐트 포위공격(*the Siege of Ostend*)은 에스파냐 군대가 6만여 사망자를 내면서까지 네덜란드의 오스텐트를 1601~1604년까지 3년간 포위 공격한 끝에 승리한 사건이다. 토마스 퍼시(Thomas Percy: 약 1560~1605)는 프로테스탄트 환경에서 양육되었으나(아마도 케임브리지에서 수학하면서) 가톨릭으로 개종했고, 1605년에는 제임스 1세의 반가톨릭 정책에 반발해 화약음모사건에 가담했다가 처형되었다.

186) [역주] 기사의회(Cavalier Parliament)는 찰스 2세 왕정복고와 함께 소집된 의회로 1661년 5월부터 1679년 1월까지 유지되었다. 원래는 열성 왕당파로 구성되었으나 차츰 찰스의 정책에 대한 비판세력이 등장했고, 그리하여 토리당과 휘그당으로 분열되었다. 토마스 하워드 경(Sir Thomas Howard, 5th Duke of Norfolk: 1627~1677)은 헨리 프렌데릭 하워드의 아들로 1660년에 작위를 되찾았으나 건강악화로 1677년에 죽었고 동생 헨리 하워드에게 직위를 승계했다.

187) Josten, *Ashmole*, pp. 189~90, 1340~1. 또한 S. B. Baxter, *The Development of the Treasury, 1660~1702* (1957), pp. 181, 258도 참조할 것.

해 점성술적 조언을 구했으며, 대(對)의회 연설에 점성술적으로 유리한 길시를 물어 1673년 10월 27일에 연설을 수행했다.[188] 능수능란한 정치가인 찰스 2세조차 그런 방면에서 조언을 구해야겠다고 생각했을 정도이니, 그보다 낮은 사람들이 같은 생각을 가졌다는 것은 그리 놀랄 일이 아니다. 또 하나의 주목할 상담사례는 "가톨릭 조산원"으로 불린 셀리어 여사가 존 개드베리에게 의뢰한 내용이다. 그녀는 찰스 2세를 살해하기 위한 1680년의 이른바 "식기음모"에서 토마스 댄저필드가 공범자로 적합한지를 물었던 것이다.[189]

상담장부들은 내란으로 인해 야기된 갖가지 처신 문제와 충성 문제를 잘 예시한다. 당시 가장 기본적인 의뢰는 "국왕을 편드는 것이 좋은가, 의회를 편드는 것이 좋은가?"에 관한 것이었고, 릴리도 이런 의뢰를 한 번 받은 적이 있었다.[190] 하지만 많은 의뢰인들은 징집될 것

---

188) 이런 사실은 조스턴 박사에 의해 발견되었다(*Ashmole*, pp. 189, 1347~8, 1350~1, 1362). 그는 애쉬몰의 많은 속기록에 들어 있는 약어를 해독해냈다. 국왕은 1679년에 다시 한 번 애쉬몰과 상담했을 가능성이 있다(*ibid.*, p. 234). 1673년 10월 27일 대 의회연설에 관해서는, *The Parliamentary Diary of Sir Edward Dering, 1670~1673*, B. D. Henning, ed. (New Haven, 1940), p. 151을 참조할 것.

189) *Mr Tho. Dangerfields Particular Narrative* (1679), pp. 25~6; J. Partridge, *Mene Tekel* (1688), p. 3 (페이지 수 재매김).
[역주] 엘리자베스 셀리어는 셀리어 부인(Mrs. Cellier), 혹은 "가톨릭 조산원"(*Popish Midwife*)으로 불리면서 1668~1688년 사이에 런던에서 활동한 인물이다. 그녀는 프랑스 출신의 남편 피터 셀리어를 좇아 가톨릭교로 개종했고 수감된 가톨릭교도들을 돌보던 중 분노해, 토마스 댄저필드(Thomas Dangerfield)의 국왕살해음모(정확히 말하면 장차 제임스 2세로 등극할 요크 공을 독살하려는 음모)에 가담했다. 하지만 그녀와 몇몇 동지는 댄저필드가 협잡꾼이라는 것을 알아채고 지원을 포기했고, 이에 댄저필드는 그녀들을 먼저 고발했다. 댄저필드가 증거물로 제시한 것이 '식기'였기에 '식기음모'(*meal-tub plot*)라 불린다. 음모 연루자들은 모두 석방되었고, 셀리어는 계속 조산원으로 활동하면서 산부인과학의 발전에 기여했다.

인지, 징집된다면 살아남을 수 있을 것인지를 알고자 그를 찾았다. "전장에 나간 아들에게 운이 있는지, 그리고 안전하게 귀환할 것인지" — 이것은 1644년 3월에 위트비(Withby)라는 자가 의뢰한 것으로, 다소 용기를 잃은 많은 의회파 지지자들의 두려움을 반영한다(하지만 의회파 지지자인 릴리는 자식이 안전하게, "게다가 명성까지 얻어서" 귀환할 것이라고 판단했다).[191] 전쟁 통에 사업이 번창할 것인지 알기 원했던 윌러비 선장(Captain Willoughby) 같은 의뢰인이 있었는가 하면, 출세를 위해서는 문관이 좋은지 무관이 좋은지 물은 로빈슨 씨 같은 의뢰인도 있었다.[192] 왕당파 진영에서는 1645년 가을에 로버트 홀번 경(Sir Robert Holborne)의 부인이, 과연 남편이 의회와의 타협에 성공할지를 릴리에게 물었다.[193] 그러나 이런 모든 조언 요청들 중 가장 주목할 것은 리처드 오버튼의 사례이다.[194] 수평파 지도부의 일원이었던 그는 1648년 4월에 다음과 같이 물은 메모를 릴리에게 보냈다. "이 땅에 관습적 권리와 자유를 회복하고 인민을 억압에서 해방하고자 군대 내 사병(私兵) 집단을 이끄는 주동세력(*agitators*)에 가담한다면, 과연 나의 헌신적 노력이 탄탄대로를 걷게 될 것인지 아닌지." 현대의 한 역사가는 오버튼을 두고, "모든 도그마가 설 땅을 잃게 만든 합리

---

190) Ashm. 184, f. 3.

191) Ashm. 184, f. 1v.

192) Ashm. 184, f. 40; Ashm. 178, f. 163.

193) Ashm. 178, f. 24. 홀번의 가산은 몰수된 상태였고(*H. M. C.*, vol. 6, p. 87), 그는 1646년 12월 3일에 화의조정을 요청했다(*Calendar of the Committee for Compounding*, vol. 2, p. 1586).

194) [역주] 리처드 오버튼(Richard Overton: 약 1599~1664)은 케임브리지에서 수학한 후에 런던에서 배우이자 극작가로 활동하다가 수평파의 대의에 공감해 국교회와 그 주교들을 비판한 많은 팸플릿을 유포했고 두 차례 투옥되었으나, 1655년 플랑드르로 망명했다. 인민주권의 신봉자이자 왕정폐지론자로 잘 알려져 있다.

주의자"라고 평한 적이 있다. 당시 정치사상가들 중 가장 세련되고 합리주의적이었던 인사마저 그런 의뢰를 했다는 것은 점성술 조언이 17세기 중반에 얼마나 큰 매력을 발휘했는지에 관한 무엇보다 강력한 증거일 것이다.[195]

릴리는 사사로운 결단을 도운 것 외에도, 다양한 군사적·정치적 현안에 답해 달라는 의뢰를 받았다. 베이징하우스(Basing House) 궁이 탈환될 것인가? 폰테프랙트(Pontefract)가 점령될 것인가? 국왕이 케임브리지를 탈환했다는 것이 정말인가? 국왕은 아일랜드에서 회군할 것인가?[196] 1645년에 릴리는 의회군이 6월 11일 이전에 전투를 피할 수만 있다면 최대의 승리를 거두게 될 것이라고 불스트루드 화이트로크에게 말했다.[197] 정말로 6월 14일 네이즈비에서 승리를 거두자 릴리가 흡족해한 것은 당연했다.[198] 내란이 종결되었을 때, 릴리는 의회와 군대 간의 갈등에 관해 천궁도로 점쳤으며, 처크의 토마스 미

---

195) Ashm. 420, f. 267에 첨부된 부분; P. Zagorin, *A History of Political Thought in the English Revolution* (1954), p. 21. 오버튼이 불확실성을 느끼게 된 것은 2차 내란 전야인 4월 24일에 주동세력이 세인트올번즈에 모여 군대의 단결을 훼손하면서까지 개혁 요구를 재개하기로 한 결정 때문이었던 것 같다. 또한 S. R. Gardiner, *History of the Great Civil War* (신판, 1894), vol. 4, pp. 116~7을 참조할 것. 점성술에 대한 오버튼의 관심은 로버트 플러드에게 영향을 받을 것일 수 있는데, 이에 관해서는 S. Hutin, *Les Disciples anglais de Jacob Boehme aux XVIIe et XVIIIe siècles* (Paris, 1960), pp. 62, 215를 참조할 것.

196) Ashm. 184, ff. 160, 62v.; Lilly, *Christian Astrology*, pp. 199, 455~6.

197) [역주] 불스트루드 화이트로크(Sir Bulstrode Whitelocke: 1605~1675)는 런던 출신으로 옥스퍼드을 졸업한 후 1626년부터 변호사로 활동했고 1640년에는 장기의회의 일원이 되었다. 내란이 발발하자 의회파에 가담해 국왕이 버킹엄셔와 옥스퍼드셔에서 군대를 일으키는 것을 막아냈다. 크롬웰의 최측근으로 리처드 크롬웰의 계승을 도왔고 그 공로로 국새상서에 임명되기도 했다.

198) (B. Whitelocke), *Memorials of the English Affairs* (1732), p. 144.

들턴 경의 의뢰를 받아 장로파의 권세가 얼마나 오래 지속될지 계산했다.[199] 예전에 국왕과 교회와 왕당파들에 속했던 토지 몰수 문제도 많은 의뢰 건들에서 반영되고 있다. 그런 토지를 구입하는 것이 안전 투자인지, 아니면 그들이 재산을 되찾을 가망이 남아 있으니 불법투자인지를 알고 싶어 한 투기꾼들이 의뢰해왔던 것이다.[200] 의회의 옥스퍼드대학 순시로[201] 희망에 부푼 어떤 자는 1648년 2월에 "대학 정화운동이 성공을 거둘 것인지", 나아가 "의뢰인의 아들이 교수로 임명될지"를 물었다.[202] 공화국과 호국경 통치기간에 릴리는 호국경과 그의 국무위원들 앞에서 의원선거 결과나 사업에 관해 천궁도로 점쳤다.[203] 사실상 당시 정치 현안치고 빠르든 늦든 그의 상담실을 거치지 않은 것은 거의 없었다.

하지만 모든 의뢰 건들 중에서도 빈도 면에서 가장 눈에 띄는 것은, 릴리가 파격(破格) 라틴어로 적어 두곤 했듯이 "Quid agendum?", 즉 "어찌해야 하는가?"라는 의뢰였다. 그도 그럴 것이 남녀를 불문하고

---

199) Ashm. 420, f. 47; Ashm. 185, f. 211 (Lilly, *Christian Astrology*, pp. 439~42를 비교 참조); Lilly, *Autobiography*, p. 189.
[역주] 처크의 토마스 미들턴 경(Sir Thomas Myddelton of Chirk Castle: 1586~1666)은 옥스퍼드와 법학원에서 연구한 후 1624년부터 의회에 진출했다. 내란기에 북웨일스 의회군 사령관으로 활동했으나 내란이 끝난 후 국왕 재판을 거부해 의회에서 축출되었다. 그는 1659년에 찰스 2세를 옹호하다 자신의 처크(Chrik) 성을 점령당하기도 했지만, 왕정복고 후 충분한 보상을 받았고 그의 아들에게는 작위(Sir Thomas Myddelton, 1st Baronet of Chirk Castle)가 주어졌다.

200) Ashm. 210, ff. 101, 125v, 133, 148; Ashm. 420, f. 188; Ashm. 185, f. 69; Lilly, *Christian Astrology*, pp. 448~9.

201) [역주] 장기의회는 1646~1648년에 처음으로 케임브리지대학과 옥스퍼드대학을 순시하면서, 충성서약을 받았고 이에 불복하는 자를 대학에서 추방했다.

202) Ashm. 420, f. 201v.

203) Ashm. 427, ff. 6v, 33, 36v.

점성술사 상담실을 찾게 만든 것은 결단이 필요했기 때문이다. 어떤 이들은 진로 선택에 관심이 있었다. 점성술사들은 출생일시가 사람의 모든 적성을 결정한다고 주장했고 자신들에게는 이 문제에 관해 조언할 자격이 충분하다고 자신했다. 일례로 포먼은 "어떤 사람이 어떤 사업이나 학문으로 살아가는 것이 가장 좋은지"를 보여주는 일련의 점성괘들을 갖추고 있었다.[204] 존 코크라는 20세의 미들템플 법학원생은, 법학이 진로로 적합한지 묻는 것에서부터 결혼운과 부귀운을 묻는 것에 이르는 포괄적 의뢰서를 들고 부커를 찾았다.[205] 리처드 헌트라는 자는 1649년 케임브리지에서 릴리에게 편지를 보내, 동양어나 신학 중 어떤 전공을 선택해야 할지 물었다.[206] 도제들은 지금의 주인 밑에 계속 머물러야 할지 여부를 물었다.[207]

충분히 예상할 수 있는 일이겠지만, 미래의 남편감에 관해 묻거나 현재의 남자친구를 다룰 비법을 얻으려는 어린 하녀들도 꼬리를 물고 이어졌다. "지금의 남자가 청혼할 것인가? 그렇지 않다면, 어떤 종류의 남자?" 혹은 어떤 하녀가 의뢰했듯이, "청혼한 둘 중에서 누구를 받아들일 것인가?"[208] 릴리에게 접수된 이런 의뢰들은 많은 사례들 중에서도 전형적인 것들이었다. 어떤 여직조공은 "그녀의 남자친구가 마땅히 사랑해야 할 만큼 자신을 사랑하는지" 알고 싶어 했다. 오언존스라는 스트랜드가(街)에서 온 여인은 존 풀러라는 남자가 자신과의 결혼을 원하는지 물었다. (릴리는 그렇지 않을 것이라고 답했는데, 아마도 그녀가 "처녀가 아니다"라는 정보를 사전에 입수했기 때문이었을 것이

204) Ashm. 389, p. 647.

205) Ashm. 180, f. 122(답변은 f. 125에 있음).

206) Ashm. 423, f. 165.

207) 이를테면, Ashm. 385, p. 128; Ashm. 178, f. 8.

208) Ashm. 185, ff. 173, 11v.

다. 릴리의 1646년분 상담장부에도 비슷한 항목이 있다. "임신한 여인. 남자는 그녀와 결혼할 것인가?") 포먼을 찾은 어떤 소녀는 그녀에게 청혼한 남자가 성심을 다해 청혼한 것인지를 물었다.[209] 〔상대방〕 젠틀맨이 "편지를 받고 짜증내지나 않을지"를 걱정한 익명의 여인처럼 소심한 의뢰인도 있었지만, "그 보잘것없는 남자와 결혼하는 것이 좋은지" 릴리에게 물은 숙녀처럼 건방진 의뢰인도 있었다. 이 건방진 의뢰인에 대한 릴리의 답변이 단호한 부정이었다는 것은 그가 〔점성괘만이 아니라〕 자기 상식으로 판단한 측면도 있다는 것을 말해 준다.[210]

주인나리가 자신을 사랑하는지 물은 하녀들도 많았고 재혼할지 여부로 심란한 과부들도 많았지만, 남성 의뢰인들 중에도 비슷한 문제로 고민한 이들이 있었다. 이런 남성들을 위해 포먼은 포괄적인 일련의 점성괘들을 고안해 두고 있었다. 청혼받은 신부는 얼마나 부유한가? 정말로 그녀는 반했는가? 정말로 그녀에게는 화냥기가 없는가? 아내가 불륜을 저질렀는가? 벤 존슨이 "기적의 포먼"이라 부른 점성술사답게 포먼은 그 어떤 의뢰에 대해서든 해답을 준비하고 있었다.[211] 점성술사들에게 복잡한 가정사는 훌륭한 먹잇감이었다. 그들은 자식이 친자식인지로 고민하는 남편에게 해답을 알려주었다. 네이피어의

---

209) Ashm. 427, f. 45v; Ashm. 336, f. 135; Ashm. 178, f. 156; Ashm. 354, p. 128.

210) Ashm. 185, ff. 6v, 234.

211) Ashm. 390, ff. 2~36v; B. Jonson, *The Devil is an Ass* (1616년에 공연됨), 2막 3장.

[역주] 16~17세기 잉글랜드를 대표한 극작가이자 배우이자 시인인 벤 존슨(Benjamin Jonson: 1572~1637)은 당시 마술을 풍자한 여러 편의 희곡을 남겼다. 본문에서 소개된 *The Devil is an Ass* (1616) 외에도 *The Alchemist* (1610)가 유명하다. '기적의 포먼'(Oracle Forman)은 그가 조롱조로 처음 표현한 것이지만, 호손(Nathaniel Hawthorne: 1804~1864)에 이르도록 마술 비판의 상투어로 사용되었다.

의뢰인들 중에는 "하인의 자식이 그의 친자식인지"를 알고 싶어 한 고용주가 있었고, 릴리의 의뢰인들 중에는 친아버지가 누군지 알려 달라는 사생아가 있었다.[212] 애인과 싸운 어떤 숙녀는 애인이 그녀의 편지를 공개하겠다고 한 위협을 정말로 실행에 옮길 것인지 물었다. 어떤 젠틀맨 청년은 "[같은 상류층에 속한] 어떤 아가씨가 그를 속일 의도는 없는지"를 알고 싶어 했다. 어떤 아낙네는 "남편보다 나은 사람을 얻게" 될 것인지를 물었다. 어떤 하녀는 "계모가 그녀를 차별할 것인지"를 의뢰했다. 어떤 청년은 "아버지가 그에게 무엇을 해 줄 것인지"를 알고파 했다. 어떤 부부는 아들이 "부모 곁을 떠날 것인지"로 걱정하던 끝에 아들의 천궁도를 의뢰했다.[213] 이 온갖 가정문제들은 조금 뒤 점성술사의 상담실에서 논의되었다.

특히 의미심장한 것은 친족의 남은 수명을 묻는 의뢰가 잦았다는 점이다. 1615년 콜먼가(街)에 사는 메리 워십(Mary Worship)은 약삭빠르게도 어떤 점성술사에게 남편의 재산규모를 문의했다.[214] 릴리의 많은 여성 의뢰인들은 남편이 남긴 유산(미망인 연금: *jointure*)을 언제쯤 향유하게 될지 알고파 했다. 민간마술사에게 그랬듯이 점성술사에게도 많은 남편이나 아내가 배우자보다 장수할 것인지를 문의했다. 포먼에게는 그런 의뢰가 당연히 단골메뉴였고, 릴리도 1644~1645년에 그런 건수로만 최소한 13회 고발되었다.[215] 어떤 풍자작가는 《협잡

---

212) Ashm. 390, ff. 161~165; Ashm. 182, f. 86; Ashm. 427, f. 201v.

213) Ashm. 178, ff. 143v, 125; Ashm. 184, f. 113v; Ashm. 185, f. 172; Ashm. 330, f. 144v; Ashm. 210, f. 112v.

214) Ashm. 330, f. 130v.

215) A. Weldon, *The Court and Character of King James* (1651), in *Secret History of the Court of James the First* (Edinburgh, 1811), vol. 1, p. 417; Ashm. 184, passim. 다른 사례들은 Ashm. 420, ff. 334, 336v; Ashm. 427, ff. 7, 110v, 194. 점성술적 심의기준들은 R. Ball, *Astrology Improv'd* (2판, 1723),

꾼 점성술사의 특성》(1673)에서 실로 정확하게도 다음과 같이 묘사했다.[216] "그 젊은 놈팡이는 1기니로 점성술사를 매수해서 자신의 가련한 부친이 언제쯤 하늘나라로 가는 예의를 지킬 것인지 알아낸다." 릴리는 동료들에게 특정인의 정확한 임종시점을 예언할 때에는 신중을 기하라고 충고하면서, 그 자신도 개인적으로는 확실한 대답을 피하려 애쓴다고 밝혔다. 그렇지만 그가 인정했듯이, "그 방면의 지식은 집이나 건물, 즉 한 사람이나 여러 사람들을 위한 필수품을 구입하는 것만큼이나 큰 유용성을 가진" 것이어서, 그런 정보에 대한 수요가 너무 높다는 것이 문제였다.[217]

점성술사의 주요 기술들 중에서 아직 다루지 않은 분야는 의술이다. 점성술에 철저한 의사는 오로지 별들에 의존해서 치료했고 환자를 접견하는 것조차 요구하지 않았다. 일례로 1593년 사이먼 포먼은 왕립내과의협회를 향해, 자신은 천문력 이외의 수단을 전혀 이용하지 않고도 질병을 알아낼 수 있고 오직 천체계의 궁·각·성좌에 비추어 병인(病因)이 무엇인지 밝힐 수 있다고 장담했다.[218] 마찬가지로 리처드 네이피어는 방문환자의 질환을 늘 점성술적 의뢰로 취급했다고 한다.[219] 이들 개업의료인들에게는 겸손이라곤 눈꼽만치도 없었다.

---

pp. 189, 191~2에서 찾을 수 있다.

216) [역주] 《협잡꾼 점성술사의 특성》의 원제목은 "*Character of a Quack Astrologer, or, The spurious prognosticator anatomiz'd*"이다. 점성술을 이용한 치료활동의 기만성을 폭로한 작품이다.

217) *Character of a Quack Astrologer*(1673), sig. C1v; Lilly, *Christian Astrology*, p. 132. 반면에 리처드 손더스는 사람들에게 언제 죽을지를 말해 주었다고 주장하였는데, 이에 관해서는 그의 *Astrological Judgment and Practice of Physick*(1677), p. 79를 참조할 것. Russel, *Astrological Predictions*, p. 17("생사 관련 의뢰에 대해서는 나는 적극적으로 답한 적이 없다")도 참조할 것.

218) *H. M. C.*, vol. 8(I), p. 228.

어떤 입문서가 내세웠듯이, “많은 내과의들이 그들의 가장 우수하고 강력한 약으로도 치료하거나 고칠 수 없는 것을 점성술사는 천체운행을 관찰함으로써 단 하나의 평범한 약초로 치료한다는 것”은 “수없이 경험되고 증명되었다.”[220] 비록 논적에게서는 “오줌 예언자”라 즐겨 불렸지만,[221] 점성술사들은 “의학과 점성술의 학도”를 자처했고 가끔은 점성술적 질병 진단에 관해 크게 공들인 논고를 집필하기도 했다.[222] 그러나 포먼이 점성술적 계산을 수행한 것은 “그 내과의〔점성술사〕가 환자에게 돈과 물건을 얼마나 받아야 하는지, 그래서 환자가 그에게 적절하게 지불하는지 아닌지”를 입증하기 위해서이기도 했다는 점을 유념할 필요가 있다.[223]

임신을 진단하고, 산통이 시작되었을 때 어떤 상황에 처하게 될지를 판단하고, 태아의 성별을 예측하는 것도 점성술사에게 기대된 역할이었다.[224] 출산이 여성의 첫손꼽는 사회적 의무로 간주되고 가문의 대를 잇는 것에 많은 일이 좌우될 수 있는 시대였던 만큼, 점성술사의 상담실은 원인불명의 장기불임 때문에 절망에 빠진 여인들로 붐볐다. 자식을 가질 수 있을까, 특히 아들을 가지게 될까? 이것은 상류층 여인들의 많은 의뢰들을 짓누르는 부담이었고 그만큼 많은 문제를 야기한 것이었다. 일례로 1635년 12월에 어스필드(Ersfield) 여사가 리

---

219) Atwell, *An Apology*, pp. 26~7(Atwell은 그의 환자 중 하나였다).

220) J. Indagine, *Briefe Introductions … unto the Art of Chiromancy, or Manuel Divination, and Phisiognomy*, F. Withers, trans. (1575), sig. Jv.

221) [역주] ‘오줌 예언자’는 ‘piss-prophet’를 직역한 것이다. 이 용어는 1620년대부터 “소변검사에 의해 질병을 진단하는 자”를 지칭했다. 오직 소변검사밖에 모르는 돌팔이 의사에 빗대 점성의학을 조롱하는 용어로도 사용되었다.

222) 이를테면, Ashm. 355; Ashm. 1495, ff. 45~454.

223) Ashm. 389, p. 174.

224) Ashm. 330에는 런던에서 활동한 어떤 신원미상 점성술사의 사업(1614~1619)이 기록되어 있는데, 그 대부분이 이런 유형의 사례로 구성되어 있다.

처드 네이피어를 방문해 임신 여부를 물었을 때만 해도, 답변은 쉬웠던 것으로 보인다. 그는 상담장부에 "아이를 가졌음, 이를 확인했음"이라고 기입했다. 그러나 몇 주 후 그녀가 다시 방문했을 때에는 전혀 다른 진단을 내놓았다. "아이를 가지지 않았음, 위장병, 몸이 부었음." 네이피어의 또 다른 환자는 화재로 사고를 당한 후 월경이 끊겼다. 이것이 그녀가 임신했음을 의미했을까?[225] "산모가 분만 중에 어떻게 될지"를 알려주는 점성괘들을 이미 정해 두었던 릴리는 1646년 12월에 어떤 의뢰인이 "분만 중 아내를 잃게" 될지를 물었을 때 그것들을 이용해 답했을 것이다.[226] 전문 조산원들조차 점성술사에 의지했다. 니콜슨 부인이라는 조산원처럼 1614년에 "어떤 귀부인에게 사고가 발생하자" 점성술사에게 황급히 달려간 사례는 그리 많지 않았으리라고 추정되지만 말이다.[227]

상담장부에서 받는 전반적인 인상은 릴리가 환자를 매우 섬세하게 다루었고 (기록된 대로라면) 그의 치료도 그 본성상 특별히 점성술적이지만은 않았다는 것이다. 그는 약을 처방할 자세가 되어 있었고 최소한 한 번은 의뢰인을 의사에게 보내기로 결정했다. 또 한 번은 의뢰를 받고 환자가 젊은 의사와 상담해야 할지 나이든 의사와 상담해야 할지를 가려주는 정도로 처리한 경우도 있었다.[228] 그렇지만 모든 점성술사가 그러했듯이 그는 주술에 걸릴 가능성을 인정할 자세가 되어 있었고 환자의 병인(病因)이 주술인지 아닌지를 판별하는 점성괘들을 가지고 있었다. 이런 종류의 많은 혐의가 그에게 제기되기도 했다.[229]

---

225) Ashm. 340, ff. 151, 174; Ashm. 412, f. 296v.

226) Ashm. 364, p. 55; Ashm. 185, f. 110.

227) Ashm. 330, f. 5v.

228) Ashm. 427, ff. 184, 160; Ashm. 185, f. 1.

229) 이 점에 관해서는 이 책의 3권 pp. 374~7을 참조할 것.

상담장부는 당시의 숨은 보물 열풍을 잘 보여주는 것이기도 하다. 포먼, 네이피어, 컬페퍼, 개드베리를 비롯한 많은 점성술사들이 매장 보물의 소재를 계산하는 점성괘들을 고안했다.[230] 1597년 포먼은 프랜시스 드레이크 경이 예전에 살던 저택에 보물이 숨어 있는지를 알려 달라는 의뢰를 받았다.[231] 릴리의 의뢰인 중에는 "보물을 위해 땅을 판 2명"이 포함되어 있었다. 리머릭(Limerick)이라는 자가 1654년에 릴리에게 보낸 편지를 보면, "엄청난 양의 … 보물"이 있다는 소문이 나돌고 있으니 그것을 찾아내면 이익금의 절반을 주겠다는 내용이 있다. 애쉬몰도 보물을 찾으려 천궁도로 점쳤다. 1697년이라는 늦은 시기까지도 어떤 점성술사가 예수회 수사들이 사보이(Savoy)에 감춰둔 보물을 발견했다는 보고가 있었다.[232]

현자의 돌을 추구하는 연금술사도 점성술사와 상담했다. 포먼은 "연금술이 제 9숙(宿: 하우스)에 속한 학문"이라고 판단했고, 점성술과 흙점술을 이용해 그 자신의 운세와 〔연금술에〕 관심을 가진 의뢰인들의 운세를 점쳤다.[233] 릴리와 부커도 간간이 연금술에 성공할 가능성을 평가해 달라는 의뢰인의 주문을 받았다. 릴리는 현자의 돌이 획득 가능한 것이라고 확신했지만, 그의 입문서에서는 어떤 의뢰인에게

---

230) Ashm. 392, ff. 1~39; Ashm. 205, ff. 124~135v; Ashm. 177, f. 160; Ashm. 175, f. 20; N. Culpepper, *Opus Astrologicum* (1654), sigs. F4v~F6v; J. Gadbury, *The Doctrine of Nativities* (1658), vol. 2, pp. 260~2; J. Middleton, *Practical Astrology* (1679), pp. 157~61; H. Coley, *Clavis Astrologiae Elimata* (2판, 1676), pp. 170~2; Ball, *Astrology Improv'd* (2판), pp. 116~8, 272.

231) Ashm. 354, p. 280.

232) Ashm. 427, ff. 35, 64v, 69, 104v, 111v, 201; Ashm. 240, f. 119; Josten, *Ashmole*, pp. 55, 468; *The Portledge Papers*, R. J. Kerr and I. C. Duncan, eds. (1928), p. 252.

233) Ashm. 354, pp. 176~7; Ashm. 219, ff. 30v, 122v.

그것을 계속 추구하다 보면 건강을 해칠 뿐이라고 조언한 적이 있다고 기록했다. 그는 이렇게 썼다. "그러나 그것〔현자의 돌〕은 세상에 내리는 모든 축복을 초월한 축복이니, 내가 생각하기로 그것은 극소수에게만, 그나마 인간의 적절한 노력에 의한다기보다는 하나님의 선한 천사들의 계시를 받은 극소수에게만 주어진다."[234]

상담장부에 기입된 메모가 불완전한 탓에 의뢰 유형들을 하나하나 엄밀하게 재구성하는 것은 불가능하다. 릴리의 상담장부에서 많은 페이지들이 그가 검토 중이던 의뢰 건에 대한 증거로 부적절하다. 아무 부연설명 없이 계산결과만 기입된 쪽들이 있는가 하면, 의뢰인이나 문제점을 (대체로는) 파격 라틴어로 애매하게 기입한 쪽들도 있다. 전형적인 사례는 "어떤 부유층 숙녀가 어떤 남자에 관해"(*Generosa de viro*), 혹은 "어떤 하인에 관해"(*de servo*) 같은 메모이다. 그럼에도 불구하고 어떤 주제가 주로 의뢰되었는지는 선명하게 드러난다. 점성술 사업에서 거의 대부분은 (대략 순서대로 말하자면) 대인관계, 사업전망과 여행전망, 질환, 분실자산, 실종자 순으로 할애되었다.

이런 사실로부터 의뢰인은 대체로 2유형의 곤경에 처했을 때 점성술사를 찾았다는 것을 알 수 있다. 첫째는 여느 다른 사업도 알려주지 못한 정보가 필요할 때였다. 분실물이나 실종 선박이나 실종자의 소재에 관한 것, 정규 의사들이 확인하지 못한 질병의 진단에 관한 것이 그런 수요였다. 둘째는 정보가 아닌 조언이 필요할 때였다 — 물론 이런 수요는 정보에 대한 요청을 가장할 수도 있었다. 의뢰인이 묻는 어투 자체가 갈팡질팡하는 심리상태를 보여준다. "어떤 진로를 선택할까?" "누구에게 부탁할까?" "계속하는 것이 좋을까?" "보증을 서도 괜

234) Ashm. 420, f. 25; Ashm. 427, f. 200; Ashm. 225, f. 328v; Lilly, *Christian Astrology*, pp. 442~4.

찮을까?" "그녀는 더 좋은 남편을 만날까?" "그녀는 사업에서 잘 대처할까?" "그녀는 사기를 당했을까 아닐까?" "친구로부터 명예훼손당한 것인가?" "역경에서도 믿을 만한 친구인가?" 이런 상투적 의뢰 건들은 모두 릴리의 1644~1645년분 상담장부에서 추출된 것들이다.[235] 이로부터 알 수 있는 것은 의뢰인들이 릴리와의 상담을 통해 근심을 덜고 싶어 했던 측면이다. 그들은 릴리에게 일의 착수에 유리한 길일을 택해 줄 것, 아울러 타인의 생각과 동기를 진단해 줄 것을 의뢰했을 것이다. 점성술사의 필수과제는 의뢰인이 결단을 내리도록 돕는 일이요 대인관계에서 자신감을 불어넣는 일이었다.

의뢰인의 사회적 분포라는 문제에서도 상담장부에는 체계적 기록이 부족해 통계분석을 오류로 만들기 쉽지만, 의뢰인은 각계각층에 분포해 있었다. 물론, 점성술 적대자들은 고객층을 "무식하고 불경한 자들로 이루어진 우매한 무리"로 무시하기 일쑤였고,[236] 실제로 릴리의 의뢰인들 중에는 가내하인과 선원을 비롯한 하층민이 눈에 띄게 많았다. 팽창일로에 있던 대도시로 흘러들어온 외국인과 뜨내기도 많았다. 샘플 상담장부 한 권에 수록된 릴리의 의뢰인들 중 3분의 1이 넘는 수가 간단히 "하녀"(*ancilla*)라는 이름으로 기재되어 있다. 하지만 남성과 여성은 거의 동수였고 귀족이나 상류층 인사도 많았다. 젠트리층과 그 부인들은 릴리의 의뢰인들 중 6분의 1을 상회했던 것 같다.[237]

---

235) Ashm. 184, passim.

236) Gataker, *His Vindication of the Annotations*, p. 180.

237) 1654년 6월부터 1656년 9월까지 릴리는 총 4,403회 천궁도로 점쳤다(Ashm. 427). 이 중 그는 불과 683건(즉, 15% 정도)에 대해서만 의뢰인의 직업이나 신분을 분명히 알 수 있도록 기입하였다. 683건은 다음과 같이 분포되어 있다.

젠트리 이상 124건 / 전문직 36건
상업과 기술직 외 여러 직업(총 59 직종) 128건
항해직 104건 / 군사직 32건 / 하녀 254건 / 극빈자 4건

그는 갤러웨이 공(公) 제임스(James, Lord Galloway)로부터 격려를 받았으며, 제라드 공(훗날 매클즈필드 백작, Earl of Macclesfield)과 킹스턴 부인을 비롯한 여러 귀족들에게 조언을 해 주었다. 그는 왕정복고 전야에는 장차 샤프츠버리 초대 백작에 오를 앤서니 애실리 쿠퍼와 상담했다 — 역사가 버넷은 쿠퍼의 이런 점성술적 관심에 비호감을 표시하기도 했다.[238] 또 다른 의뢰인으로는 제 4대 펨브루크 백작 필립이 있었는데, 그의 전임 백작위 소지자는 점성술에 큰 관심을 가진 그의 개인교수가 예언한 바로 그날 죽었다고 한다.[239]

포먼도 귀족들의 요구에 부응했다. 프랜시스 프래널은 1600년에 하트퍼드 백작 에드워드 시모어와 비밀 결혼식을 올린 후에 포먼을

---

1657~1657년간 부커의 의뢰인 총 2,003명 중, 990명은 남성, 957명은 여성으로 보인다.

238) Lilly, *Autobiography*, pp. 89~90; Ashm. 178, f. 185v; Ashm. 243, f. 198; *Bishop Burnet's History*, vol. 1, p. 164(그러나 *H. M. C.*, Egmont, vol. 2, pp. 508~9도 비교 참조할 것). 릴리의 더욱 꾸준한 단골 의뢰인 중에는, Lady Slingsby, Lady Diana Porter(Lord Goring의 딸이자 Endymion Porter의 아들인 George의 부인), Lady Abergavenny, 그리고 Lady Wildgoose(아마도 Sir Robert Wildgoose의 부인) 등이 있었다.

[역주] 앤서니 애슐리 쿠퍼(Anthony Ashley Cooper, 1st Earl of Shaftesbury: 1621~1683)는 옥스퍼드에서 수학한 후 공위기에는 크롬웰 밑에서 국무대신으로, 찰스 2세 시대에는 휘그당 창당의 주역으로 활동했다. 존 로크의 후원자로 가장 널리 알려져 있다. 버넷(Gilbert Burnet: 1643~1715)은 스코틀랜드 출신의 신학자이자 역사가이자 솔즈베리 주교를 지낸 성직자이다. 그리스어, 히브리어, 라틴어, 네덜란드어, 프랑스어에 능통한 학자였고 휘그당 편에서 일한 정치인이기도 했다.

239) Ashm. 185, f. 18; Clarendon, *History of the Rebellion*, vol. 1, p. 70.

[역주] 필립(Philip Herbert, 4th Earl of Pembroke and 1st Earl of Montgomery: 1584~1649)은 제임스 1세와 찰스 1세 치세기에 국왕의 총신으로 활동한 정치가이다. 그의 백작위 선임자, 즉 제 3대 펨브루크 백작은 친형 윌리엄 허버트로 1630년에 죽었다.

찾아와 임신했는지, 그렇지 않다면 어떻게 될지를 물었다.[240] 또 다른 의뢰인으로는 에식스 백작부인이 있었는데, 그녀의 조언자들 중에는 서더크가(街)의 여성 점성술사 앤 테일러(Anne Taylor)가 포함되어 있었다.[241] 또 한 명의 개업인 패트릭 손더스의 장부는 그가 1629년에 존 언더힐(John Underhill) 경으로부터 절도 사건을 의뢰받아 처리했고 상속법원장 월터 코프(Walter Cope) 경과 상담했다는 것을 보여준다.[242] 니콜라스 피스크는 로버트 홀번 경을 위해 천궁도로 점친 일이 있었는데, 홀번 경은 선박세 사건에서 햄던의 자문역이었고 조금 뒤에는 릴리의 의뢰인이자 "둘도 없는 친구"가 된 인사였다.[243]

---

240) Ashm. 411, f. 161v; G. E. C(okayne), *The Complete Peerage*, V. Gibbs, ed. (1910~1959), vol. 6, p. 506.
[역주] 에드워드 시모어(Edward Seymour, 1st Earl of Hertford: 1537~1621)는 서머싯 초대 공작 에드워드 시모어(Edward Seymour, 1st Duke of Somerset)의 아들이다. 그는 수차례의 비밀결혼으로 구설수에 올랐는데, 과부였던 프랜시스 프래널(Frances Pranell)과는 세 번째로 결혼했다.

241) *C. S. P. D., 1611~1618*, p. 339.

242) Ashm. 419, vol. 2, ff. 49, 19.
[역주] 패트릭 손더스(Patrick Saunders)는 존 디의 하인이었고 1620년에 미클머스(Michaelmas)의 내과의협회 회원이 된 인물로, 리처드 손더스나 니콜라스 손더스와는 전혀 관계가 없다. 상속법원(Court of Wards and Liveries)은 주로 왕실 친인척들 중 피후견인, 미망인, 서자 상속인, 재산권 행사가 어려운 금치산자 등의 지위와 재정문제를 관리한 법원으로, 헨리 8세에 의해 1540년에 설립되었으나 장기의회에 의해 1646년부터 기능이 중지되었고 1660년에 공식 폐지되었다.

243) Ashm. 394, ff. 2 이하; Josten, *Ashmole*, p. 471, n. 1; Ashm. 420, f. 304; Lilly, *Autobiography*, p. 231; W. Lilly, *Monarchy or no Monarchy* (1651), p. 49. [역주] 존 햄던(John Hampden: 약 1595~1643)은 버킹엄셔 출신으로 옥스퍼드와 이너템플 법학원에서 수학한 후 1621년부터 하원의원으로 정치경력을 시작했다. 1637년 그는 선박세 20실링의 납부를 거부해 유죄판결을 받으면서("선박세 사건") 전국적 명성을 얻었고 의회파 핵심인사로 부각되었다.

리처드 네이피어는 여러 젠트리들과 하급귀족들에게 봉사했다. 존 부커는 버클리 공, 리버스 백작, 에드워드 해링턴 경, 그 외에도 여러 귀족부인들과 상담했다.[244] 그의 의뢰인들 중에는 올리버 크롬웰의 사위 존 클레이폴도 있었다.[245] 애쉬몰의 의뢰인들로는 찰스 2세, 로버트 하워드 경, 재무대신 클리퍼드 공 외에도, 화가인 마서 빌(Martha Beale), 왕립협회 의장을 지낸 존 홉킨스 경, 훗날 호메로스와 베르길리우스 번역자로 활동한 존 오거비가 있었다(오거비는 그리스어 공부를 시작하기에 좋은 길일을 의뢰했다).[246] 점성술사에게 자신

244) Ashm. 426, ff. 120, 133, 184; Ashm. 387, p. 432; Ashm. 385, ff. 37, 404, 465. 네이피어의 의뢰인들에 대해서는, 애쉬몰 필사본 목록(MSS)에 인용된 이름들을 참조할 것.

[역주] 버클리 공(John Berkeley, 1st Baron Berkeley of Stratton: 1602~1678)과 리버스 백작(Thomas Savage, 3rd Earl Rivers: 약 1628~1694)은 왕당파 지휘관이었지만, 제임스 해링턴 경(Sir James Harrington, 3rd Baronet of Ridlington: 1607~1680)은 하원의원(Rutland 지역은 1646~1653, Middlesex 지역은 1654~1655)으로 의회군 장성이었다.

245) Ashm. 419, vol. 1, f. 144v; Ashm. 426, f. 295v(이 자료는 클레이폴의 생일이 1625년 8월 21일이었음을 알려준다. 이는 *D. N. B*에 기록되지 않은 사실이다). [역주] 존 클레이폴(John Claypole: 1625~1688)은 링컨셔 출신으로 내란 시 1645년에 의회군 장교가 되었고 1646년에는 올리버 크롬웰의 둘째 딸과 결혼했다. 크롬웰이 그에게 부여한 작위는 왕정복고와 함께 폐기되었다.

246) 이 책의 2권 pp. 276~8; Josten, *Ashmole*, pp. 188~9, 1296(클리퍼드에 대한 언급), 659(오거비에 대한 언급), 520(빌에 대한 언급), 1477(홉킨스에 대한 언급). 클리퍼드는 개드베리와와 상담했고 그의 천궁도를 심각하게 받아들였지만[Ashm. 179, 1; Evelyn, *Diary*, vol. 4, de Beer, ed., p. 22; C. H. Hartmann, *Clifford of the Cabal*(1937), pp. 9 n. 305~307], 다른 많은 이들과 마찬가지로 점성술을 경멸하는 것처럼 가장했다(Hartmann, *Clifford of the Cabal*, pp. 301~2).

[역주] 로버트 하워드 경(Sir Robert Howard: 1626~1698)은 버크셔 초대 백작 토마스 하워드의 아들로 정치가이자 희곡작가로 활동했다. 토마스 클리

들의 삶을 숨김없이 드러낸 유명인사 2명을 추가하자면, 인구통계학자인 그레고리 킹과 정치가인 불링브루크 자작 헨리 세인트존을 꼽을 수 있겠다.[247]

이처럼 모든 점성술 상담장부들에 당시 유명인사의 이름이 포함되어 있었음을 감안하면, 성공적인 개업점성술사는 상당한 수준의 재정적 보상을 받았을 것이다. 물론, 릴리는 빈민들에게는 무료로, 혹시 그들이 지불하겠다고 하면 1실링에서 2분의 1 크라운〔2.5실링〕을 받고 의료상담을 해 주었다. 그는 동료들에게도 "빈민을 위해 돈과 판단력을 아낌없이 쓰라"고 권했다. 그러나 그는 런던에서 개업한 것이 그곳에 "벌어들일 돈이 널렸음을 알았기" 때문이었다고 솔직히 인정했다.[248] 아마도 일상적인 점성술 상담에서는 2분의 1 크라운이 그의 정규 수수료였을 것이다.[249] 하지만 고위정치인에게 은밀한 조언을 해 줄 경우에는 훨씬 더 많은 돈을 받았다. 그는 1647년에 어떤

---

퍼드(Thomas Clifford, 1st Baron Clifford of Chudleigh: 1630~1673)는 데번셔 출신으로 1672년에 남작위를 받았고 재무대신에 올랐으나 곧 사망했다. 존 홉킨스 경(Sir John Hopkins, 또는 John Hoskyns, 2nd Baronet: 1634~1705)은 런던왕립협회 창립자의 일원으로 1682~1683년에 그 협회 의장을 지냈다. 존 오거비(John Ogilby: 1600~1676)는 스코틀랜드 출신으로 번역가이자 흥행사이자 지도제작자로 활동했다. 도로지도를 처음 제작한 인물로 유명하다.

247) B. M., Add. MS 27, 986, f. 27*; Egerton MS 2378, f. 37v.
[역주] 그레고리 킹(Gregory King: 1648~1712)은 리치필드 출신으로 측량기사이자 정원사였던 부친을 좇아 여러 귀족가문에 봉사했고 공무원으로도 일했다. 그는 인구통계학의 선구자이자 "최초의 위대한 경제 통계학자"로 평가된다. 헨리 세인트존(Henry St. John, 1st Viscount Bolingbroke: 1678~1751)은 윌트셔 출신으로 이튼칼리지에서 공부한 후 토리당 정치인으로 활동했다. 철학자로도 큰 영향을 미친 인물이다.

248) Lilly, *Autobiography*, pp. 241~2; Lilly, *Christian Astrology*, sig. B1.

249) Ashm. 185, f. 146; Lilly, *Autobiography*, p. 168.

왕당파 중개인에게 찰스 1세가 햄프턴 궁 탈출에 성공하면 에식스를 향할 것이라고 조언한 대가로 금화 20개를 받았다.[250] 그는 1649년에는 선금 50파운드에 연간수당 100파운드를 조건으로 국무위원회에 고용되었다.[251] 그는 제자들로부터도 수입을 올렸다. 존 험프리(John Humphrey)라는 제자는 수업료로 40파운드를 지불했고, 추가로 비법을 얻고자 2백 파운드를 선뜻 희사하려 했지만 스승은 비법을 혼자 간직하기를 원했다.[252] 그의 번창하는 사업과 방대한 출판물량은 큰 재산을 안겨주었다. 그는 1662년 한 해에만 5백 파운드를 벌었던 것으로 전해진다.[253] 그의 동료들 중 일부도 호황을 누렸다. 사이먼 포먼은 천 2백 파운드, 리처드 델러헤인은 2천에서 3천 파운드를 유산으로 남겼다.[254] 존 패트리지가 죽었을 때에도 2천 파운드 이상의 재산이 남아 있었다.[255] 또 다른 성공한 점성술사로 존 케이스가

250) [역주] 찰스 1세 시대에 주조된 금화는 세 종류(20실링, 2크라운, 1크라운)가 있었다. 금화 20개(*twenty pieces of gold*)가 어떤 종류를 뜻하는지는 알 수 없으나 100실링(5파운드) ~400실링(20파운드) 사이였던 것으로 볼 수 있다.

251) Lilly, *Autobiography*, pp. 140, 145. 연간수당은 2년 동안 지급되었을 뿐이다. 그것은 원래 해외첩보활동에 지급되던 것이다.

252) Lilly, *Autobiography*, pp. 85~6, 같은 책의 p. 231도 참조할 것.

253) J. Heydon, *The Harmony of the World*(1662), sig. c 6. 그 밖에도 *The late Storie of Mr William Lilly*(1648), p. 6; C. Blagden, in *Studies in Bibliography*, vol. 11(1958), p. 111에서도 관련정보를 찾을 수 있다. 앤서니 우드는 릴리의 연간 사업소득을 2백 파운드로 계산했다(Wood, *Life and Times*, vol. 2, p. 543).

254) [역주] 리처드 델러헤이(Richard Delahay: 생몰연도 미상)는 더비셔 출신이고 "Dr. Ardee"라는 가명으로 활동했다. 한때 변호사를 지내기도 했으나, 점성술과 의술을 독학해 점성의사로 명성을 얻었다. 접신술에도 능했던 것으로 알려져 있다.

255) Lilly, *Autobiography*, pp. 44, 68; *D. N. B.*, "Partridge, John". 그 밖에도 *London Inhabitants within the Walls*(London Record Society, 1966), p. 224를 참조할 것.

있었는데, 그는 아래와 같은 엉터리 시구를 안내간판으로 내걸었다.

이곳 안에
닥터 케이스가 살고 있으니.

"이 2행시로 그가 벌어들인 것은 드라이든 씨가 자기 작품들을 총동원해 벌어들인 것보다 많았다고들 한다"고 애디슨은 촌평했다.[256] 이들과는 대조적으로 윌리엄 풀,[257] 니콜라스 피스크, 윌리엄 램지는 모두 극빈자로 죽었고 말년의 존 디는 소장 서적들을 팔아서 끼니를 때워야 했다.[258] 점성술 수임료는 점성술사의 처지와 의뢰인의 재산에 따라 달랐다. 부커는 늘 최소한 2실링 6펜스는 받아야 한다고 생각했던 반면에,[259] 니콜라스 피스크는 로버트 홀번 경에게 탄생천궁도로 점쳐 주고 100파운드를 받았다고 한다.[260] 17세기 초의 전형적인 수임료는 존 복스가 부과한 것으로 보인다. 오클랜드(Auckland)의 세인트헬런 소교구 성직자였던 그는 자신이 제작한 책력을 성찬례용 제단에 올려놓고 팔았다고 한다.[261] 그는 도난당한 암말 1마리를 찾아

256) *Tatler*, no. 240(1710년 10월 21일자).
[역주] 조셉 애디슨(Joseph Addison: 1672∼1719)은 윌트셔 출신으로 옥스퍼드에서 고전학을 연구한 후에 그곳의 교수로 임명되었다. 고전학자로서만이 아니라 시인과 에세이 작가로, 정치인으로, (*The Spectator* 같은) 신문 발행인으로 큰 업적을 남겼다.

257) [역주] 윌리엄 풀(William Poole: 1651/1652 죽음)은 원예가와 시인으로도 활동한 점성술사이다. 릴리는 그가 17개의 직종을 전전하면서 방탕한 생활과 도둑질로 자주 런던에서 도피했고 그를 추적하던 한 치안판사를 주술로 죽였다고 전하고 있다.

258) Lilly, *Autobiography*, pp. 68, 75, 227; J. Gadbury, *Ephemeris*(1697), sig. A7; (J. Younge), *Sidrophel Vapulans*(1699), p. 31.

259) Ashm. 225, f. 295.

260) J. Gadbury, *Collectio Geniturarum*(1662), p. 124.

내어 1실링을 부과했고 암수 한 쌍을 찾아 주고는 4실링에다가 술김에 8펜스를 더했다. 다른 도난품에 대해서는 5실링을 부과했는데, 이에 대해 그는 "변호사에게 수임료로 지불해야 하는 … 것"과 같은 수준이라고 말했다.[262]

최소한 17세기 후반까지 각계각층의 잉글랜드인들이 점성술사들을 진지하게 받아들였다는 것은 이제까지의 논의로 충분히 증명되었다고 본다. 그들의 책력들과 예언력들은 진열되기 무섭게 앞다투어 팔려나갔고 그들의 상담실은 언제나 북적댔다. 일부 동시대인들은 그들의 성공을 "무지한 시골 주민 다수의 벽돌처럼 단단한 어리석음" 탓으로 돌렸지만,[263] 오늘날 남아 있는 대부분의 증거들이 입증하듯이 점성술 사업은 성격상 대도시에 어울리는 것이었다. 포먼이며 릴리며 부커에게 몰려든 의뢰인들 중에는 귀족과 상인, 지적·예술적으로 뛰어난 능력을 보인 인사들이 두루 포함되었다. 이제 문제는 왜 그러했는지를 설명하는 일이다.

---

261) [역주] 존 복스(John Vaux, 또는 Valks: 1651년 죽음)의 직책은 'clerk'이었다. 이는 소교구 자체에서 성직록을 조달하는 성직자(*incumbent*)를 뜻한다. 그는 1616~1630년 사이에 그 직책을 수행했으나 책력을 판매하고 점성술을 이용해 분실물을 찾아 준 혐의로 성직록을 박탈당했다. 그 이후에도 1649년용 책력으로 인기를 누렸다.

262) *Durham High Commission*, pp. 34~40.

263) J. Hart, *The Diet of the Diseased* (1633), p. 22.

제 11 장

# 점성술

## 그 사회적·지적 역할

점성술의 진정한 용도는 다음 열 가지이다. 첫째, 점성술은 서로 다른 지역들에 대해서만이 아니라 다양한 풍토하에 있는 다양한 인간재능과 관습에 대해서도 그 놀라운 차이의 원인을 알려준다. 둘째, 점성술은 그토록 거대한 다양성이 발생하는 원인이 무엇인지를 밝혀 준다. 셋째, 어떤 숙명이나 사건이 어떤 시간에 어떤 나라에 닥칠 것인지 [알려주는 것은] 판별점성술이라 불린다. 넷째, 점성술은 공기와 여타 원소들[물, 흙, 불]의 변화무쌍한 상태를 미리 알려준다. 다섯째, 점성술은 곡식이든 포도든 올리브든 땅이 키워 주는 모든 것에 대해 그 결실의 흉풍(凶豊)을 미리 알려주는데, 이는 탈레스가 흉년이 들 것을 미리 알고 그의 소출을 저장해 두었다가 비싼 값에 판 일에서 경험한 바와 같다. 여섯째, 전쟁, 기근, 극심한 가뭄, 홍수, 가축의 떼죽음, 왕국의 교체, 군주의 파멸 등. 일곱째, 어떤 절기에 파종이나 이식이나 여타 농사기술에 속한 일을 수행하는 것이 적합한지. 여덟째, 점성술은 의술을 직업으로 하는 사람들에게 큰 도움을 주는 것이니 그들은 스스로를 마치 나라와 왕국의 개척자나 발견자나 되는 듯이 여기게 되거나 약 처방기술(*art apodemical*) 상의 온갖 지식을 얻게 될 것이다. 아홉째, 이 지식으로부터 모든 부류의 사람들에게 긴요한 예언력과 천문력이 제작된다. 마지막으로, 점성술은 모든 개개인의 기질을 보여주며, 모든 시·일·주·월·년의 본성과 변덕과 지향을 보여준다.

– William Ingpen, *The Secrets of Numbers* (1624), pp.68~9.

이제 뭔가를 끝냈지만 내가 내세울 것은 없었다. 허나 돈을 벌었지 않은가.

– 로렌스 클락슨이 개업점성술사로서 자신의 경력을 두고 한 말
Laurence Clarkson, *The Lost Sheep Found* (1660), p.32.

## 1. 포 부

점성술을 매력 있게 만든 것은 무엇보다 그것의 원대하고 야심찬 지적 가장이었다. 점성술은 변화무쌍한 인간행동과 자연현상에 대해 하나의 일관된 설명체계를 제공하였으니, 원칙상 점성술이 답하지 못할 문제는 없었다. 중세의 어떤 권위자는 "천문을 제대로 아는 자에게는 세상 무슨 일에 대해서든 지식 부족으로 더 파고들 것은 존재하지 않는다"라고 기록했다.[1] 지상의 모든 일은 점성술에 의해 설명이 가능했다. 릴리가 《기독교 점성술》(1647)에서 지적했듯이, "지상의 인간 삶에 속한 것은 무엇이든 하늘의 12숙(하우스)과 이래저래 관련되지 않은 것"이 없었다.[2] 이런 포괄성이야말로 점성술을 그토록 흡인력 있는 기술로 만든 것이었다. 이에 필적할 만한 과학적 설명체계, 특히 사회학이나 사회인류학이나 사회심리학 같은 사회과학체계는 아직 출현하기 전이었고, 기존의 사고체계 중에는 그처럼 어지럽고 다양한 인간사를 전체적으로 포괄해서 설명하려 애써보기라도 할 만한 것이 — 종교를 제외하고는 — 존재하지 않았다. 자연계에 대해서도 의학, 생물학, 기상학 같은 과학분과들이 설득력 있고 빈틈없는 이해를 제공할 수준으로 발전한 것은 아니었다. 점성술은 보편적 자연법칙에 대한 가장 이른 시도로 무장한 채, 바로 이런 지적 공백을 파고들어 채워 주었다. 이 대안은 꽤 오랜 세월을 버텼다. 점성술의 가르침을 순순히 받아들이든가, 아니면 존 개드베리가 1674년에 주장했듯이 사건의 진정한 원인에 무지함을 실토하고 "그 원인을 어떠한 확실한 이유도 제시할 수 없는 자연의 은비한 성질들 중 하나로 치부하는 데 만족할 수밖에" 없었다.[3]

1) *Caxton's Mirrour of the World*, O. H. Prior, ed. (E. E. T. S., 1913), p. 160.
2) Lilly, *Christian Astrology*, p. 50.

점성술사는 왜 인간 개개인이 서로 다른지 설명하는 것을 출발점으로 삼았다. 출생시 천체계의 영향은 개개인의 육체적 특징과 적성과 기질을 설명해 주었다. 다른 요인을 전혀 고려할 필요가 없다는 것은 아니었다. 유아의 버릇이 "부모를 본보기로 형성되기보다 출생시에 별들에 의해 형성된다"는 조지 허버트의 주장에 선뜻 동의할 점성술사는 없었을 것이다.[4] 유전인자, 환경, 교육 등이 성격 형성에 일정한 역할을 한다는 것은 누구나 인정한 바였다. 그럼에도 출생일시는 근본적인 결정인자였다. 그것은 개개인의 차이를 설명해 주었을 뿐만 아니라 그 차이를 묘사하기에 유용한 어휘들을 공급하는 데에도 일조했다. 점성술이 "완전한 인간 분류체계를 향한 (알려진 것 중에는) 첫 도전"이었다는 평가는 정당한 것이었다.[5] '목성적'(*jovial*: 유쾌한), '수성적'(*mercurial*: 기민한), '토성적'(*saturnine*: 우울한) 같은 점성술에서 파생된 형용사들이 오늘날 언어에 계속 유지되고 있을 만큼 점성술은 큰 설득력과 이치를 갖춘 것이었다.

점성술 체계의 약점은 경직성이었다. 행성과 황도 궁과 숙(하우스)은 제한된 개수밖에 없었기 때문에, 점성술사는 인간 잠재력을 일정한 불변 유형들로 환원하고는 소수의 예외만이 가능하다고 가정하는 경향이 있었다. 일부 명민한 신봉자들은 이런 위험을 충분히 깨닫고 한층 정교한 기술을 개발하려 했다. 일례로 존 오브리는 "시계에서 톱니바퀴들과 시계추가 두 바늘을 움직이게 하듯이 우리는 행성들에 의해 지배된다"고 확신하면서도, 인간 개성의 무한한 다양성과 이를 공평하게 다루어 줄 어휘체계가 요구된다는 것을 십분 인정했다.[6] 따라

---

3) J. Gadbury, *Ephemeris* (1674), sig. A5v.

4) *Jacula Prudentum* (1640), in *The Remains of … George Herbert* (1836), p. 184.

5) L. MacNeice, *Astrology* (1964), p. 258.

6) [역주] 존 오브리(John Aubrey: 1626～1697)는 윌트셔 출신으로 옥스퍼드와

서 훗날 그의 《간략 전기》라는 명저 속에 집성될 전기(傳記) 정보를 수집하던 시절에, 그는 대상 인물의 정확한 출생일시를 발견하면 이를 언제나 (왕립협회원답게) 소중히 적어 두곤 했다. 그는 이런 방식으로 인간의 한평생을 출생일시의 점성술적 조건과 과학적으로 비교하는 것이 가능하며 그렇게 하다 보면 한층 엄밀한 점성술에 도달할 것이라고 희망했다.[7] 베이컨 추종자 조수아 칠드리가 지적했듯이,[8] "이 탁월한 기술에서 진척을 이루는 길은 사람들이 겪은 일들과 하늘의 영향이 내린 〔출생〕 상태들을 되짚어 비교하는 것인데, 이는 옛 원리들의 진실성을 시험하는 것일 뿐만 아니라 이제까지 점성술 후예들이 꿈도 꾸지 못한 새 원리들을 더해 주는 것이기도" 했다.[9]

---

미들템플 법학원에서 수학했고 1663년에 왕립협회 회원으로 선출되었다. 그는 1640년대부터 동시대의 수많은 명사와 교우했고 자연사적 관찰과 고물연구 및 수집에 열의를 보였고 자신이 얻은 정보를 꼼꼼히 기록해 두었다. 그 결과 자연사, 전기, 고물연구에서 방대한 편찬물을 완성할 수 있었다. 그 대표적인 것이 동시대의 거의 모든 명사를 망라해 엮은 《간략 전기》(*Brief Lives*, 1669～1696)와 윌트셔를 중심으로 민간에 전승된 이교적, 마술적 잔재를 비판적으로 편찬한 《이교와 유대교의 잔재들》(*Remains of Gentilisme and Jadaisme*, 1686～1687)이다.

7) Bodl., Wood MS F 39, f. 206; J. Aubrey, *Brief Lives*, A. Clark, ed. (Oxford, 1898), vol. 1, p. 9. 오브리는 그의 *Collectio Geniturarum*(1677) (Bodl., Aubrey MS 23) 안에 많은 미출판 점성술 정보를 담았으며, 점성술사 헨리 콜리(Henry Coley)와도 친하게 지냈다(같은 자료, ff. 4, 7, 104～107, 110 등).

8) [역주] 조수아 칠드리(Joshua Childrey: 1625～1670)는 도싯(Dorset) 출신으로 옥스퍼드에서 수학한 후 성직자로 활동하다가 1664년에 사룸(Sarum) 부주교에 올랐다. 그는 고물연구와 자연사연구에 심혈을 기울였고, 그 일환으로 점성술을 연구했다. 그는 베이컨주의의 영향으로 실험적 성향의 점성술을 시도했을 뿐만 아니라 갈릴레오와 케플러의 태양중심설을 수용해 잉글랜드 최초의 태양중심 천문력을 만들기도 했다.

9) J. Childrey, *Britannia Baconia*(1661), sig. B6.

점성술사는 인간 개개인의 차이로부터 그보다 넓은 쟁점들, 즉 역사 진행과정에서 제기되는 쟁점들로 나아갔다. 특정 국민의 정치사는 통치자 개인의 심리에 의해 어느 정도 설명될 수 있었다. 절대군주제 시대였으니만큼 왕실 천궁도에 관심이 집중되는 것은 지극히 당연한 일이었다. 윌리엄 캠던은 엘리자베스 여왕이 레스터 백작에 매료된 것이 점성술적 요인으로 설명된다는 암시를 주었다.[10] 존 개드베리는 찰스 1세의 모든 이력이 출생일시의 점성술적 조건에 이미 암시되어 있었다고 주장했다.[11] 스웨덴 국왕 구스타푸스 아돌푸스가 점성술적으로 전투에 불리한 흉일을 선택하지 않았더라면 뤼첸에서 전사하지 않았을 것이라고 주장한 이도 있었다.[12] 행성운동은 온갖 유

---

10) W. Camden, *The History of the most renowned and victorious Princess Elizabeth* (3판, 1675), p. 419. 점성술에 대한 캠던의 우호적인 견해는, T. Smith, *V. Cl. Gulielmi Camdeni, et illustrium virorum ad G. Camdenum Epistolae* (1691), p. 130을 참조할 것. 이 두 참조문은 F. S. Fussner, *The Historical Revolution* (1962), p. 243, n. 2에서 인용되었고, Fussner가 그것들에 부여한 해석을 뒷받침해 주는 것 같다. 캠던은 오스웨스트리(Oswestry)에서 1542년과 1567년에 발생한 화재를 백양궁 내 일식 탓으로 돌렸으며 〔*Britannia*, R. Gough, ed. (2판, 1806), vol. 3, p. 8〕, 1485, 1518, 1551년에 유행한 발한병을 외행성들의 회합이나 대립 탓으로 돌렸다. 청년시절 그는 점성술적 문제를 연구하는 데 많은 시간을 보냈는데, 이에 관해서는 F. J. Levy, *Tudor Historical Thought* (San Marino, Calf., 1967), p. 5를 참조하고, *Original Letters of Eminent Literary Men*, Sir H. Ellis, ed. (Camden Society, 1843), p. 128도 참조할 것.

[역주] 윌리엄 캠던(1551～1623)은 켄트 출신으로 옥스퍼드에서 수학한 후 1575년에 웨스트민스터 스쿨의 의정관(*Usher*)으로 일하면서(필립 시드니 경의 권고에 따라) 여가를 이용해 고물 및 고문서 연구와 수집에 심혈을 기울였다. 그 결실이 방대한 지지(地誌) 《브리타니아》(1586)와 역사서 《엘리자베스 치세기의 잉글랜드 및 아일랜드 연대기》(*Annales rerum Anglicarum et Hibernicarum regnante Elizabetha*)였다. 후자의 1권은 1615년에 출판되었고, 2권은 그의 사후 라이덴에서 1625년에 출판되었다.

11) J. Gadbury, *The Nativity of the late King Charles* (1659), sig. A4.

형의 역사적 사건들을 설명해 줄 수 있었다. 제롬 카르단은 헨리 8세와 로마교황청과의 반목을 1533년 백양궁 내 화성·수성·토성 회합 탓으로 돌렸다.[13] 헨리 콜리는 "불의 3궁〔백양궁, 사자궁, 인마궁〕에서 토성·목성 회합이 있었을 때 하비가 혈액순환을 발견했다"는 점에 주목했다.[14] 윌리엄 릴리는 16세기 행성운동에 기초해 동세기의 잉글랜드 역사 전체에 대해 해석했다. 이것은 혜성 출현 연표에 국왕이나 위인의 죽음을 일대일로 대응시켰던 진부한 관행을 확장한 작업이었다.[15]

점성술의 역사를 수놓은 이런 시도들이 오늘날 우리에게는 헛수고라는 인상을 줄지 모르겠지만, 그것들의 지적 중요성은 실로 엄청났다. 이탈리아 르네상스기에 점성술 이론들은 행성회합의 반복성과 그 회합이 세상사에 미치는 영향에 주목했고 이런 관심은 역사학에서 말하는 '시대'(*period*) 개념의 형성에 일조했다. (20년 주기의) 소회합과 (240년 주기의) 중회합과 (960년 주기의) 대회합은 어쩌면 무한하고 구분 불가능한 것으로 남았을 뻔했던 인간사의 흐름을 마디마디로 나누

---

12) R. Saunders, *Palmistry*(1663), vol. 2, pp. 18~21.

13) D. C. Allen, *Doubt's Boundless Sea*(Baltimore, 1964), pp. 50~1.

14) Sloane 2281, f. 57v.
[역주] 헨리 콜리(Henry Coley: 1633~1695)는 런던에서 수학교사로 일하면서 점성술사로 활동한 인물이다. 그는 13세기 이탈리아 점성술사 귀도 보나티(Guido Bonatti)의 방대한 라틴어 점성술 입문서를 영어로 번역했고(이를 릴리가 편집해 1675년에 출판했다), 스스로도 1676년에 《점성술의 열쇠》(*Clavis Astrologiae Elimata or A Key to the Whole Art of Astrology*)라는 입문서를 출판했다. 릴리의 제자이자 계승자이다.

15) W. Lilly, *Englands Propheticall Merline*(1644), pp. 10~20. 이를 J. Gadbury, *De Cometis*(1665), pp. 38~44와 비교할 것. 일월식과 정치변동 간의 관계에 대한 장 보댕(Jean Bodin) 및 그의 모방 작가들의 연구는, F. E. Manuel, *Shapes of Philosophical History*(1965), pp. 61~2를 참조할 것.

어 주었고 각 마디에 통일성을 부여했다.[16] 이 점성술 이론들은 16~17세기 동안 잉글랜드 역사학에 영향을 미쳤다. 릴리나 개드베리 같은 점성술사들의 역사학적 사색은 동시대 주류 역사서술로부터 대개는 벗어난 것이었지만, 가끔은 두 흐름이 합류했다. 아이작 뉴턴 경이 점성술 자료에 의존해, (그가 아니었으면 유실될 뻔했던) 고대세계 연대기에 대한 그의 유명한 재구성(*The Chronology of Ancient Kingdoms amended*, 1728)을 시도한 것은 천체의 역사와 국민의 역사 간의 연관성을 오래도록 당연시해온 지적 환경의 산물이었다.[17]

고대의 풍토이론이 국민 간 차이를 각국의 지리환경 탓으로 돌렸듯이, 점성술 이론도 다른 방법으로는 설명 불가능한 것을 설명하려 했다. 존 부커에 의하면 점성술의 큰 장점은 "서로 다른 풍토에서 살아가는 주민들 간의 관습이며 의례며 예절이며 법률이며 기질이 왜 서로 다른지"라는 문제에 답하는 경우처럼, "다른 학문들이 제시하지 못하는 이치를 제시할 수 있다"는 점이었다.[18] 오귀스트 콩트가 인정했듯이,[19] 점성술사들은 진정한 역사학적 설명체계를 개척했다. 인간사회의 발전을 이끈 원리들을 인간 스스로 설명할 수 있다는 점성

---

16) N. Rubinstein in *Fritz Saxl. A Memorial Volume*, D. J. Gordon, ed. (1957), p. 179; Thorndike, *Magic and Science*, vol. 1, p. 648.
[역주] 회합 주기는 지구와 특정 행성(들)이 황도 12궁과 맺는 상대적 위치가 처음의 자리로 돌아가기까지 걸리는 시간이다. '소(小)회합'(*lesser conjunction*)은 20년 주기, '중(中)회합'(*middling conjunction*)은 60년이나 240년 주기, '대(大)회합'(*great conjunction*)은 800년이나 960년 주기로 발생하는 것으로 계산되었지만, 회합의 규모와 주기에 대한 전통적 계산은 통일적이지 않다.

17) 이는 F. E. Manuel, *Issac Newton, Historian* (Cambridge, 1963), pp. 68~70, 274에서 적시된 바와 같다.

18) J. Booker, *A Bloody Irish Almanack* (1646), p. 47.

19) W. E. H. Lecky, *History of the Rise and Influence of the Spirit of Rationalism in Europe* (1910), vol. 277.

술사의 자신만만한 가정에서, 우리는 근현대 사회학의 맹아를 탐지할 수 있다.

17세기에 활동한 모든 점성술사들을 하나로 묶어 준 태도가 있었다면, 그것은 지나치다 싶은 지적 호기심이었다. 그들에게는 모든 것을 질서로 환원하려는 욕망이 있었고 그렇게 환원할 도구를 갖추었다는 확신이 있었다. 이런 자세는 비밀가톨릭교도로 머천트테일러스 학교장을 지낸 존 고드의 역작 《점성-기상학》(1686)에서 잘 예시된다.[20] 제임스 2세에게 헌정된 그 방대한 논고는 행성들이 기후와 전염병, 나아가 불행에까지 미치는 영향을 확인하려는 정교한 시도였다. 그것은 저자가 30년간 기록한 관련사건 일지를 근간으로 삼았으며, 1500년 이후 잉글랜드와 해외에서 발행된 여타 사건기록들로 잔가지를 덧붙인 작품이었다. 그것은 특정 사건과 특정한 행성배열이 시간상 일치한다는 것을 발견함으로써 지식의 진척을 도모한 작품이었다. 고드의 책은 아이러니하게도 뉴턴이 《자연철학의 수학적 원리》를 왕립협회에 헌정한 바로 그해에 출판되었다. 오늘날 우리는 그 책을 이미 폐용된 사고체계의 쓰레기 정도로 치부하기 쉽다. 그러나 그 잊힌 작품을 정독한 독자라면 꼼꼼하고 경험적인 접근법과 때때로 번득이는 꾸밈없는 통찰에 깊은 인상을 받지 않을 수 없을 것이다. 일례로 고드는 자살률이 계절별로 달라진다는 것에 주목한 최초의 작가들 중 하나였

---

20) [역주] 존 고드(John Goad: 1616~1689)는 옥스퍼드에서 수학한 후 국교회 성직자와 여러 공립학교 교장으로 활동했으나 1681년에 비밀가톨릭교도였음이 폭로되어 모든 공직에서 쫓겨났다. 그가 1661~1681년에 교장으로 재직한 '머천트 테일러스학교'(Merchant Taylors School)는 1561년에 설립되었고 11~18세의 학생을 교육한 7개 공립학교 중 하나였다. 그는 1686년에 스스로 교황추종자임을 선언하고 죽을 때까지 저술과 사교육활동에 전념했다. 그의 《점성-기상학》에는 "discovered from the variety of the alterations of the air … and other secrets of nature / collected from the observation at leisure times, of above thirty years"라는 부제가 붙어 있다.

다. 그는 이를 토성·목성 회합에 의존해 설명했던바, 오늘날 우리가 그 해법이 불합리하다는 인상을 받는다는 것은 당연할 수 있다. 그렇지만 근현대 연구자들조차 자살률 변동을 설명하기보다 관찰하는 수준에 안주해왔다는 점을 기억해야 한다.[21] 늘 자의적 행동으로 간주되었던 어떤 것에서 일정한 패턴을 발견하려 한 고드의 선구자적 자세는 매우 인상깊다.

이처럼 다른 설명을 기대하기 힘들 때 선뜻 대안을 제시한 점성술사들의 적극성은 그들의 대중적 인기비결을 설명해 주는 것이기도 하다. 1664년 프랜시스 버나드는 동시대에 거의 동시다발적으로 발생한 많은 화재의 원인을 밝혀 줄 새로운 이론을 개관한 편지를 릴리에게 보냈다.[22] 그는 사람들에 대해서만이 아니라 도시들에 대해서도 천궁도로 점치는 것이 가능하다는 가설을 오래전부터 구상해왔다고 밝혔다. 그런데 아직 풀지 못한 난점이 있었으니, 사람의 정확한 출생일시는 거의 대부분 확인될 수 있어도 특정 도시의 탄생일시를 확인하는 것은 불가능하다는 점이었다. “대다수의 도시들은 분간 못할 느린 속도로 성장했기 때문에 각 도시의 최초 탄생일시는 논쟁거리가 되거나 망각되었을” 따름이다. 그럼에도 버나드는 대안적 방법에 성공했다. 그것은 화재를 사람의 열병과 비슷하게 다루는 방법이었다. 특정 도시의 탄생일시는 그 도시가 경험한 “사건들”로부터 재구성될 수 있었다. 버나드는 1212년 런던 브리지 화재 이후로 런던에서 발생한 많은

---

21) J. Goad, *Astro-Meteorologica, or Aphorisms and Discourses of the Bodies Coelestial*(1868), pp. 506~7. 아울러 A. Leffingwell, *Illegitimacy, and the Influence of Seasons upon Conduct*(2판, 1892), pp. 92~8도 비교 참조할 것.

22) [역주] 프랜시스 버나드(Francis Bernard: 1663~1731)는 아일랜드 출신으로 그곳 하원의원이던 부친을 이어 정치가로 활동했다. 1692~1695년 클로나킬티(Clonakilty) 의원, 1695~1727년에는 반돈브리지(Bandonbridge) 의원을 지냈다. 그는 법조인으로도 활동해 1724년에 아일랜드 최고법원장에 올랐다.

화재들에 대해 일일이 점성술적 조건을 확인했다. 그는 이를 토대로 자신이 런던용 천궁도 제작에 성공했음을 확신했고, 이왕 내친 김에 장차 런던에서 화재가 발생하리라 예상되는 정확한 주(週)들을 예측하기에 이르렀다. 런던용 천궁도에 고무된 그는 암스테르담에 대해 동일한 사업을 제안하기도 했다. "오직 시간만이 도시의 운명을 사람의 운명처럼 안내할 수 있는지를 알려준다."[23)]

역병을 점성술적으로 설명하는 방법이 줄기차게 모색되었던 것도 달리 뾰족한 대안이 없었기 때문이다. 개드베리가 정당하게 주장했듯이 "다른 어떠한 기술로도 이런 종류의 예측은 불가능한 것"이었다.[24)] 점성술적 해석은 흑사병 대란기에[25)] 지성인들이 가장 선호한 해석이었고,[26)] 그 전염병이 그친 17세기 후반까지도 널리 유행했다. 그 해석은 당시 유행하던 유독가스(*miasma*) 이론과도 잘 어울렸다. 공기 부패가 페스트를 유발한다는 그 이론에 대해 〔점성술이 말하는〕 천체계 상태의 변화는 그럴듯한 설명을 제공했기 때문이다. 즉, 별들이 온기와 습기를 방출할 때 자연스럽게 부패가 시작된다는 것이었다.[27)]

---

23) Ashm. 242, ff. 83~84, 75, 85. 이 주제에 대한 버나드의 다른 언급은 Sloane 1707, ff. 35~38에도 있다. 도시용 천궁도 계산의 다른 사례들에 관해서는, J. Gadbury, *Cardines Coeli*(1684), pp. 45~50을 참조할 것.

24) J. Gadbury, *London's Deliverance predicted*(1665), p. 40.

25) [역주] '흑사병 대란기'(*the time of the Black Death*)는 약 30~60%의 유럽 인구가 페스트로 사망한 역사적 기간을 가리킨다. 이 기간 중에서 절정은 1348년부터 1350년이었고 약 1400년에 종결된다. '흑사병'이라는 용어는 이 기간에 대해서만 적용하고, 그 외에는 '페스트'나 '역병'이라는 용어를 사용하기로 한다.

26) Thorndike, *Magic and Science*, vol. 3, 20장과 21장.

27) 이 같은 논증의 사례들로는, T. S., Sermons, *Meditations, and Prayers upon the Plague*(1637), pp. 157~8; S. Bradwell, *Physick for the Sickness, commonly called the Plague*(1636), p. 3; G. Thomson, *Loimologia*(1665), pp. 4~5; N. Hodges, *Loimologia*(1720), pp. 3~4. 에드워드 그레셤(Edward Gresham)은 1603년에 어떤 행성이 추락할 것이라는 소문을 진정시키기 위해 한 논고를 작성했

그 이론은 비과학적이라 볼 수 없는 방식으로 테스트되었다. 우선 점성술사들은 과거의 페스트 대란 사례들을 열거했다. 그들은 각 사례를 해당 시점에서 천체들의 위치에 관해 얻은 정보와 일일이 비교한 후에야 양자 간의 상관성이 있다는 결론에 도달했다.[28] 그들은 이런 결론에 도달한 후에야 어떤 심각한 사태가 언제 발생해 얼마나 지속될 것인지 예측할 수 있다고 생각했다. 포먼은 주간(週間) 사망자 수를 예측할 점성괘들을 갖추고 있었다.[29] 개드베리는 자신과 동료 4명이 1665년의 페스트 대란을 예언했었다며 자랑했다.[30] 이런 근거에서 점성술사들은 20년 주기로 역병이 창궐한다는 견해를 논박했을 뿐만 아니라,[31] 1603년과 1625년의 페스트 창궐로 설득력을 얻게 된 이론, 즉 국왕의 통치 중 사망이 그 전염병의 원인이라는 이론도 논박했다.[32] 다른 질병들도 점성술적으로 설명되었다. 존 키즈는 행성회합에 의존해 "발한병"의 원인을 일부 설명했다.[33] 존 고드는 "우리의 기침병과 사망자 수 증가에 관해" 1679년에 애쉬몰에게 보낸 편지에서 동일한 설명을 제시했다. 그에 따르면 이런 사태는 "점성술사 없이는"

---

다. "상류층 … 조차도" 그 사건이 페스트를 증가시킬 것이라고 두려워한다는 것이었다(Ashm. 192, vol. 2, f. 1).

28) 이런 절차의 좋은 사례는 Gadbury, *London's Deliverance predicted*, pp. 6~8에서 볼 수 있다.

29) Ashm. 384, f. 30. 또한 Ashm. 1436에 있는 1607년 역병에 관한 그의 논고도 참조할 것.

30) *London's Deliverance predicted*, pp. 34~5; *The Prophecies and Predictions, for London's Deliverance*(1665), p. 6.

31) 이 견해에 대해서는, T. S., *Sermons*, p. 157; Hodge, *Loimologia*, p. 3을 참조할 것.

32) 이 이론에 대해서는, J. Brayne, *The New Earth*(1653), pp. 52~3; W. Lilly, *Merlini Anglici Ephemeris*(1658), sig. B3v; J. Graunt, *Natural and Political Observations*(3판, 1665), pp. 79~80을 참조할 것.

33) R. S. Roberts in *Medical History*, vol. 9(1965), p. 386.

이해될 수 없는 것이어서, "점성술사만이 공기 변질의 놀라운 원인과 행성의 불가사의하고도 비밀스런 힘을 알려준다"는 것이었다. 1675년에 그는 찰스 2세가 기침병의 원인이 뭐냐고 자신에게 물은 적이 있다고 회고했다. 그는 "그 당시에는 알지 못했다"고 털어놓으면서도 "그렇지만 지금 내가 생각하기에는 …"이라고 덧붙였다.[34)]

이렇듯 지난 사건을 되짚는 지혜(*esprit d'escalier*)를 발휘해 고드가 걸어갔던 길을 굳이 뒤따라 가보지 않더라도, 이런 노력의 배후에 얼마나 진정한 지적 즐거움이 추동력으로 작용했는지 알 수 있다. 그는 "우리의 이론이 얼마나 귀한 것인지, 하늘이 우리의 예측대로 움직이는 것을 보고 우리가 얼마나 만족하는지는 세상이 모두 안다"고 기록했다.[35)] 사실상 점성술을 공격한 팸플릿들 중 높은 비율을 차지한 것은 한때 점성술의 매력에 빠져 본 경험이 있는 저자들의 것이었다.[36)] 그렇지만 불행하게도 점성술은 진정한 실험과학으로 성장하기에 역부족이었다. 지난 사건과 천체계 운행을 신중하게 연결 짓는 것이 모든 노력의 열쇠였건만, 사람의 한평생으로는 즉답을 얻을 수 없었다. 존 셀던이 지적했듯이 토성과 목성의 대회합은 800년마다 한 번씩 발생할 뿐이므로 그 회합에 관한 모든 이론은 검증되기도 논박되기도 어려울 터였다.[37)]

---

34) Ashm. 368, f. 62.

35) Ashm. 368, f. 304.

36) 이를테면, William Fulke〔*Antiprognosticon*(1560), sig. Dviiv〕; William Perkins〔*Foure Great Lyers*(1585), sig. B1〕; Francis Coxe〔D. C. Allen, *The Star-Crossed Renaissance*(Durham, N. Carolina, 1941), p. 112〕; John Raunce〔*Astrologia Accusata*(1650), sig. A2〕, John Brayne〔*Astrologie proved to be the Old Doctrine of Demons*(1653), p. 1〕; John Allen〔*Judicial Astrologers totally routed*(1659), sig. A2v〕.

37) *Table-Talk*(Temple Classics, 출판연도 미상), p. 33. 셀던은 *God made Man*(1661), pp. 49~51에서는 그 논점을 더욱 진척시키고 있다.

이런 장애에도 불구하고 개개인의 불행에 대한 점성술적 설명은 의뢰인들에게 매력을 발휘했던 것 같다. 두 딸을 1개월 간격으로 잃고 홀로 된 윌리엄 브레든은 그 비극의 "점성술적 원인"에 관해 리처드 네이피어와 편지로 의견을 나누었다.[38] 점성술사의 상담실을 찾은 많은 의뢰인들은 질병, 불임, 유산(流産), 정치적 좌절, 파산 등 각자에게 닥친 갖가지 불운에 대한 설명을 요청했다. 태어날 때부터 뭔가 어긋나 있었다는 말을 듣는 편이 자기 자신 외에 누구도 불행에 책임이 없다는 말을 듣는 것보다는 큰 위안을 주었음이 분명하다. 세상살이에서 수차례 실패를 거듭한 존 오브리는 자신이 태어날 때부터 "부적절한 결정으로 수없이 고생을 겪을" 운이었다는 헨리 콜리의 견해에 스스로를 위로할 수 있었다.[39] 엘리자베스 치세기에 문장관을 지낸 역사가 프랜시스 타인[40]은 1588년 벌리 공에게 보낸 편지에서, 그가

38) Ashm. 240, f. 97. 자식의 죽음에 대해 점성술적 원인을 물은 또 다른 부친들은, R. Kirby and J. Bishop, *The Marrow of Astrology*(1687), vol. 2, pp. 69~70, 72~3을 참조할 것.

[역주] 윌리엄 브레든(William Bredon)은 17세기 중반에 버킹엄셔의 손턴(Thornton)에서 성직자로 재직하면서 점성술을 병행한 인물로 알려져 있다. 릴리에 따르면 그는 특히 프톨레마이오스에 정통했고 탄생천궁도 점복에 능했다고 한다. 그는 리처드 네이피어와 서로의 가족사를 긴밀히 상의했던 것으로 보인다. 네이피어가 그의 두 딸이 죽게 된 점성술적 원인을 제공했듯이, 그는 네이피어의 아들이 1629년에 결혼할 것이라 예언했다.

39) Aubrey, *Brief Lives*, vol. 1, Clark, ed. p. 35.

40) [역주] 프랜시스 타인(Francis Thynne: 약 1544~1608)은 켄트 출신으로 '문장칼리지'(College of Arms)에서 수학했고 고물/고문서 연구에 재능을 보였다. 빚 때문에 2년 정도 투옥되었고 거의 평생을 통풍으로 고생했지만, 1602년에 '랭커스터 문장관'으로 벼락출세하는 행운을 얻기도 했다. '랭커스터 문장관'(*Lancaster Herald of Arms in Ordinary*)은 1347년에 설치된 직책으로 처음에는 랭커스터 가문에 전속된 문장관이었으나 대체로 15세기부터는 왕실 문장관으로 승격되었다. 문장관은 귀족 가문의 문장(紋章)을 고안하고 관리하는 업무뿐만 아니라 그 가문의 족보를 유지하는 역사학적 업무에도 종사했다.

출세하지 못한 것을 천체들의 영향이 우선한 탓으로 돌렸다.[41] 이 같은 사례는 《리어왕》에 나오는 에드먼드의 냉소적인 성찰을 돋보이게 만든다.

> 우리가 운에 낙심할 때 — 대개는 우리 자신의 행동이 지나친 탓이었건만 — 재앙의 책임을 해며 달이며 별에게 돌리다니, 이 얼마나 경망스런 세상인가! 마치 불한당이 되는 것이 필연인 것처럼, 바보가 되는 것도 하늘이 강요해서인 것처럼, 건달이 되건 도둑이 되건 선생이 되건 모두 어떤 별이 우세한지에 달린 것처럼, 술주정뱅이가 되건 거짓말쟁이가 되건 오입쟁이가 되건 모두 행성의 영향에 어쩔 수 없이 복종한 탓인 것처럼, 우리가 저지른 모든 죄악이 신이 시켜서 한 짓인 것처럼. 호색한의 음란한 성정을 어떤 별의 책임으로 전가하다니, 그에게 얼마나 훌륭한 구실이겠는가![42]

이렇듯 점성술은 책임회피 수단으로 매력을 발휘하는 동시에, 불행에 처한 개개인과 사회 전반에 자책감을 줄여 줄 수 있었다.[43] 종교와 마찬가지로 점성술은 불운이 제멋대로 발생한 것에 불과하다는 관념을 거부했다. 점성술사 존 버틀러(John Butler)는 '우연' 따위의 성질은 실재하지 않는다고 주장했다.[44] 점성술적 가설들은 연인 간 궁합에서부터[45] 예기치 못한 수술 실패에 이르기까지[46] 설명하지 못할

---

41) P. R. O., SP 12/218, f. 49. 그렇지만 그는 1602에 '랭커스터 문장관' 직에 올랐다.

42) *King Lear*, 1막 2장. 또한 *All' Well that Ends Well*, 1막 1장; *Julius Caesar*, 1막 2장도 참조할 것.

43) M. Fortes, *Oedipus and Job in the West African Religion* (Cambridge, 1959), p. 40을 참조할 것.

44) J. Butler, *The Most Sacred and Divine Science of Astrology* (1680), p. 23.

45) Burton, Anatomy, vol. 3, p. 310.

것이 없었다. 크리스토퍼 헤이든 경은 점성술을 거부하는 자에게는, 똑같이 매력 없는 두 가르침 중 하나를 선택할 일만 남는다고 말했다. 눈 먼 우연의 지배를 선택하거나 변덕스런 신의 통치를 선택해야 한다는 것이었다.[47] 이처럼 달갑잖은 개념들을 저지한 것이 바로 점성술이 수행한 지적 역할이었다.

따라서 점성술적 설명이 매력을 발휘한 가장 중요한 이유는 지적인 측면, 즉 점성술이 정합적이고도 포괄적인 사고체계를 제공한 측면이었다. 두 번째 이유는 한층 실용적인 측면이었다. 점성술사는 개개인의 기질에 대한 현실적 평가를 제공함으로써, 각 개인이 자기인식으로부터 출발해 더욱 큰 자유를 전망할 수 있도록 해 주었다. 일례로 릴리는 의뢰인의 출생일시를 확인한 후에 다음과 같이 설명했다. "나는 의뢰인이 일상적 삶의, 나아가 그의 기질, 체질, 소질, 인품 등의 자연적 경로에서 겪게 될 좋을 일과 나쁜 일을 전반적으로 판단합니다. 그러고 나서 건강이나 재산손실이나 승진 등에 유리한 해와 불리한 해에 관해 지침을 줍니다."[48] 누군가 천궁도 점성괘를 얻는 것의 매력은 오늘날 정신분석치료를 받는 것의 매력과 다르지 않았다. 개인의 가장 깊숙한 내면적 특징들에 대한 예리한 분석이 그 보답으로 주어져, 각 개인은 장점을 살리고 단점을 경계해야 할 터였다. 물론 점성술사들은 특정 개인의 탄생천궁도에서 얻은 점성괘란 그를 바람직한 미래로 안내하는 역에 지나지 않는다고 주장했다. 점성괘가 불가피한 운명에 꼼짝없이 사로잡혀 있음을 뜻하지는 않았다. 그러나 미래에 위험이 도사

---

46) C. H. Talbot and E. A. Hammond, *The Medical Practitioners in Medieval England* (1965), pp. 61, 155.

47) Sir C. Heydon, *A Defence of Iudiciall Astrologie* (Cambridge, 1603), sig. 4v.

48) W. Willy, *Englands Propheticall Merline* (1644), sig. b2.

리고 있다면 이를 미리 알리는 것 또한 마땅히 해야 할 일이었다. 리처드 네이피어는 "노련하고 신중한 점성술사라면 역술(曆術)을 이용해 별들의 감응력에서 나오는 많은 악한 기운을 우리가 어떻게 예방할 수 있을지 보여줄 수 있을 것"이라고 기록했다.[49] 그런가 하면 다음과 같이 주장한 개업점성술사도 있었다. "점성술의 용도와 목적은 전쟁이나 평화, 흉작이나 풍작 등, 특히 인간에 대해서는 건강이나 질병, 부유나 빈곤과 같은 일반적으로 발생하는 흥망성쇠들과 사건들의 원인을 발견하고 해명하는 것으로써, 이는 그런 사건들을 예측함으로써 유익한 것을 더하고 해로운 것을 비켜가도록 하기 위함이다."[50]

바로 이런 양상으로 일종의 과학적 점복체계에 잠재된 가능성들이 모두 펼쳐져 드러났다. 존 오브리에 따르면 점성술은 "자식들이 천성적으로 어떤 직업(혹은 소명)에 가장 어울리거나 이끌리는지 알려주는 최상급 안내역"이었다.[51] 점성술의 불경함을 비난한 튜더 시대의 어떤 성직자조차 "점성술사는 별 관측으로 모든 개개인이 천성적으로 어떤 직업, 어떤 신분에 가장 … 어울리는지를 알려줄 수 있다는 것"을 인정했다.[52] 존 개드베리는 옥스퍼드대학과 케임브리지대학 입학이 "출생일시 덕택에 그곳에서 … 가르치는 것을 배울 능력이 되는" 자들로 제한되어야 한다는 제안조차 서슴지 않았다.[53]

나아가 점성술사는 정치적 사건의 추이도 예측한다고 주장했다. 개드베리는 "내가 생각하기로 이 국민이 (내란 과정에서) 겪은 많은 손실

49) Ashm. 242, f. 190.

50) R. Edlyn, *Observations Astrologicae*(1659), p. 5.

51) Bodl., Aubrey MS 10, f. 144.

52) *The Works of Roger Hutchinson*, J. Bruce, ed. (P. S., Cambridge, 1842), pp. 87~8.

53) (J. Gadbury), *A Brief Relation of the Life and Death of … Vincent Wing* (1670), p. 4.

은 (점성술적 지식으로) 미리 막을 수도 있었을 것"이라고 기록했다.[54] 윌리엄 페인도 만일 스코틀랜드인들이 릴리의 책력을 읽었더라면 그들의 잉글랜드 공격이 패배할 운명이었음을 미리 알 수도 있었을 것이라고 생각했다.[55] 1663년에 리처드 손더스는 예리하게도 국왕고문단에 점성술사가 최소한 3명은 포함되어야 한다는 프랑스인 동료 모랭(J.-B. Morin)의 권고에 주목했다.[56]

다른 형태의 점복들과 마찬가지로 점성술은 사람들이 결단을 내려야 하지만 합리적 근거가 부족할 때에도 도움을 주었다. 조셉 블래그레이브는《점성술 입문》(1682)의 한 상투적인 절(節)에서 독자에게 "바라는 뭔가를 얻기 위해 친척이나 형제나 이웃을 방문하기에 적합한 시간을 택하는 법"을 알려주었다.[57] 나머지 절들은 소송이나 결투나 청혼에 좋은 길시를 파악하기 위한 규칙들을 제시했다.[58] 남성적 궁들〔백양궁, 쌍자궁, 사자궁, 인마궁, 보병궁〕을 관찰하면 남아 출산에 적합한 길시를 선택할 수 있었다. 존 케이스가 제시한 지침은 매력적이리만치 간단했다. "후손, 특히 그대의 토지를 물려줄 남아를 원하면, 남성적 행성들〔화성, 목성, 토성, 태양〕과 궁들이 떠올라 그것들의 기운과 힘이 충만해질 때를 지켜보고 나서 그대의 여인을 취해 그대의

---

54) J. Gadbury, *Ephemeris* (1664), sig. A1v.

55) Ashm. 423, f. 142.
[역주] 윌리엄 페인(William Paine: 생몰연도 미상)은 릴리와 동시대에 노샘턴셔의 그래프턴리지스(Grafton Regis) 소교구에서 성직자로 활동한 것 외에는 거의 알려진 것이 없는 인물이다.

56) Saunders, *Palmistry*, vol. 2, pp. 14~5.

57) [역주] 조셉 블래그레이브(Joseph Blagrave: 1610~1682)는 레딩 근교의 스왈로필드(Swallowfield)에서 활동한 점성술사이다. 가장 유명한 작품인 *Ephemerides, with Rules for Husbandry*는 1658, 1659, 1660, 1665년에 잇따라 출판되었고 본문에 소개된 *Introduction to Astrology* (1682)는 그가 죽은 직후에 출판되었다.

58) J. Blagrave, *Blagrave's Introduction to Astrology* (1682), p. 194, 그리고 제 2부.

씨를 뿌리면 아들을 얻게 될 것"이었다. 이 지침을 거꾸로 적용하면 딸을 얻을 수 있었다.[59] 이 비법에다가 블래그레이브는 그의 경험상 "사람들이 복용하기만 하면 언제나" 큰 효과를 얻는 여러 약초들을 추가했다.[60] 점성술은 비록 그 시작에서는 설명체계였지만 결국은 지배력에 대한 전망을 제시하는 체계로 귀결되었다. 모든 종류의 마술이 그렇듯이, 점성술적 택일시(擇日時)는 사람들이 무기력하고 헷갈리는 상황에서, 나아가 여타 인간적 시도들이 모두 실패로 끝난 상황에서 의존할 수 있는 비법이었다.

## 2. 성공과 실패

이 점에서 점성술 체계의 기본 가정들을 이미 받아들인 사람들에게 점성술적 진단이 발휘한 심리적 매력은 그리 어렵지 않게 평가될 수 있다. 그러나 여전히 난제가 남아 있다. 사람들은 왜 점성술적 진단을 믿게 되었을까? 오늘날 우리 눈에는 인간 삶이 천체운동에 의해 결정된다는 생각은 지나친 환상처럼 보일 것이고, 따라서 지성과 통찰력을 겸비한 인사들이 어떻게 그런 생각을 받아들일 수 있었는지 이해하기 어려울 것이다. 심지어 근현대의 일부 역사가들은 옛 과학자들의 암중모색에 대해서는 크게 공감하는 자세로 서술하면서도, 유독 점성술과 그 신봉자들의 역사를 다룰 때에는 가벼운 농으로 넘기거나 선심을 베풀기라도 하듯이 서술하는 경향마저 있었다.

---

59) J. Case, *The Angelical Guide*(1697), p. 61.

60) *Blagrave's Introduction to Astrology*, p. 200. 또 다른 사례들은 W. Ramesey, *Astrologia Restaurata*(1653), pp. 152~3; Saunders, *Palmistry*, vol. 2, pp. 99~100에도 있다.

어떤 수준에서는 점성술 이론들이 당시 일반적으로 수용되었던 프톨레마이오스 세계상을 추종했고 르네상스 시대의 대우주-소우주이론에 의해 크게 강화되었다는 점을 지적하는 정도로 충분할 수 있다. 니콜라스 컬페퍼는 다음과 같이 주장했다.

> 여러분이 전 우주를 하나의 결합체로 보고 인간을 그 결합체의 요약으로 간주한다면, 인간은 모든 피조물의 요약인 만큼 스스로의 내부에 반드시 천체계를 담아야 할 것이니 별들이 인간이라는 존재에 영향을 미친다는 것을 이상하게 여길 자는 미친 자와 바보 외에는 없으리라. … 아래쪽 세계는 전적으로 위쪽 세계의 지배를 받고 그것으로부터 영향을 받아들인다.[61]

이런 사고유형은 새로운 과학이 등장하면서 인기를 잃었지만, 적어도 17세기 중반까지는 극소수를 제외한 모든 환경에서 존중되었다.[62]

그러나 민간수준에서는 점성술의 매력이 반드시 지배적 과학이론들에 좌우된 것은 아니었다. 점성술은 이미 사회생활 환경 구석구석에 뿌리내린 상태였다. 서민들은 오늘날에 비해 천체에 대해 훨씬 많이 알고 있었다. 오늘날 거리와 집안의 인공조명은 우리를 별들의 끊임없는 변화에 상대적으로 무감각하게 만들었다. 오늘날 대도시 주민들 중에는 월령(月齡)을 실시간으로 정확히 아는 이들이 거의 없으며, 일월식은 전문 천문학자를 제외한 누구의 주목도 받지 못한 채 지나가

---

61) N. Culpepper, *Pharmocopoeia Londinensis: or the London Dispensatory* (1654), sigs. A3v~A4. 또한 *Epistle to the Reader*는 대우주 이론에 대한 훌륭한 해설을 포함하고 있다.

62) M. H. Nicolson, *The Breaking of the Circle* (New York, 1962), pp. 133, 143, 155; V. Harris, *All Coherence Gone* (Chicago, 1949), pp. 199, 232. 점성술의 잔존에 대해서는, 이를테면 J. Russel, *Astrological Predictions* (1659)와 Case, *The Angelical Guide*를 참조할 것.

곤 한다. 그러나 산업화 이전 세상에서는 길을 밝히기 위해 횃불을 휴대했고 보름달에 맞춰 여행계획을 세웠다. 엘리자베스 시대 잉글랜드에서 하루 노동시간은 (낮이 긴) 여름이 겨울에 비해 길었다. 민간에서는 낮 길이의 12분의 1을 1시간으로 보는 인위적 시간체계가 여전히 남아 있었다.[63] 당시 사람들은 여전히 태양을 이용해 시간을 알렸다. 실제로 17세기는 해시계의 전성기였다.

사람들이 천체운동에 해박했다는 점을 감안할 때, 천체 변화를 지상 현상에 연결 지으려 한 시도는 그리 놀라운 일이 아니다. 월터 롤리 경은 이렇게 말했다.

> 하나님이 흐르는 샘과 고인 샘에, 차가운 대지에, 초목이며 암석이며 광물에, 심지어는 가장 보잘것없는 피조물의 배설물에까지 덕을 부여하셨음을 부정할 수 없다면, 왜 우리가 저 아름다운 별들에게서 그것들의 작용력을 강탈해야 한단 말인가? 별들이 수도 많고 아름다움과 위엄에서도 탁월한 것을 보면, 모든 별들에게 하나씩 나눠 줄 고유한 덕과 작용력이 그분의 무한한 지혜의 보물창고 안에 들어 있지 않다고 생각하기는 힘들다. 대지를 수놓은 모든 약초, 모든 초목, 모든 열매, 모든 꽃에 각기 나름의 덕과 작용력이 있듯이 말이다.[64]

이런 관점에는 큰 설득력이 있었다. 천체계 운동이 주야간의 반복과 계절의 순환을 일으킨다는 것은 주지의 사실이었다. 달은 밀물과 썰물을 다스렸다. 꽃은 햇살에 반응해 피어났다. 당시 지배적인 의학 이론이 열·냉·건·습의 과잉이나 결핍이 만병의 원인이라 가르쳤

63) 사례를 보려면, G. Langenfelt, *The Historic Origin of the Eight Hours Day* (Stockholm, 1954), p. 12.

64) E. M. W. Tillyard, *The Elizabethan World Picture* (1948), p. 51에서 인용되고 있음.

고 그 4성질들의 많고 적음은 날씨 탓이라는 견해가 설득력 있게 받아들여졌기 때문에, 질병은 별에 좌우된다고 해도 과언이 아니었다. (존 고드가 "우리 시대는 혈액이 우리 몸 안에서 24시간마다 순환한다고 가르쳐왔다"고 말한 것에서 알 수 있듯이,[65] 하늘이 인체에 미치는 영향은 훨씬 더 커보였을 것이다.) 17~18세기 과학의 발전에도 불구하고 변한 것이 별로 없던 시골지역에서는, 19세기까지도 달이 초목의 생장이나 날씨에 미치는 영향을 전하는 방대한 민간지식이 떠돌았다. 프랜시스 킬버트는 1878년분 일기에서 그가 몹시 아팠을 때 그의 소교구에 사는 어떤 노파를 방문한 일을 기록했다.[66] "그녀는 '그것은 천랑성'이라고 말하면서, '그것은 사악한 별이므로 복더위가 끝나는 토요일까지는 내가 회복되기 힘들 것'이라고 덧붙였다." 그 노파는 17세기 대중문학을 경유해 고대 히포크라테스의 저작들에까지 소급되는 어떤 이론을 반복한 것이었다.[67] 이는 죽음이 임박한 자가 썰물과 함께 사라진다는 해묵은 믿음과도 다르지 않았으니, 실제로 엘리자베스 치세기에 한 소교구 등록부에는 어떤 소교구민의 사망시 조수(潮水) 상태가 기록되어 있다.[68] 이런 관념은 공감과 감응에 관한 지적 이론의 잔

---

65) Goad, *Astro-meteorogica*, p. 17.

66) [역주] 로버트 프랜시스 킬버트(Robert Francis Kilvert: 1840~1879)는 바스(Bath) 출신으로 옥스퍼드에서 수학한 후 웨일스의 여러 시골지역 소교구 사제로 활동했다. 그의 일기는 1870년대 외진 시골지역의 삶을 잘 묘사한 사료로 널리 이용되고 있으며 그의 사후 50여 년에 걸쳐 꾸준히 출판되었다.

67) *Kivert's Diary*, W. Plomer, ed. (신판, 1960), vol. 3, p. 410. 또한 Hippocrates, *Aphorisms*, iv, 5; J. Primrose, *Popular Errours*, R. Wittie, trans. (1651), pp. 243, 254~61도 참조할 것.

68) 그것은 하틀리풀(Hartlepool) 근교의 헤슬리든(Hesleden)에서 1695년에 기록된 것으로, W. Henderson, *Notes on the Folk-lore of the Northern Countries* (1879), p. 58에 있다. 또한 J. Lucas, *History of Warton Parish* (c. 1710~1740), J. R. Ford and J. A. Fuller-Maitland, eds. (Kendal, 1931), p. 44도 참조할 것.

재였다기보다, 원시적 삶의 직접적인 산물이었다. 원시적 생활환경에서 인간이 조수나 날씨에 의존하는 것은 불가피했고, 인간과 환경 간의 공감관계를 가정하는 것 역시 자연스럽게 보였기 때문이다.

18세기까지도 잉글랜드 경제의 거의 대부분이 날씨에 좌우됐다.[69] 이런 조건은 점성술적 예측에 설득력을 부여했다. 날씨를 예측한다는 것은 수확을 예측하는 일이었고, 수확을 예측한다는 것은 식량부족에 수반될 사회불안과 사회불안에 뒤따를 수 있는 반란을 예측하는 일이었다. 바로 이 같은 추론 방식으로 덴마크 천문학자 티쇼 브라헤는 점성술 옹호론을 구성할 수 있었다.[70] 이와 유사하게 점성술사가 질병이나 죽음을 예언하는 것도 그럴듯한 일로 보였다. 사람의 건강은 공기상태에 영향을 받고 공기는 천체계의 영향을 받는다는 것이 일반적으로 받아들여진 탓이었다. 또한 혜성은 달 아래쪽 세계에 열기와 건기의 발산을 야기한다고 믿어졌기 때문에, 혜성이 지구를 바짝 말려 기근을 가져올 것이라든가, 혜성이 사람의 혈액을 건조시켜 〔분노를 자극하는〕 담즙을 증가시키며 그럼으로써 분쟁과 전쟁을 일으킬 것이라고 예측해도 전혀 불합리한 일이 아니었다.[71] 오늘날 우리조차 '공기의 변화'를 통해 건강과 체질개선을 도모할 자세가 되어 있지 않은가.

---

69) T. S. Ashton, *Economic Fluctuations in England, 1700~1800* (Oxford, 1959), 1장과 2장.

70) J. L. E. Dreyer, *Tycho Brahe* (New York, 1963년 판), pp. 75~6.
[역주] 티쇼 브라헤(Tycho Brahe: 1546~1601)는 (당시 덴마크 영토였고 지금은 스웨덴 영토인) 스발로프(Svalov) 지역의 크누드스트루프 성(Knudstrup Castle)에서 귀족으로 태어나 천문학/점성술과 연금술 분야에 많은 업적을 남긴 인물이다. 보통 '티코 브라헤'로 발음되나 덴마크어든 영어와 독일어든 '티쇼'로 발음된다.

71) Aristotle, *Meteorologica*, i, 7; Kocher, *Science and Religion*, pp. 166~7; Bacon, *Works*, vol. 4, p. 131; J. Swan, *Speculum Mundi* (Cambridge, 1635), p. 103.

요컨대, 한 사회의 효율적 작동이 날씨에 좌우되건만 홍수나 가뭄 같은 피해를 사회 스스로 지킬 수단이 거의 구비되지 못한 조건에서는, 기상예보가 그저 기상예보로만 남는다는 것이 불가능했다. 기상예보에 일련의 심각한 정치·사회적 결과들이 수반되는 것은 불가피했다. 이런 조건에서 점성술사들이 매년 그들의 책력들 안에 수록한 예언들은 매우 큰 설득력을 발휘했다. 칼뱅조차 인정했듯이, 점성술의 가장 속기 쉬운 특징은 그것이 일련의 반박 불가능한 진리들로부터 출발한 것이라는 점이었다.[72]

그렇지만 점성술은 예언에서 거듭된 실패로 귀결될 수밖에 없는 체계였기 때문에, 설득력만으로는 그 체계를 지탱하기에 충분하지 않았다. 지성인들이 원했던 정확한 예언을 거의 제공하지 못했음에도 불구하고 어떻게 점성술은 그들에게서 충성을 받는 것을 유지할 수 있었을까? 존 부커의 점성술 사업은 그것이 지속된 — 그리고 관련기록이 빠짐없이 유지되는 — 17년간 단 한 번도 불황의 기미를 보이지 않았다. 의뢰인들은 방문을 거듭했고 친구를 소개하기까지 했다. 그는 어떻게 그들을 단골로 유지할 수 있었을까? 책력과 예언력 도처의 반복된 오류에도 불구하고 왜 그것들에 대한 수요는 줄지 않았을까?

이 문제에 접근할 때 우리가 반드시 기억해야 할 것은 점성술사들, 적어도 저명한 점성술사들은 그들의 예언이 구속적이거나 필연적이라고 주장하지 않았다는 점이다. 자신들의 예언은 실현될 가능성이 매우 높다는 것이 그들이 말한 전부였다. 프톨레마이오스로부터 패트리지에 이르기까지, 별들은 뭔가 의도하기는 해도 강요하지는 않는다는 식으로 주장하는 것이 모든 점성술 논고들에 공통된 상투어였다. 릴리는 자신의 세시력(歲時曆) 표지그림으로 자신의 초상을 삽입했는

72) J. Calvin, *An Admonicion against Astrology Iudiciall*, G. G(ylby), trans. (1561), sig. Dii.

데, 그 초상 속 점성술사는 의미심장한 좌우명이 새겨진 책 한 권을 들고 있었다. "〔별들은〕 강요하지 않는다!"(*non cogunt*)는 것이었다. 누구든지 자유의지와 자기결정권을 발휘하면 천궁도상에 암시된 운세(*tendencies*)를 언제나 극복할 수 있었다. 두 사람이 같은 별의 영향을 받고 태어나도 서로 다른 운명을 맞이하기 쉬운 것은 바로 이 때문이었다. 어떤 개업점성술사가 주장했듯이, 점성술사들은 확정적 예측을 수행하는 것이 아니라, "천체들의 영향력이 아무 제약도 받지 않는다면 무슨 일이 발생할 수 있는가에 대해, 자연원인에 기초한 개연적 추측"을 수행할 따름이었다.[73] 이런 본질적 한계를 인정하는 경우에는 점성술적 예언이 늘 들어맞지만은 않는 이유가 쉽게 설명될 수 있었다. 점성술사는 의뢰인이 타고난 기질에 함축된 운세를 확인해 줄 뿐, 의뢰인이 그 운세에 굴복할 것인지 여부를 말해 줄 수는 없었다. 나아가 점성술사들은 어떤 개인의 천궁도가 그가 소속된 국가 천궁도에 의해 압도될 수 있음을 일깨우기도 했다. 프톨레마이오스는 왕국의 운명이 개개인의 운명을 지배한다고 주장하지 않았던가? 이 점에서 의뢰인이 원한 정확한 예측과 점성술사가 흔히 제공한 조건부 답변 사이에는 큰 괴리가 있었다.[74]

이처럼 예언을 애매한 어투로, '만일'이나 '그러나'를 남발해가며 에둘러 표현하는 것은 관행처럼 되었다. 무슨 결과가 발생하든 책력제작자의 오류라고 말하기 힘들었다는 말이다. 이런 관행에 편승해서, 1607년의 어떤 책력은 일식으로 인해 "개인들 사이의 큰 적대감과 악의와 원한, 큰 짐승들〔왕들〕의 죽음, 많은 투옥, 일부 교회인사들의 죽음"이 일어날 것이라는 암시를 주었다. 1614년의 또 다른 책력은 "수

73) Nathaniel Sparke in Ashm. 356, f4v.

74) Ptolemy, *Tetrabilos*, i, 2~3; Russel, *Astrological Predictions*, p. 21; Kocher, *Science and Religion*, p. 207.

많은 농부들이 그들의 동물과 가축에서 손실과 손상을 입을 것"이라고 예언했다.[75] 이런 속임수는 풍자작가들에 의해 곧 간파되었다. 진짜 책력 못지않게 상업적 성공을 거둔 모조 책력 《푸어 로빈》은 1664년 2월에 관해 다음과 같이 풍자적으로 예언했다.[76] "우리는 이 달이나 다음 달이나 다음다음 달에 소나기나 비가 내리든지, 그렇지 않으면 아주 건조한 봄을 맞이하든지 둘 중 하나라고 예상해도 좋다."[77] 조나단 스위프트는 결정적인 한 방을 날렸다.[78]

> 저들의 관찰들과 예언들로 말할 것 같으면, 그것들은 세상의 어느 시대, 어느 나라를 막론하고 잘 들어맞는다. "이 달에 어떤 거물이 사망 또는 질병의 위험에 직면할 것이다." 실제로 신문들은 이런 기사를 실을 것이다. 우리가 연말에 되돌아보면 어떤 달도 거물이 죽지 않고 지나간 달이 없었기 때문이다. 우리 왕국에만 줄잡아 2천이 넘는 거물급 인사가 있고 그들 대부분이 연로하니 어찌 그렇지 않을 수 있겠는가. 책력제작자는 1년 중 발병률이 가장 높은 계절을 자유로이 선택하고

75) *Gresham. 1607*, sig. C1; *Upcot. 1614*, sig. C3v.

76) [역주] '푸어 로빈'(Poor Robin)은 17~18세기에 '푸어 로빈의 책력'이라는 이름으로 출판된 풍자적 책력 시리즈물이다. 1663년에 처음 출판되어 1777년경까지 계속되었으며, 이를 모방한 각종 시리즈물이 영국과 미국에서 19세기까지 지속되었다.

77) *Poor Robin*(1664), sig. A6.

78) [역주] 조나단 스위프트(Jonathan Swift: 1667~1745)는 아일랜드 더블린 출신으로 더블린대학 트리니티칼리지에서 수학했고 1688년 명예혁명시에 잉글랜드로 건너와 윌리엄 템플 경의 비서이자(템플의 추천을 받아) 윌리엄 국왕의 측근으로 활동했다. 이후 그는 아일랜드에서는 성직자로, 잉글랜드에서는 토리당 논객으로 명성을 쌓았으나 1714년 앤 여왕이 죽자 아일랜드에 정착했고 말년은 정신착란으로 고통을 겪었다. 《걸리버 여행기》(1726)를 비롯해 정치·종교계를 풍자한 *A Tale of Tub*(1704)와 *The Battle of the Books*(1704) 같은 대작을 남겼다.

여기에 그의 예언을 맞출 수 있는 것이다. 다른 예로 "이번 달에 어떤 고위성직자가 발탁될 것이다"라는 예언에서도 수백이 넘는 성직자들 중 절반은 이미 한 발을 무덤에 들여놓은 이들이 아닌가. 또 다른 예로 "어떤 행성이 어떤 숙(하우스) 안에 든 것은 큰 모반이나 음모나 모의를 예고하니, 때가 되면 백일하에 드러날 것"라고 예언한 후에, 만일 뭔가 발각되었다는 소식이 들리면 점성술사는 명예를 얻을 것이요 그렇지 않더라도 그의 예언은 여전히 유효할 것이다. 마지막 예로 "하나님께서 윌리엄 국왕을 온갖 드러난 적들과 숨은 적들로부터 지켜주실 것이니, 아멘." 혹시 국왕이 죽는 일이 발생하면 점성술사는 그 사건을 예언한 셈이요 그렇지 않더라도 어떤 충성스런 백성의 절절한 외침으로 통하게 될 것이다.[79)]

이 인용문에는 과장된 면이 별로 없다. 예언은 늘 "무슨 결과가 발생하든지 간에 예언된 내용이 그 결과를 암시할 수 있도록 교묘하고 애매하게" 꾸며졌다는 점에서,[80)] 애매함은 예언의 본질적 특징이 될 수밖에 없었다. 더욱이 레지널드 스코트가 지적한 것처럼, 단 한 번의 정답은 나머지 모든 오답들을 상쇄했기 때문에 "그들이 무엇을 말하든 결국은 믿게끔" 되어 있었다.[81)] 더욱 당혹스러운 것은 점성술사들이 하나님의 개입을 구실로 꽁무니를 뺄 수도 있었다는 점이다. 릴리에 따르면, 판별점성술은 자연원인에 대한 분석에 머물 뿐, 감히 하나님의 기적을 설명하겠다고 나설 처지에 있지 않았다. 일례로 노아의 홍수는 전능하신 하나님이 손수 만든 작품으로, 점성술적 원인에 의해 설명될 것은 아니었다.[82)] 공위기의 혼란한 분위기에서 릴리는 자신

79) (J. Swift), *Predictions for the year 1708 … by Isaac Bickerstaff, Esq.*
80) J. S., *The Starr-Prophet anatomiz'd and dissected* (1675), p. 29.
81) Scot, *Discoverie*, XI. xxii.
82) W. Lilly, *Merlini Anglici Ephemeris* (1656), sig. A3v.

의 틀린 예언을 변명할 요량으로, 기적이란 예측 불가능한 것이라는 개념에 거듭 호소했다. 그는 1652년에 찰스 1세의 처형은 어느 점성술사로서도 예측을 기대할 수 없었던 사건이라고 해명했다. 그 사건에서 "섭리는 자연에 의해서가 아니라 기적에 의해서 작용했다"는 것이었다. 그는 1659년에는 호국경(護國卿) 올리버 크롬웰이 그해 5월에 "그에게 통치 능력이 있음을 만천하에 알릴 것"이라고 예언했다. 그러나 바로 그해 5월에 호국경의 양위(讓位)가 발생하자 그는 독자들을 다음과 같이 진정시켰다. 그런 정치적 동요는 하나님의 손길이 직접 표현된 것임이 분명하니 점성술로는 결코 간파할 수 없었으리라는 것이었다. 더 나아가 그는 설사 그 사태를 미리 알았다고 해도 입밖에 내는 것은 불경이었으리라는 입장을 내비치기도 했다. 왕정복고와 함께 릴리는 또다시 하나님의 개입이라는 관념으로 되돌아갔다. 자신에게 그런 기적을 예언한다는 것이 가당키나 하겠는가? 이는 자연을 초월한 조치로 인간 연구자로서는 도저히 꿰뚫어 볼 수 없는 것이었다.[83)]

이 모든 것이 너무 노골적인 핑계라는 인상을 줄 수도 있겠지만, 릴리가 진지하지 못했다든지 독자들이 그의 해명을 거부했다고 생각할 것까지는 없다. 내란시 왕당파의 패배를 (미리 알 길 없는) 초자연적 원인 탓으로 돌린 점에서는 조지 워튼도 비슷한 입장이었다.[84)]

---

83) W. Lilly, *Merlini Anglici Ephemeris*(1652), sig. F7v; 같은 책(1659); 같은 책(1660), sigs. A2, A3; 같은 책(1661), sig. A1.

84) *The Works of … Sir George Wharton*, J. Gadbury, ed.(1683), p. 277.
[역주] 조지 워튼(Sir George Wharton, 1st Baronet: 1617~1681)은 웨스트몰랜드에서 대장장이의 아들로 태어났다. 옥스퍼드에 진학하려 했으나 거부되자 고향으로 돌아와 가산을 정리해 왕당파를 위한 기병대를 일으켰고 그 덕에 찰스 1세의 측근으로 성장했다. 옥스퍼드에서 찰스 1세를 보필하던 중 그는 애쉬몰을 만나 점성술/연금술에 입문했고 1647년 그레셤칼리지에서 열린 점성술사협회

빈센트 윙도 1647년분 예언력을 다음과 같은 경건한 경구로 끝맺었다.[85] "전능하신 하나님은 하늘의 전조들을 안배하지만 때에 따라서는 거두어들이기도 하신다."[86] 새뮤얼 터커(Samuel Tucker)도 "전능하신 하나님이 자연을 정지시키고 몸소 역사하실 때, 즉 기적이라는 용어가 적합해 보일 때를 제외하고는… 별들의 영향은 필연적으로 작용한다"고 생각했다.[87]

검열제도라는 핑계거리도 똑같이 설득력을 발휘했다. 책력은 수차례 검열을 받은 것이 분명하며,[88] 당시 독자들로서는 과연 검열관이 개입해 점성술사가 진실을 말하지 못하도록 방해했는지 여부를 판단할 수 없었다. 이것은 정부 검열이 종결된 1695년까지 점성술사에게 좋은 구실로 유지되었다. 일례로 티모시 개드베리(Timothy Gadbury)는 찰스 2세가 귀환하기 2주 전에야 그 사건을 예언하면서, 자신은 이를 오래전부터 예지하고 있었지만 대중에게 알리지 않았는데, 이는 검열 때문이기도 했고 국왕의 적들에게 경각심을 불러일으켜 국왕의 호기를 망치고 싶지 않았기 때문이기도 했다는 해명을 덧붙였다.[89] 늘

---

창립총회에 애쉬몰, 릴리, 부커 등과 함께 참여했다. 1649년에 투옥되었다가 풀려났고, 왕정복고 이후 복권되어 1677년에 준남작위(*baronetage*)를 받았다.

85) [역주] 빈센트 윙(Vincent Wing: 1619~1668)은 러틀랜드 출신으로 고전어와 수학을 독학한 후에 1648년 무렵부터 개업점성술사로 활동했다. *Astronomia Britannica*(1652)라는 그의 주저는 코페르니쿠스 천문학체계에 점성술적 예언을 결합한 작품으로 동시대 천문학계에 큰 반향을 일으켰다. 그 밖에도 그가 제작한 20년분(1652~1671) 천문력은 매우 정확한 계산이라는 평가를 받았다.

86) *Wing, 1647. An Almanack and Prognostication*, sig. C4v.

87) Ashm. 244, f. 149. 비슷하게 기적을 제외시킨 다른 사례들은, William Ramesey〔*Lux Veritatis*(1651), sig. A5v〕; John Gadbury〔*Natura Prodigiorum*(1660), sig. A4〕; Richard Saunders〔*Apollo Anglicanus*(1656), sig. C5〕.

88) 이 책의 2권 pp. 338~41을 참조할 것.

89) T. Gadbury, *A Health to the King*(1660).

그렇듯이 체계적 반론을 수반하지 않은 탄압은 믿음을 끝장내기는커녕 더 부채질하기 마련이었다. 스트래트퍼드-어펀-에이번(Stratford-upon-Avon) 소교구 사제 존 워드[90]의 비망록에는 책력제작자의 무오류라는 당시 신화에 대한 흔치않은 증언이 포함되어 있다. 여기서 그는 수많은 점성술사들이 1666년 런던 대화재를 예언했지만 그들의 예언력들 중 그 대목은 검열관 로저 레스트레인지 경에 의해 모두 삭제되었다는 소문을 기록하고 있다.[91]

점성술사에게 최후의 보루는 계산상 실수를 인정하는 일이었다. 블래그레이브는 자신의 시계가 느려지거나 질의서를 지닌 전달자가 도중에 지체하면 일이 잘못될 수도 있다는 점을 독자에게 상기시켰다.[92] 의뢰인 편에서도 필요한 사실들을 빈틈없이 제공하지 못해 계산을 망칠 수 있었다. 어떠한 경우든 적절한 절차가 준수되었어야 했을 것이라는 변명의 여지는 얼마든지 남아 있었다. 어떤 동시대인이 지적했듯이 "천궁도로 점성괘를 얻는 방법은 여섯 가지나 되며 어떤 방법을 사용하느냐에 따라 사건에 대한 예언은 달라질 것"이었다.[93]

---

90) [역주] 존 워드(John Ward)는 스트래트퍼드-어펀-에이븐(Stratford-Upon-Avon) 소교구 사제를 지낸 1662~1681년간의 기록을 일기형태로 남겼고, 이 기록은 1839년에 *Diary of the Reverend John Ward, Vicar of Stratford-Upon Avon*이란 제목으로 편찬되었다. 로저 레스트레인지 경(Sir Roger L'Estrange: 1616~1704)은 왕당파 대의를 추종한 팸플릿 작가로 평생토록 정치논쟁에 참여했다. 1644년에는 찰스 1세를 지원하려는 음모혐의로 투옥되었으나 탈출해 네덜란드로 망명했고, 왕정복고 후 1663년경부터는 잡지발행인이자 검열관으로 활동했으며, 1685년에 기사작위를 받았다.

91) *Diary of the Rev. John Ward*, C. Severn, ed. (1839), p. 94.

92) H. G. Dick, *Journal of the History of Medicine*, vol. 1 (1949), p. 420에서 인용됨.

93) J. Granville, *Saducismus Triumphatus* (1681), vol. 1, p. 68. 조셉 먹슨(Joseph Moxon)에 따르면 네 가지 방법이 있었고〔*A Tutor to Astronomie and Geographie* (1659), p. 123〕, 헨리 모어에 따르면 다섯 가지 방법이 있었다

틀린 결과를 얻은 점성술사는 이렇듯 자신의 계산과정을 되짚어봄으로써, 어디서 계산이 빗나갔는지를 파악할 수 있었다. 이처럼 지난 사건을 되짚는 지혜를 보여준 가장 유명한 사례는 이탈리아 출신의 점성술사 제롬 카르단의 것이다. 그는 16세기 중반에 잉글랜드로 건너와 어린 국왕 에드워드 6세가 최소한 55세까지는 살 것이라고 예언했다. 얼마 지나지 않아 에드워드가 사망했음에도 그는 애써 태연한 척하며, "그 이후로 내가 그 주제에 관해 생각한 모든 것"이라는 제하의 변명(*apologia*)과 함께 에드워드의 천궁도를 출판했다. 여기서 그는 오류가 발생한 것은 최소 1백 시간 이상을 요구하는 몇 가지 추가 계산을 회피했었기 때문이라고 해명했다. 그가 게으름을 피운 탓에 충분히 예상되었던 위험을 벗어나지 못했다는 것이었다. 아울러 그는 재위중인 국왕의 임박한 서거를 예언하면 심각한 분란에 휩싸일 것이 뻔했기 때문이었다는 점도 솔직히 인정했다.[94)]

다른 대다수 점성술사들도 실패에 기죽지 않기는 마찬가지였다. 그들은 인간적 지식이 완전할 수 있겠느냐, 점성술이 의학보다 못한 것이 뭐냐 등을 스스로에게 상기시키곤 했다. 점성술사들이 제각기 다른 결론을 내놓는다면 신학자들도 그렇고 법학자들도 그렇지 아니한가.[95)] 이 개업인이 저 개업인보다 유능하다는 것, 점성술계에 협잡꾼

〔*Tetractys Anti-Astrologica*(1681), pp. 46~7〕.

94) *Hieronymi Cardani, in Cl. Ptolemaei Astrorum Iudiciis … Commentaria*(Basel, 1578), pp. 603~13〔H. Morley, *Jerome Cardan*(1854), vol. 2, pp. 138~42에 요약되어 있음〕. 그러나 과시욕이 강했던 카르단은 그의 자서전에서 에드워드 6세의 천궁도를 자신의 전문가적 통찰력의 증거로 인용했다. Cardan, *The Book of My Life*, J. Stoner, trans. (New York, 1962년 판), p. 200.

95) Ashm. 240, f. 128v; *Bowker, 1634*, sig. C8; Sloane 2279, f. 37v(William Drage의 점성술 옹호론); J. Butler, *A Brief(but true) Account of the Certain Year, Moneth, Day and Minute of the Birth of Jesus Christ*(1671), p. 300; J. Gadbury, *Cardines Coeli*(1684), pp. 4~5.

과 돌팔이가 득실댄다는 것은 모두가 알고 있었다. 양질의 점성술사는 극히 소수였고 그나마 최상급 점성술사조차 오류를 범하곤 했다.[96] 그러나 역설적이게도 점성술사 개개인의 오류는 점성술 체계의 전체를 위해서는 오히려 받침대로 작용했을 뿐이다. 의뢰인 편에서는 다른 개업점성술사를 찾아가 더 좋은 조언을 얻는 것으로 충분했고, 점성술사 편에서는 계산과정을 되짚어가며 어디서 어긋났는지를 파악하는 것으로 충분했기 때문이다. 점성술계 내부의 떠들썩한 분란, 이를테면 릴리와 워튼 간의, 개드베리와 패트리지 간의 심한 논쟁이 있었지만, 종교논쟁이 사람들을 무신론자로 만들지는 않듯이, 이런 논쟁도 점성술 자체를 훼손하지는 않았다. 오히려 논쟁은 어느 쪽이 옳은지를 알려는 공공의 호기심을 부채질했을 뿐이다. 이처럼 점성술사들은 서로 지엽적인 오류에 치중함으로써, 전체로서의 점성술에 관심이 쏠리는 것을 막았다.

그러나 세상이 왜 점성술사들과 그들의 호언장담에 금방 싫증을 내지 않았는지를 깊이 이해하려면, 그들이 판결한 많은 것이 예언만은 아니었다는 점을 기억할 필요가 있다. 개업점성술사의 사업에서 큰 몫을 차지한 것은 조언을 해 주는 일, 나아가 의뢰인들이 사적인 문제를 해결하고 그들 스스로 결단을 내릴 수 있도록 돕는 일이었다. 이런 활동은 신용을 쉽게 잃을 만한 것이 아니었다. 점성술사가 어떤 조치에 불리한 흉일을 택해도 그를 비난하기는 쉽지 않았다. 다른 날이 더 흉할 수도 있었는지 여부를 판단할 길이 없었기 때문이다. 사실상 점성술사의 조언은 건전한 상식에, 나아가 의뢰 건들에 대한 풍부한 경험에 토대를 두었던 것으로 보인다. 오늘날 아프리카 점술사가 어떻게 의뢰인 마음속에 도사린 두려움과 심증을 대신 표현하는 매개자로

96) J. Partridge, *Prodromus* (1679), p. 9.

기능할 수 있는지에 관해서는 앞서 논의하였다. 아프리카 무속인은 상담을 시작하기 전에 마을의 소문을 충분히 파악해 두며 고객이 흘린 단서는 무엇이든 눈치 빠르게 낚아챈다. 그의 최후판결은 상담과정에서 드러난 상황에 따라 크게 달라질 수 있다. 역으로 의뢰인은 자기가 원한 대답을 얻지 못하면 그 대답을 얻으려는 바람에서 다른 무속인을 찾아갈 것이다. 에번스-프리트처드(Evans-Pritchard) 교수가 아잔데(*Azande*) 족의 신탁에 관한 연구에서 결론지었듯이, 의뢰인은 원래 자신이 얻으려 했던 것을 얻게 해 줄 기회라면 무엇이든 이용하는 경향이 있다.[97]

17세기 점성술사의 활동과 현대 아프리카 점술사의 활동을 상세하게 비교하기에는 증거가 부족하다. 17세기 점성술 상담을 전하는 수만 건의 기록이 현존하지만 — 그리고 이에 상응하는 아프리카의 접신집회 횟수는 현대 인류학자들에 의해 관찰된 것만 해도 그보다 많다는 것이 분명하지만 — 핵심정보는 늘 부재한다. 상담장부는 점성술사가 의뢰인에게 무엇을 말했는지 거의 보여주지 않으며 천궁도 제작과정에서 오간 대화를 전혀 기록하고 있지 않다. 이런 제약 때문에 아프리카에서 접신집회를 직접 관찰해온 인류학자 수준의 분석을 제공하는 것은 불가능하다.

그럼에도 불구하고 '우선 채택된 증거'(*prima facie evidence*: 반증이 없는 한 그것만으로 충분한 증거)에 비추어보면, 많은 점성술 상담은 아프리카 점술사의 상담에 비해 의뢰인을 덜 '압박'했던 것으로 추정된다. 점성술사 업무의 상당 부분은 우편으로 처리되었고 점성술사가 접수한 편지들도 전혀 모르는 자로부터 온 것이 많았기 때문이다. 그런 편지들 중에는 도난품이나 질환에 관한 정보를 직설적으로 요청하면서,

---

97) E. E. Evans-Pritchard, *Witchcraft, Oracles and Magic among the Azande* (Oxford, 1937), p. 350. 전반적인 논의는 이 책의 2권 pp. 88~91을 참조할 것.

원하는 답변이 무엇인지 전혀 단서를 제공하지 않은 편지들, 혹은 저 답변보다 이 답변을 원한다는 식의 암시조차 제공하지 않은 편지들도 포함되어 있었다. 실제로 일부 의뢰인은 의뢰 건에 대해 완전한 실험 조건을 안배함으로써 점성술사가 어느 쪽으로든 미리 기우는 것을 막으려고 무척 신경을 썼다.[98] 더욱이 점성술은 과학이 되어야 했다. 최종판단을 제시하려면 반드시 따라야 할 엄격한 규칙들(점성괘들)이 있었다. 상담과정에서 의뢰인이 무심코 흘린 단서에 맞춰 결론을 조작할 수만은 없었던 것이다. 어떤 상황에서는 의뢰인이 의심한 자가 실제로는 무고하다는 점성괘를 내놓는 것이 점성술사의 임무일 때도 있었다.[99]

하지만 이 모든 외견상의 객관성에도 불구하고, 점성술이 종국적으로 의존한 것은 점성술사의 판단력과 상식이요, 엄격성과는 거리가 먼, 지나치게 유연한 체계였다.[100] 많은 종류의 아프리카 점복에서 그렇듯이, 반드시 따라야 할 규칙들(점성괘들)이 있기는 했지만 그것들에 대한 해석은 결국 주관적이었다. "누페(*Nupe*)족의 모래(흙) 점에서 가장 현저한 특징은 그것의 과포장된 이론적 틀과 그것의 원시적이고 부주의한 실제적용 간의 현격한 차이"라고 어떤 인류학자는 기록한 적이 있다.[101] 17세기 잉글랜드의 많은 점성술 상담에 대해서도 똑같

98) 일례로, 부커의 의뢰인들 중 한 명은 그의 소작인으로부터 연체된 지대를 받아낼 기회를 묻는 의뢰서를 부커에게 제출하기에 가장 좋은 길시를 결정하고자 정성들여 제비뽑기를 이용했다고 밝히고 있다〔Ashm. 385, p. 636(1654년 10월 19일 의뢰건)〕.

99) 일례로 Sloane 1312, f. 46(어떤 17세기 개업점성술사의 점성괘들).

100) 이 책의 2권 pp. 222～3, 324～6.

101) S. F. Nadel, *Nupe Religion*(1954), p. 63. 또한 E. J. and J. D. Krige, *The Realm of a Rain-Queen*(1943), p. 227도 참조할 것. ("복잡한 점성괘들에도 불구하고, 점복은 결국 엄밀과학이 아니라 해석이다. 이 해석에서 크게 작용하는 것은 점술사의 재간이요, 인간본성에 대한 그의 지식이요, 사회 내 인

이 말할 수 있을 것이다. 의뢰인이 심증을 둔 쪽으로 점성괘가 쏠리는 것은 어쩔 수 없었다. 일례로 릴리는 의뢰인이 먼저 주술에 걸렸는지를 의심하지 않으면 주술은 결코 진단될 수 없는 것이라고 가르쳤다.[102] 아프리카 점술사들과 마찬가지로 점성술사들은 거의 이름을 사용하지 않고 인상착의만으로 — 이를테면 "귀 밑에 사마귀, 몸에 또 다른 사마귀가 있는 하녀!" 같은 식으로 — 호명하곤 했다.[103] 〔객관성을 표방한〕 이런 관행은 의뢰인이 가진 의심이 그가 원래 선택한 쪽으로 굳어지는 것을 더욱 용이하게 했다. 엘리자베스 시대에 제인 셸리(Jane Shelly)라는 귀부인은 점성술사이자 케임브리지대학 카이우스 칼리지 교수인 존 플레처에게 의뢰해 그녀의 미망인 연금이 어떻게 처리된 상태인지 알아내려 했는데, 그녀가 얻은 것은 "불한당은 불한당일 뿐"이라는 — 델피의 신탁만큼이나 — 애매한 답변이었다.[104]

다소 비양심적인 개업점성술사는 고객이 원하는 대로 최종판결을 서비스할 준비가 되어 있었다. 릴리는 그의 점성술 스승이자 전직 성직자인 어라이즈 에번스가 어떤 의뢰인에게 천궁도가 보여준 것과는 정반대로 예언하는 것을 보고는 충격을 받은 일이 있었다고 고백했다. 그 스승은 속인 것을 인정하면서도, "그렇게 판결해서 그 여인을

---

간적 동기들 간의 상호작용에 대한 그의 평가이다.")

102) Lilly, *Christian Astrology*, p. 263.

103) *Quarter Sessions Records for the County of Somerset*, vol. 3, E. H. Bates Harbin, ed. (Somerset Record Society, 1912), pp. 331~2. 이 책의 2권 pp. 87~8, 265~7도 참조할 것.

104) P. R. O., SP 12/244, f. 112.
[역주] 존 플레처(John Fletcher: 생몰연도 미상)는 케임브리지대학 카이우스(Caius) 칼리지에서 1583년에 석사학위를 받았고 1581~1613년간 동 칼리지의 전임강사(*don*)로 재직하면서 수학과 천문학을 가르쳤고 점성술사로도 활동했다. '미망인 연금'(*jointure*)이란 남편이 자신의 사후에 아내에게 유증되도록 안배한 부동산, 동산, 지대 등 모든 자산을 뜻한다.

만족시키지 않았더라면 그녀는 한 푼도 내지 않았을 것이며, 자신에게는 부양해야 할 처자식이 있다"는 변명을 늘어놓았다고 한다. 점성술사는 얼마를 받든 점성괘를 거슬려 판결해서는 안 될 것이라고 릴리는 생각했다. 그러나 훗날 부커가 핍스에게 전한 바에 따르면, 릴리도 누구 못지않게 유연했다고 한다.[105] 엉터리 점성술사를 다룬 제임스 1세 시대의 한 희곡에서 어떤 등장인물은 이렇게 말한다. "자네가 누구를 의심하는지 그〔점성술사〕에게 말해 주게나, 그러면 그는 정곡을 찌를 게야."[106] 동시대의 어떤 팸플릿에 묘사된 "돌팔이 점성술사"는 절도 사건을 의뢰받고 계산에 들어가기 전에 항상 의뢰인에게 집을 자주 드나든 의심스러운 자들이 있느냐고 물었다. 그런 후에 천궁도를 그린 것은 형식적 눈가림에 지나지 않았다.[107]

뿐만 아니라 점성술사의 예언들 중 일정비율은 단지 예언되었기 때문에 실현된 〔예언되지 않았더라면 실현되지 못했을 수도 있는〕 것이었다. 어떤 동시대인이 지적했듯이, "누군가가 결투를 벌이려 한다면 점성술사는 그가 승리할 것이라고 예언하며 상담자는 이에 용기백배해 승리를 거두게 된다."[108] 또 다른 동시대인은 "점성술의 미덕은 강자의 권세보다 약자의 자신감에 있지 않은가?"라고 물었다.[109] 기근을 예언하면 기근이 도래할 가능성을 높인다는 것도 잘 알려져 있었다.

---

105) Lilly, *Autobiography*, pp. 55, 60; *The Late Storie of Mr William Lilly* (1648), p. 8; *Diary of Samuel Pepys*, 1660년 10월 24일자.

106) (J. Fletcher?), *The Bloody Brother*〔1617년에 초연(?)됨〕, 4장 2막.

107) *Character of a Quack Astrologer* (1673), sig. B4v. 마을 정보가 점성술사의 수단 중 중요한 일부라는 것은 15세기에도 알려져 있었는데, 이에 관해서는 B. L. Manning, *The People's Faith in the Time of Wyclif* (Cambridge, 1919), p. 90.

108) "A Learned Divine", *The Late Eclipse Unclasped* (1652), p. 9.

109) J. S., *The Starr-Prophet Anatomiz'd*, p. 25.

1560년에 윌리엄 펄크는 점성술사들을 겨냥해 다음과 같이 말했다. "당신네는 이 나라에 얼마나 심각한 식량부족을 초래하는가! 이 땅의 농부들은 … 날씨가 불순할 것이라는 당신네 신탁을 믿고는 교활하게도 그들의 곡식 단지만 채우고 있으니 풍년이 들었건만 서민은 서글프고도 심각한 식량부족에 시달리고 있다."110) 노샘턴 백작도 동일한 요점을 반복했다.111) "기근을 예언한 팸플릿들이 기근의 원인이 되었다. 이는 행성들이 심술을 부려서가 아니라 … 농부들의 욕심 때문이다. 기상이변에 대한 공포에 사로잡힌 그들은 … 매점매석으로 … 그리고 은밀한 곡식비축에 의해 식량부족이 오기도 전에 가격을 올려놓고 있다."112) 식량부족을 식량비축 탓으로 돌리는 것은 흔한 일이었고 많은 곡물매점자가 활동했다는 것도 분명하다. 이런 부류를 가리켜 성직자 토마스 애덤스는 책력을 성경처럼 여기는 부류라고 불렀다. 《맥베스》에서 문지기가 언급한 "일확천금에 대한 기대에 목매단 농부"는 아마도 가장 최신판 예언력을 연구하고 있었을 것이다. 벤 존슨의 희곡 《모든 인간은 각자의 기질로부터》에서 소르디도(Sordido)는 책력이 여름철 악천후를 예언하고 있다는 근거만으로 곡식을 비축해 두기로 결정한다.113) 1609년에 존 앨런(John Allen)은 이렇게 기록

---

110) Fulke, *Antiprognosticon*, sig. Aviijv.

111) [역주] 노샘턴 백작(Henry Howard, 1st Earl of Northampton: 1540~1614)은 잉글랜드의 유력가문 중 하나인 하워드가 출신으로(그의 부친은 서리 백작 헨리 하워드이다), 귀족교육을 통해 철학, 법학, 신학, 역사학 등을 두루 섭렵했고 유력한 정신(廷臣)으로 활동했다. 그러나 늘 비밀가톨릭교도라는 의심에 시달렸고 국왕의 총애를 받지 못했다. 프랜시스 베이컨은 그를 "궁정에서 가장 박식한 인물"로 평가했다. 토마스 오버베리 경의 살해에 연루된 인물로도 알려져 있다.

112) H. Howard, Earl of Northampton, *A Defensative against the Poyson of Supposed Prophecies*(1620, 초판은 1583), f. 113v.

113) *The Works of Tho. Adams*(1629), p. 836; Macbeth, 2막 3장; B. Jonson,

했다. “대중이 이런 예언들에 대해 보이는 어리석은 경외는 그 예언들의 실현을 촉진한다. 이는 대중이 예언들을 피해갈 수 없는 것들로 존중하기 때문이다.”[114)]

동일한 이유에서 당시 정부는 정치적 예언들을 매우 심각하게 여겼다. 엘리자베스 1세의 왕위계승시에는 그것들이 잉글랜드 교회의 국교회로의 정착을 위협할 정도였다. 어떤 동시대인이 기록하고 있듯이,

> 천체관찰자인 노스트라다무스라는 자의 수수께끼처럼 난해하고 악마적인 예언들로 〔온 백성이〕 갈팡질팡하고 온 왕국이 혼란과 동요에 빠져 있으니 … 심지어는 하나님의 영광과 그분의 말씀이 최고로 번성해 정착될 것을 정성을 다해 기원했어야 마땅할 자들마저 신앙에 극히 냉담해져 하나님이 약속을 저버린 것은 아닌지 의심하기에 이르렀다.[115)]

노스트라다무스는 점성술사이자 예언자로 활동한 프랑스인이었고, 왕후 카트린 드 메디치(Catherine de Medici: 1519~1589)의 후원을 받았다. 주로 점성술에 의존한 그의 1559년분 예언력은 이미 영어로 번역되어 온갖 우울한 예언들, 이를테면 “이런저런 재앙과 눈물과 비탄”, “가장 낮은 자들이 가장 높은 자들에게 대드는 민간소요와 폭동”에 대한 예언들을 전해 준 참이었다. 파커 대주교는 이런 헛소문을 “망상들로 뒤범벅 된 것”이라고 일축했고[116)] 정부도 그의 예언력들을

---

*Every Man out of His Humors*, 1막 1장. 다른 문학적 사례들도 *Ben Jonson*, vol. 10, C. H. Herford and P. E. Simpson, eds. (Oxford, 1950), pp. 429~30에 인용되고 있다.

114) *Judicial Astrologers totally routed*, p. 16. 이런 과정에서 실제로 있었던 어처구니없는 사례는 Lilly, *Autobiography*, pp. 117~8을 참조할 것.

115) F. Coxe, *A Short Treatise declaringe the Detestable Wickednesse of Magicall Sciences* (1561), sig. Av.

116) [역주] 매튜 파커(Matthew Parker: 1504~1575)는 노리치 출신으로 케임브

판매한 서적상들에게 법적 조치를 취했다.117) 그러나 그 예언력들이 큰 충격을 준 것만은 분명했다. 펄크는 다음과 같이 회상했다.

> 그 예언력들을 조금이라도 신뢰한 자들 대부분은 감히 그들의 신앙과 종교를 드러내는 우를 범하지 않으려 했다. … 그의 예언이라는 행운이 없다면 그 어떤 일도 실현될 수 없는 것처럼 믿어졌다. … 하나님 말씀을 전하는 참된 목회자들이 그 헛된 예언을 신뢰하는 무리를 통렬하게 꾸짖지 않았다면, 공포와 〔헛된〕 기대를 끝장낼 수 없었을 것이다.118)

그렇지만 점성술적 예측의 정치적 잠재력이 가장 체계적으로 이용된 것은 내란기였다. 신문들은 1642년부터 점성술 예측을 활자화했고,119) 대치하고 있던 양 진영은 각기 점성술사를 끌어들였다. 의회 지지자들 중에는 릴리와 부커가 돋보였고, 조지 워튼은 국왕 편에서 기고했다.120) 릴리의 기록에 따르면, 크롬웰 군대가 스코틀랜드에 주

---

리지에서 신학을 공부하던 중 1527년에 사제로 서임되었고 교수로 임명되었다(석사학위는 1528년에 받았다). 그는 잉글랜드 국교회의 39조문의 입안자로 활동했고 로마로부터 독립된 교리체계를 수립하기 위해 노력했다. 1559년부터 죽을 때까지 캔터베리 대주교를 지냈다.

117) *Correspondence of Matthew Parker*, J. Bruce and T. T. Perowne, eds. (Cambridge, P. S., 1853), pp. 59~60. 노스트라다무스의 1559년분 예언력과 1556년분 예언력의 출판된 판본들에 대해서는, *S. T. C.*를 참조할 것. 럼리(Lumley) 경이 소장했던 1560년분 예언력의 마이크로필름은 B. M., Royal MS 17 B xxxviii에 있다.

118) Fulke, *Antiprognosticon*, sig. Aviij. 이 시대에 관해서는 S. V. Larkey, "Astrology and Politics in the First Years of Elizabeth's Reign", *Bulletin of the Institute of the History of Medicine*, vol. 3 (1935) 도 참조할 것.

119) J. Frank, *The Beginnings of the English Newspaper, 1620~1660* (Cambridge, Mass., 1961), pp. 177, 212, 215, 222, 247, 259, 326, n. 36.

120) H. Rusche, "*Merlini Anglici*: Astrology and Propaganda from 1644 to 1651", *E. H. R.*, vol. 80 (1965) 은 이들 세 사람 간에 있었던 주요 팸플릿 선

둔하고 있었을 때 한 군인은 그의 책력을 손에 들고 서서 병력이 지날 때마다 이렇게 외쳤다고 한다. "자, 릴리가 말한 것을 들어보시라. 여러분은 이 번 달 안에 승리를 약속받았으니, 용감한 용사들이여, 나가 싸우라!"[121] 1648년 콜체스터 포위공격 기간에는 군대의 사기진작을 위해 릴리와 부커가 직접 파견되어 "군인들에게 그 도시가 곧 굴복할 것이라고 장담했고 정말로 그렇게 되었다." 반면에 포위된 요새 안에서는 왕당파 점성술사 존 험프리가 사령관 찰스 루커스 경이 용기를 잃지 않도록 지원병력이 곧 올 것이라는 거짓 예언까지 제시하면서 애쓰고 있었다.[122] 국왕이 릴리를 포섭할 수만 있다면 6개 연대를 얻는 것보다 큰 가치가 있을 것이라는 소문이 나돌았다.[123] 공위기 초기에 출간된 릴리의 책력들은 내용 전체를 세밀화로 압축한 표지그림을 앞세우곤 했다. 이를 통해 신체제를 정당화했고 왕정의 영원한 몰락을 선언했으며 독자들에게 몰수된 토지를 구입하도록 권유했다.[124] 니콜라스 컬페퍼 역시 노골적으로 정치적인 목적을 가지고 서술했다. 그는 1652년 일식이 유럽 전역에 공화주의를 전파할 것이라는 자신의

---

전전들을 해설하고 있다.

121) Lilly, *Autobiography*, p. 189.

122) *Ibid.*, pp. 153~4; Wood, *Ath. Ox.*, vol. 4, cols. 747~9.
[역주] 존 험프리(John Humphrey: 생몰연도 미상)는 17세기 중반에 활동한 점성술사라는 것 외에 별로 알려진 것이 없다. 찰스 루카스 경(Sir Charles Lucas: 1613~1648)은 에식스 출신으로 케임브리지에서 수학한 후 1630년대부터 군대경력을 쌓았다. 1639년에 기사작위를 받았고 1640년에는 요크셔 리치먼드의 사령관으로 임명되었다. 내란 동안에는 루퍼트 왕자나 토마스 페어팩스(Sir Thomas Fairfax) 등을 보좌하면서 주로 기병대를 이끌었으나, 1648년 콜체스터 농성전에서 패해 처형되었다.

123) *The Late Storie of Mr William Lilly*, p. 7.

124) 그 결과 왕정복고시에 비난을 받게 되었는데, 이를테면 *A Declaration of the Several Treasons … by … William Lilly* (1660); W. Prynne, *A True and Perfect Narrative* (1659), p. 60에서 그러했다.

예언에 점성술적 근거가 부족할 수도 있다는 것을 선뜻 인정하면서도, "설령 그 예언이 실현되지 않더라도 왕국을 잃을까 봐 노심초사하는 군주들에게 무슨 해가 된단 말인가?"라고 반문했다. 오히려 "그것이야말로 군주들에게 겸손을 가르칠 기회가 아닐까?"[125]

17세기 말엽까지도 대다수 정치현안들을 점성술적으로 표현하는 것은 여전히 관행처럼 유지되었다. 일례로 공위기 말에 대외정책을 놓고 심한 갈등이 있었는데, 릴리는 스웨덴과의 동맹을 적극 옹호한 반면에 (그 보답으로 스웨덴의 카를 10세로부터 금목걸이를 전해 받았다), 존 개드베리는 덴마크 편을 들어야 하는 이유를 설명하면서 정확하게도 카를 국왕이 1660년에 사망할 것이라고 예언했다.[126]

왕정복고 이후에는 네덜란드와의 전쟁을 지지하는 점성술사들의 선전활동이 있었고[127] 배제청원 위기와 관련해서도 비슷한 활동이 전개되었다.[128] 이때 존 패트리지와 존 홀웰은 '프로테스탄트' 입장에서 가톨릭교도인 존 메리필드와 장차 제임스당원으로 활동할 조지 파커를 공격했다.[129] 어떤 출판업자는 명예혁명(1688) 후 승리 분위기에

---

125) M. Culpepper, *Catastrophe Magnatum* (1652), p. 75.

126) 스웨덴 과학사학회 연보인 *Lychnos* (1937)에 실린 논문 F. Dahl, "King Charles Gustavus of Sweden and the English Astrologers, William Lilly and John Gadbury"는 이 문제에 관해(전부 믿을 것은 못되지만) 유용한 개관을 제공한다.

127) 예를 들면, T. Trigge, *The Fiery Trigon Revived* (1672); *The Dangerous Condition of the United Prognosticated and Plainly Demonstrated by Mr William Lilly* (1672).

128) [역주] '배제청원 위기'(*Exclusion Crisis*)는 찰스 2세가 가톨릭 신자인 동생 제임스 요크 공에게 왕위를 계승하려 하자 이를 저지하기 위한 의회의 청원(*Exclusion Bill*)으로 야기된 정치적 위기를 일컫는다. 이 문제를 다루기 위해 의회는 1679~1681년 사이에 세 차례 소집되었으나, 모두 찰스 2세의 의사진행 방해로 실패했다.

129) [역주] 존 홀웰(John Holwell: 1649~1686)은 데번셔 출신의 점성술사이자

편승해 패트리지의 예언력을 중간하면서 그의 점성술을 믿지는 않지만 그것의 정치적 가치는 확신한다고 단언했다.[130]

점성술적 예언은 오래전부터 음모며 반란에 연루되어온 터였다. 토마스 내쉬는 점성술사를 지목해 "군주와 나라에 대해 침탈과 폭력을 획책하는 불순한 무리는 점성술사의 신탁을 얻으려 서둘러 달려간다"고 기록했다.[131] 어떤 비평가는 책력이야말로 밀턴의 모든 저술들, 국왕을 시해한 모든 판사들보다도 훨씬 큰 해를 끼친 것이었다고 술회했다.[132] 점성술사의 가장 흔한 기여는 재위 중인 국왕의 남은 수명을 계산하는 일이었다. 대중이 보기에 이런 행위는 통치자의 수명을 단축시키려는 악의적 주문과 무관한 것이 아니었다. 실제로 15세기에는 여러 점성술사들이 이런 유형의 죄목으로 처형되었다.[133] 헨리 7

---

수학자로, 왕정복고 이후 왕실 점성술사로 활동했으나 요크 공 왕위계승문제로 찰스 2세와 결별했고 정부에 의해 아메리카(뉴욕)로 추방되었으며 그곳에서 독살된 것으로 추정된다. 존 메리필드(John Merrifield)는 존 개드베리에 고용되어 활동한 점성술사이다. 조지 파커(George Parker: 1654~1743)는 점성술사이자 인쇄업자이며 신문제작자로 활동했고 연금술로 제조한 약의 특허권도 가지고 있었다. 제임스 추종자로 존 패트리지와 논쟁을 벌였다.

130) *Annus Mirabilis, or Strange and Wonderful Predictions gathered out of Mr John Partridge's Almanack* (1689). 패트리지, 홀웰, 파커, 메리필드에 관해서는 *D. N. B*를 참조할 것〔패트리지의 경우는 G. P. Mayhew in *Studies in English Literature*, vol. 1 (1961)에서 수정되었음〕.

131) [역주] 토마스 내쉬(Thomas Nashe: 1567~1601)는 서퍽의 성직자 가문에서 태어나 케임브리지에서 학사학위(1586)를 취득하고 석사과정을 이수하던 중에 대학을 떠나 런던으로 가서 문필 경력을 시작했다. 여러 굵직한 논쟁에 논객으로 참여해 명성을 얻었고 1590년대 초에는 여러 편의 연애 시를 발표하기도 했고 말년에 이르러는 풍자시로 다시 논쟁에 휘말렸다. 엘리자베스 시대를 대표하는 문인 중 한 명이다.

132) T. Nashe, *Works*, vol. 1, R. B. McKerrow, ed. (1904~1908), p. 367; (J. Younge), *Sidrophel Vapulans: or, the Quack-Astrologer toss'd in a Blanket* (1699), sig. a3v. 이 문헌의 pp. 21~2도 참조할 것.

세에 대한 음모들 중 일부는 점성술적 조언에 의존한 것이었고.[134] 튜더가의 모든 국왕들은 너나할 것 없이 반체제 세력이 의뢰한 점성술 계산의 주제였다.[135] 1581년에 의회는 여왕이 얼마나 더 살 것인지, 혹은 누가 그녀를 계승할지에 관해 천궁도를 만들거나 탄생천궁도로 점치거나 예언에 의해 계산하는 행위를 법정중죄(法定重罪)로 결정했다.[136] 엘리자베스 시대의 비국교도들과 제임스 1세 시대의 화약음모 가담자들은 모두 그런 점성술 계산에 고무된 자들이었다.[137] 로버트 세실은 한 스코틀랜드 점성술사를 헨리 왕세자의 죽음을 예언한 죄로 추방했다. 제임스 1세에 대해서도 비슷한 계산이 수행되었다는 소문이 나돌았다.[138] 버킹엄 공작에게 1667년에 주어진 혐의들 중 하나

---

133) Kittredge, *Witchcraft*, pp. 81~2, 138~9.

134) T. O. Wedel, *The Mediaeval Attitude toward Astrology*(Yale Studies in English, 1920), pp. 28~9; C. A. J. Armstrong, "An Italian Astrologer at the Court of Henry Ⅶ", in *Italian Renaissance Studies*, E. F. Jacob, ed. (1960), p. 436.

135) 다음 사례들을 참조할 것. *L. P.*, vol. 15, p. 216; *A. P. C.*, vol. 3, pp. 279, 300; *Narratives of the Days of the Reformation*, J. G. Nichols, ed. (Camden Society, 1859), pp. 172~3; *C. S. P. D, 1547~1580*, p. 67; *1595~1597*, p. 42; Foxe, vol. 7, p. 85; *D. N. B.*, "Fortescue, Sir Anthony"; *C. S. P. Spanish, 1558~1567*, p. 208; P. R. O., SP 12/244, f. 112; *H. M. C. Hatfield*, vol. 4, p. 403.

136) 23 Eliz. c. 2. 이 법이 제정되기 전에는 "벌금과 구류에 처할 수 있다"는 정도였다고 한다(Sir E. Coke, *Institutes*, vol. 3, chap. 1).

137) Sir W. Churchill, *Divi Britannici*(1675), p. 313; J. Hawarde, *Les Reportes del Cases in Camera Stellata, 1593 to 1609*, W. P. Baildon, ed. (1894), p. 297; *H. M. C. Hatfield*, vol. 5, p. 25; vol. 17, p. 530; *C. S. P. D., 1603 ~1610*, p. 263.

138) *Secret History of the Court of James the First*(Edinburgh, 1811), vol. 1, p. 393; *C. S. P. D., 1611~1618*, p. 303; E. Bower, *Doctor Lamb revived*(1653), pp. 26~7. 1641년에 3백 명의 가톨릭 음모자들이 단 한 명의 점성술사에게 의뢰했다는 것은 허구임이 분명한데, 이에 관해서는 *A Plot lately discovered for the*

는 존 헤이든을 고용해 찰스 2세의 천궁도를 계산하도록 했다는 것이었다.[139] 헤이든은 앞서 호국경 통치기에 올리버 크롬웰의 죽음을 예언했다가 투옥된 전력을 가진 자로 알려져 있었다.[140] 가톨릭 음모기에 존 개드베리는 '가톨릭 조산원'으로 불린 셀리어 부인이 그에게 국왕의 탄생천궁도 점을 의뢰한 일이 있었음을 자백했다.[141] 물론 개드베리 자신은 이를 거부했다고 주장했지만 말이다.[142]

상황이 이러했기에 정부는 당시 점성술사들의 활동을 매섭게 감시했으며, 지체 없이 그들의 원고를 검열하고 출판을 금지하고 그들을 소환해 활동내역을 밝히도록 조치했다. 튜더 시대 내내, 그들의 예측

---

*Taking of the Tower by Negromancie* (1641) 를 참조할 것.

139) *D. N. B.*; J. Heydon, *Theomagia* (1664), vol. 3, p. 132; Pepys, *Diary*, 1667년 3월 3일자; *C. S. P. D., 1666~1667*, pp. 490, 541 (아마도 피터가 아니라 존 헤이든일 것이다); *1667~1668*, pp. 286, 298, 343, 542~3; A. Browning, *Thomas Osborne, Earl of Danby* (Glasgow, 1944~51), vol. 1, pp. 45~6.
[역주] 여기서 버킹엄 공작은 제1대 버킹엄 공작 조지 빌리어스의 아들로 제2대 공작에 오른 조지 빌리어스(George Villiers, 2nd Duke of Buckingham: 1628~1687) 이다. 그는 왕당파 정치가이자 시인으로 명성을 날렸고 찰스 2세의 최측근으로 활동했으나 1667년에 반역혐의로 투옥되었다. 풀려난 후로는 주로 문인으로 활동했다. 존 헤이든(John Heydon: 1629~1667) 은 런던에서 태어나서 독학으로 여러 고전어와 법학을 공부했고 내란기에는 왕당파 군대에 복무했으며 내란 후에는 이탈리아, 에스파냐, 이집트, 아라비아, 페르시아 등을 여행하면서 비학('신플라톤주의 철학') 을 두루 섭렵했다. 올리버 크롬웰의 죽음을 예언해 명성을 얻기도 했다. 잉글랜드 로젠크로이츠파를 대표하는 인물 중 하나이다.

140) T. Carte, *The Life of James, Duke of Ormond* (Oxford, 1851), vol. 4, p. 293.

141) [역주] 셀리어 부인에 관해서는 이 책의 10장 역주 189를 참조할 것. 가톨릭 음모기(*Popish Plot period*) 는 가톨릭교도들이 찰스 2세를 암살하려 한다는 음모설이 잉글랜드 전역을 휩쓴 1678~1681의 기간을 말한다. 이 기간에 최소한 15명이 처형되었고 '배제청원 위기'가 발생했다.

142) *Diary of the Times of Charles the Second by the Honourable Henry Sidney*, W. Blencowe, ed. (1843), vol. 1, pp. 253~5.

이 지나치다 싶으면 인쇄업자, 서적상, 책력제작자 모두가 곤경에 처하곤 했다.[143] 공위기의 점성술 저자들 사이에서는, 그들이 새롭게 얻은 자유를 그들이 로드체제하에서 검열관들에게 겪었던 엄격한 통제와 대조하는 것이 상투어가 되었다. 존 부커는 내란 전에 주교감독제하의 검열관들이 그의 책력들에서 무려 절반을 삭제했다고 불평했다.[144] 반면에 니콜라스 피스크는 1650년 이전에 자신의 출판물이 없는 이유를 오랫동안 지배해온 점성술 저작 출판금지조치에서 구했으며, 글로스터의 점성술사 존 풀은 1640년대에 장로파가 주도한 검열제도로 자신의 《출생지 점성술》 출판이 1650년까지 지연되었다고 해명했다.[145] 이렇듯 내란 직후는 왕당파 점성술사들에게 곤경의 시절

---

143) 이런 사건의 사례로는, *L. P.* vol. 8, p. 2; Sheffield City Archives, Bacon-Frank Collection 2/17, f. 137; C. D. Shanahan in *Essex Recusant*, vol. 3 (1961), pp. 121~2; *H. M. C. Hatfield*, vol. 1, p. 576; *ibid.*, vol. 17, pp. 22~3, 25, 33, 36; *C. S. P. D.*, *1598~1601*, p. 585를 참조할 것. 그 외에도 Robert Ryece가 1636년에 John Winthrop에게 보낸 편지에서 언급된 내용〔*Massachusetts Historical Society Collections*, 4th series, vol. 6 (Boston, 1863), p. 410〕을 참조할 것.

144) Lilly, *Autobiography*, p. 104; Booker, *A Bloody Irish Almanack* (1664), sig. A3; Booker, *MDCXLIII Almanack et Prognostication*, sigs. A4v~A5; Ashm. 190, f. 109 (이 자료는 인쇄의 자유에 대한 청원으로 출판연도는 미상이다). 부커는 1634년에 무허가 책력을 인쇄한 죄로 교회고등법원에 의해 투옥되기도 했다(*C. S. P. D.*, *1634~1635*, p. 378). 그는 자신이 1643년에 의회의 수학서적 검열관으로 임명된 것을 그가 그레셤칼리지의 부교수직을 가진 덕택으로 여겼던 것 같다. 이에 관해서는 *Acts and Ordinances of the Interregnum*, vol. 1, C. H. Firth and R. S. Rait, eds. (1911), p. 187을 참조할 것.

145) 니콜라스 피스크가 Sir C. Heydon, *An Astrological Discourse*에 붙인 서문 (1650), sigs. A4~5; J. Pool, *Country Astrology* (1650), sig. A2.
**[역주]** 존 풀(John Pool, 혹은 Poole)은 글로스터 출신으로 17세기 중반에 활동한 점성술사이자 의사이다. 1650년 출판된 그의 《출생지 점성술》(*Country Astrology*)은 오늘날까지도 지역별 차이에 따른 탄생천궁도의 제작과 적용에

이었다. 의회파는 조지 워튼의 처형에 힘을 쏟았고, 그의 사면은 후원자 불스트로드 화이트로크(Bulstrode Whitelocke)와 함께 릴리가 개입해 이끌어낸 것이었다.[146] 왕정복고 이후로는 국가 검열체제가 상당 부분 복원되었다. 릴리의 1674년분 책력이 검열을 받았고 패트리지는 배제청원위기 초에 출판의 자유를 박탈당했다.[147] 비밀가톨릭교도라는 의심을 받은 존 개드베리는 선동 활동에 연루되었다는 혐의로 1679년에 한 번, 1690년에 다시 한 번 투옥되었다.[148]

점성술의 정치적 역할은 그것의 자기실현적 성격에서 나온 것이었다. 일단 예언된 것은 무엇이든 진지하게 받아들여졌음이 분명하다. 그 외에도 점성술사는 도난품 탐지에서 능력을 발휘했고, 점성술적 진단만을 이유로 체포된 사례들도 적지 않았다. 당시에 얼마나 많은 엉터리 마을 경찰들(*Dogberries*)이 있었는지 살피는 것도 흥미로운 일이다. 이를테면 1651년 에식스의 켄던(Quendon)에서 마을 보안관 토마스 로(Thomas Law)는 강도사건 신고를 받자 윌리엄 힐스(William Hills)라는 점성술사를 찾아갔다. "그가 뭐라 말하는지를 듣고 이에 따라 수사에 착수하려는 의도에서"였다.[149] 점성술은 민간마술사의 도둑잡기 마술 못지않게 유용한 절도 억지수단이 될 수 있었다. 스탕달의 독자라면 이탈리아인 신부 블라네스(Blanès)가 농민들의 절도를 막

---

서 교과서로 통한다. 이것은 주로 출생시 하우스에 대한 해석에 기초해, 재주, 성격, 부, 부모형제와 자식, 질병, 결혼, 사망, 여행, 종교, 명리, 친구, 범죄 등에서의 포괄적 운세를 계산한다.

146) *D. N. B.*, "Wharton, Sir G."; *Commons Journals*, vol. 5, p. 316.

147) Josten, *Ashmole*, p. 1377, n. 1; J. Partridge, *Vox Lunaris*(1679), p. 2.

148) *D, N. B.*, "Gadbury, J.".

149) Essex R. O., Q/SBa 2/76(1651년 4월 21일자, 토마스 로 파면 건). 점성술적 계산만을 근거로 한 체포사례는 이 책의 2권 pp. 265~6을 참조할 것.

기 위해 어떻게 점성술을 이용했는지 기억할 수 있을 것이다.[150]

그러나 절도 의뢰는 점성술에서도 까다롭기로 유명한 분야였다. 존 풀은 글로스터셔에서의 20년에 걸친 사업경험을 되돌아보며 다음과 같이 결론지었다.

> 그것은 가장 까다롭고 힘든 과제인데 … 왜냐하면 우리는 용의자나 진범을 그리 정확하게는 묘사할 수 없다. 하지만 혹시 도난품이 도둑과 함께 즉시 되돌아오지 않는다든지, 혹은 우리가 고발하거나 묘사한 용의자가 경험이 부족한 치안판사에게 불평을 호소하면서 … 무고함을 가장하기라도 하면, 그 단순한 주인이든 그 무분별한 관리든 누군가는 난데없이 점성술사에게 차기 순회법정에서 관련사실을 해명하겠다는 서명을 강요할 것이다. … 일부 판사들의 이처럼 어리석은 조치는 도둑놈에게 용기를 북돋워 주는 것과 다를 바 없다.[151]

존 패트리지도 똑같이 말했다. "절도 사건에서 사람들이 점성술에 기대하는 것은 점성술사가 수행할 수 있는 수준을 넘어서며, 따라서 … 어떤 불운한 판결은 점성술사 개인을 추문에 휩싸이게 할 수 있다."[152] 그 과제는 특히 대도시에서 더 해결하기 힘들었다. 도둑의 인상착의에 잘 어울리는 자가 한둘이 아니었기 때문이다. 1676년 헨리 콜리가 "점성술의 도움만으로는 그 누구도 훔친 물건을 되돌려 놓게 할 수 없다"고 절망조로 주장한 것은 그리 놀랄 일이 아니다.[153] 참담한 실패는 너무도 많았다. 사이먼 포먼은 1584년분 일기에서,

---

150) *La Chartreuse de Parme*, 2장.

151) Pool, *Country Astrology*, sig. A3.

152) J. Partridge, *An Astrological Vade Mecum*(1679), pp. 69~70.

153) H. Coley, *Clavis Astrologiae Elimata*(2판, 1676), p. 209. 또한 Lilly, *Englands Propheticall Merline*(1644), sig. blv와도 비교 참조할 것.

"어떤 물건을 훔친 자를 탐지하는 문제로 많은 주먹질과 욕설이 내게 쏟아졌으니 이제 나는 신세를 망친 것 같다"고 기록했다. 제임스 1세 치세기에 캡틴 밥(Captain Bubb)이라는 점성술사는 도둑 누명을 씌운 죄로 공개모욕형을 받았다. 1650년에 릴리는 익명의 편지를 받았다. 그가 내과의 루크 리즐리(Luke Lidgeley)에게 더 이상 누명을 씌우려 하면 "눈뜨고 못 볼만큼 두들겨 맞을 것"을 경고한 편지였다.[154] 존 부커는 웨이크필드의 어떤 포목상의 결혼생활을 잠시 파경에 이르게 한 일이 있었다고 한다. 금전 도난 건으로 상담한 남편에게 그 책임이 아내에게 있음을 암시한 탓이었다.[155]

점성술사는 불화를 조장한다는 평판을 얻기 쉬웠다. 존 램은 불륜을 진단해 부부간 불화를 여러 차례 야기했다. 릴리는 "형들에게는 자식이 없고 동생들에게는 재산 상속인들이 있을 것"이라고 예언해 가족 분쟁을 촉발한 혐의로 기소되었다.[156] 우리가 앞서 충분히 검토했듯이 개업점성술사에게 주어진 많은 의뢰들에서, 이런 의심은 원래 의뢰인에게 생겼던 것이고 점성술사는 그 의심을 굳히는 역할로 필요했을 뿐이다. 하지만 이런 문제는 사적으로 깊이 개입하지 않고는 다루기 힘든 것이었다. 점성술사는 귀족가문의 결혼을 성사 직전에 뒤엎고 그 대신 어울리지 않는 의뢰인과 결혼하도록 부추겼다는 비난을 받기도 했다. 일례로 릴리는 노팅엄셔 랭어(Langar)에 사는 존 하우(John Howe)라는 청년이 매년 2천 5백 파운드를 받는 선덜랜드 백작의 친딸 애너벨러 스크로프(Annabella Scrope)를 취하도록 도운 혐의로 엄청난

---

154) *The Autobiography and Private Diary of Dr Simon Forman*, J. O. Halliwell, ed. (1849), p. 17; Lilly, *Autobiography*, p. 64; Ashm. 240, f. 350.

155) "G. Naworth"(G. Wharton), *Mercurio-Coelio-Mastix*(1644), sig. B3.

156) *A Brief Description of the Notorious Life of John Lambe*("Amsterdam", 1628), p. 2; *Mercurius Elenticus*(1648. 2. 2~9), p. 79; Ashm. 240, f. 350.

비난에 시달렸다. 정작 릴리가 한 일이라고는 과연 그 숙녀를 얻게 되겠는지를 묻는 하우의 의뢰에 긍정적으로 답한 것이 고작이었다.[157] 화이트채플(Whitechapel)에서 온 이사벨 윌리엄스(Isabel Williams)라는 미혼 하녀에게 사이먼 포먼은 임신임을 알려주었다. 이를 명예훼손으로 수치스럽게 여긴 하녀는 집으로 달려가 주인마님을 모셔왔지만 결국 그 점성술사가 옳았다는 것이 밝혀졌다.[158] 이웃의 소행에 대한 정보를 너무 속속들이 폭로한 점성술사는 그만큼 큰 비난에 직면할 수 있었다. 존 디가 1583년에 폴란드로 여행을 떠났을 때 모틀랜드(Mortland)에 있던 그의 저택은 성난 폭도에게 약탈되었다. 존 램은 버킹엄 공작의 후원 외에 보디가드의 보호까지 받았건만 런던 거리에서 돌팔매에 맞아 죽었다.[159]

점성술사들은 합법적 토대에서 활동한 자들이 아니었으므로 공적 여론을 무시할 처지가 못 되었다. 점성술이 반(反)주술법령에 특별히 저촉된 것은 아니었지만, 그 비법이 평신도 대중에게 아브라카다브라식 주문으로 여겨지는 한, 개업점성술사가 흑마술로 체포될 위험은 상존했다. 잉글랜드 최초의 책력제작자 앤드류 보어드는 1542년 반(反)

157) 이러한 비난에 대해서는 *Mercurius Elenticus*(1647년 11월 12~19일), pp. 22~3, 릴리의 변명에 대해서는 *Monarchy or no Monarchy*(1651), p. 49; *Mr William Lilly's True History of King James the First, and King Charles the First*(1715), pp. 102~4. 릴리는 또 다른 혼인사건에도 연루되었는데, 이에 관해서는 *Alimony Arraign'd; or the Remonstrance and Humble Appeal of Thomas Ivie, Esq.*(1654), p. 22를 참조할 것. 이와 유사한 탄원들로는(W. Rowland), *Judiciall Astrologie judicially Comdemned*(1752), p. 7; *Character of a Quack Astrologer*(1673), sig. C2를 참조할 것.

158) Ashm. 363, f. 199.

159) T. Smith, *The Life of John Dee*, W. A. Ayton, trans. (1908), p. 52; *A Briefe Description of the Notorious Life of John Lambe*, pp. 20~1; *The Court and Times of Charles the First*(1848), vol. 1, pp. 364~5.

주술법이 자신 같은 부류의 활동을 탄압하려는 의도를 가진 것이 분명하다고 믿었으며, 같은 맥락에서 에드워드 6세 치세기에 로버트 앨런(Robert Allen)은 1542년 법령이 이미 법적 효력을 상실했으니 자신의 기술은 합법적이라고 항변했다.[160] 1563년에 주술이 재차 법정범죄(法定犯罪)가 되면서 점성술사는 또다시 고발될 위험에 처했다 — 물론 1583년의 리처드 하비[161]처럼 어떠한 법령도 점성술 자체를 금지한 적은 없다고 주장한 점성술사도 없지는 않았다.[162] 튜더 시대에 떠돌이 점술사들을 겨냥해 거듭 제정된 법들도 또 다른 몽둥이가 되어 점성술계의 하층부를 두들겨 팰 수 있었다. 게다가 런던왕립내과의협회는 무면허 점성의학 개업인들을 고발했고[163] 국교회는 사제들과 소교구 위원들에게 무면허 의술이나 길흉점 같은 점복을 수행한 소교구민들을 적발하도록 요구했다. 이 모든 억제책들의 정점에는 여왕의 탄생천궁도로 점치는 것을 금지한 법, 나아가 거짓 예언들의 출판을 저지하고 그 저자들을 처벌하기 위해 고안된 일련의 성문법령들과 포고령들이 있었다. 이를 전체적으로 감안할 때 매우 높은 수준의 위험이 점성술계 전반에 드리워 있었다는 것은 의문의 여지가 없다.

1542년 법령의 효력 상실에도 불구하고 에드워드 6세 치세기 동안 여러 차례 기소가 있었다.[164] 엘리자베스 시대에는 사이먼 포먼이 반

---

160) E. F. Bosanquet, *English Printed Almanacks and Prognostications* (1917), p. 5; *Narratives of the Days of the Reformation*, Nichols, ed., p. 173.

161) [역주] 리처드 하비(Richard Harvey)는 10장 역주 73에서 언급된 게이브리얼 하비의 형으로, 1583년 묵시록적 예언력, *An Astrological Discourse* (London)를 출판했다. 이 책력은 그해 봄부터 대규모 반란과 혼란이 시작되어 1588년에 절정에 도달할 것이며, 이후 세상은 완전히 바뀔 것이라는 예언으로 큰 반향을 일으켰다.

162) R. Harvey, *An Astrological Discourse* (1583), sigs. qvv-qvi.

163) 이를테면 Sir G. Clark, A *History of the Royal College of Physicians* (Oxford, 1964~1966), vol. 1, pp. 232, 259.

복해서 기소되었고[165] 17세기에는 체포 사건들이 빈발했다.[166] 비교적 유명한 개업인들 중에는 니콜라스 컬페퍼가 어떤 여인에게 주술을 걸어 살해한 혐의로 1643년에 사형 심리를 받은 동명인과 동일인이었을 가능성이 있다.[167] 릴리는 정치권으로부터의 수차례에 걸친 조사는 그런대로 넘겼지만, 결국 분실물의 소재를 확인해 주고 돈을 받은 사기혐의로 반(反)주술법령에 걸려 1654년 미들섹스(Middlesex) 순회법원에 기소되었다. 그는 점성술이 합법적 기술이라고 선고한 순회판사[168]의 비호로 풀려났다.[169] 릴리의 경쟁자이자 왕당파였던 조지

164) Kittredge, *Witchcraft*, p. 229.

165) *D. N. B.*

166) 체포사례들은 다음 문헌들을 참조할 것. B. H. Cunnington, *Records of the County of Wiltshire* (Devizes, 1931), pp. 61~2(1617년 Edmund Langdon의 사례); *County of Middlesex. Calendar to the Sessions Records*, new series, W. Le Hardy, ed. (1935~1941), vol. 1, pp. 199, 372(1613년 John Wheeler의 사례); *ibid.*, vol. 4, p. 309와 Ewen, vol. 2, p. 433과 Wood, *Ath. Ox.*, vol. 2, col. 555와 Ashm. 421, f. 170(1617~1618년 Mathias Evans의 사례); W. Drage, *Daimonomageia* (1665), pp. 39~40(Redman of Amsterdam의 사례); Pool, *Country Astrology*, sig. A3(1650년경 어떤 무명 점성술사의 사례); *C. S. P. D., 1654*, p. 146(어떤 무명 점성술사의 사례); F. W. Jessup, *Sir Roger Twysden, 1597~1672* (1965), p. 154(1662년 John Higgs의 사례); *Middlesex County Records*, C. J. Jeaffreson, ed. (1886~1892), vol. 4, pp. 212~3(1683년 John Holwell, *Catastrophe Mundi*의 출판으로 인한 체포사례).

167) Ewen, vol. 2, p. 434(컬페퍼는 스피털필즈에서 살았지만 이 기록에는 쇼디치의 세인트레너드에서 체포된 인물로 되어 있다). 그렇지만 이것은 "여러 지역에 걸쳐 일한 그의 생애"의 한 단면일 수 있는데, 동시대 전기작가가 이를 빠트렸을 수 있다〔*Culpepper's School of Physick* (1659), sig. C6〕.

168) [역주] '순회판사'는 Recorder를 번역한 것이다. 잉글랜드 법체계에서 그것은 각종 법원에서 파트타임으로 재판을 담당하는 자를 지칭하며 현직 변호사들 중에서 선발된다. circuit judge와 거의 비슷한 뜻으로 사용되나 법률자문역의 역할도 동시에 수행했다.

169) Ewen, vol. 2, p. 456; Lilly, *Autobiography*, pp. 167~71, 253~6.

워튼은 신원을 감추고자, 'Warthon'의 철자순서를 바꿔 'Naworth'이라는 가명으로 저작을 출판했다. 그가 주장했듯이, 책력제작자는 대중에게 "무자"(巫子)로 간주되어 어리석은 의뢰에 시달리다가 "결국 접신술사나 주술사라는 낙인이 찍히기" 일쑤였고, 그리하여 점성술에 편견을 가진 판사 앞에 반(反)주술법령으로 기소되는 위험을 늘 무릅써야 했다.170)

그렇지만 존 부커처럼 런던 중심부에서 30년이 넘도록 큰 사업을 유지한 개업인도 있었다는 점을 감안하면, 점성술사들이 세상의 큰 관용에 의존하고 있었다는 점 역시 분명해 보인다. 점성술 기소 건들을 다루는 기구는 있었지만 그 기구에 호소하는 경우는 극히 드물었다. 수많은 사례에서 개업점성술사들은 호의적인 격려를 받았다. 부유한 의뢰인들이 그의 상담실을 드나들었고 정치적 위기 때에는 정부의 후원마저 기대할 수 있었지만, 그 외에도 공인된 대접을 받을 기회는 더 있었다. 램, 릴리, 윌리엄 새먼을 등 여러 점성술사들이 주교감독제하에서 의료면허를 취득했다.171) 이들보다는 낮은 수준에서 활동했지만 윌리엄 테일러(William Taylor)처럼 "점성술 학도"라는 이름으로 1683년 11월 17일 노리치 시당국으로부터 "오늘부터 일주일간 그 학문분야〔점성술〕에서 그의 기술을 사용해도" 무방하다는 공식 허가장을 받은 떠돌이 시술자들이 또 얼마나 많았는지는 누구도 알 수 없다.172)

170) *The Works of … Sir George Wharton*, pp. 275~6.

171) 이 책의 2권 p. 384, n. 61.

172) *Extracts from The Court Books of the City of Norwich, 1666~1688*, W. Rye, ed. (Norfolk and Norwich Archaeological Society, 1903), p. 173.

## 3. 쇠 퇴

점성술이 이처럼 다수의 유용한 기능들을 떠맡고 있었다면, 그 위상이 17세기 말경에 급속히 쇠퇴한 이유는 어디에 있는가? 이 물음에 답할 수 있는 길은 둘뿐이다. 하나는 점성술사들이 해결했다고 주장한 문제들이 이제는 그리 심각하게 여겨지지 않게 되었다고 말하는 방식이다. 그럴 가능성은 이 책의 결론에서 논의될 것이다. 다른 하나는 점성술사들이 제공한 해결책들이 이제는 그다지 믿을 만해 보이지 않게 되었다고 말하는 방식이다. 후자는 기존의 관례적인 답변에 가까운 것이어서 설명을 덧붙일 것이 별로 없다. 점성술 이론의 지적 가면들은 코페르니쿠스로부터 출발해 뉴턴에게서 절정에 이른 천문학 혁명을 거치면서 복원 불가능한 상태로 찢겨졌다. 천체계가 불변한다는 가정은 과거에 관찰된 적이 없는 별들, 이를테면 1572년이나 1604년에야 비로소 관찰된 '신성'(新星)들의 등장으로 전복되었다. 하늘이 변화하는 것이라면 하늘의 영향을 어떻게 예측할 수 있단 말인가? 갈릴레오가 목성의 4위성들을 새로 발견한 사건은, 하늘에는 아직 관찰되지 않아 그 영향도 설명할 수 없는 별들이 무수히 많다는 각성을 자극했다. 망원경은 새로운 천체들을 드러냄으로써 복수(複數)의 세계들이 존재한다는 가설을 뒷받침했다.[173] 인간중심적이고 아늑한 프톨레마이오스의 우주는 더 이상 존재하지 않았다. 그러나 이 모든 변화들, 심지어는 천체계가 무한하다는 획기적 발견조차도 점성술을 불

173) [역주] 지리상 발견과 코페르니쿠스의 발견 이후로 창조론에 대한 새로운 해석이 잇따랐는데, 그 대표적인 것으로는 조물주가 여러 명의 아담을 창조했다는 가설과 우리가 사는 세상 같은 것이 무수히 있을 수 있다는 가설이 있었다. 아담에게 선조가 있었다는 이자크 드 라페이레르(Issac de Lapeyrère: 1596~1676)의 주장, 혹은 우주가 무한하며 지구 같은 것이 무한이 많다는 조르다노 브루노(Giordano Bruno: 1548~1600)의 주장을 예로 들 수 있겠다.

가능한 것으로 만들지는 않았다. 바뀐 것이라고 해 봐야 점성술적 계산이 한층 어려워졌다는 정도였다. 태양중심설은 점성술과 모순되지 않았다. 지구 위치가 매순간 변화한다면 마땅히 일부 계산을 다시 해야겠지만 이 과제가 불가능한 것은 아니었다. "(코페르니쿠스가 말한 것처럼) 태양이 세계의 중심이든 그렇지 않든 점성술사는 개의치 않는다"라고 크리스토퍼 헤이든 경은 말했다.[174]

과학적 점성술의 실현가능성을 실질적으로 파괴한 것은, 지상의 물체들과 하늘의 물체들을 엄격히 구분한 — 베이컨이 "달 위쪽 것들과 달 아래쪽 것들 간의 상상 속 분리"라 부른[175] — 아리스토텔레스 체계를 그 토대로부터 무너뜨린 추세였다. 지구는 나머지 행성들과 동일한 성질을 지니고 동일한 운동법칙에 귀속되는 하나의 행성임이 드러났으며, 천체계는 그것이 과거에 누려온 완전성을 빼앗겼다. 갈릴레오는 태양에 반점이 있다는 것, 달 표면이 울퉁불퉁하다는 것을 관찰했다. 티코 브라헤는 혜성들이 달 아래쪽 아닌 위쪽에 있다는 것, 따라서 별들도 변화와 소멸에 귀속된다는 것을 증명했다. 나아가 혜성이 지구와 아주 멀리 떨어져 있다는 것이 알려지면서부터는, 혜성이 지구표면을 그을려 가뭄을 일으킨다는 주장은 용납하기 힘든 것으로 전락했다. 18세기 초에는 에드먼드 핼리가 혜성 24개의 궤도를 일일이 계산한 후 이를 근거로 1531년, 1607년, 1682년에 각각 출현한 혜성이 모두 동일한 혜성이었음을 입증했고 1758년에 재출현하리라는 것도 정확히 예측했다. 혜성을 특정 재앙에 대한 하늘의 경고로 해석하기는 더더욱 힘들어졌다.[176]

---

174) Heydon, *A Defense of Iudiciall Astrologie*, p. 371.

175) Bacon, *Works*, vol. 4, p. 349.

176) 이를테면 J. H. Robinson, *The Great Comet of 1680. A Study in the History of Rationalism* (Northfield, Minnesota, 1916), chap. 8; C. D. Hellman, *The*

이렇듯 점성술의 토대가 되어온 (지상의 것들과 하늘의 것들 간의) 해묵은 이분법은 점차 허물어졌다. 그것이 포기되면서부터 별이 지상에 발휘한다고 점성술이 가정해온 일방적 영향력이 과연 무엇인지를 정의하기 힘들어졌다. 시간이 허용했다면 점성술은 우주상에 관한 새로운 발견들에 — 그 수가 얼마나 되든 — 적응해갈 수 있었을지도 모른다. 그런 발견들은 별이 영향력을 발휘하는 양상에 대한 계산을 좀더 복잡하게 만들었을 뿐이었으니 말이다. 그럼에도 그 과제가 실현될 수 없었던 것은 별의 영향력이라는 개념 자체가 제거된 탓이었다. 우주는 더 이상 위아래가 긴밀히 연동된 기계로 볼 수 없었다. 이제 우주는 무한한 크기의 기계가 되어, 지구를 천체계에 종속시켰던 해묵은 위계는 이 기계에서 사라져 다시는 되돌아오지 못했다.[177]

그러나 이 새로운 관점은 더디게 하층으로 스며들었다. 누구보다 점성술사들이 그 함축을 받아들이는 데 인색했다. 그들은 점성술에 대한 믿음을 한동안, 심지어는 그들 자신의 발견이 그 믿음을 파괴하는 동안에도 고수했다. 그들이 별에서 방출되는 점성술적 힘이 무엇인지 정의하려는 헛수고를 아끼지 않은 것은 긴밀히 연동된 우주에서 얻는 정서적 만족을 포기하기가 그만큼 힘들었기 때문이다. 대체로

---

*Comet of 1577: Its Place in the History of Astronomy* (New York, 1944); Hellman, "The Role of Measurement in the Downfall of a System: Some Examples from Sixteenth-century Comet and Nova Observations", in *Vistas in Astronomy*, vol. 9, A. Beer, ed. (1967) 등을 참조할 것.

177) 천문학상의 발견이 점성술에 가한 충격을 논의한 것으로는, M. Graubard, "Astrology's Demise and Its Bearing on the Decline and Death of Beliefs", *Osiris*, vol. 13 (1958); T. S. Kuhn, *The Copernican Revolution* (Cambridge, Mass., 1957), 특히 pp. 93, 221~2; Nicolson, *The Breaking of the Circle*; Thorndike, *Magic and Science*, vol. 6, pp. 69~71 (브라헤의 영향); vol. 7, pp. 17~28 (케플러의 영향), 35~6 (갈릴레오의 영향), 446~51 (가상디의 영향) 등을 참조할 것.

그들은 구체적 예언을 삼가고 포괄적 예언을 제공하는 선에서 타협점을 찾았다. 점성술사들이 발견한 것들에 대해 갈릴레오와 케플러는 그 충실한 의미를 정면으로 다루기를 망설였으며, 따라서 점성술적 주장들에 대한 최후의 일격은 가상디와 베일의 몫이 되었다.[178] 잉글랜드에서도 똑같은 망설임과 모순과 갈등이 있었다. 코페르니쿠스 체계로 가장 먼저 전향한 자들 중에는 개업점성술사들이 여럿 포함되어 있었다. 레너드 딕스, 존 필드, 책력제작자로도 활동한 에드워드 그레셤과 토마스 브레트너 등이 그러했다.[179] 헨리 우튼 경은 갈릴레오

---

178) [역주] 인용된 모든 과학자들은 점성술에 대해 비판적이었다. 그러나 갈릴레오와 케플러는 호기심에서든 생계수단으로든 점성술을 실제 수행한 경험이 있었고 가상디와 베일은 그렇지 않았다. 피에르 가상디(Pierre Gassendi: 1592~1655)는 악생프로방스대학에서 철학을 공부하고 아비뇽에서 신학박사학위를 받은 후 파리를 중심으로 사제이자 철학 교수이자 수학자이자 천문학자로 활동한, 유럽을 대표한 '기계론 철학자'이다. 그는 에피쿠로스적인 유물론적 원자론에 입각해 물질과 독립된 시공간이 존재함을 논증했고 이를 불멸이라 주장했다. 이런 유물론적 입장에서 로버트 플러드 등의 비학을 비판했다. 피에르 베일(Pierre Bayle: 1647~1706)은 프랑스 카를라르콩트(Carla le Comte, 훗날 베일의 명성을 기리기 위해 카를라베일로 개명됨)에서 칼뱅교 목사의 아들로 태어났다. 그는 툴루즈의 예수회 칼리지에서 수학하기도 했으나 다시 칼뱅교로 귀의했고 결국 네덜란드로 망명해 활동했다. 18세기 백과사전 운동을 선구한 《역사학적·비판적 백과사전》(1697)으로 유명하며, 엄격한 고증과 철저한 회의론에 입각해 부조리한 전통과 맞서 싸운 지적 투사로도 기억된다.

179) Bosanquet, *English Printed Almanacks and Prognostications*, pp. 33~4; Thorndike, *Magic and Science*, vol. 5, pp. 417, 419, 422; vol. 6, pp. 15, 30~1, 39; F. R. Johnson, *Astronomical Thought in Renaissance England* (Baltimore, 1937), p. 250.
[역주] 레너드 딕스(Leonard Digges: 1520~1559)는 점성술사이자 코페르니쿠스의 학설을 대중화한 토마스 딕스의 부친이었다. 존 필드는 이 책 4장 역주 93에 소개되었다. 에드워드 그레셤(Edward Gresham: 1565~1613)과 토마스 브레트너(Thomas Bretnor: 1570/1~1618)는 모두 점성의료인인 동시에 책력제작자로 활동한 인물이다.

가 "점성술을 완전히 … 무너뜨렸다"고 기뻐할 수 있었지만, 그의 많은 동시대인들은 그렇게 속단하지 않았다.[180] 베이컨이 생각하기에 점성술은 개혁될 필요가 있을 뿐 폐기되어야 할 것은 아니었다.[181] 윌리엄 길버트는 금속이 행성의 지배를 받는다고 믿는 점성술사들을 질책하면서도 아이가 출생시에 별의 영향을 받는다는 것까지 의심하지는 않았다.[182] 옥스퍼드대학의 초대 새빌 천문학 교수인 존 베인브리지는 혜성이 달 위쪽에 있다는 것을 알았지만 1618년 혜성의 도덕적 의미를 해석한 자신의 주석서를 포기하지는 않았다.[183] 다만 그 주석서의 토대는 "천박한 점성술"이 아니라 "하늘의 상형어"라는[184] 유보를 덧붙였을 뿐이다.[185] 크리스토퍼 렌은 1657년에 행한 그레섬

---

180) [역주] 헨리 우튼 경(Sir Henry Wotton: 1568~1639)은 켄트 출신으로 옥스퍼드에서 수학했고 장기간(약 6년) 해외를 여행한 후에 1595년부터 외교관으로 활동했다. 외교관으로서의 경력 외에 그는 학창시절부터 많은 문인과 교유했고 시와 산문 모두에 능한 작가였다. 과학기술의 후원자인 동시에 아마추어 연구자로 *The Elements of Architecture*(1624)라는 번역서를 출판하기도 했다.

181) *The Life and Letters of Sir Henry Wootton*, L. P. Smith, ed. (Oxford, 1907), vol. 1, p. 486; Bacon, *Works*, vol. 4, pp. 349~55.

182) W. Gilbert, *On the Magnet*, D. J. Price, ed. (New York, 1958), I, vill; III, xii.

183) [역주] 존 베인브리지(John Bainbridge: 1582~1643)는 레스터셔 출신이고 내과의로 경력을 시작해 1618년에는 런던왕립내과의협회로부터 면허를 획득하기도 했다. 그렇지만 그는 천문학자로 더욱 명성을 얻었는데, 1610년에 헨리 새빌 경(Sir Henry Savile: 1549~1622)이 그를 옥스퍼드대학의 새빌 천문학 교수직(*Savilian chair of astronomy*)에 추천한 것이 그 계기였다. 이후 그는 죽을 때까지 옥스퍼드에 머물렀다.

184) [역주] '하늘의 상형어'(*celestial hieroglyphics*)란 16~17세기에 별을 표현하는 다른 용어였다. 우주가 명료한 도형들로 구성된 책이라고 보는 입장은 그것이 불투명한 상형어들로 기록된 책이라고 보는 입장과 구별된다. 전자가 근대 과학으로 발전한 것이라면 후자는 마술과 비학의 그늘에 남았다.

185) J. Bainbridge, *An Astronomicall Description of the Late Comet*(1619), p. 32.

칼리지 천문학 교수 취임강연에서, “열심히 연구하는 철학자에 의해 언젠가는 진정한 점성술이 발견되어 의학에 큰 쓸모가 있게 될 것”이라고 천명했다.[186] “건전하고 정교한 점성술”은 토마스 브라운 경의 이상이기도 했다.[187]

17세기 중반은 점성술 업데이트를 위한 결연한 시도가 진행된 기간으로, 이를 자극한 것은 “점성술은 진실하나 점성술사들이 이를 알지 못한다”는 조지 허버트의 비아냥거림에서 엿볼 수 있는 냉소적 분위기였다.[188] 프랑스인 모랭은 총체적인 개혁을 시도했고 그의 구상은 잉글랜드에 얼마간 영향을 주었다.[189] 베이컨 추종자인 조수아 칠드리는 필요한 조정을 거치기만 하면 만사가 형통할 것이라는 확고한 자신감에서, 천문학에서 새로 발견된 사실들에 맞춰 계산할 것을 동료 점성술사들에게 권했다. 점성술이 아직 이룬 것은 별로 없지만 “어떠한 의구심도 제기되지 못할 … 그런 과학은 엄연히 존재한다”는 것이었다.[190] 수성의 태양면 통과(*transit*)를 역사상 두 번째로 관측한 제레미 셰이컬리는, 당시 점성술사들 대다수가 “그들의 기술에서 천문학

---

186) C. Wren, *Parentalia*(1750), p. 203.
[역주] 크리스토퍼 렌(Sir Christopher Wren: 1632~1723)은 윌트셔 출신으로 옥스퍼드에서 라틴어와 아리스토텔레스 물리학을 공부한 후 천문학자이자 기하학자이자 물리학자이자 건축가로 명성을 얻었다. 영국왕립협회의 창립회원으로 회장(1680~1682)을 역임했다. 특히 그는 1666년 런던 대화재 이후 55개의 교회를 재건했는데, 여기에는 성베드로 성당(1710년 완공)이 포함된다. 1661년부터는 옥스퍼드대학의 새빌 천문학 교수로 활동했다.

187) *Pseudodoxia Epidemica*(1646), Ⅳ. xiii.

188) *The Remains of … George Herbert*(1836), p. 166.

189) Thorndike, *Magic and Science*, vol. 7, chap. 17. 또한 R. Saunders, *The Astrological Judgment and Practice of Physick*(1677), p. 10; *The Works of … Sir George Wharton*, pp. 105~10, 184~208도 참조할 것.

190) J. Childley, *Indago Astrologica*(1652); Childley, *Britannia Baconica*(1661), sig. B5.

의 비중을 깨닫지 못해 신뢰를 얻지 못한다"는 것을 잘 알고 있었지만, 점성술을 포기하기보다는 "더욱 정교한 점성술을 위한 토대를 철학적 원리들로부터 구하기"로 결심했다.[191] 혜성에 대한 새로운 지식이 널리 유포된 1680년대까지도 혜성의 묵시록적 의미를 다룬 책자들은 여전히 범람하고 있었다. 이 시기에 이르면 대부분의 책력제작자들은 이미 코페르니쿠스 체계로 전향한 후였지만,[192] 이것이 그들의 예언 활동에 어떤 변화를 가져온 것은 아니었다.

점성술과 새로운 과학을 접목하려는 시도가 있었던 이 마지막 단계는 단기간에 그쳤다. 진지한 천문학자들은 점성술 포기를 망설일 수는 있었어도 점성술에 기여하는 것만은 단념했다. 세스 워드에게 점성술은 "터무니없는 협잡"이었다.[193] 한때 신봉자였던 로버트 후크는 점차 점성술이 "헛되다"는 쪽으로 기울게 되었다.[194] 랠프 커드워스는 점성술이 "있을 법하지만 매우 허약하고 불안정한 토대"에 의존한다고

---

191) *H. M. C.*, *Various Collections*, vol. 8, p. 61.
[역주] 제레미 셰이컬리(Jeremy Shakerley: 1626~1655)는 스틴트(Stint)에서 수성의 태양면 통과를 관측한 인물로 알려져 있다. 천문학과 점성술을 병행했으며, 빈센트 윙의 점성술에 대해서는 강한 적대감을 보였으나, 릴리의 점성술을 추종했고 베이컨주의적 관점에서 점성술 자료의 집성을 추구했다.

192) M. Nicholson, "English Almanacs and the 'New Astronomy'", *Annals of Science*, vol. 4 (1939~1940), p. 24.

193) [역주] 세스 워드(Seth Ward: 1617~1689)는 하트퍼드셔 출신으로 케임브리지에서 수학한 후 동대학 수학 교수로 임명되었다. 1649년에는 옥스퍼드대학 새빌 천문학 교수직에, 1659년에는 옥스퍼드대학 트리니티칼리지 학장에 임명되었다. 런던왕립협회 창립회원이기도 했다.

194) [역주] 로버트 후크(Robert Hooke: 1635~1703)는 영국 과학혁명을 대표하는 인물 중 하나이며 '잉글랜드의 레오나르도 다 빈치'로 불린 자연철학자이자 건축가이자 수학자다. 그는 옥스퍼드에서 수학하면서 존 윌킨스가 이끈 왕당파 과학자 서클에서 활동했고, 로버트 보일의 조수로도 한동안 활동했다. 낮은 신분이면서도 왕립협회의 회원이 된 드문 사례이기도 하다. '탄성의 법칙'을 발견했고 생명의 기본단위에 '세포'라는 이름을 처음 사용한 과학자로 기억되고 있다.

생각했다.[195] 헨리 모어는 그것을 "대단히 빈약한 지반 위에 세워진 몽상적 연구"로 간주했다.[196] 메릭 카조봉에 의하면 점성술은 "상상 속 가정들과 시적 허구들, 즉 자연에 전혀 근거가 없는 말들과 이름들로 지어진" 것이었다. 천문학자 에이브러햄 샤프는 그것을 노골적으로 경멸했다.[197] 토마스 홉스는 증명가능한 지식분야들의 목록에서 그것을 냉정하게 제외시켰다. 토마스 스프랫은 점성술의 허세에 뚜렷한 적대감을 보인 단체인 왕립협회의 역사를 서술하면서 점성술을 비난조로 언급했다.[198] 그렇지만 새로운 과학적 원리들을 동원해서 점성술을 꼼꼼히 반증하려는 시도는 별로 없었는데, 가상디의 반론이

---

195) [역주] 랠프 커드워스(Ralph Cudworth: 1617～1688)는 서머싯 출신으로 케임브리지에서 수학한 후 동대학 이매뉴얼칼리지의 히브리어 교수로 임명되었다. 1654년에 크라이스트스칼리지로 옮겨 여생을 학장으로 봉직했다. 그는 '케임브리지 신플라톤주의자들'이라는 학파를 주도한 철학자로 기억되고 있다.

196) [역주] 헨리 모어(Henry More: 1614～1687) 역시 '케임브리지 신플라톤주의들'의 일원이었다. 그는 그란섬(Grantham)의 퓨리턴 가문에서 태어나 케임브리지에서 수학한 후 그곳 크라이스트스칼리지 교수로 임명되었으나 이를 떠나 성직자로 활동했다. 1675년부터 글로스터 주교로 재직했다.

197) [역주] 에이브러햄 샤프(Abraham Sharp: 1653～1742)는 리버풀 출신으로 그곳에서 한 학교의 교장으로 일하다가 런던으로 이주해 서점 주인이 되었다. 당대 최고 수학자였던 존 플램스티드는 그의 수학 및 천문학 지식에 감탄해 그를 1688년에 그린위치 왕립천문대에 추천했다. 샤프는 그 천문대에서 관측도구를 개량하고 로그계산표를 창안하는 등 많은 업적을 남겼다.

198) S. Ward, *Vindicae Academiarum*(1654), pp. 30～2; M.'Espinase, *Robert Hooke*(1956), p. 119; R. Cudworth, *The True Intellectual System of the Universe*, J. Harrison, trans. (1845), vol. 1, p. 7; H. More, *Enthusiasmus Triumphatus*(1656), p. 41; M. Casaubon, *Of Credulity and Incredulity in things Natural, Civil, and Divine*(1668), p. 141; W. Cudworth, *Life and Correspondence of Abraham Sharp*(1889), p. 152; T. Hobbes, *English Works*, Sir W. Molesworth, ed. (1839～1845), vol. 1, p. 11; T. Sprat, *History of the Royal Society*, J. I. Cope and H. W. Jones, eds. (St Louis, 1959), p. 97. 그 밖에 J. Gadbury, *Obsequium Rationale*(1675), p. 32를 참조할 것.

1659년에 영어로 번역된 점을 감안하면 이것은 매우 흥미로운 현상이다. 혜성이 어떤 조짐을 예고한다는 관념을 박살낸 베일의 반론이 네덜란드에서는 이미 1682년에 출판되었지만 잉글랜드에서는 1708년에 가서야 출판되었다.[199] 점성술의 대부분은 포기된 상태에서 자연사로 죽었다. 성직자들과 풍자작가들은 점성술을 무덤까지 쫓아갔지만 과학자들은 장례식에 나타나지 않았다.

이렇듯 17세기를 넘기기 전에 점성술은 이미 과학으로서의 신망을 잃었다. 개인적으로는 그것이 완전히 사라지는 것을 원치 않은 과학자들도 일부 있었겠지만, 뉴턴체계는 천체계의 영향이라는 개념을 받아들일 수 없었다. 점성술의 방대한 설명체계는 이런 식으로 무너져 갔다. 기나긴 세월의 지적 사색은 점점 더 막다른 골목으로 내몰렸을 뿐이다.

물론 새로운 과학이 출현하기 이전에도 점성술의 많은 약점이 지적되곤 했다. 점성술의 경직성과 자의성이 비판을 받았다. 황도대와 12숙(하우스)은 실재하는 것이 아니었다. 어떤 사건과 어떤 천체 현상이 동시에 발생했다는 것만으로는 양자 간의 인과관계가 존재한다는 증거가 될 수 없었다. 점성술은 과학으로서의 가장 중요한 속성인 증명능력을 결핍한 것이었다. "이 기술의 규칙들(점성괘들)은 전혀 경험에 토대를 두지 않은" 것이라고 토마스 쿠퍼는 기록했다.[200] 이런 반론은 옛날부터 전해 내려온 의문 — 같은 별의 영향을 받고 태어난 쌍둥이가 서로 다른 운명에 처한다든지, 출생일시가 서로 다른 군인들이

---

199) P. Gassendus, *The Vanity of Judiciary Astrology*, "A Person of Quality", trans. (1659); P. Bayle, *Miscellaneous Reflections occation'd by the Comet which appear'd in December 1680* (1708).

200) Cooper, *Mystery*, p. 141. 또한 Fulke, *Antiprognosticon*, sig. Bii에서의 동일한 논법도 참조할 것.

한 전쟁터에서 함께 죽는다는 의문 — 에 비해 훨씬 근본적인 것이었다. 그러나 옛 우주론이 붕괴되자 이런 반론도 똑같이 답을 얻을 수 없게 되었다.

여론상의 변화는 옥스퍼드와 케임브리지에서도 감지되고 있었다. 튜더 시대에는 점성술에 큰 관심을 가진 교수들이 많았고 개중에는 중세 선배들, 이를테면 초서(Chaucer)의 조수 니콜라스처럼 정당한 돈벌이로 의뢰인에게 천궁도 점성괘를 계산해 준 이들마저 있었다. 한참이 지난 1650년대까지도, 릴리는 옥스퍼드와 케임브리지에 많은 추종자들이 있다고 주장했는가 하면, 헨리 클라크(Henry Clark) 라는 퀘이커 교도는 그곳에서 많은 점성술사들이 협잡을 일삼아 왔음이 밝혀졌다는 이유로 두 대학을 비난했다.[201] 그러나 이미 엘리자베스 시대부터 회의론의 증거가 발견된다. 세인트존스칼리지의 젊은 교수 에드먼드 캠피언은 1566년에 옥스퍼드를 방문한 여왕에게 "열등한 것들은 우월한 것들의 지배를 받는다"는 주제에 관한 환영토론회로 경의를 표했지만,[202] 이후로 학위수여식에서 석사학위를 받은 논문주

---

201) Ashm. 423, f. 173; Lilly, *Autobiography*, p. 169; H. Clark, *A Rod Discovered*(1657), pp. 38~9. 대학에서 활동한 16세기의 유명 점성술사들 중에는 올소울즈칼리지의 존 로빈스(이 책의 2권 pp. 226~7), 카이우스칼리지의 존 플레처[J. Venn in *The Caian*, vol. 6(1896)]; 뉴인칼리지의 존 보컬리[W. H. Hart in *Archaeologia*, vol. 40(1866), pp. 391~4]; 캐서린홀칼리지의 존 맵릿[*The Diall of Destiny*(1581)의 저자] 등이 포함된다. 17세기 초 어떤 교수의 점성술적 관심에 대해서는, W. C. Costin, "The Inventory of John English, B. C. L., Fellow of St. John's College", *Oxoniensia*, vols. 11~12(1946~1947), pp. 113~4를 참조할 것. 그 외에도 *Visitations in the Diocese of Lincoln, 1517~1531*, A. H. Thompson, ed. (Lincoln Record Society, 1940~1947), vol. 3, p. 73; H. Rashdall, *The Universities of Europe in the Middle Ages*, F. M. Powicke and A. B. Emden, eds. (Oxford, 1936), vol. 3, p. 161; *The Works of … Joseph Mede*(1664), vol. 1, pp. viii~ix 등을 참조할 것.

202) F. Peck, *Disiderta Curiosa*(신판, 1779), p. 276.

제들을 살펴보면 점성술적 주장들에 대한 적대감이 점증하는 추세였음을 알 수 있다.[203] 존 챔버는 1570년대에 옥스퍼드에서 점성술 반론을 강의했고, 1585년에 로버트 그린은 학자들이 개업점성술사들을 협잡꾼이라 비웃는다고 생각했다.[204] 공화국 초기에 세스 워드는 예언 점성술이 헛된(*inanis*) 동시에 불법적인(*illicita*) 것이라는 테제를 정립했다. 그 이후로 논쟁 참여자들에게는 천체계가 질병이나 인간사에 미치는 영향을 부정하고 아울러 혜성이나 전조로 여겨진 것들에 따른 예언가능성을 거부하는 것이 일상처럼 되었다.[205] 마찬가지로

---

[역주] 에드먼드 캠피언(Saint Edmund Campion: 1540~1581)은 런던에서 태어나 옥스퍼드에서 수학했고 1557년에 그곳 세인트존스칼리지 교수로 임명되었다. 본문에 언급된 여왕 환영토론회 이후 윌리엄 세실과 레스터 백작이 그의 후원자로 나서자 곧 캔터베리 대주교에 오를 것이라는 소문이 나돌 정도였으나 그는 국교회를 거부하고 예수회에 귀의해 결국 1581년에 순교를 당했으며 가톨릭 성인에 추서(追敍)되었다.

203) *Register of the University of Oxford, ii(1572~1622)*, A. Clark, ed. (Oxford History Society, 1887), vol. 1, pp. 170(1588년의 경우), 172(1590년의 경우), 178(1618년의 경우), 199(1596년의 경우); Oxf. Univ. Arch., P 15, ff. 247(1630년의 경우), 277v(1633년의 경우); Q 16, f. 178v(1635년의 경우); Qa 17, ff. 150(1651년의 경우), 152(1653년의 경우).

204) J. Chamber, *Astronomiae Encomium*(1601), pp. 38~40〔이 문헌은 *A Treatise against Iudicial Astrologie*(1601)의 부록이다〕; *The Life and Complete Works … of Robert Greene*, A. B. Grosart, ed. (1881~1886), vol. 5, pp. 17~8.
[역주] 존 챔버(John Chamber: 1546~1604)는 국교회 성직자로 동시대의 가장 강력한 점성술 비판자들 중 하나였다. 그의 *A Treatise Against Judiciall Astrologie*(1601)는 점성술을 범죄로 법에서 정하도록 의회에 청원한 저서로 특히 점성술사 존 헤이든을 격렬하게 비난했다. 로버트 그린(Robert Greene: 1558~1592)은 노리치 출신으로 케임브리지에서 학사와 석사를 받은 후 1583년경에 런던으로 이주해 극작가로 명성을 얻었다.

205) Oxf. Univ. Arch., Qa 17, f. 152v(워드의 사례); Qb 18, f. 178(1669년 사례); Be 20, f. 202(1681년 사례); Bd 19, ff. 205(1674년 사례), 206(1675년 사례), 209(1680년 사례). 그러나 이런 추세에는 일부 예외도 있었는데, 이에

1603년 케임브리지에서도 판별점성술은 사기에 불과하다는 주장이 개진되었다.[206] 1659년에 존 개드베리는 “당신네 옥스퍼드와 케임브리지 신입생들과 2학년생들이[207] … 학내에서 점성술은 과학이 아니라고 목청을 높이고 있다”라는 불평을 늘어놓았다. 존 버틀러는 1680년에 애쉬몰에게 바친 헌정사에서, “모교〔옥스퍼드〕에서 점성술이 완전히 금지된다는 소식을 듣고 있는지?”를 물었다.[208] 실제로 오래전에 새빌 천문학 교수직 개설을 정한 1619년 정관(定款)은 임용된 자가 비공식적인 점성술 연구는 계속하더라도 판별점성술이나 탄생천궁도 이론을 가르치는 것을 금한 적이 있었다.[209]

점성술은 정규의학에서도 자취를 감추었다. 물론 17세기 중반에만 해도 방혈이나 투약에 좋은 길일시를 택하는 등의 활동에 대해서는,

---

관해서는 *Register of the University*, Clark, ed., p. 179(1621년 사례); R. South, *Opera Posthuma Latina*(1717), pp. 24~8(1657년 사례); Oxf. Univ. Arch., Bd 19, f. 207(1676년 사례)을 참조할 것.

206) J. Chamber, “A Confutation of Astrologicall Demonology”(Bodl., Savile MS 42), ff. 99v~100. 다른 사례들은 W. T. Costello, *The Scholastic Curriculum at Early Seventeenth-century Cambridge*(Cambridge, Mass., 1958), p. 91을 참조할 것.

207) [역주] ‘신입생들과 2학년생들’은 ‘freshmen and junior sophists’를 번역한 것이다. 16세기 잉글랜드에서 신입생을 제외한 재학생은 모두 “sophists”로 불렸다. 2년차는 junior sophist, 3년차는 senior sophist였다. 교육과정은 3년차까지만 운용되었다.

208) J. Gadbury, The Nativity of the late King Charls(1659), sig. A5v; J. B(utler), *The Most Sacred and Divine Science of Astrology*(1680), vol. 2, 헌정사.

209) f. Allen, “Scientific Studies in the English Universities of the Seventeenth Century”, *Journal of the History of Ideas*, vol. 10(1949), p. 226. 존 프레스턴(John Preston)은 케임브리지 퀸스칼리지 교수 점성술을 연구했고(1609년경), 애쉬몰은 옥스퍼드에서 점성술을 연구했다(1644~1645년경). 이에 관해서는, T. Ball, *The Life of the Renowned Dr Preston*, E. W. Harcourt, ed. (Oxford, 1885), pp. 14~6; Josten, *Ashmole*, p. 353을 참조할 것.

극소수 회의론자들을 제외한[210] 거의 모두가 그 가치를 인정하고 있었다. 그러나 뒤이은 100년 안에 점성의학은 완전히 폐기되었다. 의료활동에 대한 증거가 아직은 너무 빈약해 그 변화를 역사가들이 자신있게 계량화할 수는 없지만 말이다. 1617년 어떤 저자는 정규교육을 받은 내과의들 사이에서는 점성술이 이미 포기되었다고 주장했다. 로버트 버튼이 《우울증의 해부》를 출판한 지 불과 4년 후〔1625년〕에 의학에서 점성술의 위상은 분명히 논쟁거리가 되고 있었다.[211] 내과의 제임스 하트는 1633년 저서에서 점성술을 철저히 거부했다.[212] 왕립내과의협회는 이미 오래전부터 점성술적 의사들을 감시해왔고 환자 소변에만 의존해 진단하는 관행을 금해온 터였다. 그렇지만 점성술 책력제작자 리처드 포스터가 왕립내과의협회 의장으로 1601～1604년,

---

210) 예컨대, Fulke, *Antiprognosticon*, sig. Dviiv〔펄크의 주장은 P. Daguet, *Almanack novum et perpetuum*(1556)을 따른 것인데, 이 논고는 모든 의료시술은 별을 참조해서가 아니라 환자의 몸 상태를 참조해서 시간을 정해야 한다고 주장했다〕.

211) [역주] 로버트 버튼(1577～1640)은 레스터셔 출신으로 생애의 대부분을 옥스퍼드에서 보냈다. 학생으로 입학해 교수가 되었고 결국은 그곳의 사제로 여생을 마쳤다. 그는 성직자로서만이 아니라 수학과 천문학/점성술에 정통한 학자로서 명성을 얻었는데, 특히 《우울증의 해부》(*The Anatomy of Melancholy*)는 1621년에 출판되어 17세기 동안 여러 번 중간되었다. 이 책에서 그는 우울증을 토성의 영향으로 보았고 그의 이런 주장은 이후 큰 논쟁거리가 되었지만, 실제로는 생활습관이 우울증의 원인이라는 견해도 함께 피력했다.

212) Cooper, *Mystery*, p. 144; Burton, *Anatomy*, vol. 2, pp. 15～6; J. Hart, *The Diet of the Diseased*(1633), pp. 256 이하. Primrose, *Popular Errours*, pp. 246～7도 참조할 것.
[역주] 제임스 하트(James Hart)는 1580년에서 1590년 사이에 태어나 내과의로 활동했다는 정도만이 알려진 인물이다. *Klinike or the Diet of the Diseased*(1633)라는 그의 저서는 절식과 건강의 상관성을 논의한 근대 최초의 논고들 중 하나로, 점성술과 건강의 상관성을 부정했으며 이를테면 설탕이 충치의 원인이라는 식의 '과학적' 견해를 제시했다.

그리고 다시 1615~1616년에 선출되면서 동 협회의 공식 약전(藥典)에 점성술적인 내용이 가미되었다.[213] 리처드 네이피어 경은 점성술사였음에도 1664년에 동 협회의 명예회원에 올랐다.[214]

점성술에만 의존하는 의학은 어느 시대든 드물었을 것이다. 엘리자베스 시대를 예로 들면 100명의 내과의들 중 점성술 규칙들을 정확히 아는 자는 한 명도 없었다고 한다.[215] 그러나 달이 인체에 영향을 미친다는 오랜 믿음은, 프랜시스 베이컨이나 헨리 모어처럼 점성술의 거의 모든 요소들을 거부한 많은 인사들 사이에서도 여전히 수용되고 있었다. 니어마이어 그루와 로버트 보일은 달이 뇌에 영향을 미친다고 믿었다.[216] 18세기 초 런던에서 거물 내과의로 활동했고 1717년에 왕립협회의 부의장에 오른 리처드 미드가 《태양과 달이 인체에 미치는 영향에 관한 논고》를 집필한 것은, 그가 믿기에 판별점성술의 혼란스러움 근저에 놓여 있는 그 참된 요소를 유지하기 위해서였다.[217]

213) [역주] 리처드 포스터(Richard Forster: 1546~1616)는 코번트리 출신으로 옥스퍼드에서 1573년에 의학박사학위를 받았다. 1575년부터 왕립내과의협회 회원으로 등록되었고 본문에서 언급된 대로 두 차례에 걸쳐 동 협회 의장을 역임했다. 그는 수학과 천문학/점성술에도 뛰어난 능력을 보였고 리처드 하비로부터 점성의사들의 지도자로 평가되었다.

214) Clark, *A History of the Royal College of Physicians*, vol. 1, pp. 168, 316. 점성술 원리를 신봉한 동시대의 많은 유명 내과의들이 T. Bretnor, *1619. A New Almanacke and Prognostication*, sig. C3에 인용되어 있다.

215) J. Indagine, *Brief Introductions*, F. Withers, trans. (1575), sig. Jiiij.

216) Bacon, *Works*, vol. 2, pp. 635~7; vol. 4, p. 354; Scot, *Discoverie*, IX. ii; *Conway Letters*, M. H. Nicolson, ed. (1930), p. 132; R. Hunter and I, Macalpine, *Three Hundred Years of Psychiatry* (1963), p. 285; *The Works of the Hon. Robert Boyle* (1744), vol. 5, p. 96.

217) [역주] 리처드 미드(Richard Mead: 1673~1754)는 런던 출신이지만 네덜란드의 위트레흐트와 라이덴, 이탈리아 파도바(Padova)에서 철학과 의학을 연구한 인물이다. 본문에 인용된 *A Treatise concerning the Influence of the Sun and Moon upon Human Bodies*는 1704년에 라틴어로 작성되었고 1748년에

미드는 태양과 달이 대기압상의 변동을 야기하고 이 변동이 인체 내 신경액의 양을 결정한다고 주장했다.[218] 그의 견해에 따르면 간질, 현기증, 신경증, 천식 등의 발병뿐만 아니라 월경과 출산도 달의 위상(位相) 들에 원인이 있었다.[219] 미드 같은 인사들마저 이런 믿음을 유지했음을 감안하면, 과연 넓은 의미에서의 점성의학이 언제 종결되었는지 그 정확한 시점을 가늠하기 힘든 면이 있다. 17세기 말의 저명한 의사들, 예컨대 제임스 2세의 주치의를 지낸 프랜시스 버나드는 전통적인 방식으로 천궁도를 그리고 있었다.[220] 1680년에 존 버틀러는 점성의사들이 여전히 "유명하고 … 인기를 누린다"고 생각했다. 존 로크조차 약초 채집에 좋은 길시의 점성술적 선택에 신뢰를 보냈다.[221]

인구 대다수 사이에서 점성술에 대한 여론이 어떻게 변화해갔는지를 엄밀하게 계량화하는 것은 불가능하다. 문헌상의 증거들이 남긴 전체적인 인상으로 말한다면, 회의론의 조류는 엘리자베스 시대에 이

---

영어로 번역되었다. 점성술을 인정했지만 전염성 질병의 과학적 예방법을 최초로 정립한 인물이기도 하다.

218) [역주] '신경액'(*nervous fluid*)은 18세기에 신경계를 통해 순환하면서 감각과 운동을 일으킨다고 믿어졌던 액체다. '활기'(*animal spirit*) 혹은 '신경소'(*nervous principle*)와 비슷한 의미로 사용된다. 뉴턴과 데이비드 하틀리(David Hartley) 등이 그 존재를 부정했다.

219) R. Mead, *A Treatise concerning the Influence of the Sun and Moon upon Human Bodies*, T. Stack, trans. (1748). 또한(J.) Gibbs, *Observations of Various Eminent Cures of Scrophulous Distempers* (1712), pp. 54~64에도 이와 유사한 작품인 *Mechanical Account of the Natural Causes of the Influence of the Moon upon Human Bodies*가 수록되어 있다.

220) W. Munk, *The Roll of the Royal College of Physicians* (2판, 1878), vol. 1, p. 499; A. Malloch, *Finch and Baines* (Cambridge, 1917), pp. 66~7. 버나드가 이용한 천궁도들 중 일부가 Sloane 1707에 남아 있다.

221) Butler, *The Most Sacred and Divine Science of Astrology*, vol. 2, p. 27; M. Cranston, *John Locke* (1957), p. 91.

미 확고한 기반을 갖추었고 17세기 말까지는 식자층의 여론을 거의 휘어잡았다고 할 수 있다. 이 기간 내내 점성술사들은 반대여론을 마지못해 견뎌야 했고, 그상황에 개탄을 금치 못했다. 1568년에 책력제작자 존 시큐리스는 거의 모든 사람들이 "천문연구자들"을 깔본다고 말했다.[222] 이에 동조해 1606년에 존 페이지(John Fage)는 점성술이 순수학문이 아닌 여흥거리에 불과한 것으로 간주된다고 말했다.[223] 릴리는 번창하는 사업에도 불구하고 "영국민들이 점성술에 대해 가지고 있는 빈약한 이해와 무례한 판단"을 불평했다. 그는 "런던 시민들이 점성술에 거의 무지하다"고 투덜거렸다.[224] 그 역시 다른 점성술사들 못지않게 회의론자들, 이를테면 그의 판단을 호도하기 위해 말 오줌 시료를 들고 상담실을 찾아오는 자들에게 시달렸고, 부주의한 점성술사를 폭로하려는 온갖 기만책에 대처해야 했다.[225]

왕정복고 이후로는 점성술사들을 따돌린 채 지적 유행의 변화가 진척되고 있음이 한층 분명해졌다. 개드베리는 거의 모든 사람들이 점성술을 무시하거나 비난한다고 불평했으며, 존 윌슨의 희곡 《협잡꾼》(1662)에서 모푸스(Mopus: 존 헤이든의 배역)라는 점성술사는 사업이 사양길에 있다고 한탄했다.[226] 레딩에서 활동한 조셉 블래그레이브도

222) [역주] 존 시큐리스(John Securis)는 1550~1580년 사이에 솔즈베리를 중심으로 의사이자 점성술사로 활동한 인물이다. 파리에서 갈레노스 의학을 연구했고 의학과 철학의 조화를 추구하는 견지에서 '천문연구'의 중요성을 강조했다.

223) J. Securis, *A New Almanack and Prognostication … MDLXVIII*, sig. Aii; J. Fage, *Speculum Aegrotorum, the Sicke-Mens Glasse*(1606), "To the Reader".

224) W. Lilly, *Anglicus*(1645), sig. A3v; Lilly, *Christian Astology*, "To the Reader".

225) Ashm. 363, f. 2v; 185, f. 154v.

226) J. Gadbury, *Britains Royal Star*(1661), p. 12; J. Wilson, *The Cheats*, M. C. Nahm, ed. (Oxford, 1935), p. 145. 디포는 대역병 이전에 런던에 들끓었던 점성술사들이 대역병 이후로는 회복되지 못했다고 생각했다. Defoe, *A*

자신의 사업이 기우는 것은 의뢰인들이 상담의 적법성에 관해 양심의 가책을 느끼기 때문이요 (더욱 중요하게는) 그들이 어디에 다녀왔는지를 이웃들이 알게 되면 평판이 나빠질 것을 우려하기 때문이라고 불평했다.[227] 1677년에 리처드 손더스는 대중들이 점성술적 예언을 우화에 불과한 것으로 간주하는 현실을 개탄했다. 같은 해에 존 웹스터는 비록 그 자신은 점성술 지지자였지만, 점성술이 "흔히 그렇게 불리듯이 완전한 사기"로 전락했음을 마지못해 인정했다.[228] 1679년에 존 미들턴은 그 학문이 "크게 경멸될 뿐 … 거의 존중되지 않는다"고 개탄했으며, 개드베리는 대중들조차 책력을 하찮은 것으로 간주한다고 토로했다.[229] 이제는 거의 모든 독자들이 〔점성술 서적에 수록된〕 인체해부도가 무엇을 뜻하는지 기억조차 하지 못한다고 이야기되었다. 윌리엄 헌트라는 점성술사가 1696년에 서글프게 결론지었듯이, 이제 "그 기술의 입문자나 애호가는 극소수만" 남아 있었다.[230]

---

*Journal of the Plague Year* (1722) (New York, 1960), pp. 176~7.
[역주] 존 윌슨(John Wilson: 1627~1696)은 런던 출신으로 옥스퍼드와 링컨스인 법학원에서 수학한 후 1649년부터 변호사로 활동했다. 법조인으로서의 경력을 밟던 중간중간에 4편의 희곡을 발표했는데, 그중 가장 큰 성공을 거둔 것이 《협잡꾼》(*The Cheats*)이었다. 이 작품은 1662년에 첫 출판되었고 1664년과 1671년에 중간되었다.

227) J. Blagrave, *Blagraves Astrological Practice of Physick* (1671), 헌정사.

228) Saunders, *The Astrological Judgment and Practice of Physick*, vol. 2, p. 172; J. Webster, *The Displaying of Supposed Witchcraft* (1677), p. 22.
[역주] 존 웹스터(John Webster: 1610~1682)는 요크셔 출신이고 케임브리지에서 수학했다고 본인은 주장했으나 아직 그 증거는 없다. 헝가리 출신 연금술사 요하네스 후니아데스(Johannes Huniades: 1576~1650)에게 연금술, 점성술, 자연마술 등 각종 마술을 사사했고 1643년부터 사제로 봉직하다 내란기에 군목 겸 군의관으로 의회파를 편들었으며 1650년대 말부터 사제직을 포기하고 내과의로 활동했다. 교육문제로 세스 워드와 벌인 논쟁으로 잘 알려져 있다.

229) J. Middleton, *Practical Astrology* (1679), sig. A1v; (J. Gadbury), *Magna Veritas: or John Gadbury … not a Papist* (1680), p. 10.

점성술을 단순하게 학문 아니면 범죄로 양분하는 일부를 제외하면, 이제 거의 모든 사람들에게 점성술은 있으나마나한 것 또는 우스갯소리에 지나지 않는 것으로 전락했다. 새뮤얼 버틀러는 《휴디브라스》에서 릴리와 부커에게 각각 시드로플과 왜컴이라는 별명을 붙여 조롱했고 후속 작품들에서도 비난을 이어갔다.[231] 콘그리브의 《사랑에는 사랑을》(1695) 에서 점성술사로 등장하는 포사이트(Foresight) 는 그저 재미난 사람일 뿐이었다.[232] 그나마 근근이 유지되던 점성술의 위엄

---

230) G. L. Kittredge, *The Old Farmer and his Almanack* (Boston, 1904) ; W. Hunt, *Demonstration of Astrology* (1696), sig. A3.
[역주] 윌리엄 헌트(William Hunt) 가 "수학과 자연철학의 애호가"라는 이름으로 1696년에 출판한 저서는 다음과 같은 긴 제목을 가지고 있다. 당시 점성술이 새로운 과학의 성과를 수용한 양상을 잘 보여준다. *Demonstration of astrology, or, A brief discourse, proving the influence of the sun, moon, stars, over this terraqueous globe [microform] : grounded on the fundamental rules of the Copernican system and philosophy, and verified by practical examples and experience : illustrated by diagrams : whereby the art is rendered almost mathematically demonstrable : to which is added, an astrological and philosophical appendix, or second part, treating of this summer's effects, both in the macrocosm as well as microcosm : wherein we have great cause to fear, that the sword, pestilence, and famine will annoy our European territories this ensuing summer.*

231) [역주] 새뮤얼 버틀러(Samuel Butler : 1612~1680) 는 우스터셔 출신으로 대학교육을 받지는 못했으나 여러 귀족가문을 전전하면서 작가로서의 역량을 키웠다. 대표작 《휴디브라스》(*Hudibras*) 의 출판(1부는 1663년, 2부는 1664년, 3부는 1678년) 으로 큰 명성을 얻었고 그의 팬이 된 찰스 2세는 그에게 연금을 지급하기도 했다. 이 작품은 '돈키호테'를 모델로 한 풍자 서사시로 내란에 참여한 모든 당파들을 신랄하게 비꼬았지만 특히 의회파에 대해 적대적이었다. 주인공은 휴디브라스 경이고, 시드로플(Sidrophel) 은 엉터리 개업점성술사로, 왜컴(Whackham) 은 논쟁만 일삼는 변호사로 등장한다.

232) [역주] 윌리엄 콘그리브(William Congreve : 1670~1729) 는 요크셔 출신으로 군인인 부친을 따라 간 아일랜드에서 더블린대학을 졸업했다. 1688년에 영국으로 돌아와 한때 법학원에서 공부했으나 문학으로 전향했고 J. 드라이든의

은 조나단 스위프트에게 결정타를 맞았다. 그는 《1708년에 대한 아이작 비커스태프의 예언들》(*Predictions of Isaac Bickerstaff for 1708*)과 후속 풍자 작품들에서 불운한 점성술사 패트리지를 익살조로 공격했다.[233] 과도기가 끝난 셈이었다. 과도기에 지성인들은 천궁도로 점치되 "이를 신뢰하지는 않은" 벤 존슨처럼, 혹은 점성술사들과 상담하면서도 그들을 얕잡아본 재무대신 클리퍼드처럼, 점성술에 깊은 신뢰 없이 립서비스를 제공하곤 했다.[234] 그러나 1700년 이후로 점성술 저술활동은 양적으로 현저하게 줄었다. 책력은 지속되었지만 그 안의 예언력은 시간이 흐를수록 점점 더 흐릿하고 더 무의미해져 갔고, 그나마 손더스나 패트리지 같은 17세기 원조의 이름을 빌려 간행되었다. 이런 예언 활동에 자기 이름을 내걸 신세대 점성술사들이 출현하지 않았던 것이다. 1733년에 콜리의 책력을 간행하면서 그 편집자는 "오늘날 점성술은 심각한 중상모함에 빠져" 있다고 개탄했다.[235] 예언을 행하고 의뢰인에게 조언을 주는 등 선배의 활동을 답습한 점성술사는 여전히 활동하고 있었으나 더 이상 유력인사를 상담실로 끌어들일 수는 없었다. 19세기와 그 이후로도 점성술은 수차례의 부활을 경험했지만 그것이 한때 누렸던 지적 활기는 영원히 되돌아오지 않았다.

---

지도를 받아 소설가로 등단했다. 이후로 여러 편의 희곡을 발표했는데, 그중 하나가 《사랑에는 사랑을》(*Love for Love*)이다.

233) S. Butler, *Characters and Passages from the Note-Books*, A. R. Waller, ed. (Cambridge, 1908), pp. 71, 416, 457. 패트리지를 겨냥한 풍자 글들의 목록은 W. A. Eddy in *Studies in Philology*, vol. 29(1932), pp. 38~40에서 제공되고 있다. 스위프트의 공격에 앞서 1690년대에 톰 브라운(Tom Brown)의 공격이 있었다.

234) B. Jonson, *Conservations with William Drummond of Hawthornden*, xiii; 이 책의 2권 pp. 290~3.

235) *Merlinus Anglicus Junior*(1733), sig. A4v. 1700년 이후의 점성술 출판에 대한 해설은 E. Howe, *Urania's Children*(1967)을 참조할 것.

제 12 장

# 점성술과 종교

이 사악한 기술이 모든 곳에서 실행되고 거의 모든 남녀들이 그것을 추종하지만, 특히 그들 중 일부는 기어이 주 그리스도의 복음의 사도가 되려고 하는 자들이다.

- John Launce, *A Brief Declaration against Judicial Astrologie* (1650), p.1.

## 1. 갈 등

초대 기독교 이래로 점성술과 종교의 관계는 상호불신으로 점철되었다. 종교개혁에 뒤이은 1세기 동안에도 두 신앙체계는 첨예한 갈등을 보였다. 많은 잉글랜드 성직자들이 판별점성술은 불경한 기술이요 그 교시들은 기독교의 일부 기본신조들과 근본적으로 양립할 수 없다고 비난했다. 잉글랜드 성직자들이 설교나 팸플릿에서 사용한 반론들 중 대다수는 앞서 활동한 대륙 작가들로부터 빌려온 것들이었지만, 그들은 훨씬 단호하고 격렬한 어조로 그 반론들을 이용했다.

첫 번째 공격노선은 종교와 점성술이 동일 현상을 정반대로 설명할 때가 잦음을 지적한 것이었다. 이를테면 태풍이나 기근이나 지진 같은 현상을 두고, 기독교인은 하나님의 숨은 목적이 현시된 것이라고 가르친 반면에, 점성술사는 그런 현상을 천체운동에 귀속시켰고 그럼으로써 점성술에 의해 예측가능한 것으로 만들었다. 이렇듯 행운이나 불운을 별의 영향으로 간주하는 것은 기독교 교리에 대한 직접적 위협이었다. 칼뱅이 말했듯이, 점성술은 "우리의 눈을 안개로 … 가리어, 우리를 하나님 섭리로부터 멀리 밀쳐낸다." 주교 후퍼도 비슷한 경고를 회중에게 전했다. "행복이냐 불행이냐, 풍요냐 빈곤이냐, 전쟁이냐 평화냐를 결정하는 것은 태양도, 달도, 목성도, 화성도 아니니" 오직 하나님 자신이라는 것이었다. 장수(長壽)는 독실한 신앙에 대한 보상일 뿐 행성들이 전해 준 것은 아니었다.[1] 점성술과의 전쟁에서 많은 전투들은 이처럼 초보적인 인과관계 수준에서 전개되었다. 1653년에 장로파 성직자 토마스 가태커가 천명했듯이 기독교인은 모든 사건을 "점성술적 눈이 아닌 신학적 눈으로" 바라보아야 마땅할 것이었다.[2]

점성술사들이 가장 깊게 모욕감을 자극한 것은 종교사(宗敎史) 상의 매우 민감한 사안들에 대해 세속적 설명을 제공한 대목이었다. 그들은 세계 각 지역이 서로 다른 종교에 지배되는 현상에 대해 주저 없이 점성술적 원인을 제시했다. 심지어 일부 개업점성술사들은 그리스도마저 탄생천궁도로 점치려 한 중세의 악명 높은 시도들을 부활하기까지 했다.[3] 바로 이런 종류의 신성모독에 겁먹은 많은 성직자들은 점성술에 대한 — 오늘날 우리가 보기에 전혀 과학적이지 못한 어조의

---

1) J. Calvin, *An Admonicion against Astrology Iudiciall*, G. G(ylby), trans. [1561], sig. Cviv; *Early Writings of John Hooper*, S. Carr, ed. (Cambridge, P. S., 1843), p. 333.

2) T. Gataker, *His Vindication of the Annotations by him published* (1653), p. 153.

3) Calvin, *An Admonicion against Astrology Iudiciall*, sig. Dvj; W. E. Peuckert, *L'Astrologie*, R. Jouan and L. Jospin, trans. (Paris, 1965), p. 151; Scot, *Discoverie*, XI. xxii; Ashm. 1730, f. 170; J. G(regory), *Notes and Observations upon Some Passages of Scripture* (1646), p. 152; J. Butler, *A Brief (but true) Account of the Creation Year, Moneth, Day and Minute of the Birth of Jesus Christ* (1671); H. More, *Tetractys Anti-Astrologica* (1681), p. vi.

— 격렬한 논박으로 대응했다. 종교사에 대한 것이든 인류의 경로에 대한 것이든 모든 예지(豫知)는 오직 하나님의 특권이어서 그 특권을 찬탈하려는 것은 주제넘은 짓이었다. 독립파 성직자 윌리엄 브리지는 "누군가가 별들을 이용해 미래 사건들, 즉 사람들의 의지와 행동에 따라 발생할 사건들을 예언하겠다고 약속한다면, 그는 하나님의 권좌에 오르려는 자임이 분명"하다고 단언했다.[4] 존 골도 "하나님은 미래 일에 대한 예지며 예시(豫示)를 자신에게로 거둬들이시고 … 사람에게서는 그런 호기심과 주제넘음을 박탈하시어 … 우리가 미래 일에 관해 상담하는 것과 동의하는 것을 모두 단호히 금하셨다"고 말했다.[5] 이 금지론이 말한 그대로를 의도하지 않았다는 것은 분명하다. 이 저자는 자연과학 자체를 거부하지도, 천문학이 항해며 의학이며 농법에서 유용하다는 것을 부정하지도 않았기 때문이다. 하지만 판별점성술에 대한 혐오감에서 그가 제시한 원리들은 다양한 형태의 과학활동을 저지하기에도 효과적인 수단이 될 만한 것들이었다. 실제로 또 다른 성직자는 "하늘은 하나님의 책이니 우리는 그것을 그분께 일임해야" 한다고 말했다. "아스토롤라베, 표척(標尺), 상한의 같은 도구들을[6] 이용해서 별들에 더 가까이 접근한 것처럼 될 때 우리가 무슨 일이든 못할 게 없다면, 하나님은 무슨 목적에서 별들을 그토록 멀리 떼어 놓았

4) *The Works of the Rev. William Bridge*(1845), vol. 1, p. 438.

5) J. Gaule, *The Mag-Astro-Mancer, or the Magicall-Astrologicall-Diviner Posed and Puzzled*(1652), p. 48.

6) [역주] 아스트롤라베(*astrolabe*)는 헬레니즘 시대에 발명되어 중세 이슬람 세계에서 완성된 일종의 천문학 계산기이다. 이것은 눈금을 매긴 금속받침, 조준척, 그리고 2개의 금속 원반으로 구성되었고, 이 기계장치를 통해 모든 행성과 항성의 고도를 측정할 수 있게 해 주었다. 상한의(象限儀: *quadrant*)는 사분의(四分儀)로도 불린다. 이것은 별의 움직임을 관측하는 도구로 14세기 이후에 급속히 발전했으며 훗날 망원경 관찰에 의해 대체되었다.

단 말인가?"[7] 이것은 명백히 반과학적인 주장이었다. 이와 연관된 것으로 점성술은 인간사에서 하나님의 역할을 망각토록 만들기 때문에 비난받아야 마땅하다는 반론도 있었다. 존 게리는 이렇게 기록하였다.[8] "우리는 자연원인들에 구속될 뿐 초자연적 목적들이나 용도들을 향하지 않으니, 마땅히 자연원인들을 향해야겠지만 아니면 그런 체라도 해야 할 것이다."[9] 과학은 통제를 벗어나지 않는 한에서만 허용될 수 있었다. 토마스 홀은 "우리는 철학이 신학에 시중들고 순종하도록 만들어야" 한다고 말했다.[10] "각 과학은 각자에 고유한 영역을 지켜야" 한다는 것이었다.[11] 이렇듯 판별점성술에 대한 공격은 과연 인간이 모든 피조물에 자유롭게 호기심을 가져도 되느냐는 근본적인 쟁점을 제기했다.

그렇지만 두 신앙체계의 갈등이 이 정도에 머물렀다면 그 갈등은 손쉽게 해결되었을지도 모르겠다. 과학혁명에 직면해 종교는 스스로 적응력을 입증해야 했고, 실제로 새로운 신학적 논거를 개발해 자연과학

---

7) J. Chamber, *A Treatise against Iudiciall Astologie* (1601), p. 102.

8) [역주] 존 게리(John Geree: 1599/1600~1649)는 옥스퍼드에서 신학을 수학한 후 몇몇 국교회 소교구 성직자를 지내기도 했으나 결국 퓨리턴 목회자로 생을 마감한 인물이다. 그는 1646년 런던에서 *The Character of an Old English Puritan, or Non-Conformist*라는 소책자를 발간해 큰 호응을 얻었다. 이 작품은 퓨리턴 대의를 간결하고 압축적으로 표현했을 뿐만 아니라 유럽 전역의 프로테스탄트 신학을 잘 요약한 것으로도 유명하다.

9) K. Geree, *Astrologo-Matrix* (1646), p. 5.

10) [역주] 토마스 홀(Thomas Hall: 1610~1665)은 우스터 출신으로 옥스퍼드에서 수학한 후 귀향해 킹스노턴(Kings Norton) 소교구에서 어떤 사립학교 선생/교장직과 국교회 목회활동을 병행했다. 내란기에 장로교도로 전향했고 1653년에는 리처드 백스터의 "우스터셔 청원"(퓨리턴에게도 십일조와 성직록을 인정해 달라는 청원)에 서명했다. 자신의 소장도서로 공공도서관을 설립하는 등 공공봉사에도 큰 힘을 쏟았다.

11) T. Hall, *Vindiciae Literarum* (1655), p. 51.

연구를 정당화하고 독려하는 데 전혀 어려움을 겪지 않았다. 항성들과 행성들을 하늘에 안배한 것이 하나님 자신이라는 측면이 강조되었다. 그것들의 작용을 관찰한다는 것은 하나님의 위엄과 권능을 예증하는 일이 될 수 있었다. 지상의 사건에 대해서 별은 기껏해야 부차적 원인이 될 뿐이었지만, 하나님이 원한다면 별을 시켜 그분의 목적을 실현하지 말란 법도 없었다. 별 운행에 대한 지식은 그분의 위대한 명예를 더할 수 있을 뿐이었다. 17세기 후반에 많은 신학자들은 바로 이런 논법에 따라 자연과학 연구를 정당화했다. 만약에 더 이상의 반론이 없었더라면 점성술도 다른 자연과학 분과들 못지않게 기독교 신앙과 조화를 이루었을지 모른다. 물론 성경의 일부 난처한 구절들에 대해서는 변명이 필요했을 것이다. 특히 "하늘을 살피는 자들(*astrologers*), 별을 보는 자들(*stargazers*), 월삭(月朔)을 예고하는 자들(*monthly prognosticators*)"에 대한 《이사야》 47장 13절의 적대적 언급이 그러했을 것이다. 하지만 다른 구절을 상기시켜 이를 상쇄하는 것이 가능했다. 하나님이 창궁에 별들을 두어 인간에게 징조로 삼았다는 《창세기》 1장 14절이 있었고 더욱 유리하게는 동방의 별이 세 마술사(*Magi*)를 베들레헴으로 안내한 사례도 있었다. 《흠정역성서》를 어떻게 이용하느냐,[12] 그 주석가들이 얼마나 창의력을 발휘하느냐에 따라 새로운 과학을 수용하는 과제는 간단히 해결될 수 있었다.

---

12) [역주] 《흠정역성서》(*Authorized Version*)는 제임스 1세의 후원으로 출판된 영어성경으로 '제임스 1세 성경'으로 불리기도 한다. 그것은 1604년 종교회의에서 제안되어 1611년 완성되었다. 기존의 성경 판본을 모두 참조해 집대성한 일종의 개역(改易)이지만, 원전으로 사용된 본문이 불완전했고 당시 성서 연구 수준이 아직 빈약했기 때문에 오역(誤譯) 내지 부적당한 번역문이 많이 포함되어 있다. 그러나 간결한 표현, 장엄한 리듬, 아름다운 어구법 등으로 일상회화와 문학작품에 인용되었고 개역성서가 나올 때까지 3백 년 이상 표준영어성경으로 널리 쓰였다.

따라서 그토록 대대적인 신학적 반론을 자초한 것은 점성술이 자연과학을 표방한 탓이 아니었다. 점성술의 지적 취약성 때문도 아니었다. 신학자들은 투쟁과정에서 자연스럽게 옛 저자들에 의존하였고, 키케로로부터 피코 델라 미란돌라에 이르기까지 풍부하게 축적된 논쟁점들이 그들의 무기로 사용되었다.[13] 하지만 그들의 적대적 태도는 점성술에 대한 지적 반감에 기인한 것이 아니었다. 점성술이 회교도들과 이교도들, 그리고 가태커가 "이집트의 태곳적 무속인들"이라[14] 부른 자들에 의해 작성된 원전들에 기반을 둔 이교세계의 학문으로 출발했다는 사실도 그 적대감의 뿌리는 아니었다. 물론 신흥종파들이 점성술을 이교도인 아리스토텔레스의 논고들과 싸잡아 비난했다는 것,[15] 심지어 일부 극단 프로테스탄트들은 이교 신들에 유래하지 않은 이름들로 모든 요일명과 월명을 바꾸려 한 초대 기독교의 활동을 부활시키려 했다는 것도 사실이다.[16] 그러나 이처럼 철두철미한 비판

---

13) [역주] 피코 델라 미란돌라(Giovanni Pico della Mirandola: 1463~1494)는 이탈리아 모데나(Modena) 근교의 미란돌라(독립영지)를 통치한 백작 가문에서 태어나 그 작위를 계승한 인물이다. 고전어, 고전철학, 신학, 비학 등 다방면에 능통했던 그는 1486년에 이른바 '900테제'를 발표해 신플라톤주의-헤르메스주의 성향의 피렌체 휴머니즘을 자극했다. 이를 위해 작성된 것이 인간 존엄성에 관한 유명한 웅변으로 여기서 그는 대중적이고 타락한 점성술을 비판하면서도 점성술은 그 기원과 목적에서 숭고한 것이라는 입장을 취했다.

14) Gataker, *His Vindication of the Annotations*, p. 175. 또한 *The Works of John Jewel*, J. Ayre, ed. (Cambridge, P. S., 1845~1850), vol. 2, p. 872도 비교 참조할 것.

15) J. Brayne, *Astrologie proved to be the old Doctrine of Demons* (1653), pp. 12~3, 25.

16) 이를테면, J. W. Blench, *Preaching in England* (Oxford, 1964), p. 267; G. F. Nuttall, *The Holy Spirit* (Oxford, 1946), p. 153; J. B(rinsley), *Calendar Reformation* (1648); [E. W.], *The Life and Death of Mr Henry Jessy* (1671), pp. 63~4; J. W., *A Mite* (1653), p. 17; J. Brayne, *The New Earth* (1653), p. 19; G. F(ox), *To the Parliament … Fifty Nine Particulars* (1659), pp. 9~10.

은 극단적 퓨리턴들 사이에서나 제기되었다. 기성 종파들 대다수는 플라톤과 아리스토텔레스는 물론, 고전문학과 이슬람 과학을 비롯한 이교세계의 다양한 학문을 섭취할 역량을 충분히 갖추고 있었다.

신학자들이 점성술을 공격한 진정한 이유는 점성술사들이 가르치는 별 결정론이 기독교가 가르치는 자유의지며 도덕적 자율성과 양립할 수 없다는 확신에 있었다. 이것은 중세교회 대표자들이 점성술사들과 결별한 지점이기도 했다. 그들은 점성술의 '자연'에 근거한 주장, 이를테면 천체계가 기후, 식물 생장, 생리 등에 영향을 미친다는 주장을 기꺼이 받아들여 점성술이 농업이나 의학의 중요한 일부라는 것을 인정했다. 그들이 참을 수 없었던 것은 점성술의 '판별적' 측면, 즉 날씨에 대해서만이 아니라 집단이든 개인이든 인간 행동에 대해서도 정확한 예언이 가능하다는 점성술의 주장이었다. 점성술적 예언이 구체적일수록 자유의지에 대한 믿음은 그만큼 더 침해될 수밖에 없었다. 인간이란 별에게 물려받은 기질의 희생자일 따름이니 별의 구속을 벗어날 수도, 각기 자율적으로 도덕적 선택권을 발휘할 수도 없다는 주장을 신학자들로서는 용납할 수 없었다. 별들이 육체에 영향을 미칠 수는 있어도 영혼까지 건드린다는 것은 있을 수 없는 일이었다. 인간에게 의지와 지성이 자유로이 유지되는 한, 특정인이 어떻게 행동할 것인지를 점성술사가 오류 없이 예언한다는 것은 불가능했다. 개업점성술사가 자기 예언의 확실성을 주장한다면 그는 이단과 다를 바 없었다. 이미 성 아우구스티누스는 예언이 확실성에 도달할 가능성을 아예 근본부터 부정했고 이는 아퀴나스에 의해 더욱 체계화되었다.[17] 이런 반론은 16～17세기에도 지속적으로 재확인되었다. 말하

17) Augustine, *De Civitate Dei*, V, I～ix(아울러 Thorndike, *Magic and Science*, vol. 1, pp. 513～21); Aquinas, *Summa Theologica*, Ⅱ. xcv. 3～5, and *Summa Contra Gentilies*, Ⅲ. lxxxii, lxxxv～lxxxvi. 일반적 논의는 T. O.

자면 신학자들은 자연과학보다는 엄밀성을 표방한 사회과학에서 더욱 큰 위험을 파악했던 셈이다. 현대 인류학자들이 입증해왔듯이 프로테스탄트 신학은 16~17세기에 자연과학의 진보를 거의 방해하지 않았다. 반면에 인간 행동에 대한 과학적 연구는 신앙과 윤리에 더욱 큰 위협이 되는 것으로 보였기 때문에 신학의 거센 저항에 부딪쳤다.

하지만 이 수준에서조차 실질적 갈등보다는 표면적 갈등이 훨씬 많았다. 앞서 검토했듯이 점성술사들은 인간 행동에 대한 자신들의 예측이 잠정적 추측에 불과함을 기꺼이 인정했기 때문이다. 천궁도는 확실성이 아닌 경향성을 가리킬 뿐이었다. 별들은 배려할 뿐 강요하지는 않았다. 점성술적 진단의 지향점은 의뢰인에게 자신 앞에 열려 있는 모든 가능성들을 주지시킴으로써 선택의 폭을 넓혀 주는 것이 전부였다.

문제는 의뢰인들이 이런 유보를 늘 명심한 것은 아니라는 데 있었다. 식자층조차 개인적 약점과 불행을 서둘러 행성의 치명적인 영향 탓으로 돌렸으니 대중 수준에서는 당연히 (신학자들이 예견한 대로) 점성술로 인해 도덕적 책임감이 느슨해질 수 있었다. "당신의 부족한 면을 별 탓으로 돌리고 그럼으로써 당신이 불행해질 운명에 있다고 스스로를 얕잡아 보지 않도록 유의하라." 토마스 브라운 경이 적절하게도 이런 경고로 겨냥했을 동시대인들이 얼마나 많았는지는 앞서 검토된 바 있다.[18] 점성술이 자유의지에 대한 믿음과 양립가능하다는 점성술사들의 주장은 이론적으로는 틀린 곳이 전혀 없었다. 오늘날로 치면 정신분석학이 도덕적 책임감을 무력화한다는 거친 비난을 정신분

---

Wedel, *The Mediaeval Attitude toward Astrology* (Yale Studies in English, 1920); R. C. Dales, "Robert Grosseteste's Views on Astrology", *Mediaeval Studies*, vol. 29 (1967)를 참조할 것.

18) T. Browne, *Christian Morals*, iii. 7. 이 책의 2권 pp. 308~11도 참조할 것.

석학자들이 손쉽게 논박할 수 있는 것과도 같다. 그러나 현실적으로 사람들이 그토록 미묘한 차이를 늘 구별할 수는 없었을 것이며, 성직자들이 점성술의 함축을 걱정한 것은 옳았다. 교회로서는 인간 자율성이 유지되지 못할 가능성 자체를 인정할 수 없었다. 이를 인정한다면 기독교의 토대인 보상과 처벌의 교리를 통째로 무너트릴 위험이 있었기 때문이다.[19]

이렇듯 의지는 반드시 자유로워야 한다는 믿음을 전제로, 성직자들은 미래의 인간 행동을 예언하는 것이 불가능하다는 결론에 도달했다. 점성술사가 그렇게 행한다면, 이는 점성술사가 악마와 제휴했음을 의미할 뿐이었다. 주교 칼튼은 주물과 주문이 악마의 초등학교라면 판별점성술은 악마의 대학교라고 말했다. 점성술사는 운명을 위임받은 사탄과 밀약을 맺고서 온갖 부류의 주술사에게 지침을 내린다는 것이었다.[20] 게다가 점성술사는 수학적 계산 때문에 의심을 받는 일도 있었다. 수학이 사술(*black art*)의 일부라는 가정은 로저 베이컨(1214?~1294)의 명성을 크게 훼손하였고,[21] 에드워드 시대 개혁가들은 옥스퍼드에서 수학 필사본들을 — 그것들이 접신용 서책들이라는 미망에 사로잡혀 — 불태운 사건으로 오명을 떨쳤다. "붉은 글자나

---

19) [역주] '보상과 처벌의 교리'(*doctrine of rewards and punishments*)는 인간이 자유의지로 선을 택하면 그 보상으로 구원을 받고 악을 선택하면 처벌을 받는다는 교리이다. 이 교리가 정치·종교적 이해관계에 따라 인간의 자유의지를 조종하는 이데올로기적 특성이 있다는 것은 종교개혁 이후 가톨릭-프로테스탄트 논쟁에서 쟁점으로 부각되었고, 특히 17세기에 집중적인 비판을 받았다.

20) G. C(arleton), *The Madness of Astrologers*(1624), sig. A4v. 점성술사의 처형을 권고한 작품들 중에는, John Chamber, *A Treatise against Iudicial Astrologie*, pp. 78~9; J. H(arvey), *A Discoursive Problems concerning Prophesies*(1588), p. 72; J. M(elton), *Astrologaster, or the Figure-Caster*(1620), p. 78; Grree, *Astrologo-Mastix*, p. 8 등이 포함된다.

21) Taylor, *Mathematical Practitioners*, p. 8.

수학적 도해가 들어 있기만 하면, 그 서책에 교황이니 악마니 하는 딱지를 붙이기에 충분했다"(이 사건은 왜 에드워드 시대를 전후로 14세기 머튼칼리지 천문학파의[22] 모든 논고들이 소실되었는지를 설명해 줄 수 있다).[23] 오늘날 역사가들은 엘리자베스 시대의 순수 과학자들 중 주술로 기소된 사례가 별로 없다고 생각하는 경향이 있다. 그렇지만 존 디와 토마스 해리어트는 모두 그런 혐의에 시달렸다. 17세기에 존 오브리가 회상했듯이, 엘리자베스 치세기, "그 어두운 시대"에 점성술사 토마스 앨런은 점성술사들, 수학자들, 접신술사들이 모두 한통속이라는 믿음 때문에 큰 상처를 받았다.[24] 메리 치세기에 윌리엄 리빙(William Living)이라는 성직자는 무식한 마을 보안관에게 체포된 일이 있었는데, 그 보안관은 그의 소장 서적들 중 천문학 교과서인 존 드 사크로보스코의 《천구론》이 끼어 있는 것을 발견하고는 이렇게 외쳤다.[25] "외진 구석들에 그런 접신술사들이 있는 걸 보면 여왕폐하께서

---

22) [역주] '14세기 머튼칼리지 천문학파'(*the fourteenth-century Merton College school of astronomers*)는 옥스퍼드대학의(13세기에 설립된) 머튼칼리지를 중심으로 천문학과 수학과 물리학에 탁월한 업적을 남긴 일군의 과학자들을 말하는데, 그 대표적 인물이 로저 베이컨이다. 이들은 아리스토텔레스로부터 물려받은 과학개념을 수학적이고 실험적인 과학으로 바꾸는 데 크게 기여했다.

23) E. Ashmole, *Theatrum Chemicum Britannicum*(1652), sig. A2v; Bodl., Wood MS F 39, f. 282("만일 그리스어 교수가 우연히 도착하지 않았더라면, 그리스어 성경마저 접신용 서책이라는 이유로 불태워질 뻔했다"). 머튼칼리지 필사본들에 대해서는, R. T. Gunther, *Early Science in Oxford*, vol. 2(Oxford, 1923), pp. 42~3을 참조할 것.

24) Kocher, *Science and Religion*, pp. 140, 153; J. Aubrey, *Brief Lives*, A. Clark, ed. (Oxford, 1898), vol. 1, p. 27. 앨런의 하녀는 그의 시계를 악마로 여겨 내버렸다.

25) [역주] 존 드 사크로보스코(John de Sacrobosco 혹은 John of Holywood: 약 1195~1256)는 파리대학에서 가르친 잉글랜드 출신 천문학자이다. 'Sacro Bosco'를 영어로 바꾼 이름, 'Holywood'로도 불린다. 그는 1221년부터 파리대학에서 수학과 천문학을 가르쳤으며 그의 대작 《천구론》(*A Tract of Sphere*,

속상하신 것도 놀랄 일은 아닙니다만, 이제 그 자만은 더 이상 접신하지 못할 것이라고 제가 장담합니다."[26] 엘리자베스 시대에 측량기사로 활동한 에드워드 워솝도 민간에서는 십자가들, 도형들, 원들, 그리스 기하학 용어들 등이 들어 있는 서책을 접신용으로 간주하는 경향이 있다고 말했다.[27]

이런 편견은 17세기로 이어졌고, 신비한 모든 것은 악마에 유래한다는 널리 퍼진 확신에 의해 더욱 부채질되었다. 토마스 풀러는 "학자의 손에 든 자석이 우매한 동네사람 눈에 띄면 그 학자를 접신술사로 만들기에 충분하다"고 적었다.[28] 1644년에 수학자 월터 워너의 논문들을 압수한 가압류인들은 "그 미신적인 대수학과 그 사술(詐術)적인 기하학에서 너무 많은 십자가들과 원들을 보고는 크게 불안해했던" 것으로 보고되었다.[29] 점성술사 헨리 하플리트(Henry Harflete)는 "누군

---

즉 *Tractatus de Sphaera*)은 1230년경에 출판되어 곧 유럽 전역에서 천문학교과서로 읽혀졌다. 중세인들이 지구를 평평한 것으로 믿었다는 잘못된 여론은 주로 그의 저서에 대한 오독에 기인한다.

26) Foxe, vol. 8, p. 528.

27) E. Worsop, *A Discoverie of Sundry Errours* (1582), sig. C1.
[역주] 에드워드 워솝(Edward Worsop: 16세기 중후반에 활동)은 천문관측이나 점성술에 의존하지 않고 순수한 수학적 지식으로 측량술을 개척한 인물이다. 16~17세기 동안 수학을 실생활에 응용하려 한 부류를 '응용수학자들'(*mathematical practitioners*)이라 부르는데, 워솝의 *A Discoverie of Sundry Errours* (1582)는 그들의 대표작 중 하나로 평가된다.

28) T. Fuller, *Abel Redevivus* (1651), p. 432.

29) *A Collection of Letters Illustrative of the Progress of Science in England*, J. O. Halliwell, ed. (1965 reprint), p. 80.
[역주] 월터 워너(Walter Warner: 1563~1643)는 레스터셔에서 태어나 옥스퍼드에서 수학했고 헨리 퍼시 백작(Henry Percy, 9th Earl of Northumberland)이 주동한 모임에서 토마스 해리어트 등과 함께 활동했다. 수학연구와 연금술을 병행한 이 모임은 당국의 감시를 받았으나 기소되지는 않았다. 그는 파산상태로 죽었기 때문에 그가 죽자 1644년에 채권자들이 그의 집을 압류했다.

가를 평범한 학생보다 더 유식하게 만들어보라, 그러면 그는 접신술사요 악마와 거래한다고 여겨질 것"이라고 개탄했다.[30] 1651년에 존 롤리는 자신의 도구를 이용해 교회첨탑 높이를 측정했을 뿐인데 소교구 사제에 의해 주술로 고발되었다는 억울한 이야기를 릴리에게 전했다.[31] 당시 어떤 팸플릿은 릴리를 겨냥해 "사술로 얻은 영예"라는 표현을 사용했고, 그의 제자이자 계승자인 헨리 콜리는 점성술사를 "접신술사"로 여긴 앤서니 우드의 해설에서 깊은 치욕을 느꼈다.[32]

이런 혐오는 평소 확신을 솔직하게 표현한 것에 불과할 때도 많았겠지만, 성직자들이 점성술사들을 직업상 경쟁자로 여겼기에 반대했다는 결론을 떨쳐버리기 힘들다. 점성술과 종교는 이론적 양립가능성을

---

그의 논문들도 이때 함께 압류되었다.

30) H. Harflete, *Vox Coelorum* (1645), p. 26.

31) Taylor, *Mathematical Practitioners*, p. 238. 또한 J. Dee, *Preface to The Elements of Geometrie of … Euclid*, H. Billingsley, trans. (1570), sigs. Ajv~Aiij; F. Osborne, *Advice to a Son*, E. A. Parry, ed. (1896), p. 14도 참조할 것. 장로파가 지배하던 스코틀랜드에서는 "옥스퍼드에서 배운 것은 뭐든지 사술"이라는 생각이 18세기까지도 남아 있었다. 이에 관해서는 J. Hogg, *The Private Memoirs and Confessions of a Justified Sinner* (1824: 1947 판본), p. 208을 참조할 것.

[역주] 존 롤리(John Rowley: 1728년 사망)는 17세기 후반과 18세기 초 런던의 대표적인 도구 제작자였다. 특히 찰스 보일(Charles Boyle, 4th Earl of Orrery: 1676~1731)의 과학 컬렉션에 다양한 종류의 천문관측 및 측량도구들을 제공한 인물이었다. 조지 1세는 그에게 'Master of Mechanics'의 칭호를 부여했다.

32) *The Devil seen at St. Albans* (1648), p. 6; A. Powell, *John Aubrey and His Friends* (1948), p. 230.

[역주] 앤서니 우드(Anthony Wood: 1632~1695)는 옥스퍼드에서 태어나 옥스퍼드 머튼칼리지에서 수학하고 옥스퍼드에 묻힌 '옥스퍼드 맨'이다. 역사가로서 그의 명성도 옥스퍼드대학에 대한 연구(*Historia et Antiquitates Universitatis Oxoniensis*, 1674; *Athenae Oxonienses*, 1691~1692)에 기인하지만, 정작 교수직에 오르지는 못했다.

차치하더라도 사실상 엇비슷한 예언 서비스를 제공하면서 경쟁한 두 사업이었음이 분명하다. 성직자가 기도와 계시를 통해 예언할 수 있었다면, 점성술사는 천체들의 운행을 살펴가면서 예언을 수행했다. 그러나 양편 모두에게 기회가 있었을까? 윌리엄 브리지는 "누군가 별들에 의해 미래를 미리 점칠 수만 있다면 예언이 무슨 필요가 있겠는가?"라고 반문했다.[33] 점성술사의 태도도 갈등을 부채질했는데, 일례로 존 개드베리는 환상과 계시를 체험했다는 신흥종파 교도들의 주장을 비웃고 제 5왕국파의 망상을 업신여기는 등 점성술 이외의 모든 예언을 대체로 거부했다.[34] 점성술사들은 수학에 기초한 그들의 예측이 과학적 성격을 갖는다고 뽐내면서, 이를 종교적 계시의 영적이고 주관적인 본성에 대비시켰다. 토마스 트리그는 "나는 점성술적 예언과 예측은 전혀 다른 것이라고 생각한다"고 말했다.[35] "예언자는 영감으로 말하지만, 점성술사는 인식된 물리적 근거에서 말하고 현실에서 일어난 결과를 그 적절한 원인이 실현된 것으로 간주한다"는 것이었다.[36] 역으로 퀘이커 교도들은 릴리의 예언을 무가치한 것으로 보았다. 그의 예언은 내면의 신성한 빛〔영감〕으로부터가 아니라 별들에서 나온 것에 불과했기 때문이다.[37]

---

33) *The Works of the Rev. William Bridge*, vol. 1, p. 437.

34) J. Gadbury, Coelestis Legatus(1656), p. 13; *Natura Prodigiorum*(1660), pp. 187 ff.; *Britains Royal Star*(1661), p. 33; *Dies Novissimus*(1664), pp. 20 ff.

35) [역주] 토마스 트리그(Thomas Trigge)는 17세기 후반에 의사이자 점성술사로 활동한 젠틀맨이다. 본문에서 인용된 1672년 팸플릿은 '불의 3궁' 회합에 비추어서 네덜란드 전쟁을 예언한 것(*The Fiery Trigon Revived*)이며, 그 외에도 *Kalendarium astrologicum: or, An almanack for the year of our Lord God*(1678)라는 책력을 런던에서 출판해 명성을 얻었다.

36) T. Trigge, *The Fiery Trigon Revived*(1672), p. 26.

37) F. E(llington), *Christian Information concerning these Last Times*(1664),

또 하나의 미묘한 문제는 점성술과 기도와의 관계였다. 이미 고전 고대에 점성술사들은 별의 영향에서 신의 손길을 탐지하는 것이 헛됨을 강조한 바 있었다. 별이 운명을 결정한다는 이론이 용인된다면 기도는 무용지물이 될 수 있다는 것, 16~17세기 잉글랜드 프로테스탄트 저자들도 즉시 이 점을 지적했다.[38] 더욱이 점성술의 택일시 이론은 점성술적으로 유리한 시간에 기도하지 않으면 효험이 전혀 없을 수 있다는 것을 함축하는 듯이 보였다. 아랍세계에서 유래한 이런 관념은 잉글랜드의 일부 점성술사들에 의해서도 설파되었던 것으로 알려져 있다.[39] 그것은 달이나 태양의 위상들에 맞춰 시술 시간을 조절할 필요가 있다는 마술적 믿음에 밀접히 연관된 관념이었다. 엘리자베스 시대에 접신술사로 활동한 토마스 앨런은 어떤 의뢰인에게 태양이 정확히 정오에 도달했을 때 모루를 3회 두들기면 그가 무엇을 의뢰하든 모두 답을 얻게 될 것이라고 말했다.[40] 왕당파 예언자 어라이즈 에번즈는 14세 소년시절에 "성신강림축일 아침 태양이 떠올라 춤출 때 하나님께 빌면 하나님은 무엇이든 들어 주신다고 누군가 말하는" 것을 들었다.[41]

---

pp. 5~6. 이 책의 2권 p. 410, n. 169도 참조할 것.

38) S. Bradwell, *Physick for the Sicknesse, commonly called the Plague* (1636), p. 4; Geree, *Astrologo-Mastix*, p. 6. 아울러 E. R. Dodds, *The Greeks and the Irrational* (Berkeley, 1963), p. 261, n. 61.

39) Scot, *Discoverie*, IX. iii; XI. xxii; A. Willet, *Hexapla in Genesin* (1632), p. 9; J. Swan, *Speculum Mundi* (Cambridge, 1635), p. 352; Ady, p. 24.

40) B. M. Harley MS 6998, f. 250 (articles against William Bassett, 34 Eliz.). 또한 R. Turner, *Ars Notoria* (1657), p. 11도 참조할 것.

41) J. Crofts, "Wordsworth and the Seventeenth Century", *Proceedings of the British Academy*, vol. 26 (1940), p. 188에서 인용됨. 부활절에 태양이 춤춘다는 민간에 유행한 믿음에 관해서는, *County Folk-Lore*, vol. 5, Mrs Gutch and M. Peacock, eds. (Folk-Lore Society, 1908), p. 13; A. R. Wright,

그러나 자유의지 문제에서 그랬듯이 기도 문제에서도 점성술사들은 문제의 본질을 회피한 채 점성술과 종교 간의 균열이 너무 뚜렷해지는 것을 막는 일에 주력했다. 그들은 재빠르게 로드 대주교의 견해에 호응했다. 즉, 하나님은 악의적인 성위(星位)를 저지하고 온갖 회합을 무산시킬 수 있으니 열성적인 기도를 통해 토성·화성 회합의 가공할 영향조차 극복할 수 있다는 것이었다.[42] 점성술사협회에 초빙된 어떤 목회자는 진정한 신앙으로 행성의 영향을 상쇄할 수 있다고 설파했다.[43] 훗날 어떤 작가도 "기도와 열성은 별들을 좌절시킬 수 있다"고 주장했다.[44] 이와 동일한 정신에서 추기경 폴은 그의 출생일시가 무슨 점성술적 의미를 갖든 간에 제 2의 출생이라는 은총, 즉 영적 거듭남에 의해 무효화될 수 있음을 천명했다.[45]

---

*British Calendar Customs*, T. E. Lones, ed. (Forlk-Lore Society, 1936~40), vol. 1, pp. 96~8; T. M. Owen, *Welsh Folk Customs* (Cardiff, 1959), p. 84를 참조할 것.

42) *The Works of William Laud*, W. Scott and J. Bliss, eds. (Oxford, 1847~1860), vol. 1, p. 169. 아울러 W. Ramesey, *Astrologia Restaurata* (1653), p. 5; J. B(utler), *The Most Sacred and Divine Science of Astrology* (1680), pp. 23~4; W. Kemp, *A Brief Treatise of the Nature … and Cure of the Pestilence* (1665), p. 13도 참조할 것.

43) [역주] 점성술사협회는 중세부터 현대에 이르기까지 여러 지역에서 결성되었다가 산회(散會)하기를 거듭했다. 본문에서 언급된 점성술사협회는 공위기 런던 그레셤칼리지에서 40여 명의 개업점성술사들이 결성한 협회이다. 릴리, 애쉬몰, 부커, 개드베리, 워튼 등 지도급 점성술사들이 총망라되었고, 1647년부터 1658년까지 매년 1회의 축제와 초빙설교집회를 가졌다.

44) R. Gell, *Stella Nova* (1649), p. 19; *Cometomantia. A Discourse of Comets* (1684), p. 217.

45) G. Hakewill, *An Apologie* (2판, 1630), p. 106. 같은 방식으로 영적 거듭남이 관상의 영향을 상쇄시킬 수 있다는 주장도 개진되었는데, 이에 관해서는 C. Camden, in *Philological Quarterly*, vol. 20 (1941), p. 403을 참조할 것.
[역주] 추기경 폴(Reginald Cardinal Pole: 1500~1558)은 캔터베리의 마지막

하지만 점성술과 종교 사이에 잠복한 경쟁심이 늘 쉽게 은폐될 수 있었던 것은 아니다. 성직자 편에서는 자신이 늘 해결해 주던 것이라고 예상할 만한 문제를 주민들이 점성술사에게 의뢰하는 것을 알고는 쓰린 속을 달랠 길이 없었다. 추상적 설명체계를 제공하기로는 점성술과 종교가 다르지 않았지만, 머리부터 발끝까지 서비스 사업이었던 점성술은 개개인이 처한 온갖 어려움에 조언을 제공할 수 있었다. 의뢰인들은 아내 문제, 하인 문제, 사업파트너 문제에서 도움을 청했고, 처신이나 충성 면에서 곤란한 문제에 부딪쳤을 때에도 지도편달을 요구했다. 고통스런 시간에 의뢰인들이 교회의 오랜 목자적(牧者的) 보살핌에 기대기보다 점성술사를 향한다는 점. 바로 이 점이 분쟁해결과 조언 제공을 특권으로 여겨온 성직자들에게는 자신들의 도덕적 지배력에 대한 직접적인 위협으로 보였다. 책력에 맞춰 삶을 조절하는 자는 하나님에 대한 근본적 회의마저 보여주고 있었다.[46] 프랜시스 크로우 목사는 "이들 점술사들에게 귀 기울이는 것은 그리스도께 귀 기울이는 것과 정반대"라고 단언했다.[47] 하지만 불평은 봇물처럼 쏟아졌다. 점성술 예언이 "성경보다 더 많이 연구"된다. "성서에 유의

---

가톨릭 대주교이다. 스태퍼드셔에서 태어나 옥스퍼드와 이탈리아 파도바에서 수학한 그는 헨리 8세의 총애를 받아 성직자이자 신학자로서 명성을 얻었으나 캐서린과의 이혼문제로 결별했다. 그 자신은 프랑스와 이탈리아를 떠돌았고 그의 가족은 엄청난 고난을 겪었다. 망명 중 1542년에 추기경에 임명되었고, 메리가 왕위를 계승하자 잉글랜드로 돌아와 1556년에 캔터베리 대주교에 올랐다. 메리의 종교박해 정책을 뒷받침한 인물로 평가된다.

46) *The Works of … William Perkins* (Cambridge, 1616~1618), vol. 3, p. 654.

47) F. Crow, *The Vanity and Impiety of Judicial Astrology* (1690), p. 16.
[역주] 프랜시스 크로우(Francis Crow: 1627~1692/3)는 스코틀랜드 출신으로 프랑스에서 뒤 물랭(Du Moulin)의 지도하에 수학한 후 서퍽의 헌든(Hundon) 소교구 사제로 임명되었으나 국교회 신조를 거부해 파면된 퓨리턴 성직자이다. 그 후 이곳저곳을 떠돌다가 1687년에 클레어(Clare)에 정착해 죽을 때까지 그곳에서 목회활동을 수행했다.

하기보다 그런 예언력이며 책력에 기록된 것이 실현될지에 유의하는" 자들이 너무 많다. 혹자는 "하나님 말씀보다 판별점성술사들을 더 신뢰"하고 "하나님보다 릴리에게 더 큰 신임을 보낸다."[48]

이런 상황에서는 어떠한 타협도 가능하지 않았다. 지적인 측면에서는 점성술 이론을 신학적 틀에 어느 정도 끼워 맞출 수도 있었다. 하지만 점성술사들이 상담사업을 전개함으로써 성직자의 목자로서의 역할을 다방면으로 잠식해 들어가기 시작하자 특단의 조치를 취하지 않을 수 없었다. 위대한 퓨리턴 목회자 윌리엄 퍼킨스는 점성술의 도움으로 분실물을 되찾을 바에는 영원히 잃는 편이 낫다고 역설했다.[49] 그렇지만 이처럼 가혹한 견해로는 물질을 우선시하는 서민의 마음을 사로잡기 힘들었다. 탄압만이 유일한 대책이었고 그런 대책을 마련하고자 부심한 것은 교회법원이었다. 1716년이라는 늦은 시기까지도 노리치 주교는 신도들 중에 "흑마술이나 주물이나 '점성술'을 이용해 운수를 점쳐 주고 분실물을 되찾아 주는 자, 혹은 이런 자에게 의뢰한 자"가 있는지를 탐문하고 있었다.[50]

이 점에서 종교개혁 이후에 교회가 취한 태도는 중세교회의 것과 철저한 연속성을 유지했다. 교회법은 점성술적으로 선택된 시간에 의례를 집전하는 것을 일관되게 금지했다.[51] 1108년 요크 대주교 제라드

---

48) J. Spencer, *A Discourse concerning Vulgar Prophecies*(1665), p. 29; A. Burgess, *CXLV Expository Sermons*(1665), p. 396; "A Learned Divine near London", *The Late Eclipse Unclasped*(1652), p. 7; L. P., *The Astrologers Bugg-Beare*(1652), sig. A3v. 또한 Brand, *Popular Antiquities*, vol. 3, p. 344, 그리고 *Dives and Pauper*(1536), f. 43v("오늘날 사람들은 하나님의 심판을 마음에 새기지 않고 점성술사들의 판결에, 그리고 행성들의 경로에만 주의를 기울인다")도 참조할 것.

49) Perkins, *Discourse*, p. 88. 이 책의 2권 pp. 180~3도 참조할 것.

50) *Articles to be enquired of … in the Ordinary Visitation of … Charles, Lord Bishop of Norwich, 1716*(Norwich, 1716), p. 6.

가 죽었을 때 점성술 서적 1권이 베개 밑에서 발견되어 충격을 주었는데,[52] 그의 성직자 동료들은 그 충격에서 회복되자 제라드의 시신을 대성당 내에 안장하는 것이 부적절하다고 결정했다.[53] 중세 후반부터는 주민 상대로 활동하다 발각된 점성술사는 교회법원에 소환되어 처벌될 것을 예상할 수 있었다. 1577년 사이먼 펨브로크라는 점성술사는 그를 심리할 법원 앞에서 급사해 큰 소동을 야기하기도 했다.[54] 하지만 민간마술사나 무녀에 비하면 점성술사는 교회법원에 현저히 낮은 비율로 소환되었던 것 같다. 교회 조치가 점성술 활동을 효과적으로 저지했는지조차 의심스러운데, 특히 일부 거물급 점성술사들에게 정규개업의 수준의 의료활동을 인가한 주교면허가 주어진 이후로는 더욱 의심이 간다.[55] 검열을 제외하고 국교회가 취한 예방조치는

---

51) *Corpus Iuris Canonici*, E. Friedberg, ed.(Leipzig, 1879~1881), vol. 1, col. 1046.

52) [역주] 요크 대주교 제라드(Archbishop Gerard of York: 1108 사망)는 잉글랜드 국왕 윌리엄 1세와 윌리엄 2세 치세기에 대성당 서기이자 왕실 서기로 일하다가, 윌리엄 2세에 의해 헤리퍼드 주교(1096)로 임명되었다. 윌리엄 2세가 사냥 도중 살해되었을 때, 그 옆에 있었던 제라드는 왕위계승에 대한 유언의 유일한 증인이 되어 헨리 1세의 등극을 도왔으며, 그 대가로 결국 요크 대주교(1100)에 올랐다. 히브리어를 비롯한 고전어에 능통했고 점성술을 연구한 성직자로, 그가 주술에 걸려 죽었다는 소문도 있었다고 한다.

53) Sir F. Pollock and F. W. Maitland, *The History of English Law*(2판, Cambridge, 1952), vol. 2, p. 553. 발견된 책은 말년에 기독교로 개종한 율리우스 피르미쿠스 마테르누스(Julius Firmicus Maternus)의 것이었다.

54) *A Most Strange and Rare Example of the Just Judgement of God executed upon a Lewde and Wicked Conjuror*(1577). 다른 사례들은 Kittredge, *Witchcraft*, p. 228; J. S. Purvis, *Tudor Parish Documents*(Cambridge, 1948), p. 198; *Durham High Commission*, pp. 34~42; *Essex Recusant*, vol. 3(1961), pp. 121~2를 참조할 것.

55) 존 램은 더럼 주교에게 면허를 받았고〔H. G. Dick in *Journal of the History of Medicine*, vol. 1(1947), p. 309〕; 릴리는 캔터베리 대주교에게〔R. R. James

거의 모두 효과가 없었던 것으로 보인다. 점성술과 벌인 문필전쟁마저 원래 의도한 목적과 어긋나 버렸을 수 있다. 조셉 블래그레이브라는 점성술사는 1671년에 다음과 같이 자백했다. "정말이지 성직자들이 저와 제 기술에 반대해 설교한 이후로는 예전보다 두 배나 되는 고객이 몰렸는데요, 성직자들이 저보다 나은 서비스를 제공할 수 없었기 때문이기도 하고요, 제 소문을 들은 적이 없는 많은 사람들이 제가 얼마나 많은 치료에 성공했는지를 비로소 듣고는 제게 의뢰해왔기 때문이지요."[56]

모든 종파의 성직자들이 점성술을 의심했지만 종교개혁 이후 잉글랜드에서 가장 일관된 적대감을 보인 것은 퓨리턴들이었음이 분명하다. 그들은 국교회에 남은 '가톨릭' 잔재를 일소하는 일에 가장 열의를 보인 프로테스탄트들이었다. 에드워드 시대의 프로테스탄트들은 칼뱅, 베차, 불링거, 순교자 피에트로 같은 대륙의 스승들을[57] 본받아

---

in *Janus*, vol. 41(1937), p. 103〕; 리처드 네이피어는 버킹엄 부주교, 그의 조카 리처드 경은 링컨 주교에게(*D. N. B*); 로버트 르 네브(Robert le Neve)와 윌리엄 윌리엄스〔William Williams: *Occult Physick*(1660)의 저자〕와 토마스 새펄드(Thomas Saffold)는 런던 주교에게〔J. H. Bloom and R. R. James, *Medical Practitioners in the Diocese of London*(Cambridge, 1935), pp. 59, 74, 67~8〕; 윌리엄 새먼은 노리치 주교에게〔E. H. Carter, *The Norwich Subscription Books*(1937), p. 145〕 각각 면허를 받았다.

56) J. Blagrave, *Blagraves Astrological Practice of Physick*(1671), p. 117.

57) [역주] 베차(Theodore Beza: 프랑스어 이름 Théodore de Bèze: 1519~1605)는 칼뱅의 제자로 그를 따라 스위스에서 주로 활동한 프랑스 출신의 종교개혁가이다. 불링거(Heinrich Bullinger: 1504~1575)는 츠빙글리의 계승자로 칼뱅이나 루터만은 못했지만 16세기 종교개혁 전반에 큰 영향을 미친 인물이다. 순교자 피에트로(Peter the Martyr, 이탈리아어 이름 Pietro Martire Vermigli: 1499~1562)는 피렌체 출신의 종교개혁가로 에드워드 6세에 의해 잉글랜드에 초빙된 일이 있었다.

점성술을 강력하게 비판했다. 특히 마일즈 커버데일, 존 후퍼, 존 폭스, 로저 허친슨이 그러했다.[58] 칼뱅의 점성술 비판론은 1561년 조지 길비(George Gylby)라는 퓨리턴에 의해 번역되었다. 그 이후로, 신학에서는 칼뱅을 추종하고 전체적 전망에서는 강력한 반가톨릭 성향을 보인 많은 저자들이 공격을 이어갔다. 이를테면 메리 시대의 망명자 존 주얼, 퓨리턴 성직자 윌리엄 펄크, 윤리개혁가이자 종교개혁가 필립 스터브스, 윈저 궁〔세인트조지 성당〕 참사위원이면서 라뮈와 칼뱅을 추종한 존 챔버, 독실한 목회자 윌리엄 퍼킨스, 칼뱅주의자로 치체스터 주교를 지낸 조지 칼튼 등이 여기에 포함된다. 그 밖에도 로렌스 험프리와 토마스 쿠퍼 같은 퓨리턴 성직자들, 나아가 앤드류 윌렛[59]과 조지 헤이크윌 같은 신학자들이 비판에 가담했다.[60] 내란 이전에

---

58) [역주] 존 후퍼와 존 폭스는 이 책 4장의 역주 49와 역주 70을 각각 참조할 것. 마일즈 커버데일(Miles Coverdale: 약 1488~1569)은 요크셔 출신으로 케임브리지에서 수학한 후 아우구스티누스 수도회의 탁발수도사로 활동했다. 그는 성경을 완역했는데, 그의 번역성서는 출판된 것으로는 영어권에서 최초의 것이었다. 로저 허친슨(Roger Hutchinson: 1555년 사망)은 케임브리지 세인트존스칼리지와 이튼칼리지의 교수를 지냈고 1550년에 출판된 *The Image of God or Layman's Book*을 통해 그리스도가 성체로 육화될 수 있음을 논증한 인물이다. 그는 그리스도의 인간성과 신성을 구분해 신성으로서의 그리스도는 '모든 곳에' 현신할 수 있다는 입장을 취했다.

59) [역주] 앤드류 윌렛(Andrew Willet: 1562~1621)은 일리 출신으로 케임브리지에서 수학한 후 1583년에 동대학 신학 교수로 임명되었고 비슷한 시점에 옥스퍼드대학의 일원이 되었다. 1588년부터는 교수직을 사임하고 반가톨릭이고 칼뱅주의적인 저자이자 논쟁가로, 1597년부터는 성직자로 활동하면서 많은 작품을 남겼다. 조지 헤이크윌(George Hakewill: 1578/79~1649)은 엑시터 출신으로 옥스퍼드 재학시절부터 논쟁과 웅변으로 명성을 떨쳤다. 졸업하기 전인 18세에 엑시터칼리지 교수로 선발된 그는 1604년부터 4년간 유럽에 체류하면서 칼뱅주의 신봉자가 됐고 이후 죽을 때까지 칼뱅주의의 대의를 위해 싸웠다.

60) 이 저술들의 대부분은 이 책의 색인과 다음 개관들에서 참조할 수 있다. D. C. Allen, *The Star-Crossed Renaissance*(Durham, N. Carolina, 1941), 특히

점성술을 꼼꼼하게 비판한 저자들 중에서 이 신학자 집단의 종교사상에 연루되지 않은 이들은 극소수에 불과했다.[61] 점증하는 설교와 팸플릿을 통해 점성술 논쟁이 열기를 더해가던 1640년대에 반론을 지배한 것은 토마스 가태커, 존 게리, 토마스 홀, 존 비커즈[62] 같은 장로파였고 여기에 존 굿윈, 존 오언, 윌리엄 브리지, 필립 나이 등 일부 독립파 성직자들이(비록 평신도들은 그렇지 않았지만) 가세했다.[63] 이

---

3장; Kocher, *Science and Religion*, 10장; H. Schultz, *Milton and Forbidden Knowledge*(New York, 1955), pp. 52~7. 점성술에 대한 커버데일의 반론은 그의 번역서인 *A Faythfull and True Prognosticatio upon the Yere MCCCCCXLVIII*(1547?)에 붙인 서문에서 개진되고 있다〔이 번역서는 J. M.에 의해 조금만 바뀐 채 게재 승인도 받지 않고 *A Christian Almanack*(1612)라는 제목으로 재출간되었다〕. 나머지 저술들은, J. H. Smith, "John Foxe on Astrology", *English Literary Renaissance*, vol. 1(1971); *The Works of John Jewel*, vol. 2, Ayre, ed., pp. 872~3; Cooper, *Mystery*, pp. 137~44; Hakewill, *An Apologie*, pp. 107~8; Willet, *Hexapla in Genesin*, pp. 9~10을 참조할 것.

61) 가장 이채로운 예외는 비밀가톨릭교도인 헨리 하워드(Henry Howard, Earl of Northampton)와 훗날 스트래퍼드 백작의 측근이 된 존 멜턴(John Melton)이다. 전자는 *A Defensative against the Poyson of Supposed Prophecies*(1583)의 저자이고, 후자는 *Astrologers*(1620)를 출판했다.

62) [역주] 존 비커즈(John Vicars: 1582~1652)는 컴버랜드 출신으로 크라이스트스 호스피털(Christ's Hospital)학교와 옥스퍼드대학에서 수학한 후 크라이스트스 호스피털의 조교사(*Usher*)로 평생을 봉직하였다. 내란기에 전기작가이자 시인이자 논쟁가로 명성을 얻었고 장로파의 대의를 추종해 독립파를 비판하였다.

63) [역주] 윌리엄 브리지는 이 책의 4장 역주 61을 참조할 것. 존 굿윈(John Goodwin: 1594~1665)은 노퍽 출신으로 케임브리지에서 수학한 후 국교회 성직자로 임명되었으나 1645년에 이단혐의로 면직되었다. 그는 퓨리턴 중에서도 민주주의 신념에 가장 투철한 투사이자 작가였다. 존 오언(John Owen: 1616~1683)은 웨일스 혈통으로 옥스퍼드셔에서 태어나 옥스퍼드에서 수학하던 중 그의 강성 퓨리턴 신조로 퇴학을 당했다. 내란이 발발하자 그는 의회파 목회자로 활동했고 올리버 크롬웰의 후광으로 장로파 고위성직자에 오를 수

독립파 성직자 집단은 1652년 2월에 판별점성술 활동의 전면 금지를 의회에 청원한 장본인이기도 했다.[64)]

점성술에 대한 퓨리턴 진영의 유별난 적대감을 어떻게 설명할 수 있을까? 흔히 가정되고 있듯이, 이를 퓨리터니즘과 근대과학의 성장이 유관함을 증명하는 또 하나의 증거로 반기고 싶은 유혹이 들지 모르겠다. '합리적 정신으로 무장한' 퓨리턴들이니 누구보다 신속하게 점성술 방법의 지적인 약점을 파악하지 않았겠느냐고 제안하는 식으로 말이다. 그러나 이런 제안은 사실과 거리가 먼 것 같다. 대체로 퓨리턴 측 반론은 점성술의 절차상 기만성에 초점을 맞추지 않았기 때문이다. 그들은 점성술사들이 예언에서는 옳을 수도 있음을 인정하는 편이었지만, 오히려 그런 성공이야말로 점성술의 악마적 본성을 보여주는 또 하나의 증거라는 입장을 취했다. "점성술사들이 때로 정확하게 예언한다고? 그 점에서는 주술사들도 똑같지!"라고 존 게리는 냉소했다. 게리는 퓨리턴 수학자 헨리 브리그스의 견해를 인용했다. 브리그스가 점

---

있었다. 그러나 토마스 크롬웰이 권력을 계승하자 이에 반대하여 독립파에 가담했고 그의 독립파 신조는 왕정복고 후에도 계속되었다. 필립 나이(Philip Nye: 약 1595~1672)는 옥스퍼드에서 수학한 후 1633~1640년 사이에(그 이유는 잘 알려지지 않았지만) 네덜란드로 망명해 생활했다. 내란기에 독립파 지도자로 성장해 웨스트민스터 집회를 이끌었고 의회의 청으로 투옥된 찰스 1세를 교화하는 사명을 수행한 일도 있었다.

64) *The Humble Proposals of Mr Owen, Mr Tho. Goodwin, Mr Nye, Mr Sympson, and other ministers*(1652), p. 6; *Severall Proceedings in Parliament*, 131(1652년 3월 25일~4월 1일자); W. Lilly, *Merlini Anglici Ephemeris*(1653), sig. A2. 이 책이나 Allen, *The Star-Crossed Renaissance*, pp. 144~5에서 인용되지 않은 공위기의 유명한 반(反)점성술 논고들 중에는, 여러 명의 협동작품, *Annotations upon all the Books of the Old and New Testament*(2판, 1651)에서 토마스 가태커가 기고한 *Jeremiah*(x, 2)의 신랄한 비판론이 있고, J. Vicars, *Against William Li-Lie(alias) Lillie*(1652)도 있고, 판별점성술을 비판한 존 굿윈의 설교(Ashm. 436, ff. 47~48에 부분적으로 현존함)도 있다.

성술을 포기한 것은 점성괘들에서 확실성을 발견하지 못했다는 이유도 있었지만 또 다른 이유가 있었으니, "점성술로 점치는 일에 탐닉하는 자들에게 악마는 처음에는 은밀하게 도움을 주지만 결국 그들을(하나님이 은혜롭게도 막아 주지 않는다면) 서서히 꼬드겨 밀약에 이르게" 할까 봐 두려워서였다는 것이다.[65] 따라서 점성술사는 어떤 길을 택하든 패할 수밖에 없었다. 예언이 틀리면 협잡꾼임이 입증되는 셈이요 예언이 맞으면 악마와 밀약을 맺은 셈이 되기 때문이었다.[66]

이런 견해는 중세 학자들로부터 물려받은 것으로 새로운 면이 없었다. 사실 퓨리턴 성직자들은 무지야말로 신앙의 어머니라는 해묵은 가톨릭 견해로 되돌아갈 뻔했다.[67] "〔조물주가 일부러〕 숨긴 일에 자네 생각을 팔지 말게나." 천사 라파엘이 밀턴의 아담에게 충고한[68] 이 말은 〔퓨리턴 성직자들이 무지를 옹호할 것인지 말 것인지로 갈팡질팡한〕 망설임의 한 세기를 요약한 것이었다.

퓨리턴들이 유달리 점성술에 예민하게 반응한 또 다른 이유는 그들이 개업점성술사들의 활동에서 '가톨릭적' 특징을 쉽게 발견했다는 점일 것이다. 상담활동은 고해성사를 연상시켰으며, 점성술적 택일시는 교회력에 붉은 글자로 표시된 축일과 검은 글자로 표시된 액일(厄日)을 닮은 것으로 보였다. 점성술에서 사용되는 이미지들과 상형메달들은 가톨릭 평신도들이 지니고 다니는 주물들과 유사했다. 황도의

65) Geree, *Astrologo-Mastix*, pp. 11, 14~5. 그렇지만 브리그스는 점성술사 크리스토퍼 헤이든 경과 교분을 유지했는데, 그가 헤이든에게 보낸 편지들은 Ashm. 242, ff. 164~171에 있다.

66) Carleton, *The Madness of Astrologers*, p. 27; J. Raunce, *Astrologia Accusata partier et Condemnata* (1650), p. 19; Gaule, *The Mag-Astro-Mancer*, pp. 165 ff.; *The Works of William Bridge*, vol. 1, p. 440.

67) Kocher, *Science and Religion*, pp. 16~7.

68) *Paradise Lost*, viii. 167.

각 궁이 신체의 각 부위를 지배한다는 생각은 각각의 질병을 각각의 성인이 다스린다는 가톨릭 신앙을 연상시켰다.[69] 물론, 이처럼 판별점성술을 '가톨릭' 관행으로 낙인찍으려는 시도가, 관련정보를 충분히 갖춘 사람들 사이에서는 별 설득력을 발휘할 수 없었을 것이다. 그들은 점성술 반론을 최초로 체계화한 것이 중세 성직자들이라는 사실, 나아가 대륙에서 반동종교개혁 교회는 점성술을 강도 높게 비판하고 있다는 사실을 잘 알고 있었기 때문이다.[70] 하지만 그런 낙인찍기는 얄팍하게나마 설득력을 발휘했다.

뿐만 아니라 퓨리턴들은 하나님의 전능함이라는 관념을 위협하는 어떠한 낌새에 대해서든 예민하게 반응했고 하나님의 신비를 꿰뚫어 보려는 어떠한 시도도 용납하지 않았다. 그들의 사고에서 중심을 차지한 것은 하나님의 거역할 수 없는 권능에 비해 인간은 한없이 초라하고 곤궁하다는 근본적인 믿음이었다. 반면에 이와 대조적으로 일부 성직자들은 인간 이성의 힘만으로 많은 가능성이 열려 있다는 한층 낙관적인 견해를 취했다.[71] 이들은 점성술사들이 내세우는 주장에 쉽사리 분노하지만은 않았다. 이들에 편승해 점성술은 교회 지도부,

---

69) Melton, *Astrologer*, pp. 19, 59 ff. ; Gaule, *The Mag-Astro-Mancer*, pp. 128, 177; Allen, *Judicial Astrologers totally routed*, p. 15.

70) 반동종교개혁 교회의 태도가 잘 표현된 것은 트렌토 공의회 교령들과 1586년과 1631년 교황청 교서들인데, 이에 관해서는 D. P. Walker, *Spiritual and Demonic Magic from Ficino to Campanella* (1958), pp. 205~6, 219~20; Thorndike, *Magic and Science*, vol. 6, 34장을 참조할 것. 판별점성술에 대한 잉글랜드에서 가장 뛰어난 가톨릭 비판자는 크리스토퍼 데이븐포트(Christopher Davenport, 즉 'Francis a Sancta Clara')였는데, 이에 관해서는 J. B, Dockery, *Christopher Davenport* (1960), p. 95를 참조할 것. 반면에 1635년 잉글랜드 예수회 수사들이 수행한 점성술적 계산에 관해서는, *The Memoirs of Gregorio Panzani*, J. Berington, trans. (1793), p. 175를 참조할 것.

71) J. F. H. New, *Anglican and Puritan* (1964), 특히 pp. 19~21을 참조할 것.

나아가서는 로드 추종자들 사이에서 상당한 공감을 얻을 수 있었다. 아르미니우스 신학을 케임브리지에 소개한 피터 바로는 점성술사였다.[72] 로드 대주교 자신은 열성팬이었다.[73] 장차 링컨 주교에 오를 로버트 샌더슨도 마찬가지였다.[74] 로드의 전기를 집필한 피터 헤일린도 점성술을 진지하게 받아들였다.[75] 그 외에 점성술을 지지한 로드 추종자들로는 1653년에 점성술사협회를 위해서 설교를 요청받은 왕당파 성직자 토마스 스워들린,[76] 그리고 그 전년도에 동 협회에서 설교한 스포츠 선언의 열렬한 옹호자 에드먼드 리브가 있었다.[77]

---

72) R. Harvey, *An Astrological Discourse*(1583), sig. Aij. 또한 H. C. Porter, *Reformation and Reaction in Tudor Cambridge*(Cambridge, 1958), pp. 376~90도 참조할 것.
[역주] 피터 바로(Peter Baro: 1534~1599)는 보르주대학에서 수학한 후 칼뱅에 의해 서임된 프랑스 위그노 성직자이지만 1560년경에 잉글랜드로 망명한 후 칼뱅신학 비판자로 활동했다. 벌리 공의 후광으로 1574년에는 케임브리지 신학 교수에 임명되었다. 1580년대에 그는 네덜란드의 아르미니우스(Jacobus Arminius: 1560~1609)의 칼뱅주의 비판을 케임브리지에서 강의한 것이 계기가 되어 많은 논적을 만들었다. 아르미니우스 신학은 칼뱅신학에 비해 예정설과 섭리의 지배를 덜 강조한 편이었기 때문에 그 추종자들(Peter Baro, Peter Heylyn, William Laud 등)은 점성술을 진지하게 받아들였다.

73) *The Works of … William Laud,* W. Scott and J. Bliss, eds. (Oxford, 1847~60), vol. 1, p. 168; vol. 3, pp. 140, 157. 존 개드베리는 이 점에서 로드를 칭송하였는데, 이에 관해서는 Gadbury, *Cardines Coeli*(1684), sig. a 2를 참조할 것.

74) Gadbury, *Cardines Coeli*, sig. a1v.

75) J. Barnard, *Theologo-Historicus, or the True Life of … Peter Heylyn*(1683), p. 149.
[역주] 피터 헤일린(Peter Heylyn: 1600 ~1662)은 옥스퍼드셔 출신으로 옥스퍼드에서 수학한 후 역사가이자 신학자로 명성을 떨쳤다. 로드 대주교의 열렬한 지지자였고 훗날 그의 전기를 집필했다.

76) *D. N. B.*; Laud, *Works*, vol. 3, pp. 193~4. *Divinity no Enemy to Astrology*(1653)라는 그의 설교는 병에 걸려 실행되지 못했다.

릴리의 비밀고객들 중에는 존 고든이라는 기회주의자도 있었다. 그는 겉으로는 로드를 반대했지만 왕정복고와 함께 우스터 주교에 오른 인물이었다.[78)]

이처럼 아르미니우스 추종자들이 점성술 활동에 뚜렷이 공감을 표했다는 것이 당시로서는 특별히 언급될 만큼 관심거리는 아니었던 것 같다. 아울러 그런 공감이 1630년대에 활동한 점성술사들에게 더 큰 자유를 허용하지는 않았다는 점도 인정되어야 한다. 그렇지만 내란기 10년 동안 판별점성술의 가장 치명적인 적수는 칼뱅주의자들, 특히 장로파라는 것이 누구에게나 분명하게 드러났다. 이들의 반감은 교리상의 검토로 충분히 설명될 수 있다. 점성술사들이 불쾌한 심정으로 평했듯이, 점성술의 숙명론에 가장 쉽게 핏대를 올린 자들은 냉혹한 운명이라는 개념에 가장 근접한 믿음을 가진 저자들이었다. 존 개드베리는 이렇게 반문했다. "검은 가운을 걸치고 거드름 피는 자", 즉 "분노한 장로"가 아니면 누가 점성술의 주요 논적이겠는가? "그는 누

---

77) *The New Jerusalem*(1651); *D. N. B.*
[역주] 토마스 스워들린(Thomas Swadlin: 1599/1600~1670)은 국교회 성직자이자 정치사상가로 그의 *The soveraignes desire peace: The subjectes dutie obedience*(1643)는 토마스 홉스 동시대의 왕당파 주권이론을 이해하는 데 중요한 자료가 되고 있다. 에드먼드 리브(Edmund Reeve: ? ~1660)는 국교회 성직자이자 언어학자였다. '스포츠 선언'(*The Book of Sports*)은 이 책의 4장 역주 96에서 설명했듯이, 제임스 1세가 1617년에 선포한 안식일이나 축일에 허용되는 스포츠 목록이다.

78) Lilly, *Autobiography*, p. 187.
[역주] 존 고든(John Gauden: 1605~1662)은 에식스 출신으로 케임브리지에서 수학했고 워릭 백작(Robert Rich, 2nd Earl of Warwick) 등의 고용 사제로 활동했다. 1640년에는 의회에서 설교한 일도 있었다. 1640년대와 공위기에 그는 국교회와 장로파 사이를 오가면서 눈치를 보았지만(이 시기에 로드에 반대했다), 왕정복고가 되자 강력한 국교회주의자로 부각되었고 엑시터 주교에 이어 우스터 주교에 오를 수 있었다.

구보다 점성술을 질시하지만 점성술의 어떠한 원리보다도 백 배나 터무니없는 견해 … 즉 가장 끔찍한 의미에서의 예정설을 소중히 여기지 않는가?"[79] 퓨리턴들이 분노한 것은 점성술 이론이 그들의 교리와 내용상 반대이기 때문이 아니라 형식상 너무 비슷하기 때문이었다. 두 설명체계는 경쟁적으로 인간 삶의 흥망성쇠를 어떤 불변적이고 무소불위한 섭리의 견지에서 설명하면서 미래 사건의 가능한 경로에 대해 포괄적 예언을 제시하고자 했는데, 칼뱅주의와 점성술은 출발부터 숙적이었던 셈이다. 어떤 동시대인이 퓨리턴들에 대해 기록했듯이, "점성술사들은 하늘에서 징후들〔궁들〕을 살필 수 있을 뿐이지만 … 우리의 거만한 원칙주의자들(*Precisians*: 퓨리턴들)은 … 부당하게도 이보다 훨씬 비밀스러운 조짐들과 … 징후들에 의해 만인의 미래 상태와 구원을 판결할 수 있다고 주장한다."[80] 실제로 많은 칼뱅주의 사상가들은 예정의 비밀이란 인간이 헤아릴 수 있는 것이 아니라는 점을 강조했다. 칼뱅 자신이 기록했듯이,

> 하나님이 말씀으로 전하신 예정설 외에 다른 지식을 갈망하는 것은 길 없는 곳에서 헤매거나 어두운 밤중에 햇빛을 찾는 것처럼 어리석은 짓이라는 것, 이것을 우리의 첫 번째 원리로 … 삼도록 하자. 무식이 곧 유식인 문제에서는 우리의 무지함을 부끄러이 여기지 말도록 하자. 오히려 우리는 지식 추구를 기꺼이 삼가야 할지니 이를 열망하는 것은 위험하고 치명적일 뿐만 아니라 어리석은 짓이기도 하다.[81]

79) J. G(adbury), *A Brief Relation of the Life … of … Vincent Wing* (1670), sig. A2.

80) R. H., "Astrologia Siderata, or a Whip for Divining Soothsayers"(Sloane 412), f. 62.

81) Calvin, *Institutes*, Ⅲ. xxi. 2.

이 같은 경고를 존중하는 분위기에서 선민(選民) 여부를 확인하려는 시도들은 모두 음흉한 이단으로 배척되었다. 점성술사들은 바로 그런 비밀을 꿰뚫고자 시도하는 듯 보였다. 그들은 개개인의 남은 수명과 이승에서의 운수를 예언하는 데 머물지 않았다. 그들이 교과서에서 가르치기로 별들은 의뢰인이 천당에 오를지 여부도 알려줄 수 있었다. 주교 칼튼이 생각하기에 "교회에서 새 생명을 얻을 자와 얻지 못할 자가 누구인지를 알고자 점성술사를 찾아야 한다는 것"보다 심한 모욕은 없었다.[82)]

이렇듯 점성술은 여러 면에서 예정설과 닮은꼴이면서도 예정설을 능히 파괴할 만한 것이었다. 점성술사들은 칼뱅주의 교의를 취해 이를 새롭고도 세속적인 모습으로 변형시켰던 것 같다. 이를테면 "영원한 예정을 숙명으로, 은총의 선택을 별들의 선택으로 … 바꾸었던" 것이다.[83)] 윌리엄 퍼킨스는 이렇게 기록했다. 점성술은 "사람들이 어찌될지 탄생천궁도로 점쳐서 알려준다고 하니 참으로 터무니없고 불경한 일이다. 이는 하나님께서 그분의 예정 능력으로 예정하지 않으신 것이 생활과 교제에서 일어날 수 있다고 판단하는 것이기 때문이다."[84)]

## 2. 동화(同化)

그러나 잉글랜드 프로테스탄티즘은 다른 많은 쟁점들에서 그랬듯이 점성술의 정당성 여부에 관해서도 심한 분열 성향을 보여주었다. 퓨리턴들과 장로파가 반론의 거점을 제공했다면, 내란기에 독립파와

---

82) Carleton, *The Madnesse of Astrologers*, pp. 25~6; Scot, *Discoverie*, XI. xxiii; Willet, *Hexapla in Genesin*, p. 9.

83) Gaul, *The Mag-Astro-Mancer*, sigs. *1v~*2.

84) W. Perkins, *A Golden Chaine*(1591), sig. V8v.

급진 신흥종파들은 점성술사에게 많은 능동적 추종자들과 지지자들을 공급했다. 윌리엄 릴리와 독립파 정치지도자들 간의 긴밀한 관계는 이런 제휴의 상징적 사례이다.[85] 릴리는 퓨리턴 가문에서 성장했지만 내란 발발 시점에는(그 이유가 뭐든 간에) 왕당파에 동조하고 있었다. 문캐스터의 윌리엄 페닝턴 가문에는 그를 후원한 왕당원이 있었고,[86] 그의 초기 출판물들도 계산된 중립 자세를 견지했다.[87] 그러나 그는 런던에서 사업을 벌이던 중 의회파 지도자들과 접촉하게 되었다. 존 핌이 병상에 누워있던 1643년에 한 친구가 핌의 소변시료를 가져왔고 릴리는 그가 곧 숨을 거둘 것이라고 정확하게 예언한 일이 있었다.[88] 이 의뢰 건은 핌이 모르게 진행되었지만, 같은 해에 국왕 시해판사 존 라일의 부인(몬머스 반란 후 판사 제프리즈에 의해 유죄 판결된 앨리스 라일로 잘 알려진 귀부인)이 불스트루드 화이트로크의 소변을 의뢰한 건은 달랐다.[89] 화이트록은 곧 회복되어 독립파 법률자문단

---

85) 아래의 몇 단락은 릴리의 《자서전》에 근거한 것이다. 오늘날 역사가들은 '독립파'(*Independents*)나 '장로파'(*Presbyterians*)에 관해 간단히 언급하는 것을 꺼리지만 나는 릴리의 용법을 따랐다.

86) [역주] 문캐스터의 페닝턴 가문(*William Pennington of Muncaster*)은 아일랜드 출신 가문으로 문캐스터 성의 소유주였다. 이 가문에는 1676년부터 남작위가 주어졌다. 1640년대에 그 가문이 왕당파에 속해 있었던 것은 분명하나 릴리는 자신의 지원자가 정확히 누구였는지 밝히지 않았다.

87) 이를테면 Lilly, *Englands Propheticall Merlin*(1644), "To the Reader". 그의 Autobiography, p. 107도 참조할 것.

88) Lilly, *Englands Propheticall Merlin*(1644), p. 130. 공식기록인 *A Narrative of the Disease and death of … John Pym*(1643)에는 그 일에 대한 언급이 전혀 없다. [역주] 존 핌(John Pym: 1584~1643)은 서머싯 출신으로 옥스퍼드와 미들템플 법학원에서 법학을 공부한 후 베드퍼드 백작의 후광으로 정치에 입문했다. 버킹엄 공 조지 빌리어스의 탄핵을 주동하고 에드워드 코크의 권리청원을 도우면서 의회파 지도자로 성장했다. 단기의회와 장기의회에서 의회파의 대의를 지켰고 내란기에는 의회파의 재정적 토대를 안정시키는 데 기여했다. 암으로 죽었다.

의 실력자가 되었고, 릴리는 그의 회복을 성공적으로 예언한 덕에 그의 지속적인 신뢰와 지원을 확보할 수 있었다.

이 새로운 후원자를 통해 릴리는 다른 의회지도자들과 긴밀한 관계를 엮어갔는데, 여기에는 덴질 홀즈, 필립 스테이플턴 경, 크리스토퍼 레이 경, 로버트 레이놀즈, 로버트 파이 경 등이 포함되었다.[90] 이들은 정치성향은 각양각색이었지만, 릴리와 점성술계 전체의 운명은 점차 독립파 평신도들 및 군대의 운명과 일체화되었으며, 장로파 성직자들과는 어긋나게 되었다. 릴리는 이렇게 기록했다.

> 많은 군인들이 그것〔점성술〕을 전폭적으로 지지했고 독립파들 중 다수도 그러했다. 따라서 나는 하원 내에 많은 유력인사들을 확실한 친구로 두게 되었는데 그들 중 장로파 지지자는 없었다. 당시 그들은 큰 존경을 받고 있었기에 점성술을 보호할 수 있었다. 내가 생각하기에 만일 장로파가 지배했더라면 … 그들은 해마다 나의 문필활동을 침묵시켰을 것이다.

---

89) [역주] 앨리스 라일 여사(Lady Alice Lisle: 약 1617~1685)는 의회파와 크롬웰을 편든 남편 존 라일과는 달리 왕당파에 동조했고 특히 몬머스 공의 왕위계승 음모에 가담했다. 세지무어(Sedgemoor) 전투에서 반란군이 패하자 기소되었는데, 그녀를 담당한 판사는 '교수형 판사'(*Hanging Judge*)로 유명한 조지 제프리즈(George Jeffreys, 1st Baron Jeffreys of Wem: 1645~1689)였다. 그녀는 1685년 9월 2일에 처형되었다.

90) [역주] 덴질 홀즈(Denzil Holles, 1st Baron Holles: 1599~1680)는 찰스 1세가 1642년에 체포명령을 내린 의회지도자 5명 중 한 명이었다. 필립 스테이플턴 경(Sir Philip Stapleton: 1603~1647)은 요크셔 출신 의원이었고 크리스토퍼 레이 경(Sir Christoper Wray)은 켄트 출신의원으로 1642년에는 의회군 기병대장, 1645년에는 의회군 총사령관을 지냈다. 로버트 레이놀즈 경(Sir Robert Reynolds)은 국회의원이자 검찰총장과 법무대신을 지낸 법조인이었다. 로버트 파이 경(Sir Robert Pye: 1701년 사망)은 내란기에 여러 차례 기병대를 이끌었는데, 특히 1645년에는 신형군의 기병대를 이끌었다.

1647년 가을에 릴리와 부커는 윈저 궁에 주둔한 군대를 공식 방문해서 페어팩스 장군의 환영을 받았다. 페어팩스는 점성술을 잘 모른다고 고백하면서도 "그것이 하나님 말씀에 거슬리지 않고 일치"하면 좋겠다는 기대감을 피력했다. 릴리는 이 쟁점에 관해 그를 안심시키고 나서야 종군사제 휴 피터와 은밀한 사안을 논의하기 위해 자리를 떴다.[91]

모순적이게도 비슷한 시점에 릴리는 찰스 1세를 햄프턴 궁 유폐로부터 탈출시킬 방법에 관해 어떤 여성 국왕 지지자와 상담했다. 그는 1648년 가을에 재차 조언을(쇠톱 및 산성액과 함께) 제공했는데, 이때에도 콜체스터를 포위 공격하던 의회군의 사기를 동시에 진작시키는 모순을 보였다.[92] 그가 왕정복고 이후로도 편안한 삶을 누렸다는 데서 알 수 있듯이 릴리에게는 호기를 포착하는 예리한 안목이 있었다. 그의 점성술 교과서는 흥미롭게도 개업점성술사 지망생들에게 "여러분이 사는 국가에 불리한 판결을 삼갈 것"을 주문했으니,[93] 이는 그 자신이 금과옥조로 여긴 것이기도 했다.

릴리 개인의 충성심이 어디를 향했느냐는 — 애매하지만 사소한 — 문제보다 중요한 것은 일부 독립파 인사들이 그에게 이상하리만치 열

91) [역주] 휴 피터(Hugh Peter, 혹은 Peters: 1598~1660)는 콘월 출신으로 케임브리지에서 수학한 후 국교회 성직자로 경력을 시작했으나 비국교회 신조로 인해 네덜란드(로테르담)와 아메리카(보스턴)를 떠돌면서 목회자로 활동하다가 1641년에 잉글랜드로 돌아와 의회군 종군사제로서 봉직했으며 독립파 지도자로 부상했다. 장기의회와 군대(신형군)의 대립에서 군대를 편들었고 내란이 종결되면서 화이트홀 목회자들 중 하나로 발탁되었다. 1660년 왕정복고와 함께 처형되었다.

92) 국왕과 릴리 사이를 오간 의뢰인은 제인 호우드(Jane Whorwood)였다(그녀에 관해서는 *D. N. B.*를 참조할 것). 그녀의 마지막 상담은 1648년 9월에 있었는데, 이때 릴리는 국왕이 뉴포트 협약(*Treaty of Newport*)에 동의해야 한다고 조언했다. 이에 관해서는 Wood, *Life and Times*, vol. 1, pp. 227~8을 참조할 것.

93) Lilly, *Christian Astrology*, sig. B1.

성적인 집착을 보였다는 점이다. 그는 강력한 선동가이자 막후의 영향력 있는 인사가 되었다. 궁지에 몰렸을 때 그는 이 새로운 친구들의 지원과 보호에 의존할 수 있었다. 그들은 그의 책력이 국세청 관리들을 중상한 건으로 그가 조사위원회와 입씨름을 벌이던 1645년에 그에게 도움을 주었다.[94] 그들은 1652년에도 또다시 릴리를 구조했는데, 이번에는 군대와 인민이 결속해 잔부의회를 해산시킬 것이라는 예언이 문제가 되었다.[95] 이 사건에 관해 릴리는("영원한 나의 친구") 대변인 렌탈의 교사를 받았고 아서 헤이즐릭 경, 월터 스트릭랜드, 리처드 샐웨이, 휴 피터, 누구보다 올리버 크롬웰의 비호를 받았었다고 술회했다.[96] 릴리는 잠시 투옥되어 있던 동안 군대 비서관 존 러시워스의 방문을 받았다.[97] 1653년에 잔부의회가 해산되자 릴리의 영향력은

---

94) *Anglicus*(1614)의 12월 예언력은 "20실링 중 11실링이 관리들에게 돌아갈지니, 국세청은 우리에게 무익한 것"이라고 기록했다. 릴리가 직접 소장했던 책력의 마이크로필름(Ashm. 121)에는, "이 예언에 관해서 어떤 검은 당나귀(Miles Corbet)가 유대인처럼 끈질기게 심문했지만 나의 진정한 친구 로버트 레이놀즈 씨에 의해 풀려나게 되었다"는 메모가 적혀 있다.

95) Lilly, *Annus Tenebrosus*(1652), p. 54; *Commons Journals*, vol. 7, p. 195; Josten, *Ashmole*, p. 628.

96) [역주] 윌리엄 렌탈(William Lenthall: 1591~1662)은 내란기에 하원 대변인으로 활약해 '대변인 렌탈'(*Speaker Lenthall*)이라는 별명을 가진 의원이다. 아서 헤이즐릭 경(Sir Arthur Haselrig 2nd Baronet: 1601~1661)은 찰스 1세가 1642년에 체포를 명령한 5명의 의원 중 하나로 잘 알려진 하원의원이자 군인이다. 월터 스트릭랜드(Walter Strickland: 약 1598~1671)는 하원의원이자 외교관으로 활동한 올리버 크롬웰의 측근이다. 리처드 샐웨이(Richard Salway: 17세기 중반 활동)는 군대 지도부의 일원으로 의회와 대립을 주도한 인물이다.

97) [역주] 존 러시워스(John Rushworth: 약 1612~1690)는 노섬벌랜드 출신으로 옥스퍼드에서 법학을 공부한 후 변호사로 활동하다 올리버 크롬웰에 발탁되어 의회 사무관과 대변인을 지낸 인물이다. 의회와 군대의 갈등기에는 군대 비서관으로 활동하였다. 방대한 '역사 컬렉션들'(*Historical Collections*: 흔히

절정기를 맞이했다. 그는 자신의 고객이자 크롬웰의 사위인 존 클레이폴을 통해 화이트로크를 천거(薦擧)해 그가 스웨덴 대사로 임명되도록 했다. 화이트로크에게 진 빚을 멋지게 갚은 셈이었다. 크롬웰이 호국경(*Lord Protector*)에 오르자 이제 릴리는 "모든 군인들"을 친구로 여길 수 있게 되었다.

이 모든 내용은 릴리의 《자서전》에서 읽을 수 있다. 하지만 그의 출판되지 않은 상담장부들과 문서들은 점성술과 독립파 간의 관계에 대해 보다 더 상세한 정보를 제공한다. 그 거래관계를 잘 살펴보면, 정치인들이 점성술 자체의 진실성을 믿지 않았고 릴리를 단지 선전도구로 이용했다는 견해가 얼마나 잘못된 것인지를 여실히 보여준다. 앞서 우리는 리처드 오버튼이 수평파 지도자로서의 경력에서 결정적인 고비를 맞았을 때 릴리와 상담한 장면을 살펴본 적이 있다.[98] 그 외에도 수평파나 군대 급진세력에 속한 많은 이들이 릴리나 존 부커에게 조언을 의뢰했는데, 육군소령 레인스보로(Rainsborough),[99] 해군중령 리드(Read),[100] 참모장 앨런(Adjutant-General Allen),[101] 코넷 조이

*Rushworth Papers*로 명명됨)을 편찬한 연구자로도 유명하다.

98) 이 책의 2권 p. 278~9.

99) 수평파였다가 훗날 란터파가 된 인물로, 더 잘 알려진 토마스 레인스보로 대령은 그의 형제이다〔C. Hill, *Intellectual Origins of the English Revolution* (Oxford, 1965), p. 275; N. Cohn, *The Pursuit of the Millennium*(1962년 판), p. 352〕. 그와 그의 아내는 부커에게 점성술적 상담을 의뢰했는데, 이에 관해서는 Ashm. 387, ff. 86, 217, 그리고 Ashm. 385, f. 120을 참조할 것.

100) 헌신적인 공화주의자이자 히브리어에 정통했던 인물이며 란터파와 수평파를 비호한 혐의로 기소된 후 1651년에 풀(Poole) 주재 사령관에 의해 파면되었다. 이에 관해서는 B. M., Stowe MS 189, ff. 52~53v, 74. 그의 점성술 상담에 관해서는 Ashm. 420, ff. 76v~77, 그리고 Ashm. 243, f. 173v를 참조할 것.

101) 지도급 선동자이자 신념 강한 공화주의자. 이에 관해서는 C. H. Firth and G. Davies, *The Regimental History of Cromwell' Army*(Oxford, 1940), vol. 2, p. 614; P. H. Hardacre in *Baptist Quarterly*, vol. 19(1961~1962)

스,[102] 로저 크랩,[103] 제 5왕국파 교도였던 함장 오언 콕스,[104] 나아가 신원이 확인되지 않은 여러 '선동자들'(*Agitators*: 군대 내 선출직 대표자들)이 여기에 포함된다.[105] 존 부커는 1649년에 다양한 수평파 관련 의뢰 건들을 다루었고, 프리본 존의 아내 릴번 여사는 1653년부터 부커가 죽은 1667년까지 그의 단골 고객으로 남았다.[106] 릴리도

---

를 참조할 것. 찰스 1세 앞에서 릴리를 옹호했다고 함(Lilly, *Autobiography*, pp. 144~5). 그가 점성술사와 상담한 내용(Ashm. 210, f. 134v)을 보면, 그의 생일이 1616년 2월 9월임을 알 수 있다.

102) 점성술사 프랜시스 버나드(Francis Bernard)가 계산한 그의 탄생천궁도 점성괘는 Sloane 1707, f. 11v에 들어 있다.

103) 급진주의자이자 금주론자(禁酒論者)이자 채식주의자로 유명한 인물〔C. Hill, *Puritanism and Revolution* (1958), pp. 314~22를 참조할 것〕이다. 그는 비록 점성술에 대한 적대감을 공공연히 표명했고 하나님이 자신에게 보낸 허공의 새의 일상 행동을 보고 미래를 예언하는 것을 선호했지만(*Harleian Miscellany*, 1808~1811, vol. 6, p. 402), 릴리와 두 차례 상담했다(Ashm. 210, f. 107v, , 그리고 Ashm. 427, f. 51v).

[역주] 코넷 조이스(Cornet George Joyce: 1618~?)는 내란기에 의회군 장교로 활동했고 군대와 의회의 대립시에 군대를 이끈 위원회(*Army Council*)의 일원이었다. 로저 크랩(Roger Crab: 1621~1680)은 의회군에 물품을 조달하는 상인으로 7년간 군대에 복무했고 그중 2년을 감옥에서 보냈다. 그는 1652년 이후에 은둔생활을 하면서 약초치료인으로 활동했고 무속인 혐의를 받기도 했다. 채식주의자로도 알려져 있다.

104) 오언에 관해서는, J. R. Powell, *The Navy in the English Civil War* (1962), pp. 209, 215, 217~8; *C. S. P. D., 1661~1662*, pp. 128, 188; *1664~1665*, p. 234; 이 책의 2권 pp. 271~2를 참조할 것.

105) Ashm. 420, ff. 177, 184.

106) Ashm. 419, I, ff. 82v, 83v; Ashm. 385, f. 240; Ashm. 428, ff. 192v, 200, 214v, 222v, 241v, 254v, 259, 260v, 261, 268v, 269v; Ashm. 347, ff. 71v, 75v, 77.

[역주] '프리본 존'(Freeborn John)은 존 릴번(John Lilburne: 1614~1657)의 별명이다. 그는 더럼 출신으로 1630년대에 도제로 일하던 중 퓨리턴 대의에 감화되어 반국교회적인 팸플릿 작가로 활동하기 시작했다. 내란기에는 본

1648년에 당시 민주화운동에 참여하고 있던 비단직조업자조합(Silk-Weavers Company)의 집단 의뢰를 받은 일이 있었다.[107] 뿐만 아니라 상담장부들에서 알 수 있듯이 릴리와 부커는 서로 다른 기회에 휴 피터,[108] 그리고 크롬웰 휘하에서 뛰어난 활약을 보인 2명의 군인, 존 레이놀즈 경과[109] 토마스 모건 중령에게도 상담을 해 주었다.[110] 이 목록은 존 램버트라는 육군소장의 이름으로 완성된다. 램버트는 점성술사 제레미 셰이컬리가 후원자로 점찍은 자였고 릴리의 고객들 중 하나가 되었다.[111] 왕정복고 후에 런던탑에 투옥되어 있던 그는 1661년

---

격적인 정치 선동가로 활동했고 수평파의 견지에서 '태생적 권리'(*freeborn rights*)를 주창해 후대에 큰 영향을 미쳤다. 말년에는 퀘이커교로 개종하였다. 그의 부인은 남편의 수평파 동지로 활동한 엘리자베스 릴번(Elizabeth Lilburne)이다.

107) Ashm. 420, f. 188.

108) Ashm. 430, f. 11v. 또한 Lilly, *Autobiography*, pp. 134, 148; R. P. Stearns, *The Strenuous Puritan*(Urbana, 1954), p. 332, n. 35도 참조할 것.

109) 1647년의 군대 선동자들과 연관된 인물〔*The Clarke Papers*, C. H. Firth, ed. (Camden Society, 1891~1901), vol. 1, p. 426〕이지만 이후에는 급진주의 대의의 사도가 되었음. 1657년에 마지못해 크롬웰의원정군 사령관으로 플랑드르로 출전했는데, 이때 비로소 릴리와 처음 상담했다고 한다. 그러나 존 개드베리가 비난조로 지적했듯이〔*Collectio Geniturarum*(1662), pp. 147~8〕, 그는 귀환 항해 도중에 물에 빠졌다. 또한 Ashm. 240, ff. 205~206v, 그리고 Sloane 1707, f. 11도 참조할 것.

110) Ashm. 241, f. 30v. 그는 1657년에 레이놀즈 휘하의 부사령관이었다.
[역주] 존 레이놀즈 경(Sir John Reynolds: 1625~1657)은 케임브리지셔 출신으로 내란 발발과 함께 의회군에 가담해 1645년경에는 크롬웰의 신형군 연대장이 되었다. 군대 선동가들을 편들다가 직위해제되었으나 2차 내란에 다시 부연대장으로 임명되었다. 아일랜드 원정과 플랑드르 원정에서의 공훈으로 총사령관에 올랐다. 그러나 1657년에 잉글랜드로 돌아오던 중에 배가 난파되어 익사했다. 웨일스 출신의 토마스 모건(Sir Thomas Morgan: 1604~1679)도 비슷한 경력을 가진 의회군 장교이다. 1657년에 레이놀즈가 죽자 그 직을 계승했다.

에 그곳으로부터 탈출을 시도해야 할지 여부를 릴리에게 의뢰했다고 한다.[112]

이처럼 저명한 인사들 외에도, 신흥종파나 급진파에 속한 다수의 군소 인사들이 점성술에 관심을 가졌던 것으로 알려져 있다. 릴리는 1647년 4월부터 1648년 9월까지 최소한 5명의 재세례파 의뢰인들을 맞이했다. 1645년에는 어떤 "종교분리주의자 과부"가 "원하는 남자를 얻게 될" 것인지를 물었고, 다음해에 그는 란터파 교도 1명, 퀘이커파 교도 1명, 그리고 어떤 "셰이커파 교도"의[113] 부인에게 조언을 제공했다.[114] 부커의 의뢰인들 중에도 퓨리턴 계가 많았다는 것은 의뢰인들이 술 끊은 볼스비(Sobriety Bollsby), 엄격한 휘팅(Discipline Whiting), 지혜로운 햄슨(Wisdom Hampson) 같은 이름으로 표기되었다는 데서 알 수 있다〔그의 성명표기법은 제프리 르 네브(Geoffrey le Neve)가 자신의 고객을 '만족스러워한 새'(Contented Bird)라는 식으로 요령 있게 명기한 것과

---

111) [역주] 존 램버트(John Lambert: 약 1619~1684)는 요크셔 출신으로 케임브리지와 코트인스(Court Inns) 법학원에서 수학했고 내란기에 의회군 지휘관으로 큰 명성을 얻은 인물이다. 그가 육군소장에 오른 것은 1650년 스코틀랜드 침공 때였다. 그는 왕정복고에 끝까지 군사적으로 저항한 지휘관으로 1660년에 투옥되어 24년을 보낸 뒤에 죽었다.

112) Ashm. 423, ff. 117, 119; J. Shakerley, *The Anatomy of Urania Practica* (1649), 헌정사; Ashm. 174, f. 153; Ashm. 427, f. 52; Josten, *Ashmole*, p. 814. 램버트는 대학에 점성술 도입을 권고한 웹스터의 *Academiarum Examen* (1654)의 초고를 읽었다. 이에 관해서는 그 책의 서문과 이 책의 2권 pp. 404~5를 참조할 것.

113) [역주] 셰이커파(Shakers)는 18세기 중반부터 아메리카에 널리 보급되었지만 그 역사적 기원은 17세기 비주류 프로테스탄트에게서 찾을 수 있다. 특히 프랑스 카미자르파와 퀘이커파가 그 골격을 제공한 것으로 알려져 있다. 릴리가 과연 이런 의미에서 셰이커파 교도를 언급했는지가 불분명하기 때문에, 저자는 인용부호를 사용한 것으로 보인다.

114) Ashm. 420, ff. 253, 259v, 298, 310; Ashm. 184, f. 143v; Ashm. 427, ff. 107, 131v, 239.

는 대조된다〕.[115)]

점성술과 신흥종교의 관계를 보여주는 추가 증거들도 풍부하다. 니콜라스 그레턴은 점성술사인 동시에 어떤 신흥종파의 지도자였다.[116)] 제 5왕국파의 존 스피틀하우스는 점성술은 모든 학문의 여왕이요 릴리는 "모든 점성술사들의 왕"이라고 찬양했다.[117)] 수평파에 몸담았다가 〔수평파가 해산된 후〕 란터파 교도가 된 로렌스 클랙슨은 1650년에 점성술을 개업했고 디거파 지도자 제라드 윈스턴리는 자신의 유토피아에서는 점성술이 교육되어야 한다고 추천하였다.[118)] 거물급 개업점성술사들 중 일부는 급진적 신조를 유지했다. 사이먼 포먼은 정치적 견해에서 매우 급진적이었고[119)] 존 풀은 강성 공화주의자였다.[120)] 니콜라스 컬페퍼는 신흥종파 교도로서의 파란만장한 이력을 가진 또 한 명의 급진주의자였다.[121)] 존 헤이든은 찰스 2세를

---

115) Ashm. 428, ff. 66v, 74, 87v; Ashm. 418, p. 99.

116) Ashm. 423, ff. 218~219; 이 책의 2권 pp. 205~6.
[역주] 니콜라스 그레턴(Nicholas Gretton)에 관해서는 리치필드에서 개업점성술사로 활동했고 주술 및 이단혐의로 여러 차례 기소되었다. 그가 이끈 신흥종파의 실체는 확인되지 않았다.

117) J. Spittlehouse, *Rome Ruin'd by Whitehall* (1650), sigs. b3~4v.
[역주] 존 스피틀하우스(약 1612~1657)는 원시교회의 부활을 주장하면서 종말과 제 5왕국이 임박했음을 설파한 재세례파 교도였다. 크롬웰을 모세에 비유하고 적그리스도하에 있는 모든(가톨릭) 국가들과 전쟁을 벌이기 위해 새로운 의회를 만들어야 한다고 주장함으로써 의회군과 크롬웰에게 큰 영향을 미쳤다.

118) L. Claxton, *The Lost Sheep Found* (1660), p. 32〔하지만 이후에 그는 점성술을 '지독한 협잡'으로 여기게 되었다(p. 33)〕; *The Works of Gerrard Winstanley*, G. H. Sabine, ed. (Ithaca, New York, 1941), p. 578.

119) Ashm. 195, f. 151을 참조할 것.

120) J. Pool, *Country Astrology* (1650), sig. A3v.

121) N. Culpepper, *Catastrophe Magnatum* (1652), p. 11; *Mr Culpepper's Ghost in Two Books of Physick* (1656); *Mercurius Pragmaticus*, 21 (1649년 9월 4~11일자).

폭군으로 언급한 그의 저서로 인해 1663년에 체포되었다.[122] 릴리 자신은 국교회 소교구 위원이었지만, 1654년에 죽은 그의 두 번째 부인은 "그녀가 죽기 전에 그렇게 원했다는 이유로 조종(弔鐘) 없이, 장례의식과 사제도 없이" 매장되었으니, 아마도 그녀는 퀘이커 교도였을 것이다.[123] 점성술사 조지 파커도 한때는 퀘이커 교도였다.[124] 존 개드베리는 비록 나중에 왕당파이자 비밀가톨릭교도가 되었지만 점성술 경력을 개시할 당시에는 아비에저 코프의 영향으로 개종한 란터파였다.[125]

공위기는 점성술직으로의 진출이 성황을 이룬 시기로 이는 비국교회 목회자들이 성직계에 파란을 일으킨 것과 닮은 현상이었다. 존 헤이든이 1664년에 술회했듯이, "그 폭정의 마지막 몇 년은 양말직조공, 제화공, 제분업자, 석공, 목공, 벽돌공, 총포공, 짐꾼, 집사 등이 점성술과 의술을 집필하고 가르치도록 허용한" 시기였다.[126] 급진

---

122) *C. S. P. D., 1663~1664*, p. 230. 또한 이 책의 2권 pp. 338~40도 참조할 것. 그렇지만 헤이든은 수평파와 제 5 왕국파에 대해서는 혐오감을 표명했는데, 이에 관해서는 *Advice to a Daughter*(2판, 1659), p. 161을 참조할 것.

123) Ashm. 698, f. 9v; Ellington, *Christian Information concerning these Last Times*, p. 6; *Merlinus Phanaticus*, no. 1(1660년 5월 23일), p. 4; Josten, *Ashmole*, p. 1232. 릴리는 칼뱅을 "고집쟁이"(*ass*) 라고 생각했는데, 이에 관해서는 Ashm. 551(2), sig. *2를 참조할 것.

124) *Reliquiae Hearnianae*, P. Bliss, ed. (2판, 1869), vol. 2, pp. 166n. ~167n.

125) *D. N. B.*; Ashm. 250, f. 187.
[역주] 아비에저 코프(Abiezer Coppe: 1619~1672)는 워릭 출신으로 옥스퍼드에서 수학한 후 급진주의 팸플릿 작가로 활동하다 1649년에 투옥되었다. 출옥한 이후로는 보다 체계적으로 평등주의적 전망과 종교적 묵시록을 결합해 급진 신흥종파들에 큰 영향을 미쳤다. 유대인이었던 그는 카발리즘에 정통했고 란터파 대의를 추종했으며 1657년부터 죽을 때까지 'Dr Higham'으로 개명해 활동했다.

126) J. Heydon, *The Wise-Mans Crown: or, the Glory of the Roise-Cross*(1664), sig. C3v.

신흥종파들은 온갖 비학(祕學)들의 부활에 착수했다.[127] 존 웹스터는 옥스퍼드대학과 케임브리지대학이 적절한 자연마술을 교육하지 않는다고 비난했다. 자연마술은 "창조주의 경이로운 선물들을 발견해 무수한 유익을 얻게 해 주는 숭고한 지식"이라는 것이었다.[128] 실제로 개혁론자들은 당시 지배적인 과학 용어로 정착되어가던 기계론 철학보다 자연마술이 한층 피부에 와 닿는 실질적 성과를 낳을 것이라고 생각했다. 동일한 맥락에서 웹스터는 양 대학이 "매우 고귀하고 유익한 학문"인 점성술을 깔본다고 질책하면서, 애쉬몰, 릴리, 손더스, 컬페퍼 등의 노력을 본받을 것을 적극 권유했다.[129] 연금술, 암호학, 자기학(磁氣學), 해몽술, 파라켈수스 의학 같은 자매 학문들도 점성술과 연결되었다.

이 점에서 점성술은 장로파 성직자 토마스 홀이 "패밀리스트파적-수평파적-마술적 성질"이라 부른 것과[130] 특히 깊은 관계를 가지고 있었다. 신흥종파들이 점성술을 존중한 것은 실질적 효용 때문만이 아니라 당시 크게 유행하던 패밀리스트파나 신지론자나 뵈메파의 조

127) [역주] 16~17세기에 엘리트 magic은 occult philosophy로 불리기도 했다. 이것은 코르넬리우스 아그리파에 유래하는 용법으로, 본문에 언급된 occult science도 비슷한 뜻을 가진 것으로 볼 수 있다. 따라서 이를 '비학'(祕學)으로 번역했으나 의미상 마술과 차이가 없다.

128) Webster, *Academiarum Examen*(1654), pp. 69~70. 이 주제에 관해서는, P. M. Rattansi, "Paracelsus and the Puritan Revolution", *Ambix*, vol. 11 (1963)과 Schultz, *Milton and Forbidden Knowledge*, p. 52를 참조할 것.

129) Webster, *Academiarum Examen*, p. 51. 그렇지만 그의 개혁동지인 노어 빅스(Noah Biggs)는 점성술에 그리 공감하지 않았는데, 이에 관해서는 그의 *Mataeotechnica Medicinae Praxeos*(1651), pp. 37~40을 참조할 것.

130) T. Hall, *Vindicae Literaum*(1654)에 부록으로 첨부된 *Histrio-Mastix*, p. 199. 동시대의 어떤 예수회 수사는 "마술사-칼뱅주의자"에 관해 언급했는데, 이에 관해서는 W. Foster, *Hoplocrisma-Spongus*(1631), sig. A2를 참조할 것. 신흥종파 교도들과 연금술에 관해서는 이 책의 2권 pp. 193~5를 참조할 것.

명이론과 동질성을 가진 것이기도 했기 때문이다.[131] 독일 신비주의자 야콥 뵈메의 모든 작품은 1644년과 1662년 사이에 영어로 번역되었고 리처드 백스터는 "뵈메파"를 공위기의 주요 신흥종파들 중 하나로 거명하기도 했다. 패밀리스트파는 그리스도란 "하나의 모범(*Type*)일 뿐 그 이상이 아니라"고 주장하면서, 사람 안에는 "그리스도의 모든 것이 거주할" 수 있다고 믿었다. 사람이 그리스도의 거룩한 수준에 도달할 수 있다고 전망한 점에서 그들은 〔인간이 신처럼 완벽해질 수 있다고 믿는〕 완전론자들이었다고 말할 수 있겠다.[132] 그들은 퀘이커파에게 강한 영향을 미쳤고 란터파 일부와는 중첩되는 경향을 보였다. 참기 힘들만치 애매한 뵈메의 글들이 발휘한 매력을 오늘날 정확히 평가하기는 어렵겠지만, 그의 신비주의는 해묵은 소우주-대우주 이론에 기초한 것이었고, 그를 추종한 스웨덴보리가 그렇듯이[133] 그의 사

---

131) [역주] 패밀리스트파는 이 책의 6장 역주 118, 뵈메파는 7장 역주 137과 9장 역주 83을 참조할 것. 이들의 교의는 모두 신지론(*theosophy*)에 기초를 두었다. 신지론은 하나님과 세상의 본질을 접신에 의해 섬광처럼 단번에 통찰할 수 있다는 믿음이며 신지론자는 이런 믿음을 가진 자를 일컫는다. 조명이론(*doctrine of illumination*)은 한순간에 모든 진리가 빛처럼 조명된다는 이론으로, 별을 광원으로 한정하는 점성술과는 구별되지만, 높은 곳에서 낮은 곳으로 '조명'된다는 점에서는 점성술과 유사성을 갖는 것으로 볼 수도 있다.

132) *Reliquiae Baxterianae*, M. Sylvester, ed. (1696), pp. 77~8; G. F. Nuttall, *James Nayler. A Fresh Approach*, supplement no 26 to *The Journal of the Friends' Historical Society*, 1954. 이 책의 1권 pp. 293~5도 참조할 것. 뵈메 번역물은 S. Hutin, *Les Disciples anglais de Jacob Boehme*(Paris, 1960), pp. 38~9에 열거되어 있다.

133) [역주] 스웨덴보리(Emanuel Swedenborg: 1688~1772)는 스웨덴 출신의 뵈메주의자로 16세에 있었던 영적 체험을 기초로 급진적인 신학을 정립했고 과학자이자 철학자로서도 전 세계에 큰 영향을 미친 인물이다. 웁살라대학을 졸업(1709)하고 1710년부터 네덜란드, 프랑스, 독일을 거쳐 런던에서 4년을 머물면서 그의 신학적, 과학적 체계를 정립했다. 이후 스웨덴으로 돌아와 웁살라대학 교수이자 사카라(Sakara) 주교로 활동했다.

상은 헤르메스주의 전통의 핵심요소들을 계승한 것이었다. 이런 맥락에서 뵈메는 점성술이 적어도 부분적으로는 진리로 향하는 길이 될 수 있다고 생각했다.[134]

뛰어난 뵈메 주석가 존 스패로에 따르면,[135] 뵈메는 인간영혼을 찬찬히 살피는 것이야말로 하나님을 향한 길이요 우주를 이해하는 길이라는 입장을 취했다고 한다. 소우주인 인간은 그 영혼 안에 대우주를 압축해서 담은 존재였기 때문이다. 인간과 우주 간의 그 근본적인 근친성은 하나님과의 신비한 합일을 위한 토대이기도 했다.[136] 훗날 뵈메의 잉글랜드인 추종자 토마스 트라이언이 주장했듯이,[137] "점성술은 인간 외부뿐만 아니라 내부에도 존재한다. 우리는 내면에 소우주적인 태양이며 달이며 여타 모든 행성들을 지니고 있다." 웨일스 출신으로 뵈메의 또 다른 추종자였던 모건 로이드도 인간 내부에서 7행성들을 발견할 수 있다고 믿었다.[138] 뵈메 추종자들의 신비주의가 추구한

134) 이를테면, Boehme, *Aurora*, J. Sparrow, trans. (1656), pp. 583∼4; A. Koyré, *La Philosophie de Jacob Boehme* (Paris, 1929), pp. 83∼5, 91, and passim; D. Hirst, *Hidden Riches* (1964), p. 87 등을 참조할 것.

135) [역주] 존 스패로(John Sparrow: 1615∼약 1665)는 케임브리지와 이너템플 법학원에서 법학을 수학한 후 변호사로 활동했고 공위기에 사법개혁에 참여한 인물이다. 법률가로서보다는 뵈메의 거의 모든 작품을 번역해 잉글랜드에 소개한 비학 연구자로 더 잘 알려져 있다.

136) J. Boehme, *Forty Questions of the Soul*, J. Sparrow, trans. (1665), sigs. a11∼12.

137) [역주] 토마스 트라이언(Thomas Tryon: 1634∼1703)은 글로스터셔 출신으로 정규교육을 받지 못한 채 상인으로 자수성가했고 독학으로 뵈메와 코르넬리우스 아그리파 등의 비학을 연구해 인기작가로 부상할 수 있었다. 그는 자가치료를 강조했고 채식주의의 견지에서 환경오염을 강력히 비판한 저자로 기억되고 있다.

138) *Some Memoirs of the Life of Mr Tho. Tryon … by himself* (1705), p. 24; A. N. Palmer, *A History of the Older Nonconformity of Wrexham and its Neighbourhood* [Wrexham, 출판연도 미상(1888?)], p. 16.

목표는 이 같은 내면의 점성술을 신학으로 정립해 영적인 힘으로 변환하는 일이었다. 이 학파의 선조격인 독일인 발렌틴 바이겔의 것으로 알려진 한 작품이 1649년에 《신학화된 점성술》이라는 제목으로 번역되기도 했다.[139] 그렇지만 많은 패밀리스트파 교도들에게 뵈메주의는 주로 실용적인 관심사였고, 은비한 지식으로부터 특별한 권능을 이끌어내겠다는 전망을 제공한 것이었다. 어떤 동시대인은 "패밀리스트파는 점성술 지식과 이성의 힘으로 전 세상을 지배할 수 있을 것이라 확신하고" 있다고 말했다.[140] 얼마 후 윌리엄 로가 언급했듯이[141] 17세기 뵈메 독자들은 그로부터 자연의 비밀들을 훔쳐내 현자의 돌을 가로챌 요량이었던 것이다.[142]

잉글랜드에서 지도급 뵈메주의자들을 — 그들의 동기가 무엇이든 간에 — 하나로 엮어 준 것은 점성술적 추론에 대한 열렬한 관심이었

---

[역주] 모건 로이드(Morgan Llwyd: 1619~1659)는 웨일스 그위니드(Gwynned) 출신으로 군인이자 점성술사였던 조부의 영향으로 신비주의에 입문했다. 크롬웰 통치기에 영적 체험의 심리학에 관한 저서로 명성을 얻었다. 웨일스 렉섬(Wrexham)에서 비국교회 성직자로 생을 마감했다.

139) [역주] 발렌틴 바이겔(Valentin Weigel: 1533~1588)은 독일 드레스덴 출신으로 마이센, 라이프치히, 비텐베르크 등 여러 대학에서 신학을 공부한 후 목회와 작품활동에 전념한 신비주의 사상가이자 신학자이다. 본문에 소개된 《신학화된 점성술》(*Astrologie Theologized*)은 지금까지도 그의 작품으로 추정되고 있을 뿐 확증되지는 못했다.

140) B. Bourne, *The Description and Confutation of Mysticall Anti-Christ*(1646), sig. T1.

141) [역주] 윌리엄 로(William Law: 1686~1761)는 노샘턴셔 출신으로 케임브리지에서 수학한 후 동대학 신학 교수이자 성직자로 활동했으나 제임스 추종자였던 그는 교수직을 박탈당했다. 그 후 에드워드 기번이나 웨슬리 형제 같은 여러 유력인사 가문의 가정교사로 일하면서 뱅고르 주교, 맨더빌, 틴들 등과 논쟁을 벌여 명성을 얻었다. 뵈메를 추종했고 실용적인 관점에서 신학의 개혁을 시도한 인물이기도 하다.

142) Hirst, *Hidden Riches*, p. 246에서 인용됨.

음이 분명한 것 같다. 브래드필드 소교구 사제 존 포데이지는 점성술사로 활동했고 비학연구로 인해 1655년에 일시 면직되기도 했다.[143] 그의 아들 새뮤얼은 존 부커의 단골고객이었다. 1646년에 뵈메주의를 케임브리지에 소개한 찰스 호담도 점성술 학도였다.[144] 이미 우리가 릴리의 상담실에서 만난 적이 있는 로저 크랩은 저명한 패밀리스트파 교도였다.[145] 금주론자로 유명한 토마스 트라이언은 점성술에 열성적인 관심을 표했고,[146] 신학자 로버트 겔은 수차례 점성술사협회에 초청되어 설교했다.[147] 부커의 장부에 "점성술을 직업으로 하는 아가

---

143) [역주] 존 포데이지(John Pordage: 1607～1681)는 런던 출신으로 성직자로 활동하던 중 1647년에(그의 점성술 지식을 높이 산) 애쉬몰이 제공한 성직록을 받는 사제(*Bradfield rector*)가 되었다. 잉글랜드 뵈메주의의 중심인물이었고 점성술과 연금술에 능한 비학 연구자였다. '필라델피언 소사이어티'는 그의 제자 제인 리드(Jane Leade)에 의해 설립되었다.

144) Josten, *Ashmole*, p. 527; Ashm. 428, ff. 125v, 180, 258, 271v(새뮤얼 포데이지); Hutin, *Les Disciples anglais de Jacob Boehme*, p. 42; A. G. Walker, *Calamy Revised*(Oxford, 1934), p. 279; Ashm. 240, f. 256(호담). [역주] 찰스 호담(Charles Hotham: 1615～약 1672)은 스카보로 출신으로 케임브리지에서 학사와 석사를 취득한 후 1640년에 동대학 신학 교수가 되었으나 1661년 의회에 의해 교수직을 박탈당했다. 1653년부터 1662년까지는 위건(Wigan) 소교구 사제였고 1663년부터는 버뮤다에서 목회자로 활동하다 죽었다. 1667년에는 왕립협회 회원에 선출되기도 했다.

145) 이 책의 2권 pp. 399～400. 그의 패밀리즘에 관해서는 Nuttall, *James Nayler, A Fresh Approach*, p. 9. n.을 참조할 것.

146) 그와 패밀리즘과의 밀접한 관계에 대해서는 A. Gordon, *A Pythagorean of the Seventeenth Century*(1871), p. 41을 참조할 것. 그의 딸의 탄생천궁도가 Gadbury, *Collectio Geniturarum*에 포함되어 있다. 점성술사 존 케이스는 1697년에 *Angelical Guide*를 그에게 헌정했다. 그렇지만 점성술에 보낸 그의 신뢰("일부 인사들이 너무 성급하게 헐뜯는 과학")는 그가 재세례파 교도였을 때 비로소 시작되었다(*Some Memoirs of the Life of Mr Tho. Tryon*, p. 21).

147) 이 책의 2권 p. 260, n. 145. 또한 그의 *An Essay toward the Amendment of the Last English-Traslation of the Bible*(1659), p. 136 이하도 참조할 것. 겔

씨"로 묘사된 컴퍼트 에버라드(Comfort Everard)는 포데이지의 추종자들 중 하나인 에버라드와 관련이 있는 인물이었을 가능성이 있다. 존 개드베리는 패밀리스트파라는 인상을 주었던 것이 확실해 보인다. 란터파를 증오한다고 공언한 릴리조차 뵈메의 추종자였다. 뵈메는 독실한 신자이지, 장로파가 헐뜯어 말하듯 "네덜란드 무속인"은 아니라는 것이었다.[148]

그러나 신흥종파 교도들이 사적으로 점성술을 즐긴 것과는 무관하게, 주요 신흥종파 종단들은 점성술에 적대적인 태도를 취했다. 퀘이커 교도이면서 점성술사인 개인은 얼마든지 있었지만, 퀘이커파 자체는 점성술을 불경한 활동으로 간주했고 맹렬히 공격했다.[149] 제 5왕

---

의 사회적 급진주의는 "명문가라는 허명"에 대한 그의 공격에서 잘 드러난다〔*Gell's Remaines*(1676), vol. 1, p. 626〕.

[역주] 로버트 겔(Robert Gell: 1595~1666)은 케임브리지대학에서 신학을 공부한 후 세인트메리 소교구 사제를 지냈다. 성경에 대한 주석과 비판에서 큰 업적을 남긴 신학자였지만 개업점성술사로도 활동했다. 급진주의적 관점에서 사회모순을 비판한 인물이기도 했다.

148) Ashm. 419, I, f. 110v(컴퍼트 에버라드); 이 책의 2권 pp. 403~4(개드베리). 뵈메에 대한 릴리의 견해는 그의 *Merlini Anglici Ephemeris*(1654), sig. B6v, 그리고 *ibid.* (1655), sig. A4v에 기록되어 있다. 그의 *Autobiography*, p. 156도 참조할 것. 그 밖에도 많은 패밀리스트파와 란터파가 점성술에 관심을 집중했는데, 제임스 바커〔James Barker, 그에 관해서는 L. Muggleton, *The Acts of the Witnesses*(1699), pp. 53~6〕, 로렌스 클랙슨(이 책, 2권 pp. 403~4), 그리고 에식스 골드행어 소교구 사제 에드워드 하우즈(Edward Howes)가 여기에 포함된다. 하우즈는 명백한 완전론자로 그의 비망록에서 "인간의, 혹은 인간 내면의 낮은 점성술"에 관해 언급했다(Sloane 979, f. 56v).

149) 퀘이커 교도인 점성술사에 관해서는, *The Journal of George Fox*, N. Penney, ed. (Cambridge, 1911), vol. 1, pp. 292~3, 451; A. M. Gummere, *Witchcraft and Quakerism*(Philadelphia, 1908), pp. 27, 40~7, 52; Sloane 2280, f. 36; 점성술사의 고객인 퀘이커 교도에 관해서는, Sloane 2282, f. 26; BM., Add. MS 27986, f. 59; 2권 본문의 pp. 400~2. 퀘이커파가 점성술을 공격한 사례들은 E. Burough, *A Trumpet of the Lord sounded out of Sion*

국파 일각에서는 그것을 사악하고 열등한 예언 형식으로 여겼다.[150] 침례파의 태도는 얼핏 보면 좀더 머뭇거린 듯이 보일 수 있지만, 실제로는 강한 의구심을 제기한 것이었다. 1655년에 열린 어떤 침례파 성직자회의는 "과연 의학에서 점성술은 합법적인가?"라는 문제를 논의했다. 이 문제는 다음과 같이 결정되었다.

> 우리는 현재로서는 이 문제를 해결할 수 없으니 이 사안에서는 주님의 계시를 기다리라고 권고할 따름이다. 그렇지만 형제들에게 권하건대 점성술 사업에 손대는 것을 극히 경계해야 할 것이다. 끝까지 고집하다 보면 그 사업은 사악한 일에 귀를 기울이게 할 것이다. 그런 사악한 일이야말로 성서가 가장 명료하게 유죄로 판결한 것이기 때문이다.
>
> 둘째, 예전에 점성술을 연구하고 실행한 적이 있는 여러 형제들이 그 안에서 사악한 것을 발견하고는 그 사업을 포기했기 때문이다.
>
> 셋째, 점성술을 조금이라도 실행하면 나쁜 소문이 나서 복음의 사명을 훼손하는 것을 피하기 어렵기 때문이다.[151]

---

(1656), pp. 5~6; (G. Fox), *Here are Several Queries* (1657); H. Clark, *A Rod Discovered* (1657), pp. 38~9; G. F(ox), *A Declaration of the Ground of Error* (1657), p. 35; S. Eccles, *The Quakers Challenge* (1668), p. 5. 여러 권의 반(反)점성술 저서들의 저자 존 라운스(John Raunce)는 퀘이커 분파운동가였는데, 이에 관해서는 R. T. Vann in *Past and Present*, vol. 43 (1969), pp. 80~1을 참조할 것.

150) 예를 들면, M. Cary, *The Resurrection of the Witnesses* (2판, 1653), sig. B2; *A Collection of the State Papers of John Thurloe*, T. Birch, ed. (1754), vol. 4, p. 650. 점성술을 공격한 저서를 집필한 존 브레인(John Brayne)은 제 5 왕국파 성직자였다.

151) G. Roberts, *The History and Antiquities of the Borough of Lyme Regis and Charmouth* (1834), p. 279. 한 세대 후에 침례파는 좀더 단호하게 반대입장을 표명했는데, 이에 관해서는 B. S. Capp, *The Fifth Monarchy Men* (1972), p. 188을 참조할 것.

로도위크 머글턴은 이보다 직설적인 답을 제시했다. 태양, 달, 별들은 인간과 마찬가지로 하나님의 피조물에 불과하고 "그 성체(星體)들의 영향권은 우리 육안으로 보이는 정도를 넘어서지 않으니" 그리 중요하지 않다는 확신에 찬 주장이었다.[152] 결론적으로, 조직화된 비국교회 종단들도 이전의 퓨리턴들만큼이나 점성술 사업에 비우호적이었다는 것을 알 수 있다.

신흥종파들 외에 정통교리에 한층 충실한 성직자들이 점성술을 건드린 사례도 적지 않았다. 수도원 도서관들에 점성술 관련 서적들과 필사본들이 풍부하게 소장되어 있다는 것은, 중세 점성술 연구에서 성직자들이 선도역(先導役)을 수행했다는 것을 반영한다.[153] 성직자가 점성술사로 활동하는 것도 계속해서 친숙한 모습으로 남아 있었다. 존 개드베리가 정확하게 지적했듯이, "우리의 최상급 점성술 저자들 중 다수는 성직자였다." 그는 1656년에 잉글랜드 거물급 점성술사들의 목록을 작성하면서 여기에 제법 많은 성직자들을 포함시켰고 다음과 같이 덧붙였다. "현재 점성술의 대가들로 잉글랜드 각 주에서 활동하는 많은 존경스런 성직자들"을 추가할 수도 있었지만, 그들을 궁지로 몰아넣지 않으려는 관대한 마음에서 차마 그렇게 하지 못했다는 것이다.[154] 이들 '존경스런 성직자들' 중 일부는 웨일스인 존 에번스(John

152) (L. Muggleton), *A Divine Looking Glass*(1656; 1760판), p. 37〔*The Works of John Reeve and Lodowicke Muggleton*(1832)에 수록되어 있음〕. 또한 R. Bolton, *Some Generall Directions for a Comfortable Walking with God*(5판, 1638), p. 134("서민들은 대체로 태양의 크기에 관해 그것이 직경 1피드짜리 원반에 지나지 않는다고 생각한다")도 참조할 것.

153) *Medieval Libraries of Great Britain*, N. R. Ker, ed. (2판, 1964), pp. 46~7, 84, 141, 214.

154) J. Gadbury, *Cardines Coeli*(1864), 헌정사; Gadbury, *Coelestis Legatus*

Evans) 같은 배교자였음이 분명하다 — 그는 릴리에게 천궁도로 점치는 법을 처음 가르쳐 주었고 어떤 추문에 연루되어 스태퍼드셔에서의 성직록을 포기할 수밖에 없었던(그러나 여전히 성직자 가운을 걸치고 접신의례를 수행했던) 인물이다.155) 윌리엄 브레든도 이에 못지않은 기인이었다. 그는 버킹엄셔의 손턴 소교구 사제였고, 한때 크리스토퍼 헤이든 경의 전속사제를 지내면서 헤이든의 《판별점성술 옹호론》(*Defence of Judicial Astrology*, 1603) 집필을 도운 인물이었다. 그는 담배가 떨어지면 담배 대신(종을 당기는) 밧줄을 피워댄 습관으로 유명했고 "그가 정확히 이해한 프톨레마이오스를 충실하게 추종한" 유능한 점성술사였지만 일요일에는 천궁도로 점치는 것을 삼갔다고 한다.156)

누구보다 유명한 인물은 리처드 네이피어였다. 그는 버크셔의 그레이트린퍼드 소교구 사제(1590~1634)였고 사이먼 포먼의 제자였으며 점성술과 의술 겸업으로 큰 인기를 얻은 17세기 개업인들 중 하나였다. 릴리에 따르면 그는 많은 성직자들에게 점성술을 가르쳤고 "지낭에 책들을 가득 담아 그들에게 빌려주었다"고 한다. 그는 자기 대신 설교할 부제(副祭)를 고용한 일이 있기는 했지만 독실한 신앙의 귀감으로 명성을 얻었다. 그는 천궁도로 점치기 전에 기도문을 외웠고 각 환자에 맞추어 기도를 드렸다. 존 오브리가 전하듯이, 그의 양 무릎은 "기도로 굳은살이 박일" 정도였다. 그가 남긴 방대한 기록은 그의 종

---

(1656), sig. cc2v.

155) 그는 스태퍼드셔 엔빌(Enville) 소교구 부제로 있는 동안 접신술사이자 점성술사(*figure-setter*)로 활동했다고 하는데, 이에 관해서는 P. R. O., St Ch. 8/255/24를 참조할 것.

156) Lilly, *Autobiography*, pp. 54~9, 75; Ashm. 240, f. 98. 브레든은 아무 거리낌 없이 확실성을 표방한 예언을 수행했던 것 같으며 청년시절의 리처드 네이피어(Richard Napier)에게 1629년에 결혼할 것이라고 예언해 준 일이 있었다(Ashm. 240, f. 87).

교가 의학-점성술에, 아니 실제로는 마술과 접신행위에 얼마나 밀접히 엮인 것이었는지를 보여준다. 정통교리에 충실한 종교적 견해를 기준으로 보면 그의 거의 모든 활동은 비난받아 마땅했겠지만, 네이피어는 국교회 성직록을 꼬박꼬박 챙겼고 늘 마술 시술에 앞서 전능하신 하나님께 기도를 드렸다.[157]

또 다른 성직 점성술사로는 요크셔의 메슬리(Methley) 소교구 사제를 지낸 앤서니 애스컴이 있었는데,[158] 그는 튜더 시대 인문주의자 로저 애스컴의 동생이자 초창기 책력제작자들 중 한 명이었다. 그 밖에도 16세기에 예언력이나 점성술 안내서를 출판한 성직자들로는 리처드 하비, 토마스 버크민스터,[159] 존 맵릿, 스티븐 배트맨, 조지 하트길 등이 있었다.[160] 17세기에는 판별점성술에 대한 교회의 태도가 점차 경직되는 추세였음에도 성직과 점성술 겸업자들의 활동은 여전

157) 이 책의 2권 p. 262; Lilly, *Autobiography*, p. 126; Aubrey, *Miscellanies*, pp. 159~61; G. Atwell, *An Apology*(1660), pp. 26~7.

158) [역주] 이 앤서니 애스컴은 이 책의 8장 역주 105에서 언급한 앤서니 애스컴(1614~1650)과는 다른 인물이다. 그는 1511년경에 존 애스컴의 셋째 아들로 태어났다(본문에 언급된 로저 애스컴은 그의 형이다). 1526년경부터 1540년경까지 케임브리지에서 수학했으며 졸업 후 성직자이자 '의사'로 활동했다. 점성술, 약초학, 약학을 두루 익힌 내과의였고 책력을 출판하기도 했다.

159) [역주] 토마스 버크민스터(Thomas Buckminster: 1531/2~1599)는 국교회 성직자이자 책력제작자로 활동한 인물이다. 1598년 출판한 책력(*An almanack and prognostication for the year 1598*)으로 유명하다.

160) *D. N. B*와 *S. T. C.* 외에도, 애스컴에 관해서는 A. G. Dickens in *T. R. H. S.*, 5th series, vol. 12(1964), pp. 65~6을 참조하고, 하트길에 관해서는 Gadbury, *Coelestis Legatus*, sig. Ccl, 그리고 P. Morgan, "George Hartgill: an Elizabethan Parson-Astronomer and His Library", *Annals of Science*, vol. 24(1968)를 참조할 것. 나는 아직 애스컴 책력의 완전한 판본을 접한 적이 없지만, W. Fulke, *Anti-Prognosticon*(1560), sig. B1에 따르면 그의 책력에는 예언력이 포함되어 있었음이 분명하다. 일부만이 전해지는 그의 1551년 책력은 기상예측을 담고 있을 뿐이다(Bodl., Vet. A 1 f. 150).

했다. 코페르니쿠스 학설에 기초해 점성술을 혁신하려 한 시도로 유명한 조수아 칠드리는 허버트 공의 전속사제였다가 왕정복고 이후에 성직록을 받는 성직자가 되었다. 켄트의 성직자 너대니얼 스파크는 1653년에 클로드 다리오의 프랑스어 점성술 안내서 신판을 출판했고 점성술사 조지 애트웰의 수양딸과 결혼했다.[161] 왕정복고 이후에 면직된 비국교회 성직자들 중 일부는 점성술에 관심을 가진 자들이었지만,[162] 국교회 내에도 여전히 그런 성직자들이 남아 있었다. 일례로, 오먼드(Ormonde) 공작의 전속사제이자 노샘턴셔의 리치보로(Litchborough) 소교구 사제이며 훗날 충성거부 성직자가 된 존 버틀러(John Butler)가 그러했는데, 그는 판별점성술을 옹호한 중요한 작품을 — 그것이 성직자로서는 이례적인 일임을 인정하면서도 — 1680년이라는 늦은 시점에 출판했다.[163] 그 밖에도 점성술을 비호하거나 실행한 성직자들로는, 옥스퍼드 크라이스트처치 전속사제였던 에드먼드 칠미드, 《무해하고 유용하며 경건함이 입증된 점성술》(1657)의 저자 리처드 카펜터, 요크셔 커크 해머튼(Kirk Hammerton)의 성직자

---

161) *D. N. B.*, "Childrey, J"; Taylor, *Mathematical Practitioners*, p. 80; Wing; N. S(parke), *Dariotus Redivivus*(1653); Ashm. 186, ff. 185v 이하; Ashm. 356, ff. 1 이하, 47~48v.
[역주] 너대니얼 스파크(Nathaniel Sparke)는 켄트의 국교회 성직자였으나 1644년경에 릴리의 영향을 받아 점성술에 입문했다. 그는 프랑스 점성술사 클로드 다리오(Claude Dariot: 1533~1596)를 잉글랜드에 소개한 인물이며, 런던에서 점성술사로 활동한 조지 애트웰(George Atwell)의 사위였다.

162) 예를 들면, 적극적인 연금술사이자 점성술사였던 존 올린〔*Archaeologia*, vol. 37 (1857), pp. 17~8; *Sussex Archaeological Collections*, vol. 31(1881), pp. 139~40, 149~50, 154〕와 찰스 호담(이 책의 2권 pp. 409~10).

163) Butler, *The Most Sacred and Divine Science of Astrology*, p. 1. 그에 관해서는 G. Baker, *The History and Antiquities of the County of Northampton* (1822~1830), vol. 1, pp. 409~10을 참조할 것.

찰스 앳킨슨 등이 있었다(앳킨슨은 1670년과 1673년 사이에 책력 1권을 출판했고, 탄생천궁도, 분실물, 무상시 점성술 의뢰를 능숙하게 처리한다고 선전한 인물이다). [164] 이런 유형의 사례는 극히 드문 편이었지만, 이에 비해 덜 과시적인 수준에서 활동한 성직자들은 제법 있는 편이었다. 이를테면 윌리엄 로크(William Locke)가 그러했다. 도싯의 시골마을 애스커스웰(Askerswell)에서 소교구 사제(1674~1686)를 지낸 그는 두 자식의 출생일시를 점성술적으로 계산했을 뿐만 아니라 그들의 천궁도를 소교구 등록부에 옮겨 적어 두기까지 했다. [165] 책력과

---

164) 칠미드는 J. Gaffrarel, *Unheard of Curiosities*(1650)를 번역했는데, 이 책은 점성술 및 점성술적 마술에 대한 옹호를 포함한 것이었다. 카펜터에 관해서는 *D. N. B.*를 참조할 것. 앳킨슨은 전직 왕당파 군인이었고 그의 책력, *Panterpe*(1670), sigs. B7v~b8에서 그 자신을 소개하고 있다.
[역주] 에드먼드 칠미드(Edmund Chilmead: 1610~1654)는 옥스퍼드에서 신학을 공부하고 1632년에 크라이스트 처치(Christ Church)의 전속사제가 되었으나 1648년에 면직되었다. 작가/번역가이자 음악가로도 알려진 인물이다. 리처드 카펜터(Richard Carpenter: 약 1604~1670)는 로마 가톨릭 사제였다가 배교한 성직자이다. 본문에 소개된 찰스 앳킨슨(Charles Atkinson)의 연력(*annual almanac*)은 1671년에 런던 출판조합에서 처음 간행되었다.

165) Dorset R. O., Askerswell RE 1, pp. 98. 113. 이런 활동의 다른 사례들은, T. F. Thiselton-Dyer, *Old English Social Life*(1898), pp. 121~2; J. C. Cox, *The Parish Registers of England*(1910), p. 41; *The Registers of the Church of St. Mary, Dymock, 1538~1790*, I. Gray and J. E. Gethyn-Jones, eds. (Bristol and Gloucestershire Archaeological Society, 1960), p. 51; *The Yorkshire Archaeological Journal*, vol. 36(1944~1947), p. 121을 참조할 것. 17세기의 다른 성직 점성술사들이나 적극적 동조자들 중에는 다음과 같은 인사들이 포함된다. 로버트 버튼(이 책의 2권 p. 234); 윌리엄 오트레드(*A Collection of Letters*, Halliwell, ed., p. 93; Aubrey, *Brief Lives*, vol. 2, Clark, ed., pp. 105, 108; Taylor, *Mathematical Practitioners*, p. 357); 윌리엄 밀번(Taylor, *ibid.*, p. 207), 토마스 고지〔E. Calamy, *An Historical Account of My Own Life*, vol. 1, J. T. Rutt, ed. (1830), p. 181〕; 윌리엄 크래프츠(Gadbury, *Coelestis Legatus*, sig. cc2); 레스터셔 스웨틀랜드(Swethland) 소교구 사제 스미스(*ibid.*); "복음의 성직자"라는 익명의 W. G. 〔*Memento's to the*

예언력에 메모를 남긴 성직자들은 많았다.[166]

설마 성직자들의 충성심이 그토록 양분되어 있었을까 하는 의구심이 남아 있다면, 점성술사들의 상담장부들은 이를 해소할 증거를 제공한다. 그 안에는 성직자 개개인의 이름이 자주 등장하기 때문이다. 이미 15세기에 주교 피콕은 사제들도 평신도들과 다름없이 별들의 영향에 사로잡혀 있음을 지적한 적이 있다. 개드베리가 1658년에 주장한 것도 동일한 요점이었다. "성직자들이 다른 사람들에 비해 경건하기는커녕 똑같은 열정에 사로잡혀 있고 따라서 누구 못지않게 점성술로 혜택을 받을 수 있다는 것은 널리 알려진 일"이라는 것이었다.[167] 실제로 릴리의 의뢰인들 중에는 성직자들이 포함되어 있었고 그들 대다수의 주된 관심은 향후 승진문제였다. 험프리즈 박사(Dr Humphries)로 기재된 어떤 성직자는 성직록을 받게 될 것인지를 물었고, 어떤 해군종군사제는 향후 취업전망에 관해 문의했으며, 어떤 익명의 의뢰인은 "두둑한 성직록을 받는 자리에 발탁되는 것"에 관심이 있음을 솔직히 고백했다.[168] 데보라 씨(Mr. Devorax)로 기재된 또 다른 성직자는 사적인 문제를 해결하고자 릴리에게 자주 의뢰했다.[169] 그 밖에도 성직록에

---

*World*(1680)을 출판한 사람]; 윌리엄 베드웰(Lilly, *Autobiography*, pp. 59~60, 그러나 여기서는 그가 William Bedell과 혼동되고 있음).

166) 예를 들면, *The Diary of the Rev. Ralph Josselin, 1616~1683*, H. Hockliffe, ed. (Camden Series, 1908), p. 108; *Diaries and Letters of Philip Henry*, M. H. Lee, ed. (1882), pp. 319~20; Turner, *Providences*, vol. 1, p. 61.

167) R. Pecock, *The Repressor of over much blaming of the Clergy*, C. Babington, ed. (Rolls Series, 1860), vol. 2, p. 450; J. Gadbury, *The Doctrine of Nativities*(1658), vol. 2, p. 287.

168) Ashm. 184, f. 27; Ashm. 327, ff. 197v, 241v.

169) Ashm. 178, f. 205; Ashm. 420, ff. 208v, 214v; 의뢰인은 조나단 데버루(Jonathan Devereux)로 확인될 수 있을 것 같은데, 그는 1646년에 세인트 앤드류 홀번(St. Andrew Holborn) 교회에서 면직된 성직자였다[G. Hennessy,

관련된 많은 의뢰 건들이 있었다.[170] 릴리와 편지를 주고받은 고객들 중에는 시골 성직자들이 여럿 포함되어 있었는데, 그들 중 한 명인 에식스 리틀윅보로(Little Wigborough) 소교구 사제인 로버트 스테럴(Robert Sterrell)은 자신에게도 점성술을 능숙하게 익힐 기회가 있는지 계산해 줄 것을 의뢰했다.[171] 존 부커의 고객들 중에는 런던에서 활동한 2명의 성직자가 포함되어 있었는데, 올드게이트(Aldgate) 외곽에 위치한 세인트보톨프(St Botolph) 교회 부제였던 존 매커니스(John Mackerness), 그리고 듀크스플레이스(Duke's Place)에 위치한 세인트제임스(St James) 교회의 윌리엄 해리슨(William Harrison)이 그들이었다.[172] 1647년에 어떤 의뢰인은 그의 형제가 교회에 고용될지에 관해 점성술적으로 답해 줄 것을 릴리에게 요구한 일마저 있었다.[173] 이런 점을 감안해 점성술사들은 입문서들을 출판하면서 의뢰인의 성직 출세 전망을 판별하는 점성괘들을 특별히 삽입하는 경향이 있었다.[174]

독실한 평신도들도 점성술의 크나큰 매력에 빠져들었다. 제임스 1

---

*Novum Repertorium exxlesiasticum parochiale Londinense*(1898), p. 463].

170) 이를테면, Ashm. 420, ff. 166, 223v, 236; Ashm. 427, ff. 91v, 127v, 232v, 243, 269v.

171) Ashm. 423, f. 147. 또한 f. 142(노샘턴셔 그래프턴리지스 Grafton Regis 소교구 사제였다가 면직된 윌리엄 페인 Wm Paine의 사례)도 참조할 것.

172) Ashm. 180, ff. 52, 54; Ashm. 428, f. 272; Gadbury, *Collectio Geniturarum*, pp. 115~6; Hennessy, *Novum Repertorium*, p. 106.

173) Ashm. 420, f. 13.

174) 이를테면, H. Coley, *Clavis Astrologiae Elimata*(2판, 1676), pp. 225, 259; J. Middleton, *Practical Astrology*(1679), pp. 254~5; J. Partridge, *An Astrological Vade Mecum*(1679), sig. A10. 성직자들의 점성술 상담건에 대한 그 밖의 증거는 다음 문헌들에서 찾을 수 있다. Ashm. 337, f. 43; Ashm. 427, ff. 4, 197; 420, ff. 32, 85; Gadbury, *Collectio Geniturarum*, pp. 110~3, 117; Matthews, *Calamy Revised*, p. 119; A. L. Rowse, *The Elizabethan Renaissance*(1971), pp. 147~9.

세 시대의 예언력 제작자 에드워드 그레셤(Edward Gresham)은 《신학에서 안식일의 역할과 위상》을 저술한 독실한 신학자이기도 했다.[175] 17세기 후반에 라이(Rye)의 비국교도들을 대표한 새뮤얼 지크 부자(父子)도 모두 개업점성술사였다.[176] 의회군 사령관의 부친인 토마스 미들턴이 리처드 네이피어를 고용해 점성술적 상형메달을 제작토록 의뢰했을 때, 그는 그 의뢰의 정당성에 대해 전혀 거리낌이 없었다.[177] 그러나 양심의 가책을 느낀 의뢰인들도 있었다. 부커를 찾은 어떤 의뢰인은 크리스토퍼 헤이든 경의 《판별점성술 옹호론》을 읽고 나서야 비로소 상담하기로 결정했노라고 전했다. 릴리를 찾은 또 다른 의뢰인은 점성술이 하나님 말씀에 부합한다는 것을 확신하고 나서야 점성술을 배울 마음이 생겼다고 말했다.[178] 제임스 1세 시대에 어

175) Gresham, *A Prognostication for this yeare of our Lord, 1607*(1606), sig. B2v.

176) T. W. W. Smart, "A Bibliographical Sketch of Samuel Jeake, Snr, of Rye", *Sussex Archaeological Collections*, vol. 13(1861).
[역주] 아버지 새뮤얼 지크(Samuel Jeake: 1623~1690)는 라이(Rye)의 공무원(서기)을 10년간 지냈으나 비국교회 성향의 설교와 점성술 활동으로 해직되었고, 찰스 2세에게 소환된 자리에서 국왕의 위법성을 지적했으나 별 처벌 없이 풀려났다고 한다. 이후 런던에 잠시 도피했다가 1687년에 라이로 돌아와 생을 마감했다. 아들 새뮤얼 지크(Samuel Jeake: 1652~1699)는 상인이었고 방대한 일기를 남긴 인물이다. 아버지의 영향으로 점성술에 입문해 개업점성술사이자 수학자로서도 활동했다. 부자 모두 퓨리턴 대의를 좇아 라이의 비국교회 정서를 이끌었다고 한다.

177) 그의 아들은 네이피어의 질녀를 두 번째 부인으로 맞이했다.
[역주] 토마스 미들턴(1550~164(3)1)은 이 책의 9장 역주 86에서 소개된 인물이다. 그의 아들 역시 토마스 미들턴(Sir Thomas Myddelton of Chirk Castle: 1586~1666)으로, 그는 10장 역주 199에서 소개되었다. 그가 두 번째로 결혼한 메리(Mary Napier)라는 여인은 로버트 네이피어 경의 딸이자 점성술사 리처드 네이피어(1559~1634)의 여동생이었다. 저자가 질녀(*niece*)라고 소개한 것은 착각으로 보인다.

떤 점성술사는 다음과 같이 말했다.

> 많은 사람들이 도난당한 은수저나 반지나 보석, 혹은 실종된 가축 등에 관해 조언을 들으려고 상당한 돈이나 선물을 제공하면서(우리가 그들의 의뢰를 달가워하지 않는 것으로 보이면) 우리 조언을 비밀로 간직하겠다고 다짐한다. 그렇게 함으로써 그들은 우리 조언을 사악한 일로 생각하고 있음을 실토하는 셈인데, 그렇지 않다면 왜 조언이 비밀로 유지되어야 한단 말인가?[179]

이와 같이 다소 방어적인 어조는 당시 점성술 문헌들 곳곳에서 읽을 수 있다. 대체로 책력들은 서론에서 점성술을 정당화하고 성직자 논적들의 비난을 반박하는 경향이 있었다.

그러나 이 같은 망설임은 쉽게 극복되곤 했다. 심지어 점성술사들은 보수를 정당화할 신학적 논거조차 갖추고 있었다. 점성술사 존 복스는 1633년 교회고등법원에 소환되었을 때 성경의 일화를 상기시켰다. 사무엘이 사울 아버지의 잃어버린 당나귀들에 관해 알려주었을 때 사울은 그 서비스 대가로 4분의 1 셰켈은화를 미리 준비하고 있었지 않았느냐는 것이었다. 조셉 블래그레이브도 도난당한 포목을 추적한 혐의로 그를 기소하려 한 레딩의 성직자와 언쟁을 벌이면서 동일한 일화를 인용했다. 그가 고소해하면서 전하듯이, 그러자 그 성직자는 "잠시 뜸을 들이더니 사무엘이 비난받아 마땅하다고 말했다"고 한다.[180]

---

178) Ashm. 225, f. 281; Ashm. 423, f. 178.

179) *Pond. 1609*, sig. C6v.

180) 사무엘상 9장 8절; *Durham High Commission*, pp. 34~42; Blagrave, *Blagraves Astrological Practice of Physick*, p. 163. 동일한 논거를 사용한 사른 사례에 관해서는, Franworth, *Witchcraft Cast Out*, pp. 6~7; Lilly, *Englands Propheticall Merline*(1644), sig. b2; Butler, *The Most Sacred and Divine Science of Astrology*, vol. 1, p. 48을 참조할 것.

점성술과 종교를 함께 추종한 많은 신봉자들의 마음에서 양자가 얼마나 절망적으로 혼동되고 있었는지를 일목요연하게 요약해 줄 묘안은 없다. 그런 혼동의 복잡성은 익명의 의뢰인이 존 부커에게 보낸 편지에서 잘 예시된다. 그가 부커에게서 답을 얻으려 한 일련의 질문들은 대체로 전형적인 것들이었다. 자신과 아내 중 누가 먼저 죽을 것인가? 아내와의 사이에서 자식을 얻게 될 것인가? 바베이도스 식민화 개척에 투자한 그의 투자액이 불어날 것인가? 하지만 그는 매우 이례적인 질문을 추신으로 덧붙였다.

> 비록 별들은 사람들에 대해 (선인뿐만 아니라 악인에 대해서도) 많은 엇갈린 영향과 운명을 아주 뚜렷이 보여주고 있지만, 제가 묻고자 하는 것은 둘 중에서도 특히 선인들, 즉 현실적으로 은총을 입고 스스로를 하나님의 선택된 자식으로 여기는 사람에게는 드문 일이 아닐까 하는 것입니다만, 제가 묻건대 별들은 그런 선인들 모두에게 영향을 미치지 못하는 것인가요 아니면 대다수에게만 영향을 미치지 못하는 것인가요? 181)

문장배열이 문법적으로 혼란스럽기는 하지만 이 뒤엉킨 문장 배후에 있는 사고는 아주 명료하다. 별들이 거듭나지 못한 자들의 운명을 지배할 수는 있어도 독실한 신자는 그 영향을 받지 않을 것이 확실하다는 것이었다.

이 점에서 이교적 점성술과 기독교 신앙은 경쟁적인 두 신조체계로 유지되었던 것이 아니라 많은 접점들을 가지고 있었던 것으로 볼 수 있다. 대체로 점성술사들과 의뢰인들은 지나친 자기반성 없이도 점성술과 그들의 종교를 조화롭게 병행하도록 허용해 주는 일종의 타협점에 도달할 수 있음을 인지하고 있었다. 반면에 목회자들은 점성술이

181) Ashm. 225, f. 323.

성행하다 보면(요일 이름들과 월 이름들에서 그 기억이 유지되는) 고전고대의 행성 신들이 기독교 하나님을 대체하게 될지도 모른다는 점을 우려했다. 그들은 점성술이 과학 아닌 종교로 출발했다는 점, 아울러 성경이 별 숭배를 경고했다는 점을 떠올렸다. 천체들은 영속적이고 편재할 뿐만 아니라 떠도는 소문으로는 전능하기까지 했다. 그러니 별들에 대한 명상이 일종의 신비한 교감으로 바뀔 수도 있지 않을까? 4세기 이단자 프리스킬리아누스 추종자들은 별들을 신성한 존재로 숭배하지 않았던가?[182] 엘리자베스 치세기의 유희문화를 가혹하게 비판한 퓨리턴 비판자 필립 스터브스는 모든 사람들이 두려워한 위험을 대변해 다음과 같이 물었다.

> 태양, 달, 별들, 궁들과 행성들이 … 그들 마음 내키는 대로 좋은 일과 나쁜 일, 축복과 저주, 착실한 성공과 사악한 성공, 실로 생명과 죽음을 제공한다는 것 … 그래서 그들이 뭐든 가리지 않고 만물, 심지어 인간의 육체와 영혼마저 지배하고 다스리고 안배한다는 것을 들을 때 … 이런 말을 듣고 누가 … 하나님을 등지고 인간에게 그런 축복을 내리는 피조물들을 숭배하지 않겠는가? … 정말로 행성들과 별들이 그런 결과를 일으킬 수 있다면 그들이 신들로 찬미되고 숭배되지 못할 이유가 뭐겠는가?[183]

---

182) [역주] 프리스킬리아누스(Priscillian, 혹은 Priscillianus: 385년 죽음)는 로마 시대에 이베리아 반도에서 태어나 기독교 역사상 처음 이단으로 처형된 인물이다. 그는 아빌라(Ávila) 주교를 지냈고 금욕과 하나님과의 직접적인 영적 교류에 기초한 기독교(이단) 신학을 정립했으며 그를 추종하는 무리는 6세기까지 이베리아 반도를 거점으로 유지되었다. 로마 황제 막시무스의 명으로 385년 독일 트리에르에서 6명의 추종자와 함께 화형당했다.

183) P. Stubbes, *Anatomy of Abuses*, F. J. Furnivall, ed. (New Shakespeare Society, 1877~1882), vol. 2, pp. 58, 61. 별 숭배를 두려워한 다른 사례들은, *The Works of Roger Hutchinson*, J. Bruce, ed. (Cambridge, P. S., 1842), p. 78; J. Swan, *Speculum Mundi* (Cambridge, 1635), pp. 312~4; J. Swan,

이런 위험은 물론 망상에 불과했다. 거물급 점성술사들 중 누구도 무신론자나 별 숭배자였던 것 같지는 않다. 그들은 로마가톨릭교로부터 퀘이커교에 이르는 각양각색의 종파적 의견을 반영하면서, 자신들의 점성술이 자신들의 종교와 조화를 이룰 수 있다는 것, 나아가 별들은 하나님 의지의 도구에 불과하다는 것을 한목소리로 주장했다. 그럼에도 민간수준에서는 점성술과 종교 간의 균형이 간혹 전복될 때도 있었다. 초창기에 기독교는 태양종교로 오해되곤 했기 때문에 앵글로색슨 왕들로서는 별 숭배를 금하는 법을 제정하지 않을 수 없었다.[184] 행성들에 신들이 거주한다는 이교세계의 전승도 중세 회화에서 여전히 유지되었다. 잉글랜드의 수많은 교회들을 장식한 황도 12궁은 민간의 종교적 태도를 형성하는 데 도움을 주었을 것이다. 심지어 의회군 우상파괴자 윌리엄 다우징이 1643～1644년에 서퍽의 여러 교회를 방문했을 때에도 태양과 달〔日月聖神〕을 표현한 많은 그림들을 찾아낼 수 있었다.[185] 교회 자체가 떠오르는 태양을 마주보고 세워지지

---

*Signa Coeli* (1652), p. 6; *The Works of Mr John Weemse*, vol. 2, (1636), pp. 70～2; Burgess, *CXLV Expository Sermons*, p. 396을 참조할 것.

184) H. Chadwick, *The Early Church* (Harmondsworth, 1967), pp. 126～7; G. Storms, *Anglo-Saxon Magic* (The Hague, 1948), vol. 1, pp. 6～7.

185) *The Journal of William Dowsing*, C. H. Evelyn White, ed. (Ipswich, 1885), pp. 16, 25. J. Seznec, *The Survival of the Pagan Gods*, B. F. Sessions, trans. (New York, 1961) 에 인용된 거의 모든 별 그림 사례들은 이탈리아 것들이다. 잉글랜드 사례들에 대해서는, 이를테면 *Archaeological Journal*, vol. 2 (1846), p. 89, vol. 34 (1877), p. 274; vol. 45 (1888), pp. 112, 421; vol. 47 (1890), p. 224; J. Fowler in *Archaeologia*, vol. 44 (1873); *Archdeacon Harpsfield's Visitation, 1557*, L. E. Whatmore, ed. (Catholic Record Society, 1950～1951), vol. 1, p. 173을 참조할 것.

[역주] 윌리엄 다우징 (William Dowsing: 1596～1668) 은 서퍽 출신의 의회군 장교로 내란기에 우상파괴자 (*iconoclast*) 로 활동한 인물이다. 의회군 총사령관 맨체스터 백작은 1643년에 그를 "우상숭배와 미신에 사용되는 성상들의 파괴를

않았던가. 캠던이 기록한 바에 따르면 "야만적인 아일랜드인들"은 초승달을 향해 무릎 꿇고 주기도문을 암송했다.186) 달이 곡물과 인체생리에 영향을 미친다는 생각을 잉글랜드 서민들이 쉽게 받아들인 것은, 베이컨이 지적한 것처럼 "그런 생각이 천체들에 대한 그들의 경외심을 틈타 사람들의 마음에 쉽게 진입하기" 때문이었다.187) 17세기에 사람들이 "저기 달님이 떴네요, 신이시여 그녀에게 은총을 베푸소서!"라고 말하면서 초승달에 경의를 표하는 것은 여전히 흔한 일이었다. 존 오브리에 따르면 요크셔 주민들은 맨 무릎으로 초승달에 경배했다고 한다. 달을 보면서 양손을 비비는 것이 사마귀 치료에 좋다고 배운 시골사람들은 당연히 달에게 초자연적 권능을 부여했을 것이다. 산모의 순산감사의례에 이용된 찬송가는 태양과 달의 악영향으로부터의 보호를 비는 간원이었다.188)

이런 관행이 사람들의 근본 신조에 얼마나 깊은 영향을 미쳤는지 정확하게 가늠하기는 힘들다. 15세기에 활동한 《부자와 빈민》의 저

---

위임받은 자"로 임명했고, 그는 1643~1644년 사이에 서퍽과 케임브리지셔에서 250개가 넘는 교회를 일일이 방문해 모든 성상들을 파괴했다.

186) [역주] 윌리엄 캠던(William Camden: 1551~1623)은 런던 출신으로 옥스퍼드에서 수학하면서 필립 시드니의 영향으로 고물연구와 역사학에 관심을 가지게 되었고 졸업장 없이 런던으로 귀향해서는 웨스트민스터 학교의 임시교사(*Usher*)로 일하면서 방학을 이용해 여행과 고물연구에 심혈을 쏟았다. 그 결과물이 방대한 *Britannia*(1586)이었는데, 그것은 브리튼 전역과 아일랜드에 대한 지형학적·역사학적 조사연구 성과를 담은 역사지리지였다.

187) *Camden's Britannia*, E. Gibson, ed.(1965), col. 1046; Bacon, *Works*, vol. 5, p. 448.

188) Swan, *Signa Coeli*, p. 8; Sir K. Digby, *A Late Discourse … touching the Cure of Wounds*, R. White, trans.(1658), p. 43; Aubrey, *Gentilisme*, pp. 36~7, 83; T. Harley, *Moon Lore*(1885); 이 책의 1권 pp. 135~6. 달을 향한 기도에 기초한 엘리자베스 시대의 주문은 B. M., Lansdowne MS 96, f. 104에서 구할 수 있다.

자는 "오늘날 사람들은 태양이며 달이며 별들을 숭배한다"라고 불평했는데, 1453년 하트퍼드셔의 스탠든(Standon)에서 푸주한 한 명과 노동자 한 명이 태양과 달 외에는 신이 없다고 주장한 혐의로 공식 기소된 것을 보면, 그의 불평은 옳았던 것 같다.[189] 토마스 모어 경이 《유토피아》에서는 "혹자는 하나님 대신 태양을, 혹자는 달을, 혹자는 행성들을 숭배한다"고 적으면서 염두에 두었던 것은 그의 조국 잉글랜드였을 수 있다. 17세기 중반에 키더민스터(Kidderminster) 소교구로 부임한 리처드 백스터는 일부 신도들이 "그리스도는 태양이요 … 성령은 달이라고 생각할" 만큼 무지하다는 것을 알았다.[190] 1641년 런던에서는 "새턴숭배자들"과 "주노숭배자들"이 행성 신들을 숭배하는 것으로 보고되었다.[191] 1648년에 어떤 주당(酒黨) 모임은 "7행성들을 위해" 건배를 외친 것으로 보고되었다. 3년 후 어떤 점성술 저자는 일부 동시대인들이 별들에 신성한 권능을 부여함으로써 별들을 "〔하나님의〕 제 1원인에 의해 작동되는 도구들로서가 아니라 신들로서 존중한다"는 것을 인정했다.[192] 다른 두 사례를 추가하면 더욱 일반

189) *Dives and Pauper*, f. 29; Thomson, *Later Lollards*, p. 67. 여기서 톰슨은 그렇게 말한 자가 술에 취한 상태였을 것이라는 고(故) 맥퍼린의 특유한 추정〔K. B. Mcfarlane, *John Wycliffe and the Beginnings of English Non-conformity* (1952), p. 185〕를 반박하는 것으로 보인다.

190) Sir T. More, Utopia(Everyman 판, 1951), p. 117; G. F. Nuttall, Richard Baxter(1965), p. 46.

191) [역주] 1641년 런던에서 간행된 한 보고서는 29개 신흥종파들을 보고했는데, "새턴숭배자들"(*Saturnians*: 토성의 신을 섬기는 자들)과 "주노숭배자들"(*Junonians*: 주피터의 아내로 목성에 거주하는 여신을 섬기는 자들)은 흥미롭게도, Protestants, Puritans, Papists, Brownists, Calvinists, Lutherans, Family of love, Mahometans, Adamites, Brightanists, Armenians, Sosinians, Thessalonians, Anabaptists, Separatists, Chaldaeans, Electrians, Donatists, Persians, Antinomeans, Assyrians, Macedonians, Heathens, Panonians, Bacchanalians, Damassians, The Brotherhood 등과 함께 열거됐다.

적인 현상은 어떠했을지를 어렴풋이나마 조명할 수 있을 것이다. 하나의 사례는 1653년 솔즈베리에서 주술 죄로 처형된 앤 보드넘이다. 한때 점성술사 존 램의 하녀였던 그녀는 장기간 민간마술사로 활동하면서 "거물 릴리는 물론 어느 누구보다도 많은 것"을 실행할 수 있다고 주장했다. 주목할 것은 그녀가 경련성 발작을 일으킨 어떤 하녀를 치료하면서 노골적인 이교 요법을 권한 대목이다. 그녀는 "모든 행성들 중 가장 뛰어나고 가장 큰 행운을 주는 행성"인 목성에게 빌 것을 권유했던 것이다.[193] 더욱 충격적인 또 하나의 사례는 1656년에 윌트셔 순회법원에 계출된 사건이다. 윌리엄 본드(William Bond)라는 라콕(Lacock)의 직조공은 무신론과 신성모독으로 기소되었는데 특히 다음과 같이 공개적으로 주장한 것이 문제가 되었다. "행성들을 다스리는 하나님이나 권능은 존재하지 않으니, 우리 위에서 빛나는 것은 태양이지 그리스도가 아니다"라는 것이요, "〔이스라엘 민족의〕 12시조는 바로 12하우스"라는 것이었다. 이런 주장은 제멋대로 해석된 점성술이었다. 또 얼마나 많은 윌리엄 본드의 동시대인들이 비슷한 견해를 가지고 있었을지 알지 못하는 것이 안타까울 따름이다.[194]

---

192) *A Discovery of 29. Sects here in London*(1641), p. 7; *Strange Predictions related at Catericke in the North of England*(1648), p. 1; H. Warren, *Magick and Astrology vindicated*(1651), p. 27.

193) E. Bower, *Doctor Lamb revived*(1653), pp. 8, 21.

194) H. M. C., Various Collections, vol. 1, pp. 132~3. 이 책의 1권 pp. 362~4도 참조할 것. 일부 점성술사들은 행성에 거주하는 천사를 신봉했음이 분명하며(일례로 Ashm. 423, f. 218), 점성술에 심취한 샤프츠버리 1대 백작은 "우리 사후에 우리의 영혼은 별에서 살게 된다는 환상"을 가지고 있었다〔*Bishop Burnet's History of his own Time*(Oxford, 1823), vol. 1, p. 164〕.

제4부

# 과거에 기대기

제 13 장

# 옛 예언들

그는 수시로 내 성질을 돋운다네,
두더지와 개미에 관한 이야기로,
몽환술사 멀린과 그의 예언들에 관한 이야기로,
용(龍)과 지느러미 없는 물고기에 관한,
날개 접힌 그리핀[독수리 머리에 사자 몸을 가진 괴물]과 녹여 만든 까마귀에 관한,
웅츠린 사자와 달려드는 고양이에 관한,
이런 얼토당토않은 많은 이야깃거리로
내 믿음을 흔들어 놓는단 말이네.
– 셰익스피어, 《헨리 4세》, 1장 (Shakespeare, *Henry IV*, Part 1)

---

* 참고문헌 해제: R. Taylor, *The Political Prophecy in England* (New York, 1911) 는 성격상 개론적이고 문학적인 면이 있지만 선구적인 연구이다. 이 연구서는 "예언들이 직접 영향을 미친 개별사례들을 일일이 찾아내는 것은 힘들다"는 이유로 예언의 사회적 기능에는 큰 관심을 보이지 않았고, 이 점에서 지나치게 비관적이었다. 그 밖의 유용한 논의들로는, Kittredge, Witchcraft, 14장; J. Webb, in *Archaeologia*, vol. 20 (1824), pp. 250∼71 (이상은 중세 후반의 예언들에 관한 연구); M. H. Dodds, "Political Prophecies in the Reign of Henry Ⅷ", *Modern Language Review*, vol. 11 (1916); G. R. Elton, *Policy and Police* (Cambridge, 1972), 2장; C. W. Previté-Orton, "An Elizabethan Prophecy", *History*, vol. 2 (1918) 등을 참조할 것. 중세에 집중한 연구로는 M. E. Griffiths, *Early Vaticination in Welsh with English Parallels*, T. G. Jones, ed. (Cardiff, 1937) 가 있다. J. J. I. Döllinger, *Prophecies and the Prophetic Spirit in the Christian Era*, A. Plummer, trans. (1873) 도 거의 대부분을 중세에 할애해 중세 유럽의 예언들에 대한 귀중한 입문서라 할 수 있다.

## 1. 장르

앞서 검토했듯이 동시대인들은 다양한 방법들을 동원해 미래를 예지하는 것이 가능하다고 생각했다. 하지만 옛 예언은 지금까지 논의된 방법들과 달랐다. 그것은 직설적 예언이 아니라 불가해할 만큼 모호하고 중의적인 산문이나 운문의 형식을 취했으며, 마술적으로든 종교적으로든 명료하게 정의된 토대에 기반을 두지 않았다. 꼭 그런 것은 아니었지만 대체로, 옛 예언은 특정 역사적 인물이나 신화적 인물이 남긴 작품으로 간주되었다. 그것은 늘 오래된 것으로, 때로는 태곳적(太古的)인 것으로 믿어졌다. 이런 종류의 예언은 16세기 훨씬 이전부터 퍼져 있었지만 그 역사가 너무 복잡하게 얽혀 있어 어느 인문학자도 완벽하게 풀어내지 못한 채 남아 있다.

가장 흔한 유형은 정교한 동물 상징을 사용한 것으로, 《계시록》에 나오는 독수리와 용의 형식을 취한 것이 특히 많았다. 몬머스의 제프리가 12세기에 서술한 《브리튼 국왕들의 역사》는 이런 장르의 원형이자 원천으로, 이 책에 수록된 멀린의 예언들은 백룡, 적룡, 콘월의 멧돼지, 사악한 당나귀 같은 비유형상들을 사용한 바 있었다.[1] 그 이후

---

N. Cohn, *The Pursuit of the Millennium* (1962년 판) 은 민간 메시아사상에 대한 뛰어난 분석이다. H. Rusche, "Prophecies and Propaganda, 1641 to 1651", *E. H. R.*, vol. 84 (1969) 는 필자가 이 장을 서술한 후에 출간되었다. 여러 필사본 컬렉션들에 예언들이 남아 있다. 주요 장르들에 대한 유용한 안내역으로는 H. L. D. Ward, *Catalogue of Romances in the Department of Manuscripts in the British Museum*, vol. 1 (1883), 특히 pp. 292~338, 그리고 Murray, *Erceldoune*에 붙인 서문이 있다.

1) [역주] 몬머스의 제프리(Geoffrey of Monmouth)는 라틴어로 "Galfridus Monemutensis", 웨일스어로는 "Gruffudd ap Arthur"로 불린다. 형용사로 'Galfridian'이 자주 사용되는 것은 바로 이런 이유 때문이다. 그는 웨일스 출신으로 약 1100년부터 1155년까지 성직자이자 역사서술가로 활동했고 아서왕

로 이런 동물들은 각기 특정 지역이나 특정 가문이나 특정 개인에 대한 상징적 비유로 간주되었다. 따라서 제프리 유형의 예언들은 애매하고 다양한 해석이 가능했다. 그것은 마치 토템신앙처럼 문장(紋章)이 가문이나 개인과 동일시된 봉건사회에 특히 잘 어울리도록 고안된 예언 유형이기도 했다. 때로 주석가들은 이런 예언들을 상세하게 해석한 안내서들을 편찬하면서 동시대인들 중 누가 이런 신화적 동물들과 동일시될 수 있는지를 암시하곤 했다.[2] 엘리자베스 시대의 어떤 저자는 "독수리와 사냥개, 고양이와 쥐, 개와 돼지, 까마귀와 활, 돌과 유골, 시골 족제비와 지렁이, 징 박은 구두와 한여름 밤의 달"에 관해 이야기하는 것을 비웃기도 했지만,[3] 제프리 유형의 예언들은 해석의 여지가 풍부했을 뿐만 아니라 군주들과 귀족들도 이 유형의 동물 문장들을 즐겨 사용했기 때문에 동시대 사건들에 부합하는 예언들로 그럴듯하게 받아들여질 수 있었다.

또 하나의 유형은 "그림 예언"이었다 — 이것은 왕, 사제, 문장용 상징 같은 주제를 색색으로 묘사한 두루마리 또는 그림이었다. 물론, 그림으로 이야기를 전하는 이 원시적인 방법과 유사해 보이는 것은

---

전설을 널리 퍼트린 《브리튼 왕들의 역사》(*Historia Regum Britanniae*)로 유명하다. 이 책에는 아서왕 시대의 웨일스 무속인 멀린(Merlin) — 웨일스어로 Myrddin — 의 것으로 주장된 예언들이 다수 수록되었다.

2) 귀감 사례는 Bodl., MS Arch. Selden B 8, ff. 266v~7v에서 구할 수 있다. Cheshire R. O., DDX 123, f. 23; B. M., Lansdowne MS 122, f. 60v; *Sundry Strange Prophecies* (1652), pp. 15~6에서도 다른 사례들을 찾을 수 있다.

3) J. H(arvey), *A Discoursive Probleme Concerning Prophecies* (1588), p. 62. [역주] 본문은 'eagles and beagles', 'cats and rats', 'country hobs and lobs', 'clouted shoon and midsummer moon' 등으로 구성되는데, 이는 운율을 맞추기 위한 수사일 뿐 특별한 의미를 전달하기 위한 것으로 보이지는 않는다. 또한 밀턴의 용례에서 '징 박은 구두'(*clouted shoon*)는 가죽조각을 이어붙인 구두로 해석되기도 한다.

르네상스 시대에 널리 읽힌, 특히 잉글랜드에서는 프랜시스 쿼를즈와 조지 위더를 통해 인기를 누린 문장(紋章) 서적들에도 들어 있었다.[4] 그렇지만 그림 예언은 문장에 비해 훨씬 난해했을 뿐만 아니라 주석된 글귀를 수반하지도 않았다. 예언용 그림들은 문장용 상징들처럼 문맹자를 향한 효과적 전달수단이었고 똑같이 주관적 해석의 여지를 제공했다.

세 번째 유형의 예언, 즉 철자조합이나 숫자조합에 기초한 예언도 운문이나 그림 예언처럼 애매한 게 특징이다. 유명한 사례로는 다음과 같은 압운(押韻)이 있었다.

> 헴페가 지쳐 스러질 때
> 잉글랜드는 끝나리라

여기서 '헴페'(Hempe)는 튜더 왕가 군주 이름들의 첫 철자, 즉 헨리의 H, 에드워드의 E, 메리와 필립의 M과 P, 엘리자베스의 E를 합친 것으로 간주되었다. 베이컨에 따르면, 이 예언을 어린 시절에 처음 들었을 때에는 엘리자베스 사후에 어떤 재앙이 뒤따를 것이라는 의미로 받아들였다고 한다. 하지만 정작 여왕이 죽고 나서는 왕국 이름이 잉글랜드에서 브리튼으로 바뀔 것이라는 사실을 예고했던 것이라고 추정되었다.[5]

---

4) [역주] 프랜시스 쿼를즈(Francis Quarles: 1592~1644)는 에식스 출신으로 케임브리지와 링컨스인 법학원에서 수학한 후 왕실 문장관 조수를 지냈고 해외를 떠돌다가 1633년에 귀국해 '문장학'에 관한 저서(1635)를 출판했다. 시인으로도 유명하다. 조지 위더(George Wither: 1588~1667)는 햄프셔 출신으로 옥스퍼드에서 수학한 후 궁정과 유력인사의 가신으로 시인이자 풍자작가로 활동했다. 그는 고대와 현대의 문장들을 집대성한 *A Collection of Emblemes, Ancient and Moderne*(1635)를 출판한 문장학자이기도 했다.

튜더 시대와 스튜어트 시대 잉글랜드에 남아 있던 모든 예언들, 아니 오늘날까지 필사본으로 유지되는 예언들만이라도 충실히 목록화한다는 것은 여간 힘든 일이 아닐 것이다. 그 수효는 수백에 육박할 것이 확실하고, 내용이나 순서가 조금씩 바뀐 지역적인 변형들을 더하면 무수히 늘어날 것이기 때문이다. 예언들 중에는 옛 건물, 특히 수도원 폐허에서 우연히 발견되었다고 밝혀 중세의 직계임을 내세운 것들이 아주 많았다. 이를테면 《노퍽의 세인트 베닛(St. Benet) 수도원에서 최근에 발견된 예언》이 있었는가 하면[6] 서머싯의 카르투지오 수도원 담장에서 석공에 의해 발견된 예언도 있었다.[7] 그 밖에도 "사이언(Syon) 수도원 밀실 안에서" 발견된 것,[8] "폰티프랙트(Pontefract) 성내(城內)의 어떤 필사본에서" 발견된 것,[9] "제단들을 파괴한 국왕 에드워드 6세 때 서퍽의 어떤 제단 내부에서" 발견된 것,[10] "켄트의 포크스톤(Folkestone)에 있는 어떤 놋쇠판에서" 발견된 것,[11] "세인트 에드먼즈베리(St. Edmundsbury)에 사는 어떤 평범한 주민의

---

5) Bacon, *Works*, vol. 6, p. 464; *Collections of Ancient Scottish Prophecies* (Bannatyne Club, Edinburgh, 1883), p. 63. 이 대구의 다른 변형들 및 해석들에 관해서는, Sir J. Harington, *A Tract on the Succession to the Crown* (A. D. 1602), C. R. Markham, ed. (Roxburghe Club, 1880), p. 17; Ashm. 221, f. 312; T. Heywood, *The Life of Merlin* (1641: 1813년 판), p. 282; W. Lilly, *A Prophecy of the White King* (1644); Harvey, *op. cit.*, p. 60.

6) 이 문건은 *Ignatius his Prophecie* (1642)로 인쇄되었다. *Mercurius Propheticus* (1643); Ashm. 242, f. 123; Ashm. 47, f. 40; Ashm. 423, f. 265; *C. S. P. D., 1625~49*, p. 662; *H. M. C., 10th Report*, appendix, pt iv, p. 23에도 그 사본이 수록되어 있다.

7) Lilly, *A Prophecy of the White King*, pp. 29 이하.

8) Bodl., MS Arch. Selden B 8, f. 268.

9) *Merlin Revi'd* (1681?).

10) Bodl., MS Arch. Selden B 8, f. 272.

11) *C. S. P. D., 1667*, p. 349.

놋쇠항아리 바닥에서” 발견된 것,12) “수도원 해산 후 에식스의 할로우(Harlow)에 있는 어떤 양복점에 방치된 위클리프 작품들에 섞여 있던 어떤 책에서 베낀” 것,13) “콘월의 세인트 마이클즈 마운트(St. Michael's Mount) 돌섬에 있는 어떤 바위에 놓인 낡은 양피지에 기록된” 것14) 등이 있었다. 1681년에는 브리지워터 근교의 옛 수도원에서 3~40점에 달하는 “옛 예언들”이 최근 발견되었다는 소문이 나돌았다.15) 이처럼 상투적인 예언계보(豫言系譜)는 옛 가톨릭 수도사들이 프로테스탄트 후배들에게는 없는 특별하고 신비한 능력을 발휘했다는, 당시에 널리 퍼져 있던 믿음을 반영한 것이었다.16)

당시 유행한 또 하나의 수법은 특정 가문이나 개인에게 오래전에 전해진 예언을 이제야 최초로 널리 공개한다고 주장하는 것이었다. 이 유형에 속하는 것으로는 《포위스(Powis) 가문에 60년간 보관되어온 어떤 필사본에 수록된 예언》, 《허더스필드(Huddersfield) 소교구 사제 스미스 씨가 40년간 보관해온 연로(年老) 오트웰 빈스(Otwell Binns)의 예언》, “윌리엄 웨이드 경이17) 런던탑에서 빼돌려 자택 벽에 구멍을 뚫고 밀봉해 두었으나 그가 죽은 후에 발굴된 옛 서류” 등이 있었다.18)

---

12) Ashm. 423, f. 241.

13) B. M., Lansdowne MS 122, f. 31.

14) Ward, *Catalogue of Romances*, vol. 1, p. 316.

15) Bodl., Wood MS F 39, f. 354.

16) 이 책의 2권 pp. 191~3을 참조할 것.

17) [역주] 윌리엄 웨이드 경(Sir William Wade, 혹은 Waad: 1546~1623)은 런던 출신으로 그레이스인 법학원에 잠시 수학했고 유럽 대륙 각지에서 첩보원 내지 외교관으로 활동했다. 그 공로로 1603년에는 제임스 1세에게 기사작위를 받았고 국내에서는 각종 반역음모사건을 해결하는 데 탁월한 능력을 발휘했다. 화약음모사건을 밝혀낼 당시 그는 런던탑 감옥의 부소장(*Lieutenant*)이었다. 하원의원으로도 활동했다.

그렇지만 가장 빈번한 것은, 예언이란 누구도 그 진정한 신원을 부정하기 힘든 역사적 개인의 작품이라고 주장한 사례였다. 이런 예언들을 창조한 인물들, 혹은 그들의 진본 작품들로부터 '예언들'이 발췌된 인물들 중에는, 비드,[19] 길다스,[20] 대주교 멜리투스,[21] 참회왕 에드워드,[22] 헨리 2세,[23] 베케트,[24] 기랄두스 캄브렌시스,[25] 탁발수도사 베이컨,[26] 초서,[27] 사보나롤라,[28] 이그나티우스 로욜라,[29] 제임스 1세,[30] 월터 롤리 경,[31] 대주교 어셔[32] 등이 포함된다.[33] 반

---

18) Broadside, 출판연도 미상(1685?); *Six Strange Prophesies*(1642), sig. A4; *Ballards from Manuscripts*, F. J. Furnivall, ed. (Ballard Society, 1868~72), vol. 1, p. 319.

19) Murray, *Erceldoune*, appendix ii.

20) *Collection of Ancient Scottish Prophecies*, pp. 42~4; Griffiths, *Early Vaticination in Welsh*, p. 198.

21) *C. S. P. D., 1629~31*, p. 149.

22) 그가 임종시에 꾼 꿈(*Vita Aedwardi Regis*, F. Barlow, ed. [1962], pp. 75~6)에 대한 이후의 해석들에 관해서는, M. Bloch in *Analecta Bollandiana*, vol. 41(1923), pp. 35~8을 참조할 것.

23) *The Mirror of Magistrates*, L. B. Campbell, ed. (New York, 1960), p. 448.

24) P. A. Brown, *The Development of the Legend of Thomas Becket*(Philadelphia, 1930), pp. 225~37은 상세한 해설을 제공한다.

25) *H. M. C.*, *Pepys*, p. 87; 이 책의 2권 p. 448~450.

26) 그는 웨일스어로 예언했다고 믿어졌다. T. Pugh, *British and Out-landish Prophecies*(1658), p. 42.

27) *Doomes-day*(1647), p. 3; 이 책의 2권 pp. 437~41.

28) *A Brief Description of the Future History of Europe*(1650), p. 18.

29) 이 책의 2권 p. 433, n. 7.

30) *King James his Divine Prophecie of the Warres and Distractions of the Present and Future Times*(1645).

31) *All is not Gold that Glisters*(1651). 또한 T. N. Brushfield, *A Bibliography of Sir Walter Ralegh*(2판, Exeter, 1908), p. 166도 참조할 것.

32) *Strange and Remarkable Prophesies and Predictions of … James Ussher*(1678);

면에 거의 신원미상에 가까운 인물들도 있었다. "링컨셔에 있는 한 도시의 순회판사"였다는 트러스웰(Mr. Truswell),[34] 더비셔의 재단사였다는 고스너의 디킨(Dickin of Gosner),[35] "2백 년 전에 웰린(Wellin) 소교구 사제"였다는 험프리 틴들(Humphrey Tindall),[36] 에드워드 6세 때 태어났을 것으로 추정되고 19세기까지 꾸준히 인기를 누린 체셔 지역 예언서의 저자 로버트 닉슨(Robert Nixon)[37] 등이 그러

---

*The Prophecy of Bishop Usher*(1687). 여러 차례 중간된 판본들도 참조할 것.

33) [역주] 성 비드(St. Bede: 672/73~735)와 성 길다스(St. Gildas: 약 500~570)는 앵글로색슨 시대를 대표하는 신학자/성직자였다. 멜리투스(Mellitus: 624년 죽음)는 교황 그레고리우스가 앵글로색슨의 개종을 위해서 파견한 성직자로, 초대 런던 주교와 제 3대 캔터베리 대주교를 지냈다. 참회왕 에드워드(Edward the Confessor, St.: 약 1002~1066)은 1042년부터, 헨리 2세(Henry II: 1133~1189)는 1154년부터 잉글랜드를 통치했다. 베케트는 이 책 9장 역주 96을 참조할 것. 기랄두스 캄브렌시스(Giraldus Cambrensis, 혹은 Gerald of Wales: 약 1146~1223)는 웨일스 출신의 성직자로 브레콘(Brecon) 부주교를 지냈다. 탁발수도사 베이컨(Friar Bacon)은 로저 베이컨의 다른 이름이다. 제프리 초서(Geoffrey Chaucer: 약 1343~1400)는 《캔터베리 이야기》로 유명한 작가이자 관료이며 외교관이다. 지롤라모 사보나롤라(Girolamo Savonarola: 1452~1498)는 이탈리아 도미니쿠스 수도회 사제이자 1494년부터 처형당한 1498년까지 피렌체를 통치한 정치가이다. 이그나티우스 로욜라(St. Ignatius of Loyola: 1491~1556)는 예수회를 창시한 수사이자 신학자이다. 월터 롤리 경과 대주교 어셔는 이 책 6장 역주 105와 4장 역주 24를 참조할 것. 제임스 1세(1566~1625)는 스코틀랜드를 제임스 6세(재위: 1567~1625)로, 잉글랜드와 아일랜드를 제임스 1세(재위: 1603~1625)로 통치했다.

34) *A True Coppie of a Prophesie*(1642); *Severall Strange Prophecies*(1642). 이 문건들은 자주 중쇄되었음.

35) Josten, *Ashmole*, pp. 624~6.

36) *The Prophecy of Humphrey Tindall*(1642); *Two Prophecies … made by Humphrey Tindall*(1644).

37) W. E. A. A(xon), *Nixon's Cheshire Prophecies*(1873). Cheshire R. O.에는 2종의 예언 편찬서가 있는데, 둘 모두 "William" Nixon을 저자로 지목했다. 한 편찬서(DDX 123)는 베일로열(Vale Royal) 지역에서 입수된 것으로 거의 *The*

했다. 이 부류에서 가장 유명한 인물은 마더 십턴이었다.[38] 그녀는 요크셔 출신으로 추기경 울지의 동시대인이었지만 1641년에 이르러서야 처음 알려지게 되었다.[39]

이들 개개인이 어떤 모습의 예언자로 명성을 얻느냐는 문제는 어떤 작품을 발굴해내느냐에 달려 있었다. 실제로 그들 중 일부는 12세기 대수도원장 피오레의 요아힘이나[40] 힐데가르트, 브리지트, 빈센트 같은 중세 성인들처럼 교회개혁과 교황청 몰락에 관한 묵시록적 예언을 수행한 예언자들 또는 예지적 환상을 체험한 자들이었기에,[41] 이들의 예언들은 프로테스탄트 환경에서도 쉽게 수용될 수 있었다. 최

---

*Prophecies of Rymour, Beid and Marlyng*(Murray, Erceldoune, appendix ii)과 어떤 1553년 예언(*ibid.*, appendix iii)으로부터 발췌된 잡록(雜錄)이다. 다른 한 편찬서(DCC 37/1)는 1700년경에 작성된 비슷한 표절 작품이다.

38) D. N. B.; W. H. Harrison, *Mother Shipton Investigated*(1881). 그녀의 예언들은 1664년부터 1700년까지 적어도 20회 이상 이런저런 형태로 출판되었다. 그 외의 묵시록적 예언가들의 명단은 Harvey, *A Discoursive Probleme*, p. 56에서 제공되고 있다.

39) [역주] 마더 십턴(Mother Shipton)은 Ursula Southeil(약 1488~1561)의 별명이다. 세계의 종말에 대한 그녀의 묵시록적 예언들은 그녀가 죽은 지 80년이 지난 1641년에야 처음 출판되었다. 출판된 판본들 중 가장 주목할 것은 1684년 판본이다. 여기에는 그녀가 요크셔 출신이고(오늘날 "Mother Shipton's Cave"로 불리는) 동굴에서 생활했다는 것 등이 기록되어 있다.

40) 그의 영향에 관해서는, M. E. Reeves, *The Influence of Prophecy in the Later Middle Ages*(Oxford, 1969)를 참조할 것.

41) [역주] 피오레의 요아힘(Joachim of Fiore, 혹은 Gioacchino da Fiore: 약 1135~1202)은 피오레의 상 지오반니(San Giovanni) 수도회를 창시하고 그 수도회의 대수도원장(*abbot*)을 지낸 성직자이자 예언가이다. 힐데가르트(Hildegard von Bingen, 혹은 Hildegardis Bingensis: 1098~1179)는 독일 베네딕투스 수도회 대수녀원장을 지냈고 "라인의 신녀"라는 별명을 가진 성직자이자 신비주의 예언가이다. 브리지트는 이 책의 2장 역주 98을 참조할 것. 성 빈센트(Saint Vincent Ferrer: 1350~1419)는 발렌시아의 도미니쿠스 수도회를 중심으로 활동한 선교사이자 예언자이다.

초의 인쇄물 편찬서들 중 하나인 제임스 맥스웰의 《오래전 저명한 로마가톨릭교도 24인이 로마교회의 쇠퇴에 관해 제시한 존경스럽고 주목되는 예언들》(1615)에 수록된 예언들 대다수가 바로 이런 종류에 속했다.[42] 고대 말에 신구(新舊) 신녀들이 행한 예언들도 지속적으로 주목을 받았다.[43] '예언자'로 불린 나머지 인사들은 기랄두스 캄브렌시스나 사보나롤라 같은 윤리개혁가들과 종교지도자들이었다. 백성이 회개치 않으면 재앙이 닥치리라는 그들의 경고가 후배 세대들 사이에서 예언적 성격을 획득했던 것이다. 시인 조지 위더는 이런 과정을 보여준 귀감이었다. 타락한 잉글랜드에 비탄이 기다리고 있다는 그의 거듭된 예언은 내란이 발발하자 진정한 예지에 기초한 것으로 여겨지게 되었다. 위더 자신이 이 같은 착시현상을 부추긴 면도 있었다.[44]

비록 16~17세기의 많은 예언들은 과거에 의도적으로 예언된 내용을 답습한 것들이었지만, 개중에는 우연한 기회에 예언으로 굳어진 것들도 있었다. 무심결에 던진 말이 훗날 발생한 사건들에 비추어 비범한 통찰로 간주되기도 했다는 뜻이다. 일례로 대주교 어셔가 1602

42) [역주] 제임스 맥스웰(James Maxwell)은 윌리엄 퍼킨스, 머글턴파의 존 리브 등과 함께 17세기 초·중반에 적그리스도(가톨릭 세력)의 파멸과 천 년 왕국의 도래를 예언한 대표적 인물 중 하나이다. 본문에 인용된 그의 1615년 작품은 *Admirable and notable prophesies uttered in former times by 24 famous Roman Catholikes concerning the Church of Rome's Defection*이다.

43) Harvey, *A Discoursive Probleme*, pp. 41~5; S. Batman, *The Doome Warning All Men to the Judgemente* (1581), pp. 36~8; *Collection of Ancient Scottish Prophecies*, pp. 45~8.

44) 위더의 가장 자주 인용된 예언은 *Britain's Remembrancer* (1628), canto 8에 수록된 것이었다. 그의 작품들 여기저기 산재된 예언들은 *Fragmenta Prophetica, or the Remains of George Wither* (1669)에 집대성되었다. 그의 예언들은 다음 문헌들에서도 등장한다. *Mr Wither His Prophesie of Our Present Calamity* (1643); *Vaticinium Votivum* (Utrecht, 1949); *Mr Geo. Withers Revived* (1683); *A Collection of Many Wonderful Prophecies* (1691).

~1603년에 《에스겔》의 어떤 구절에 관해 설교한 내용이 후속 세대에게는 1641년 아일랜드 반란에 대한 예언으로 받아들여졌다. 그가 1625년에 행한 또 다른 설교는 훗날 내란에 대한 예언으로 간주되었다.[45] 국교회 몰락에 관한 유명한 "예언"은 한 가톨릭 동조자가 대화 과정에서 우연히 피력한 희망으로부터 나온 것이었다.[46] 옛 연대기들과 사서(史書)들도 예언적 함축을 가진 것인지 신중하게 검토되었던 것으로 보이며, 우연히 발견된 기록이 죽은 저자의 명성에 힘입어 손쉽게 예언으로 공인될 수도 있었다. 심지어는 예언과 이를 말했다는 예언자 간에 실질적 관계가 전혀 없는 경우마저 있었다. 일례로 〈초서의 예언〉은 원래 익명의 저자가 쓴 시였지만 1532년 초서 시집이 간행될 때 함께 인쇄되었고, 이런 연유로 엘리자베스 시대 사람들은 이를 14세기에 초서가 쓴 예언으로 착각하게 되었다.[47]

가장 유명한 예언자는 멀린이었다. 그는 때로 웨일스 음유시인 머딘(Myrddin)의 민족주의적 예언들의 원저자인 동시에 몬머스의 제프리의 《브리튼 왕들의 역사》 제 7권에 수록된 예언들의 원저자로 간주되기도 한 일종의 합성된 인물이었다. 제프리의 작품에 등장하는 멀린은, 훨씬 오래전에 작성된 네니우스의 작품에서 소년 예언자로 묘사된 암브로시우스와 일부나마 동일시된 면이 있었다.[48] 《암브로스

45) P. Styles in *Hermathena*, vol. 88 (1956), pp. 20~1; N. Bernard, *The Life … of … James Usher* (1656), pp. 89~90.

46) C. A. Newdigate, "The Tyburn Prophecy of Gregory Gunnes", *The Month*, vol. 164 (1934).

47) G. H. Campbell in *Modern Language Notes*, vol. 29 (1914), pp. 195~6.

48) [역주] 암브로시우스(Ambrosius Aurelianus)는 5세기에 활동한 웨일스인으로 앵글로색슨을 격파한 로마-브리튼 군대(*Romano-British army*)의 지휘관이라는 전설도 있고 아서왕의 역사적 토대를 마련한 브리튼군의 지휘관이라는 전설도 있다. 9세기의 웨일스 수도사로 *Historia Brittonum*를 쓴 네니우스(Nennius)는 그를 '소년 예언자'(*prophetic boy*)로 묘사했다.

멀린의 신비》(*The Mystery of Ambros Merlin*, 1683)라는 작품에서처럼 두 이름을 합성한 "암브로시우스 멀린"이라는 이름이 생긴 것은 이 때문이었다. 웨일스의 옛 예언들은 거의 모두 색슨족 및 노르만족과의 투쟁을 다루었고, 아서왕이나 (다른 판본들에서는) 오와인 왕이나 캐드월러더 왕이 이끄는 웨일스 민족의 종국적인 승리를 예언했다.[49] 이 예언들은 애매한 표현으로 다양한 맥락에서 해석될 수 있었는데, 특히 "멀린"이라는 이름을 — 몬머스의 제프리에 유래하는 이름(멀린 암브로시우스)이든 칼레도니아(Caledonia: 스코틀랜드를 지칭하는 옛 지명)에 유래하는 이름(멀린 실베스터)이든 — 사용한 예언들은 다양한 형태로 변형되어 퍼졌다. 엘리자베스의 한 측근은 중세 "잉글랜드에서 멀린의 예언들은 큰 존경과 높은 평판을 얻으면서 많은 도서관 서가들에 꽂혀 있었던" 것이라고 믿었다.[50]

멀린의 예언들은 전승과정에서 심하게 변형되고 왜곡되기는 했지만 거의 모두 특정 원문으로 회귀하는 경향이 있었다. 스코틀랜드의 다른 예언들도 마찬가지였는데, 이를테면 13세기에 어르셀둔의 토마스 라이머의 것으로 알려진 예언이 그러했고, "브리들링턴"(14세기 아우구스티누스 수도회 참사위원 브리들링턴의 존을 지칭할 때도 있고, 그의 12세기 선조인 브리들링턴의 로버트를 지칭할 때도 있음)이 편찬한 잡서

---

49) [역주] 오와인(Owain Ddantgwyn)은 5세기 말에 널리 회자된 노스웨일스 군주 이름이지만 실제로는 로스(Rhos) 왕으로 추정된다. 캐드월러더(Cadwalader)는 웨섹스 왕 캐드왈라(Caedwalla: 약 659~689)의 다른 이름이다. 그는 685년부터 폐위된 688년까지 웨섹스를 통치했다.

50) H. Howard, Earl of Northampton, *A Defensive against the Poyson of Supposed Prophecies*(1620), f. 118v. 멀린에 관해서는 E. Anwyl, "Merlin", in *Encyclopaedia of Religion and Ethics*, J. Hastings, ed. (Edinburgh, 1908~26); W. E. Mead, "introduction" to *Merlin or the Early History of King Arthur*, M. B. Wheatley, ed. (E. E. T. S., 1899); J. S. p. Tatlock, *The Legendary History of Britain*(1950), chap. 17을 참조할 것.

에 수록된 예언이 그러했다.[51] 이 예언들은 《스코틀랜드, 잉글랜드, 프랑스, 아일랜드, 덴마크의 모든 예언들》이라는 편찬서에 수록되어 17세기 초 에든버러에서 처음 출판되었고 이후 여러 차례 중간되었다.[52] 이 편찬서는 튜더-스튜어트 시대 잉글랜드에서 예언사업자들(*prophet-mongers*)이 사용한 이미지들의 주요 출전이기도 했다. 다른 예언들로는 《요한계시록》이나 《에스드라》(*Esdras*) 상하권 같은 성경 자료에 기초한 것들이 있었다.

드물기는 했지만 저자가 확실한 예언들도 있었다. 독일 프로테스탄트이자 성경주석가인 파울 그레브너(Paul Grebner)의 예언이 그런 것으로, 그의 예언서는 엘리자베스 1세에게 헌정되었다가 그 후 케임브리지대학 트리니티칼리지 도서관에 소장되었다. 이 작품은 유럽의 미래사에 관한 예언들을 삽화들과 함께 수록했고 뚜렷한 반가톨릭 성향을 보여주었다. 그것은 다음 세기에도 출판을 거듭하면서 스웨덴 국왕 구스타푸스 아돌푸스의 운명, 찰스 1세의 처형과 그의 아들의 복위 등을 예언한 것으로 다채롭게 해석되었다.[53] 그 인기가 얼마나 높았던

---

51) 흑태자(Black Prince: 에드워드 3세의 아들 에드워드, 1330~1376)의 추종자에 의해 작성된 이 작품에 관해서는, P. Meyvaert, "John Erghome and the *Vaticinium Roberti Bridlington*", *Speculum*, vol. 41(1966)을 참조할 것.
[역주] 토마스 라이머(Thomas Rymer, 혹은 Thomas Learmonth: 약 1220~1298)는 "Thomas the Rhymer"나 "True Thomas"로 더 잘 알려진 스코틀랜드 예언자이다. 어르셀둔(Erceldoune)은 얼스턴(Earlston)의 옛 이름이다. 브리들링턴의 존(John of Bridlington, 혹은 John Thwing: 1319~1379)은 옥스퍼드에서 수학한 후 아우구스티누스 수도회 소속 브리들링턴 수도원에 들어가 그 공동체 내에서 여러 보직을 거쳐 결국 수도원장에 올랐다. 브리들링턴의 로버트(Robert of Bridlington)는 1147~1160년 사이에 브리들링턴 수도원장을 지낸 신학자로 "Robert the Scribe"라는 별명을 가지고 있다.

52) 초판(1603)과 2판(1615)의 내용은 *Collection of Ancient Scottish Prophecies*에 수록되어 있다.

53) 이 필사본은 M. R. James, *The Western Manuscripts in the Library of Trinity*

지, 오늘날의 성공한 영화처럼 자연스럽게 그 후속편으로 이어졌다. 《파울 그레브너의 아들인 오바디아(Obadiah) 그레브너의 아들 에제키엘(Ezekiel) 그레브너의 … 환상들과 예언들》이라는 왕당파 팸플릿이 그런 작품이었다. 적어도 이 작품에서는 예언계보가 간단명료했다.

그러나 대개는 하나의 예언에 대해 여러 출판업자들이 서로 다른 저자를 부여하는 것이 일반적이었다. 일례로 《토마스 베케트의 예언》은 사자 한 마리, 릴리라는 예언자, 독수리 한 마리, 인자(人子: 구세주) 등의 행적을 다룬 작품이었는데, 1666년 출판 당시 그 작품은 바로 그 해에 애빙던의 어떤 고택(古宅)에서 발견되었고 원래는 글래스턴베리(Glastonbury)의 어떤 성당 참사위원의 소장품이었던 것으로 진술되었다. 하지만 같은 작품을 1645년에 먼저 출판한 윌리엄 릴리는 그것을 16세기에 수집된 어떤 옛 필사본 예언서 컬렉션에서 찾아냈다고 주장했다. 그런가 하면 《여러 낯선 예언들》(*Severall Strange Prophecies*, 1642)의 편집자는 그것이 링컨셔 순회판사 트러스웰의 작품이라고 주장했으나 얼마 후 출판업자는 그것이 비드가 손수 집필한 작품이라고 주장했다. 퀘이커 교도들은 그것을 뵈메의 작품이라 믿었다. 그것은 1689년에 재차 출판되었는데, 이번에는 《고(故) 앨저넌 시드니 각하가 보낸 예언》이란 제목이 붙었다.[54] 그것은 중세 동안 에드워드 3세

*College, Cambridge*, vol. 2(1901), pp. 388~9에 간단하게 기술되어 있다. 예언된 내용은 J. Maxwell, *Admirable and Notable Prophecies*(1615), pp. 87~8에 요약되어 있다.

54) [역주] 앨저넌 시드니(Algernon Sidney, 혹은 Sydney: 1623~1683)는 레스터 제 2대 백작 로버트 시드니의 아들이다. 런던에서 태어난 그는 내란기에 의회군 지휘관을 지냈고 왕정복고 후에는 찰스 2세의 정적으로 활동하다 반역음모에 연루되어 처형되었다. 본문에 소개된 *A Prophecy sent by the late Honourable Algernon Sidney*(1689)는 그가 처형된 후 그의 이름을 빌려 작성된 예언서 중 하나이다.

(재위: 1327~1377)의 프랑스 개입, 혹은 에드워드 4세(재위: 1461~1470; 1471~1483)의 요크 가문 왕위계승 요구를 뒷받침하는 데 이용된 작품이기도 했다.[55] 이에 못지않게 혼란스러운 이력을 가진 또 다른 것으로는 "팔십팔이 지나면 번성하리라"는 말로 시작되는 유명한 예언이 있었다. 이 예언에 대해서도 마더 십턴이 작성한 것이라느니, 이그나티우스 로욜라가 작성한 것이라느니, "노퍽의 세인트 버닛 수도원에서 발견된" 것이라느니 하는 다양한 주장이 있었다.[56]

따라서 이런 예언들의 원전(*text*) 계보는 복잡한 문제들을 야기한다. 이 문제들을 여기서 모두 해결하려는 생각은 없다. 우리 관심사는 동시대인들이 예언을 무슨 용도로 사용했느냐는 것이지 예언이 원래 어떤 조건에서 어떻게 구성되었느냐는 것은 아니기 때문이다. 후자의 목적에서라면 대다수 예언들은 두 장르로 구분된다고 가정해도 좋을 것 같다. 하나는 옛 시대의 진본들이지만 그것들이 원래 구성된 상황들(즉, 훨씬 광범위한 범주)을 전혀 고려하지 않고 새로운 사건들에 끼워 맞춰 재해석된 예언들이었고, 다른 하나는 동시대인들의 위작들로 시간상의 태고성(太古性)을 가장한 예언들이었다. 후자 중에는 위작임을 제 입으로 실토한 예언도 일부 있었다. 이를테면 "(예수회가 창설되기 반세기 전인) 헨리 7세 시대에 어떤 예수회 수사"가 행한 예언임을

55) 릴리는 그 작품의 기원을 파리에서 1530년에 출판된 한 인쇄본까지 소급시켰고(Josten, *Ashmole*, pp. 1260~2), 그의 *A Collection of Ancient and Modern Prophesies*(1645)에 포함시켜 출판했다. 그 작품의 중세 이력에 관해서는, Ward, *Catalogue of Romances*, vol. 1, pp. 314, 317, 321; Griffiths, *Early Vaticination*, pp. 170~1; Brown, *The Development of the Legend of Thomas Becket*, pp. 229~32를 참조할 것. 뵈메가 저자라는 주장에 대해서는, F. E(llington), *Christian Information concerning these Last Times*(1664), p. 10 이하를 참조할 것.

56) C. Syms, *The Swords Apology*(1644), p. 17('9'); *Sixe Strange Prophesies*(1643); *Mercurius Propheticus*(1643).

가장하면서 새로운 공화국 정부를 정당화할 요량으로 1651년에 출판된 예언서가 그런 것이었다.[57] 그 나머지는 내적 증거에 비추어 조작임이 드러났다. 일례로 《연로 오트웰 빈스의 예언》(1642)에는[58] 당시 장기의회 현안들에 대한 노골적 언급들이 곳곳에 들어 있었다. 그러나 이런 종류의 사례에서조차 출판업자들은 자신들의 출판물이 "도서관에서 찾아낸" 것 혹은 "낯선 손님이 점포에 두고 간" 것이라 말함으로써 그것에 특정한 계보를 부여하려는 노력을 건성으로나마 계속했다.[59]

이런 예언들의 본성은 다음과 같이 요약될 수 있다. 그것들은 늘 중세적 기원을 앞세우는 경향이 있었고, 태고성을 가장해 특권적 지위를 이끌어냈다. 나아가 일부 동시대인들은 예언자의 예지가 하나님으로부터 유래하는지 접신이나 점성술로부터 유래하는지 따지기도 했지만, 전반적으로는 예언의 엄밀한 기원과 토대에 대해 별 관심을 보이지 않았다. 대다수 사람들에게 중요한 것은 예언의 존재 그 자체였다.

## 2. 영 향

16~17세기 식자층 저자들은 대체로 예언에 대해 경멸적인 태도를 보였다. 그들은 베이컨이 《예언에 관하여》라는 수필에서 예언이란 "겨울철 난롯가 한담"이라는 점을 빼고는 유익한 면이 없다고 한 말에 동의했다. 하지만 베이컨과 마찬가지로, 그들은 예언이 큰 해악을 끼

57) *Old Sayings and Predictions*(1651).

58) 윌리엄 릴리는 이 예언서가 "어떤 고위사제"가 꾸며낸 것이라고 생각했는데, 이에 관해서는 *A Collection of Ancient and Moderne Prophesies*, p. 44를 참조할 것.

59) *The Lord Merlins Prophecy*(1651), p. 7; *Vaticinia Poetica*(1666).

친다는 생각도 함께 가지고 있었다. 존 해링턴 경은 "식자층은 대체로 예언을 철저히 비난하지만, 내가 보기에 예언은 그것을 심하게 비난하는 그들의 정신에조차 전조(前兆)를 알려주고 인상을 남긴다"고 말했다.[60] 〔예언에 대한〕 이 같은 취약성은 15세기 프랑스인 코미네로부터[61] 17세기 점성술사 릴리에 이르는 많은 관찰자들에 의해 언급되었다. 1549년 어떤 스코틀랜드인 작가가 언급했듯이, "잉글랜드인들은 멀린의 갖가지 불경한 예언들, 여타 타락한 옛 예언자들의 허황된 작품들에 굳은 신뢰를 보내며, 이는 이사야나 에스겔이나 예레미아나 복음서의 예언들에게 보내는 믿음에 못지않다."[62] 에드워드 코크는 잉글랜드 역사를 꼼꼼히 읽다 보면, "옛것을 가장하나 실제로는 악인들이 순진한 사람들을 속이려고 새로 꾸며낸 작품들로부터 나온 거짓 예언들로 인해, 개탄스럽고 치명적인 사건들이 얼마나 많이 발생했는지, 그리고 지난날 우리 동포들이 그런 예언들에 얼마나 쉽게 속아 끌려 다녔는지" 확연히 드러난다고 생각했다.[63] 비국교회 성직자 리처

60) Harington, *A Tract on the Succession to the Crown*, p. 17.
[역주] 존 해링턴(Sir John Harrington: 1561~1612)은 서머싯 출신으로 케임브리지와 링컨스인 법학원에서 수학한 후 엘리자베스 궁정의 여왕 측근이자 작가로 활동했다. 그는 1603년 제임스의 승계를 지원했는데, 이를 위한 작품이 본문에 소개된 *On the Succession to the Crown*(1602)이었다.

61) [역주] 코미네(Philippe de Commines, 혹은 de Commynes: 1447~약 1511)는 부르고뉴 궁정과 프랑스 궁정에서 작가이자 외교관으로 활동했다. 그는 "최초의 근대작가", 혹은 "고전고대 이래 최초의 비판적, 철학적 역사가"로 불릴 만큼 동시대 정치현실을 예리하게 해부한 인물로 평가된다.

62) *The Complaynt of Scotlande*, J. A. H. Murray, ed. (E. E. T. S., 1872), p. 82. 또한 Taylor, *The Political Prophecy*, p. 85; 이 책의 2권 p. 483(Lilly의 언급); F. J. Levy, *Tudor Historical Thought* (San Marino, Calif., 1967), p. 176(Edward Hall의 언급); Kittredge, *Witchcraft*, p. 58(Jean Creton의 언급)도 참조할 것.

63) E. Coke, *Institutes*, vol. 3, chap. 55.

드 길핀도 1677년에 다음과 같이 불평했다.[64] "벽 속에서 발굴되었다든지 낡은 필사본에서 취해졌다는 옛 예언이 — 나로서는 그것의 의심스런 저자에 관해 들어본 적이 없지만 — 성서가 늘 제시하는 명백하고 오류 없는 규칙들보다 더욱 큰 신뢰를 받는다. 이는 우리가 매일 부딪치는 일로, 외국인들은 그런 것들을 쉽게 믿는 잉글랜드인들을 크게 비난한다."[65]

예언의 영향력을 가장 잘 보여주는 증거는, 역대 정부들이 한결같이 예언의 유포를 금지하고 그 유포자에 대해 처벌 조치를 내렸다는 점이다. 중세에는 웨일스 음유시인들의 예언들과 롤라드파의 예언자적 목회활동을 겨냥한 조치가 있었다. 거짓 예언자들은 주기적으로 체포되었으니, 1402년에는 브리딩턴의 예언을 선동 목적에서 주석한 죄로 한 탁발수도사가 교수형을 당한 일도 있었다.[66] 탄압은 튜더 시대에 한층 강화되었던 것으로 보인다. 헨리 7세의 의회 첫 회기에서 "모든 종류의 예언들"이 중죄로 결정되었다는 소문이 있었지만 그 진의가 무엇이었는지는 분명치 않다.[67] 그러나 헨리 8세와 그의 계승자들은 모든 종류의 정치적 예언들을 금하는 강력한 조치를 취했다. 1541~1542년 법령은 가문의 문장(紋章)이나 이름 철자에 특정 동물

---

64) [역주] 리처드 길핀(Richard Gilpin: 1625~1700)은 더럼 출신으로 에든버러에서 의학과 신학을 공부한 후 주로 북부지역에서 목회활동과 의술을 병행한 비국교회 성직자이다. 그는 큰 장원을 구입할 만큼 부를 획득했고 왕정복고 이전에 잠시 공직을 얻기도 했다. 왕정복고 후에는 북부지역의 종교 지도자로 성장했고 1676년에는 라이든대학에서 의학박사학위를 받기도 했다.

65) R. Gilpin, *Daemonologia Sacra* (1677), A. B. Grosart, ed. (Edinburgh, 1867), p. 174.

66) *Rotuli Parliamentorum*, vol. 3, pp. 508, 583; Meyvaert in *Speculum*, vol. 41 (1966), p. 663 n; *Curia Regis Rolls*, vol. 12, p. 326.

67) C. A. J. Armstrong, in *Italian Renaissance Studies*, E. F. Jacob, ed. (1960), p. 436.

이 들어 있는 부류〔귀족층〕의 미래에 대한 예언을 온갖 어중이떠중이들이 생업으로 삼아왔으며 향후 그런 예언을 행하면 중죄로 묻겠다고 선포했다. 이 법령은 1547년에 철회되었으나 "분별없고 터무니없는 예언들을 겨냥해" 1549~1550년 제정된 새로운 법령은 반란이나 사회교란을 부추길 의도에서 그런 예언들을 유포하는 자들에게 벌금과 징역형을 부과했다. 이 법령 역시 메리 튜더가 왕위를 계승하면서 효력을 잃었다가 1563년 법령으로 대체되었다.[68] 그 밖에 포고령, 추밀원 명령, 치안판사에 대한 훈령, 주교에 의한 탐문 등 튜더 정부의 일상적 통치수단들도 예언들과 그 저자들을 예의 주시하고 있었다.[69]

정부의 우려는 예언과 정치활동 간에 상존해온 긴밀한 관계에 의해 촉발되었다. 멀린의 예언들은 14세기에는 잉글랜드의 프랑스 왕위계승권 요구를 뒷받침하기 위해, 15세기에는 요크 가문과 랭커스터 가문의 대권경쟁을 정당화하기 위해 반복적으로 활용되었다. 많은 예언편찬물들이 장미전쟁에 가담한 세력들의 주장을 뒷받침하기 위해 편집되었다.[70] 웨일스에서 언젠가 색슨족이 쫓겨날 것이라는 전승을 유지해 준 것도 방대한 분량의 정치적 예언이었다. 정치적 예언은 헨리 4세에 대항해 오와인 글린두르가 이끈 반란, 그리고 헨리 8세에 대항해 리스 압 그리피드가 이끈 반란에서 중요한 역할을 수행했다.[71]

---

68) 33 Hen. Ⅷ, c. 14; 3 and 4 Edw. Ⅵ, c. 15; 5 Eliz, c. 15(1559년에 처음 논의되었음).

69) 이를테면 Kittredge, *Witchcraft*, p. 227; J. Hawarde, *Les Reportes del Cases in Camera Stellata, 1593~1609*, W. P. Baildon, ed.(1894), p. 326; L. Hoston, *Shakespeare versus Shallow*(1931), p. 177을 참조할 것.

70) Ward, *Catalogue of Romances*, vol. 1, pp. 320, 325; Taylor, *The Political Prophecy*, pp. 83, 85; E. A. Parsons, "The Trojan Legend in England", *Modern Language Review*, vol. 24(1929), p. 263; C. L. Kingsford, *English Historical Literature in the Fifteenth Century*(Oxford, 1913), pp. 236~7, 262, 358.

16세기 말 웨일스에서도 멀린 이야기는 되풀이되었다. 민족주의 성향의 예언서들은 잉글랜드 정부를 끈질기게 괴롭혔다.[72)]

비슷하게 아일랜드인들도 적절한 예언들을 퍼트림으로써 외래인 정복자를 몰아낼 수 있다는 희망을 품었다. 일찍이 12세기에 웨일스의 제럴드〔기랄두스 캄브렌시스〕는 헨리 2세의 아일랜드 정복을 옛 예언들이 실현된 결과로 보았지만, 엘리자베스 1세 때 그 "기랄두스 캄브렌시스의 예언들"은 아일랜드인들의 요구를 뒷받침하는 데 사용되었다. 1593년 카운티킬데어(County Kildare)에서 한 주민은 오도넬이 언젠가 아일랜드 왕에 오르리라는 예언이 존재한다는 주장을 경청하고 있었다. 1641년 얼스터 반란시에도 비슷한 예언들이 나돌았는데, 그중에는 펠림 오닐 경이 찰스 1세와 그 후손을 잉글랜드에서 몰아낼 것이라는 예언이 있었다.[73)]

---

71) [역주] 오와인 글린두르(Owain Glyndwr, 즉 Owain Ⅳ of Wales: 약 1354~1416)는 잉글랜드의 웨일스 통치에 장기간 저항했으나 끝내 성공을 거두지 못한 웨일스 통치자였다. 그 이후로 웨일스인은 웨일스 군주(*Prince of Wales*) 직에 오르지 못했다. 리스 압 그리피드(Sir Rhys ap Gruffydd: 1531년 사망)는 토마스 압 그리피드(1449~1525)의 손자로 헨리 8세의 측근이었으나 반역죄로 처형되었다.

72) Griffiths, *Early Vaticination*, passim; Taylor, *The Political Prophecy*, p. 80; W. Garmon Jones, "Welsh Nationalism and Henry Tudor", *Transactions of the Honorable Society of Cymmrodorion* (1917~18); G. Williams, *The Welsh Church* (Cardiff, 1962), pp. 213~4, 242; *Original Letters Illustrative of English History*, H. Ellis, ed., 2nd series (1827), vol. 3, p. 49; *H. M. C., Hatfield*, vol. 10, p. 369.

73) *H. M. C.*, *Pepys*, p. 87; *H. M. C.*, *Egmont*, vol. 1, p. 25; *H. M. C.*, *Ormonde*, vol. 2, p. 245. 그 밖의 아일랜드 예언들에 관해서는, *H. M. C.*, *Rawdon Hastings*, vol. 4, p. 185; N. Wallington, *Historical Notices of Events*, R. Webb, ed. (1869), vol. 2, p. 34 n; f. Moryson, *An Itinerary* (Glasgow, 1907~8), vol. 3, pp. 82, 88을 참조할 것.

[역주] 펠림 오닐 경(Sir Phelim Roe O'Neill: 1603~1653)은 아일랜드 얼스터

실제로 튜더 정부를 어지럽힌 모든 반란이나 민란에서 이런저런 종류의 예언들이 이용되었다. 헨리 7세 치하에서 퍼킨 워벡과 워릭 백작 에드워드가 연루된 반역음모는 그렇게 볼 만한 증거를 가진 것이었다.[74] 뒤이은 헨리 8세 치세기에 추기경 울지는 다음과 같은 예언에서 깊은 인상을 받았다.

이 암소가 황소를 올라 탈 때
사제여, 그대의 목을 조심하라.

암갈색 암소는 왕을 상징했고 황소는 곧 앤 불린으로 이해되었다.[75] 하지만 이것은 로마교황청과의 갈등이 본격화된 1530년대에 봇물처럼 쏟아질 예언들의 예고편에 지나지 않았다. 그 기간 동안 신성로마제국 대사로 와있던 차푸이스가 잉글랜드인들은 너무 경박해

---

의 귀족가문 출신으로 1618년부터 1621까지 런던에 머물면서 링컨스인 법학원에서 수학한 후 귀향해 1639년에 기사작위를 받았고 1641년에는 아일랜드의회에 입성했다. 그해 그는 아일랜드 지주층의 권리를 대변해 영국정부에 대한 반란을 주도했고 찰스 1세로부터 아일랜드 자치권을 어느 정도 얻어내기도 했으나 1653년 반역죄로 교수형에 처해졌다.

74) *53rd Report of the Deputy Keeper of Public Records*, pp. 32~4(이 참고문헌을 소개해 준 Mr. C. S. L. Davies에게 감사드린다); *Memorials of King Henry the Seventh*, J. Gairdner, ed. (Rolls Series, 1858), p. 66.
[역주] 퍼킨 워벡(Perkin Warbeck: 약 1474~1499)은 1490년부터 헨리 7세 시대에 요크의 에드워드 4세 혈통을 내세우면서 왕위를 요구하다가 1499년에 투옥되었고 탈옥에 실패한 후 교수형을 당했다(강물에 투신했다는 설도 있다). 워릭의 17대 백작 에드워드(Edward Plantagenet: 1475~1499)는 조지 플랜태저넷의 아들로 리처드 3세와 헨리 7세 때 왕위를 요구했으나 1485년에 투옥되었다가 퍼킨 워벡과 함께 탈옥을 기도했고 이에 실패하자 1499년에 참수형을 당했다.

75) G. Cavendish, *The Life and Death of Thomas Wolsey*(Temple Classics, 출판연도 미상), pp. 173~5.

서 예언에 쉽게 선동되고 반란에 가담한다고 지적할 정도였다.[76]

멀린, 비드, 토마스 라이머, 브리들링턴의 존 등의 원전에서 유래한다고 주장한 많은 예언들이 그 기간 내내 전국을 휩쓸었는데, 특히 반정부 활동이 가장 활발했던 잉글랜드 북부지방에서 그러했다. 종교개혁을 반대한 성직자들은 제프리 예언들을 체계적으로 이용해 자신들의 저항을 정당화했다. 제프리로 소급되는 라틴어 시구들은 사제들이 무기를 지니게 될 것이라고 예언했는데, 이제 그 시구들은 성직자들이 봉기해 교회 침탈을 응징하리라는 뜻을 함축한 것으로 받아들여졌다. 알렉산더 클러벨(Alexander Clavell)이라는 도싯 주민은 1535년에 그런 봉기가 임박했다고 생각하고 있었다. 조사결과 이런 암시는 페인(Payne)이라는 노인에게서 나왔다는 것이 밝혀졌으며, 도싯의 차이드오크(Chideock) 근방에 살던 그 노인은 사제들이 국왕에 대항해 봉기하리라는 것을 50년 전에 작고한 자신의 박식한 스승이 전해줘서 알게 되었노라고 진술했다. 그는 소교구 사제들이 3일 낮과 3일 밤 동안 왕국을 지배할 것이요, "연후에 흰 매가 북서부로부터 출현해 사제들을 거의 모두 죽일 것"이라고 예언했다고 한다(흰 매는 앤 불린의 상징이었다).[77]

---

76) *C. S. P. Spanish, 1531~3*, p. 867.
[역주] 차푸이스(Eustace Chapuys: 1489~1556)는 사보이 출신으로 토리노대학에서 수학한 후 외교관으로 활동했다. 그는 1527년부터 신성로마제국 카를 5세를 위해 일하기 시작했고 1529~45년 사이에 잉글랜드 대사로 있으면서 교황청과 잉글랜드 왕실의 갈등을 위시해 많은 정치현안들을 편지와 비망록에 기록해 두었다. 그의 기록은 16세기 영국사의 중요한 사료로 이용되고 있다.

77) *L. P.*, vol. 8, p. 275. 국왕과 앤 불린의 숙적 아마다스 부인([역주] Mistress Amadas: 헨리 8세의 궁정금세공사로 거부가 된 로버트 아마다스의 부인이었으나 앤 불린과 국왕에 불리한 예언으로 체포된 엘리자베스 아마다스)도 1533년 예언에서 사제들의 반란이 일어날 것임을 예언했다. 그녀는 지난 20년간 각종 예언서들을 연구했다고 주장했다. 이에 관해서는 B. M., Cotton MS Cleopatra

구질서의 대변자들은 이런 종류의 예언들을 자신들 입맛에 맞게 해석해 나름의 희망을 피력하곤 했다. 피니스(Furness) 수도원 수도사들은 헨리 8세가 사제들 손에 살해될 것이라고 믿었으며,[78] '은총의 순례자들'은 자신들에게 적합한 지도자가 로버트 애스크라는 것을 증명하는 예언을 갖추고 있었다("구더기 곧 외눈박이 애스크가 출현하리라").[79] 토마스 크롬웰을 비난한 예언들도 있었다. 이를테면

빵조각이 사람 목구멍을 막아 버리는 것처럼
큰 병은 하찮은 것으로부터 시작되니
그 하찮은 것이 많은 다른 이들을 고통으로 내몬다고
하나님께서 기록하셨도다.[80]

"K. L. M"(Katherine and Lady Mary?)이나 "A. B. C."(Anne Boleyn and Cromwell?)에 관한 고대 신녀들의 예언들도 있었다.[81]

---

E Ⅳ, ff. 99~100; *L. P.*, vol. 6, pp. 399~400을 참조할 것.

78) M. H. and R. Dodds, *The Pilgrimage of Grace*(Cambridge, 1915), vol. 1, p. 81; *L. P.*, vol. 12(1), p. 70.

79) A. G. Dickens, *Lollards and Protestants in the Diocese of York*(1959), pp. 128~9. [역주] '은총의 순례자들'(*Pilgrims of Grace*)은 헨리 8세에 반해 1536년 말부터 1537년 초까지 북부지방에서 반란을 일으킨 여러 세력들을 집합적으로 지칭하지만, 엄밀하게는 1536년 10월부터 12월까지 요크셔에서 발생한 반란만을 지칭한다. 로버트 애스크(Robert Aske)는 약 3만 5천 명이 가담한 요크셔 반란을 이끈 지도자였다(그는 반란이 끝난 후 헨리의 지지자가 되었다). 그는 언변이 능한 법조인으로 '은총의 순례자들'이라는 이름을 지은 자로 알려져 있다.

80) *L. P.*, vol. 12(1), no. 318; vol. 12(2), pp. 426~7.
[역주] '크롬웰'이라는 이름은 중세 노팅엄셔의 방언 'crum'(굴곡 많은 개천)에서 파생된 것이다. 그러므로 인용된 예언에서 "빵조각"(*Crumb*)은 토마스 크롬웰을 지칭하는 것으로 볼 수 있다.

81) *L. P.*, vol. 12(2), pp. 387, 427; Cheshire R. O., DXX 123, f. 8.

가톨릭 지지자들 입맛에 가장 맞은 것은 14세기 초에 작성된 몰드랩(Mouldwrap)에 관한 예언이었다. 그것은 존 왕(John, 재위: 1199~1216) 사후 여섯 번째로 즉위할 마왕 몰(Mole)이 용·늑대·사자에 의해 나라에서 쫓겨나고 그 후 잉글랜드는 세 지역으로 나뉠 것이라는 예언이었다. 15세기 초에 퍼시 가문이 헨리 4세에 맞서 반란을 일으켰을 때[82] 이용되었던 그 예언은 이제 헨리 8세 반대투쟁에서 — 시대 차이가 분명하다는 난점에도 불구하고 — 적극 활용되고 있었다. 몰드랩이 한때 잉글랜드 국왕이었다는 사실은(헨리 퍼시에게 큰 영향을 받은) 은총의 순례에 가담한 일부 반란자들에게 금과옥조로 받아들여졌으며,[83] 많은 가톨릭 동조자들은 헨리 8세가 왕국에서 달아날 것이라는 예언을 유포했다.[84] 아이즐워스 소교구 사제 존 헤일은 헨리 8세가 멀린이 예언한 바로 그 몰드랩이라고 주장한 죄로 1535년에 처형되었다.[85] 번기(Bungay)의 리처드 비숍(Richard Bishop)은 몰드랩

82) [역주] 퍼시(Percies) 가문은 노섬벌랜드의 유력한 귀족가문이었다. 중세 동안 줄곧 남작위를 유지하다가 헨리 퍼시(Henry Percy, 1st Earl of Northumberland, Lord Marshal: 1341~1408)에 이르러 백작위에 올랐다. 헨리 퍼시는 1405년에(요크 대주교가 주도한) 모반에 가담했으나 모반이 실패하자 스코틀랜드로 망명했고 그곳에서 암살되었다.

83) Dodds in *Modern Language Review*, vol. 11(1916), pp. 279~80; Dickens, *Lollards and Protestants*, pp. 126~30. 몰드랩 예언 원문은 *The Poems of Laurence Minot*, J. Hall, ed. (3판, Oxford, 1914), pp. 103~11에 있다.

84) *L. P.*, vol. 6, pp. 399~400; vol. 9, p. 267; vol. 12(2), p. 283; vol. 14(1), p. 379; Dodds, *Pilgrimage of Grace*, vol. 2, p. 169.

85) *L. P.*, vol. 8, pp. 214~5; *Reports of the Deputy Keeper of the Public Records*, vol. 3, pp. 237~8. [역주] 존 헤일(John Hale: 1535년 사망)은 케임브리지에서 수학한 후 케임브리지 킹스홀칼리지 교수이자 가톨릭 성직자로 활동했다. 1492년에 미들섹스 크랜퍼드(Cranford) 소교구 사제로 출발해 1521년부터 아이즐워스(Isleworth) 사제로 재직했다. 그는 헨리 8세 시대의 종교박해자들 중 네 번째로 처형된 인물이었다.

예언을 제멋대로 첨삭한 작품을 인용해서 말썽을 일으킨 일도 있었다. 그 작품에 따르면, 지금은 빈민에게 힘든 세상이지만 2~3백 명만 힘을 모아 봉기하면 젠틀맨 세력을 무력화하기에 충분할 것이었다.[86] 몰드랩 전설의 또 다른 희생자는 엑시터 지방검사로 1539년에 추방된 존 보니펀트(John Bonnefant)였다. 그는 친구들과 몰드랩, 암갈색 암소, 황소, 여타 동물들에 관해 이야기하면서 저녁시간을 보낸 일이 있었는데, 친구들 중 2명이 이 일로 그를 밀고했던 것이다.[87]

이런 예언들은 가톨릭 성직자들 사이에서도 널리 받아들여졌다. 피니스 수도원 수도사였던 존 브로튼(John Broughton)은 교황 영향력이 향후 4년간 지속되기만 한다면 영원히 유지될 것이라는 계시를 담은 예언들에 관해 언급했다. 더 나아가 그는 향후 3년 이내에 세상이 뒤바뀔 것이요 새로운 법들은 모두 폐기될 것이라 전망하기도 했다. 이런 전망의 근거가 된 것은, "a. b. c. 와 3개의 t. t. t. 가 모두 한 권좌에 앉아 큰 기적을 일으킬 것"이요 "붉은 장미(헨리 8세)는 모친의 자궁에서 죽을 것(교회라는 모친에게 살해당할 것)"이라는 예언이었다. 그가 수도원장 로저(Roger)에게 고했듯이, 그것은 "경이롭지만 위험한 말"이었다.[88] 사이언 수도원 수도사들은 멀린의 예언들을 연구했다.[89] 몰튼(Molton) 수도원장은 달, 연력(年歷), 도끼 든 아이들이 그려진 양피지 두루마리를 언급했다. 그는 프랜시스 비거드 경에게 3년 이내에 국왕은 왕국에서 도망하고 교회는 복권될 것이라는 예언을 제시하기도 했다.[90] 로버트 댈리벌(Robert Dalyvell)이라는 하트퍼드

86) Sir F. Palgrave, "The Confessions of Richard Bishop and Robert Seyman", *Norfolk Archaeology*, vol. 1, pp. 216~9; *L. P.*, vol. 12(1), pp. 577~8, 585: Elton, *Policy and Police*, pp. 142~3.

87) *Ballards from Manuscripts*, vol. 1, Furnivall, ed., p. 476.

88) *L. P.*, vol. 7, appendix, p. 642; vol. 12(1), pp. 370~1.

89) *L. P.*, vol. 8, pp. 214~5.

셔 주민이 1537년에 행한 예언도 옛 예언들에 기초한 것이라는(잘못된) 의심을 받았는데, 그것은 헨리 8세가 회개하지 않으면 1538년 세례요한축일〔6월 24일〕을 넘기지 못할 것이요, "10실링짜리 말 한 마리"가 그날까지 잉글랜드에 남아 있던 모든 귀족가문들을 실어 나르게 될 것이라는 예언이었다.[91]

이런 예언 전승들은 1538년 처형된 요크셔 머스턴(Muston)의 소교구 사제 존 돕슨(John Dopson) 사건에서 거의 한꺼번에 등장했다. 그는 소교구민들에게 다음과 같이 말했다고 한다. 국왕은 곧 왕국에서 쫓겨났다가 왕국의 3분의 1만을 회복할 것이요, 독수리를 지닌 자〔황제〕가 잉글랜드를 통치할 것이요, 암갈색 암소〔교황〕가 교회를 재건할 것이요, 빵조각〔토마스 크롬웰〕은 실각할 것이요, 달〔당시에 인기를 잃고 있던 퍼시 가문〕은 다시 불씨를 지필 것이요, 북부의 수탉〔럼리 공〕이 대모험을 감행할 것이요, 가리비 껍질들〔대크르 가문〕은 쪼개질 것이었다.[92] 이 예언들은 거의 모두가 업데이트된 제프리 신화의 편

---

90) *L. P.*, vol. 12(1), pp. 248, 499~500.
[역주] 프랜시스 비거드 경(Sir Francis Bigod: 1507~1537)은 '은총의 순례'가 국왕이 약속을 지키지 않아 별 성과를 거두지 못하자 1537년 컴벌랜드와 웨스트모어랜드에서 새로 발생한 반란의 지도자였다. 이 반란은 '비거드의 난'이라 불리기도 한다. 그를 포함한 216명이 반란 주모자로 처형되었는데, 여기에는 Sir Thomas Percy, Sir Henry Percy, Sir John Bulmer, Sir Stephan Hamilton, Sir Nicholas Tempast, Sir William Lumley, Sir Edward Neville, Sir Robert Constable 등 귀족들과 가톨릭 성직자들(Barlings Abbot, Sawley Abbot, Fountains Abbey, Jervaulx Abbey, Bridlington 수도원장)이 포함되었다.

91) *L. P.*, vol. 12(2), p. 25.

92) [역주] 럼리 공(Lord Lumley)은 노샘턴셔 업튼(Upton)의 남작으로 그의 아들 조지 럼리와 손자 존 럼리 모두 북부지역을 대표하는 정치인이었다. 대크르(Dacres) 가문은 요크셔의 대표적 남작 가문으로 1321년에 상원에 처음 진출했고, 1459년과 1558년에도 상원에 진출했다. 기독교에서 가리비 껍질은 순례의 표지였다.

린들이었다. 심문과정에서 돕슨은 카르멜수도회 수도원장 스카보로(Scarborough)로부터 멀린과 비드와 토마스 라이머가 쓴 종이 두루마리를 빌렸는데, 그 안에 노르웨이 흑(黑)함대, 독수리, 북부의 수탉, 달, A. B. C. 등 다양한 '등장인물들'이 나와 있었노라고 자백했다. 이어서 카르멜수도원장이 심문을 받았다. 그는 베벌리(Beverley)의 어떤 사제에게서, 그리고 윌리엄 랭데일(William Langdale)이라는 스카보로의 젠틀맨에게서 예언들을 필사했노라고 해명했다. 당연히 윌리엄 랭데일은 체포되어 자백하기를, 자신은 그 수도원장에게 "A. B. C."와 "K. L. M."에 관한 압운 형식의 예언을 내준 적이 있는데, 그 예언은 또 다른 사제 토마스 브래들리(Thomas Bradley)에게서 얻었다는 것이었다. 다시 브래들리는 자신이 소유한 멀린과 비드의 예언들은 원래 크로프트(Croft) 소교구 서기 윌리엄 랭글리(William Langley)가 가지고 있었던 것이라고 진술했다.[93]

이렇듯 예언은 입에서 입으로 널리 유통될 수 있었다. 하지만 때로는 전문가에 가까운 유포자들이 예언을 퍼트리기도 했다. 리처드 레이넘(Richard Laynam)이 바로 그런 사람이었다. 1546년 기소 당시 그는 이미 17년이 넘도록 예언들의 해석과 전파에 헌신해온 참이었다. 그의 예언 활동은 장차 잉글랜드에서 벌어질 전쟁들, 채링크로스의 붕괴,[94] 몰드랩, 릴리, 빵조각, "K. L. M.", 국왕을 몰아낼 사제들 등을 언급했다. 그는 1535년 세례요한축일 이전에 교황이 잉글랜드에

---

93) *L. P.*, vol. 12(2), pp. 426~8. 이후에 혐의들은 모두 기각되었지만(*ibid.*, p. 432), 돕슨은 처형되었다(*ibid.*, vol. 13(1), p. 267).

94) [역주] 채링크로스(Charing Cross)는 오늘날에는 런던 트래펄가 광장 동쪽 번화가를 지칭하지만, 원래 십자가를 표현한 유명 석탑들 중 하나였다. 원 석탑은 1643년에 파괴되었고 오늘날 남아 있는 것은 1863년에 재건된 석탑이다. "채링크로스의 붕괴"는 헨리 퍼시의 예언에 들어 있는 노래 이름으로 왕실의 파멸을 뜻했다.

머물게 될 것이라고 선포했다. 그는 윌트셔에서 처음 모습을 드러냈으나 훗날 활동무대를 런던으로 옮겨 토마스 크롬웰의 주목을 받게 되었던 것으로 보인다. 크롬웰은 그를 "미친 예언자"로 여겼고 런던탑에 가두었다. 1546년에 복권된 레이넘은(브레이 공을 위시한[95]) 고객들에게, 헨리 8세는 멀린이 예언한 여섯 왕들 중 마지막 왕으로 곧 왕국의 세 지역들을 양도하고 네 번째 지역만을 평화롭게 유지할 것이라는 확신을 심어 주었다.[96]

레이넘은 1546년에 진행되었던 심문과정에서 "윌트셔의 워민스터(Warminster) 근교에 사는 헐로크(Hurlock)라는 청년"에게도 여러 예언서들이 있다고 증언했다. 이 청년은 "연로" 할로크(Harlock)의 일족으로 추정되는데, 1532년 콜체스터 감옥에 수감된 어떤 죄수는 할로크의 예언을 근거로 다음과 같이 예언했다고 한다. "흰 토끼는 여우를 케어(Care) 성(城)으로 몰아넣고 흰 사냥개는 참나무 뿌리 밑으로 도망할지니, 서부에 큰 부족이 있어 이를 메우려면 잉글랜드의 모든 고통이 따라야 할 것"이라는 예언이었다. 원래 "연로 할로크"는 여기에 어떤 평화의 사도가 "투구에 눈을 뒤집어쓰고" 서부에서 출현할 것이라는 예언을 덧붙였다 — 이는 1914년에 "군화에 눈을 뒤집어쓰고" 잉글랜드로 진군할 것이라는 러시아 군대의 기대와도 일치하는 것이다.[97] 그 "연로 할로크"는 1530년에 심문을 받은 윌리엄 할로크

---

95) [역주] 존 브레이(John Bray, 2nd Lord Braye1: 약 1523~1557)는 에드먼드 브레이 공의 아들로 스루즈베리 제5대 백작인 프랜시스 탤벗(Francis Talbot)의 딸과 결혼했고, 전쟁에서 얻은 상처로 1557년 11월에 런던 블랙프라이어스에서 죽었다.

96) *L. P.*, vol. 8, p. 214; vol. 14(1), p. 382; vol. 21(1), pp. 513~5. 이 예언자는 레이넘, 레이먼(Layman), 래섬(Latham) 등 여러 이름으로 불렸다.

97) 헬멧에 눈을 뒤집어쓴 침입자들은 1588년에도 예상되었고(*C. S. P. Spanish, 1587~1603*. p. 215), *Nixon's Cheshire Prophecies*, Axon, ed., p. 41에서도

(William Harlokke) 라는 자였음이 거의 분명했는데, 그는 콜체스터에서 그의 고용주였던 내과의이자 천문학자인 한 의사로부터 왕들과 귀족들의 문장(紋章) 그림들을 곁들인 예언력을 받았노라고 자백했다. 이 예언들에 관해 버트(Byrte) 라는 서머싯 주민은 사제들의 임박한 전쟁을 비롯해 3년 내에 닥칠 대혼란을 암시하는 것이라고 그에게 말해주었다. 또 다른 해석을 제시한 탄턴(Taunton) 의 금세공사 리처드 로우스(Richard Loweth) 는 그 예언이 무서운 용이 맨발의 암탉들과 함께 잉글랜드에 상륙하리라는 것을 전한다고 확신했다. 그에게 용은 아일랜드의 데스먼드 백작을 뜻했다.[98] 순수 웨일스어로 예언들을 필사한 수첩을 지니고 있었던 로우스는 그 안에 다음 예언을 덧붙였다. 어떤 정중한 기사가 샌디퍼드 헤이븐(Sandynford Haven: 오래전 대격전지로 예언된 곳) 에 상륙해[99] 바위에 깃발을 꽂고는 곧 푸른 곰과 싸움을 벌이게 되리라는 것이었다.

할로크는 일종의 예언자 동호회에 가담해 있었음이 분명하다. 그의 지인들 중에는 흰 사자가 국왕을 죽일 것이라고 믿은 서퍽의 토마스 라크(Thomas Larke) 도 있었고, 여러 친구들에게 자신의 예언서를 읽어 주곤 했던 노리치의 존 바버(John Barber) 도 있었기 때문이다. 바버의 친구들 가운데 윌리엄이라는 이름을 가진 전속사제는 국왕이 3

---

다시 표현되고 있다. A. Ponsonby, *Falsehood in War-Time* (1928), pp. 63～6도 참조할 것(필자는 이 문헌을 B. H. Harrison 박사에게서 소개받았다).

98) [역주] '데스먼드 백작' 지위는 역사적으로 아일랜드 귀족들에게 주어졌다. 본문에서 언급된 인물은 데스먼드 제15대 백작 제럴드 피츠제럴드(Gerald FitzGerald: 약 1533～1583) 로 그는 1579년 데스먼드 반란의 지도자였다.

99) Murray, *Erceldoune*, pp. lxxx, 42～3, 57, 62～3. 이 점에서 "샌드퍼드"(Sandford) 는 보스워스(Bosworth) 전투를 바꿔 부른 이름이었다(이에 관해서는 *Tudor Royal Proclamation*, vol. 1, P. L. Hughes and J. F. Larkin, ed. [New Haven, 1963], p. 3을 참조할 것).

년을 넘기지 못할 것이요 자신에게는 더 훌륭한 예언서가 있다고 주장하기도 했다. 이런 언행을 보고 할로크는 그 전속사제를 노리치 보안관들에게 밀고했으나 당국은 그 사안을 가벼이 여겨 무시해 버렸다고 한다.[100)]

이렇듯 전통적 예언들은 자의적 해석을 거쳐 반정부 선동에 널리 이용되었다. 그렇지만 국왕 지지자들도 로마교황청과의 불화를 정당화하는 작업에서 예언을 이용할 수 있었다. 리처드 모리슨은《에스드라》상하권에 등장하는 사자를 헨리 8세와 동일시한 왕당파적 예언을 구성해서 웨일스 예언들을 맞받아쳤다.[101)] 헨리 8세가 "성(聖) 십자가만이 아니라 여러 왕국들을 수중에 넣을 것"임을 입증할 수 있도록 크롬웰에게 예언들을 수집해 준 것은 토마스 깁슨이었다.[102)] 이 예언들은 원래 철저히 가톨릭적인《라이머와 비드와 멀린의 예언들》에서 발췌되었지만, 헨리 8세가 성경을 영어로 번역 출판하고 교황을 타도함으로써 비유적 의미에서 성지(聖地)를 차지하게 될 것이라는 뜻으로

---

100) *L. P.*, vol. 4(3), pp. 2997~8; *Addenda*, vol. 1(1), pp. 262~3. 흰 사자는 *Prophecies of Rymer, Bede and Merlin*(Murray, *Erceldoune*, appendix, ii)에서도 등장한다.

101) Dickens, *Lollards and Protestants*, p. 130.
[역주] 리처드 모리슨(Sir Richard Morison, 혹은 Morrison: 약 1513~1556)은 하트퍼드셔 명문가 출신으로 옥스퍼드에서 수학한 후 인문주의자이자 외교관으로 활동했다. 그는 토마스 크롬웰의 총애를 받았고 헨리 8세를 위한 선전전에서 큰 영향력을 발휘했다. 에드워드 6세 때에는 카를 5세의 신성로마제국에 대사로 파견되기도 했다.

102) [역주] 여기서 '성 십자가'(*The Holy Cross*)는 예수 그리스도가 못 박힌 실물 십자가를 뜻한다. '참 십자가'(*True Cross*)로도 불리는 이것은 가톨릭교회는 물론 잉글랜드 국교회를 포함한 프로테스탄트 종파들 사이에서도 종교적 정통성의 상징이었다. 토마스 깁슨(Thomas Gibson)은 인쇄업자이자 팸플릿 작가로 활동했고 1538년에 래티머 주교의 소개로 토마스 크롬웰에게 예언편찬서를 보냈다.

재해석되었다.[103] 윌프레드 홈(Wilfred Holme)이라는 북부지방의 한 프로테스탄트는 헨리 8세가 몰드랩일 리 없고, 더 정확히 말하면 멀린이 예언한 사자와 독수리에 가깝다는 것을 입증하기 위해 혼신의 노력을 기울이기도 했다.[104] 하지만 정부의 노력은 종교개혁에 대한 반론이 가장해온 예언적 특성을 상쇄하기 위한 반선전전(反宣傳戰)에 집중되었다. 헨리 8세의 통치가 끝날 때까지 당국은 가톨릭 예언자들의 활동을 조사하고 예언서들을 압수하며 가장 대담한 범법자들을 투옥하는 사업에 주력했다.[105]

그럼에도 불구하고 예언과 반란의 연동성은 에드워드 6세 통치기간 내내 이어졌으며, 특히 1549년 전국을 뒤흔든 일련의 반란들에서 뚜렷하게 드러났다. 요크셔의 노스라이딩과 이스트라이딩에서 일어난 반란은 존 폭스가 "맹목적이고 허황한 예언"이라 부른 것에 의해 촉발되었다. 이 예언은 국왕과 귀족층과 젠트리층이 〔새로 들어설〕 평민의회에 의해 모두 제거되고 평민의회는 그들 대신에 네 지역의 총독들을 임명할 것이라는 내용이었다.[106] 런던에서는 정부가 트로이(즉, 런던)의 원로들이 목을 잃을 것이라는 멀린의 예언을 인용한 전단지를 길거리에 뿌려, 모반자들에 대한 반대여론을 자극했다.[107] 노퍽에서

103) *L. P.*, vol. 13(2), p. 516.

104) Dickens, *Lollards and Protestants*, pp. 128~9.

105) 다음과 같은 문헌들을 참조할 것. *L. P.*, vol. 5, p. 694; vol. 6, p. 685; vol. 8, p. 290; vol. 9, p. 133; vol. 10, pp. 59, 248, 505; vol. 11, pp. 24, 313; vol. 12(2), p. 223; vol. 13(2), p. 337; vol. 14(1), pp. 68, 379; vol. 14(2), p. 37; vol. 16, p. 265; vol. 18(2), pp. 294, 308; vol. 19(1), pp. 284~5; vol. 20(1), p. 125; *Addenda*, vol. 1(1), pp. 81~2; *Addenda*, vol. 1(2), pp. 549~50, 617; *A. P. C.*, vol. 1, pp. 238~9, 449, 509(이 참고문헌들 중 일부에 대해서는 Penry Williams 박사께 감사드린다).

106) A. G. Dickens, "Some Popular Reactions to the Edwardian Reformation in Yorkshire", *Yorkshire Archaeological Journal*, vol. 34(1938~9), pp. 163~4.

로버트 켓을 따른 농민들의 사기를 북돋워 준 것은 그들이 공공장소에서 공공연히 외친 다음과 같은 예언이었다.108)

> 촌놈들 홉(Hob)이며 딕(Dick)이며 힉(Hick)이,
> 몽둥이들과 징 박힌 구두로
> 곧 더신데일 계곡을
> 난자된 시체들로 채우리라.109)

이것은 예언한 장본인이 예언대로 비극을 겪게 되는 모순의 고전적 사례였다. 1549년 8월 27일 전투에서 더신데일 계곡을 채운 것은 반란군 자신들의 시체였기 때문이다. 최근에 어떤 역사가는 켓의 무리들이 마우스홀드 히스(Mouthhold Heath)의 주둔지를 떠나 공격에 나서게 된 것은 예언 때문이 아니라 식량공급선이 붕괴된 것 때문이라고 추정했다.110) 어쩌면 사건 이후 친정부세력의 유화책으로 자금사정이 다소 "호전된" 것도 그 원인일 수 있다. 하지만 그 반란에서 예언적 요소는 정말로 중요했다. 마우스홀드 히스는 헨리 8세 때 한 예언에서

---

107) P. F. Tytler, *England under the Reigns of Edward VI and Mary* (1839), vol. 1, pp. 208~10.

108) [역주] 로버트 켓(Robert Ket, 혹은 Kett: 1549년 죽음)은 1549년에 있었던 노퍽 농민반란 지도자로 이 사건을 "켓의 반란"이라고 부르기도 한다. 그는 피혁공이자 소지주였던 인물로 추정된다. 공동소유지의 인클로저에 반대해 발생한 이 반란은 1만 6천여 명이 참여하여 노리치를 일시 점거했으나 더신데일(Dussindale) 전투에서 존 더들리가 이끄는 토벌군에 패했고 켓은 처형되었다.

109) A. Nevil, Norfolkes Furies, or a View of Ketts Campe, R. W(ood), trans. (1615), sig. Kiv. 그런데 Nicholas Sotherton, "The Commoyson in Norfolk, 1549"(B. M. Harley MS 1576)는 전혀 다른 내용을 보여준다("더신스데일〔Dussens Dale〕에는 크고 작은 고난이 있으리라").

110) S. T. Bindoff, *Ket's Rebellion* (History Association, 1949), p. 6.

장차 대사건이 발생할 곳으로 일찌감치 지목된 장소였으며, "몽둥이들과 징 박힌 구두들"의 봉기에 관한 노퍽 내 소문은 1537년까지 소급될 수 있는 것이었다.[111]

켓의 반란의 여진이 계속되는 동안에도 예언은 패잔병들 사이에 희망의 불씨를 살려주었다. 1552년 6월부터 1553년 6월까지 최소한 5명이 예언 유포 혐의로 추밀원에 의해 체포되었다.[112] 특히 노리치는 예언자들이 퍼트린 풍문들로 들끓었다. 해마다 불온한 불평이 계속되었다. 한 반정부 인사는 1554년에 세 차례 전투가 있을 것이라고 예언했다. 그래서 "우리는 한여름이 되기 전에 노리치에서 프랑스 국왕을 만나게 되리라"는 것이었다. 같은 해 노퍽 치안판사들에게는 "모든 반란의 뿌리"인 "거짓 예언들"과 "선동적이거나 틀린 소문들"을 유포하는 자들을 색출하라는 훈령이 하달되었다.[113]

메리 튜더 정부도 비슷한 난관에 봉착했다. 와이어트 반란을[114] 이끈 주역들 중 한 사람은 예언의 영향으로 결국 반란에 가담하게 되었노라고 자백했다.[115] 런던에서는 여왕의 죽음이 임박했다는 예언이 떠돌았고 요크셔의 홀더니스(Holderness)에서는 정부가 예언서 소지자의 색출을 지시하고 있었다.[116] 피터보로의 주교는 그의 참사위원

111) Sir F. Palgrave in *Norfolk Archaeology*, vol. 1(1847), p. 217; *L. P.*, vol. 12 (1), p. 591.

112) *A. P. C.*, vol. 4, pp. 69, 156, 165, 287; *C. S. P. D.*, *1547~80*, p. 46.

113) *Depositions taken before the Mayor and Aldermen of Norwich*, *1549~67*, W. Rye, ed. (Norfolk and Norwich Archaeological Society, 1905), pp. 20, 40, 59; Kittredge, *Witchcraft*, p. 230.

114) [역주] 와이어트 반란은 친가톨릭 정책을 추진한 메리여왕이 에스파냐의 펠리페 2세와 결혼을 결정하자 이에 불만을 품고 토마스 와이어트 경(Sir Thomas Wyatt the younger: 1521~1554)이 주도한 반란이다.

115) Howard, *A Defensative against the Poyson of Supposed Prophecies*, f. 124v.

116) D. M. Loades, *Two Tudor Conspiracies*(Cambridge, 1965), p. 148;

들 중 한 명이 "어떤 고서(古書)에서" 나온 예언을 유포한 사건을 조사하라는 훈령을 받았다. 그 밖에도 프로테스탄트적이고 반(反)에스파냐적인 많은 예언들이 메리 시대에 작성되었다 — 그것들은 오늘날까지도 필사본으로 남아 있다.117)

엘리자베스 정부 역시 여전히 옛 예언들의 현실적 파괴력을 우려했다. 1569년에 더비셔의 친리에서 인클로저 폭동을118) 이끈 지도자들은 귀족의 운명을 다룬 예언들에 관해 체셔의 버클즈(Mr. Bircles)와 어떤 접촉이 있었는지를 집중적으로 조사받았고, 아울러 그들이 읽은 예언서들을 자백하도록 강요당했다. 여기서 "버클즈"는 실제로는 존 버틀즈(John Birtles)였음이 분명하다. 그는 훗날 1584년경 반역음모 혐의로 체포된 자들 중 한 명으로, 체포 당시 그는 "큰 초상들 — 그 일부는 턱수염 달린 초상들 — 이 수록된 예언서 1권"을 소지하고 있었던 것으로 밝혀졌다.119) 예언과 반란의 이 같은 관계는 노퍽 공작이 리돌피 음모에 가담해 반역을 도모한 혐의로 심문받은 과정에서도 입

Sheffield Central Library, Bacon Frank MSS, M4/1(1555년? 7월 10일)(*Sheffield City Libraries. Catalogue of the Arundel Castle Manuscripts*〔Sheffield 1965〕, p. 220에서는 1559년으로 기재되어 있지만, 그 도서관 사서는 친절하게도 너대니얼 존스턴〔Nathaniel Johnston〕의 필사본 *Life of Francis Earl of Shrewsbury*에서 그 문서의 위치는 존스턴이 그 문서를 메리 때의 것이라고 믿었음을 보여주는 것이라고 내게 말해 주었다).

117) *A. P. C.*, vol. 5, p. 17; Murray, *Erceldoune*, p. 63.

118) [역주] 귀족 지주층의 인클로저, 즉 경지확장에 대한 저항이 본격화된 것은 튜더 시대였다. 이 장의 역주 108에서 언급한 켓의 반란도 인클로저에 반대한 폭동이었다. 이를 간단히 '인클로저 폭동'(*Enclosure riot*)이라고 부른다. 1569년에 친리(Chinley) 소교구에서 발생한 농민폭동은 가드프리 브래드쇼(Godfrey Bradshow)가 공유지를 일부 침범해서 건물을 지은 것이 발단이 된 사건으로 알려져 있다.

119) R. H. Tawney, *The Agrarian Problem in the Sixteenth Century*(1912), p. 329; L. O. Pike, *A History of Crime in England*(1873~6), vol. 2, p. 23.

증되었다.[120] 심문과정에서 노퍽 공작은 사자(공작 자신)와 암사자(스코틀랜드 여왕 메리)가 다른 사자(엘리자베스 1세)를 몰아낼 것이라는 예언에 미혹되었다는 증거가 나왔다. 증인으로 나선 로버트 힉퍼드(Robert Higford)는 노퍽 공작이 '달을 찬양할 때 사자가 굴복하리라'는 말로 시작되는 예언을 보여주면서, "힉퍼드, 지금 자네가 보는 것은 어리석은 예언이라네"라는 식으로 가볍게 말했다고 증언했다.[121] 하지만 공작도 속마음으로는 그 예언이 실현되기를 간절히 기도했을 것이다.

시인으로 활동한 부친 서리 백작과 불행한 아들 노퍽 공작, 이들 하워드 가문의 부자가 대를 이어가면서 추구한 야망은 그들을 단두대로 보냈다. 이것이 계기가 되어, 3대째인 노샘턴 백작 헨리 하워드는 예언의 사악함과 불합리함을 폭로할 의도에서 《예언을 가장한 독약을

---

120) [역주] 리돌피 음모(Ridolfi Plot)는 엘리자베스 1세를 암살하고 스코틀랜드 여왕 메리 스튜어트를 추대할 목적에서 1570년에 발생한 사건이다. 이탈리아 피렌체 귀족 로베르토 리돌피(Roberto Ridolfi: 1531~1612)는 1555년경부터 사업차 런던에 거주하면서 여왕의 사촌인 노퍽 공작(Sir Thomas Howard, 4th Duke of Norfolk: 1536~1572)과의 교분을 이용해 메리 스튜어트를 그의 네 번째 부인으로 만들어 여왕으로 추대하려 했다. 음모가 발각되자 리돌피는 도주했고 노퍽 공작은 처형되었다.

121) N. Williams, *Thomas Howard, Forth Duke of Norfolk* (1964), pp. 219~20; W. Murdin, *A Collection of State Papers* (1759), pp. 70~3; S. Haynes, *A Collection of State Papers* (1740), p. 538; *C. S. P. D., Addenda, 1566~79*, p. 421. 이 예언에 대해 주교 에일머(Aylmer)는 여왕 앞에서 그 실체를 밝히면서, 처녀궁(Virgo)이 우위에 있느니 하등 두려워할 일이 없다고 말했다. Sir J. Harrington, *Nugae Antiquae*, T. Park, ed. (1804), vol. 2, pp. 37~8. [역주] 예언은 라틴어로 "In exaltatione lunae leo succumbet, et leo cum leone conjungetur, et catuli eorum regnabunt"였다. "달(즉, Percy of Northumberland)을 찬양할 때 사자(즉, Elizabeth)가 굴복할 것이며, 그러면 사자(Norfolk)가 암사자(Mary Stuart)와 결합할 것이며, 그들의 자식이 왕국을 다스리게 될 것이다."

막는 대책》(*A Defensative against the Poyson of Supposed Prophecies*, 1583)을 편찬하였다. 그는 이렇게 외쳤다. "얼마나 많은 반역이 시도되었고", "그런 실없는 장난감에 고무되어 얼마나 많은 사악한 일들이 시도되었는가!" 예언을 꾸미는 자들은 선동자들, 즉 "나라 안에서 흉포한 금수들을 그린 종이들, 책들, 문장들을 이용해 사람들이 현실적 의무를 저버리고 미래의 희망을 향하도록 만드느라 바쁜 자들"이었다. 이런 부류의 거짓 예언들은 "어리석음의 거품이요 교만의 찌꺼기요 명예의 파산이요 귀족의 독약"이었다. 그의 저서에서 노샘턴 백작은 조부와 부친의 좋지 못한 선례를 계기로, 16세부터 그 같은 예언 사례들을 수집해왔노라고 밝혔다. 하지만 그의 진정한 출판 동기는 똑같은 오명에서 벗어나고픈 바람이었을 것이다.[122]

에스파냐와의 갈등도 이런 예언들에 대한 관심을 유지해 준 힘이었다. 무적함대가 침공한 해가 1588년이었다는 것은, 중세 독일 천문학자 쾨니히스베르크의 요하네스 뮐러(레기오몬타누스)가 행한 것으로 믿어졌고[123] 당시에도 널리 유포되어 있던 예측, 즉 1588년이 '경이로운 해'가 되리라는 예측에 대해 소급적인 정당화를 제공했다.[124] 엘리자베스 치세 초부터 북부 가톨릭교도들 사이에서는 온갖 예언이 나돌았고[125] 스코틀랜드 여왕 메리의 추종자들도 예언을 이용했다. 일

---

122) Howard, *A Defensative*, ff. 113, 220v; *C. S. P. D., 1581~90*, p. 70.

123) [역주] 요하네스 뮐러(Johannes Müller von Königsberg: 1436~1476)는 라틴어 필명 레기오몬타누스(Regiomontanus, 즉 'Joannes de Regio monte')로 더 잘 알려진 독일 수학자, 천문학자, 점성술사이자 번역가이다. 라이프치히와 비엔나에서 수학한 그는 프톨레마이오스의 그리스어 원전 《알마게스트》를 번역했고 태음거리법을 창안했고 1472년 혜성(핼리혜성)을 관측해 이를 처음 천체로 인정했다.

124) W. B. Stone, "Shakespeare and the Sad Augurs", *Journal of English and Germanic Philology*, vol. 52(1953); G. Mattingly, *The Armada*(Boston, 1959), pp. 175~86.

례로 반역음모자 앤서니 배빙턴은 멀린의 것으로 알려진 예언서 1권을 소장하고 있었다.[126] 1575~1576년 웨일스인 모리스 클리녹은 가톨릭 세력의 총공격을 제안하면서 전승된 예언을 잘 이용하면 웨일스인들이 해방될 날이 올 것이라고 추측했다.[127] 웨일스인들은 로마로부터 함대가 파견될 것이라는 예언에 친숙하니, 이를 믿고 가톨릭 군대를 도우리라는 것이 그의 주장이었다.[128] 가톨릭 사제들은 로마 가톨릭교회가 부활할 것이요 미사는 "영원히 언제나" 지속될 것이라고 예언했다. "황금시대"가 도래해 엘리자베스의 몰락과 수도원의 부활을 보게 될 것이었다.[129] 1602년에 어떤 재단사가 자백했듯이, "좋은 날이 올 때까지 참고 견디면 모두가 잘살게 된다고 설득함으로써, 게

---

125) H. Aveling, *Nothern Catholics*(1966), pp. 79~80; Aveling, *The Catholic Recusants of the West Riding of Yorkshire, 1558~1790*(Proceedings of Leeds Philosophical and Literary Society, 1963), p. 205.

126) *C. S. P. D., 1547~80*, p. 430; Ward, *Catalogue of Romances*, vol. 1, p. 302. [역주] 앤서니 배빙턴(Sir Anthony Babington: 1561~1586)은 투옥되어 있던 스코틀랜드 여왕 메리와 공모해 엘리자베스 1세를 시해하려다 처형된 인물로, 이 사건은 그의 이름을 빌려 "배빙턴 음모"라 불린다.

127) [역주] 모리스 클리녹(Morys Clynnog, 혹은 Maurice Clenocke: 약 1525~1581)은 웨일스 출신으로 옥스퍼드에서 신학을 공부한 후 메리 치하에서 가톨릭 사제로 활동했다. 그는 엘리자베스가 등극하자 프로테스탄티즘으로 개종하기보다 로마로의 망명을 선택했고 그곳에서 예수회와 인연을 맺었고 가톨릭 신학자이자 교수로 활동했다. 1581년 에스파냐를 향하던 중 익사한 것으로 알려져 있다.

128) J. M. Cleary, "Dr Morys Clynnog's Invation Project of 1575~6", *Recusant History*, vol. 8(1966), p. 307.

129) *C. S. P. D., Addenda, 1580~1625*, pp. 105, 108, 110; H. N. Birt, *The Elizabethan Religious Settlement*(1907), pp. 441, n. 2; P. R. O., SP 12/151, ff. 112~3v; J. Strype, *The Life and Acts of Matthew Parker*(1711), pp. 360~1; *C. S. P. D., 1603~10*, p. 201; T. Robinson, *The Anatomie of the English Nunnery at Lisbon*(1623), p. 4; R. Bolton, *Some Generall Directions for a Comfortable Walking with God*(1판, 1638), p. 14.

다가 그 좋은 날은 오래지 않아 도래할 것이라고 말함으로써 빈민들을 붙잡아 두는 것은 국교회 거부 주동자들 사이에 흔한 화법"이었다.[130) 1603년 여왕 장례식에 모인 조문객들이 이런 예언들을 주고받은 것은 불가피한 일이었다.[131) 2년 후 어떤 젠틀맨은 "옛 저자들 24인"을 인용해 종교분쟁이 세례요한축일〔6월 24일〕과 성베드로 쇠사슬 축일〔*Lammas*: 8월 1일〕 사이에 전국을 화염과 폭력으로 내몰 것이라는 예언을 뒷받침할 수 있었다.[132)

가톨릭교회의 희망은 델피 신탁에 가까운 제프리 예언들에 의지해 유지되는 경향이 있었다. 일례로 1583년에 에식스의 존 투서(John Tusser)라는 젠틀맨의 것으로 알려진 예언은 다음과 같은 내용이었다.

> 사자는 … 노퍽으로 들어와 코끼리에게 살해당하리라. 이어서 빈민들은 그들의 수장을 위해 백마를 취할 것이요 죽었던 자가 잉글랜드에 들어오니 환호하리라. 죽었던 자와 함께 E라는 왕이 도래하니 죽었던 자는 그의 머리에 면류관을 씌우리라. 이어서 모든 법이 바뀌고 슬픔과 걱정은 모두 지난 일이 되리니 백성들은 죽었던 자의 도래에 또다시 환호하리라. 이어서 … 세상에서 가장 고귀한 혈통인 국왕 E는 이 왕국에서 모든 이단들을 깨끗이 뿌리 뽑고 교회와 가톨릭 신앙을 회복하리라. 사자와 말과 표범이 큰 독수리의 도움으로 E를 왕위에 앉히리라.[133)

여기서 사용된 모든 상징적 표현들의 출전을 일일이 확인하기는 힘

---

130) *H. M. C.*, *Hatfield*, vol. 12, p. 367.

131) I. Clapham, *Elizabeth of England*, E. P. Read and C. Read, eds. (Philadelphia, 1951), p. 113.

132) *H. M. C.*, *Hatfield*, vol. 17, p. 23.

133) 에식스 순회법원기록(Assizes 35/25/T, 1583년 7월 29일자)의 Essex R. O. 복사본. 이 문헌은 Alan Macfarlane 박사가 내게 보내주었음.

들다. 돌 십자가는 브리들링턴의 예언에 등장한다. 사자와 표범은 《다니엘서》(7장) 나 '월드해브'의 것으로 알려진 예언에서 유래하는 것일 수 있다.[134] 독수리는 아마 《에스드라》 상하권에서 나왔을 것이다. 그렇지만 죽었던 자는 성서 이외의 출전에서 나온 것이다. 1575년 잉글랜드 출신의 한 가톨릭 망명자는 "죽었던 자가 깨어나 잉글랜드 전체를 회개시킬 것이라는 예언이 있다"고 주장했다.[135] 두려운 망자는 예언문학의 흔한 등장인물이었고 "국왕 E"도 마찬가지였다.

또 하나의 인상적인 가톨릭 예언은 1586년 에드워드 소퍼드(Edward Sawford) 라는 레스터의 자수공이 말한 것이다. 그는 스코틀랜드 여왕 메리가 화를 당하면 끔찍한 결과들이 뒤따를 것이라고 예언했다. 말하자면 차기 의회는 주먹다짐으로 점철될 것이요, 엘리자베스는 웨일스로 도망할 수밖에 없을 것이요, 외국군은 체스터에 상륙할 것이요, 왕관을 얻었다 잃기가 여러 차례 반복될 것이었다. 지대(地代) 를 착취해온 자나 곡물을 매점해온 자나 빈민을 억압해온 자는 모두 "몽둥이들과 징 박힌 구두들"의 봉기로 몰락할 터였다. 죽었던 자가 도래해야 비로소 질서는 회복될 것인즉, 그는 네 통치자들을 세우고 예루살렘으로 진군해 그곳에서 다시 죽을 것이요 세 "콜로뉴 왕들" 사이에 묻힐 것이었다.[136] 심문과정에서 소퍼드는 이 정교한 예언을 가톨릭 지지자인 윌리엄 비어드(William Byard) 라는 노인에게서 전해 들었다고 주장하면서도 결정적인 출전은 "아서왕의 책"이라는 것을 인정했다. 그 책은 "그

134) [역주] '월드해브'(Waldhave) 는 1160년경에 성인의 향기(*odor of sanctity*) 를 남기고 죽은 몬트로즈 수도원장으로 추정되나 확실하지는 않다고 한다.

135) *H. M. C. Hatfield*, vol. 2, p. 95.

136) [역주] 세 '콜로뉴 왕들'(*three Kings of Cologne*) 은 일반적으로 그리스도의 탄생을 미리 알고 나사렛을 찾은 동방박사 세 사람을 뜻한다. 이들의 유해와 유품은 중세에 콜로뉴 대성당에 안치된 것으로 믿어졌고 이런 이유에서 '콜로뉴 왕들'로 불리게 되었다.

가 평생 읽어온 우화들만큼이나 재미있는" 책이었다고 말한 후, 그는 멀린이야말로 "닥쳐올 많은 일들, 실로 세상이 종말에 이르도록 겪게 될 많은 일들을 예언한 장본인"이라고 덧붙였다.[137] 소퍼드의 예언은 당시 유행하던 신화들의 흥미로운 뒤범벅이었다. 나라를 다스리게 될 네 통치자들은 1549년 요크셔 봉기에서 권력을 장악할 것으로 기대된 4개 지역의 총독들과 동일했다. 예루살렘 원정과 세 콜로뉴 왕들은 《라이머와 비드와 멀린의 예언들》로부터 파생된 것이었고 "몽둥이들과 징 박힌 구두들"은 켓의 반란을 특징지은 것이었다. "죽었던 자"는 조금 전에 언급한 대로였다. 전체적으로 이 예언은 가톨릭교의 복위와 함께 도래할 유토피아(소퍼드가 "즐거운 금빛 세상"이라 부른 세상)를 향한 가톨릭 신화의 근저에 때로 민중 급진주의(*popular radicalism*)가 놓여 있었음을 상기시켜 준다.

1586년에 글로스터셔의 리틀딘(Little Dean)에 사는 사이먼 요먼스(Simon Yomans)가 예언을 인용해 기근과 식량부족을 걱정했을 때에도 동일한 경향을 엿볼 수 있다. 그가 인용한 예언도 향후 12개월 안에 세 차례 전쟁이 있을 것이요, 여왕은 살해당할 것이요, 네 귀족이 통치할 것이요, 라틴어 법률이 들어설 것이요, 결국 행복한 세상이 될 것이라

137) 불행하게도 완전하지 못한 원문은 Leicester City Museum, Archives Department, B. R. II/18/2, ff. 207~11v에 포함되어 있다. 여러 대목들이 J. Thompson, *A History of Leicester*(1849), pp. 297~80; *Records of the Borough of Leicester*, vol. 3, M. Bateson, ed. (Cambridge, 1905), pp. 230~1; *The Cheshire Sheaf*, 3rd series, vol. 12(1915), pp. 45~6 등에서 복원되었다. 어떤 대목은 밭을 갈다 사제를 보고는 죽이려고 마음먹는 어떤 어른과 아이에 관한 것이며, 또 어떤 대목은 당시 복식(服食)과 만연된 위선적 태도를 전체적으로 비판한 일련의 시구들이다(후자는 John Harvey, *A Discoursive Probleme*, p. 57에서 Thomas de Guino의 것이라고 주장된 예언의 변형으로 볼 수 있다. 이것은 Cheshire R. O., DDX 123, f. 7v에 있는 예언서의 한 단락과 거의 동일하다).

는 내용이었다.[138] 이 사례에서 예언적 화법은 잃어버린 경제질서, 즉 식량이 풍부하고 빈민이 보살핌 받던 질서에 대한 향수와 융합되어 있었다. 이와 비슷하게 19세기까지도 노퍽에서는 마더 십턴이 "로마 가톨릭교도들이 이 나라를 다시 차지해 잉글랜드를 또 한 번 멋진 곳으로 만들 것"이라고 예언했다는 믿음이 여전히 남아 있었다.[139]

이 점에서 존 해링턴 경이 가톨릭교도들을 겨냥해 다음과 같이 주장한 것은 그리 놀랄 일이 아니다. 그들은 "대체로 프로테스탄트들이나 퓨리턴들에 비해 훨씬 미신적이고 귀가 얇아서 더욱 많은 것을 옛 예언과 전승 덕택으로 돌린다는 비난을 받고 있는데, 이들 중에서도 특히 천하고 무지한 부류가 그러하다"는 것이었다.[140] 그러나 반동종교개혁 지도자들은 이런 종류의 예언 활동을 부추긴 적이 거의 없었다. 그들은 모든 형식의 점복을 의심했고 멀린은 아예 금서목록에 이름이 등재되었다. 가톨릭 사상에서 예언적 요소는 서민들의 문제였고 무식자들 사이에서 가장 오래 명맥을 유지했다. 잉글랜드 국교회의 경우에도 상황은 거의 비슷했다. 주교 주얼과 그의 동료들은 "분별없고 헛되고 거짓인 예언들"은 기만적인 내용과 악마적인 기원을 가진 것이라고 생각했다.[141] 비록 초기 프로테스탄트들 중 많은 이들은 멀린을 악

---

138) P. R. O., SP 12/192, ff. 92, 93.

139) J. Gunn in *Norfolk Archaeology*, vol. 2 (1849), p. 304.

140) Harrington, *A Tract on the Succession to the Crown*, p. 120.

141) P. Zumthor, *Merlin le prophète* (Lausanne, 1943), p, 113; *The Works of John Jewel*, J. Ayre, ed. (Cambridge, P. S., 1845~50), vol. 2, p. 880; Foxe, vol. 3, pp. 756~61; *The Sermons of Edwin Sandys*, J. Ayre, ed. (Cambridge, p. S., 1841), pp. 67~8; *The Workes of … William Perkins* (Cambridge, 1616~18), vol. 3, p. 467. 천사적 예언과 악마적 예언을 구분하려는 시도는, 이를테면 A. Burgess, *CXLV Expository Sermons upon the Whole 17th Chapter of the Gospel according to St. John* (1656), pp. 395~6에서 찾을 수 있다.

마의 씨에서 태어난 자식으로, 고대 신녀들을 "사탄의 예언자들"로 멀리했지만, 상대적으로 덜 적대적인 태도를 취한 이들도 있었다. 일례로 롤라드파는 제프리 예언들을 자주 들먹이곤 했다. 1520년대 런던에서 한 롤라드파 교도는 곧 사제들이 전쟁을 일으켜 모든 사람이 학살되고 당분간은 사제들이 통치하겠지만 결국 전복될 것이며, 그 후에야 행복한 세상이 도래할 것이라는 소문을 퍼트리고 있었다. 현실에 밝은 성직자들이 롤라드를 '몰'(즉, 몰드랩)이라 즐겨 부른 것은 우연이 아니었다.[142]

종교개혁 과정에서도 가끔은 멀린의 예언들을 이용해 프로테스탄트 대의를 정당화하려 한 시도들이 있었다. 주교 콕스는 고대 로마의 한 예언을 인용하면서 그것이 수도원 해산을 예언한 것이라고 생각했다.[143] 체셔 지역에 대한 로버트 닉슨의 예언들 중에는 성상파괴를 예고한 것들이 있었다. 주교 베일은 멀린이 종교개혁을 예언했다고 생각했고 일부 프로테스탄트들은 중세 권위자들에 의존해 멀린이 신성한 계시를 받았다고 믿었다. 《통치자를 위한 거울》(1559)의 공저자들에게 멀린은 "장차 있을 군주들의 조치들을 미리 알고 말할 수 있도록 하나님이 성령을 주입한 박식한 멀린"이었다.[144] 1583년 노샘턴 백작

142) Foxe, vol. 4, p. 234; G. R. Owst, *The Destructorium Viciorum of Alexander Carpenter* (1952), p. 13, n. 1.

143) [역주] 리처드 콕스(Richard Cox: 약 1500~1581)는 버킹엄셔 출신으로 케임브리지에서 수학한 후 성직자로 활동했다. 1542년에 그는 왕실전속사제로 임명되었고 대주교 크랜머를 축출하려는 음모를 분쇄하는 데 일조하기도 했다. 에드워드 6세가 등극하면서 종교개혁가로서 그의 활약은 절정에 도달했고 엘리자베스 치세기에 노리치 주교와 일리 주교를 지냈다.

144) [역주] 《통치자를 위한 거울》(*Mirror for Magistrates*)은 여러 저자가 쓴 19편의 비극적 이야기를 모아 1559년에 출판된 작품이다. 잉글랜드의 역대 군주가 권좌에 올랐다 몰락하는 과정을 그린 역사물로 대중적 인기를 누렸고 셰익스피어 희곡에도 큰 영향을 미쳤다.

이 언급했듯이, 신앙 없는 자들만이 옛 예언에 귀를 기울이는 것은 아니었다.[145]

심지어는 일부 퓨리턴들조차 자신들의 열망을 예언 형식으로 표현할 준비가 되어 있었다. 주교감독제에 대한 혐오는 17세기 초에 제임스 1세의 장남 헨리 왕자를 향한 희망과 결합해 시 한 편을 탄생시켰는데, 이 시는 1608년에 "많은 사람들의 입에" 회자되고 있었다고 한다.[146]

> 국왕 헨리 8세는
> 수도원들과 〔기도용〕 밀실들을 파괴했으니,
> 같은 이름을 가진 차기 국왕은
> 주교들과 교회 종들〔우상들〕을 타도하리라.

이 엉터리 시는 17세기의 마지막 10년까지도 끈질기게 유통되었는데, 이번에는 아마도 윌리엄 헨리 — 앤 여왕의 아들이자 명백한 프로테스탄트 왕위계승자 — 에 대한 희망을 담았을 것이다.[147] 급진

---

145) J. Strype, *Ecclesiastical Memorials* (Oxford, 1882), vol. 1 (1), pp. 420~1; Cheshire R. O., DDX 123, f. 9; B. M., Cotton MS, Vespasian E vii, f. 134 (가톨릭교회의 몰락에 관한 고대 브리튼들의 예언); J. Bale, *The First Two Partes of the Actes or Unchast Examples of the Englysh Votrayes* (출판연도 미상, 1551?), vol. 1, f. 40v; W. G. Jones in *Transactions of the Honourable Society of Cymmrodorion* (1917~18), p. 12 n.; G. M. Griffiths in *The National Library of Wales Journal*, vol. 7 (1951~2), p. 233; *The Mirror for Magistrates*, Campbell, ed., p. 228; Eloward, *A Defensative*, f. 18v.

146) [역주] 헨리 왕자(Henry Frederick, Prince of Wales: 1594~1612)는 제임스 1세의 장남으로 헨리 프레데릭이란 이름은 친조부인 헨리 스튜어트와 외조부인 덴마크 국왕 프레데릭 2세로부터 가져온 것이다. 매우 총명했던 그는 제임스의 왕위를 물려받을 것으로 예상되었으나 18세에 급사해 왕위는 그의 동생 찰스에게 돌아갔다. 그가 왕위를 물려받았더라면 잉글랜드 역사가 달라졌을 것이라는 역사가들의 평가가 있다.

147) W. Westerman, *The Faithfull Subjects* (1608), p. 26; *H. M. C. Hatfield*,

프로테스탄트 사조에서는 제프리 예언들의 영향이 한층 뚜렷하게 탐지될 수 있다. 켄트의 한 브라운파 교도는 잉글랜드가 3년 이내에 두 왕, 즉 북부에서 온 왕과 남부에서 온 왕에 의해 파멸할 것이라고 예언한 책을 집필한 죄로 1626년경에 투옥되었다.[148] 1639년에는 고대 신녀들의 신탁을 모방해 주교들의 임박한 몰락을 다룬 예언이 유포되었고, 2년 후에는 《고위성직자들에 관해 링컨 주교 그로스테스트가 오래전에 한 예언》(*An old Prophecie of Gostred Bishop of Lincoln concerning the Prelates*)이 출판되기도 했다.[149]

그렇지만 옛 예언의 진짜 전성기는 내란과 함께 찾아왔다. 제프리 예언들은 점성술적 예언력 및 종교적 계시문학과 결합해 전례 없이 많은 양의 예언적 조언을 평신도 대중 앞에 제시했다. 비록 그 세 장르는

---

vol. 19, p. 242; G. M. Straka, *The Anglican Reaction to the Revolution of 1688*(Madison, 1962), pp. 27~8. 이 시는 1653년에 존 해링턴 경의 *A Brief View of the State of the Church of England* 속표지에 인쇄되었다. 해링턴 경은 그것을 1606년 8월에 처음 들었는데, 이에 관해서는 *Nugae Antiquae*, vol. 2, Park, ed., pp. 3, 8을 참조할 것.

[역주] 윌리엄 헨리(Prince William Henry of Denmark, Duke of Gloucester: 1689~1700)는 앤 여왕과 조지 공(Prince George of Denmark) 사이에서 태어난 자식들 중 유아기까지 살아남은 유일한 자식이었다. 명예혁명은 프로테스탄트 왕위계승을 명문화했기 때문에, 윌리엄 헨리는 당연히 왕위계승자로 추앙되었으나 병약했던 그는 11세에 생을 마감했다.

148) [역주] 브라운파(Brownists)는 러틀랜드 출신의 신학자 로버트 브라운(Robert Brown: 약 1550~1630)을 추종한 신흥종파이다. 브라운은 케임브리지에서 신학을 수학한 후 신학 교수로 재직하다 대학을 떠나 1580년경부터 노리치에서 독립파 목회자이자 신학자로 활동했다. 1581년에 투옥되었으나 윌리엄 세실의 도움으로 풀려나 네덜란드로 망명해 생을 마감했다.

149) C. Burrage, *The Early English Dissenters*(Cambridge, 1912), vol. 1, p. 202; *C. S. P. D., 1625~49*, p. 613; H. W., *The Prelates Pride*(1641). 그로스테스트의 임종유언에 관해서는, Döllinger, *Prophecies and the Prophetic Spirit*, p. 159를 참조할 것.

서로 구별되었지만 각각의 정체성이 늘 유지된 것은 아니었다. 실제로 점성술사 릴리는 어느 누구보다도 옛 예언들이 다시 유통될 수 있게 만든 주역이었다. 그는 자신의 책력에 "잉글랜드인 멀린"이라는 제목을 붙였고, 제프리 예언들을 집성한 편찬서에는 케플러의 점성술적 예언들을 수록하기도 했다.[150] 점성술적 예언을 성경해석에 기초한 예언(이를테면 '브라이트먼'의 예언)[151]이나 멀린 같은 예언자들의 신탁 형식의 예언과 구분할 줄 아는 독자들이 얼마나 되었을지도 의심스럽다. 내란기 문학은 온갖 유형의 예언을 — 그 각각이 어떤 토대에 의존하느냐에 상관없이 — 모두 환영하는 경향을 보여준다.

이런 예언들의 저자들로 믿어졌던 비드나 그로스테스트 같은[152] 옛 성인들이 모두 가톨릭교도들이었음을 걱정한 인사들이 없었던 것 같다는 점도 호기심을 자극한다. 오히려 릴리는 베케트가 교회에 의해 성인으로 추앙된 인물이기 때문에 그의 예언도 더욱 믿을 만한 것이라

---

150) Lilly, *A Prophecy of the White King.*
[역주] 릴리의 편찬서, *A prophecy of the white king, and dreadfull dead- man explained*(1644)는 몬머스의 제프리의 예언들 외에도 고대 티부르티나 신녀들(*Sibylla Tibvrtina*)의 예언들과 요하네스 케플러(Johannes, 혹은 John Kepler: 1571~1630)의 루돌푸스 표(Rudolphine Tables, 혹은 Tabulae Rudolphinae)가 수록되었다. 후자는 케플러가 1627년에 티쇼 브라헤의 관측 데이터를 이용해 출판한 항성 및 행성 관측표이다. 17세기에 점성술과 천문학이 얼마나 깊이 얽혀 있었는지를 보여주는 사례이다.

151) 토마스 브라이트먼(Thomas Brightman: 1562~1607)의 《요한계시록》 주석서는 하나님의 계시를 받은 것이라는 소문이 있었다. *A Revelation of Mr Brightma's Revelation*(1641)을 참조할 것.

152) [역주] 로버트 그로스테스트(Robert Grosseteste: 약 1175~1253)는 영국 출신 성직자로, 옥스퍼드와 파리에서 교육을 받았으며, 1220년대에는 프란키스쿠스회 지도자로 활동했다. 교황(이노센트 3세)과 국왕(헨리 3세)을 비판하고 "마그나 카르타"의 원리를 고수한 자유주의자로 동시대와 후세에 큰 영향을 미쳤다.

고 주장했다.[153] 아이러니하게도 중세 성인들과 반동종교개혁 지도자들에 뿌리를 둔 예언서들이 대량으로 출판된 것은 바로 퓨리턴 공화국 기간이었다. 하지만 이런 종류의 계보 엮기는 예언의 권위를 현저하게 높일 수 있었다. 가톨릭적 과거는 사제들이 프로테스탄트 후배들에게는 없는 마술적 권능을 발휘한 시절로 보였고 성인들에게만은 예언과 예지가 허용되었던 시절로 보였다.

반면에 제프리 예언들에 신학적으로 높은 지위를 부여하려는 시도도 있었다. 토마스 헤이우드의 《멀린의 생애》(1641)는 특별한 영혼들만이 하나님의 예언자들로 선택될 수 있다는 것을 독자들에게 상기시켰다.[154] 이제 멀린은 단순히 기독교도로 묘사되기보다 프로테스탄트로 묘사되기 시작했다. 1658년에 한 편집자는 멀린의 예언들이 트렌토 공의회에 의해 금서로 지정된 것은 "그것들이 로마교황의 몰락과 폐위를 천둥치듯 외치고 있기" 때문이라고 밝혔다.[155] 마찬가지로 릴리도 — 비록 옛 예언들은 저자들에게 점복용 수정구를 통해 전달되었다고 믿기는 했지만 — 옛 예언들의 신성한 기원을 인정하는 편이었다.[156]

이 20년 기간 동안 인쇄된 옛 예언들의 수량은 실로 전대미문의 것이었다. 1640년 이전에는 옛 예언들이 사적인 필사본 컬렉션들에 소장된 경우는 종종 있었지만 인쇄물로 출판된 경우는 별로 없었다. 그

153) Ashm. 241, f. 195.

154) [역주] 토마스 헤이우드(Thomas Heywood: 약 1575~1641)는 케임브리지에서 수학한 후 런던에서 희곡작가이자 배우로 활동한 인물이다. 엘리자베스 치세 말과 제임스 1세 치세 초의 유명 극단들(Lord Southampton's; Lord Strange's Men; Worcester's Men 등)을 두루 거치면서 많은 대본을 썼는데, 그의 말년 작품 《멀린의 생애》(*The Life of Merlin*, 1641)는 1640~50년대가 연극불황기였음에도 불구하고 2회 연장해 공연했을 만큼 인기를 누렸다.

155) Pugh, *British and Out-Landish Prophecies*, p. 71.

156) Lilly, *Autobiography*, pp. 197~8.

나마 출판물들 중 일부는 존 하비(John Harvey)의 《예언에서 추론의 난점》(*The Discoursive Probleme concerning Prophecies*, 1588)처럼 예언 비판에 관심을 가진 작가들의 작품이었다. 그 외에 거의 모든 예언들은 당시까지 구전으로 전승되어온 것들이었다.[157] 이런 상황은 1641년부터 빠르게 변화하기 시작했다. 멀린의 예언들은 헤이우드의 《멀린의 생애》가 출판되면서 한층 친숙해졌다. 이 작품은 멀린의 예언들, 엄밀히 말해 헤이우드가 멀린의 것들이라 믿은 예언들이 얼마나 적중했는지를 입증할 목적으로 서술된 잉글랜드 연대기였다. 같은 해에 마더 십턴은 처녀작을 선보였고[158] 깜짝 성공을 거두었다. 그녀의 음울한 예언들은 《경이로운 예언 2종》(*Two Strange Prophesies*, 1642)에도 재수록되었는데, 이것은 예언선집(豫言選集)이라는 새로운 장르를 개척한 첫 작품이었다. 그 인기가 어찌나 신속히 확산됐던지, 《경이로운 예언 2종》은 1642년이 저물기도 전에 《경이로운 예언 4종》이 되었고, 1643년에는 《경이로운 예언 7종》, 1644년에는 《주목할 예언 9종》, 1649년까지는 《경이로운 예언 14종》으로 증보를 거듭했다. 마더 십턴의 예언력에는 이그나티우스, 시빌라, 멀린, 토마스 브라이트먼, "트러스웰"이라는 인물, "오트웰 빈스"라는 인물 등의 예언들이 추가되곤 했다. 이 예언들은 각기 낱권으로 출판되기도 했다.

나머지 유명한 예언선집으로는 《예언자》(*Nuncius Propheticus*, 1642)

---

157) *Whole Prophecies of Scotland*(이 책의 2권 pp. 439~41)와 맥스웰의 1615년 편찬서(이 책의 2권 pp. 435~39) 외에도, 다음과 같은 인쇄본들이 있었다. *A Prophecie that hath Lyen hid above these 2000 Years*(1610, 1614)(《에스드라》 상하권의 예언); *A Nunnes Prophesie*(1615)(힐데가르트의 예언); *A Prophesie of the Iudgment Day, being lately found in Saint Denis Church in France*(1620?); 멀린에 대한 16세기의 다양한 판본들. 더 실질적인 편찬서로는 *Prophetia Anglicana et Romana*(Frankfurt, 1608)이 있었다.

158) *The Prophesie of Mother Shipton*(1641).

라는 — 이후 수차례 출판된 선집들의 뿌리가 된 — 라틴어 편찬서가 있었고 《예언자 메르쿠리우스: 옛 예언들 집성》(*Mercurius Propheticus, or a collection of some old predictions*, 1643)이 있었다. 후자를 편찬한 익명의 편집자는 마더 십턴과 이그나티우스를 위시한 일련의 예언자들을 수록하면서, 그들은 모두 자신의 조부보다 연로하지만 "마치 방금 글을 쓴 것처럼 현 상황을 생생하게" 전해 준다고 말했다. 1645년에는 릴리의 《신구(新舊) 예언집성》(*A Collection of Ancient and Moderne Prophecies*)이 출판되었다. 여기에는 당시 인기를 누린 예언들이 총 망라되었고 그 모두가 찰스 1세에게 불리하게 해석되었다. 이 다양한 예언들이 신성한 계시로 간주될 수 있는지 여부를 과감히 밝히지는 않았지만 그는 그것들이 자신의 점성술적 결론들과 일치한다는 점을 지적했다. 그는 1년 전에는 《선한 국왕에 대한 예언: 무서운 망자의 부활도 함께 해설됨》(*A Prophecy of the White King: and Dreadfull Dead Man explained*)을 출판한 적이 있었다. 이것은 웨일스의 한 예언서를 주석한 작품이었는데, 로버트 카튼 경의 도서관에 소장되어 있던 그 예언서는 예전부터 큰 주목을 받아온 것이었다.159) 그 예언서에 등장하는 '정의로운 사자'(*Lion of Rightfulness*)와 '독수리 모양의 닭'(*Chicken of the Eagle*)에 대한 릴리의 신중한 주석은 현 국왕의 패배가 임박했음을 뚜렷이 내비쳤다. 릴리는 선한 국왕의 출현을 예언한 것 외에도 여러 예언들을 수록했다. 그중에는 무서운 망자에 대한 예언이 있었고, 1520년에 일어난 스위스 산사태 과정에서 우연히 발견된 대리석판에 새겨져 있었다는 시빌라

159) [역주] 로버트 카튼 경(Sir Robert Bruce Cotton, 1st Baronet: 1570/1~1631)은 헌팅던셔 출신으로 케임브리지에서 수학한 후 1601년부터 국회의원으로 활동했다. 그는 고물연구와 수집에서도 탁월한 성취를 이루었는데, 특히 "카튼 라이브러리"(Cottonian Library)라는 그의 도서관은 오늘날까지 희귀 필사본 컬렉션으로 그 명성을 이어가고 있다.

티부르티나의 예언도 있었으며,[160] 그 외에 1588년 존 하비가 출판한 예언 비판서로부터 표절한 내용도 있었다. 릴리가 일라이어스 애쉬몰의 도움으로 특별히 번역해서 1647년에 출판한 《암브로스 멀린의 예언》은 1608년 프랑크푸르트에서 출판된 책을[161] 원본으로 삼았다. 그의 호적수였던 전직 군인 크리스토퍼 심스(Christopher Syms)는 《선한 국왕에 대한 예언》을 여러 차례 출판하면서, 애매하지만 명백히 왕당파를 지지하는 주석을 덧붙였다. 그는 그 주제를 연구하는 데 19년간 심혈을 기울였다고 주장했다.[162]

국왕이 패배하자 제프리 예언들은 더욱 정밀한 검토와 재해석을 받게 되었다. 엘리자베스 여왕에게 헌정되었던 파울 그레브너의 예언이 이제는 찰스 1세의 죽음에 대한 예언으로 간주되기도 했고, 장로파 사이에서는 찰스 2세의 신속한 복위를 암시한 것으로 받아들여지기도 했다.[163] 릴리는 《왕정이냐 왕정이 아니냐》(*Monarchy or no Monarchy*, 1651)에서 이런 해석을 반박했다. 그가 그때까지 출판한 예언선집들 중 가장 방대한 그 작품은 예전에 발간된 모든 예언들을 실질적으로 망

---

160) [역주] '시빌라 티부르티나'(Sibylla Tiburtina)는 고대 말 로마의 신녀들이 행한 것으로 알려진 라틴어 예언이다. 종말론, 적그리스도의 출현, 최후의 황제 등에 대한 예언이 수록되었고 11세기 중반부터 16세기까지 100여 편의 필사본이 현존할 만큼 중세와 르네상스 시대에 큰 인기를 누렸다.

161) *Prophetia Anglicana et Romana*. 릴리의 소장본은 Ashm. 631이다. 번역된 내용은 릴리의 *The Worlds Catastrophe*(1647)에 수록되었다.

162) Syms, *The Swords Apology*; Syms, *The White King Raised*(1647; 재판, 1649). *The Prophecies of a White King of Brittaine*이 1643년 처음 출판되었을 때에는 아무 주석도 없었다.

163) *C. S. P. D., 1649~50*, pp. 168~9; *A Prophesie of Paulus Grebnerus* [1649]; B. M., E 548(27)에서의 친필 주석; *The Kingdomes Faithfull and Impartiall Scout*, 16(1649년 5월 11~18일자); *A Brief Description of the Future History of Europe*(1650).

라하면서, 여기에 그레브너에 대한 반(反)장로파적 해석과 라이머와 월드해브 같은 옛 스코틀랜드인들의 예언들을 덧붙였다. 이 모든 예언들은 하나의 방향만을 가리켰다. 찰스 1세는 잉글랜드 최후의 국왕이요 그의 아들에게는 정치적 미래가 없다는 것이었다. 릴리는 "다가올 긴 세월 동안 잉글랜드 국민과 국가가 처할 미래 조건을 완벽하게 재현"하겠다는 취지에서 16페이지의 그림들로 결론을 맺었다. 이 그림들 중 하나로 인해 그는 15년 후 큰 곤경에 처하게 되었다. 불타는 도시를 묘사한 그림이 런던 대화재를 예지했다는 의심받을 만한 것으로 보인 탓이었다.[164]

릴리에게 공위기는 옛 예언의 절정이자 예정된 목적지였다. 그는 이렇게 주장했다. "잉글랜드인과 웨일스인과 색슨인의 옛 예언들은 모두, 혹은 거의 모두 작고한 잉글랜드 국왕 찰스 스튜어트에 관한, 즉 그의 통치며 그의 행적과 삶과 죽음을 다룬 것이요 지금 우리가 사는 현시대를 다룬 것이었지, 결코 예전 국왕이나 시대를 다룬 것은 아니었다."[165] 많은 동시대인들이 이런 망상을 공유했다. 거의 모든 내용을 《왕정이냐 왕정이 아니냐》로부터 발췌한 1651년의 한 예언선집은 다음과 같이 밝혔다.

> 〔이 작품은〕 케임브리지대학으로부터, 또한 잉글랜드와 스코틀랜드의 여러 다른 도서관들로부터 보내온 원전들과 꼼꼼한 대조를 거쳤으

---

164) Josten, Ashmole, pp. 1072~5. 또한 Ashm. 533(1)에서 릴리의 주석은 그가 런던 대화재는 1693년, 대역병은 1667년에 있을 것으로 예언했음을 보여준다. 오브리는 그 그림들의 출전이 "수도사들의 시대에 작성된 한 낡은 양피지 필사본"이었다고 언급한 적이 있다. Aubrey, *Miscellanies*, p. 121을 참조할 것.

165) *Mr William Lilly's True History of King James the First and King Charles the First*(1715; 작성된 해는 1651), p. 81; 이 저서의 pp. 77~105는 찰스 1세 처형의 예언적 배경을 입증하려는 의도에서 작성되었다.

며 출판허가를 받고 출판되어 이제 독자들에게 선보이게 되었으니 … 이 작품은 잉글랜드와 웨일스의 모든 도시들과 장시들에 보급될 것입니다.[166]

이듬해에는 이제 친숙해진 원전들을 조밀하게 압축한 요약본《멀린, 비드, 베케트 등의 모든 경이로운 예언들》이 출판됐다. 토마스 퓨(Thomas Pugh)의《브리튼과 그 변방의 예언들》(*British and Outlandish Prophesies*, 1658)도 그 장르를 계승한 작품으로, 웨일스와 스코틀랜드의 예언들을 이용해 찰스 1세는 몰드랩이었다는 것, 올리버 크롬웰은 웨일스인들이 오래 기다려온 영웅이라는 것, 복위를 노리는 찰스 2세의 시도는 실패로 끝나리라는 것 등을 제시했다. 1659년 3월에는 가장 방대한 편찬서로 불릴 만한《외국과 국내의 신구 예언들》(*Forraign and Domestick Prophesies both antient and modern*)이 출판되었다. 이 작품은 2백 페이지에 달하는 예언을 수록했는데 그중 많은 내용은 웨일스어로 작성되었다.

공위기는 팸플릿이 홍수를 이룬 시대였으므로 그 혼란스러운 시절의 모든 출판물에 일일이 의미를 부여하는 것은 잘못일 수 있다. 그렇지만 예언서들이 경박하거나 정치에 무관심한 대중을 겨냥한 하루살이 출판물에 불과하다는 식으로 무시되어서는 곤란하다. 그것들은 판매량 면에서 놀라운 성공을 거두었다. 릴리는《자서전》에서 그의《선한 국왕에 대한 예언》이 3일간 1천 8백 권 팔렸다고 주장했다. 이런 자랑을 검증할 수는 없지만, 운 좋게도 오늘날 남아 있는 출판업자의 회계장부는 릴리의《신구 예언집성》(1645)이 3쇄에 돌입해 총 4천 5백 권이 인쇄되었음을 보여준다.[167] 어쩌면 실제 독자층은 더 방대했을 수

166) *The Lord Merlins Prophecy*(1651).

167) Lilly, *Autobiography*, p. 106; H. R. Plomer, "A Printer's Bill in the

있다. 당시 편지들과 일기들을 읽어 보면, 서민 대중만이 아니라 성직자층과 젠트리층도 예언문학을 얼마나 진지하게 받아들였는지 알 수 있다.[168] 정치가들도 영향을 받았다. 몬트로즈 후작은 자신이 국왕을 대신해 스코틀랜드를 회복할 것이요 군대를 이끌고 나머지 영지들도 평정할 것이라는 예언을 믿고 희망에 부풀었다가 좌절의 쓴맛을 보아야 했다.[169] 아일랜드 대학살(1641)을 예고한 그림 예언은 지구사제 존스(훗날 클로거의 주교)에 의해 잉글랜드로 건네졌고 하원의 아일랜드문제위원회에서 진지하게 검토되었다.[170] 이 예언은 뉴리(Newry) 성벽에 숨겨져 있던 낡은 두루마리에서 발견된 것으로 알려졌다.[171] 신원이 확인되지 않은 어떤 "거물 정치인"도 기회 있을 때마다 마더 십

---

Seventeenth Century", *The Library*, new series, vol. 7 (1906).

168) *The Diary of the Rev. Ralph Josselin, 1616~83*, E. Hockcliffe, ed. (Camden Series, 1908), p. 122; *Yorkshire Diaries*, C. Jackson, ed. (Surtees Society, 1877), p. 63; "The Diary of John Greene (1635~57)", *E. H. R.*, vol. 44 (1929), p. 111; *H. M. C.*, vol. 5, p. 144; *Diary of John Rous*, M. A. E. Green, ed. (Camden Society, 1856), p. 65; Ashm. 423, ff. 148~9v; Heywood, *Diaries*, vol. 3, pp. 60~1, 82.

169) L. Echard, *The History of England*, vol. 2 (1718), p. 682.
[역주] 몬트로즈 후작(James Graham, 1st Marquess of Montrose: 1612~1650)은 원래 장로파 지지자로 3왕국 전쟁(잉글랜드, 아일랜드, 스코틀랜드 간에 1639~51년간 전개된 전쟁)에 가담했다가 내란이 발발하자 찰스 1세의 지지자로 변신했다. 1644년부터 1646년까지 한 번, 1650년에 또 한 번 그는 찰스 편에서 스코틀랜드 내란을 주도했다.

170) [역주] 아일랜드 대학살은 잉글랜드 군대의 아일랜드 침공을 두려워한 가톨릭계 젠트리층이 주도해 프로테스탄트 주민들을 대량 학살한 사건이다. 이 사건은 충분히 예상될 수 있었던 것으로, 당시 아일랜드 킬랄로에(Killaloe) 지구사제였던 헨리 존스(Henry Jones: 1605~1682)는 이 사건의 조짐을 캔터베리 대주교에게 알렸다. 존스는 크롬웰 정부에 적극 협력한 공으로 1645년 클로거(Clogher) 주교에 올랐으나, 왕정복고 이후 좌천되었다. 그는 반(反) 가톨릭 대의에 충실한 국교회 성직자였다.

171) Josten, *Ashmole*, p. 1283.

턴의 예언을 거론했다. 서민들 사이에서는 그녀의 예언이 실로 계율처럼 받아들여졌다고 한다.[172] 에드워드 하이드가 1652년에 말했듯이 잉글랜드인은 "예언에 놀라 때로 반죽음이 되기도 한다."[173]

당연히 찰스 2세의 왕정복고도 옛 예언들이 이미 예고한 사건이었음이 밝혀졌다. 릴리는 황급히 입장을 선회해 국왕의 복위는 거의 1천 년 전에 암브로스 멀린이 예언한 일이었다고 주장했다. 더 나아가 그는 어떤 그리스어 예언을 재발견했고 이로부터 "잉글랜드 국민이 1641년부터 1660년까지 겪은 긴 고난을 정확히 해독해냈다."[174] 혹자는 왕정복고가 성경에서 예언된 것이라고 주장하기도 했고, 혹자는(몽크와 잔부의회를 거론한 것으로 미루어 보면[175]) 왕정복고에 끼워 맞춰 조작되었음이 너무도 명백한 예언을 제시하기도 했다. 그렇지만 웨일스인 예언자 어라이즈 에번스는 비교적 이른 1653년에 왕정복고를 예언했는데, 그는 릴리가 잉글랜드 내 왕정의 종언을 고하면서 이용한 것과 동일한 옛 예언에 의존했다.[176] 일부 식자층조차 1660년 사태가 옛 예언들에

---

172) Syms, *The Swords Apology*, sig. C4v; *Nuncius Propheticus*(1642), sig. A2.

173) *H. M. C.*, *Portland*, vol. 2, p. 139.

174) Lilly, *Autobiography*, pp. 194~8.

175) [역주] 조지 몽크(George Monck, 혹은 Monk, 1st Duke of Albemarle: 1608~1670)는 찰스 2세 복위에 결정적인 역할을 한 지휘관이며, 잔부의회는 크롬웰이 장기의회를 해산한 후 남은 의원들로 구성된 의회이다. 이 의회는 크롬웰에 의해 1653년에 해산되었으나 2회의 단기 회기를 더 거친 후 1659년에 마감되었다. 이런 사안이 어떤 예언에서 거론된다는 것은 그 예언이 현실에 끼워 맞춘 위작임을 입증하는 중요한 단서이다.

176) A. Evans, *A Voice from Heaven*(1653), pp. 7~8. 아울러 *The Mystery of Prophesies Revealed*(1660); B. M., Add. MS 34,258, f. 3; *A Prophecy lately found amongst the Collections of famous Mr John Selden*(1659) 등도 참조할 것. 왕정복고를 옛 예언들에 연관시키려는 또 다른 시도로는 *The Strange and Wonderfull Prophesie of David* Cardinal of France(1660); T. Gadbury, *A Health to the King*(1660), p. 4 등이 있다.

의해 예고되었다는 것을 확신했다. 훗날 명사 일라이어스 애쉬몰이 회고했듯이, 윌리엄 백하우스 경은 1659년 그의 스승이 보여준 "옛 기록"의 상형문자들에서 찰스 2세가 내년에 복위하리라는 암시를 받았다고 한다.[177] 반면에 패배한 측에서도 옛 자료들로부터 위안을 받았다. 비국교회 신흥종파들은 여러 해 동안 예언을 되씹었다. 슈루즈버리에서는 곧 세 차례 전쟁이 있을 것이라는 소문이 나돌았는데, 이는 1530년대에 수도사들에게 기운을 북돋워 준 예언과 동일한 것이었다.[178] 하트퍼드셔 침례파 교도들은 국왕이 3년 후 나라를 잃을 것이라는 예언에서 위안을 얻었다.[179]

이처럼 옛 예언들은 여전히 상당한 특권을 유지하고 있었다. 1666년 런던 대화재는 새삼 마더 십턴을 새로운 화제로 떠오르게 했다. 화재 소식을 접하고서 "루퍼트 왕자가 한 말은 '이제 십턴의 예언이 실현되었구나!'라는 것이 전부였다"고 새뮤얼 핍스는 기록하고 있다.[180] 잉글랜드-네덜란드 전쟁 기간에도[181] 예언의 선전효과를 이용하려는

---

177) Ashm. 539(iv)의 말미에 적힌 친필 주석.
[역주] 윌리엄 백하우스 경(Sir William Backhouse: 1593~1662)은 버크셔 출신으로 옥스퍼드에서 수학했으나 학위를 포기하고 마술에 심취한 인물이다. 그는 애쉬몰을 양자로 삼아 특히 연금술과 점성술을 함께 연구했다. 그는 애쉬몰과 마찬가지로 왕당파였고 흔히 '장미십자회'로 불리는 로젠크로이츠 형제단(Rosicrusians)의 지도자이기도 했다.

178) *Diaries and Letters of Philip Henry*, M. H. Lee, ed. (1882), p. 128. 국왕과 성직자의 몰락을 예언한 *Panther Prophecy*가 1662년에 중간된 것에 관해서는, C. E. Whiting, *Studies in English Puritanism, 1660~88* (1931), p. 551을 참조할 것.

179) P. R. O., SP 29/99, f. 16v.

180) Pepys, *Diary*, 1666년 10월 20일자. W. G. Bell, *The Great Fire of London* (3판, 1923), p. 316도 참조할 것.

181) [역주] 잉글랜드-네덜란드 전쟁(*Anglo-Dutch war*)은 17~18세기 동안 4회에 걸쳐 전개되었다. 1차는 1652~1654년, 2차는 1665~1667년, 3차는 1672~

시도가 있었다. 베케트의 예언을 재활용하고 싶었던 릴리는 그것을 다시 주석해 〈런던 가제트〉지에 기고하려는 계획을 세웠다. "마침 국왕폐하께서 군대를 준비하는 때이니 나는 그 예언이 국왕폐하의 백성들에게 큰 용기를 줄 것이라고 확신한다"는 자신감도 있었다. 더욱이 "잉글랜드 국민은 세계에서 예언을 가장 잘 받아들이는 국민"이 아닌가. 이런 취지에서 그는 찰스 2세가 네덜란드를 무찌르고 결국은 프랑스 왕관마저 되찾으리라고 베케트가 예언했었다는 것을 보여줄 주석의 초고를 집필했다. 그는 독자들에게 자신의 주석이 강요된 것이 아님을 역설했다. "그것은 오래전 죽은 예언자들, 좀에 먹히면서도 오랜 세월을 버틴 필사본들에 전적으로 유래한" 해석이라는 것이었다.[182] 하지만 최종 출판된 잡지에는 그의 주석이 수록되지 않았다. 경쟁자가 선수를 친 탓으로 보인다. 1666년에 《토마스 베케트의 예언》을 출판한 그 경쟁자(성직자)는 그 원전이 "애빙던의 옛 필사본에서 최근에 발견된" 것이라고 주장하면서, 릴리가 이미 1645년에 그 원전을 출판한 적이 있다는 사실을 언급하지 않았다.[183]

뒤이은 수십 년 동안 예언은 제 3차 네덜란드 전쟁 및 프랑스와의 수차례 전쟁들에서 선전용으로 이용되었다.[184] 예언은 가톨릭 음모

---

1674년, 4차는 1780~1784년에 있었다. 본문에서 언급된 것은 2차 전쟁이다. 이 전쟁을 영국인들은 '네덜란드 전쟁'이라 부르고 네덜란드인들은 '잉글랜드 전쟁'이라 부른다. 이 책에서도 '네덜란드 전쟁'으로 표현된 경우가 많다.

182) Josten, *Ashmole*, pp. 1048~50; Ashm. 436, f. 49; Ashm. 240, f. 120. 릴리의 *Paraphrase upon St. Thomas à Becket's Prophecy*는 Ashm. 371(3)과 241, ff. 190~200에 있다.

183) *The Prophecie of Thomas Becket*(1666). 이 작품의 저자에 관해서는, Wood, *Ath. Ox.*, vol. 3, col. 1056; f. Madan, *Oxford Books*(Oxford, 1895~1931), vol. 3, p. 204; T. T(ully), *A Letter written to a Friend in Wilts*(1666)를 참조할 것.

184) 이를테면, T. Trigge, *The Fiery Trigon*(1672), p. 1; *The Fortune of France*,

〔1678~81〕와 배제청원 위기〔1679~81〕를 다룬 정치문학에서 뚜렷이 부각되었고 몬머스 반란〔1681, 1685〕에 대한 지지에도 이용되었다.[185] 바로 이 기간에 노스트라다무스는 잉글랜드 역사에 대한 예언자로서의 옛 명성을 되찾았다. 이를 계기로 그의 예언은 이후 미국독립전쟁이나 프랑스혁명에 맞추어 각색되곤 했다.[186] 그 외에도 여러 예언자들이 1688년 명예혁명과 윌리엄 3세의 승리를 설명하기 위해 인용되었다.[187] 제임스 2세 지지자에게도 그들 나름의 예언들이 있었다. 한참이 지난 1745년까지도 고든 공작은(14세기에 브리들링턴의 예언에서 언급된) 북부의 수탉과 동일시되고 있었다.[188]

---

*from the Prophetical Predictions of Mr Truswell, the Recorder of Lincoln, and Michael Nostradamus*(1678); *The Northern Star*(1680), by I. Tongue, according to Wood, *Ath. Ox.*, vol. 3, col. 1263; *A Copy of a Prophecy sent … by the late Honourable Algernon Sydney*(1689).

185) *A Prophesie, which hath been in a Manuscript in the Lord Powis's Family sixty years*; J. B., *Good and Joyful News for England: or, the Prophecy of the renowned Michael Nostradamus that Charles the II … shall have a son of his own body*(1681); *Merlin Reviv'd*〔1681?〕; *C. S. P. D., 1685*, p. 30.

186) Wing은 1672년부터 1691년까지 출판된 5종의 노스트라다무스 예언서들을 열거하고 있다. 아울러 *The Poems and Letters of Andrew Marvell*, H. M. Margoliouth, ed. (2판, Oxford, 1952), vol. 1, pp. 292~3; E. Leoni, *Nostradamus: Life and Literature*(New York, 1961)도 참조할 것.

187) *A Strange and Wonderful Prophecy for the Year 1688*(출판연도 미상); *A Collection of Many Wonderful Prophecies … plainly foretelling the Late Great Revolution*(1691).

188) Murray, *Erceldoune*, pp. xli~xlii.
[역주] 고든 공작(Alexander Gordon, 4th Duke of Gordon: 1743~1827)은 스코틀랜드에서 유명한 고든 성에서 태어났고 이튼칼리지에서 수학했으며 1767년부터 스코틀랜드 상원의원으로 활동했다. 그는 아일랜드인들로 군대를 편성해 미국 독립전쟁과 프랑스 전쟁에 참여한 군인이기도 했다. "북부의 수탉"(*Cock o' the North*)은 스코틀랜드 고든 씨족장에게 전통적으로 주어진 별명이었다고 한다.

18～19세기에도 노스트라다무스와 마더 십턴의 예언들은 서민들을 겨냥해서 자주 출판되었지만, 새로운 "예언자들"이 부각되기도 했다. 이들은 엘리자베스 시대 마술사 존 디 박사를 본뜨기도 했고 공화정치기에 처형된 장로파 목사 크리스토퍼 러브를 모방하기도 했다.[189] 멀린의 예언 역시 주기적으로 업데이트되었다. 《멀린의 생애와 예언들 … 리치먼드 공원 소유권에 관한 최근 분쟁 및 여타 아직 발생하지 않은 사건들에 관한 그의 예언》(1755)이 그런 작품이었다.[190] 이 같은 소책자들 중 현존하는 권수만을 따진다면 옛 예언 숭배에서 17세기와 19세기는 별 차이가 없다는 느낌이 들 수도 있다. 그러나 증거에 비추어보면 17세기 이후로 식자층이 예언서를 늘 진지하게 받아들이지는 않았다는 것이 드러난다. 예언서는 계속 출판되고(특히 여흥거리로) 읽혔지만 그 전반적인 위세는 크게 감소했다. 이 결론을 증명하기는 쉽지 않지만, 이 시대에 정통한 역사가들 중 그 결론에 이의를 제기할 사람은 별로 없을 것이다.

---

189) [역주] 크리스토퍼 러브(Christopher Love: 1618～1651)는 웨일스 출신으로 옥스퍼드에서 학사와 석사(신학)까지 마쳤으나 로드체제를 거부한 탓으로 유력인사의 전속사제로 전전하던 중 1644년에 비로소 장로파 목사로 서임되었다. 그는 예언자를 자처하면서 선동적인 목회로 대중적 인기를 누렸으나 줄곧 당국의 감시를 받다가 결국 1651년에 스코틀랜드 장로파의 찰스 2세 복위운동에 연루되어 처형되었다.

190) Axon, *Nixon's Cheshire Prophecies*, p. vii. 대영박물관 도서관의 장서목록은 이런 유형의 문학이 얼마나 방대했는지를 가늠할 지표를 제공한다. 특별히 활발했던 기간은 1790년대였던 것 같다. 제 1차 세계대전 기간에 진행된 노스트라다무스와 마더 십턴의 부활에 관해서는, C. W. C. Oman, "residential Address", *T. R. H. S.*, 4th series, vol. 1(1918), p. 25를 참조할 것.

## 3. 잠자는 영웅들

지금까지 살펴본 것처럼 정치적 예언들은 위기 때마다 불려나와 어떤 극적인 변화가 — 갈망하는 것이든 이미 성취된 것이든 — 옛 현인들에 의해 이미 예언되었음을 증명해 주는 경향이 있었다. 그러했기에 구체제에 도전하려는 자든 신체제를 공고화하려는 자든 예언에서 정당성을 인정받을 수 있을 것으로 생각했다.

이와 비슷한 정당화 기능을 수행한 것은, 잉글랜드 왕위를 놓고 경쟁하던 왕가들이 각자의 요구를 뒷받침하기 위해 이용해야겠다고 생각한 다양한 예언들이었다. 이런 예언들은 대체로 몬머스의 제프리를 통해 12세기에 유포된 신비한 브리튼 역사 서술에 뿌리를 두었다. 이 전설에 따르면 고대 브리튼족은(트로이 영웅 아이네아스의 손자인) 브루토스의 후손으로, 브루토스는 잉글랜드를 차지하고 있던 고그마고그와 거인족을 몰아내고 승리를 자축해 런던을 건설한다.[191] 수세기 후 색슨족이 공격해오자 아서왕은 그들을 격퇴하고 내친김에 북유럽 대부분을 점령하지만, 본토의 내란에서 부상을 당하자 회복을 위해 아발론(Avalon)으로 도피한다. 그 후 잉글랜드는 색슨족에 점령되는데, 그 직전에 브리튼족의 마지막 통치자 캐드월러더는 죽어가면서 천사로부터 브리튼족이 언젠가는 그들의 유산을 회복하리라는 예언을 듣는다.[192]

---

191) [역주] 트로이 전설에서 아이네아스(Aeneas)는 왕자 안키세스(Anchises)와 여신 아프로디테 사이에 태어난 아들이다. 그의 손자인 브루토스(Brutus, 혹은 Brute)는 잉글랜드로 건너와 고그마고그(Gogmagog)와 그의 거인족을 물리치고 브리튼 왕국을 건설한다. 고그마고그를 절벽에서 떨어뜨려 죽인 것은 브루토스의 부하 코리네오스(Corineus)였다.

192) 트로이 전설이 수용되었다 결국 거부되는 전 과정은 T. D. Kendrick, *British Antiquity*(1950)에서 상술된다. 아울러 E. A. Greenlaw, *Studies in Spenser's*

아서나 그의 왕손이 마침내 복위할 것이라는 신화는 모든 켈트족 지역에서 소중히 간직되었다. 1113년 콘월의 보드민(Bodmin)을 방문한 프랑스 수도사들이 아서가 여전히 살아 있다는 것을 부정하자 그들의 회의론에 격분해 폭동이 일어났을 정도였다.[193] 웨일스와 브르타뉴에서 아서는 지역정서를 하나로 엮어 준 원천이었다. 잉글랜드에서는 그 브리튼 신화가 장미전쟁을 벌인 두 가문에게 앞다투어 이용되었다. 캐드월러더 혈통의 후손임을 입증하는 족보를 작성함으로써 옛 브리튼과의 혈연관계를 먼저 강조한 것은 요크가의 에드워드 4세였고, 튜더가의 헨리 7세가 뒤를 이었다. 이 혈연관계가 크게 부각된 것은 1486년이었다. 이 해에 헨리 7세는 맏아들이 원탁의 기사의 산실인 윈체스터궁에서 태어나자 그에게 아서라는 이름을 하사했던 것이다.

따라서 왕실 옹호자들은 튜더가의 승리를 캐드월러더가 임종시 들은 예언적 계시가 실현된 것으로 반겼고, 아서와 《브리튼 왕들의 역사》는 짧은 기간이나마 의도적인 숭배대상으로 부상했다. 헨리 8세는 아서 제국의 전설을 이용해 로마와의 반목을 정당화했다.[194] 엘리자

---

*Historical Allegory*(Baltimore, 1932); C. B. Millican, *Spenser and the Table Round*(Cambridge, 1932)도 참조할 것.

193) Parsons in *Modern Language Review*, vol. 24(1929), p. 264, n. 2. 또한 R. S. Loomis, "The Legend of Arthur's Survival", in *Arthurian Literature in the Middle Ages*, R. S. Loomis, ed. (Oxford, 1959)도 전체적으로 참조할 것.

194) J. J. Scarisbrick, *Henry Ⅷ*(1968), pp. 272~3. 그렇지만 S. Anglo는 그의 중요한 논문, "The British History in early Tudor propaganda", *The Bulletin of the John Rylands Library*, vol. 44(1961~2)에서 튜더기의 아서 숭배가 자주 과장되었음을 보여주고 있다. 앵글로 박사에 따르면 브리튼 후손이라는 족보학적 주장은 이미 에드워드 4세에 의해 더욱 크게 강조되었으며, 헨리 7세 등극시에 옛 브리튼에 주어졌던 강조는 짧은 기간만 지속되었다는 것이다. 앵글로 박사는 에드워드 4세를 지지하기 위해 편찬된 족보들을 목록화했는데, 그의 목록에는 Ashm. 27의 족보를 추가해도 좋을 것이다. 이 족보에서는 멀린, 비드, 브리들링턴 등의 예언들에 큰 무게가 주어지고 있다.

베스 1세 시대에는 존 디나 리처드 해클루트 같은 제국주의 편향 작가들이 그 신화에 함축된 팽창주의를 더욱 진전시켰다.[195] 스펜서의 《페어리 퀸》에서는 엘리자베스 여왕이 아서왕 전승의 백미로 찬양되기도 했다.[196]

제임스 1세도 브루토스 신화를 이용해 그의 잉글랜드 왕위계승을 굳건히 다지려 했다. 그는 자신이 캐드월러더의 후손으로 알려진 헨리 7세의 혈통만이 아니라 웨일스의 마지막 군주 그리피드 압 르웰린의[197] 혈통도 이어받았다고 주장했다. 이처럼 스튜어트의 시조는 오랫동안 잃어온 브리튼 국왕으로 현신했다. 뿐만 아니라 잉글랜드와 스코틀랜드, 두 왕국의 통합도 옛 전설이 실현된 것으로 볼 수 있었다. 그 전설에 따르면 브루토스는 치명적이게도 영토를 세 아들에게

---

195) **[역주]** 존 디에 관해서는 이 책의 6장 역주 43에서 소개했으나 항해사이자 제국주의자로서 그의 중요성은 언급하지 않았다. 그는 '대영제국'(*British Empire*)이란 용어를 처음 사용한 인물이다. 리처드 해클루트(Richard Hakluyt: 1552/1553~1616)는 여러 소설을 통해 잉글랜드인의 북아메리카 정착을 적극적으로 독려한 작가이다. 옥스퍼드 출신인 그는 에드워드 스태퍼드 경(프랑스 주재 잉글랜드 대사)과 윌리엄 세실의 전속사제이자 비서였고 버지니아 회사 설립에도 깊이 관여했다.

196) **[역주]** 에드먼드 스펜서(Edmund Spenser: 약 1552~1599)는 런던 출신으로 케임브리지에서 수학한 후 아일랜드에 머물던 중 월터 롤리 경을 만나 그의 권유로 장편서사시 《페어리 퀸》(*Faery Queen*, 1590~96)을 출판했다. 이 시에서 그는 엘리자베스를 정령여왕 글로리아나로, 잉글랜드 국교회를 적십자 기사로, 진리를 처녀 유나로 표현했다. 이 시는 르네상스 최대 걸작으로 꼽히며 스펜서 스탠자(Spenserian stanza: 1연 9행의 압운시형)는 워즈워스와 바이런을 위시한 많은 시인들의 모델이 되었다.

197) **[역주]** 그리피드 압 르웰린(Gruffydd ap Llywelyn: 약 1007~1063)은 1055년부터 죽을 때까지 웨일스를 통치했다. 잉글랜드의 에드워드 1세가 웨일스를 정복하기 전에 웨일스를 독립적으로 통치한 마지막 왕은 그의 넷째 아들 르웰린 압 그리피드(Llywelyn ap Gruffydd: 약 1223~1282)였다. 그러므로 본문에서 언급된 "웨일스의 마지막 군주"는 전자가 아니라 후자가 옳은 것 같다.

분할해 주었고 아서는 이를 일시적으로 재통합했을 뿐이지만, 언젠가 전 영토는 오직 한 군주의 통치 아래 영원히 결합될 터였다. 이런 믿음은 잉글랜드-스코틀랜드 전쟁에서 양 진영이 서로 자기편을 정당화하는 논거로 이용되었다.[198] 잉글랜드의 에드워드 1세와 헨리 4세는 아서 왕국의 회복을 요구한 반면, 스코틀랜드인들도 이에 질세라 오래전 예언에 따라 스코틀랜드 영웅이 통합을 이룰 것이라고 주장했다. 16세기에도 양 국민은 옛 예언들을 십분 활용했으며,[199] 1640년에 뉴캐슬에 집결한 스코틀랜드 군대는 재차 옛 예언들에 공격적인 의미를 부여했다.[200]

그렇지만 1603년에 이루어진 양국의 순조로운 통합은 양국이 영원히 통합되리라는 예언이 진정 실현된 것이라는 그럴듯한 의미로 받아들여졌다. 제임스의 왕위계승 전에도 그의 잉글랜드인 지지자들은 그

---

198) [역주] 여기서 '잉글랜드-스코틀랜드 전쟁'은 13세기 말과 14세기 초 사이에 전개된 스코틀랜드 독립전쟁을 뜻한다. 이 전쟁은 산발적으로 전개되었는데, 제 1차 전쟁(1296~1328)은 잉글랜드 국왕 에드워드 1세(1239~1307, 재위: 1272~1307)의 침공에 맞서 스코틀랜드가 독립을 지키는 형태로 전개되었고, 제 2차 전쟁(1332~1357)도 비슷한 양상으로 전개되었다. 불안한 평화가 잠시 지속되었지만 백년전쟁의 와중에서 1399년 리처드 2세로부터 헨리 4세(1367~1314, 재위: 1399~1413)로 왕위가 교체되는 혼란을 틈타 스코틀랜드가 반격을 시도하기도 했다.

199) D. Hay in *Proceeding of the Society of Antiquaries of Scotland*, vol. 89(1955~6), pp. 59~60; *L. P.*, vol. 12(2), p. 28; vol. 14(1), p. 92. 그 밖에도 *L. P.*, vol. 14(1), pp. 63, 107; vol. 20(2), p. 246; Murray, *Erceldoune*, pp. xx, xxx; *The Complaynt of Scotland*, Murray, ed., pp. xv, xxxviii을 참조할 것.

200) R. Howell, *Newcastle upon Tyne and the Puritan Revolution*(Oxford, 1967), p. 119.
[역주] 1640년 8월 (주로 Covenanter들로 구성된) 스코틀랜드 군대 3만여 명이 찰스 1세에 반대하여 잉글랜드로 진격한 사건은 '뉴번 전투'(*Battle of Newburn*)라 불린다. 군대가 타인 강을 건너자 잉글랜드군은 뉴캐슬로 후퇴했다가 그 도시까지 포기했다. 찰스 1세에게 치명상을 가한 사건이다.

예언을 인용해 그의 자격을 정당화했지만,201) 제임스가 런던에 도착하자 브루토스 전설이 실현되었다는 주장은 더욱 널리 확산되었다. 스코틀랜드인들조차 두 왕국의 통합이 브루스 혈통 제 9대에202) 이루어진 것은 토마스 라이머에 의해 예언된 대로라고 생각했다.203)

스튜어트 왕실은 신화("헴페〔튜더 국왕들〕가 지쳐 스러질 때 잉글랜드는 끝장나리라")에 발맞추어 '그레이트브리튼'의 국왕이라는 새로운 칭호를 사용하기 시작했다. 일찍이 멀린은 "그 섬이 브루토스라는 이름으로 불릴 것이요 이방인들이 그곳에 부여한 이름은 폐기되리라"라고 예언했다는 이야기가 나돌았다.204) 비록 하원은 스코틀랜드와 잉글랜드라는 서로 다른 이름이 그대로 유지되기를 원했지만, 국왕은 그 새로운 칭호를 내세우면서 다음과 같이 천명했다. "이 섬은 브리타니(Britany)였고 따라서 섬 전체의 왕인 자는 브리타니의 왕일 것인 즉, 이는 브루토스와 아서가 바로 그런 이름으로 불렸고 그 섬 전체의 왕들이었던 것과 같다."205) 윌리엄 알렉산더 경은 국왕 제임스야말로

---

201) Harington, *Tract upon the Succession to the Crown*, pp. 18, 120~3. 또한 R. F. Brinkley, *Arthurian Legend in the Seventeenth Century*(1932), chap. 1, 그리고 H. Lhwyd, *The Breviary of Britayne*, T. Twyne, trans. (1573), f. 34v도 참조할 것.

202) [역주] 브루스의 혈통은 스코틀랜드의 로버트 브루스(Robert the Bruce, 즉 Robert 1세: 1274~1329, 재위: 1306~1329)의 후손을 뜻한다. 비록 스튜어트 왕가의 직접적인 시조는 로버트 2세(1316~1390, 재위: 1371~1390)이지만, 스코틀랜드와 잉글랜드를 함께 통치한 제임스 스튜어트(스코틀랜드의 제임스 6세, 잉글랜드의 제임스 1세)는 브루스로부터 9대째 왕이다.

203) Murray, *Erceldoune*, pp. xl~xli. 또한 *A Brief Description of the Future History of Europe*(1650), p. 11; J. Spottiswoode, *History of the Church of Scotland*(Edinburgh, 1851), vol. 1, p. 93도 참조할 것.

204) *Six Old English Chronicles*, J. A. Giles, ed. (1848), p. 199.

205) J. A. Spedding, *The Letters and the Life of Sir Francis Bacon*(1861~74), vol. 3, p. 194.

예언자들의 시편들에 포장되어 처음 예언된 이래로
세상이 삼백 년 동안 그대의 탄생을 애타게 기다려온

장본인임을 확신했으며,[206] 호손든의 드러먼드는 다음과 같이 천명했다.[207]

이 분은 잘못된 모든 것을 바로잡을 왕이니,

음유시인들과 신비로운 신녀들이 그를 노래했고,
오래전 약속되신 이 분, 그의 영예로운 통치에 의해,
이 섬은 옛 이름을 되찾으리로다.[208]

이처럼 스튜어트 국왕들은 오래전 예언된 구원자의 신화를 자신들

206) [역주] 윌리엄 알렉산더(William Alexander, Earl of Stirling: 약 1570~1640) 경은 스코틀랜드 출신으로 청년시절부터 아르가일(Argyll) 백작, 제임스 6세(훗날 잉글랜드의 제임스 1세)와 그의 아들 찰스 등과 깊은 유대를 가졌고, 이를 토대로 스코틀랜드의 아메리카 식민사업을 개척한 인물이다. 제임스 1세는 그에게 기사작위를 수여했고(1614), 북아메리카 총독이자 노바스코샤(Nova Scotia: 새로운 스코틀랜드) 남작으로 임명했다(1621).

207) [역주] 호손든의 드러먼드(Drummond of Hawthornden: 1585~1649)는 윌리엄 드러먼드(William Drummond) 혹은 간단히 "호손든"으로 불리는 스코틀랜드 시인이다. 그는 에든버러대학과 파리대학에서 법학을 전공했으나 이를 포기하고 시인의 길로 들어섰다. 1613년 웨일스 왕자 헨리의 죽음에 관한 애도시를 처음 발표한 이래로 여러 편의 애송시를 남겼다.

208) Murray, *Erceldoune*, p. xli. 제임스가 사용한 새로운 칭호의 이런 측면은 S. T. Bindoff, "The Stuarts and Their Style", *E. H. R.*, vol. 60(1945), pp. 205~6에서 지나가는 말로 언급되었을 뿐이다. 그러나 빈도프 교수도 그 새로운 변화에서 주도적 역할을 수행한 인물이라고 인정한(pp. 193, 204) 윌리엄 모리스(William Maurice) 경은 그의 *Mercurius Propheticus*, pp. 8~9에서 그 예언을 염두에 두었다고 이야기하고 있다.

에게 유리하게 이용할 수 있었다. 그러나 이런 유형의 믿음은 민중저항운동과 연결되는 것이 통상적이었다. 운동지도자는 아서, 포르투갈의 세바스티앙, 아일랜드의 여러 피츠제럴드들이나 여러 오닐들처럼 잠자는 — 죽은 것이 아니라 단지 때를 기다리는 — 영웅일 수도 있었고, 유대인의 메시아처럼 미래에 도래할 영웅일 수도 있었지만, 늘 그의 매력은 구원에 목마른 패배자며 피억압자를 위한 것이었다.[209] 이것은 유럽 어느 나라의 역사에서든 짝을 찾을 수 있는 보편적 신화였고 예언에 토대를 둔 믿음이었다.[210]

잉글랜드에서는 이런 유형의 믿음이 중세 독일에서 가짜 프리드리히들이 이끈 것만큼 대규모 민중운동을 자극한 적이 없었다.[211] 하지

---

209) [역주] 세바스티앙(Sebastian I: 1554~1578)은 "열망된"(*Desired*)이라는 별명이 붙은 포르투갈 국왕이다. 복수형 "The Geraldines"(제럴딘스)는 킬데어(Kildare) 백작가문의 대를 이어온 여러 피츠제럴드(Fitzgerald) 백작들을 일컫는데, 특히 데스먼드 반란 지도자였던 제럴드 피츠제럴드(Gerald FitzGerald: 약 1533~1583)를 염두에 둔 표현이다. 마찬가지로 복수형 "O'Neills"(오닐스)는 오닐가문의 여러 걸출한 지도자들을 지칭하나, 특히 1601년 킨세일 전투에서 패한 휴 오닐(Hugh O'Neill, the Second Earl of Tyrone: 1550~1616)을 염두에 둔 표현이다.

210) 이처럼 잠자는 영웅과 미래 메시아의 사례들은, Axon, *Nixon's Cheshire Prophecies*, pp. 64~7; Cohn, *The Pursuit of the Millennium*, pp. 55~7, 77ff., 106~12; K. E. Chambers, *Arthur of Britain*(Cambridge, 1964년판), pp. 225~7; C. Hill, *Puritanism and Revolution*(1958), pp. 55~6에서 볼 수 있다. 이런 사례들의 예언적 토대에 대해서는, 이를테면 M. D'Antas, *Les Faux Don Sébastien. Étude sur l'histoire de Portugal*(Paris, 1866), pp. 451~7을 참조할 것.

211) [역주] 예루살렘을 탈환한 신성로마제국의 프리드리히 2세(Frederick of Hohenstaufen: 1194~1250, 재위: 1220~50)가 죽자, 피오레의 요아힘이 1260년부터 시작될 것이라 예언한 은총의 천 년(*age of grace*)은 프리드리히가 부활해 이끌 것이라는 신화가 유행했다. 이를 틈타 부활한 프리드리히로 자처하면서 대규모 민중운동을 이끈 지도자들을 '가짜 프리드리히들'(*pseudo-Fredericks*)이라 부른다.

만 그것은 자주 반복되었다. 이를테면 폐위된 두 국왕 에드워드 2세와 리처드 2세는 공히 죽은 후에도 살아남는 존재로 믿어졌다. 에드워드 2세의 이복동생이었던 켄트 백작 에드먼드는 그의 죽은 형이 여전히 살아 있다는 믿음에서 비롯된 활동들로 인해 처형당했다.[212] 리처드 2세〔재위: 1377~1399〕에 관해서는 그가 여전히 스코틀랜드에 살아 있다는 소문이 15세기 초에 나돌았고 비슷한 주장은 1416년까지도 반복되고 있었다.[213]

민중봉기의 실패 후에도 비슷한 풍문이 뒤따랐다. 켓과 그의 추종자들이 학살당한 1년 후에 얼럼(Earlham)의 한 여인은 "마우스홀드의 남정네 5백 명이 터키 황제와 프랑스 황태자에게로 갔으니 세례요한 축일까지는 이곳에 되돌아올 것"이라고 하늘 높이 외쳤다.[214] 1570년 북부지역에서는 지난해에 북부 백작들의 난에서 결정적으로 패한 반란군이 곧 되돌아올 것이라는 소문이 하루도 거르지 않고 돌았다고 한다.[215] 1630년대에 국무대신으로 찰스 1세를 보좌하던 존 코크는 한

---

212) [역주] 에드워드 2세(재위: 1307~1327)는 폐위된 후 곧 죽었지만 여전히 감옥에 갇혀 살아 있다는 소문이 나돌았는데, 이를 믿은 그의 이복동생 켄트 백작 에드먼드(Edmund of Woodstock, 1st Earl of Kent: 1301~1330)는 그의 구출운동을 벌이다 실패해 1327년에 교수형을 당했다. 영웅의 불사에 대한 믿음과는 다소 거리가 있는 사례로 보인다.

213) Kittredge, *Witchcraft*, p. 53; *V. C. H.*, *City of York*, p. 58; Thomson, *Later Lollards*, p. 16.

214) *Depositions taken before the Mayor and Aldermen of Norwich*, Rye, ed., p. 58.

215) *C. S. P. D.*, *Addenda*, *1566~79*, p. 223.
[역주] 북부 백작들의 난(*Rising of the Northern Earls*)은 찰스 네빌(Charles Neville, 6th Earl of Westmorland)과 토마스 퍼시(Thomas Percy, 7th Earl of Northumberland)를 위시한 가톨릭 귀족들이 엘리자베스를 몰아내고 스코틀랜드의 메리를 왕위에 앉히기 위해 1569년에 일으킨 반란이다. 이것은 16세기 동안 북부지역에서 발생한 두 차례의 가톨릭 반란 중 두 번째 것으로,

광신도의 편지 공세에 시달렸는데, 프로테스탄트들의 영웅 구스타푸스 아돌푸스가 정말로 뤼첸에서 전사한 것이 아니라 셀레우키아(Seleucia)에 여전히 살아 있고 바빌론의 매춘부를 쳐부수러 재림할 것을 확인해 달라는 편지였다.[216] 17세기 말에 이르러서도 수많은 서부 지역민들은 몬머스 공이 1685년에 정말로 처형되었다는 것을 믿지 않으려 했다. 그가 아직 살아 있다는 풍문은 멀리 조지 3세 치세기〔1760~1820〕까지도 지속되었다. 몬머스 대신에 다른 사람이 처형되었다는 소문도 나돌았는데, 어떤 이야기에서는 화이트 대령이, 또 다른 이야기에서는 "한 털보 노인"이 처형된 것으로 이야기되었다. 죽은 몬머스를 가장한 개인들도 주기적으로 체포되었다.[217] 하지만 몬머스가 잉글랜드 역사상 잠자는 영웅들 중 마지막 인물은 아니었다. 고든 장군이나 키치너 백작 같은 사례에서 볼 수 있듯이,[218] 특정 저명한 인물

---

그 첫 번째 것은 1536년에 발생한 '은총의 순례'(*Pilgrimage of Grace*)였다.

216) *C. S. P. D., 1633~4*, pp. 204~5; *1634~5*, p. 279.
[역주] 존 코크 경(Sir John Coke: 1563~1644)은 더비셔 출신으로 케임브리지에서 수학한 후 윌리엄 세실의 비서로 공직생활을 시작했고 1621년에 의회에 진출했다. 1625년부터는 국무대신(*secretary of the state*)의 자격으로 의회 내에서 국왕 찰스의 요구를 관철시키는 역할을 수행했다. '바빌론의 매춘부'(*Whore of Babylon*, 혹은 "*Babylon the great*")는 《요한계시록》에 언급된 악의 화신이다. 가톨릭 진영과 프로테스탄트 진영은 서로 상대방을 그런 이름으로 비난했다.

217) N. Luttrell, *A Brief Historical Relation of State Affairs*(Oxford, 1857), vol. 1, pp. 356, 386; *York Depositions*, p. 283; Lyme Regis Borough Archives(Town Hall, Lyme Regis), A 3/1, p. 20; *Hereford City Records*, vol. 9, p. 3569; Mrs Arundell Esdaile, "A Sham Duke of Monmouth in Sussex", *Sussex Notes and Queries*, vol. 11(1946); T. B. Macaulay, *The History of England*(1905), vol. 1, pp. 556~7.

218) [역주] 찰스 고든(Charles Gordon: 1833~1885)과 허버트 키치너(Herbert Kitchener: 1850~1916)는 영국 제국주의를 상징하는 군인들이다. 고든은 크림전쟁과 중국 태평천국의 난에서 명성을 떨쳤다. 수단 총독으로 재임 중

이 죽었다는 사실을 받아들이지 않으려는 경향은 오래도록 지속되었다.[219] 아직 원시상태에 머물러 있는 국가들에서는 오늘날까지도 반란 지도자의 죽음을 인정하지 않는 태도를 볼 수 있다. 1965년 말라위 정부가 공개처형을 결정한 것은 반란 지도자들이 정말로 죽었음을 패잔병들에게 내보이기 위해 취해진 조치였다.[220]

16~17세기의 잠자는 영웅들 중에서 가장 흥미로운 사례는 1553년 15세로 죽은 유년 왕 에드워드 6세이다. 생전에 그는 다른 국왕들처럼 공개석상에 자주 모습을 내보여 그가 죽었다는 악의적 소문을 잠재워야 했다.[221] 하지만 역설적이게도 죽은 후에는 상황이 역전되었다. 1588년에 존 하비는 다음과 같이 개탄했다.

> 애석하도다! 에드워드 6세에 대한 실없고 헛된 기대가 잉글랜드에서 한둘도, 소수도 아닌 무수한 서민들의 정신을 얼마나 오랫동안 사로잡아왔던가. 그들은 국왕이 죽음에서 부활할 것이라 믿든지, 아니면 예루살렘이라든가 뭐라든가 내가 알지 못하는 낯선 곳으로부터 귀환할 것이라고 믿었다. … 그 이후로 그를 가장한 천한 사기꾼들이 전국에 잇따라 나타나 뻔뻔하게도 국왕 에드워드를 사칭해왔다.[222]

풍문은 메리 튜더가 즉위한 직후에 시작되었다. 그녀의 치세기 동

---

반란군에 포위되어 전사했다. 키치너는 수단, 남아공, 제 1차 세계대전 등 여러 전쟁에서 두각을 나타냈고 여러 점령지 총독을 지냈다. 1916년 러시아 황제와 군사회담을 위해 항해하던 중 배가 침몰해 사망했다.

219) *The Journal of Beatrix Potter*, L. Linder, ed. (1966), p. 146; P. Magnus, *Kitchener* (1958), p. 379.

220) *The Times*, 1965년 11월 11일자.

221) *The Chronicle and Political Papers of King Edward VI*, W. K. Jordan, ed. (1966), p. 13.

222) Harvey, *A Discoursive Probleme*, p. 61.

안 선왕을 사칭한다든지 그가 여전히 생존해 프랑스에 살고 있다고 말한 전단지를 살포한 죄로 여러 명이 투옥되었고 제분업자 1명은 처형되기까지 했다.[223] 그의 귀환을 암시한 예언들 중 1556년 판 필사본들이 오늘날까지 현존하는데,[224] 아마도 당시 에드워드는 프로테스탄티즘과 반(反)에스파냐 정서의 상징이었을 것이다. 하지만 프로테스탄트 교도이자 에스파냐와 대립각을 세운 엘리자베스 치세기에도 그런 소문은 계속되었다.

에식스의 자영농으로 함포사수를 지낸 로버트 블로스(Robert Bloss), 일명 맨틀(Mantell)은 1581년 긴 모험 끝에 처형되었다. 그의 모험은 에드워드 6세가 생존해 있다는 소문을 퍼트리는 일에서 시작해 죽은 국왕을 사칭하는 것으로 종결되었다. 그 국왕이 생존한다는 믿음은 원래 메리 치세기에 옥스퍼드의 어떤 학자가 그에게 전해 준 것이었고, 그는 이로부터 깊은 인상을 받았다. 그의 사건은 엘리자베스 정부에 얼마간 당혹감을 안겨 주었다. 당시 법무대신이 에드워드 6세가 살아 있다고 말한 것만 가지고는 반역죄를 적용할 수 없다는 견해를 제시한 탓이었다. 결국 맨틀은 메리 시대 판례상 명백히 유죄였던 국왕사칭죄로 유죄 판결을 받고 콜체스터 감옥에 투옥되었으나 즉시 그곳을 탈출했다. 크게 노한 추밀원은 간수 및 탈옥에 가담한 자들을 체포할 것을 명했다. 맨틀은 1581년에 다시 체포되어 재심을 위해 에식스로 이송되었다. 그가 저지른 범죄의 성격에 관한 그간의 망설임은 그의 탈옥으로 인해 말끔히 해소되었다. 추밀원은 "그에 대한 오랜 유예가 다른 자들도 선동적 모독행위에 널리 가담할 기회를 제공해 여왕폐하의 나라를 어지럽히기에 이르렀다"고 선언했다. 이번만큼은 맨틀도 끔찍한 반역자 처형

223) *A. P. C.*, vol. 4, p. 363; vol. 5, pp. 122, 221; Loades, *Two Tudor Conspiracies*, p. 148; J. Stow, *The Annales of England* (1592), pp. 1062, 1064~5.

224) Sloane 2578, ff. 18v, 20, 32에 소장되어 있음.

식을 피하지 못했다.[225]

6년 후에 또 한 명의 용의자가 비슷한 혐의로 에식스 순회법원에 출두했다. 그는 하트필드페베럴(Hatfield Peverel)에서 대장장이로 일하던 윌리엄 프랜시스였다. 그는 국왕 에드워드가 죽었음을 부정했을 뿐만 아니라, "붉은 망토를 걸치고 '해리'라는 배에 승선해 독일로 향하던" 에드워드를 수행했던 자를 개인적으로 안다고 강조했다. 나아가 에드워드의 무덤이라 불리는 곳에는 납으로 만든 빈 관이 들어 있을 뿐이라고 주장했다.[226] 같은 해에 소퍼드(Sawford)라는 레스터의 자수공도 멀린의 예언에서 언급된 "죽은 자"는 아서왕이거나 에드워드 6세거나 둘 중 하나라고 말했다.[227] 1589년에 어떤 군인은 에드워드가 네덜란드로부터 생환해 에스파냐나 프랑스에 살고 있다고 보고했다. 이 소문은 12년 후 래드너셔에서 토마스 반(Thomas Vaughan)이라는 유랑민의 입에서 다시 한 번 튀어나왔다. 그는 1599년에 옥스퍼드에서 심문을 받았다. 그에 따르면 국왕 에드워드를 대신해 다른 아이가 살해되었고 에드워드 자신은 덴마크로 이송되어 그곳에서 왕위에 올랐으며, 그 지위를 이용해서 잉글랜드, 웨일스, 아일랜드의 모든 서민들에게 곡물과 여타 양식을 공급해 그들의 생명을 구했다는 것이었다. 이런 주장은 흉년이 들면 발트 해를 통해 곡물을 수입하던 당

---

225) B. M., Lansdowne MS 16, f. 17; *A. P. C.*, vol. 11, pp. 194, 214, 371; vol. 12, pp. 23~4, 29, 353~4; P. R. O., SP 12/186/91-2; SP 12/187/62; Assizes 35/20/5A/7; 35/21/7/3; 35/21/7/24; 35/23/H/48-9(Essex R. O의 복사본들을 친절하게도 Arthur Searle가 내게 보내주었다). 나는 이 사건에 대한 증거가 제기하는 사실적 난점들과 해석상의 난점들을 모두 해결하지는 못했다. M. E. Cornford, "A Legend concerning Edward VI", *E. H. R.*, vol. 23(1908)에서의 해설도 충분하지 못하다.

226) P. R. O., Assizes 35/29/Hilary(이 복사본은 앨런 맥퍼린 박사가 내게 보여준 것이다).

227) 이 책의 2권 pp. 467~468.

시 관행을 참조한 것일 수 있겠지만, 비드나 멀린 등의 것으로 알려진 여러 예언들에서 언급된 내용, 즉 덴마크의 어떤 왕이나 공작이 잉글랜드를 침공해 왕좌에 오를 것이라는 이야기를 반영한 것일 수도 있다. 토마스 반의 심문관들이 재무대신에게 보고한 것에 따르면 그는 "거의 자연인에 가까운" 매우 단순한 자였다. 하지만 그 엘리자베스기 걸식유랑민의 꾸밈없는 표현은 14세기 이래로 스코틀랜드의 예언 시가(詩歌)들을 통해 계승되어온 희망, 즉 덴마크와 반(反)잉글랜드 동맹을 맺으면 좋겠다는 희망에서 유래한 것이었을 수도 있다.[228)]

에드워드 6세 신화는 1606년에 한층 정교해진 형태로 등장했는데, 이는 서퍽의 폴스테드(Polstead) 소교구 사제 저버스 스미스(Gervase Smith)가 퍼트린 것이었다. 가톨릭 세력을 효과적으로 박해하지 못했다는 이유로 제임스 1세에게 반감을 가지고 있었던 스미스는 멀린의 예언이 E.는 I.와 M.으로 이어지고 결국 E.가 계승하리라고 진술했다는 데 주목했다. 그는 이 예언을 다음과 같은 의미로 해석했다. 국왕 I(ames)는 가톨릭 세력에 의해 파멸할 것이고 가톨릭교도들은 M(ary)을 옹립해 프로테스탄트들을 탄압하겠지만, 결국 프로테스탄트들은 캐드월러더 가문의 후손인 E(dward)에 의해 구원을 받게 되리라는 것이었다. 스미스는 이 국왕 E.가 에드워드 6세일 것이며 그는 죽었을 수도 있고 "아프리카에" 살아 있을 수도 있지만, 기적적으로 재기할 것이라고 생각했다. 심문과정에서 드러났듯이, 스미스는 자신의 집에서 숨진 어떤 노인에게서 그가 소장한 예언서들을 물려받았다. 이 예언서들로부터 그는 M., 즉 메리여왕이 가톨릭교를 부흥시키지만 국왕 E.가 이를 분쇄하게 된다는 것을 알게 되었다. "예언서들이 재기할 것이

228) *H. M. C. Hatfield*, vol. 9, pp. 167~8, 173. 덴마크 국왕에 관해서는, Murray, *Erceldoune*, pp. 56, 62; Griffiths, *Early Vaticination*, p. 209; Axon, *Nixon's Cheshire Prophecies*, p. 45를 참조할 것.

라고 말한" 그 E. 는 바로 에드워드 6세로 추정되었다. 퓨리턴 광신도였던 스미스는 국교회가 초대 교회를 추종하지 않으니 가톨릭교도들을 모조리 처형하는 편이 낫겠다고 생각했다. 이웃들 사이에서 옛 예언들에 대한 그의 허풍은 악명이 자자했다. 몇 년 전에는 어떤 성직자에게 포르투갈 국왕 세바스티앙이 생존해 있다고 기록된 책을 보여준 일도 있었다. 이것은 그가 잃어버린 지도자들을 다룬 예언들에 대해 거의 망상에 가까운 관심이 있었다는 것을 보여주는 또 하나의 사례다.[229]

저버스 스미스에게는 에드워드 6세가 퓨리턴 영웅으로 매력을 발휘했지만, 그에 앞서 활동한 사기꾼 로버트 맨틀은 가톨릭교도라는 의심을 받은 자였다. 소년 왕의 매력은 조건에 따라 확연히 달랐던 셈이다. 구원자 이름이 에드워드라는 생각은 램버트 심널에게서 시작된 것일 수 있다.[230] 그는 헨리 7세의 왕위를 노린 자로, 워릭 백작 에드워드를 가장해 아일랜드 더블린에서 에드워드 6세로 즉위하기까지 했다. 퍼킨 워벡은 에드워드 4세〔재위: 1461~1470, 1471~1483〕의 자식들이 아직 죽지 않았고 비밀리에 다른 나라로 보내졌다는 소문을 이용했다. 그렇지만 이런 생각은 더욱 멀리까지 소급될 수 있다. 일례로 1532년에 어떤 접신술사는 헨리 6세〔재위: 1422~61, 1470~71〕의 왕세자 에드워드가 아들 한 명을 해외에 빼돌려 놓았고 그 아들의 자손이 프랑스나 독일에 생존해 있으니, 그 아니면 스코틀랜드 국왕이 헨리 8세를 계승해 통치하게 될 것이라고 예언했다.[231] 그러나 에

229) H. M. C., *Hatfield*, vol. 18, pp. 280~1, 298, 304, 306~7; 316~8, 320~2.

230) [역주] 램버트 심널(Lambert Simnel: 약 1477~1525)은 존이라고 불리기도 했으나 본명을 알 수 없는 잉글랜드 왕위요구자(*pretender*)이다. 그는 워릭 백작을 가장해 1485년에 왕위에 오른 헨리 7세에게 큰 위협을 가했다. 그는 1487년 5월에 더블린의 크라이스트처치 대성당에서 "에드워드 6세"로 왕위에 올랐고 수차례 잉글랜드로 진군을 시도했으나 실패로 끝났다. 헨리 7세는 어린 그를 용서해 왕실 주방에서 일하게 한 것으로 알려져 있다.

드워드의 귀환이라는 신화를 근본적으로 지탱해 준 것은 죽은 자나 잃어버린 지도자의 귀환을 약속한 수많은 제프리 유형의 스코틀랜드 예언들이었다.[232] 특히 1552년에 작성된 예언은 "만인이 죽은 것으로 믿었으나 살아 있는 사람처럼 E. 는 잠에서 깨어날 것"이라고 적시하기도 했다.[233] 훗날 존 투서나 에드워드 소퍼드나 저버스 스미스 같은 이들이 손에 넣은 것은 이런 예언의 일종이었음이 거의 분명하다. 한참이 지난 1652년에 출판된 예언편찬서도 "죽은 자가 소생할 것"이라는 16세기 예언을 수록하고 있었다. 그 예언은 "로버트 블레이크"(Robert Blake) 라는 이름을 빌려 "에드워드 6세를 향해" "때가 다가오고 있다"고 선언했다.[234]

## 4. 예언의 뿌리들

이렇듯 다양한 예언들이 발휘한 매력을 어떻게 설명할 수 있을까? 사업이 성공하도록 예정되어 있다는 확신을 가지고 사업에 임하는 것보다 더 큰 성공의 비결은 없다는 것이 동서고금의 진리라면, 옛 예언들은 이 진리에 의존한 선전도구에 불과했던 것으로 간주될 수 있다.

---

231) 〔T. Gainsford〕, *The True and Wonderfull History of Perkin Warbeck* (1618), pp. 5, 55; *L. P.*, vol. 5, p. 695.

232) 이를테면, Griffiths, *Early Vaticination*, p. 209; Murray, *Erceldoune*, pp. lxxx, 54, 63; Harvey, *A Discoursive Probleme*, pp. 56~7; *The Prophesie of Mother Shipton* (1641); *L. P.*, vol. 6, pp. 399~400.

233) Murray, *Erceldoune*, p. 63. 또 하나의 판본이 Cheshire R. O., DDX 123, f. 13에 소장되어 있다.

234) *Sundry Strange Prophecies* (1652), p. 31. 이것은 Harvey, *A Discoursive Probleme*, p. 56에서 인용된 "죽은 자" 예언들 중 하나였다. 메리 튜더 때 작성된 또 다른 버전은 Sloane 2578, ff. 18v, 20에 소장되어 있다.

이런 관점에서 보면 옛 예언의 기능은 점성술적 예언이나 마술적 예언의 기능과 다르지 않았다. 셀던이 주장했듯이, "예언은 사람이 과감하고 용감하게 나아가도록 해 준다. … 성공한다면 예언의 덕으로 돌릴 것이요, 실패한다면 예언을 탓하지도, 자기 자신을 탓하지도 않을 것이다."[235] 홉스도 예언은 "예언된 사건의 주요 원인으로 작용할 때가 많다"고 주장했다.[236] 이렇듯 명백히 정치적인 효과를 감안하면, 왜 예언들이 기회가 있을 때마다 자주 조작되었는지를 어렵지 않게 파악할 수 있다. 조작된 예언은 먼저 그것이 '발견'된 시점까지 일어난 사건들을 정확하게 해설하고 나서, 미래에 예정된 사건들에 대해서는 훨씬 모호한 예측을 덧붙이는 경향이 있기 때문에 쉽게 알아챌 수 있다. 일례로 가톨릭 음모기에 유포된 예언들은 한결같이 찰스 1세와 크롬웰의 경력을 정확하게 해설했고, 향후 프로테스탄티즘의 승리와 교황청의 몰락에 관해서는 훨씬 애매한 해설을 덧붙였다.

그러나 예언의 정치적 효용만으로는 예언을 우선시하는 성향 자체를 설명할 수 없다. 그것만으로는 왜 사람들이 사건이 일어난 후에 예언을 조작해야겠다고 생각했는지에 관해서도 말해 주지 못한다. 대체로 예언은 그 안에 언급된 사건이 발생한 이후에야 비로소 '발견되는' 경향이 있었기 때문이다. 새뮤얼 버틀러가 냉소조로 논평했듯이, "예언은 실현되기 전에는 들어보기 힘든" 것이었다.[237] 특히 애매한 이름을 사용한 예언은 거의 모두 사건발생 이후에 구성된 것으로 볼 수 있다. 일례로 헨리 4세는 자신이 예루살렘에서 죽을 것이라는 말을 들

---

235) J. Selden, *Table-Talk* (Temple Classics, 출판연도 미상), pp. 123～4.

236) *The English Works of Thomas Hobbes*, vol. 6, Sir W. Molesworth, ed. (1839～45), pp. 398～9.

237) S. Butler, *Characters and Passages from Notebooks*, A. R. Waller, ed. (Cambridge, 1908), p. 134.

었는데, 여기서 '예루살렘'은 웨스트민스터 수도원 부속건물에 있는 어떤 방 이름이라는 것이 밝혀졌다. 웨일스의 성인 더펠 카단의 초상은 "숲(*forest*)을 불태우는" 것이었지만, 헨리 8세 시대 종교개혁가들은 그 초상을 런던으로 가져와 프란키스쿠스회 탁발수도사 존 포레스트(Forest)와 함께 불태워 버렸다. 추기경 울지는 킹스턴에서 죽을 것이라는 예언을 들은 일이 있었고 공교롭게도 그를 체포한 자는 윌리엄 킹스턴 경이었다.[238] 이처럼 견강부회된 이야기들은 많이 있지만, 그 중에서 이야기된 시점으로 정확하게 소급될 수 있는 것은 거의 없다. 그 대다수는 교훈담을 찾으려는 사람들이 꾸며내거나 '수정한' 것이었다. 이런 이야기들에 일정한 계산이 들어 있는 것은 분명하지만, 이것만으로는 왜 사람들이 그 이야기들을 꾸며내야겠다고 생각했는지를 설명할 수 없다.

진실을 말하자면, 예언신앙의 중심에는 현대인의 가장 혁명적인 과업조차 옛 현인들이 이미 예언한 것이라고 믿고픈 충동이 놓여 있었던 것 같다. 예언이 실천한 것은 이처럼 현대인의 열망과 태곳적 열망 간에 일정한 관계가 있음을 입증하는 일이었다. 지금 일어나는 변혁은 옛 선배들도 예언했으니 그리 급진적인 것은 아니라고 사람들을 설득하는 데 예언의 기능이 있었다. 이는 실제로는 혁명적인 조치를 이미 오래전에 인정된 것이라는 인증서로 감춤으로써, 그 조치를 포장하는 효과를 발휘했다. 이 점에서 예언은 사기 진작 수단에 머물지 않았다.

---

238) *Notes and Queries*, 2nd series, vol. 4 (1857), pp. 201~3, 277; vol. 5 (1858), pp. 37, 174; vol. 7 (1859), pp. 395~8; Foxe, vol. 3, p. 319; vol. 5, p. 180; A. f. Pollard, *Wolsey* (1929), p. 298.
[역주] 윌리엄 킹스턴 경(Sir William Kingston: 약 1476~1540)은 헨리 8세 치세기에 런던탑 소장이었다. 그는 1530년 11월 추기경 토마스 울지를 기소하기 위해 노팅엄셔로 향했는데, 울지는 이 소식을 듣고 자신이 킹스턴에서 죽으리라는 예언이 실현된다고 생각해 경악했다는 이야기가 전해진다.

그것은 현재의 강력한 금제를 무릅쓰고 추진되는 새로운 사업에(인류학자들의 용어를 빌리자면) 일종의 '면허장'을 제공했다. 예언은 전쟁이나 반란을 정당화해 주었고 전대미문의 변화 속에 살아가던 사람들이 그 격동의 시대를 정서적으로 받아들일 수 있도록 해 주었다. 존 하비가 주장했듯이, 예언이 거듭되는 것은 "현재의 변화를 돕기 위해서요, 분주하고 열성적인 자들의 활기를 진작하기 위해서인즉, 그럼으로써 이런저런 혁신에 지속적으로 영향을 미친다."239)

이런 면허장이 왜 필요했는지를 이해하려면, 16세기 잉글랜드인들은 기존 정치질서를 마음만 먹으면 바꿀 수 있는 편리한 물건처럼 여기지 않았다는 점을 기억할 필요가 있다. 그것은 하나님이 안배한 질서였으니 그것에 도전할 정도로 사악한 반역자에게는 하나님이 처벌을 내릴 것이었다. 누군가 모반이라는 극단적 조치를 취하는 순간부터 그는 그 시대의 도덕률을 어긴 셈이요 자신을 키워 준 사회정치적 질서를 등진 셈이었다. 당시에 예언은 이런 극단 행동에 자격을 부여하는 것으로 호소력을 발휘했다. 이상적으로 말해 예언은 신성한 것이었기에 반란행위가 하나님 의지에 따른 것이요 따라서 죄가 아니라 적극적 의무라는 것을 보여줄 수 있었다. 내란기 동안 혁명집단들이 잇따라서 자신들의 열망을 신학적 언어로 포장한 것은 그 때문이었다. 하지만 신학적 언어의 대안으로 옛 예언들에 의존하는 것 역시 가능한 일이었다. 옛 예언들은 그 애매하고 중의적인 표현으로 인해 얼마든지 새로운 조건에 맞추어 각색될 수 있었다. 예언에 대한 믿음은 필사적 모험에 가담한 모든 이들에게 권위와 확신을 선물했다. 그것은 반란이라는 도박에 가담한 모든 이들을 도덕적으로 정당화해 주었고, 패배자들에게는 시간이 그들 편이라는 확신을 심어줌으로써 사기

---

239) Harvey, *A Discoursive Probleme*, sig. A4.

를 유지해 주었다. 때로는 변화가 시작되고 나서야 예언이 발견되거나 꾸며진 사례들도 있었다. 이런 사례들에서 예언의 역할은 변화로 인한 균열을 감추고, 나아가 그 변화를 과거 패턴과 일체화함으로써 바람직한 것으로 만드는 데 있었다.

이 점에서 옛 예언에 대한 관심은 내란에 앞선 한 세기 동안 잉글랜드 공적 생활의 구석구석을 물들였던 관심사, 즉 극단적 조치가 있을 때마다 선례를 찾아내 정당화하려는 열망의 일부에 지나지 않았다. 이런 열망은 종교개혁 과정에서도 엿볼 수 있는데, 이때에도 로마와의 갈등은 새로운 결별이 아니라 교황청이 '찬탈'하기 이전 상황을 회복하는 것으로 표현되었다. 교황청으로의 항소를 제한한 법령(1533)은 "다양한 옛 역사기록"을 인용해가면서 잉글랜드는 원래부터 교황청 사법권에서 독립된 "제국"이었음을 입증했다.[240] 더 나아가 기독교가 브리튼에 정착한 것은 교황청 파견 성직자 성 어거스틴에 의해서가 아니라 그보다 수세기 앞선 아리마대의 요셉이나 2세기 브리튼의 전설적 국왕 루키우스에 의해서였음을 입증하려는 시도들이 잇따랐다.[241] 그 외에도 엘리자베스기 대주교 매튜 파커는 이 앵글로색슨 교회를 프로테스탄트 미덕의 완벽한 구현으로 간주했다. 그것은 뒤이

---

240) [역주] 교황청에로의 항소를 제한한 법령(*Act in Restraint of Appeals to Rome*)은 헨리 8세가 수장령 반포를 위해 소집한 7회의 의회 중 제4차 의회(1533. 2. 4~4. 7)에서 제정된 법령으로, 국왕의 승인하에서만 교황청 법원에 항소할 수 있도록 함으로써 실질적으로 항소를 금하는 효과를 가져왔다.

241) [역주] 가톨릭 역사에서 브리튼 최초의 교회는 기원후 598년에 교황청이 베네딕투스 수도사 성 어거스틴(Augustine of Canterbury: 604년 죽음)을 캔터베리 초대 대주교로 임명하면서부터였다. 그러나 테르툴리아누스(155~222)는 동시대에 이미 브리튼이 기독교를 받아들이고 있었다고 기록하고 있으며, 중세 이후로 브리튼은 아리마대의 요셉(Joseph of Arimatae, 그리스도의 무덤을 장만한 인물)에 의해 개종되었다는 전설, 혹은 2세기 브리튼 국왕 루키우스(Saint Lucius)가 기독교를 도입했다는 전설이 성행했다.

은 중세 가톨릭교회로 인해 타락한 적도 있었지만 이제 그 원래 상태로 회복되고 있다는 것이었다.242) 이런 견해마저 마땅찮게 비역사적인 것으로 보이면, 신학자들은 신약성경상의 초대 교회를 그들의 모델로 삼기도 했고, 위클리프와 롤라드파에서 발도파와 카타르파에 이르는 종교개혁 이전의 프로테스탄트 계보를 추적하기도 했다.243) 위대한 고물연구가 시먼즈 듀이스 경은 잉글랜드에서 프로테스탄트 종교가 번성한 것은 성 어거스틴이 캔터베리에 부임한 것보다 4백 년이나 앞선 일이라고 생각했다.244) 이 프로테스탄티즘은 위클리프〔1384년 사망〕에 이르기까지 웨일스와 스코틀랜드에서는 중단 없이 유지되었고, 잉글랜드에서도 최소한 헨리 2세〔재위: 1154~1189〕 시대부터는 은밀하게 실천되었다는 것이었다.245)

---

242) 이런 시도들 중 다수는 편리하게도 G. Williams, "Some Protestant Views of Early British Church History", *History*, vol. 38(1953)과 Levy, *Tudor Historical Thought*, 3장에 요약되어 있다.

243) [역주] 발도파(*Waldenses*, 혹은 *Waldensians*)는 프랑스 리옹 출신 종교지도자 피터 월도(Peter Waldo, 프랑스명은 Pierre Vaudès: 약 1140~1218)가 세운 신흥종파로 청빈과 구빈을 앞세워 1170년대부터 현대까지 지속되고 있다. 카타르파(Cathars, 혹은 Cathari)도 1140년대부터 위세를 떨친 신흥종파였다. 극단적인 금욕주의와 반가톨릭교회 성향으로 12~13세기에 극단적 박해의 대상이 되었고 결국 15세기 동안 소멸했다.

244) [역주] 시먼즈 듀이스(Simonds d'Ewes, 1st Baronet of Milden, Suffolk: 1602~1650) 경은 장기의회 의원이자 내란기에 퓨리턴 대의를 추종한 정치가이자 고물연구가이다. 그는 케임브리지와 미들템플 법학원에서 수학한 후 1623년부터 법률가로 활동했고 1640년 하원에 입성해 1642년부터 의회군을 지원했다. 1648년 프라이드의 숙청으로 공직에서 물러난 그는 평소 관심사였던 고물연구와 문필활동에 전념했으나 곧 사망했다. 그의 편지와 일기는 중요한 사료로 남아 있다.

245) Sir S. D' Ewes, *The Primitive Practice for Preserving Truth*(1645), p. 28. 매튜 프리도(Matth ew Prideaux)는 윌리엄 루퍼스(William Lufus)가 "어떤 부류에게 프로테스탄트라는 이름을 부여할 수 없는가"라는 문제로 안셀무스와

전례 없는 변화가 진행 중이라는 사실을 감추려는 불안감은 스튜어트 초기 의회들에서도 엿볼 수 있다. 야당 대표자들 중 누구도 감히 자기주장을 전례 없는 것으로 내세우지 않았다. 오히려 그들은 자신들의 기획은 이미 14세기 선조들, 더 멀게는 앵글로색슨 시대 선조들이 향유했던 자유를 되찾자는 요구에 지나지 않는다는 것을 입증하려 애썼다. 정치적 주장은 법률논쟁 — 즉, 법이란 무엇인가에 답하는 논쟁 — 형식을 취했고 불변의 헌정질서라는 허구적 가정 아래 모든 토론이 진행되었다. 모든 정치적 요구를 애써 허구적인 옛 귀감에 끼워 맞추려는 이런 노력은 17세기 중반에 이르러서야 잦아들었다. 〔현재와 과거를 잇는〕 고리들이 끊어지면서, 사람들은 어떤 정치 기획에 내재하는 장점을 그 자체로서 주장하기 시작했다. 그것이 과거에 효과를 발휘한 적이 있었는지 없었는지는 상관없이 말이다.[246] 하지만 이때도 여전히 거의 모든 정치적 사고는 그 본성상 기원에 대한 탐구로 남아 있었다. 자연 상태나 여타 원시적 과거에 일어난 선례들은 여전히 지금 정치적으로 해야 할 일들을 결정짓고 있었다.

위조된 역사와 마찬가지로 옛 예언들은 자칫 혁명적으로 흐를 수 있었을 조치들을 누그러뜨리는 데에도 도움을 주었다. 그것들은 현재의 정치활동들이 오래전 죽은 인물의 예언과 일치한다는 것을 보여줌으로써 그 활동들에서 독기를 제거했다. 예언들은 과거와의 단절을 은폐해 주었다. 이 점에서 예언의 유포가 반란을 부추긴다는 동시대인

---

벌인 논쟁을 논의하는데, 그의 *An Easy and Compendious Introduction for Reading all sortss of Histories*(Oxford, 1648), p. 315도 참조할 것.

246) 이 중요한 발전은 다음 문헌을 참조할 것. Hill, *Puritanism and Revolution*, 3장; Hill, "'Reason' and 'Reasonableness' in Seventeenth-century England", *British Journal of Sociology*, vol. 20(1969), pp. 238~9; J. G. A. Pocock, *The Ancient Constitution and the Feudal Law*(Cambridge, 1957), pp. 125~7; W. H. Greenleaf, *Order, Empiricism and Politics*(1964), pp. 269~74.

들의 주장은 오해에서 비롯된 것이었다. 오히려 반란 감정이 예언의 유포를 부추겼다고 보는 편이 옳다. 예언은 어느 때를 막론하고 이용될 수 있었다. 게다가 예언은 애매했고 현실상황에 부합하지도 않았다. 예언에서 현 사태에의 적용가능성을 읽은 것은 반란자들이었으니 그들은 그렇게 읽고 싶었기 때문에 그렇게 읽었을 것이다. 긴박한 상황에서 사람들은 옛 예언들을 꼼꼼히 조사해 그들이 착수하려는 모험적인 조치에 정당성을 부여하고 싶어 했다. 위기에 몰린 그들은 현 사태가 이미 선조들에 의해 예언된 것이요 어떤 면에서는 한층 광범위하게 계획된 결과의 일부라는 것을 재확인할 필요성을 절감했다. 잉글랜드인들의 삶에서 예언이 가장 뚜렷하게 부각된 시기들이 혼란기들, 특히 종교개혁기와 내란기처럼 반란과 불만과 심한 변동으로 점철된 시기들이었다는 것은 우연이 아니다.

모든 사회는 저마다 각자의 과거와 관계를 정립함으로써 각자의 현재를 설명하고 정당화해 줄 일종의 '설립인증서'를 내세우는 경향이 있다. 오늘날의 역사가들도 죽은 선조들의 역사를 다시 쓰는 형식을 빌려서, 지금 우리를 사로잡고 있는 성문제나 계급문제나 경제 문제가 얼마나 심각한지를 입증하려고 한다. 우리보다 덜 복잡한 사회에서도 통치자들은 과거와의 단절 없는 연속성이라는 허구를 유지하기 위해 그들의 족보를 무시로 개작하며, 벼락출세한 자는 첫 과제로 그 자신의 족보를 꾸민다. 이렇듯 변화와 관련된 사실들은 재빨리 재해석되어, 사회에 변한 것이 없다는 착시를 뒷받침해 준다. 이런 세계에서는 모든 주장이 이미 확고히 정립된 규범을 바탕으로 판단될 수밖에 없다. 이를테면 왕위를 주장하는 자는 혈통을 계승했음을 증명해야 한다. 엘리자베스 시대에 노샘턴 백작은 15세기 예언 열풍에 관해 다음과 같이 기록했다. "요크 가문과 랭커스터 가문 간에 내란이 절정에 도달했을 때, 짐승 그림과 아기 그림을 담은 책들〔예언서들〕은 왕국의 구석구석에 넘쳐났으며, 양 가문은 그것들이 왕위에 영향을 미치기라도 하는 듯이 그 책들을 앞다투어 이용하고 해석했다."[247]

참이든 거짓이든 왕가의 방계상속자를 가장한 협잡꾼들도 있었다. 램버트 심널과 퍼킨 워벡처럼 잠자는 영웅을 사칭한 저명인사들도 있었지만 이들에 비해 덜 알려진 기인들도 많았다. 1533년에 메리 베인튼(Mary Baynton)이라는 요크셔의 여성은 자신이 국왕〔헨리 8세〕의 딸 메리이며 "넓은 세상에 버려져 홀로 생계를 꾸리게" 되었다고 주장했다.[248] 1587년에 앤 버넬(Anne Burnell)은 자신이 펠리페 2세의 후손이라 주장했고,[249] 1607년에 바솔로뮤 헬슨(Bartholomew Helson)은 자신이 메리 튜더가 햄프턴 궁에서 잃어버린 아들이라 선언했고,[250] 1648년에 코널리어스 에번스(Cornelius Evans)는 웨일스 군주를 자처했으며,[251] 1650년대에 토마스 태니(Thomas Tany)는 자신이 에식스 백작으로 찰스 1세의 후계자라고 주장했다.[252] 그런가 하면 '아서'라는 이름을 가진 청년은 1587년에 에스파냐로 들어가 자신이 엘리자베스 여왕과 레스터 백작 사이에서 태어난 자식이라고 주장했으며, 1612년에 세인트제임스 교회에 나체로 난입한 청년은 헨리 왕세자의 망령임을 자처했다.[253] 오늘날 우리에게는 이런 가장들이 터무니없어 보

---

247) Howard, *A Defensative*, f. 116v.

248) *L. P.*, vol. 6, p. 494.

249) M. Eccles, *Christopher Marlowe in London* (Cambridge, Mass., 1934), pp. 145~57.

250) *H. M. C.*, *Hatfield*, vol. 19, p. 177.

251) *C. S. P. D.*, *1648~9*, pp. 72~3, 349.

252) *D. N. B.*

253) Millican, *Spenser and the Table Round*, p. 40; *The Letters of John Chamberlain*, N. E. McClure, ed. (Philadelphia, 1939), vol. 1, pp. 391~2. 엘리자베스 시대에 존슨이란 이름을 가진 자는 자신이 워릭의 가이(Guy of Warwick)와 햄프턴의 베비스(Bevis of Hampton)라는 신비한 영웅들의 후손이라

일 수 있겠지만, 요크가와 튜더가를 아담과 브루토스 같은 선조들과 엮은 왕실 족보들도 이에 못지않게 우스꽝스러웠다.[254] 옛 예언들은 현재의 갖가지 조치들에 정당한 선조를 제공했고, 이 선조는 트로이 족보만큼이나 날조된 것이었지만 그에 못지않은 영향력을 발휘했다.

물론, 현재 사회를 사라진 과거와 직접 엮으려는 이런 시도들에서 잉글랜드인들에게만 특유한 면은 없었다. 선조가 트로이 출신이라는 주장은 로마인과 프랑스인 등 여러 국민들에 의해 개진되었다. 같은 맥락에서 로버트 필머는 "지상의 문명화된 국민들 대다수는 노아의 아들들이나 조카들 중 누군가를 조상으로 만들려고 부심한다"고 기록했다.[255] 옛 예언들은 유럽 전역에 널리 퍼져 있었다. 구스타푸스 아돌푸스의 정복전쟁은(파라켈수스의 예언으로 알려진) 북부의 독수리와 사자에 관한 예언을 통해 정당화되었다.[256] 크롬웰의 서인도제도 침공

---

고 주장했는데, 이에 관해서는 *Original Letters illustrative of English History*, Sir H. Ellis, 3rd series, ed. (1846), vol. 4, pp. 60~1을 참조할 것.

254) W. H. Greenleaf, "Filmer's Patriarchal History", *Historical Journal*, vol. 9 (1966); Anglo in *Bulletin of the John Rylands Library*, vol. 44 (1961~2), pp. 41~8.

255) Kendrick, *British Antiquity*, p. 76에서 인용됨. 트로이 신화의 광범위한 용도에 관해서는, D. Hay, *Europe, the Emergence of an Idea* (Edinburgh, 1957), pp. 48~9.

[역주] 로버트 필머(Sir Robert Filmer: 1588~1653)는 켄트 출신으로 케임브리지에서 수학한 후 찰스 1세의 측근으로 활동했다. 그는 왕권신수설을 옹호한 정치이론가였고 의회파의 주적으로 1643년에 리즈 성에 투옥되었다. 베이컨 추종자이기도 했던 그는 자신의 보수적인 정치이론과는 반대로 사회 진보에 대한 진취적인 믿음을 견지했다.

256) M. Roberts, *Gustavus Adolphus* (1953~8), vol. 1, pp. 525~7.

[역주] 구스타푸스 아돌푸스(Gustavus Adolphus)라는 라틴어 이름이 널리 사용되고 있지만 스웨덴의 공식명칭은 '구스타프 아돌프 대왕'(Gustav Adolf den store: 1594~1632)이다. 그는 1611년부터 1632년까지 통치하면서 스웨덴의 황금시대를 열었다. 그는 특히 30년 전쟁 기간에 '브라이텐펠트 전쟁'

에서 구실을 제공한 것도 에스파냐의 아메리카식민지 인디언들 사이에 퍼진 예언들이었다.[257] 페르시아에서는 터키와의 전쟁에서 승리를 약속한 예언이 나돌기도 했다.[258] 잉글랜드에서 예언들이 각종 반란의 정당화에 기여했듯이, 그것들은 1640년 카탈로니아 반란 발발시에도 수반되었다.[259] 그 본성상 전(前) 정치적인 세계, 즉 혁신이 과거로의 회귀를 가장하고 변화한 현실은 거의 인정받지 못하는 세계에서, 예언은 하나의 보편적 특징이었다.

그렇지만 17세기 말에 제프리 유형의 예언들은 쇠퇴기에 접어들었다. 직접적 원인은 확장일로에 있던 사료비판(*historical criticism*)이었다. 그것은 브루토스 전설과 아서 전설을 산산이 부숴 버렸고 옛 예언이 허구임을 드러냈다. 물론 예전에도 몬머스의 제프리의 이력을 의심하고 특히 멀린의 예언들을 신중하게 취급한 비평가들이 적지 않았다. 1485년에 캑스턴은 "많은 이들이 아서 따위는 존재하지 않는다는 견해를 가지고 있다"고 언급했다. 폴리도어 버질이 16세기 초에 아서왕 전설을 논박한 사건은 이미 4백여 년 전에 시작된 회의론 전통의 절정을 보여준 것에 지나지 않았다.[260] 하지만 트로이〔브루토스〕 전설

---

(1631)을 위시한 여러 전쟁에서 승리해 베스트팔렌조약(1648)에서 스웨덴의 승전국으로서의 위상을 예비했다. 1632년에 전장에서 사망했다. 그는 유럽 전역의 프로테스탄트들에게 숭앙되었고 '북부의 사자'(*Lion of the North*)나 '황금 왕'(*Golden King*) 같은 다양한 애칭을 가지고 있었다.

257) *A Collection of the State Papers of John Thurloe*, T. Birch, ed. (1742), vol. 3, p. 59.

258) *H. M. C. Hatfield*, vol. 20, p. 54.

259) J. H. Elliott, *The Revolt of the Catalans* (Cambridge, 1963), p. 444. 제프리 유형의 예언이 유럽에 미친 영향에 관해서는, Taylor, *The Political Prophecy*, 6장을 참조할 것.

260) 일부 중세 비평가들은 R. M. Fletcher in *Studies and Notes in Philosophy and Literature*, vol. 10(1906), pp. 136, 194, 200, 208, 225, 242, 244,

이 대륙 학자들 사이에서 불신을 받던 당시 상황에서, 버질의 신화 파괴는 민족주의적 불만의 목소리를 자극했고, 이는 베일과 릴런드가 다시 아서왕을 프로테스탄트 영웅으로 소생시키는 계기가 되었다. 18세기까지도 일부 강성 브리튼 민족주의자들은 몬머스의 제프리의 입장을 두둔했다. 그러나 그 이전에 이미 식자층 여론은 영영 그를 적대시하는 방향으로 돌아서 버렸다.[261] 윌리엄 퍼킨스가 "멀린의 취중(醉中) 예언들"이라 부른 것들은 고대 브리튼이 남긴 유물이 아니라 제프리 자신이 지어낸 이야기로 널리 받아들여졌다. 학자들로서는 더더욱 스튜어트 왕가가 브리튼 왕들의 후손이라는 주장을 심각하게 받아들일 수 없었다. 1648년에 한 권위 있는 역사서는 멀린의 예언들을 "미신"으로 일축했거니와 18세기 식자층 사이에서 '멀린'은 농담거리에 지나지 않았다.[262]

---

251; Zumthor, *Merlin le prophète*, pp. 95~6; L. Keeler, *Geoffrey of Monmouth and the late Latin Chroniclers, 1300~1500* (Berkeley and Los Angeles, 1946)에 열거되어 있다.

[역주] 폴리도어 버질(Polydore Vergil, 혹은 Virgil: 약 1470~1555)은 이탈리아 우르비노에서 태어나 볼로냐대학에서 수학한 역사가로, 헨리 8세에 고용되어 부친 헨리 7세와 거리를 두려는 그의 구미에 맞추어 잉글랜드 당대사를 서술했다. 그는 아서왕 전설 같은 고전 텍스트들을 잉글랜드 최초로 고증했고 방대한 《잉글랜드사》(*Anglica Historia*)를 편찬했다(이 작품은 1512~13년에 집필되었고 1534년 바젤에서 그 초판이 출판되었다).

261) G. Huppert, "The Trojan Franks and Their Critics", *Studies in the Renaissance*, vol. 12(1965); C. A. Patrides, *The Phoenix and the Ladder* (Berkeley, 1964), pp. 53~6; Levy, *Tudor Historical Thought*, p. 184. 아울러 Millican, *Spenser and the Table Round*; Brinkley, *Arthurian Legend in the Seventeenth Century*; D. Bush, *English Literature in the Earlier Seventeenth Century* (Oxford, 1945), pp. 214~5도 참조할 것. 산발적인 옹호론의 사례로는 C. A. Ashburton, *A New and Complete History of England* (1798?)의 서문을 참조할 것.

262) *The Works … of William Perkins*, vol. 3, p. 467; Prideaux, *An Easy and*

이 점에서 사료비판은 태곳적 건국신화를 유지하려는 노력과 양립하기 힘든 것이었다. 가톨릭교회의 논박에 떠밀려 이른바 고대 앵글로색슨 '프로테스탄티즘'은 시들어갔다. 토마스 스테이플턴은 16세기의 프로테스탄티즘과 비드 시대의 종교를 비교하면서 46가지도 넘는 차이점을 열거했다.263) 의회가 옛날부터 있었다는 주장도 같은 길을 걸었다.264) 심지어 고대 브리튼인들은 아메리카의 반나체 인디언들과 동류로 묘사되기까지 했다 — 1606년에 어떤 국회의원은 브리튼인들을 지목해 "우상을 숭배한 민족이요 악마숭배자들"이라고 말했다.265) 대륙에서는 이삭 카조봉이며 보시우스며 다비드 블롱델이 고대 신녀들의 예언을 엄밀한 비판에 귀속시켜, 그리스도의 출현을 예

---

*Compendious Introduction for Reading all sorts of Histories*, p. 261; E. Jones, *Geoffrey of Monmouth, 1648~1800* (University of California publications in English, 1944), p. 411.

263) M. R. O' Connell, *Thomas Stapleton and the Counter-Reformation* (New Haven, 1964), p. 55. 또한 H. B., *Englands Old Religion faithfully* 2.
[역주] 토마스 스테이플턴(Thomas Stapleton: 1535~1598)은 서식스 출신으로 옥스퍼드에서 수학한 후 1553년에 동대학 교수로 임용되었으나 엘리자베스 1세의 가톨릭교회 탄압을 피해 루뱅으로, 다시 파리로 이주해 신학을 연구했다. 1558년에 국교회 성직록을 받았지만 1563년 교황에 대한 비판을 거부해 성직록을 박탈당하고 다시 루뱅으로 건너가 그곳에서 죽었다. 1584년부터는 예수회에 입문해 가톨릭교회를 대표하는 논쟁가로 활동했고 그 업적으로 1590년에 루뱅 가톨릭대학의 성서학 교수로 임명되었으며 프로테스탄티즘을 논박하는 과정에서 사료비판의 발전에 크게 기여했다.

264) Popock, *The Ancient Constitution and the Feudal Law*, pp. 111~2, 152~5, 186, 2021~6.

265) *The Parliamentary Diary of Robert Bowyer, 1606~7*, D. H. Willson, ed. (Minneapolis, 1931), p. 203, n. 3. 아울러 Kendrick, *British Antiquity*, pp. 121~5; Burton, *Anatomy*, vol. 1, p. 86; R. Eburne, *A Plain Pathway to Plantations* (1624), L. B. Wright, ed. (Ithaca, New York, 1962), p. 56도 참조할 것.

언한 것으로서의 자격을 박탈했다.[266] 이들의 영향으로 예언의 실현 가능성에 대한 믿음은 전반적으로 감소하게 되었다.[267]

옛 예언이라는 개념 속에는 옛 선현들이 오늘날의 문제를 예지할 수

---

266) [역주] 본문에 인용된 대륙의 세 학자는 19세기에 완성된 사료비판의 선구자이다. 이삭 카조봉(Isaac Casaubon: 1559~1614)은 부모가 망명 칼뱅교도(위그노)로 제네바에 피신해 있는 동안 태어나 1562년에 가족과 함께 프랑스로 귀환했다가 19세에 다시 제네바로 유학해 그리스어를 비롯한 고전어, 문헌학, 신학(성서학) 등을 두루 섭렵했고 유럽의 대표적인 프로테스탄트 신학자들과 교분을 쌓았다. 1596년에 몽펠리에 대학교수로 임용되었으나 1599년에 국왕의 요청으로 파리에 정착해 1604년에 콜레주 드 프랑스의 왕립 사서직을 제수했고 국왕 앙리 4세가 암살된 1610년까지 문헌학적 사료비판에서 큰 업적을 남겼다. 국왕 암살로 위그노에게 불리한 상황이 전개되자 잉글랜드로 건너와 영국 고전문헌학 및 사료학의 체계를 정립했다. 당대 유럽에서 첫손꼽는 문헌학자로 평가되곤 한다. 보시우스(Gerrit Johan Vossius, 네덜란드어명 Gerrit Janszoon Vos: 1577~1649)도 네덜란드 출신의 루터교 성직자인 부친이 독일로 피신해 있던 동안 하이델베르크 근교에서 태어났다. 라이덴대학에서 고전어, 교회사, 신학 등을 섭렵했고 그로티우스와 평생지기가 되었다. 1614~19년 사이에 동대학 신학부를 이끌었고 1622년에는 수사학과 역사학, 나아가 그리스어 교수로 임용되었다. 그는 유럽 여러 나라, 특히 잉글랜드와 각별한 인연을 맺었는데, 특히 로드 대주교의 요청으로 캔터베리 대성당의 성직록을(거주하지 않는 조건으로) 제수했고 옥스퍼드에서 신학박사 학위를 받기도 했다. 기독교 신학과 기독교 이외의 종교들을 역사학적 관점에서 다룬 최초의 학자로 평가된다. 다비드 블롱델(David Blondel: 1591~1655)은 프랑스 출신의 프로테스탄트 성직자이자 역사가이자 고전학자이다. 1650년에는 보시우스를 이어 라이덴대학의 역사학 교수직에 올랐고 가톨릭교회의 신화적 요소들을 역사학적으로 비판했다.

267) 블롱델의 《신녀에 관한 논고》(*A Treatise of the Sibyls*)는 1661년 J. D(avis)에 의해 영역되었다. 잉글랜드 여론상의 변화를 보여주는 사례들에 관해서는, 이를테면 R. Gell, *Stella Nova*(1649), p. 5; T. Hobbes, *Leviathan*(1651), chap. 12; M. Casaubon, *Of Credulity and Incredulity, in Thing Divine*(1670), p. 144; J. Bradley, *An Impartial View of the Truth of Christianity*(1699), chap. 8; W. Whiston, *A Vindication of the Sibylline Oracles*(1715), p. 81 등을 참조할 것.

있었을 것이라는 가정이 들어 있었다. 이런 가정은 시대착오에 대한 감수성이 증가하면서 점차 받아들일 수 없는 것이 되었다. 사람들이 자신들과 선조들 간에 큰 차이가 있다는 자각을 언제부터 키워갔는지를 엄밀하게 계산하기는 힘들다. 실제로 이런 자각의 성장과정에는 기복도 있었고 차등도 있었다. 18세기 후반에조차 잉글랜드 관객들은 옛 의복을 차려입은 사극(史劇) 배우를 기대할 수 없었다. 반면에 이미 16세기부터 유럽 학자들은 봉건법제 연구에 사료비판 기준들을 적용함으로써, 관습과 법은 그것들을 만든 사회 전체와 불가분으로 엮여 있다는 점, 따라서 그것들은 상황으로부터 초연한 것이 아니라 상황에 맞춰 변한다는 점을 이해하기 시작했다.[268] 잉글랜드 예술계에서 현재 양식과 과거 양식 간에 차이가 있다는 자각이 나타나기 시작한 것도 16세기부터였다. 다음 세기에 존 오브리는 잉글랜드 중세 건축물의 발전에 대한 연대기적 연구를 선구했다.[269] 역사기록의 작성시점을 정확히 따져 위조 여부를 확인하는 고문서학 및 관련기법들이 개발된 것도 비슷한 시기였다. 이보다 이른 헨리 8세 시대에는 선왕들의 족보에서 오류를 제거하려는 시도가 있었다는 증거도 남아 있다. 그의 치세기에 존 래스텔은 아서왕의 옥새로 알려진 웨스트민스터 수도원 소장품이 가짜라는 것을 밝힌 일도 있었다.[270] 이제 역사가들은 과거를 명

268) Pocock, *Ancient Constitution and the Feudal Law*, passim.

269) J. G. Mann, "Instances of Antiquarian Feeling in Medieval and Renaissance Art", *Archaeological Journal*, vol. 89 (1932), 특히 pp. 267~9; H. M. Colvin, "Aubrey's *Chronologia Architectonica*", in *Concerning Architecture*, J. Summerson, ed. (1968).

270) Levy, *Tudor Historical Thought*, p. 74; Anglo in *Bulletin of the John Rylands Library*, vol. 44 (1961~2), p. 47.
[역주] 존 래스텔(John Rastell, 혹은 Rastall: 약 1475~1536)은 런던 출신으로 옥스퍼드와 링컨스인 법학원에서 수학했고 변호사와 국회의원을 지냈다. 그는 1516년경부터 인쇄업에 뛰어들었고 작가로도 활동했다. 토마스 모어 경의 매부

석하게 정의된 여러 시간대로 나누기 시작했고, 이는 오늘날 고대 · 중세 · 근현대라는 표준적 구분법으로 발전했다. '시대'(*epoch*), '동시대에 발생하다'(*synchronize*), '시대에 뒤진'(*out of date*) 같은 용어들이 영어권 세계에 첫선을 보였다.[271] 17세기 중반 즈음에는 마침내 '시대착오'(*anachronism*)라는 단어가 등장했다.[272]

물론, 역사가들과 고물연구가들의 작업이 곧장 대중의 의식을 파고든 것은 아니었다. 역사학 연구가 지난 수십 년간 유지되어온 옛 예언들의 지적 체면을 파괴한 것은 공위기 동안이었지만, 공위기는 옛 예언들의 출판이 절정에 도달한 시기이기도 했다. 옛 예언들이 여타 중세 비학들과 함께 가장 널리 유포된 시점은 아이러니하게도 식자층이 그것들을 더 이상 진지하게 수용할 수 없게 된 시점이었다.

그렇지만 옛 예언에 대한 믿음이 쇠퇴한 것을 새로운 역사학 방법론의 결과로만 본다면 잘못일 것이다. 물론 역사학은 건국신화를 파괴하고 왕실족보의 허구성을 폭로하고 '옛 예언들' 중 다수가 최근에 꾸며졌다는 것을 드러낸 도구였음이 분명하다. 현재와 과거의 차이에 대한 자각이 예리해지면 예리해질수록, 현재 유통되는 《시편》을 중세 무속인의 작품으로 어물쩍 넘어가는 것은 그만큼 힘들어졌다. 그러나 이 새로운 사료비판은 변화를 이끈 원인이었다기보다 변화를 보

---

이기도 했던 그는 가톨릭 대의를 지지해 투옥되었으나 토마스 모어처럼 처형되지는 않았다. 동시대의 생활상을 그린 작품, 교훈적인 희곡, 고대부터 리처드 3세까지 잉글랜드 역사를 다룬 작품 등 다채로운 작품을 집필했다.

271) G. S. Gordon, *Medium Aevum and the Middle Age*(Oxford, 1925); N. Edelman, "The Early Uses of *Medium Aevum*, *Moyen Âge*, Middle Ages", *Romanic Review*, vol. 29(1938); O. Barfield, *History in English Words*(신판, 1962), p. 161.

272) 당시에는 시간계산상의 오류라는 의미밖에는 없었다. J. Gregorie, "De aeris et epochis", in *Gregorii Posthuma*(1650), p. 174.

여주는 징후에 불과했다. 그것이 출현하려면 그것에 우호적인 환경이 먼저 조성되어야 했다는 말이다. 원시사회에서는 사계절의 반복적 흐름이나 주민들의 반복된 탄생과 죽음만으로도 변화와 쇠퇴에 대한 감각을 일깨우기에 충분했지만, 아직 구조적 변화에 대한 감각은 없었다. 좀더 진전된 역사발전단계에서 순환적 역사관, 즉 변화는 구조적으로 계속되지만 모든 것은 결국 출발점으로 되돌아온다는 견해가 등장했다. 마치 달이 찼다가 이울듯이 역사도 흥망성쇠를 반복한다는 이 관념은 고전고대에 위력을 발휘했고 르네상스 시대에 다시 새로운 전성기를 맞이했다. 당시까지만 해도 미적·윤리적인 면에서 가장 높은 미덕은 옛 기준을 따르는 것이지 옛 기준과 경쟁하는 것이 아니라는 주장이 가능했다.

순환적 역사관이 왜 직선적 역사관으로 교체되었는가 하는 문제는 지성사의 큰 수수께끼들 중 하나이다. 굳이 위험을 무릅쓰고 추측성 답변을 시도하자면, 변화에 대한 감각을 일깨우는 데 가장 필요한 것은 바로 변화 그 자체라고 답할 수 있겠다. 특히 사람들 마음에 자신들의 세계가 선조들의 세계와 다르다는 의식을 새겨준 것은 뚜렷이 구별되는 기술적, 지적 추세였다. 화약, 인쇄기, 선원용 나침반이 등장했고 지리상 발견의 영향으로 세계의 외형이 바뀌고 있었는데, 이런 추세는 르네상스인들이 그리스·로마인의 세계를 정말로 답습하는 것은 아니라는 점을 깨닫게 해 주었다. 제자는 스승에게 배운 기술을 개선하고자 헌신하며 이에 힘입어 지식은 날로 축적된다는 장인적(匠人的) 관념도 이런 변화에 도움을 주었을 수 있다.[273] 인쇄술이 현재와 과거의 차이를 크게 부각시켰음은 의문의 여지가 없다. 모든 서적에

---

273) 이런 관념은 S. Lilley, "Robert Recorde and the Idea of Progress", *Renaissance and Modern Studies*, vol. 2 (1958)에서 흥미롭게 논의되고 있다. 이것이 16세기 평범한 장인의 태도냐 아니냐는 별개의 문제이다.

는 고유한 출판일자가 있었기 때문이다. 전승된 서적은 낡은 가정과 관념을 위한 기념비에 지나지 않았다. 옛 서적은 과거 유물이라는 점에서는 옛 건물이나 옛 족보와 다르지 않았지만, 건물이나 족보처럼 신세대의 필요에 따라 소리 소문 없이 변조할 수 있는 것이 아니었다.

중세에도 상당한 수준의 기술적 진보가 진행되었음은 분명하다. 하지만 15~6세기 이전에는 그것의 심리적 영향이 극히 미약했던 듯 보인다는 점도 — 당혹스럽긴 하지만 — 분명하다. 중세는 기술적 진보를 보편개념으로 형성하지 못했다. 오히려 '발명가'는 그 용어 자체가 암시하듯이[274] 잃어버렸던 뭔가를 찾아낸 사람을 뜻했지, 전대미문의 새로운 해결책을 발명한 사람을 뜻하지 않았다. 최근 발생한 사건을 '뉴스'로 묘사함으로써 전례 없는 사건임을 내비치는 것은 16세기까지 흔치 않은 일이었다.[275] 최신의 것이 최상의 것이라는 근현대의 특유한 관념은 장기간에 걸친 '고대파'와 '현대파'의 논쟁 이후에야 정립될 수 있었다.[276] 그런가 하면 진정으로 혁신을 이룬 자들은 자신들이 전 시대에 누군가가 소유했던 지식을 회복했다고 믿고 싶어 했지, 전 시대보다 더 많은 것을 성취했다고 믿기를 꺼려했다. 르네상스

---

274) [역주] 'invention'의 라틴어 어원(*inventum*)은 찾아냄이라는 뜻을 가지고 있다. 고전수사학에서도 'invention'(발견법)은 익히 알려진 주제들(*topoi*) 중에서 화자의 글이나 연설에 맞는 주제를 골라내는 것을 뜻한다.

275) *O. E. D.*

276) [역주] '고대인과 현대인의 논쟁'(*Battle*〔*Quarrel*〕 *between Ancients and Moderns*)은 프랑스와 잉글랜드를 중심으로 대략 17세기 후반부터 18세기 초까지 전개된 문필전쟁이다. 프랑스의 경우는 데카르트로부터 시작해 1680~90년대에 페로(Charles Perrault)를 중심으로 격화되었고 1710년대에 '호메로스 논쟁'으로 이어졌다. 잉글랜드의 경우는 베이컨과 헤이크윌(George Hakewil)에서 시작해 1660년대 이후로 런던왕립협회를 중심으로 본격 논의되었고 스위프트의 '책들의 전쟁'에서 절정에 도달했다. 'Ancients'는 옛것, 'Moderns'는 지금 것이 더 뛰어나다고 주장하는 자들이라는 의미에서, 각각 '고대파'와 '현대파'로 번역되었다.

시대 철학자들은 그리스도 탄생보다 훨씬 이전에 살았던 헤르메스며 오르페우스며 플라톤 같은 '태고 신학자들'에게 이미 기독교가 알려져 있었다고 가정하는 경향이 있었다.[277] 마찬가지로 당시 많은 과학자들도 자신들의 업적을 태곳적 지혜, 즉 실낙원 이후로 상실했지만 소수의 동인서클에 의해 명맥을 이어온 지혜를 회복한 것에 지나지 않는다고 생각했다. 이런 맥락에서 코페르니쿠스 체계는 고대 이집트인들에게 알려져 있던 것으로 이야기되었다. 마술은 아담에게로 소급되었고, 파라켈수스 화학은 헤르메스를 '경유'한 것이었으며, 심지어 뉴턴의 세계상조차 '태고신학자들'이 이미 파악해서 입문자들에게만 '비밀'로 전해 준 것이었다.[278]

옳게 지적되었듯이, 이처럼 정교한 신화의 목적은 "과거를 단절 없이 유지"하고[279] 혁신을 은폐하는 것이었다. 정치학에서는 1688~9년 명예혁명조차 새로운 자유를 정립한 것으로보다는 옛 자유를 회복

---

277) [역주] '태고신학'(*prisca theologia*)은 피치노(Marsilio Ficino: 1433~1499)가 이집트의 헤르메스 트리스메기스토스를 라틴어로 번역하면서 처음 사용한 용어로 알려져 있다. 피치노는 헤르메스가 모세와 동시대인이라고 생각했으며, 모세에게 내린 계시가 헤르메스에게는 더욱 상세하게 내려졌다고 믿었다. 이런 맥락에서 그는 헤르메스로부터 플라톤까지 이어지는 '태고신학'의 계보를 작성했고 이 계보상의 등장인물들을 '태고신학자들'(*prisca theologi*)이라고 불렀다.

278) D. P. Walker, "The *Prisca Theologia* in France", *Journal of the Warburg and Courtauld Institutes*, vol. 17 (1954); A. G. Debus, "An Elizabethan History of Medical Chemistry", *Annals of Science*, vol. 18 (1962); (T. Vaughan), *Magia Adamica: or the Antiquities of Magic and the Descent thereof from Adam* (1650); R. Ward, *The Life of … Dr Henry More*, M. F. Howard, ed. (1911), p. 77; J. E. McGuire and P, M. Rattansi, "Newton and the 'Pipes of Pan'", *Notes and Records of the Royal Society*, vol. 21 (1966).

279) Walker, 위 논문, p. 258.

한 것으로 표현되었다. 그렇지만 17세기 말로 다가갈수록 사람들은 그들의 조상이 걸은 길을 답습하는 데 머물지 않고 그 이상을 행하고 있다는 것이 점점 더 분명해졌다. 로버트 보일은 완전한 진리체계를 정립하는 것이 불가능하다고 생각했는데, 그 이유는 매 순간 새로운 것이 발생하고 새로운 현상은 기존 가설을 부정할 수 있기 때문이었다. 이렇듯 지식이 점진적으로 드러난다는 새로운 관념은 "〔인식되어야 할〕 거의 모든 것들이 이미 발견되었다"는 아리스토텔레스의 믿음과 얼마나 다른가![280] 17세기 중반부터 문예비평가들 사이에서는 '독창성' 역시 존중되어야 할 덕목으로 정착되었다.[281] 진보가 수용되었다는 것은 조상의 지혜에 대한 믿음이 조상의 무지에 대한 확신으로 뒤바뀌었음을 의미했다. 바로 이런 상황에서 주석가들은 원전의 진위를 떠나 비드나 길다스의 예언, 혹은 선한 국왕과 두려운 망자를 다룬 이야기에 흥미를 잃었다. 중세에 유래하는 문서가 제 아무리 진본이라도 현재에 대한, 혹은 다가올 사태의 결과에 대한 예지를 보여주리라고 믿어야 할 이유는 없었다. 요컨대 이제는 옛 예언들의 예지력 자체를 받아들일 마음이 사라져 버린 것이었다. 이에 따라 예언의 사기진작 기능도 약화되었다.

17세기는 전 방위에 걸쳐 과거로부터의 새로운 해방을 증언하고 있다. 정치사상 분야에서 17세기 중반의 급진사상가들은 기원과 역사적 권리에 호소하던 관행을 포기했다. 죽음을 앞둔 찰스 1세조차 선례에 의존한 변론을 거부했다.[282] 정치현실에서도 17세기는 유례없는 격동의 세월로 평가되었다. 존 윌킨스가 1649년에 주장했듯이, 그것은

280) E. A. Butt, *The Metaphysical Foundations of Modern Physical Science* (2판, 1932), p. 182; Aristotle, *Politics*, 1264a.

281) L. Pearsall Smith, *Words and Idioms* (1925), pp. 87~9.

282) C. Hill, *Reformation to Industrial Revolution* (1967), p. 160.

"우리 선조들로서는 듣도 보도 못한, 새롭고도 이례적인 비상사태들"로 점철된 시대였다.[283] 괴혈병, 매독, 구루병 같은 "새로운 질병들"은 의학분야에서의 새로운 각성, 즉 인체생물학은 시대별로 상이한 문제를 떠안을 수 있다는 각성을 자극했다. 1670년에 한 논평자는 이렇게 기록했다. "우리가 보다시피, 실로 의학에서 천 년이 넘도록 원칙들로 통용되었고 누구도 의문시하지 않았던 것들이 지난 30년도 못 되는 기간 내에 문밖으로 쫓겨났으니, 옛 원칙들 중 버티고 있는 것은 별로 없다."[284] 과학분야에서는 우주가 무한대로 열려 있다는 새로운 인식이 지적 진보의 무한한 가능성에 대한 믿음을 뒷받침해 주었다.[285] 또한 물리학 혁명의 본질은 천체들이 완전하고 불변적이라는 아리스토텔레스주의 관념으로부터 운동과 변화를 수용하는 쪽으로 방향을 선회한 점에 있었다. 기술분야에서는 실험과 혁신을 한층 독려하는 태도가 정착되었다.[286] 일상담론에서조차 옛 지혜를 인용하는 관행은 시들해졌다. 엘리자베스 시대 국회의원이라면 조상의 지혜를 보여주는 옛 속담들과 격언들로 의회연설문을 가득 채울 수 있었겠지만,[287] 100년이 지나자 이런 유형의 담론은 거의 폐물로 전락했다. 어떤 문학연구자는 "무역과 상업은 속담을 거의 만들어내지 않는다"는

283) J. Wilkins, *A Discourse concerning the Beauty of Providence* (1649), pp. 63~4. 한편 새뮤얼 대니얼(Samuel Daniel)은 16세기에 발생한 모든 사회적, 정치적 변동들을 집대성했는데, 이에 관해서는 Levy, *Tudor Historical Thought*, p. 279를 참조할 것.

284) L. G. Stevenson, "'New Diseases' in the Seventeenth Century", *Bulletin of the History of Medicine*, vol. 39 (1965); G. Firmin, *The Real Christian, or a Treatise of Effectual Calling* (1670), p. 52.

285) M. Nicolson, in *Studies in Philology*, vol. 26 (1927), p. 7.

286) C. Wilson, *England's Apprenticeship* (1965), p. 7.

287) F. P. Wilson in *Proceedings of the British Academy*, vol. 27 (1941), pp. 182~3에서 인용되고 논의된 이채로운 사례를 참조할 것.

점을 지적한 적이 있다.[288] 상업에서 옛 경험이라는 것이 무슨 필요가 있었겠는가.

이 새로운 정신적 분위기에서 세월이 흐를수록 식자층은 옛 사람들이 오늘날의 문제를 예지할 수 있었다거나 그 문제의 결과를 예언하기에 충분한 경험을 가지고 있었다는 믿음을 포기하게 되었다. 옛 예언은 현재와 과거 사이에 이제 더 이상 경험적으로 뒷받침될 수 없는 연속성을 상정했다. 옛 예언의 쇠퇴는 새로운 역사의식의 성장을 반영했다. 그 변화는 느리고 힘겹게 진행되었지만 18세기에 이르면 역사에서 어떤 패턴을 원하는 자들이 새로운 체계를 궁리하지 않을 수 없는 상황이 전개되었다. 그들에게 구세대의 위대한 예지에 의존하는 체계는 더 이상 안주할 만한 것이 못되었다.

288) A. Taylor, *The Proverb* (Cambridge, Mass., 1931), p. 15.

## 찾아보기
(용 어)

### ㄱ


가금상 185
가내하인 264, 289
가리비 껍질 454
가스코뉴 77
가짜 프리드리히들 492
가톨릭 55, 123, 175, 199, 202, 458
- 가톨릭 견해 389
- 가톨릭교 29, 200, 498
- 가톨릭교도 60, 73, 336, 464, 469, 473, 498, 499
- 가톨릭교의 복위 468
- 가톨릭교회 167, 183, 200, 201, 251, 466, 505, 512
- 가톨릭 군대 465
- 가톨릭 귀족 493
- 가톨릭 기도문 14
- 가톨릭 동조자 439, 452
- 가톨릭 망명자 467
- 가톨릭 사상 469
- 가톨릭 성직자 453
- 가톨릭 세력 170, 465, 498
- 가톨릭 수도사 434
- 가톨릭 신앙 390, 466
- 가톨릭 신자 207
- 가톨릭 신화 468
- 가톨릭 예언 467
- 가톨릭 예언자 459
- 가톨릭 요소 54
- 가톨릭 음모 483, 501
- 가톨릭 음모기 339
- 가톨릭 의례 51
- 가톨릭 잔재 385
- 가톨릭적 과거 474
- 가톨릭적 특징 389
- 가톨릭 조산원 277, 339
- 가톨릭 지지자 452, 467
- 가톨릭 평신도 389
- 반가톨릭 성향 386, 441

간질 362
- 간질병 53
- 간질병 치료 60
- 간질병 환자 56
갈레노스 의학 64
갈보리 언덕 19
감응 25, 37
- 감응관계 107
- 감응력 111, 117, 312
- 감응마술 33, 114, 173
- 감응-반감법칙 128
- 감응-반감이론 105
- 감응치료 38, 102, 109
강령 202
- 강령의례 190
- 강령마술 190
- 강령술 179
- 강령집회 199
강복술사 13, 23, 149, 167, 168, 181, 187, 200
개업 무속인 100, 156
개업의료인 284
개업의 면허권 171
개업점성술사 222, 223, 252, 258, 293, 312, 320, 327, 330, 343, 347, 351, 358, 368, 373, 389, 397, 403
개연성 131
개연적 추측 320
개혁가 375
개혁론자 405
거들 24, 31, 111, 172
거들 재기 25
거울 86
거인족 486
거짓 예언 335, 345, 445, 461, 464
거짓 예언자 446
건과 습 219
건국신화 512, 515
걸식유랑민 498
검열 324, 384
- 검열관 263, 325, 340
- 검열제도 324, 340
- 검열체계 240
- 검열체제 341
검은 글자 389
검은 월요일 249
결투재판 94
결혼식 245
결혼운 281
경련성 발작 426
경마대회 275
경배 424
경이 210
경향성 374
경험치료사 203
경험치료인 29
계량화 362
계몽 211
계산상 실수 325
계시 52, 138, 185, 191, 193, 288, 379, 453
계시적 지식 191
고대 18, 20, 34, 100, 134, 143, 200, 217, 220, 303, 317, 438, 477, 512
- 고대 로마 470
- 고대 브리튼족 486

- 고대 신녀 451, 470, 472
- 고대의학 33
- 고대 이집트 104
- 고대 이집트인 518
- 고대인과 현대인의 논쟁(고대파와 현대파의 논쟁) 517
고문서학 514
고물연구가 128, 505, 515
고발 139
고분도굴 127
고위층 233, 252
- 고위성직자 198
- 고위정치인 293
고전고대 114, 380, 422, 516
- 고전문학 373
- 고전수사학 517
고해성사 162, 163, 389
곡물매점 332
골상학 133
공감과 감응 317
공감관계 318
공감-반감이론 94
공개모욕형 147, 343
공개참회 179, 184
공기상태 318
공기의 변화 318
공식기도문 187, 190
공위기 47, 49, 60, 109, 111, 173, 193, 225, 259, 322, 336, 340, 404, 478, 515
공포 141
공화주의 68, 248, 335
- 공화국 280, 358, 474
- 공화국 정부 444
- 공화정 485
- 공화주의자 50, 399, 403
과거 257, 273
- 과거로의 회귀 510
- 과거와 관계 507
- 과거와의 단절 506
과학 222, 224, 246, 329, 353, 356, 359, 370, 422
- 과학분과 298
- 과학의 발전 317
- 과학이론 315
- 과학자 62, 94, 100, 107, 110, 112, 218, 234, 314, 356, 518
- 과학자단체 260
- 과학 컬렉션 378
- 과학혁명 370
- 과학활동 369
과학적 368
- 과학적 설명체계 298
- 과학적 성격 379
- 과학적 점복체계 312
- 과학적 점성술 349
- 반과학적인 주장 370
관상술 101, 132, 133
관상의 영향 381
광신도 494
광증 56
광학 109
괴혈병 520
교감치료 72
교만한 영 192
교수형 446

교황 46, 376, 455, 458
교황 영향력 453
교황청 504
- 교황청 몰락 437, 501
- 교황청 사법권 504
- 교황청으로의 항소를 제한한 법령 504
교회 25, 26
- 교회개혁 437
- 교회력 389
- 교회마술 167, 208
- 교회 별당 137, 138
- 교회 봉헌물 54
- 교회 지도부 390
교회법 174, 383
- 교회법 개혁안 169
- 교회법원 12, 55, 82, 146, 151, 158, 162, 170, 179, 183, 200, 383
- 교회법원기록 149, 150, 175
- 교회법 위반 범죄 176
- 교회사법체계 179
교훈담 502
구루병 520
구름모양 137
구릉 도굴꾼 127
구빈용 주화 48
구술 113
구원 161, 393
구체적 예언 351
구체제 486
국가 천궁도 320
국교회 40, 155, 169, 173, 183, 190, 193, 198, 333, 345, 384, 385, 499
- 국교회 거부 주동자 466
- 국교회 몰락 439
- 국교회 성직록 414
국무대신 228, 229, 493
국무위원 280
국무위원회 294
국무회의 251
국세청 398
국왕고문단 313
국왕 40, 41
- 국왕사칭죄 496
- 국왕시해판사 395
- 국왕 지지자 397, 458
국왕 기적 67, 68
- 국왕 안수 52, 65, 67, 69
- 국왕 치유력 51, 68, 121
- 국왕치료명부 42
- 국왕치료의례 42, 43, 57, 61, 66
국회의원 520
군대 급진세력 399
궁·각·성좌 284
궁정금세공사 450
궁정사회 236, 253
궁합 310
귀신 24
귀족 230, 231
- 귀족가문 343, 454
- 귀족부인 292
- 귀족주의 109
- 귀족 지주 462
- 귀족층 459
그레셤칼리지 340, 353
그레이인 법학원 265

그레이트브리튼 490
그리스 516
- 그리스 신탁 143
- 그리스어 17, 292
- 그리스어 예언 481
- 그리스인 217
그리스도 458, 467
- 그리스도 탄생 104, 105, 518
- 그리스도의 출현 512
그림 예언 431, 480
극단 프로테스탄트 372
극단적 퓨리턴 373
극빈층 153
근대 202
근대과학 388
근현대 237, 314, 517
근현대 사회학 304
글래스턴베리 258, 442
글로-색슨 및 고전고대 112
글로스터 188, 340
글로스터셔 52, 85, 146, 342, 468
금서 474
금서목록 469
금세공사 457
금속 상형메달 118
금속변성 112, 147, 192
금욕주의 505
- 금식 59, 86, 115, 190, 191
- 금주론자 400, 409
급진파 402
- 급진사상가 519
- 급진 신흥종파 395
- 급진적 신조 403
- 급진주의 111, 401
- 급진주의자 251, 400, 403
- 급진 프로테스탄트 166
- 급진 프로테스탄트 사조 472
기계론 405
- 기계론 철학 405
- 기계론 철학자 351
- 기계론적 우주 107
기념주화 48
기도 191
- 기도문 14, 29, 31, 45, 52, 56, 69, 115, 167, 188, 201, 204, 413
- 기도서 42
- 기도와 계시 379
기독교 474
- 기독교 개종자 210
- 기독교 교리 368
- 기독교 국가 259
- 기독교 기도문 15
- 기독교 사제 161
- 기독교 신앙 371, 421
- 기독교 역사 166
- 기독교인 367
- 기독교 하나님 422
기병대원 268
기사의회 276
기상예보 246, 319
기상이변 332
기상학 298
기성교회 192
기성 궁 224
기술적 진보 517
기인 508

기적 39, 45, 51, 62, 67, 72, 76, 87, 97, 111, 146, 166, 210, 323, 324
- 기적 가능성 67
- 기적극 196
- 기적의 손수건 47
- 기적의 시대 166
- 기적의 염료단지 192
기적치료 66, 188
- 기적 치료사 59, 60
- 기적 치유 62
- 기적 치유력 63
- 기적적 효험 204
기질병리학 73
기질성 장애 66, 79
기질적 질병 73
기하학 377
기하학 용어 377
기회주의자 392
기후예보 243
긴급주화 120
길다스의 예언 519
길시 97, 124, 221, 222, 238, 247, 277, 313, 362
길일 246, 247, 270, 289, 292
길일시 359
길흉점 134, 155, 274, 345
길흉화복 144
꿈 137

ㄴ

나무숭배 162
나폴리 111, 261
낙관적 태도 142
낡은 양피지 434
남성적 궁 313
남성적 행성 313
내과의 11, 37, 39, 43, 66, 68~70, 76, 106, 181, 187, 195, 209, 222, 238, 252, 275, 285, 343, 360, 457
내란 46, 109, 173, 193, 225, 232, 247, 263, 267, 277, 279, 312, 323, 340, 386, 438, 439, 472, 504
내란기 50, 110, 120, 240, 270, 334, 392, 394, 503, 507
내면의 점성술 408
네덜란드 273, 336, 356, 410, 497
- 네덜란드인 31
- 네덜란드 전쟁 379, 483
네이즈비 279
노르만 정복 162
노르만족 440
노르웨이 흑함대 455
노리치 91, 139, 174, 179, 261, 347, 457, 461
- 노리치 교구 150
- 노리치 보안관 458
- 노리치 주교 383
노블금화 120
노샘턴 470
노샘턴셔 128, 177, 209, 261, 415, 418
노섬벌랜드 23, 27
노섬브리아 253
노스라이딩 459
노스웨일스 440

노스트라다무스 예언서 484
노아의 아들들 509
노아의 홍수 322
노팅엄 153, 259
노팅엄셔 29, 30, 144, 343
노퍽 146, 153, 196, 206, 433, 443, 459, 461, 469
농경 작가 245
농민반란 지도자 460
농업 219, 373
농업노동자 155
누페족 329
눈속임 마술 166
눈속임 마술사 196
눈속임수 111
뉴게이트 52, 274
뉴리 성벽 480
뉴마켓 경마장 233
뉴번 전투 489
뉴어크 120
뉴인칼리지 357
뉴칼리지 268
뉴캐슬 489
뉴턴의 세계상 518
뉴턴체계 356
뉴포트 협약 397

### ㄷ

단두대 463
달 245
- 달 아래 세계 218
- 달 아래쪽 218, 349
- 달 아래쪽 것 349
- 달 아래쪽 세계 318
- 달 위쪽 218, 352
- 달 위쪽 것 349
- 달의 위상 245, 362
달력 237
달키스 250
대수도원 198
대관식 45, 46, 48
대륙 109, 113, 238, 385, 512
대망막 32
대법관 162, 230
대법관법원 259, 274
대수도원장 437
대역죄 170
대역죄인 167
대영박물관 237, 485
대영제국 488
대우주-소우주이론 315
대장장이 497
대크르 가문 454
대파문 178
대항마술 183
대항주술 113
대홍수 224
대회합 224, 302
더럼대학 76
더럼대학장 76
더블린 269
더비셔 154, 204, 436, 462
더신데일 계곡 460
더신데일 전투 460
데번셔 16, 203

데스먼드 반란 457
데스먼드 반란 지도자 492
덴마크 318, 336, 441, 497, 498
델피 신탁 466
도그마 278
도깨비 130, 152
도난품 되찾기 82, 144, 146, 170
도덕률 503
도덕적 373
- 도덕적 선택권 373
- 도덕적 자율성 373
- 도덕적 지배력 382
- 도덕적 책임감 374
도둑 202
도둑잡기 82, 88, 144
도둑잡기 마술 91, 92, 113, 188, 341
도싯 87, 193, 204, 416, 450
도유 48
도유축성의례 45, 46
독립교회 205
독립파 173, 369, 387, 388, 394, 396, 397, 399
독립파 법률자문단 396
독실한 신앙 368
독일 406, 441, 464, 492, 497, 499
독일인 227
독자층 240, 479
독창성 519
돌 십자가 467
돌팔이 327
- 돌팔이 의사 203, 250
- 돌팔이 점성술사 331
동물 상징 430
동방박사 세 사람 467
동방의 별 371
동양어 281
동업조직 152
동전점 141
두 왕국의 통합 488, 490
두려운 망자 519
들템플 법학원 281
디거파 403
딕스 가문 224
떠돌이 132
- 떠돌이 마술사 132
- 떠돌이 무속인 143, 155
- 떠돌이 문헌류 236
- 떠돌이 시술자 347
- 떠돌이 약장수 124
- 떠돌이 점술사 136, 147, 156, 257, 345
- 떠돌이 치료인 171, 203

ㄹ

라이의 비국교도 419
라인의 신녀 437
라틴어 17, 87, 225, 476
- 라틴어 기도문 199
- 라틴어 성구 60
- 라틴어 시구 450
란터파 399, 402~404, 406, 410
래드너셔 497
랭커셔 20, 31, 69, 84, 95, 123, 261
랭커스터 가문 447, 507
러시아 456

러틀랜드 261
런던 29, 41, 52, 61, 63, 72, 83, 97, 110, 152, 162, 170, 172, 249, 250, 252, 254, 258, 267, 293, 344, 361, 363, 401, 418, 425, 456, 461, 470, 486, 490, 502
- 런던교구법원 123
- 런던 대화재 325, 478, 482
- 런던 상인 233
- 런던왕립내과의협회 345
- 런던용 천궁도 306
- 런던주교 58
- 런던주교법원 14
- 런던탑 129, 268, 434, 456, 502
레딩 363, 420
레딩 감옥 126
레스터 467, 497
레스터셔 26, 204, 264
로드 추종자 391
로드체제 340
로마 465, 477, 504, 509
- 로마가톨릭 42, 183, 189, 243
- 로마가톨릭교 423, 438
- 로마 가톨릭교도 469
- 로마 가톨릭교회 465
- 로마교황의 몰락 474
- 로마교황청 302, 449, 458
- 로마교회의 쇠퇴 438
- 로마와의 반목 487
- 로마인 217, 516
로젠 크로이츠 191
로젠크로이츠 형제단 33, 191, 482
롤라드파 200
- 롤라드파 교도 470
- 롤라드파의 예언 446
루드게이트 감옥 268
루르드 67
루터교파 268
뤼첸 301, 494
르네상스 100, 104, 112~114, 133, 193, 200, 219
- 르네상스기 302
- 르네상스 시대 315, 432, 516, 518
- 르네상스인 516
리돌피 음모 462, 463
리치필드 140, 205
링컨셔 138, 145, 155, 206, 257, 436

### ㅁ

마드리드 261
마법 11, 15, 170, 172
마법사 11, 20~23, 31, 40, 69, 75, 77, 145, 153, 168, 174, 187, 200
마술 15, 35, 37, 40, 55, 79, 97, 100, 103, 108, 109, 110, 117, 119, 121, 122, 128, 131, 142, 146, 153, 161, 183, 190, 200, 208~211, 282, 314, 405, 414
- 마술관행 116
- 마술기능 203
- 마술반지 54, 122, 142
- 마술비법 112, 114, 118, 124, 128, 256
- 마술서적 109, 116, 121, 123, 128, 189, 202

- 마술 실행 162
- 마술 액막이 121
- 마술연구 104, 112
- 마술 요소 187
- 마술원 170
- 마술의례 200
- 마술이론 111
- 마술재판 168
- 마술 전통 109
- 마술행위 128
- 마술 협의 258
- 마술활동 139, 151, 168, 169, 171, 174, 187, 191, 200, 211
- 반마술운동 175, 208

마술과 기술 72

마술사 91, 100, 104, 108, 113, 116, 117, 118, 124~126, 132, 141, 144, 152, 155, 161, 170, 178, 188, 196, 204, 207, 262, 485

마술사-칼뱅주의자 405

마술의 매력 208

마술적 121, 192
- 마술적 권능 17, 48, 50, 121, 192, 196, 197
- 마술적 기능 82
- 마술적 능력 34
- 마술적 도둑잡기 96, 97
- 마술적 목적 118
- 마술적 미약 108
- 마술적 믿음 380
- 마술적 사색 105, 113
- 마술적 속성 101
- 마술적 수단 121, 125
- 마술적 아우라 201
- 마술적 예언 501
- 마술적 요소 166
- 마술적 측면 188
- 마술적 해법 208
- 마술적 효험 54

마술치료 13, 14, 27, 34, 37, 39, 40, 53, 65, 69, 71, 78, 102, 202
- 마술요법 183, 187, 201, 208, 209
- 마술 진단법 24
- 마술치료법 175

마우스홀드 히스 460

마을 경찰들 341

마을공동체 201

마을 보안관 341, 376

만병통치 60

만병통치약 112, 208

만세력 241, 242

말 오줌 시료 363

말라리아 205

말라위 정부 495

망령 118

망상 379

망원경 348

매독 520

매장보물 126, 287

매점매석 332

매직스퀘어 18

맨체스터 263

머치스톤 234

머튼칼리지 천문학과 376

멀린의 예언 430, 440, 447, 459, 470, 474, 485, 497, 498, 510, 511

멀린 이야기 448
메리여왕 치세기 21, 170, 376, 496
메시아 492
메시아사상 430
메이드스톤 14, 136, 257
면책선서 177
면책선서자 177
면허권 171, 175
면허시스템 172
명사 107, 113, 235, 252, 482
명예혁명 42, 55, 233, 336, 484, 518
명예훼손 122, 169, 344
모래(흙)점 329
모로코 270
모세 지팡이 26, 128, 129
모조 책력 321
목공 404
목공예사 272, 273
목성 426
목성과 토성의 회합 249
목성의 4위성 348
목성적 299
목자적 보살핌 382
목회활동 203
몬머스 공의 왕위계승 음모 396
몬머스 반란 484
몰드랩 예언 452, 453
몰드랩 전설 453
무기연고 37, 55, 102, 114, 165
무녀 13, 23, 27, 30, 82, 136, 141, 145, 152, 155, 176, 181, 199, 384
무면허 의술 345
무면허 점성의학 개업인 345
무상시 점성술 의뢰 416
무상시 점성술적 254
무서운 망자 476
무속 17, 39, 180
무속인 11, 13, 26, 34, 68, 70, 82, 90, 96, 111, 124, 131, 140, 154, 167, 177, 186, 190, 200, 210, 244, 252, 265, 328, 347, 400, 410, 515
무시로 주어지는 의뢰 222
무신론 426
무신론자 196, 327, 423
무자 13, 15, 69, 125, 151, 159, 181
무자격 개업인 262
무적함대 464
묵시록적 예언 437
묵시록적 예언가 437
문맹자 432
문예비평가 519
문장 서적 432
문장관 309
문장용 상징 432
문캐스터의 윌리엄 페닝턴 가문 395
문필전쟁 385
문필활동 396
문학 52
- 계시문학 472
- 대중문학 317
- 설교문학 174
- 예언문학 467, 480
- 정치문학 484
- 풍자문학 133
물고기자리 224
물리학 혁명 520

미국독립전쟁 484
미들섹스순회법원 346
미래 137, 143, 163, 218, 244, 257, 273, 311, 379, 430, 492
- 미래사 441
- 미래 사건 369, 393
- 미래에 대한 예언 447
- 미래에 예정된 사건 501
- 미래의 인간 행동 375
- 미래의 일 174
- 미래의 희망 464
미망인 연금 330
미사 164, 201, 465
미사의 기적 201
미신 42, 49, 51, 64, 78, 164, 166, 172, 188, 204, 210, 242
- 미신적인 대수학 377
- 미신타파 51
- 미신활동 171
미약 123
미친 사람 245
미친 예언자 456
민간 118
- 민간신앙 44, 46, 72, 246
- 민간요법 13, 38, 183
- 민간전설 127
- 민간전승 196
- 민간지식 317
- 민간치료사 203
민간마술 27, 82, 112, 114, 151, 157, 166, 173, 175, 179, 200, 208, 210
- 민간마술사 11, 13, 21, 29, 43, 55, 65, 70~73, 82, 90, 111, 114, 123, 125, 129, 136, 140, 146, 147, 149, 150, 157, 167~169, 174, 180, 182~188, 198, 205, 208, 283, 341, 384, 426
- 민간마술사 치료법 183
민속학 151
민족주의 성향 448
민족주의적 예언 439
민족지학 219
민주주의 251
민주화운동 401
민중 468
- 민중 급진주의 468
- 민중봉기 493
- 민중운동 492
밀렵꾼 263

ㅂ

바베이도스 261
바베이도스 식민화 421
바빌로니아인 217
바빌론의 매춘부 494
바스 39
바젤 228
반동정치 47
반동종교개혁 106, 200, 390, 469
반동종교개혁 지도자 474
반란 447
- 반란군 493
- 반란자 507
- 반란 지도자 495
- 반란죄 131

- 반란행위 503
반선전전 459
반역 94
- 반역음모 121, 248, 449, 462
- 반역음모자 465
- 반역언동혐의 51
- 반역자 141, 503
- 반역자 처형식 497
반정부 450
- 반정부 선동 458
- 반정부 인사 461
- 반정부 활동 450
반증 144
발도파 505
발리올칼리지 119
발병시각 222
발작방지용 반지 53, 54
발트 해 497
발한병 301, 307
배교자 181, 413
배심재판 94
배제청원 위기 339, 484
백마술 148
백양궁 내 일식 301
백주술사 147, 149~151, 167, 180, 181, 185
뱅크사이드 거리 81
버지니아 268, 270
버지니아 회사 488
버크셔 197, 413
버킹엄셔 165, 262, 413
법률개혁위원회 173
법무대신 496
법사학 92
법원 148
법정범죄 345
법정중죄 338
법정최고형 169
법학 281
법학자 326
베네딕투스 수도사 504
베네딕투스 수도회 437
베네치아 72
베드퍼드셔 205
베들레헴 16, 371
베이유의 오도 198
베이징하우스 궁 279
베이컨 추종자 300, 353
베케트의 예언 483
벽돌공 404
별 결정론 373
별들의 선택 394
별들의 영향 324, 417
별 숭배 422, 423
별 숭배자 423
별 운행 371
별을 보는 자들 371
별의 구속 373
별의 영향 352, 356, 368, 380
별자리 218
병원처방 21
보들리도서관 262
보물을 위한 접신 148
보물찾기 131, 186, 202, 261
보물추적 127, 128, 129, 146
보상 368

보상과 처벌의 교리 375
보수주의 성직자 165
보수주의자 165
보스워스 전투 457
보스위크 150
보편적 신화 492
보편적 자연법칙 298
보험료 271
보험업자 271
복권 142
복음서의 예언 445
복음의 사도 367
복음의 성직자 416
봉건법제 연구 514
봉건사회 431
뵈메 406
- 뵈메 추종자 407, 410
- 뵈메주의 408, 409
- 뵈메주의자 408
- 뵈메파 195, 405
부귀운 281
부리는 영 187, 189
부적 46, 48, 72, 74, 76, 103, 111, 120, 122, 142, 204
- 예방부적 30
- 호신부적 43, 120
부활절 380
부활한 프리드리히 492
북부교회고등법원 178, 206
북부 백작들의 난 493
북부지역 493
북부평의회 232
북부평의회 의장 231
북아메리카 270
북아메리카 정착 488
북유럽 486
분과학문 219
분류체계 36
분쟁조정자 144
불경 161, 188
불경한 기술 367
불길한 날 242
불만증상 69
불법투자 280
불신앙 210
불운 309, 310, 367
불의 3궁 302
불의 3궁 회합 379
불행 310, 368, 374
붉은 글자 375, 389
브라운파 472
브라이드웰 58
브라이트먼의 예언 473
브루스 혈통 490
브루토스 신화 488
브르타뉴 487
브리들링턴의 예언 467, 484
브리딩턴의 예언 446
브리지워터 129, 261, 434
브리지트수도회 184
브리타니 490
브리튼 432, 504, 511
- 브리튼 신화 487
- 브리튼 역사 서술 486
- 브리튼 왕 511
- 브리튼인 512

- 브리튼족 486
블레넘 궁 273
블레이크의 함대 268
비거드의 난 454
비국교도 35, 52, 64, 338
비국교회 404, 412
- 비국교회 성직자 415, 445
- 비국교회 신흥종파 482
- 비국교회 활동 176
비단직조업자조합 401
비드 시대의 종교 512
비망록 18, 237, 325
비밀가톨릭교도 387, 404
비밀고객 392
비밀 지하활동 208
비법 156
비전 225
비학 515
비학연구 409
빅토리아 시대 133
빈민 250, 293, 453, 466, 467, 469
빈민계급 68

ㅅ

사계법원 84, 148
사기 117
사기꾼 34, 155, 157, 495
사기 진작 수단 502
사기혐의 346
사냥터 관리인 263
사도 24
사도신경 14, 24, 30, 187
사랑의 묘약 124
사랑의 성인 24
사료비판 512~515
사망통계표 41
사문서군 263
사바오스 17
사법개혁위원회 149
사보이 287
사상의 자유 51
사생아출산 176
사서 439
사술 375, 377, 378
사우샘프턴 190, 196
사우샘프턴 항 119
사우스웰 협동교회 178
사이비 과학 132
사이언 수도원 433, 453
사적 조언 140
사탄 166
- 사탄과 밀약 169, 181, 375
- 사탄의 예언자 470
- 사탄의 종 181
사형 147, 157
사회고위층 274
사회과학 374
- 사회심리학 298
- 사회인류학 298
- 사회학 298
사회과학체계 298
사회세력 211
사회정치적 질서 503
산모 31
산부인과학 277

산업화 316
산파 31
상담 141, 143
- 상담기록 139, 263
- 상담장부 262, 274, 277, 282, 286~289, 293, 328, 401, 417
- 상담활동 389
상류층 285, 289
상속법원 291
상속법원장 291
상응관계 101, 219
상징 142
- 상징술 115, 189
- 상징적 질병치료 69
- 상징체계 199
상한의 369
상형메달 118, 119, 182, 195, 389
상형문자 482
새로운 과학 315, 354, 356, 365, 371
새빌 천문학 교수 352
새턴숭배자 425
새프런월든 240
색슨인 478
색슨족 440, 447, 486
샌드퍼드 457
샛길질환 71
생·사계 134
생·사계 예언 134
생리학 219
생명과 죽음 422
생물학 298
서더크가 291
서리 99, 199, 204
서머싯 21, 22, 25, 30, 58, 95, 144, 152, 186, 433
서머싯 하우스 130
서명이론 36, 101
서부지역민 494
서식스 22, 199
서양의학 69
서인도제도 268, 509
서적상 334, 340
서퍽 164, 186, 207, 423, 457, 498
석공 404
선동자 399, 464
선민 394
선박세 사건 291
선원 240, 289
선원용 나침반 516
선전도구 500
선지자 196
선한 영 87, 189, 191
선한 주술사 158, 167, 168
선행 186
설교 439
- 설교단 85, 180
- 설교사 145
- 설교집 180
설명체계 298, 314
설터스컴퍼니 139
섭리 323, 393
성경 84, 196, 239, 240, 247, 332, 371, 383, 422, 458, 481
- 구약성경 130
- 신구약성경 244
- 신약성경 244, 505

성경말씀 205
성경주석가 441
성경해석 473
성구함 205
성금요일 53
성 마거리트 우물 140
성문법 169
성문법령 345
성물 31, 166, 188
- 성유 45, 46, 54
- 성수 14, 54, 76, 115, 164, 183
- 성 십자가 458
성 바솔로뮤 수도원 224
성법원 123
성베드로 성당 273
성별 19, 55, 164, 186, 201
성사 161
- 성별의례 203
- 성찬례 173, 197
성삼위 14
- 성부 15, 16, 19, 24, 29, 84, 85
- 성자 15, 16, 19, 24, 29, 84, 85
- 성령 14~16, 19, 24, 29, 84, 85
성상파괴 470
성서 383, 411, 446, 467
성술 예언가 250
성신강림축일 380
성위 381
성 유물 201
성인 14, 15, 50, 134, 183, 187, 196, 201, 390
성인사당 158
성인축일 135
- 성 바오로 축일 135
- 성베드로 쇠사슬 축일 466
- 성 스위딘 축일 135
- 세례요한축일 137, 454, 466, 493
성지 458
성직 의례복 203
성직 점성술사 414
성직계 404
성직록 155, 199, 200, 413, 415, 417
성직자층 480
성체변화 203
성탄 12일 135
성탄절 135
성호 19, 21, 23, 57, 60, 183
세 마술 371
세 콜로뉴 왕 468
세계상 219
세계의 종말 437
세례 16, 171
세속권력 168
세속법원 82, 148, 149, 178
세속적 설명 368
세시책력 239
세인트 버닛 수도원 443
세인트보톨프 교회 418
세인트아이브즈 266
세인트앤드류즈 199
세인트 앤드류 홀번 교회 417
세인트올번즈 279
세인트 제임스 궁 45, 60, 73
세인트제임스 교회 418
세인트존스칼리지 266, 357
셀레우키아 494

셰이커파 402
셰필드 97
셰필드 주지사 138
소교구 등록부 48, 317
소교구 위원 33, 144
소급적인 정당화 464
소년 예언자 439
소년 왕 499
소망의 성인 24
소변검사 155
소변시료 221, 395
소수도원 198
소우주-대우주 이론 406
소우주적인 태양 407
소파문 178
소회합 302
속기법 263
손톱손질 245
솔로몬의 반지 197
솔즈베리 426
솔즈베리대성당 206
수도사 202, 482
수도원 192, 471
- 수도원 도서관 412
- 수도원의 부활 465
- 수도원장 453
- 수도원 폐허 433
- 수도원 해산 434, 470
수록성직자 123
수상술 101, 111, 132
수상술사 139, 144
수성 353
수성 궁 224
수성적 299
수적 가치 134
수정구 28, 86, 87, 91, 117, 141, 171
수정점 87
수첩식 책력 241
수평파 130, 278, 399, 403, 405
수평파 지도자 399
수학 르네상스 224
수학 필사본 375
수학서적 263
수학서적 검열관 340
수학자 99, 193, 234, 249, 377
수학적 계산 375
수학적 도해 376
수호정령 128
수호천사 188
숙(하우스) 299, 322
숙명 394
순결서약 190
순산감사의례 424
순수 과학자 376
순수학문 363
순시기록 150
순시활동 151
순환적 역사관 516
순회법원 148, 258
순회법정 342
순회재판기록 147
순회판사 346, 436, 442
숨은 보물 287
슈루즈버리 482
스웨덴 336, 441
스웨덴 국왕 301

스위스 476
스카보로 455
스코틀랜드 121, 131, 334, 440, 478~480, 488~490, 493, 498, 505
- 스코틀랜드 군대 489
- 스코틀랜드 내란 480
- 스코틀랜드 예언 500
- 스코틀랜드 왕실 60
- 스코틀랜드인 313, 478, 489, 490
스태퍼드셔 181, 413
스탬퍼드 경마대회 275
스투어브리지 정기장터) 235
스튜어트 180, 242
- 스튜어트 가문 60
- 스튜어트 가문 치세 42
- 스튜어트 국왕 491
- 스튜어트 시대 151, 176, 180, 242, 433
- 스튜어트 왕가 249, 511
- 스튜어트 왕실 490
- 스튜어트 왕조 47
스트레스 74
스포츠 선언 391, 392
시대 개념 302
시대착오 515
시대착오에 대한 감수성 514
시리아어 17
시빌라 티부르티나의 예언 477
시장변동성 272
시죄 92, 94, 96
- 사법절차상의 시죄 92, 93
- 찬물 시죄 94
시청홍보원 98
식기음모 277
식자층 52, 75, 77, 218, 234, 236, 363, 374, 444, 481, 485, 511, 515, 521
신경액 362
신경증 362
신녀 438, 477, 491, 512
신들림 31
신비요법 65
신비주의 406, 407
신비주의자 406
신비 치료사 61
신비한 효능 78
신성 185, 249
- 신성마술 194
- 신성모독 161, 172, 368, 426
- 신성성 106
신성한 것 503
- 신성한 계시 470, 476
- 신성한 권능 425
- 신성한 기원 474
- 신성한 말씀 166
- 신성한 빛 379
- 신성한 서약 171
- 신성한 이름 17
- 신성한 존재 422
신성로마제국 190, 251, 449
신앙체계 217
신앙치료사 187
신유능력 14
신의 손길 380
신인 187
신지론 405

신체제 486
신탁 140, 472, 473
신통력 136, 202
신플라톤주의 37, 77, 100, 189, 200
신플라톤주의 철학 111
신학 194, 281, 370, 408
신학자 326, 371, 373, 374, 386, 409
신학적 187
- 신학적 논거 370, 420
- 신학적 눈 368
- 신학적 반론 372
- 신학적 언어 503
- 신학적 틀 383
신화적 430, 431, 513
- 신화적 동물 431
- 신화적 인물 430
- 신화적 요소 513
신흥종교 403
신흥종파 52, 60, 110, 133, 193, 194, 372, 402, 410, 412, 425
실낙원 104, 196, 518
실용 마술 198
실험과학 308
실험서적 116
심리적 목적 92
심리학 143, 219
심문관 498
심신상관성 73
- 심신상관성 질환 77
- 심신상관성 치료 77
심인성 조건 66
십자가 128, 377
십자가 도굴꾼 127
십턴의 예언 482
쌍둥이 356

## ㅇ

아도나이 17
아랍 221
- 아랍세계 380
- 아랍어 17
- 아랍 점성술 217
- 아랍 점성술사 217
- 아랍 점성술서 253
아래쪽 세계 315
아르미니우스 신학 391
아르미니우스 추종자 392
아리스토텔레스 519
- 아리스토텔레스 걸작선 34
- 아리스토텔레스주의 165, 520
- 아리스토텔레스주의자 100
- 아리스토텔레스 체계 349
아메리카식민지 인디언 510
아발론 486
아베마리아 14, 24, 25, 30
아브라카다브라 70, 187, 344
아서왕 510
- 아서 숭배 487
- 아서 왕국의 회복 489
- 아서왕의 옥새 514
- 아서왕 전설 510
- 아서 제국의 전설 487
아스토롤라베(천문의) 230, 369
아우구스티누스 수도회 440
아일랜드 61~63, 117, 154, 268, 279,

395, 441, 448, 457, 492, 497
- 아일랜드 대학살 480
- 아일랜드문제위원회 480
- 아일랜드 예언 448
- 아일랜드 왕 448
- 아일랜드 왕립내과의협회 185
- 아일랜드 원정 276
- 아일랜드인 60, 424, 448
- 아일랜드 정복 448
- 아일랜드 젠틀맨 61
아잔데족 328
아조레스 군도 120
아크로스틱 18
아프리카 89, 143, 156, 210, 328, 498
- 아프리카 무속인 328
- 아프리카 점복 329
- 아프리카 점술사 327, 328, 330
악령 18, 25, 27, 87, 128, 142, 154, 171, 189
악마 22, 55, 63, 64, 76, 77, 115, 121, 137, 161, 164~167, 169, 188, 192, 204, 258, 376, 377, 389
- 악마 들렸다 27
- 악마 들린 29, 60, 153, 183, 201
- 악마 들린 자 24
- 악마숭배자 187, 512
- 악마와 거래 378
- 악마와 밀약 389
- 악마와 제휴 375
- 악마의 날 242
- 악마의 대학교 375
- 악마의 도움 166, 182
- 악마의 손길 165
- 악마의 영향 170
- 악마의 지원 168
- 악마의 초등학교 375
악마적 185
- 악마적인 것 192
- 악마적인 기원 469
- 악마적인 예언 333
악생프로방스대학 351
악의 29, 189
악의적 주술 145, 148, 183, 207
악의적 행동 168
악한 영 87, 189, 191
안수 75
- 안수의례 44
- 안수치료 40, 42, 43, 46, 47, 51, 55, 59, 61, 63, 64
안식일 위반 169, 176
안전투자 280
알렉산드리아 217
알프스 이북 104
암스테르담 306
암호학 405
애니미즘적 우주 107
애더베리 179
애쉬몰 컬렉션 262
애쉬몰 필사본 262
애정 143
- 애정마술 125
- 애정 문제 143
- 애정용 주물 123
액막이 111
- 액막이용 154
- 액막이 주기도문 18

- 액막이 처방 155
액일 389
앤트워프 272
앵글로 박사 487
앵글로색슨 423, 512
- 앵글로색슨 교회 504
- 앵글로색슨 시대 162, 180, 242, 253, 506
- 앵글로색슨 시대 20
약손 58, 64
약종상 258, 266
약초 285, 314, 316
- 약초 지식 72
- 약초 채집 19, 362
- 약초치료인 400
양말직조공 404
양심의 가책 364, 419
양피지 두루마리 453
양피지 필사본 478
얼스터 반란 448
엄밀과학 329
엉터리 점성술사 331
에드워드의 귀환 500
에드워드의 무덤 497
에드워드 4세 치세기 169
에드워드 6세 498, 500
에드워드 6세 치세기 72, 345
에든버러 441
에스파냐 46, 120, 131, 265, 268, 271, 464, 496, 497, 510
- 반에스파냐 496
에식스 27, 39, 82, 150, 188, 198, 254, 261, 294, 341, 410, 418, 434, 466, 496
에식스 순회법원 497
에일즈버리 240
엑시터 169, 453
엘리사의 반지 197
엘리자베스 1세 448
- 엘리자베스 시대 17, 119, 132, 176, 225, 255, 316, 330, 338, 345, 357, 361, 376, 377, 380, 431, 439, 507, 508, 520
- 엘리자베스 시대 무속인 244
- 엘리자베스 여왕 477
- 엘리자베스 정부 462, 496
- 엘리자베스 치세기 200, 224, 269, 309, 317, 376, 422, 496
- 엘리자베스 치세 말 260
엘리트층 226, 259
여론 주도층 176
여성 민간마술사 40, 118, 126, 136, 145, 151, 198
여성 점성술사 291
여왕 함대 270
여직조공 281
여홍거리 363
역병 306
역사 106
- 역사가 67, 74, 78, 216, 278, 290, 309, 314, 360, 376, 485, 507, 515
- 역사기록 514
- 역사서술 303
- 역사의식의 성장 521
- 역사 진행과정 301

역사적 161, 237
- 역사적 개인 435
- 역사적 사건 302
- 역사적 인물 430
역사학 302
- 역사학 방법론 515
- 역사학 연구 515
- 역사학적 사색 303
- 역사학적 설명체계 303
역술 312
연금술 32, 104, 110, 112, 147, 191, 192, 193, 405
- 연금술 금지령 147
- 연금술사 192, 194, 198, 262, 287
- 연금술은 내적 거듭남 195
연금액 112
연대기 303, 439
연대기적 연구 514
연도별 순환도 220
연로 할로크 456
연주창 11, 41, 43~46, 48~50, 52, 55, 57, 58, 61, 63, 66, 69
연주창 치료의례 12
열과 냉 219
열등한 것 357
열쇠 156
열쇠와 책 84, 96
염력 74, 75, 77, 90, 103, 117, 142
영 130, 147, 157, 188, 201, 202, 256
영계 118, 189
영국 120, 128
- 영국민 363
- 영국의학회 78
- 영국인 217
- 영국 제국주의 494
영매 131
영원한 예정 394
영적 176, 187
- 영적 거듭남 381
- 영적 변화 192
- 영적 연단 192
- 영적인 힘 408
- 영적 존재 101, 117
- 영적 추구 193
영지 191
예루살렘 30, 467, 495, 501
예루살렘 원정 468
예수회 수사 60, 287, 390, 405, 443
예수회 칼리지 351
예시 369
예언 81, 102, 134, 141, 163, 224, 238, 244, 251, 257, 260, 284, 318, 327, 331, 333, 354, 369, 375, 388, 394, 411, 429, 431, 440, 453, 460, 479, 482, 490, 501, 510, 521
- 예언가능성 358
- 예언계보 434, 442
- 예언된 것 481
- 예언의 권위 474
- 예언 비판 475
- 예언사업자들 441
- 예언신앙 502
- 예언의 유포 446, 506
- 예언 점성술 358
- 예언 활동 366, 455, 469
예언과 반란 462

예언과 반란의 연동성 459
예언력 238, 240, 248, 296, 324, 333, 366, 383, 398, 417, 475
예언의 기능 502
- 예언의 사회적 기능 429
- 예언의 선전효과 482
- 예언의 정치적 효용 501
예언자 164, 247, 333, 379, 380, 437, 439, 461, 473, 476, 481, 484, 491
예언자 동호회 457
예언적 438
- 예언적 계시 487
- 예언적 성격 438
- 예언적 요소 460, 469
- 예언적 조언 472
- 예언적 함축 439
- 예언적 화법 469
예언 편찬물 447
- 예언 비판서 477
- 예언서 247, 436, 441, 448, 450, 456, 457, 461, 474, 479, 485, 498
- 예언선집 475, 477, 478
- 예언 시가 498
- 예언용 그림 432
예정 393
- 예정 능력 394
- 예정설 393, 394
- 예정의 비밀 393
예지 137, 324, 430, 438, 444, 521
- 예지력 59, 519
- 예지적 의미 137
- 예지적 환상 437
옛 브리튼 487
옛 성인 473
옛 수도원 434
옛 예언 430, 434, 440, 446, 462, 469, 471~474, 478, 481, 482, 489, 499, 500, 503, 504, 510, 515, 519, 521
- 옛 예언 숭배 485
- 옛 예언의 쇠퇴 521
- 옛 예언자 445
옛 지혜 520
옛 필사본 483
옛 현인 486, 502
오름즈커크 사계법원 126
오스텐트 포위공격 276
오줌 예언자 285
오줌에 의한 진단 81
오클랜드 295
옥스퍼드 60, 110, 140, 179, 266, 268, 291, 357, 359, 375, 378, 415, 496, 497
옥스퍼드대학 108, 119, 237, 266, 280, 312, 352, 405
옥스퍼드셔 23, 33
올드게이트 273, 418
올소울즈칼리지 108, 357
와이어트 반란 461
완전론자 406, 410
완전한 지식 196
왕가의 방계상속자 508
왕권신수설 68
왕권의 초자연성 68
왕당파 46, 65, 251, 278, 280, 294, 323, 335, 346, 380, 391, 404, 416,

442, 477
- 왕당원 395
- 왕당파 망명기간 233
- 왕당파 점성술사 340
- 왕당파적 예언 458
- 반왕당파 52
왕립내과의협회 40, 56, 57, 204, 235, 257, 262, 263, 275, 284, 360
왕립외과의협회 175
왕립협회의 역사 355
왕실 450
- 왕실족보 515
- 왕실 천궁도 301
- 왕실 측근 236
왕위계승자 471
왕의 병 41
왕정 122, 336
- 왕정반대 64
- 왕정복고 61, 122, 151, 174, 226, 233, 290, 323, 341, 363, 392, 401, 415, 481
- 왕정복고기 110
- 왕정의 종언 481
외과의 38, 44, 49, 65, 66, 72, 76, 77, 268
외행성들의 회합 301
요르단 강 16
요크 28, 178
- 요크 가문 447, 507
- 요크 가문 왕위계승 요구 443
- 요크교구 150
- 요크교회법원 157
- 요크 대주교 384
- 요크대주교법원 14, 25
요크셔 15, 25, 27, 40, 52, 414, 424, 437, 451, 459, 461, 508
- 요크셔 반란 451
- 요크셔 봉기 468
욕설 137
우물숭배 162
우상 166
- 우상숭배 33, 166, 210
- 우상파괴 운동 128
- 우상파괴자 423
우선 채택된 증거 328
우스터 145, 170
우스터 주교 392
우스터셔 122, 146
우연 142, 310
우연성 59
우연의 지배 311
우연한 기회 438
우월한 것 357
우주 350
우주론 27, 357
우주상 350
우화 364
운동법칙 349
운명의 수레바퀴 134
운세 220, 320
운수 383, 394
워릭셔
원격조종 102
원격투시력 112
원소계 100
원시 152

- 원시사회 92, 516
- 원시상태 495
- 원시 시대 152
- 원시신앙 41
- 원시의례 93
- 원시의학 75, 79
- 원시인류 244
- 원시치료법 21

원시적 318
- 원시적 과거 506
- 원시적 삶 318
- 원시적 생활환경 318
- 원시적인 마술 49
- 원시적 정신요법 69

원칙주의자들(퓨리턴들) 393
원탁의 기사 487
월경 362
월령 315
월삭을 예고하는 자들 371
월식 220
웨스트모어랜드 454
웨스트민스터 129, 247
웨스트민스터 수도원 502, 514
웨이크필드 343
웨일스 14, 407, 412, 439, 440, 446, 457, 465, 467, 476, 487, 497, 505
- 웨일스어 479
- 웨일스 예언 458
- 웨일스인 478, 479, 481

웨일스비 137
위그노 78
위그노파 173
위생학 79
위선적인 악마 149
위작 443
위조된 역사 506
위쪽 세계 315
윈게이트 257
윈저 궁 386, 397
윈체스터 123, 206
윈체스터 궁 487
윌트셔 70, 154, 261, 262, 456
- 윌트셔 사계법원 129
- 윌트셔 순회법원 426

윌프레드 홈 459
유기적 통일체 100
유대 16
유대인 492
유독가스 이론 306
유럽 25, 104, 222, 259, 335, 429, 441, 492, 509, 510, 514
- 유럽대륙 20, 105
- 유럽인 69

유령 27, 138
유비추론 36
유아용 기도문 19
유죄판결 179, 273, 496
유토피아 112, 403, 425, 468
유희문화 422
윤리개혁가 386, 438
은비한 지식 192, 408
은총 24
- 은총의 선택 394
- 은총의 순례 452, 454, 494
- 은총의 순례자들 451

음력 243

음력월 135
음유시인 439, 491
음유시인들의 예언 446
의례 142
의료면허 263, 347
의료인 203
의료활동 203, 384
의사 171
의사면허 147
의술 182, 262, 284, 404
의학 219, 222, 285, 298, 353, 360, 373, 411, 414, 520
의학분야 520
의학이론 245, 316
의회 146, 276, 277, 278, 280, 338, 340, 341, 388, 446, 467, 506, 512
- 의회국새 50
- 의회군 279, 292, 397, 423
- 의회군 사령관 419
- 의회와 군대 279
- 의회지도자 396
의회파 247, 278
의회파 지도자 395
이교 300
- 이교도 372
- 이교세계 373, 423
- 이교세계의 학문 372
- 이교 신 162, 372
- 이교 요법 426
- 이교적 점성술 421
- 이교 전통 167
- 이교 철학 100
이글스톤 35, 36
이너템플 법학원 291
이단 373, 394, 466
이단자 268, 422
이론과학 114
이론심리학 78
이론적 양립가능성 378
이마의 땀방울 209
이미지 389
이발 245
이발사 겸 외과의 동업조합 175
이발사-외과의 38
이사 245
이성의 힘 390, 408
이스트라이딩 459
이슬람 과학 373
이승 167
이집트 217, 372
이집트 흉일 242
이탈리아 189, 227, 272, 302, 326
이탈리아인 341
인간 68
- 인간노동 210
- 인간 분류체계 299
- 인간사 370
- 인간 자율성 375
- 인간 행동 374
- 인간 행동에 대한 과학적 연구 374
인간적 지식 326
인간중심적 348
인과관계 356, 368
인구통계학자 293
인류의 경로 369
인류학자 329, 503

인문주의자 414
인문학자 430
인쇄기 516
인쇄술 236
인쇄업자 340
인자(구세주) 442
인체생물학 520
인체해부도 238, 364
인클로저 폭동 462
일곱째 딸 59, 136
일곱째 아들 56, 57, 58, 59, 64
일기 317, 480
일기예보 131, 163
일기작가 250
일리 176
일리 부주교법원 206
일반적 예측 234
일식 220, 250, 251, 320
일월식 237, 248, 315
일지 237, 304
일화 15, 31, 45, 62, 76, 77, 78, 130, 185, 224, 420
임상기록 67
잉글랜드 13, 41, 55, 68, 82, 92, 105, 110, 149, 162, 172, 189, 190, 200, 202, 210, 216, 222, 236, 240, 254, 261, 272, 304, 313, 326, 333, 344, 351, 367, 380, 385, 390, 394, 408, 412, 423, 425, 432, 440, 452, 466, 478, 480, 490, 503, 514
- 잉글랜드 경제 318
- 잉글랜드 국교회 63, 201, 469
- 잉글랜드 국민 481, 483
- 잉글랜드 국왕 452
- 잉글랜드-네덜란드 전쟁 482
- 잉글랜드 북부지방 450
- 잉글랜드-스코틀랜드 전쟁 489
- 잉글랜드 여론 513
- 잉글랜드 역사 302, 445, 484, 494
- 잉글랜드 역사학 303
- 잉글랜드 연대기 475
- 잉글랜드 예술계 514
- 잉글랜드 왕위 486
- 잉글랜드 왕위계승 488
- 잉글랜드인 242, 407, 446, 489
- 잉글랜드 전쟁 483
- 잉글랜드 정부 448
- 반잉글랜드 동맹 498

### ㅈ

자기(自己) 320
- 자기결정권 320
- 자기암시 141
자기(磁氣) 102
- 자기적 수단 64
- 자기학 405
자립정신 210
자메이카 270
자살률 304
자석이론 102, 103
자수공 467, 497
자연 506
- 자연계 165, 298
- 자연관 165
- 자연규칙성 131

- 자연 상태 506
- 자연수단 111, 163
- 자연원인 163, 165, 166, 188, 320, 322, 370
- 자연의 비밀 166, 408
- 자연 점성술 220
- 자연 지배력 104
- 자연철학자 101
- 자연치유력 72
- 자연현상 251, 298
자연과학 107, 369, 372, 374
자연과학 연구 371
자연마술 103, 108, 109, 111, 112, 114, 405
자연적 311
- 자연적 경로 311
- 자연적 수단 44
- 자연적 질병 73
- 자연적 치료법 34, 40
- 자연적 회복 72
자영농 264, 496
자유의지 320, 373, 374, 381
자의적 선택 142
자책감 310
작용력 316
잔부의회 149, 398, 481
잠자는 영웅 492, 494, 495, 508
잠정적 추측 374
잡귀 24, 25, 27, 28, 30
장기의회 444
장례의식 404
장로파 51, 280, 340, 368, 378, 387, 392, 394, 405, 410, 477
장미전쟁 447, 487
재단사 436, 465
재무대신 232, 292, 366, 498
재무위원회 276
재산몰수 147
재세례파 402
저승 167
저주 133, 137, 167
저주받았다 27, 72
적기 247
전기 391
전 정치적인 세계 510
전단지 496
전문용어 223
전문의학 38
전속사제 413, 415, 457
전염병 306
전조 141, 248, 249, 324, 358
전통사회 142
전통적 100
- 전통적 예언 458
- 전통적 우주론 100
- 전통적 치료법 39
절대군주제 301
점 202
점괘 210
점복 17, 34, 82, 90, 101, 118, 133, 140, 156, 162, 206, 236, 313, 329, 345, 469
- 도둑잡기 점복 92
- 분실물 찾는 점복 148
점복기술 137, 199, 243
- 얼굴반점에 의한 점복 132

- 이마주름에 의한 점복 132
점복도구 128
- 점복막대 103, 115, 129, 142, 261
- 점복용 수정구 474
점복입문서 244
점복체계 132
점성 360
점성괘 236, 267, 274, 275, 281, 307, 311, 325, 329, 330, 356, 357, 389, 400, 418
점성술 81, 104, 111, 195, 215, 223, 238, 242, 255, 264, 285, 295, 302, 310, 326, 337, 347, 356, 360, 374, 388, 396, 409, 418, 423, 444, 476
- 점성술 경력 404
- 점성술 계산 248, 338
- 점성술 관련 서적 412
- 점성술 교과서 397
- 점성술 규칙 361
- 점성술 논고 255, 319
- 점성술 논쟁 387
- 점성술 대가 260
- 점성술 도해 215
- 점성술 문헌 420
- 점성술 반론 358, 390
- 점성술 방법 388
- 점성술 부활 259
- 점성술 비법 252, 255
- 점성술 비판론 386
- 점성술 사업 252, 262, 288, 296, 319, 411, 412
- 점성술 상담 329
- 점성술 상담역 263
- 점성술 서적 384
- 점성술 안내서 257, 414, 415
- 점성술 연구 359
- 점성술 예언 253, 383
- 점성술 예측 260
- 점성술 원리 217
- 점성술 이론 218, 219, 302, 303, 315, 348, 383, 393
- 점성술 입문서 260, 271
- 점성술 자문 253
- 점성술 작가 275
- 점성술 저자 412, 425
- 점성술 조언 279
- 점성술 지식 231, 253, 256, 408
- 점성술 책력 241, 244
- 점성술 체계 299, 314, 327
- 점성술 치료사 232
- 점성술 학도 409
- 점성술 활동 259, 392
- 반점성술 논고 388
- 반점성술 저서 411
- 반점성술 풍자문학 246
점성술계 259, 261, 264, 326, 345
점성술과 의술 겸업 413
점성술과 종교 367, 378, 381, 382, 421, 423
점성술과의 전쟁 368
점성술사 102, 124, 154, 205, 217, 218, 221, 232, 245, 256, 264, 273, 287, 288, 296, 305, 311, 320, 339, 342, 353, 363, 365, 377, 385, 394, 400, 413, 423, 445
- 점성술사들의 주장 374

- 점성술사의 신탁 337
- 점성술사협회 260, 381, 391, 409
점성술에 대한 지적 반감 372
점성술의 '판별적' 측면 373
점성술의 경직 356
점성술의 기본 가정 217
점성술의 대가 412
점성술의 매력 308, 315
점성술의 미덕 331
점성술의 숙명론 392
점성술의 악마적 본성 388
점성술의 위엄 365
점성술의 정당성 394
점성술의 주장 373
점성술의 지적 취약성 372
점성술의 함축 375
점성술의 허세 355
점성술적 가설 310
점성술적 계산 285, 349, 390
점성술적 관심 236
점성술적 근거 336
점성술적 길시 227, 241
점성술적 길시(吉時) 118
점성술적 길일 230
점성술적 416
- 점성술적 계산 416
- 점성술적 눈 368
- 점성술적 마술 416
- 점성술적 상담 399
- 점성술적 상형메달 419
- 점성술적 선택 362
- 점성술적 설명 309, 311
- 점성술적 속성 100
- 점성술적 수단 269
- 점성술적 신조 226
- 점성술적 예언 320, 337, 364, 373, 379, 473, 501
- 점성술적 예언력 472
- 점성술적 예측 240, 246, 318, 334
- 점성술적 예후 222
- 점성술적 요인 301
- 점성술적 원인 309, 322, 368
- 점성술적으로 유리한 시간 380
- 점성술적 의뢰 284
- 점성술적 의미 381
- 점성술적 의사 222, 360
- 점성술적 접신 260
- 점성술적 조건 300, 301
- 점성술적 조언 227, 229, 232, 233, 252, 272, 277, 338
- 점성술적 주장 351, 358
- 점성술적 지식 313
- 점성술적 진단 314, 374
- 점성술적 추론 408
- 점성술적 택일시 389
- 점성술적 특성 246
- 점성술적 힘 350
점성술직 404
점성의사 362
점성의학 222, 285, 360, 362
점성의학개업 254
점술 113, 131, 137, 201
점술사 81, 89, 91, 139~143, 145, 156, 173, 198, 382
점쟁이 88, 170, 180
점치기 162, 170

접신 206, 210, 444
- 접신술 17, 87, 108, 114, 115, 148, 190
- 접신술사 13, 39, 63, 87, 119, 128, 165, 166, 186, 199, 347, 376, 380, 499
- 접신용 서책 375
- 접신용 주문 201
- 접신의례 87, 129, 189, 190, 413
- 접신주문 158
- 접신집회 89, 108, 116, 202, 328
- 접신행위 116, 147, 157, 189, 414
정규개업 153, 384
정규교육 360
정규의료서비스 13
정규의학 359
정당화 기능 486
정령 164, 186
정보수첩 237
정복전쟁 509
정부 검열 324
정신모형 209
정신분석학 117, 374
정신분석학자 375
정신적 분위기 521
정치가 293
정치사 301
정치사상 519
정치사상가 279
정치적 341
- 정치적 미래 478
- 정치적 사건 312
- 정치적 역할 341
- 정치적 예언 240, 333, 446, 486
- 정치적 요구 506
- 정치적 위기 347
- 정치적인 효과 501
- 정치적 잠재력 334
- 정치적 주장 506
정치학 518
정통교리 171, 412, 414
정통신앙 46
정확한 예언 373
제1원인 425
제2의 출생 381
제5왕국 251, 411
제5왕국파 379, 400
제1차 세계대전 485
제2차 네덜란드 전쟁 270
제3차 네덜란드 전쟁 483
제국주의자 488
제례마술 101, 115
제례마술사 199
제분업자 152, 261, 404, 496
제빵사 267
제식치료 13
제임스 1세 치세기 125, 133, 144, 154, 181, 343
제임스 2세 치세기 55
제임스당원 336
제임스의 왕위계승 489
제프리 신화 454
제프리 예언 450, 466, 472, 474, 477
제프리 유형 500, 510
제프리 유형의 예언 431
제화공 152, 259, 269, 404

젠트리 292
젠트리층 289, 459, 480
젠틀맨 32, 154, 181, 282, 455, 466
- 젠틀맨 부인 275
- 젠틀맨 세력 453
조명이론 406
조산원 171, 286
조산원 면허체계 171
조언 143, 170, 173, 181, 198, 202, 226, 232, 240, 255, 268, 277, 288, 293, 327, 366, 382, 397, 420
조작된 예언 501
조지 3세 치세기 494
종교 161
종교개혁 42, 166, 168, 171, 178, 187, 192, 198, 203, 207, 208, 209, 210, 211, 367, 383, 385, 450, 459, 470, 504, 505
- 종교개혁가 45, 386, 502
- 종교개혁기 31, 507
종교마술 101
종교분리주의자 402
종교사 368, 369
종교사상 387
종교 시구 15
종교요법 183
종교의례 49, 66, 86, 190
종교적 20
- 종교적 계시 379
- 종교적 광신 193
- 종교적 교시 209
- 종교적 언어 20
- 종교적 완성 192
종교지도자 438
종군사제 397
종말 468
종신형 147
주교
- 주교감독제 340, 347, 471
- 주교면허 384
- 주교법원 83, 268
- 주교순시 150, 173, 174, 200
- 주교순시기록 149
- 주교회의 169
주기도문 14, 18, 24, 25, 30, 424
주노숭배자 425
주문 13, 15, 18, 19, 21, 23, 27, 29, 31, 37, 52, 55, 70, 74, 75, 76, 96, 103, 108, 111, 115, 122, 170, 173, 180, 184, 256, 344, 375
주문마술사 169, 170
주물 11, 20, 37, 40, 44, 69, 70, 78, 118, 123, 142, 159, 164, 170, 184, 188, 204, 210, 375, 383, 389
- 주물마술사 169, 170
- 주물 사용 166
- 주물을 이용한 치료 148
주사위 134
주사위 점치기 135
주술 15, 25, 27, 29, 39, 55, 72, 81, 98, 103, 140, 152, 166, 170, 178, 183, 188, 200, 210, 257, 286, 345, 376
- 주술법 127
- 반(反) 주술법령 346, 347
- 주술에 걸렸다 27, 30, 72

- 주술에 걸린 자 30
- 주술 용의자 28, 94
- 주술 죄 426
- 주술혐의 206
- 주술 희생자 28
- 주술활동 208

주술사 12, 21, 39, 64, 73, 98, 114, 122, 144, 150, 161, 173, 181, 196, 201, 388
- 주술사 겸 의사들 210
- 주술사 기소 82

주치의 231, 362
죽었던 자 467, 468
죽은 자 497
죽은 자 예언 500
중범죄 94, 115, 147
중부 농민반란 121
중세 20, 54, 85, 93, 100, 112, 125, 134, 140, 158, 170, 183, 192, 196, 200, 217, 220, 238, 241, 298, 357, 368, 384, 429, 433, 440, 464, 470, 492, 505, 514,
- 중세교회 14, 31, 162, 173, 183, 201, 208, 245, 373, 383
- 중세 국왕 253
- 중세 말 255
- 중세사가 93
- 중세 성인 437, 474
- 중세 성직자 390
- 중세 점성술 연구 412
- 중세 참언서 134
- 중세 학자 389
- 중세 회화 423

중세적 기원 444
중죄 446
중회합 302
증명 144
증명능력 356
증인 158
지구사제 480
지난 사건을 되짚는 지혜 326
지리상 발견 348, 516
지방검사 453
지상계 101, 218, 219
지상의 것 350
지성인 366
지적 112
- 지적 마술 112, 114
- 지적 세력 211
- 지적 호기심 304

지중해 254
지크 부자 419
지혜의 성인 24
직선적 역사관 516
직설적 예언 430
직업 마술사 156
직업 무속인 151, 156
직업 점성술사 253
직접 계시 107
직조 154
직조공 426
진료서비스 75
진보 519
진보의 무한한 가능성 520
질병 71
질병치료 158

짐꾼 404
집단오류 68
집사 404
징역형 178
징후들 393

ㅊ

착시환상 109
찰스 1세 처형 52, 323, 441
찰스 1세 치세기 44, 154
찰스 2세 치세기 225
참사위원 386
참 십자가 458
찻잎을 읽는 137
창세기 107
창조론 348
창조의 비밀 191
채링크로스 455
채링크로스의 붕괴 455
채식주의자 400
책과 열쇠 81, 91
책력 236, 240, 251, 263, 296, 313, 320, 332, 364, 379, 398, 420, 473
- 책력제작자 231, 246, 251, 320, 347, 351, 360, 414
- 책력컬렉션 237
처방전 22
천궁도 81, 218, 221, 238, 252, 264, 270, 283, 291, 305, 311, 320, 325, 331, 357, 362, 374, 413, 416
- 천궁도 점성괘 254
- 천궁도 제작법 261
천당 394
천랑성 317
천리안 136
천문 298
- 천문계산표 244
- 천문관찰 218
- 천문도해 257
- 천문력 284, 297
- 천문력표 238, 256
- 천문서적 256
- 천문연구자 363
- 천문자오선 240
- 천문현상 237, 248
천문학 217, 219, 220, 353, 355, 369
- 천문학 계산 222
- 천문학 교과서 376
- 천문학 교수 353
- 천문학 혁명 348
- 천문학상의 발견 350
- 천문학자 61, 217, 315, 354, 457
천박한 점성술 352
천사 115, 131, 185, 191, 288, 486
천사 영 196
천상의 존재 190
천식 362
천체 320
- 천체 관측 253
- 천체도 222
- 천체들의 운행 379
- 천체마술 101
- 천체운동 217, 218, 314, 316, 367
- 천체운행 285
- 천체지도 218, 220

천체계 218, 220, 222, 284, 306, 315, 318, 348, 358, 373
- 천체계 운동 316
- 천체계 운행 308
- 천체계의 영향 356
철야집회 137, 138
철학 370
철학자 100, 112, 353, 518
철학적 원리 354
체던피츠페인 258
체스터 60, 467
체액 64, 223
체와 가위 28, 81, 90
초기 기독교시대 20
초능력 62, 65
초대 교회 499, 505
초대 기독교 134, 367, 372
초서의 예언 439
초승달 424
초자연적 34
- 초자연적 결과 166
- 초자연적 결실 167
- 초자연적 권능 16, 95, 424
- 초자연적 능력 54
- 초자연적 목적 370
- 초자연적 성질 54
- 초자연적 원인 27, 323
- 초자연적 위상 54
- 초자연적 작용 164
- 초자연적 존재 92, 114, 117, 121
- 초자연적 치료법 40
- 초자연적 치료수단 46
- 초자연적 효과 94, 164
- 초자연적 효능 76
총포공 404
최고형 169
최면술 141
최신의 것 517
추밀원 57, 58, 461
추밀원 명령 447
추상적 설명체계 382
축복과 저주 422
축성의례 203
축일 237, 389
출산 362
출산용 거들 172
출생일시 220, 281, 299, 301, 311, 356, 381, 416
출판 515
- 출판금지조치 340
- 출판업자 336, 442, 444, 479
- 출판업조합 239
- 출판의 자유 341
충 238
충성거부 성직자 415
츠빙글리 385
측량기사 240, 377
치료 감화력 62
치료능력 47, 52, 62
치료법 35, 168, 222
치료사 59
치료의례 42, 50, 52, 54, 55, 58
치료효과 63, 65, 66
치안판사 62, 99, 240, 342, 461
치유력 59, 164, 201, 202
치통치료용 주문 204

친제국주의 작가 488
친정부세력 460
침례파 52, 205, 411
침례파 교도 482

## ㅋ

카드게임 118
카르멜수도원장 455
카르멜수도회 455
카르투지오 수도사 238
카르투지오 수도원 433
카마던셔 30
카발라 마술 17
카발리즘 115, 194
카시오페이아 자리 249
카이우스칼리지 108, 330, 357
카타르파 505
카탈로니아 반란 510
칼데아어 18
칼레도니아 440
칼뱅교 351
칼뱅주의 393
칼뱅주의 교의 394
칼뱅주의자 386, 392
칼뱅파 192
캐드월러더 가문 498
캐드월러더 혈통 487
캐서린홀칼리지 357
캔터베리 83, 505
- 캔터베리 교구 124, 150
- 캔터베리 감옥 182
캠던 역사학회 262
커피 찌꺼기를 뿌림 136
컴벌랜드 454
케임브리지 145, 155, 249, 254, 261, 274, 281, 357, 391, 409
- 케임브리지대학 63, 108, 133, 263, 312, 330, 405, 441, 478
- 케임브리지 플라톤주의자 62
케임브리지셔 22, 39, 59, 125, 206
켄트 27, 43, 87, 136, 155, 266, 415, 433, 472
켈트족 487
켓의 무리 460
켓의 반란 460, 461, 468
코그숄 273
코페르니쿠스 체계 351, 354
코페르니쿠스 학설 415
콘월 56, 434, 487
콜로뉴 왕들 467
콜먼가 283
콜체스터 397, 457
- 콜체스터 감옥 456, 496
- 콜체스터 포위공격 335
퀘이커교 423
- 퀘이커 교도 51, 357, 379, 404, 410, 442
- 퀘이커파 52, 173, 195, 406, 410
퀸스 채플 60
크라이스트처치 415
크롬웰 군대 61, 334
크롬웰 체제 63
크리스마스 164, 243
킹스벤치 117
킹스벤치 감옥 57

킹스칼리지 108
킹스턴 502

ㅌ

탁발수도사 202, 446, 502
탄생천궁도 221, 231, 295, 311, 338, 345, 368, 394, 400, 416
탄생천궁도 이론 359
탄원서 145
탄턴 258, 457
태고 신학자 107, 518
태고성 106, 443, 444
태고신학 107, 518
태곳적 372
- 태곳적 무속인 372
- 태곳적 열망 502
- 태곳적 지혜 518
태아성별 33, 34
태양 316
- 태양계 218
- 태양과 달 362, 424, 425
- 태양면 통과 353
- 태양의 위상들 380
- 태양종교 423
- 태양중심설 349
태초 259
택일시 222, 314
택일시 이론 380
터키 510
터키 황제 493
테트라그라마톤 17
텔레파시 102
템플 기사단 130
템플 대사제 130
토리당 276
토성 224
- 토성 궁 224
- 토성과 목성의 대회합 308
- 토성적 299
- 토성 · 목성 회합 305
- 토성 · 화성 회합 381
토지 몰수 문제 280
토지측량법 240
토템신앙 431
토트 104
톤튼 28
톨레도 117
퇴마 109
- 퇴마능력 203
- 퇴마사 183
- 퇴마의례 60, 201
투기꾼 280
투명인간 119
튜더가 487, 509
튜더기 487
튜더 시대 20, 127, 154, 169, 173, 180, 183, 210, 226, 238, 248, 260, 312, 339, 345, 357, 414, 433, 446
튜더-스튜어트 시대 13, 42, 441
튜더 정부 449
트렌토 공의회 390, 474
트로이 459, 509
- 트로이 영웅 486
- 트로이 전설 486
- 트로이 족보 509

트리니티칼리지 441
특별 기도문 195
특수한 예측 234
틀린 예언 323

ㅍ

파라켈수스 의학 405
파문 162
파울 그레브너의 예언 477
판별점성술 220, 235, 259, 297, 322, 359, 361, 370, 388, 392, 415
판별점성술사 383
패밀리스트파 193~195, 405, 410
패밀리스트파 교도 409
팸플릿 308, 332, 367, 378, 442, 479
팸플릿 작가 66, 251
팽창주의 488
퍼시 가문 452, 454
퍼킨 워벡 499
페르시아 510
페스트 306
페스트 대란 260, 307
펜의 함대 268
편지 480
평민의회 459
평신도 162
포고령 345, 447
포괄적 예언 222, 351, 393
포르투갈 국왕 499
폰테프랙트 279
폰티프랙트 성내 433
폴란드 111, 344
폴란드인 121
표척 369
풀 399
풍자작가 321, 356
풍토이론 303
퓨리터니즘 208, 388
퓨리턴 12, 50, 149, 167, 182, 195, 206, 231, 246, 383, 393, 402, 412, 469, 471
- 퓨리턴 광신도 499
- 퓨리턴 비판자 422
- 퓨리턴 성직자 389
- 퓨리턴 수학자 388
- 퓨리턴 영웅 499
- 퓨리턴 진영 388
프라하 190
프란키스쿠스회 502
프랑스 76, 227, 233, 253, 333, 353, 441, 483, 496, 509
- 프랑스 국왕 461
- 프랑스 수도사 487
- 프랑스어 243
- 프랑스 왕위계승권 447
- 프랑스인 313
- 프랑스혁명 484
- 프랑스 황태자 493
프랑크푸르트 477
프로테스탄트 29, 50, 54, 62, 105, 166, 169, 184, 200, 336, 380, 434, 437, 441, 459, 462, 470, 474, 510
- 프로테스탄트 계보 505
- 프로테스탄트 교시 209
- 프로테스탄트 교회 187

- 프로테스탄트 대의 470
- 프로테스탄트 세력 169
- 프로테스탄트 신학 374
- 프로테스탄트 영웅 511
프로테스탄티즘 200, 394, 496, 501, 505, 512
프로테스탄티즘 교리 211
프리본 존 400
프톨레마이오스 세계상 315
프톨레마이오스 우주상 219
플라시보 75
플라시보 효과 74, 75
플라톤주의 104
플랑드르 401
플랜태저넷 가문 치세기 42
플리머스 270
플린트셔 186
피니스 수도원 451, 453
피렌체 463
피렌체 르네상스 104
피오레 437
피츠제럴드들 492
피터보로의 주교 461
피혁공 152
필라델피언 소사이어티 409
필리핀 84

## ㅎ

하급귀족 292
하급 성직자 199
하나님 383
- 하나님 말씀 419
- 하나님 섭리 368
- 하나님 의지 423, 503
- 하나님의 개입 322, 323
- 하나님의 경고 157
- 하나님의 권좌 369
- 하나님의 기적 322
- 하나님의 손길 323
- 하나님의 숨은 목적 367
- 하나님의 신비 390
- 하나님의 예언자 474
- 하나님의 위엄 371
- 하나님의 전능함 390
- 하나님의 종 181
- 하나님의 책 369
- 하나님의 특권 369
하노버 왕가 43, 68
하늘 371
- 하늘을 살피는 자들 371
- 하늘의 것 350
- 하늘의 경고 349
- 하늘의 상형어 352
하워드 가문 463
하원 131, 396, 480, 490
하층민 69, 81, 289
하트퍼드셔 52, 90, 125, 146, 153, 155, 425, 482
하트필드페브럴 497
학문의 부활 253
할로크의 예언 456
합리적 대안 142
합리적 정신 388
합리주의자 66, 279
항해력 정보 240

해군원정 267
해군종군사제 417
해몽술 405
해부학 70
해부학자 234
해상보험 271
해시계 316
해운업계 269
햄프셔 32, 48, 106
햄프턴 궁 48, 273, 294
햄프턴 궁 유폐 397
햄프턴의 베비스 508
행복 368
행성 423
- 행성들 422
- 행성배열 304
- 행성 신 422, 425
- 행성운동 301
- 행성의 영향 381
- 행성의 치명적인 영향 374
- 행성회합 248, 302, 307
행운 367
행운의 숫자 142
헌팅던셔 254
헤르메스주의 37, 107, 114, 193, 407
- 헤르메스 마술 189
- 헤르메스 숭배 106
- 헤르메스주의 마술전통 107
- 헤르메스주의 운동 110
- 헤르메스주의자 105
헤리퍼드 55
헤리퍼드셔 87
헤브라이어 17
헨리 7세 시대 443
헨리 8세 반대투쟁 452
헨리 8세 시대 502, 514
헴페 432
혁명집단 503
현기증 362
현대 156
- 현대 아프리카 89
- 현대의학 74
- 현대인 502
- 현대인의 열망 502
- 현대 인류학자 328, 374
현생 원시주민 69, 72, 92
현자 13
현자의 돌 112, 191, 287, 408
현재와 과거 521
현재와 과거의 차이 515, 516
현존 원시사회 112
혈액순환 302
협동교회 178
협잡꾼 256, 257, 327, 358, 389, 508
형평법원 259
혜성 248, 318, 349, 354, 356, 358
- 혜성 24개의 궤도 349
- 혜성의 묵시록적 의미 354
호국경 280, 323, 399
- 호국경 시대 51
- 호국경 통치기 280, 339
호기심 164
호문쿨루스 32, 112
호신용 주물 182
홈비 하우스 47
화성 궁 224

화약 516
- 화약음모 가담자 338
- 화약음모사건 37, 276
화형 168
확실성 374, 389
확정적 예측 320
환상 142, 379
환자오줌 36
환자치료 13
황금시대 465
황도 222, 223, 389
- 황도 12궁 218, 238, 423
- 황도대 238, 356
- 황도상 220
황제 454
회계장부 479
회교도 117, 372
회의론 50, 51, 68, 219, 357, 362
회의론자 75, 77, 229, 271, 360, 363
회합 237, 302, 381
훈령 447
휘그당 130, 276
휘그파 34
흉일 242, 301, 327
흑마술 22, 25, 38, 103, 162, 170, 188, 344, 383
흑마술사 12, 13, 27, 30, 162, 167~171, 174, 198
흑사병 대란기 306
흑색기술 161
흑주술 117, 148, 177
흑주술사 147, 167, 185, 255
흙점 86, 102
흙점술 111, 230, 287
희망 141
히브리어 17, 119, 205, 399
히스테리 74, 76

## 기타

3왕국 전쟁 480
4성질 224, 317
4세기 422
4원소 100, 218, 224
4체액 224, 245
7행성 218, 224, 407, 425
12궁 224
12세기 253, 448, 486
12숙 222, 298, 356
12시조 426
12하우스 426
14세기 376, 439, 440, 452, 484, 506
14세기 머튼칼리지 천문학파 376
1512년 법령 171, 175
1541~1542년 법령 446
1542년 반(反)주술법령 345
1542년 법령 146, 345
1542년 주술법 127
1549~1550년 447
1563년 법령 147, 447
1577년 혜성 230, 249
15세기 254, 337, 424, 445, 452, 507
1604년 법령 147
1618년 혜성 249, 352
1641년 아일랜드 반란 439
1648년 정부령 173

1652년 일식 335
16세기 255, 260, 272, 326, 414, 430, 442, 448, 475, 500, 510, 512, 514
17세기 257, 262, 270, 279, 296, 304, 315, 328, 336, 348, 353, 362, 363, 366, 371, 408, 414, 416, 419, 424, 425, 441, 71, 485, 494, 506, 510
18세기 270, 318, 349, 361, 378, 511, 514, 521
19세기 366, 485
30년 전쟁 249

## 서명

《간략 전기》 300
《검은 월요일》 251
《계시록》 430
《국민전기사전》 262
《기독교 점성술》 298
《다니엘서》 467
《라이머와 비드와 멀린의 예언들》 458
〈런던 가제트〉 248
《리어왕》 310
《맥베스》 332
《멀린의 생애》 475
《메를리누스 앙글리쿠스》 239
《목자의 달력》 244
《부자와 빈민》 424
《브리튼 국왕들의 역사》 430
《브리튼 왕들의 역사》 439
《비학삼서》 115
《솔로몬의 상징술》 115
《솔로몬의 열쇠》 115
《시편》 84, 156
《아그리파의 제 4권》 115
《아르칸담》 133, 243, 244, 256
《아리스토텔레스 걸작선》 34
《에라 파터》 242, 244
《에스겔》 439
《에스드라》 441, 458, 467
《요한계시록》 441, 494
《요한복음》 30, 154
《우울증의 해부》 360
《이사야》 371
《자서전》 395, 479
《자연철학의 수학적 원리》 304
《접신술서》 115
《주술사 망치》 171
《주술의 발견》 113, 115
《지옥》 164
《창세기》 371
《캔터베리 이야기》 436
《탄생천궁도 판별》 256
《테트라비블로스》 217, 269
《통치자를 위한 거울》 470
《페어리 퀸》 488
《푸어 로빈》 321
《프톨레마이오스의 유산》 243
《피만드로스》 106
《피타고라스의 우주》 244
《피타고라스의 유산》 244
《햄릿》 109
《헤르메스 전서》 104
《호노리우스의 교지》 115
《휴디브라스》 365
《흠정역성서》 371

# 찾아보기
(인 명)


## ㄱ

가네트 126
가드너 54
가상디 351, 355
가태커 90, 182, 246, 259, 368, 388
갈레노스 70
갈릴레오 348, 349, 351
개드베리, 존 226, 234, 271, 277, 298, 301, 312, 336, 341, 359, 379, 392, 401, 410, 412
개드베리, 티모시 324
개리트 268
갤러웨이 공 290
건터 234
게리 370, 387, 388
겔 409, 410
고그마고그 486
고드 304, 308
고든, 존 392
고든, 찰스 494
고리 백작 121
고지 416
골 247, 369
골든비어드 188
굿윈 387, 388
그랜빌 76
그런트 41
그레고리우스 교황 436
그레브너 441, 442
그레셤 306, 351, 419
그레이브 39
그레이트레이크스 62, 64, 65, 72, 73
그레턴 140, 205
그로스테스트 473
그루 361
그리넘 157, 167
그리스도 15, 16, 19, 57, 250, 368, 406, 425, 426
그리피드 압 르웰린 488

그린, 로버트 358
그린, 앤 23
글린두르 447, 448
기번즈 272, 273
기퍼드 154, 181, 182
길버트, 리처드 58
길버트, 윌리엄 102, 105, 352
길비 386
길핀, 리처드 446
길핀, 버나드 210
깁슨 458

ㄴ

나스보로 256
나이 387, 388
나이틀리 206
내쉬 337
네니우스 439
네빌, 윌리엄 122
네빌, 찰스 493
네빌, 헨리 154
네빌슨 23
네이피어, 로버트 419
네이피어, 리처드 232, 262, 275, 284, 286, 292, 309, 312, 413, 419
노드 110
노스트라다무스 333, 484, 485
노아 68, 196
노팅엄 부주교 83
노퍽 공작 462, 463
뉴캐슬 백작부인 35
뉴턴 219, 304, 348, 362
뉴포트 85
닉슨, 로버트 436, 470
닉슨, 이셀드레더 153
닐 158

ㄷ

다리오 415
다비드 블롱델 512, 513
다우징 423
단테 164
댄저필드 277
댈리벌 453
더들리 460
더블린 499
던 55
데링 경 233
데버루 417
데스먼드 백작 457
데이븐포트 390
데이비드 30
덴 22
덴비 백작 232
델러헤인 294
돕슨 455
듀이스 경 505
드라이든 295
드러먼드 491
드레이크, 프랜시스 287
디 86, 105, 110, 112, 116, 117, 128, 144, 190, 200, 224, 230, 255, 291, 295, 344, 376, 485, 488
디그비 경 37, 234

디기스 242
디포 205, 260
딕스 241, 351

ㄹ

라뮈 386
라운스 411
라이머 441, 450, 455, 490
라이트, 길버트 139
라이트, 엘리자베스 30
라일, 앨리즈 395, 396
라일, 존 395
라크 457
라파엘 천사 389
래스텔 514
래티머 172
램 144, 257, 343, 344, 426
램버트 401, 402
램지, 데이비드 129
램지, 윌리엄 226, 258, 295
랭글리 455
랭던 22
랭데일 455
러브 485
러스트 63
러시워스 398
러프킨 257
럼리 공 454
레기오몬타누스 464
레드먼 125
레버리트 57, 64
레스트레인지 325
레이 경 396
레이넘 455
레이놀즈, 로버트 396, 398
레이놀즈, 존 121, 401
레이크 경 122
레인스보로 대령 399
레코드 248
렌 352
렌탈 398
로 408
로드 대주교 381
로버트 440, 441
로빈 321
로빈스 227, 357
로스 왕 440
로욜라 435, 443
로우스 457
로이드 407
로저스 266
로즈, 윌리엄 87
로즈, 존 207
로즈웰 51
로크, 윌리엄 416
로크, 존 362
로키스턴 123
롤라드 470
롤리, 월터 190, 234, 316, 435, 436
롤리, 존 378
루돌프 2세 190
루이 14세 46, 233
루이드 231
루커스 경 335
루키우스 국왕 504

루퍼스 505
루퍼트 왕자 267, 335, 482
리돌피 463
리드 409
리버스 백작 292
리브, 에드먼드 391
리브, 존 438
리빙 376
리스 압 그리피드 447, 448
리즐리 343
리처드 2세 493
리트 269
릴 16
릴런드 128
릴리 246, 251, 261, 270, 284, 298, 303, 322, 334, 346, 357, 363, 378, 392, 400, 426, 442, 455, 473, 481
릴번 400
립턴 154

ㅁ

마리아, 헨리에타 60
마왕 몰 452
마턴 40
마테르누스 228
마튼 50
말로 196
매커니스 418
매튜 14
맥스웰 438
맥퍼린 148
맨틀 496
맵럿 230, 357, 414
머글턴 412
머딘 439
멀린, 암브로스 481
멀린, 암브로시우스 440
메리여왕 53, 498
메리필드 336, 337
메스머 73
메인워링 경 125
멜리투스 대주교 435
멜턴 387
모건 중령 401
모랭 353
모리스 경 491
모리슨 458
모리즈 136
모세 104, 106, 196, 197
모어, 아그네스 178
모어, 토마스 180, 425
모어, 헨리 62, 355, 361
모트록 24
모푸스 363
몬머스 공작 47, 122, 130, 233
몬슨 경 269
몬트로즈 후작 232, 480
몰드랩 452, 455, 479
몰튼 수도원장 453
몽크 481
뮐러 464
미드 361
미들턴, 제임스 60
미들턴, 존 268, 364
미들턴, 토마스 419

밀번 416
밀턴 337, 389

## ㅂ

바로 391
바로니우스 106
바버 457
바우어먼 27
바이겔 408
바커 410
바크실 119, 196
바턴 56
반 110, 193, 498
밥 343
배길리 31, 69
배빙턴 465
배트맨 414
백스터 35, 406, 425
백하우스 경 482
밸덕 162
뱅코 141
버나드, 리처드 73, 75, 82, 155, 182
버나드, 프랜시스 305, 362, 400
버네트 주교 232
버넬 508
버넷 290
버브 119, 154
버지스 12
버질 510
버크민스터 414
버클리 공 292
버클즈 462
버킹엄 공작 56, 338, 344
버튼 70, 76, 146, 203, 234, 360, 416
버틀러, 니콜라스 144
버틀러, 새뮤얼 39, 365, 501
버틀러, 존 359, 362
버틀즈 462
벌리 공 129, 309
벌클리 96
베도 265
베드웰 417
베르길리우스 292
베스턴 206
베시 여사 15
베이컨, 로저 110, 375, 436
베이컨, 프랜시스 76, 95, 209, 361
베인브리지 352
베인튼 508
베일, 재스퍼 258
베일, 피에르 351
베차 385
베케트, 이사벨라 15
베케트, 토마스 198, 442, 483
베티슨 29, 153
벤버리 258
벨 신부 204
보나투스 228
보너 170
보니펀트 453
보드넘 70, 426
보스토크 119
보시우스 512, 513
보어드 238, 344
보이즈 48

보일, 로버트 62, 64, 147, 361, 519
보일, 찰스 378
보컬리 266, 357
복스 275, 295, 420
볼튼 224
뵈메 63, 406~408, 410, 442
부커, 로버트 29
부커, 존 247, 262, 263, 265, 269, 273, 275, 292, 303, 319, 340, 343, 347, 399, 400, 409, 418, 421
불린, 앤 142, 449, 450
불링거 385
브라운, 로버트 472
브라운, 토마스 32, 152, 234, 374
브라이트먼 475
브라헤 318, 349
브래들리 455
브레든 309, 413
브레이, 에드먼드 456
브레이, 존 456
브레트너 351
브로튼 453
브루노 348
브루스 490
브루커 135
브루토스 486, 490
브룬커 235
브리그스 388
브리스톨 백작 232
브리지 369, 379, 387
브리지트 437
브아고드르 57
블라네스 신부 341
블래그레이브 313, 363, 385, 4205
블랙 216
블럼필드 198
블레센시스 253
블레이크 500
블로스 496
블로크 67
비거드 경 453, 454
비드 435, 442, 450, 455, 468, 473, 479, 487, 498, 519
비숍 452
비어드 467
비커스 42
비커즈 387
빅토리아 여왕 43
빈도프 교수 491
빈스 475
빌 292
빌리어스 339
빌링슬리 112
빌슨 123, 206

### ㅅ

사도바울 18
사모니쿠스 187
사무엘 420
사보나롤라 435, 438
사우디 151
사울 420
사이크스 15
사전트 25
사탄 78, 164, 166, 180

새먼 226, 347
샌더슨 145, 391
샌디스 170
샐웨이 398
샤르코 73, 74
샤프 355
샤프츠버리 백작 426
서리 백작 463
서머싯 백작 124, 140
서클링 139
선덜랜드 백작 343
성 길다스 436
성 빈센트 184
성 아우구스티누스 373
성 아이브 14
성 어거스틴 504, 505
성 파도바 184
성녀 브리제트 185
성녀 엘메트 14
성모 마리아 14, 24, 31, 187
성베드로 18
세바스티앙 492, 499
세실 15, 338
세인트올번즈 백작 275
세인트존 293
셀던 99, 308
셀리어 부인 339
셰이컬리 353, 401
셰익스피어 109, 141, 429
셸리 330
소르디도 332
소튼 22
소퍼드 467, 500
손다이크 215
손더스, 리처드 226, 313, 364
손더스, 패트릭 291
손보러 193
손턴 26
솔로몬 196, 197
쇼 69
숀크 157
순교자 피에트로 385
슈트 백작부인 125
스로그모턴 여사 124
스미스, 저버스 499, 500
스미스, 토마스 229
스위들린 391
스웨덴보리 406
스웨인 193
스위프트 248, 321, 366
스카보로 455
스켈턴 188
스코트 44, 82, 95, 146, 183, 322
스코틀랜드 여왕 메리 463, 464, 467
스콰이어 119
스크로프 경 232
스타우트 51
스탕달 341
스터브스 386, 422
스턴 184
스테럴 418
스테이플턴, 토마스 512
스테이플턴, 필립 396
스테이플허스트 136
스토터드 27, 153
스튜어드 256

스튜어트, 메리 463
스튜어트, 찰스 478
스튜어트, 헨리 471
스트래퍼드 백작 387
스트릭랜드 398
스티븐스 125
스파크 415
스패로 407
스펜서 488
스프랫 355
스프렝거 172
스핑크 144
시드니, 로버트 442
시드니, 앨저넌 442
시빌라 475
시큐리스 363
심널 499, 508
심스 477
십턴 437, 443, 469, 475, 482, 485

## ㅇ

아그리파 101, 104, 108
아담 197, 348, 389, 509
아돌푸스 301, 441, 494, 509
아돌프 대왕 509
아리마대의 요셉 504
아리스토텔레스 136, 165, 372, 519
아마다스, 로버트 450
아마다스, 엘리자베스 450
아벨 197
아서왕 431, 440, 467, 486, 497, 511
아이네아스 486
아퀴나스 373
아타나시우스 197
안셀무스 505
알렉산더 경 490
알린 35
알보하젠 217
애덤스 332
애덤슨 대주교 199
애디슨 295
애빙던 442
애쉬몰 272, 275~277, 287, 292, 307, 359, 405
애슈턴 52
애스컴, 로저 229, 414
애스컴, 앤서니 120, 414
애스크 451
애시모어 154
애트웰, 조지 415
애트웰, 휴 204
앤 여왕 43, 471, 472
앤드루즈 274
앨더슨 95
앨런, 니콜라스 246
앨런, 로버트 186, 345
앨런, 리처드 275
앨런, 존 204, 332
앨런, 토마스 225, 229, 376, 380
앨리 169
앨린 25
앳킨슨 416
야훼 17
어르셀둔 441
어새프 174

어셔 대주교 435, 436, 438
어스필드 여사 285
언더힐 경 291
얼스턴 441
에녹 197
에드워드 1세 41, 489
에드워드 2세 53, 493
에드워드 3세 120, 442
에드워드 4세 443, 487, 499
에드워드 6세 54, 228, 326, 433, 436, 459, 495~499
에버라드, 존 106, 193
에버라드, 컴퍼트 410
에번스, 머사이어스 154
에번스, 어라이즈 45, 330, 481
에번스, 존 413
에번스, 코닐리어스 508
에번스-프리트처드 328
에스겔 445
에식스 백작 120, 275, 276, 508
에식스 백작부인 32, 262, 291
에제키엘 442
에트릭 205
엑시터 백작부인 122
엘리스 186
엘리자베스 1세 46, 53, 54, 229, 249, 333, 441, 463
엘크스 박사 119
예레미아 445
예수 120
예이츠 37
오거비 292, 293
오닐 경 448
오도넬 448
오르페우스 119, 518
오먼드 공작 415
오바디아 442
오버베리, 애너 267
오버베리, 토마스 124, 251, 262
오버튼 278, 399
오브리 45, 99, 133, 137, 299, 309, 312, 376, 413, 424, 514
오언 387
오와인 왕 440
오즈번 51
오트레드 99, 193, 416
옥스퍼드 백작 231
올덴버그 234
올린 194
와이즈먼 65
와일드먼 130
외르 45
요먼스 468
요아힘 437
요크 공 277
우드 378
우드코크 149
우르비노 5세 185
우스터 193
우즈 32, 139
우튼 경 351
울지 추기경 227, 437, 449, 502
울프스턴 180
워너 377
워드, 세스 354, 358
워드, 월터 22

워드, 윌리엄 133
워드, 존 325
워든 39
워릭 백작 449, 499
워벡 449, 508
워솝 377
워십 283
워튼, 굿윈 34, 130
워튼, 조지 323, 334, 341, 347
워튼, 토마스 275
월드해브 478
월리 269
월시 87
웨스턴 경 232
웨스트 154
웨스트모얼랜드 백작 127
웨이드 경 434
웨이크 120
웹스터 194, 364, 405
위더 432, 438
위철리 146, 156
위치코트 61
위크즈 154
위클리프 434, 505
위트포드 184
윈스턴리 403
윌러비 선장 278
윌렛 386
윌리엄 3세 42, 52, 233, 484
윌리엄슨 28
윌슨, 아서 77
윌슨, 존 363
윌킨스 62, 519
윙 324
이블린 250
이사야 445
이자크 드 라페이레르 348

## ㅈ

잭슨 192
제라드 266
제럴드 448
제임스 1세 42, 51, 108, 117, 122, 140, 149, 247, 338, 435, 436, 471, 488, 498
제임스 2세 42, 47, 51, 52, 277, 304, 362, 484
제임스 6세 121
제프리 르 네브 402
제프리즈, 앤 56
제프리즈, 조지 396
조던 76
조스턴 박사 277
조이스 399, 400
조지 공 472
존 드 사크로보스코 376
존 왕 452
존, 브리들링턴 440, 450
존, 프리본 400
존스, 이니고 60
존스, 헨리 480
존스턴 462
존슨, 벤 282, 332, 366
존슨, 새뮤얼 43
주얼 주교 206, 469

지크(아들) 419
지크(아버지) 419

## ㅊ

차일드즈 87
차푸이스 449, 450
찰스 1세 43, 46, 48~50, 57, 58, 60, 232, 294, 301, 397, 400, 448, 476, 477, 479, 493, 501, 508, 519
찰스 2세 42, 45, 47, 51, 62, 63, 65, 233, 258, 276, 277, 292, 308, 324, 339, 403, 477, 479, 481~483
찰턴 235
참회왕 에드워드 41, 48, 49, 435
챈도스 남작 124
챔버 358, 386
체셔 462
체임버즈 39
초서 357, 435, 439
치체스터 주교 174, 199, 386
치크 228
칠드리 300, 353, 415
칠미드 415, 416

## ㅋ

카 28
카단 502
카라칼라 황제 187
카르단 227, 302, 326
카를 10세 271, 336
카슨 83
카이사르 11
카조봉, 메릭 193, 355
카조봉, 이삭 105, 512, 513
카터 209
카트린 드 메디치 333
카튼 경 476
카펜터 415, 416
칼뱅 196, 319, 368, 385, 386, 391, 393
칼튼 주교 375, 394
캄브렌시스 435, 436, 438, 448
캐드월러더 왕(캐드왈라) 440, 487
캑스턴 510
캠던 301, 424
캠벨 132
캠피언 357
커드워스 354
커버데일 386
커티스 199
컬페퍼 226, 315, 335, 346, 403
케이드 121
케이스 226, 294, 313
케플러 351, 473
켄트 백작 493
켈리 116, 117
켓 460
코리네오스 486
코미네 445
코번트리 174
코크, 에드워드 445
코크, 존 281, 493
코튼 경 123
코페르니쿠스 219, 348, 349

코프, 아비에저 404
코프, 월터 291
코프, 조앤 144
콕스, 리처드 470
콕스, 오언 271
콕스, 프랜시스 247
콘그리브 365
콘웨이 자작부인 61
콜리 302, 309, 342, 378
콩트 303
쿠퍼, 앤서니 290
쿠퍼, 토마스 82, 167, 185, 356, 386
퀴를즈 432
크라처 227
크래머 172
크래프츠 416
크랙클로우 23, 179
크랩 400, 409
크로우 382
크로필 254
크롬웰, 올리버 292, 323, 398, 479
크롬웰, 토마스 122, 451, 454, 456
크루 272
클라크, 조지 203
클라크, 헨리 357
클래릿지 131
클랙슨 403
클러벨 450
클럭 186
클레이폴 292, 399
클리녹 465
클리퍼드 공 292
키즈 307
키치너 백작 494
키케로 372
키트럴 155
킬버트 317
킹 293
킹스턴 경 502
킹스턴 부인 290
킹즈베리 261

ㅌ

타인 309
타일러 박사 178
탈레스 297
태니 508
터너, 로버트 108, 115
터너, 앤 124
터너, 조애너 96
터커 324
테르툴리아누스 504
테리 30
테일러, 앤 291
테일러, 윌리엄 27, 347
토마스 압 그리피드 448
토머슨 249
톰슨 23
투서, 존 466, 500
투서, 토마스 245
튜더 48, 461, 495, 500, 508
트라스크 133
트라이언 194, 407, 409
트러스웰 442, 475
트레위시언 254

트렌차드 경 234
트리그 379
트리스메기스토스, 헤르메스 37, 104
트리펄랙 256
티리 28, 152, 186
파라켈수스 104, 110, 114, 165, 518

ㅍ

파우스트 117
파우치 121
파이 경 396
파커, 매튜 504
파커, 조지 336, 404
파터 241
파푸스 39, 157
패론 227
패리시 34, 131
패짓 경 228
패트리지 226, 246, 294, 336, 342
팬섬 124
퍼벡 공 56
퍼시, 토마스 276, 493
퍼시, 헨리 377, 452
퍼킨스 82, 158, 168, 184, 247, 383, 386, 394, 438, 511
펄크 71, 252, 332, 386
페리에 256
페어팩스 47, 335
페이지, 엘리자베스 21, 30
페이지, 존 363
페인 313, 418
펠리투스라 253
펠리페 2세 508
펨브로크 384
펨브루크 백작 129
포데이지 409
포레스트 502
포르타 110, 111, 113
포르테스큐 경 121
포먼 263, 265, 270, 275, 281~283, 285, 287, 290, 296, 307
포스터, 리처드 229, 360
포스터, 윌리엄 165, 189
폭스, 조지 52
폭스, 존 386, 459
폭스게일 137
폴 추기경 381
폴렛 경 228
풀, 윌리엄 295
풀, 존 340, 342, 403
풀러 377
퓨 479
프래닐 290
프랜시스 497
프러크너 228
프레그냐니 신부 233
프레데릭 2세 471
프리도 505
프리드리히 2세 492
프리스킬리아누스 422
프리츠제임스 172
프톨레마이오스 217, 221, 225, 269, 319, 320, 413
플라톤 104, 134, 373, 518
플램스티드 61

플러드 103, 105, 113, 165, 189, 225, 266, 279, 351
플레처 274, 330, 357
플로이어 경 43
피소어 27
피스크 232, 291, 295, 340
피첨 242
피츠제럴드 백작 457
피츠제임스 172
피치노 104
피치즈 268
피커링 181
피코 델라 미란돌라 104, 372
피콕 주교 417
피타고라스 134
피터 397, 398, 401
필드 351
필립 432
필머 509
핌 395
핍스, 새뮤얼 35, 482
핍스, 존 33

## ㅎ

하딩 90, 153
하비, 게이브리얼 244, 345
하비, 리처드 345, 361, 414
하비, 윌리엄 234
하비, 존 477, 495, 503
하우즈 410
하워드, 로버트 276, 292
하워드, 토마스 276
하워드, 헨리 387
하워드, 헨리 463
하이 28
하이드 481
하인즈 155
하트, 알렉산더 157
하트, 제임스 203, 360
하트길 229, 414
하트리브 111, 234
하트퍼드 백작 290
하틀리 362
하플리트 377
할로크 457
할리웰 138
해리스 136
해리슨, 윌리엄 418
해리슨, 조셉 204
해리어트 376, 377
해링턴, 에드워드 292
해링턴, 제임스 292
해링턴, 존 445, 469
해먼드 121
해클루트 488
해턴 경 35, 230
핸콕 25
헬리 349
햄던 291
허버트, 에드워드 234
허버트, 조지 204, 299, 353
허친슨 386
헌트, 리처드 281
헌트, 마거리트 14
헌트, 윌리엄 364

헌틀리 후작 232
험프리, 로렌스 231, 386
험프리, 존 294, 335
험프리즈 박사 417
헤이든, 존 339, 363, 403, 404
헤이든, 크리스토퍼 275, 413, 419
헤이븐 457
헤이우드 474
헤이즐릭 경 398
헤이질우드 83
헤이크윌 386
헤일, 존 452
헤일린 391
헨리 2세 435, 436, 448, 505
헨리 4세 147, 447, 452, 489, 501
헨리 6세 499
헨리 7세 226, 338, 446, 449, 487, 488, 499
헨리 8세 122, 142, 227, 302, 446, 450, 452~454, 458~460, 471, 487, 499, 508
헬슨 508
호담 409
호메로스 292
호손 282
호우드 397
호프 20
호프킨 27
홀, 조셉 242
홀, 토마스 370, 387, 405
홀런드 145
홀번 경 178, 291, 295
홀월 336
홀즈, 덴질 396
홀즈, 프레스키빌 271
홈즈 259
홉스 355
홉킨스 경 292
화이트 267
화이트로크 279, 341, 395
후니아데스 364
후커 32
후크 354
후퍼 주교 368
히포크라테스 317
힉퍼드 463
힐데가르트 437, 475
힐스 341

## 키스 토마스(Keith Thomas, 1933~)



1933년 영국 웨일스의 농가에서 태어났다. 그래머스쿨 시절부터 역사학에 뛰어난 재능을 보인 그는 1950년 옥스퍼드 발리올 칼리지에 진학해 크리스토퍼 힐 같은 걸출한 역사학자들의 지도하에서 근대 초 연구자(*early modernist*)로 주목받기 시작했다. 약관 22세에 옥스퍼드 올소울즈칼리지 역사학 교수로 발탁되었고, 38세가 된 1971년에 이 책 《종교와 마술, 그리고 마술의 쇠퇴》를 출판해 일약 세계적 스타로 발돋움했다. 마르크스-베버적인 거시적 관점과 인류학의 미시적이고 두터운 기술(記述)을 결합하여 총체성 속의 다양성을 드러낸 그의 역사학은 '20세기 최고의 성과'라는 찬사를 받았다. 이에 힘입어 그는 1979년에 영국학술원회원에 올랐고, 1988년에는 기사작위를 받았다.

이 책 외에도 *Man and the Natural World*(London: Penguin Books, 1984)과 *The Ends of Life: Roads to Fulfillment in Early Modern England*(Oxford University Press, 2009) 같은 작품이 널리 읽히고 있다. 그는 르네상스 휴머니스트들처럼 연구와 공직 사이를 바쁘게 오갔다. 1986년에는 옥스퍼드대학 코퍼스크리스티칼리지(Corpus Christi College) 학장에 취임했고(2000년 은퇴 후 잠시 옥스퍼드대학 임시 부총장을 지내기도 했다), 1991년부터 1998년까지 내셔널갤러리(National Gallery) 이사직을 수행했으며, 1993년부터 1997년까지는 영국학술원의장으로 활동했다. 1992년부터는 왕립역사기록자문위원(Royal Commission of Historical Manuscripts)으로, 1997년부터는 브리티시라이브러리의 예술 · 인문사회과학 자문위원회(British Library Advisory Committee for Arts, Humanities, and Social Sciences) 의장직을 수행하고 있다.

## 이종흡



1957년생으로 고려대 사학과에서 박사학위를 받았다. 현재 경남대 역사학과 교수이다. 서양 근대의 형성을 지성사 / 과학사의 관점에서 조명하는 것이 주관심사이며, 대표 출판물로는 《마술 과학 인문학: 유럽 지적 담론의 지형》(저서, 1999), 《학문의 진보》(번역주해서, 2002), 《서양과학의 기원들》(역서, 2009) 등이 있다.

## 변증법적 이성비판 ①②③

2010년 대한민국학술원 우수학술도서

**장 폴 사르트르 지음**

**박정자(前 상명대) · 변광배(시지프 대표) · 윤정임 · 장근상(중앙대) 역**

"실존주의 사상가 사르트르가 확립한 역사적 인간학!"

역사형성의 주체인 인간과 집단. 이들 주체들에 의해 형성된 역사의 의미. 사르트르는 이처럼 하나의 구조를 갖는 입체를 구축하고, 이 입체를 역사적 운동 속으로 밀어넣어 그 동적 관계를 탐구한다.

720면 내외 | 각권 38,000원

## 기억의 장소 ①②③④⑤

2011년 대한민국학술원 우수학술도서

**피에르 노라 외 · 김인중 · 유희수 역**

"역사학의 혁명"

**특별한 장소를 통해 보는 프랑스 민족사**

세계 역사학계를 주도한 프랑스가 다시 한 번 역사학계를 강타하게 한 저작. 프랑스 역사학자 120여명이 10년 동안 만들어낸 '역사학의 혁명'.

424~568면 내외 | 각권 25,000원

## 형식논리학과 선험논리학

### 논리적 이성비판 시론

2011년 대한민국학술원 우수학술도서

**에드문트 후설 지음 | 이종훈(춘천교대) · 하병학(가톨릭대) 역**

"참된 세계에 관한 논리학"

**이론과 실천의 단절, 학문의 위기를 어떻게 극복할 것인가**

저자는 논리학이 개별학문으로 전락하고, 형식논리학은 인식행위가 실천행위 및 가치설정행위와 관련됨을 문제 삼지 않아 학문의 위기가 발생했다고 비판한다. 형식논리학을 선험논리학으로 정초함으로써 이를 해결하고자 한다. 536면 | 32,000원

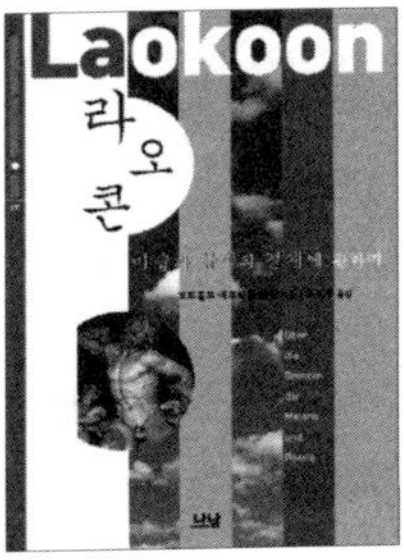


## 라오콘 – 미술과 문학의 경계에 관하여

2009년 대한민국학술원 우수학술도서

**고트홀드 에프라임 레싱 지음 | 윤도중(숭실대) 역**

"미술과 문학은 저마다의 길이 있다"

**근대 미학 담론을 연 기념비적 예술론**

라오콘과 그 아들들을 소재로 하는 고대 조각상을 놓고 '미술과 문학의 경계'를 논한 저서. 근대 미학 담론의 시작으로 간주되며 또한 문학이 미술보다 가능성이 더 많은 예술임을 밝힌 근대 문학비평의 고전.

280면 | 14,000원

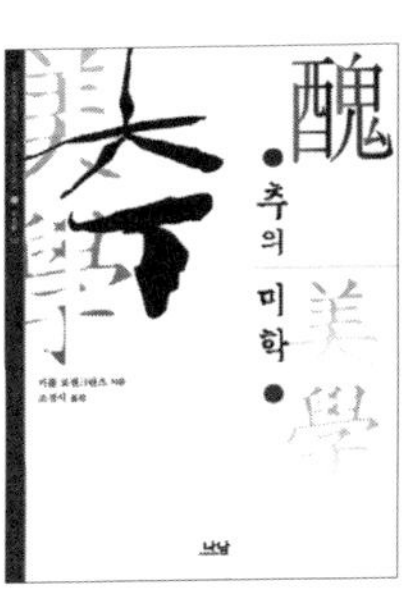


## 추의 미학

2009년 대한민국학술원 우수학술도서

**카를 로젠크란츠 지음 | 조경식(한남대 강사) 역**

"추는 미를, 미는 추를 필요로 한다"

**추를 미학의 영역에 포함시킨 획기적 미학서**

낭만적 헤겔주의자인 저자는 미학에 추를 포함시켜 "미학의 완성"을 추구한다. 이 책은 추의 개념을 미로부터 끌어내고, 그것이 어떻게 코믹으로 전이되어 다시 미로 회귀하는지를 실제의 사례를 통해 보여준다.

464면 | 28,000원

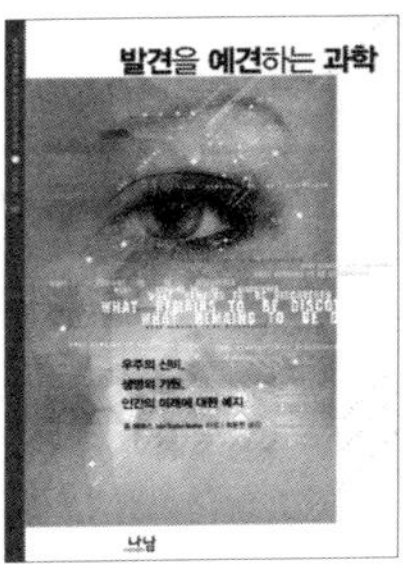


## 발견을 예견하는 과학

### 우주의 신비, 생명의 기원, 인간의 미래에 대한 예지

**존 매독스 지음 | 최돈찬(용인대) 역**

"무엇이 발견될 것인가?"

**저자와 독자가 수수께끼로 풀어보는 과학의 미래**

천체 및 물질의 출발에서 생명체의 탄생, 그리고 진화를 연결시키면서 생겨나는 의문점들을 담았다. 이를 통해 이 책은 여전히 과학에서 새로운 발견이 이루어질 수 있다는 희망을 준다. 518면 | 35,000원